珍藏本
纪念版

汉译世界学术名著丛书

# 贫困的哲学

上卷

〔法〕蒲鲁东 著

余叔通 王雪华 译

商务印书馆
SINCE 1897 The Commercial Press
2017年·北京

**SYSTÈME**

*des*

**CONTRADICTIONS ÉCONOMIQUES**

*ou*

**PHILOSOPHIE DE LA MISÈRE**

PARIS

Librairie des Sciences Politiques et Sociales

Marcel Rivière

1923

根据巴黎马尔塞尔·李维耶尔政治社会科学出版社 1923 年版译出

# 汉译世界学术名著丛书
# （120 年纪念版·珍藏本）
# 出 版 说 明

2017 年 2 月 11 日，商务印书馆迎来 120 岁的生日。120 年前，商务印书馆前贤怀揣文化救国的理想，抱持“昌明教育，开启民智”的使命，立足本土，放眼寰宇，以出版为津梁，沟通中西，为中国、为世界提供最富智慧的思想文化成果。无论世事白云苍狗，潮流左右激荡，甚至战火硝烟弥漫，始终践行学术报国之志，无改初心。

迻译世界各国学术名著，即其一端。早在 20 世纪初年便出版《原富》《天演论》等影响至今的代表性著作，1950 年代后更致力于外国哲学和社会科学经典的译介，及至 1980 年代，辑为“汉译世界学术名著丛书”，汇涓为流，蔚为大观。丛书自 1981 年开始出版，历时三十余年，迄今已推出七百种，是我国现代出版史上规模最大、最为重要的学术翻译工程。

丛书所选之书，立场观点不囿于一派，学科领域不限于一门，皆为文明开启以来，各时代、各国家、各民族的思想与文化精粹，代表着人类已经到达过的精神境界。丛书系统译介世界学术经典，引领时代思想，为本土原创学术的发展提供丰富的文化滋养，为推动中国现代学术和现代化进程做出了突出的贡献。

为纪念商务印书馆成立120周年，我们整体推出“汉译世界学术名著丛书”120年纪念版的珍藏本，寄望既利于文化积累，又便于研读查考，同时向长期支持丛书出版的译者、编者和读者致以敬意。

两甲子后的今天，商务印书馆又站在了一个新的历史时间节点上。我们不仅要铭记先辈的身影和足迹，更须让我们的步伐充满新的时代精神。这是商务人代代相传的事业，更是与国家和民族的命运始终紧密相连的事业。我们责无旁贷，必须做好我们这代人的传承与创造，让我们的努力和成果不仅凝聚成民族文化的记忆，还能成为后来人可以接续的事业。唯此，才能不负前贤，无愧来者。

商务印书馆编辑部

2017年10月

# 目　　录

# 前　言

在讨论构成这部新著对象的问题以前，我需要先就一个假设作些说明，这就是关于上帝的假设。无疑，这个假设看起来非常奇特，但是，离开这个假设，我的论述就无从进行，也无法为人所理解。

有人会说：只是假定上帝存在，就等于否定上帝；为什么不肯定上帝存在呢？

如果信仰神明竟成了一种可疑之见，如果对上帝的存在稍有怀疑就被当成意志薄弱的标志，如果在一切哲学乌托邦中这是唯一令人最难接受的乌托邦，这难道是我的过错吗？如果伪善与愚蠢到处都以这个神圣的标记作为掩护，这难道也是我的过错吗？

假使一位学者设想宇宙间存在着一种不可知的力量在牵引着群星和原子，推动着整个宇宙的运转，那么这个毫无依据的设想，不但学者本人认为完全理所当然，而且还受到人们的欢迎和鼓励。因为万有引力这个证据，尽管是人们永远无法证实的假设，它却使发明人名传遐迩。可是，当我为了阐明人间事物的进程，而以我所能想象到的最严谨的态度假定存在一位上帝在干预人世时，那我敢断言，这一定会冒犯科学的尊严，并且触怒不信上帝的人；原因是：我们的虔诚业已使上帝的信誉完全扫地，而且，形形色色的江湖骗子利用这一推理或虚拟所进行的招摇撞骗已到了不可思议的程度。我一见到当今的有神论者，渎神的话就到了嘴边；可是一想到布里登[①]称之为上帝最真诚的友人的人民对上帝的崇敬，便又为我那险些脱口而出的否定上帝的话而战栗自惭。在这两种相反情感的折磨下，我只好诉诸理性。正是这个理性指引我在各种武断的对立之中得出了现在这个假设。既然原先那种认为上帝一定存在的先验之见迄今并未帮助我们解决疑难，那么，这个假设将把我们引向何方，又有谁能预料呢？……

因此，我要说明一下，当我摆脱一切人世的思虑，在我心里默默探索着种种社会变革的秘密时，上帝这一伟大的不可知者是怎样变成我的一个前提，我的意思是说，怎样变成我的一种不可缺少的论证工具的。



## （一）

如果追溯一下人类对上帝的观念的衍变情况，就可以看出这种观念首先是社会性的，这意思就是说，与其说它是某种个人的观念，不如说它是集体思想信念的表现。那么，这种信念表现是在什么情况下并通过什么方式产生的呢？这就是我们需要加以确定的。

从精神和智慧方面看，社会，或者说集体的人，区别于个人的地方主要在于它行动的自发性，换句话说，在于它的本能。当个人

① 布里登（1701—1767），法国神学家。——译者

是只服从，或者说自以为只服从自己所完全认识的并且可以凭自己意志取舍的动机来行事时，总的说，他自以为是自由的；而且，他愈是善于推论，知识就愈丰富，他就愈觉得自己是自由的。可是，社会却受着热情冲动的支配；这种冲动乍一看来似乎并没有经过预先的考虑和计划，但是，逐渐就会显示出它是受着某种最高意志的支配，这个意志存在于社会之外，并以一种不可抗拒的力量推动社会朝着一个不可知的目标前进。君主国与共和国的建立、种姓的划分，以及司法制度的出现等等，都是这种社会自发性的表现；指出这种社会自发性的表现，要比找出它的根源和说明它的依据容易得多。那些追随博胥埃[①]、维科[②]、艾尔德[③]和黑格尔之后埋头于历史科学的人，迄今所作的努力都不过是证明确实存在一种支配着人类全部活动的天命。关于这一点我想指出：社会在行动之前总要乞灵于神，就像是希望上帝来就它已经凭自发性决定要做的事情下一道命令似的。求签、问神、祭祀、群众的欢呼、公众的祈祷，这都是社会在事后进行的一些最流行的评议方式。

这种完全出于直觉的，而且可以说是超社会的神秘性能，人们是不大感觉到的，或者说根本就没有感觉到；但是，它却好像一位驾乎人类之上的天才启迪者一样，成为全部心理学的首要研究对象。

人虽然与其他动物一样，同时受着本身欲念和集体冲动的支

① 博胥埃(1627—1704)，法国神学作家，教会活动家，天主教反动势力和专制政体的思想家。——译者

② 维科(1668—1744)，意大利历史哲学家。——译者

③ 艾尔德(1744—1803)，德国人文主义哲学家和作家。——译者

配；但是，他又和动物不同，他具有一种特殊的天赋，就是能够意识到并从思想上理解到支配着自己行动的本能或命运，而且，往后我们还可以看到，人能够预见并影响这种本能所作出的决定。人受到（神意的）热情的感召和鼓舞以后，第一个行动就是崇拜他感到需要依靠的名曰上帝的不可见的神明。这个神明或称生命、存在、精神，或者更简单一点，叫做我，因为，这些字在古代语言里都同音同义。

上帝对亚伯拉罕[①]说："吾即我，吾与汝相约……"；上帝又对摩西[②]说："吾即存在。汝告犹太子民：'存在遣我前来'。"在人类最富有宗教性的古代语言中，存在和我这两个字具有相同的特殊含义[③]。此外，当耶和华通过摩西之口自命为立法者，声称自己永恒不灭，并以自己的身份为证作誓时，总是说我怎么怎么，或者为了加重语气而说"我，也就是存在……"因此，希伯来人的上帝是一切神明中最人格化和最富自由意志的一位，任何神明都不如他那样明确地表达着人类的直觉意识。

① 亚伯拉罕，是《圣经》中传说的古犹太族长。语见《旧约·创世记》。——译者

② 摩西，圣经中传说的先知和立法者，领导古犹太人摆脱埃及的奴役，并给他们立下约法。语见《旧约·出埃及记》。——译者

③ 例如：Ie-horah（〔耶和华〕，古犹太教中的主神。——译者）一字来源于 Iah，意为"存在"；Iao〔我存在〕又与 iou-piter（〔丘比特〕，罗马神话中的主神。——译者）同义；ha-iah，希伯来语，意为"曾有"；ei，希腊语，意为"有"；ei-nai，意为"存在"；an-i，希伯来语，变位为 th-i，意为"我"；ego、io、ich、i、m-i、m-e、t-ibi、t-e 及所有的人称代词中，元音 i、e、ei、oi 是总的表示人身，辅音 m 或 n、s 或 t 则表示人称的次序。如果有人对这样类比表示异议，我并不准备辩驳，因为一般的词源学都只是浮光掠影，玄妙神秘，根本达不到我们所谈的这种深度。与我们的论题有关而我必须指出的是，名词发音上的联系看来是反映着观念上的形而上的联系的。

因此，在人类看来，上帝仿佛就是一个我，一个纯粹的永恒不变的实体；他伫立在人类面前，好比一位君主站在自己的臣仆面前一样。有时，他通过诗人、立法者或卖卜者的口来表达自己的意志，这就是 musa(歌谣)、nomos(律令)和 numum(命卦)；有时却又借助群众的欢呼来表达自己的意志，这就是所谓 Vox populi Vox Dei〔万民之声、上帝之声〕。正是因为如此，所以神谕才有真假之别。一个生来与世隔绝的人，本身无从产生上帝概念，可是，当集体思维告知他这个概念时，他马上就如获至宝地抓住不放，原因也在于此。此外，这个道理还可以用来解释为什么像中国这样一个保守不前的民族也终于抛弃了神明的概念[①]。先就神谕来说，它的真实性显然完全来自于启示人类的普遍意识；至于上帝的观念，我们不难理解，只要人们与世隔绝或安于现状，就会致它于死命。一方面，离群索居将使人的心灵沉溺于兽性的利己主义之中；另一方面，缺少活动则使社会生活逐渐变成呆板和机械的生活，最终将使人们失去意志和天命的观念；所以，说来也奇怪，社会

① 中国人的传统中还保留着某种大概消失于公元前5、6世纪的原始宗教的遗迹。(参看普蒂埃著：《中国》，巴黎狄铎书店版)(普蒂埃[J. P. -G. -Pauthier]，1801—1873，法国汉学家，曾著《中国与西方关系史》。——译者)尤其令人惊奇的是，这个奇特的民族在抛弃自己的原始宗教时，似乎已经懂得神明并不是别的，只不过是人类的集体的我；因此，两千多年以前中国人流行的信仰就已经达到西方哲学的近代水平。例如，《书经》上说："天视自我民视，天听自我民听"，"天道福善祸淫"，"天命弗僭，贲若草木，兆民允殖"；《诗经》上说："小心翼翼，昭事上帝，聿怀多福，厥德不回。"孔子则用另外一种方式来表达同样的思想，他说："顺天者昌，逆天者亡。"这指的就是普遍理性，行天经世之道，或者称为天启。《道德经》就说得更明确了。在这部扼要地论述纯理性的著作中，哲学家老子始终把普遍理性与无限存在等同起来，名之曰"道"。依我看来，这就是各种原理的永恒的统一性，而我们宗教的和形而上学的习惯是那样深刻地把这些原理加以区别，以致使我们难于理解老子的这部著作。

进步固然足以使宗教消失，停滞不前也能毁灭宗教。

此外，还必须指出，当我们把上帝的最初启示归结为一种模糊的意识，并且可以说它就是普遍理性的体现时，绝对不是对上帝是否确实存在作出任何定论。实际上，即使我们承认上帝不过是集体本能或者普遍理性，也仍然需要弄清这普遍理性究竟是什么；因为，正如我们在下面还要指出的，普遍理性并非来自个人的理性，换句话说，对社会规律的认识，或者说集体思维的结论，虽然是产生于纯理性的基本概念，但是却完全是实证性的，绝不是通过演绎、归纳或综合的途径先验地发现的。由此可见，这种我们认为能够自己创制规律的普遍理性，这种作为纯理性的特殊形态而在某一个特殊领域内存在、思考和起作用的普遍理性，与宇宙体系的情况是相类似的。宇宙体系虽然是根据数学定理研究出来的，但是却是一种与数学有别的特殊现实，我们不可能只根据数学便推论出宇宙体系的存在。因此我认为，现代语言中所称的普遍理性，正是古人所谓的上帝。名称是改变了，但是对它的内容我们是不是有更多的了解呢？

现在就让我们来追溯一下上帝观念的衍变情况。

当上帝的存在被最初作出的一个神秘的判断所确定以后，人类马上就用另一个神秘的判断，亦即用类推的方法把这个命题普遍化了；可以这样说，起初上帝还只是一个点，可是顷刻之间他就无所不在，充塞宇宙。

人类自从感到自己是社会之我时起，就开始礼拜自己的造物主；同样，人类自从发现动物、植物、水流、星辰和万物都各有其决意和意向时，就分别赋予它们以一个灵魂、智慧或精神作为主宰，接着又创造一个支配着万物的总的灵魂、智慧或精神。从作为自然界最高形态的人类社会,到最卑微的生物,甚而到无生命的、无机的物体,人类无不运用这种归纳法加以神化。这就是说,人类把上帝的观念从自己这个起着无上创造作用的集体的我扩展到最微小的原子,亦即把一切都人格化和智慧化,就如《创世记》里告诉我们的:上帝自己扩大了天体,创造了容纳万物的空间和时间。

因此,如果没有一个最高的造物主上帝,宇宙和人类就不存在,这就是公开主张的社会信念。但是,同样地,如果没有人类,也就不会设想出上帝(让我们还是跨越这个界限吧!),上帝就子虚乌有。如果说,人类需要有一位造物主,那么,上帝和一切神明也需要人类作为感知者。叙述天堂和地狱及其人物故事的神统记,虽说是人类思想上的幻境,毕竟就是宇宙的写照;某些哲学家把它称为上帝的梦幻,是把事情颠倒了。这种神学创作,这种社会的集体作品是多么伟大啊!(〔造物主〕)的创造力已经消失,我们所谓的全能之主已经甘拜下风;而且,多少世纪以来,人类心醉神迷的种种想象却由于向往庄严富丽的奇观而被歪曲得不符合自然景象了。

我们还是走出这梦幻般的境界吧!因为无情的理性正在叩门,我们必须回答它所提出的那些可怕的问题。

理性问道:什么是上帝?上帝在哪里?上帝有多少?他想干些什么?他能够干些什么?他又答应干些什么?大家看,在分析法的光芒照耀下,天上、人间和地狱里的一切神明都变成某种谁也不了解的既无形体又无感觉、静止不动、难以洞察和无从确定的东西,一句话,变成一种丧失了存在的一切属性的东西。的确,尽管人类赋予每种事物以一种特殊的灵魂或精神，或者是设想宇宙间有一种独一无二的力量在统治着，他总不应该事先假定存在一个不受条件限制、因而是根本不可能有的实体，然后用它来解释一些非此就无法解释的现象。上帝与理性的关系真是神秘莫测啊！信徒们愈是想把自己所崇拜的偶像理性化，就愈是抽掉了一切能够使它成为现实的属性。经过人们的一番天才构思和奇妙的逻辑推论以后，上帝这个卓绝存在的一切属性反而变成了否定上帝存在的依据。这种衍变是必然的、不可避免的，因为，护神论本身总是潜藏着无神论。

让我们尝试来弄明白这个进步的过程。

作为万物创造者的上帝刚刚被人类意识创造出来时，换句话说，当我们刚刚把上帝从社会的我的观念提高到宇宙的我的观念时，我们的思维立刻就借口要完善这个观念而把它摧毁了。改进上帝观念，澄清神学教理，这就是人类的第二个幻想！

善于分析的鬼神，不知疲倦的撒旦[①]，不断地在追问、反驳，总想寻根究底，找出宗教教理的依据。不论这位哲学家是肯定上帝观念还是声称这个观念无法确定，也不论他使这个观念接近或者远离他的理性，我认为这个观念总是受到损害；而且，由于这种研究无法终止，久而久之，上帝这个观念就必然归于消灭。于是，无神论运动便成了神学悲剧的第二幕；它来自第一幕，正如结果来自原因一样。圣经诗篇作者说："诸天传颂神的荣耀"；[②]我们不妨加

① 撒旦，《圣经》中传说的魔鬼首领。——译者

② 语见《圣经》，《旧约·诗篇》，第19章。——译者

上一句:诸天的证言推翻了神的地位。

事实上,人类愈是深入观察各种现象,就愈是发现自然界与上帝之间存在着种种的媒介,这就是:数字关系、图形关系和承继关系,以及构成规律、进化规律和类同规律;这一切形成一定的系列,它的各种表现形式始终互为因果,或者说互相呼应。人们甚至还看到,在这个他们是其一部分的社会发展过程中,在某些事情上是个人意志和公众见解同时在起着作用,于是就推断那伟大的圣灵对世界的感召并不是直接亲自而为的,也不是随心所欲专断而行的,而是按照一定的规律、直接借助于某种手段、通过人们的感觉器官来进行的。而且,人们还依靠思维,溯及因果系列,把上帝置于这个系列的一端,就如把它放在天秤的一方。这正像一位诗人所说的:

“诸天上帝高居于诸天彼岸。”

这样一来,理论开宗明义便把上帝的作用贬为一种原动力,一种动因,或者拱心石。如果允许我作一个更为通俗的比喻的话,可以说他的作用就好比一位在朝而不掌政的立宪君主,只宣誓自己按法律行事,而实际执行则委诸臣宰。但是,沉迷于自己梦幻的有神论者,反而把这种可笑的制度看作是自己膜拜的那个偶像崇高超绝的一个新证据;因为在他们看来,这个偶像是把自己的创造物作为行使权力的工具,把人类的智慧变成自己的光荣。

不久,人们又不满足于限制神的权力了,他们用一种愈来愈戕害上帝神明性的敬神方式来要求分享神的权力。

有神论者继续说道:既然我是一个生灵,是一个有感觉、能思想的我,那么,在那个绝对存在中也有我的一份;我是自由的,我是造物主,我和上帝一样是永存的。我思故我永存,这是我思故我在的推理和表达。在这一点上，哲学和《圣经》完全一致。上帝的存在和灵魂的不灭是从人们作出同一判断的意识中产生出来的，因为，人们在谈论上帝的存在时，是把自己移置于宇宙之中，以宇宙之我自居；而在谈论灵魂不灭时，则是以自我的我出现。其实，这一来一去无非都重复着同一个我，只不过大家没有觉察到罢了！

灵魂不灭，神的真正分化，在相隔很长一段时期以后开始传播时，曾被笃信古代教义的人视为异端邪说，但是仍被人们看作是神的尊严的补充，看作神的永恒善良和公正的必要基准。有神论者说：没有灵魂不灭性，上帝就无从为人们所理解；这和政治理论家声称那位代表最高主权的君主和大批官吏的不可罢免性是君主制必不可少的条件的道理完全一样。但是，学说上愈是牵强附会，概念上的矛盾就愈是明显；因而，灵魂不灭的教理很快就成为哲学神学家们的绊脚石。从毕达哥拉斯[①]和俄耳甫斯[②]时代起的多少世纪以来，哲学神学家们便竭力想使神的属性与人的自由一致起来，使信仰与理性一致起来，可是却始终枉然。对于不信宗教的人说来，这倒是一件非常快意的事！……可是，幻想是不可能很快消失的；何况灵魂不灭的教理正是对尚未定型的上帝的一种限制，所以它也不失为一种进步。人类的智慧虽然只获得了部分真理而有所迷误，但它是从不后退的；这种勇往直前的精神，正是人类永不谬误的明证。关于这一点，我们还将获得另一项新的证据。

① 毕达哥拉斯（约公元前580—前500），古希腊奴隶主阶级思想家，唯心主义哲学家。——译者

② 俄耳甫斯，希腊神话中的佛律癸亚歌手。——译者

人类一方面把自己说成与上帝相似，另一方面又把上帝说成和自己一样，这种人神不分的做法虽然许多世纪以来一直遭人厌弃，但是却成为一种新神话的潜在根源。据这种神话说，在宗法时代，上帝曾经与人类结盟，现在，为了巩固这种联盟，上帝也使自己变成了人。他将和我们一样，具有形体、面貌、情欲、欢乐与痛苦；他将和我们一样，由一位妇女生育出来，也和我们一样地有一天必将死亡。在这样辱没了上帝以后，人类还自以为提高了对上帝的理想，其实，这不过是通过逻辑换位法，把它迄今称之为造物主的上帝贬抑为一位守护神和救世主。人类这时还不敢说自己就是上帝，因为这样一种僭越会对自己的虔诚感到恐惧；他是说："上帝寓于我身，与我同在。"之后，到了哲学高傲地和普遍意识惶恐地同声高喊诸神退位时，一个延续达十八个世纪的狂热崇拜和超人的信仰时代便宣告开始了。

但是，不可避免的结局正在临近。任何王政，如果任人限制，必以暴民统治告终；任何神国，如果有了明确的界限，也势必成为群魔的巢穴。崇拜耶稣基督是人类思想的这段长时期演变的结果。《教理答问》上说：天使、圣人、童女与上帝同在天国为王；魔鬼与罪人则在地狱永受惩罚。原来，超尘世的社会里也有左翼与右翼之别！可是，现在到了结束天国与人世差别的时候了，那个神秘的等级社会降临大地，而现出它的本相的时候已经到来了！

弥尔顿[①]描写过第一位女人怎样面对清泉顾影自怜，深情地

① 弥尔顿（1608—1674），英国的伟大诗人和政论家，资产阶级革命思想家。——译者

伸出双臂想拥抱自己的影子，其实这不过惟妙惟肖地刻画了人类。啊！人啊！你所崇拜的上帝，你所创造的善良、公正、万能、全知、不朽和神圣的上帝，其实就是你自己；这个十全十美的理想不过是经过你的意识明镜美化了的自我形象罢了！上帝、自然和人类其实是同一存在的三副面孔。人就是那个经过无数的进化才被意识到的上帝，人在耶稣基督身上感觉到自己就是上帝；因此，基督教真正是上帝即人的宗教。除了从一出生就自称为我的人以外，没有别的上帝；除了你以外，也没有别的上帝。

这就是哲学的最后之言。它在揭露了宗教的秘密和自己的秘密以后便安然长逝了。

## （二）



从此，一切都好像结束了。人类似乎不再崇拜自己和把自己神秘化了，神学问题也永远束诸高阁。诸神业已离去，人类只能在利己主义中自寻烦恼，走向灭亡。展现在我周围的是一片可怕的空虚，而且它逐渐扩及我的心灵深处。我的激情似乎已经泯灭，而且，自从我把自己变成上帝以后，自己就好像只是一个幽灵。也许我还仍然是一个我，但是，我已很难把自己看作绝对存在；既然我不是绝对存在，那我就只是一个不完整的概念。

有一位我不知其名的讽刺家说过：少许的哲理使人背离宗教，过多的哲理又使人重新皈依宗教。这个观察是一个令人羞愧的真理。

一切科学都先后经历过三个发展时代，如果和伟大文明时代相比，我们可以称之为宗教时代、诡辩时代和科学时代。[①] 例如，炼金术标志着后来我们称之为化学的那门科学的宗教时代，而这门科学的最终轮廓还没有发现；同样，占星学则标志着另一门科学结构，即天文学的宗教时代。

请看，化学家们在嘲笑了点金石六十年以后，由于经验的指引，现在已不敢再否认物体的变质性了；同样，天文学家们也根据天体运行的规律而怀疑天体也许存在着一种像占星学所说的神秘的结构。这种情况正好可以援引刚才那位讽刺家的话来解释：倘使少量化学使人离开了点金石，那么更多的化学又使人回到点金石；倘使不多一点天文知识使人嘲笑占星家，那么天文知识多了又使人相信起占星家来。这难道不是这样的吗？[②]

① 参看奥古斯特·孔德（1798—1857，法国资产阶级哲学家和社会学家，实证论的创始人。——译者）著：《实证哲学教程》和本人所著《人类秩序的创立》。

② 这里我并不是想肯定物体有变质性，也不准备把这作为研讨的对象，更无意劝说学者在这个问题上采取什么意见。我只是想指出，化学哲学上的一些最一般性的结论使某些毫无主见的人们头脑里产生了怀疑论思想，更确切点说使他们产生了附和这些结论的种种互不相容的假设。化学确实是使理性束手无策的一门科学，因为它的哪一部分都牵涉到幻想；我们通过实验对化学了解得愈多，它就愈是包藏在无法理解的神秘之中。这是我不久前读了李比希（1803—1873，德国化学家，曾发明土壤施肥的原理。——译者）的《化学札记》（贝尔特·杜比尼和杜布勒伊·海利昂译，巴黎马斯格那书店 1845 年出版）后所产生的感想。

例如，李比希先生把一些假设的原因和古人所承认的一些概念，如物质的创造力、对虚无的恐怖、指导一切的精神等等，一律排除于科学之外（见原著《导论》，第 22 页，中译本从略），然后马上又承认了另外一系列同样模糊的概念，如生命力、化学力、电力和引力等等，把它们作为了解化学现象的必要条件。（见第 121 和 124 页）据说，这些都是物体属性的体现，就如心理学家之认定自由、想象力和记忆力是灵魂属性的体现一样。试问，为什么不坚持只谈元素呢？既然原子如李比希先生自己所相信的那样，本身是有重量的，为什么它又不带电和具有生命呢？事物真是奇怪！不论物质或精神现象，都只有当我们假定它们是某些不可知的力量所创造和受着某些矛盾规律的支配时，才成为可以理解的；从李比希先生这本书的每一页里都可以得出这样的结论。

当然，我并不像许多无神论者那样对奇异的事物特别感兴趣，

---

按照李比希先生的说法，物质在本质上是惰性的，没有自发能动力的。（见第 123 页）如果真是这样，原子为什么会有重量呢？原子所固有的重力难道不就是物质本身自发和永恒运动的表现吗？把我们所认为的静止状态称作平衡状态不是更正确吗？为什么要时而假定存在一种业已为定义所否定的惰性，时而又假定存在一种未经任何证实的外在潜力呢？

李比希先生根据原子具有重量这一假定而作出原子不可分的结论。（见第 30 页）这叫什么推论啊！重量不过是一种力量，也就是说，它是一种无从感觉而只能从现象上观察到的东西，因而也是一种不适用于可分或不可分概念的东西；可是，李比希却居然以存在这种力量为理由，从存在这样一种未经确定的、非物质的事物的假定出发，得出物质不可分的结论！

此外，李比希虽然承认原子的绝对不可分是我们的智慧所无法想象的，也承认这种不可分性并没有得到证实；可是，他却仍然要补充一句说：科学没有这个假定是不行的。这样一来，这位化学权威就是供认，化学是以某种既与智慧相违又为经验所否定的虚构为出发点了。还有比这更可笑的吗？

李比希先生说：原子的重量并不相等，因为它们的体积是不相等的；而且，我们无法证明化学等价物能够表示出原子的相对重量，或者换句话说，我们无法证明我们根据原子等价物的计算视之为原子的物体并不是由若干原子组成的。这一番话就等于说较多的物质比较少的物质要重一些；而且，既然重力是物质的组成要素，我们就可以得出一个完全合乎逻辑的结论，就是重力在任何地方都是同一的，在物质中也是同一的；单体之所以有区别，或者是由于原子的组合方式不同，或者是由于原子间聚合的密度不同，而且原子是会变质的，这正是李比希先生所不承认的结论。



他说："我们没有任何理由相信一种元素能够转变为另一种元素。"（见第 110 页）他凭什么这样说呢？相信这种转变的理由完全存在，只不过他没有看到罢了！看来，在这个问题上，他的智力水平是否与经验相称是大可怀疑的。就算我们承认李比希先生的这个否定论断是正确的，那么，又该作出什么结论呢？除了有五六十种目前还没有弄清的例外情况以外，一切物质都是在不断地变化的。我们的理性有一个规律，就是假定自然界中的任何物质、任何力量和任何体系都有它本身独特的同一性；化学化合物的系列和化学单体的系列就更不用说了，它们本身就无可争辩地证实了这一点。既然如此，又怎么可以拒绝沿着科学所开辟的这条大道走到底呢？怎么可以拒绝承认这个根据经验必然得出的假定呢？

李比希先生不但否认元素的可变性，而且还否定胚胎的自发形成。既然否定胚胎的自发形成，也就不得不承认胚胎的永恒性。可是，相反地，地质学却已经证明地球并不是从一开始就有生物的，因此人们又不得不承认动植物的永恒的胚胎一定是在某个时期无父无母地突然出现在地球的表面。因此，对自发形成的否定最后还是要回到

但是我也情不自禁地认为，奇迹、预言、符咒等等，无非就是对由某些潜在力或者如过去人们所说的魔力所造成的一些异常结果所作的歪曲描述罢了！我们的科学仍然是那样粗暴和满怀恶意，我们的学者凭着一点点知识就那样傲慢非凡，竟然鲁莽地否认一切他们难于解释的事实，为的不过是维护对他们有利的主张。因此，我对这些自以为是者跟对迷信者一样地不信任。当然，我还是确信，我们粗俗的理性主义将标志着一个由于科学的力量而成为真正奇迹般的时代的开始；而且，在我心目中，宇宙不过是一个魔术实验室，在这里面，应该预料什么奇迹都可能发生……说到这里，我就要谈我的正题。

如果人们在听了我这里所说的宗教衍变概况以后，便以为形而上学对那表现为上帝存在和灵魂不灭这样两句话的复合谜语已经作出定论，那就大谬不然了。在这个问题上，与其他问题一样，理性所作出的最先进和最明确的结论，虽然表面上好像已经把神学问题彻底解决了，实际上却反而把我们引回到原始的神秘主义，并且为一种必然要出现的新哲学提供了依据。今天，对宗教思想的批判使我们既嘲笑宗教，也嘲笑自己；可是，这种批判的结果，只是又把问题重新提出来。当我写这几行话的时候，人类正处在承

---

自发性的假设上。形而上学尽管受到如此羞辱，恐怕也不会提出比这更自相矛盾的东西吧！

请大家不要因此以为我想否定化学理论的价值和真实性，不要以为我会把原子论当成荒谬之谈，或者以为我赞成伊壁鸠鲁派(伊壁鸠鲁，约公元前 341—前 270，杰出的古希腊唯物主义哲学家，无神论者。——译者)关于自发形成的主张。再说一遍，我想指出的不过是：从原则上说，研究化学需要有极大的宽容态度，因为只有承认某些既违背理性又不符合经验，而且又互相推翻的假设，才有可能发展这门科学。

认和肯定某种对它说来与古代的神明概念并无二致的观点的前夕;所不同的是,这种观点过去是自发地产生的,而现在却是经过思考,并且通过一种无可辩驳的辩证法推论出来的。

我将以尽可能简短的篇幅来说明我的意思。

如果说有哪一个论点是哲学家们经过争论后终于取得一致的话,那当然就是智慧区别于必然性,思维主体区别于思维客体,自我区别于非我,说得通俗一点就是精神区别于物质。我完全懂得:所有这些概念都不能表达任何真正的和现实的东西,其中每个概念只能指出绝对存在的一个侧面;只有绝对存在才是真正的和现实的东西,若把这些概念一一分开来,它们各自都同样包含着矛盾。可是,同样应该肯定的是:绝对存在是我们根本不可及的,只有通过能为我们的经验所理解的它的对立概念,才能认识它;而且,如果说我们的思维只相信一元论,那么,二元论却是科学的首要条件。

例如,是谁在思维呢?思维的对象是什么?什么是灵魂?什么是肉体?我认为这些问题都逃不出二元论的范畴。无论是物质还是观念都是如此,不过,前者是在自然界里表现为分裂状态,而后者则是在人的悟性上表现出分裂状态。因此,尽管上帝存在和灵魂不灭是同一个观念,但是,两者在哲学上却是有先有后、相互矛盾的;同样,尽管自我与非我在绝对存在中是混同的,但是在自然界中却是互相分离和彼此矛盾的。因此,当有的存在在思维时,另外一些存在则不在思维。

然而,谁只要稍下工夫思索一下,马上就会发现:类似这样的区别,尽管十分现实,却始终是理性所遇到的最难理解、矛盾最大,也最为荒谬的论点。没有精神属性或者物质属性存在就无法理解。因此，如果说你是因为精神不属于时间、空间、运动、体积等等任何范畴，因为它似乎缺乏构成实体的一切属性而加以否定；那么我呢，我却要否定物质，因为物质能供我感知的只是它的被动性，能为我看到的只是它的形状，无论从哪一方面说，物质都不表现为一种（有意志和自由的）动因，并且它作为一种实体完全把自己荫蔽起来了。这样一来，我们便会陷入纯概念主义，也就是说，沦于虚无主义了。但是，虚无主义是和我所不知道的那些生存着并推理着的东西背道而驰的，这些东西把物体的一切对立的属性在正在开始综合或者即将分裂的状态下（我也不知道该叫它做什么状态最确切）集合于本身。因此，尽管我们完全知道这些二元的名词全都是虚构的，但它们又是我们到达真理的必要前提，我们不可避免地一定要运用它们，所以我们不得不从二元论着手来研究问题。总之，我们不得不与笛卡儿[①]及人类一道，从我，也就是从精神出发来研究问题。

但是，自从原来被分析法割裂开的宗教与哲学在关于绝对存在的理论中重新结合起来以后，我们对精神究竟是什么的问题，并没有得到进一步的解决；在这方面，我们不同于古人之处只是利用丰富的辞句来粉饰我们四周各种模糊难解的事物。不过，古代人是把人类秩序的建立归因于某种世界之外的智慧，而现代人，则似

① 笛卡儿（1596—1650），法国著名的二元论哲学家、数学家和自然科学家，在认识论上代表近代唯心主义的唯理论，其思想既有反对经院哲学和宗教迷信的唯物论成分，也有许多与封建思想、宗教神学妥协的唯心论思想。此处指他的“我思故我在”的论点。——译者

乎宁愿认为人间秩序的成因在于世界之内的智慧。但是，不论把智慧归诸世界之内或世界之外，既然都是因为有了秩序便肯定智慧的存在，那么，就应该对任何表现出秩序的事物都承认有智慧在起作用，或者否认有智慧在起作用。既然承认《伊利亚特》[1]的作者的头脑中存在着智慧，当然同样有充分理由认为构成一个八角结晶体的那堆物质也有智慧；反过来说，把宇宙体系归因于物理学规律而忽视那发号施令的"我"，以及把马伦哥战役的胜利归功于军事战略而忽视第一执政[2]的作用，都同样是荒谬的。这两个事例唯一的差别就在于：后例中从事思维的"我"，是寄寓在拿破仑的头脑中，至于前例，也就是关于宇宙体系的例子中，那个从事思维的"我"并没有固定的寓地，而是无所不在。

唯物论者一直以为用下面的说法便可以轻易地驳倒自己的论敌。他们说：人类是先把宇宙比作自己的躯体，然后再把一个与他假定为自己生命与思维根源的灵魂相似的灵魂赋予这个宇宙，从而完成了整个比喻，因此，一切认为上帝存在的论点就统统归结成为一种类似，既然比喻本身就是一种假设，那么，这种类似与之相比，它就更属虚构了。

当然，我并不想为古老的三段论式作辩护。三段论法对这个问题的公式是：一切秩序都必然有一个智慧在指挥，世界既然存在着一种令人惊叹的秩序，因此世界是某种智慧的产物。这种从约



① 《伊利亚特》是古希腊著名诗人荷马所著的叙事长诗。——译者

② 第一执政指波拿巴·拿破仑；马伦哥战役指 1800 年 6 月 14 日拿破仑在意大利境内马伦哥村击溃奥军的著名战役。——译者

伯[1]和摩西以来不知有多少人无数遍地重复过的三段论式，远不能作为问题的答案，而只是一个有待破读的谜语公式。我们十分熟悉秩序是什么，但是，灵魂、精神或智慧指的又是什么，我们便毫无所知了；因而，从逻辑上说，我们又怎么能仅仅根据秩序的存在便推定智慧也存在呢？所以，在获得更充分的材料以前，我否认世界秩序的存在能够作为上帝存在的证据，最多只能把它看作哲学上应该加以解决的一个未知方程式。从秩序这个概念到肯定精神的存在，中间还有一道形而上学的鸿沟需要填平。这点我不准备再作什么说明了。

但是，当前的问题并不在此。我想证明的是：人的理性必然地和不可避免地需要区别自我和非我、精神和物质、灵魂和肉体。可是，谁都能看到，唯物论者所提出的反面论据不是恰恰证实了他们原来想否定的论点吗？既然人类也能看出自身具有一个精神来源和一个物质来源，那么，还有什么别的东西比自然界更有权利宣称自己具有双重的本质，并且证明自己具有特殊的规律呢？让我们来看看唯物主义的这种矛盾吧：它否认，而且是被迫否认人类是自由的；可是，人类愈是不自由，他的言论就应该愈是重要，而且理应被视为真理的体现。当我听到人类这个机体对我说“我是灵魂，又是肉体”时，虽然会对这种启示感到惊奇和迷惑；但是在我看来，这种说法要比唯物论者的论调有分量得多，因为唯物论者是在歪曲意识与自然，妄图让它们说：“我是物质，而且只是物质，智慧不过是物质的一种认识能力罢了！”



① 约伯，《圣经》中人物，希伯来人族长。此处隐指自有人类以来。——译者

如果我也来采取攻势，证明那种认为物体的存在也就是纯粹有形的自然的实体的说法是站不住脚的，那将会出现什么情况呢？人们一定会说："物质是具有不可入性的啊！"我就要问："你们所说的不可入性是对什么而言呢？"当然是对物质本身啦！因为人们不敢回答说是对精神而言；否则，他们就等于承认了他们原来想回避的结论。说到这里，我要进一步提出这样两个相关的问题：你们对不可入性知道些什么？它又意味什么呢？

1. 被当成物质必要属性的不可入性，其实只是某些不求甚解的物理学家的一种假设，是根据表面观察而推断出来的一个肤浅结论。经验证明，物质具有一种无限可分性和无限扩张性，有无数可填充的空隙，能够无限度地吸收热量、电能和磁力并无限地把它们储藏起来；物质还具有亲合性，能够相互影响并且变化无穷。即使是程度不大的不可入性，也是与物质的这些特性不相容的。根据弹力和抗力的概念，弹性比物质的其他一切特性能更好地引到不可入性的概念上去，这种弹性随着情况的不同而发生变化，而且完全取决于分子间的吸引力。试问，还有什么东西比吸引力更难与不可入性协调的呢？再说，世界上存在着一种我们可以给它下一个严格的定义叫做关于物质可入性的科学，这就是化学；事实上，我们所说的化学化合和可入性又有什么区别呢？[1] 简而言之，



---

① 化学家是把混合与化合区别开来的，就如逻辑学家把概念的结合与综合区别开来一样。但是，按照化学家的说法，化合实际上仍然只是一种混合，或者更确切地说，是原子的一种有系统而非偶然的聚合；不同的化合物就是由于原子排列的不同而产生的。不过，这还只是一个毫无依据的假设，丝毫不能用以解释任何事物，而且甚至还违背逻辑。原子的结构和形式的这种纯属数字上和几何上的区别，又怎么能够在生理特性上形成那样巨大的差别呢？如果原子真的是不可分和不可入，那么，这种局限

人们看到的只是物质的外表形式，对它的本质却一无所知。既然如此，又怎么能肯定一种看不见、抓不住、摸不着、压不住，而且不断在变化和流动、只显露其伪装形式、因而对思想来说是不可入的存在的现实呢？唯物论者们！我倒允许你们证明你们具有感觉，但是，要是问你们的感觉是怎样引起的，大概你们也只能用事物的某种相互关系来解释吧，就是说，某种东西（你们称之为物质）作用于感官，然后感官又把它传送给另外一种东西（我称之为精神）。

2. 既然物质的所谓不可入性并不现实，而且从外部观察也无法证明其存在，那么这种关于不可入性的假设是怎样产生的呢？它指的究竟是什么呢？

在这个问题上看来二元论是胜利了。之所以说物质具有不可入性，并不是像唯物论者和庸俗之辈所认为的那样，是由于什么感官的证实，而是凭借意识的作用。**自我**是一种不可理解的自然物，它自以为是自由、独特和永恒的；它在自身之外遇上了另一个同样不可理解的自然物，这个自然物也是独特的，而且尽管它有各种变

于机械性的聚合又怎么不使它们在本质上不发生变化呢？在这点上，所得的效果与假设的原因之间的关系何在呢？

如果我们否认智慧的洞察力，那么，我们也应该不相信化学和心理学理论才对。人的悟性为了理解各种现象而作用于原子，可是它并没有看见原子，也永远不可能看到原子，就如它看不见**自我**而仍然作用于**自我**一样；它把自己的各种范畴适用于一切，也就是说，它把本来是统一不可分的物质性或非物质性的事物加以划分，加以个别化、具体化和分类对比。在我们眼前，物质与精神一样，是变化多端和起着各种各样作用的，而且物质的变态丝毫不是任意的，我们正是根据这种情况来创立心理学和有关原子的各种理论的。只要这些理论用一些约定的术语如实地反映了各该系列的现象，那么，它们就是正确的；但是，如果以为这些理论业已完成了一切抽象，作出了完全准确的定论，那就大谬不然了！

态，却仍然是永恒的。自我就是根据这句话向它启示的感觉和思维而宣称非我是排他的和不可入的。不可入性只是一种形象化的说法，是一种想象，在这种想象下，思维即绝对物的一种分裂把物质的实体即绝对物的另一种分裂表现出来。不过，没有不可入性，物质就会消灭，这种不可入性分析到最后不过是人们内心的一种自发的推断，是一种形而上学的臆断，是一种来自精神而未经证实的假设。

因此，哲学在推翻了神学教条以后，不论是把物质精神化或把思想物质化，是把存在理想化或把观念现实化，或者是把物质与动因等同起来，都是以所谓力量和一些不能解释任何事物与没有任何意义的用语来取代一切；结果，它总是把我们引导到无穷尽的二元论，而且在号召我们相信自己的同时，如果说不上强迫我们相信鬼怪，最少也是强迫我们相信上帝。诚然，哲学与古人的做法不同，古人是把精神与自然区别开，而哲学则是使精神返回自然；但是，哲学的全部研究成果归结起来几乎只有这样一个著名的结论，就是在人身上，精神是自知的，而在一切其他的事物上，精神却似乎是不自知的。有一位哲学家就说过："心智在人类身上昼夜不眠，在动物身上正在入梦，在石头上则完全酣睡。"

因此，哲学即使到了它的最后时刻，也并不比它诞生时知道得更多。它好像只是为了证实苏格拉底[①]的一句名言而出现在这个世界上的，因为，它一面为自己裹上尸布，一面又对我们重复苏格



① 苏格拉底(约公元前469—约前399)，古希腊唯心主义哲学家，奴隶主贵族的思想家。——译者

拉底的话:“我知道我是一无所知的。”为什么这么说呢? 因为,哲学现在完全明白自己的一切论断都是建立在两个同样错误和不能自圆其说,但是又同样必要和无可避免的假设之上,即关于物质和精神的假设。结果,过去宗教的偏执和哲学的论战尽管到处散播愚昧,促使人们安于现状和乐天知命,但是还允许怀疑,现在呢,在一切问题上占据上风的否定论,却连怀疑也不许存在了。人们的思想虽然摆脱了一切桎梏,却又被自己的成就所征服,被迫去肯定那些在它看来是显然矛盾和荒谬的论点。野蛮人认为世界是一个由巨神守护着的大怪物;可是在其后的三十个世纪里,文明世界的诗人、立法者和贤人尽管把哲学明灯代代相传,却始终没有提出什么比这种旧信仰更为高明的理论。现在当那自称为哲学的、反上帝的阴谋即将告终时,解放了的理性却像未开化的理性一样得出结论说:宇宙是被自我客观化了的非我。

因此,人类必然要假定上帝的存在;而且,既然到我们时代为止的这段漫长时期里人类一直都相信自己的假设是真实的,既然它一直都在礼拜自己所假设的这个不可思议的偶像,既然他从这种信仰中醒悟过来以后,仍然不由自主地继续坚持存在一个他明知就是自己思想的人格化的上帝,既然他现在又将重新开始他那魔术般的祷告,那么,我们就应该肯定人类这种奇怪的幻觉里一定包藏着某种值得我们深入探究的秘密。

我把这叫做幻觉和秘密,并不是说我想否认上帝观念的超尘世的含义,也不是认为有必要建立一种新的图腾、新的宗教;因为,毫无疑问,人类肯定上帝或者我或精神这些名词所指的那一切的时候,无非就是肯定它自己的存在;我们也不能否认,这时人类是把自己当成与自我认识不相同的事物来肯定的。这一点是从一切神话和护神论中得出来的。此外,既然人类作这种肯定是不可避免的,那么,这种肯定一定牵涉到某种神秘的关系。假如科学上有此可能的话,就需要确定这种神秘的关系。

换句话说,无神论,或叫人文主义,尽管它批判和否定的论点整个说来是正确的,但是如果它只停留在人的本性上面,如果它把当初认定自己是上帝的儿女、产物、形象、反映和圣裔的观念视为过分的判断而加以抛弃,也就是如果它否定了自己的过去,我认为,那它只会造成更大的矛盾。因此,我们不得不对人文主义进行一番批判,也就是说,不得不来考察一下人类在整个发展过程中以及在它存在各个时期里是否都符合于剔除了有关上帝的一些纯属夸张和幻想的属性以后的神明概念,是否符合存在的全部要求,是否符合于它本身的一切条件。总而言之,我们不得不探索一下人类究竟是像古代教义所说的只是仰慕上帝呢,还是像现代人所说的,它本身就变成上帝。也许我们最终将发现,这两种学说尽管表面完全对立,但同样都是正确的,而且实质上是相同的;要是真是那样,就可以完全肯定,人类的理性不论是在它的集体表现中,或者是对它进行深思熟虑的考察,都是永无谬误的。一句话,一直到我们从人身上证实了关于上帝的假设以前,无神论所作的否定是没有丝毫依据的。

由此可见,关于上帝的观念仍然有待作出科学的论证,也就是经验的论证;可是,这项论证从来还没有人尝试过。由于神学是以神话权威来宣扬教理,哲学则是借助各种范畴来作推论,结果上帝仍然处于先验概念的状态,亦即理性所不可及的状态,因而关于上

帝的假设就始终存在。

我认为，这个假设在今天比以往任何时候都更要根深蒂固和冷酷无情。我们已经到达这样一个听天由命的时代，在这个时代里，社会既鄙视过去，又担心未来；它有时狂热地拥抱现在，任凭几个遁世的思想家去搜索枯肠，构思新的宗教，有时又从它享乐的深渊中向上帝呼喊，恳求得到一点儿获救的征兆，或者像在蒙难者的内心深处那样在各种变迁的景象中摸索自己命运的秘密。

还有必要再往下说吗？关于上帝的假设是合理的，因为任何人不管愿意与否，都不得不承认这个假设，因而谁也不能在这点上责备我。信教的人当然会同意我关于上帝的假设；即使是不信教的人，也不得不同意我的假设，因为一切否定都是以肯定为前提，所以他们是在我之先便同意了这个假设；至于那些怀疑上帝的人，那么，只要他们稍为思索一下，便会懂得他们的怀疑必然要假定某个我不知道是什么的东西，这种东西早晚他们总要称之为上帝。

但是，如果说我单凭自己具有思想这一点就有权假设上帝存在，那么，我应该获得肯定上帝的权利。换句话说，如果我的假设是人们所无法否认的话，那么，这个假设就是我目前所主张的一切。因为，所谓肯定，就是作出定论，而一切定论，为了是真实的，必须有经验作依据。实际上，说到定论，就是指关系、因果性和经验。因此，对我们来说，要作出上帝存在的定论，必须有经验的证实。在探讨这个至高的不可知的概念时，应该避开任何未经经验证实而超越假设的东西，以免重新陷入神学矛盾之中，招致无神论的再度抗议。

## (三)

现在剩下需要说的是:为什么在这本政治经济学著述中,我需要以全部哲学的这个基本假设作为出发点。

首先,我需要关于上帝的假设来树立社会科学的权威。天文学家为了解释宇宙体系,只根据一些表面现象便和一般凡夫俗子一道假定天是拱形的,地是平的,太阳像个大圆球,并且只是从东到西划一道弧线便用以表示天空。当他们这样做时,是假定自己的感觉并无谬误,只是准备以后再根据进一步观察的结果稍为修正一下自己原来不得不作为依据的这个假设。这是因为,天文哲学不能先验地承认感官会欺骗我们,也不能承认我们看不见所看到的东西;否则天文学的可靠性还有什么可言呢?尽管感官所提供的感觉在某种情况下是会自行修正和自我补充的,但是,感觉的权威仍然是不可动摇的,从而天文学才可能存在。

同样,社会哲学也不能先验地承认人类的行为既不会欺骗人也不会被人欺骗,不然,人类的权威,也就是实质上与人民的主宰者同义的理性的权威,将变成什么样子呢?但是,社会哲学认为,虽然人类的判断在当前和直接的意义上说始终是正确的,但是,随着某些观念的获得,这些判断将互相补充,彼此诠释,使一般理性与个人思考始终趋于一致,并且无止境地扩大真实性的范围;这样,人类判断的权威才永远得到肯定。

但是,理性的第一个判断以及一切正在寻求认可和依据的政治制度所必需的前提,就是必然要有一位上帝存在;这意思就是说，人们是依靠启示、预谋和智慧来治理社会的。这个排除了偶然因素的判断就是为社会科学奠定可能性的东西；而一切对社会事实进行历史的与实证的研究工作，既然目的都是在求得社会的改善和进步，当然就应该先和人民一道假定上帝的存在，然后再对这个判断作出自己的解释。

因此，对我们来说，社会的历史无非是一个确定上帝观念的漫长过程，是人类逐渐感知自己的命运的过程。古代先知与现代哲学不同之处就在于：古代先知把一切都附属于那个关于神明的武断与幻想的概念上，排斥理性与良知，并且用一位不可见的主宰的恫吓来阻挠社会的进步；而现代哲学则是一反这种方法，完全粉碎上帝和人类的权威，只承认事实与证据的束缚，把一切都集中在神学的这个假设上，如同集中在它的最终问题上一样。

因此，人文主义的无神论是人类迈出的最后一步，因而也是哲学的最后一个变种；它将为科学地重建或者说证实一切已被摧毁的教理开辟道路。



我需要上帝存在的假设，不仅是像我刚才所说的，为了使历史具有意义，而且是为了以科学名义进行的国内改革合法化。

无论我们是把上帝看作一种从上天支配社会运动的外在力量（这种意见当然全无依据，而且可能只是一种错觉），或者是把它看作一种等同于非人格化和下意识的理性的社会内在力量；是把它看成一种推动文明发展的本能（尽管非人格化和下意识是和智慧概念不相容的），或者是认为社会所发生的一切都来源于它的各种因素之间的关系（这种理论的全部功绩就在于把某种主动因素变成被动因素，使智慧成为必要，或者说把规律视为原因），结论总是一样，就是社会能动性的各种表现在我们看来都必然是上帝意志的体现，或者是一般的和非人格化的理性的一种典型的语言，或者是必然性所竖立的路标；因此，这些表现对我们来说都具有绝对的权威。既然它们的构成在时间上和思想上是联系在一起的，所以既成的事实就决定着将要出现的事实，并使后者合法化。科学与命运是一致的；一切已出现的事实都来源于理性，反之，理性的判断是以既有的经验为依据，因此科学有权参与治理国家，并且作为顾问而建立自己权力的人，也为它以主权者的身份进行干预而辩解。

经过大家一致同意作为神明加以承认和接受的科学，是世界的主宰。因此，我们可以借助关于上帝的假设来断然地、一劳永逸地摒弃一切主张停滞和倒退的反对意见，抛弃一切根据神学理论、旧日传统和利己主义而提出来的反驳理由。



我需要关于上帝的假设来证明文明与自然之间的联系。

事实上，这个人类用以自比于绝对物的奇妙假设，本身就包含着自然规律与理性规律的同一性；它可以使我们把人类的才能看作上帝创造活动的补充，把人类与它所居住的地球统一起来，共同开发上帝安置我们的这块领地，使这种开发工作成为我们劳动的组成部分，使我们了解一切事物的原理与用途。因此，即使人类不是上帝本身，最少也是上帝的延续；或者用另外一种说法，人类今天经过思考所做的事情，无非是在继续从事它当初出于本能已经开始的工作和在我们看来自然所必须完成的事情。无论在上述哪一种情况下，也无论人们倾向于哪一种看法，有一点总是无可置疑的，就是人类的行动与自然的规律是统一的。由于我们是一种有智慧的动物，又充当着智慧所导演的神话剧的演员，我们就可以大胆地从自身到宇宙和到永恒作出结论；而且，当我们最终把我们的劳动组织起来时，我们就可以自豪地说：万物都已得到解释。

这样一来，哲学应予探索的领域便确定下来了，这就是：传统是一切有关未来的推理的出发点；乌托邦应该永远被抛弃；对那个由个人良知转变为社会意志的表现的“我”的研究，获得了恢复它至今被剥夺了的客观性；历史学应该变成心理学，神学应该变成人类学，自然科学应该变成形而上学；关于理性的学说不应该只凭空洞的智力来推论，而必须从可以广泛而直接观察的自然的无数形式中推断出来。

我还需要关于上帝的假设来向许多因为我不赞同其主张而有可能向我报复的学派证明我的善意。拿有神论者来说，我知道其中有的人为了上帝的事业将不惜拔剑出鞘，例如罗伯斯庇尔[①]就曾经动用了断头台，企图把无神论者斩尽杀绝，而丝毫没有想到最后一名被害的无神论者恰好是他自己。再如神秘学派，它的成员虽然大部分是学生和妇女，但是，他们在拉梅耐[②]、纪奈[③]、勒鲁[④]和另外几位先生的号召下，竟然把“有其主必有其仆，有什



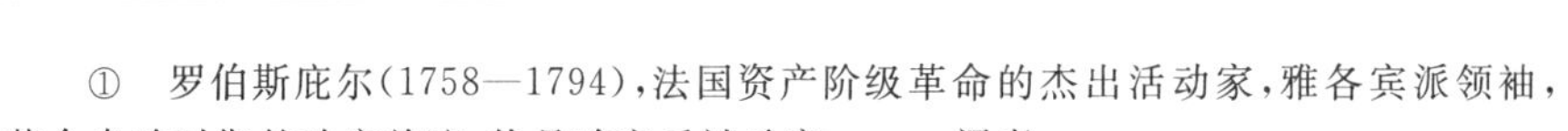

① 罗伯斯庇尔(1758—1794)，法国资产阶级革命的杰出活动家，雅各宾派领袖，革命专政时期的政府首脑，热月政变后被杀害。——译者

② 拉梅耐(1782—1854)，法国神父、政论家，基督教社会主义思想家之一。——译者

③ 纪奈(1803—1875)，法国资产阶级哲学家、诗人和历史学家，基督教社会主义者。——译者

④ 勒鲁(1797—1871)，法国小资产阶级政论家、圣西门门徒，基督教社会主义的代表人物之一。——译者

么样的上帝就有什么样的人民"这样一句话当作座右铭,因而仅仅为了调整工人的工资便不惜复活宗教。又如唯灵主义者,只要我稍一蔑视精神的权威,他们马上就指责我在建立拜物教,其实我却是全身心地反对拜物教的。至于唯欲论者和唯物论者,对他们说来,神的教义无非是克己的象征和抑制欲念的原理。他们说,撇开了欲念,人生就没有什么欢乐、德行和天才可言。再就是折衷论者和怀疑论者,他们都不过是各种古老哲学的编纂发行者,自己从来就不研究哲学,而只是结成一些拥有出版许可证和特权的庞大团体来反对任何不经他们允许而敢于思考、信仰或发表主张的人。最后是保守主义者、倒退主义者、利己主义者和种种伪善之徒,这些人用对亲人的仇恨来宣扬上帝的爱,控诉从太古洪水时代以来世上穷苦人的自由,并且怀着卑鄙愚昧的情感来诽谤理性。

关于上帝的假设丝毫没有亵渎信徒们所崇敬的神灵,而只是想弄清神灵的真相;这个假设并不是抛弃传统的教义和良知的成见,而只是要求证实这些教义和成见;它在避免固执的偏见的同时,把理性永不谬误看作是个定理;而且,由于这个定理是兼容并包的,它就永远不会作出任何反对敌对派别的结论来。对于这样一个假设,人们难道能加以非难吗?既然我是通过这个假设来承认存在着一个作为一切秩序观念的来源的无上智慧,那么,宗教界和政治界的保守分子又怎么可以谴责我扰乱社会秩序呢?既然我是在探索上帝概念的含义和内容,那么,半基督教化的民主派又怎么可以咒骂我是上帝之敌、因而是背叛共和制度呢?既然我正是主张哲学应该从客体中去探索,也就是说应该研究社会与自然的各种表现,那么,大学里的那些市侩学者们又怎么可以把我证明他们的那些哲学赝品分文不值，看作是我对宗教的蔑视呢？

我还需要关于上帝存在的假设来为我的文体作辩护。

由于我对一切有关上帝、宇宙、灵魂和命运的问题了无所知，所以我不得不采用唯物论者的研究方法，也就是以观察和经验为依据，并且不得不用信徒的语言来作结论，因为除此以外就没有别的语言可用了。我虽然用的是神学语言，却并不懂得应该按这些用语的本义还是衍义来理解；不过，根据我对上帝、人类和各种事物的不断思考，我认为最好是采用这类术语在思想、言语和行动三方面相同的含义，而不偏重任何一方面，因为辩证法的严密性要求我只能恰到好处地假定我们称谓上帝的这个未知数，既不多肯定，也不少肯定。我们到处都碰到神明，神寓于万物。我们的纪念物、传统、法律、观念、语言和科学，无一不受这种根深蒂固的迷信的影响；离开这种迷信，我们便片口难开，寸步难行，没有这种迷信，我们甚至无法思维。

最后，我需要关于上帝存在的假设来解释我为什么要出版这些新的回忆录。

我们的社会也自感到行将发生巨大的事变，正在为未来担忧。怎样借助于普遍的可以说是有内在联系的、永恒的、而非人格化的、因而是缄默不语的理性的仅有帮助，或者借助于能够自我认识和具有预感的必然性观念，来使模糊的预感成为理性呢？这就需要假定存在一个推动着社会和赋予社会以幻觉的媒介物和恶魔。

但是，社会在作预言的时候，总是通过某些人的口来提问，又通过另一些人的口来作答。只有先知们才听得见和听得懂这些问答，因为这是上帝本身在说话。

伦理与政治科学院提出了这样一个征文题目：

试确定支配利润与工资的关系的各种一般因素，并且分别说明利润与工资波动的原因。

几年以前，这个科学院曾经提出过另外一个问题：贫困的根源是什么？实际上，19世纪的世界，只有一种思想，就是平等与改革；而思想是不可阻拦地到处传播的，所以，许多人就开始苦心思虑这个问题，可是始终没有人拿得出答案来。于是，现代的肠卜僧[①]学院这回又重新提出这个问题，不过用的是更为明确语句。这个科学院想了解的是：工场里是否秩序良好，工资是否平等，自由与特权是否恰好相抵，按照经济学家所提出的方式支配着一切交易活动的价值概念是否完全适宜，信用是否保护了劳动，货币流通是否正常，以及对每个人的社会负担是否公平，等等，等等。

实际上，既然贫困的直接原因是收入太少，那么，需要弄清楚除了天灾和恶意行为之外，究竟是什么原因使得工人的收入太少。归根结底，这还是一个世纪以前闹得满城风雨的那个老问题，即财富分配不均的问题；只是由于某种奇怪的命运，这个问题才又不断地出现在科学会议的议事日程上，似乎成了现代社会一切问题的症结所在。

因此，平等、平等的原则、方法、障碍和理论，平等迟迟未能实现的原因，以及社会和上天为什么那样不公平，这些就是我们必须不顾怀疑论者的嘲讽而设法使世人懂得的问题。

---

① 肠卜僧，古罗马以供神牲畜的肠脏进行占卜的僧侣。——译者

我很明白科学院的见解并不那么深湛，它和教廷会议一样害怕新事物；不过，它越是面向过去，便越是给我们反映了未来，所以我们应该相信它的启示。要知道，真正的预言家正是那些不知所云的人物。我们不妨来听听他们是怎么说的：

科学院曾经提出这样的问题：如何最有效地运用私人自愿联合的原则来减轻贫困？

它还出过这样的题目：请说明保险契约的理论和原则，叙述它的历史，并且根据理论和事实推断它今后可能的发展趋势，指出它在我们目前的工商业所处的进步状态中所能作到的各种有效的运用。

政论家们都一致认为，作为商业互助的初步形式的保险，是以实物为基础的联合，也就是说，它是个具有建立在纯粹经济关系基础上的条件的社会，这些条件是不以人们的意志为转移的。因此，从实际社会演绎而来的保险哲学或相互利益保证的哲学，本身就包括着普遍联合的公式，然而对于这个公式，科学院里谁也不相信。当科学院把主体与客体归结为同一观点时，在利益联合的理论方面，主张自愿联合的理论，它向我们启示了一种最完善的社会应该是怎样的，这样一来，它便肯定了和它的信念最不相容的一切，即自由、平等、团结和联合！这样一个显然非常保守的团体，究竟是由于什么严重的误解而居然向公民们提出这样一个关于人权的新纲领呢？该亚法[①]就是这样，他一面否定耶稣基督，一面又宣传赎罪原理。

① 该亚法，犹太僧侣，相传他主持了对耶稣的审讯和处决。——译者

关于上述第一个问题，科学院在两年里一共收到了四十五篇论文；这点说明这个题目十分符合人们的思想要求。但是，科学院却认为这许多应征论文中没有一篇够上领奖的资格，借口所谓应征人数不足而撤销了这个题目。其实，科学院原来提出这个问题的唯一目的就是要使征文失败，所以它迫不及待地急忙宣布那些拥护联合的人的希望是没有根据的。

科学院的那帮先生们就这样在自己的会议室里取消了他们在讲台上[①]宣布的题目。这种出尔反尔的做法并不使我感到惊讶，但愿上帝保佑我不要把这当成他们的什么罪过！古人相信各种重大变故在发生前总是通过某种可怕的征兆来警告世人，这种奇妙的征兆也包括动物张口说话。其实，这不过是一种形象化的比喻，它指的是在危机时期总是突然流传一些前所未闻的思想和稀奇古怪的话语，这些思想和话语距离一般判断能力的范围，似乎是史无前例的。在我们所生活的时代里，不免也会出现这样的事情。伦理与政治科学院的先生们，在凭借自己的预言本能和机械的自发性像无灵之物说话一样宣扬了一番联合以后，马上又恢复了原来那种谨小慎微的态度，因而在他们身上，陈规陋习又把他们的灵感否定了。因此，我们要善于把来自上天的意旨与人间出自个人利害关系而作的判断区别开来，而且应该肯定，在先知们的演说中，凡是夹杂其个人见解最少的地方才是可靠的。

可是，科学院又似乎因为这样突然地与自己的直觉见解相决



① 原字为 trepied，三脚神座。相传古希腊阿波罗神殿的女巫皮蒂娅是在三脚神座上下达神谕的。——译者

裂而感到某种内疚，因此又转而要求人们着重从皮斯塔罗兹[①]所提出的教育和训练制度与穷苦阶级的幸福和道德的关系来一次批判的审查，以此取代他们经过考虑后已经不再信奉的联合的理论。天知道这是怎么一回事？也许是因为他们把利润与工资的关系、联合、最后还有劳动的组织，统统都算在教育制度之内吧！人生难道不就始终是个学习过程吗？哲学和宗教难道不就是对人类的教育吗？因此，组织教育就等于组织生产和创立有关社会的理论；看来，科学院头脑一清醒，就总是要回到这个问题上来的。

物质福利的进步和享受的提高对一个民族的道德有什么影响？这是科学院提出的又一个问题。

从表面上看，科学院所提的这个新问题并没有什么深奥之处，充其量只能用来考问普通辩士。但是，直到最后对自己所判定的革命意义也注定不知道的科学院，这次却在注解里道出了真情。那么，究竟它从这篇伊壁鸠鲁式[②]的论文中看出了什么深奥的东西呢？

这段注解里说："对奢侈和享受的贪婪，大多数人对这些感到奇异的爱好，以全部心灵和智慧来追求它们的倾向，个人和国家都不约而同地把这当成自己的一切计划、一切努力和一切牺牲的动机和目的，这一切都变成公众和个人的情趣；而且不管这种情趣是有益的还是有害的，反正已经成了比其他时代支配人们的行动原

① 皮斯塔罗兹(1746—1827)，瑞士资产阶级教育学家，卢梭的学生，曾致力于贫儿教育。——译者

② 伊壁鸠鲁主张人生的最大幸福是快乐，但在追求享受时，不应破坏国家与社会的利益。——译者

则更强有力的行动原则。”

对道德家来说，从来没有这样一个更好机会来谴责肉欲横流、良知堕落和由于统治而造成的腐败了。可是，伦理科学院却没有这样做，反而干了些什么呢？它以最本能的平静态度，提出了一整套准则，在这些准则里，早已为禁欲主义者和苦行主义者这样一些圣人君子所抛弃的奢侈，则作为一个行为原则来出现，这个原则与宗教和哲学从前所标榜的合法、纯洁和伟大都是同样的。这段注解对我们说：请确定一下历史上享乐注定要继承的行为动机吧（毫无疑问，这些动机现在已经老旧过时了），并根据行为动机的结果来估计享乐的作用。总而言之，科学院是要人们证明阿里斯提卜[①]的学说不过是提得过早罢了，他的道德观和后来芝诺[②]及坎皮斯[③]的道德观一样应该取得胜利。

科学院的意思就是说：我们所处的社会是一个不希望再贫困下去的社会，这个社会在它没有财富的时候，它蔑视前此一切对它说来属于宝贵和神圣的事物，诸如自由、宗教和荣誉，为了获得财富，它甘冒一切风险，充当一切懦夫的同谋者；因此，那种对享乐的炽烈欲望，那种追求奢侈的不可抗拒的意愿，是文明新阶段的征兆，是我们的最高统帅，我们应该在它的指挥下进行驱除贫困的工作。既然这样，什么赎罪和克己的戒条，什么自我牺牲、乐天知命

---

① 阿里斯提卜，公元前 5 世纪古希腊哲学家，苏格拉底门徒，宣扬享乐主义哲学。——译者

② 芝诺，公元前 4 世纪古希腊哲学家，斯多葛派创始人，提倡禁欲主义。——译者

③ 坎皮斯（1379—1471），德国神秘主义作家，吹捧耶稣，有基督第二之称。——译者

和抑制享受的道德，又有什么用处呢？这对神所允诺的来世报偿和福音书的教导未免太不信任了吧！但是，这对于以金钱作为万能的政府又是一种怎样特别的辩护啊！这些宗教人士、基督信徒、塞涅卡主义者[①]怎么突然又发表这一大套反道德的叫嚣呢？

科学院为了进一步表达自己的思想，还提出了一个这样的问题：

请说明从野蛮时代一直到法治最完善的时代为止，刑事审判制度在追诉和惩罚侵犯人身或财产的罪行方面是怎样随着文明的发展而进步的？各个时代刑事审判制度的特征又是什么？

你们以为伦理科学院的刑法学家们曾经预见到他们的这个前提可能导致的结论吗？不！问题是要对它每个阶段加以研究，科学院用刑事审判制度的进步这几个字所指明的事实，无非是指随着文明在自由、知识和财富方面的扩大，刑事审判制度在刑事预审或刑罚方式上所表现的逐步温和化。这就是说，镇压制度原则是和社会幸福的增长背道而驰的，不论是刑事制度的各个部分或者是整个司法制度都有的淘汰现象，其最后结果必然是：秩序的确立不再依靠恐怖和刑罚，因而也用不着什么地狱与宗教。

这样一来，伦理科学院又根本推翻了自己原来的观点了！它把本来自己有责任加以维护的一切全部否定了！可是，如果秩序不再依靠今世或来世惧怕惩罚来维持，那又如何使人身和财产得到保护呢？更确切地说，没有镇压制度，所有权将何以存在呢？而

① 塞涅卡（公元前2—公元65），古罗马斯多葛学派代表人，宣扬宿命论和禁欲主义。——译者

没有所有权，家庭又将变成什么样子呢？

科学院对这些一概不懂，所以便若无其事地回答说：

请追溯一下自古到今法国境内家庭组织的变迁情况。

这意思是说，要大家根据家庭组织的先前发展，来确定在财富平等、自愿和自由结社、整个社会休戚相关、物质福利和奢侈享受、公共秩序方面不靠监狱、法院、警察和刽子手来维持的情况下，家庭需要什么条件才能存在下去。

人们一定会觉得很奇怪，伦理与政治科学院既然像一位大无畏的革新家那样提出了有关社会秩序、宗教、家庭、所有权和司法制度等等原则问题，为什么又不一起提出什么是最良好的政府形式的问题呢？实际上，对社会说来，政府是一切创造、一切保障和一切改革的源泉。因此，更重要的是弄清宪章[①]中所规定的政府形式是否足以实际解决科学院所提出的这些问题。

不过，如果以为这些神谕只是凭归纳和分析得出来的，那就对它们太不了解了；正是因为政治问题是要求论证的一个条件或结论，所以科学院才不敢把政治问题放在征文题目中。如果人们作出这样的结论，将使科学院瞠目结舌，所以它才不待征文到齐便急忙取消了整个征文计划。可是，接着它又以更玄妙的方式重新提出这个问题。它自言自语地说：

上帝创造的万物在本质上都是美好的，一句话，因为它们都是来自上帝，所以都是真确的。人类的思想犹如被细长的闪电划破

① 指法国 1830 年资产阶级革命所通过的宪章，为七月王朝的根本法。它表面上承认人民的主权，对王权作了某些限制，但所有反人民反民主的规定原封未动。——译者

的浓雾。那么,对我们来说什么是真理呢?确定性的特征是什么呢?

科学院就好像在对我们说:你们应该先证实关于你们自己存在的假设,证实科学院考问你们的那些假设,即有关时间、空间、运动、思想和思想规律的假设;然后再证实关于贫困化的假设、关于生活条件不平等的假设、关于普遍联合的假设、关于幸福的假设、关于君主制与共和制的假设、关于存在某种天命的假设等等。

这简直就是对上帝和人类来一番全面的批判。

我可以用这点证明受尊敬的科学院的征文计划,因为我的工作条件并不是我自己规定的,而是伦理与政治科学院规定的。可是,如果我不是天生永不谬误的话,也就是说,如果我不是上帝或神明,又怎么能满足这些条件呢?因此,科学院承认神明与人类是一体的,或且最少是密切相关的;不过,问题在于它们之间究竟存在一种什么样的关系。科学院所提的关于确定性的问题,其真正含义就在于此;社会哲学的目的也在于此。

因此,科学院就是以受上帝启导的社会的名义进行发问的!

我呢?我是试图以同一个社会的名义对问题作出答复的预言家之一。任务是艰巨的,我也不敢担保一定能够完成;我只是准备竭尽上帝所赋予我的能力而为。不过,无论我发表的什么议论,都不是来自我自己,如同我笔下的思想都不是我本人的,因此其中如有谬误,都不应由我来负责。我将把我所看到的一切如实地反映出来,我将根据我所说的事实来作出判断,我将用最明确的名字来称呼每一件事物,任何人都不会在这方面感到什么疑难。我将自由地和根据我所学过的占卜术的规则，去探索神的旨意要我们去做的事情，这种旨意在当前是通过博学之士的善辩之口和人民牙牙学语之声表达出来的。因此，即使我全部否定了我国宪法所认可的各种特权，也绝无叛逆之心。我将指出那无形的指针将把我们引向何处，但是不论我的行动或语言都不含有任何恶意。我将只向太空挑战，即使因此触怒上天，遭到雷打电劈，我也仍然是无罪的。既然科学院邀请我来参与这次郑重其事的调查，我就更有权说出真理，有权表达我的一切观点；但愿我的思想、我的言论能永远与真理相一致！

至于你们，读者们，我的作品有着你们一半的功劳，因为没有读者也就没有作家。没有你们，我就只是一个可以敲响的铜钟；由于你们的赏光倾听，我才能谈出美妙的思想。你们看见眼前发生的那股大家称之为社会的旋风吗？旋风过处，闪电、霹雳和人声竞相鼎沸，爆发出来的音响是何等骇人！我想让你们亲手触摸一下藏在暗处搅动着这股旋风的发条，但是，为此你们必须在我的指挥下返回到纯洁的智慧状态中。追求爱情与逸乐的目光无从发现骷髅的美丽，无从理解剖开的内脏有何和谐可言，也无法从黑色的血液中找出生命；因此，对被情欲和偏见迷住心窍的人说来，社会机体的秘密永远是一个不解之谜。这种崇高的境界，只有依靠沉默和冷静的深思才可望到达。因此，在给你们展示生活的篇章之前，我需要用这一番怀疑派的斋戒来洗涤你们的灵魂；要知道，古代的一些伟大的人民教育家，如苏格拉底、耶稣基督、圣保罗[①]、



① 圣保罗（公元1—67），相传为基督十二使徒之一。——译者

圣雷米[①]、培根[②]、笛卡儿、伽利略[③]和康德[④]，都是要求他们的门徒沐浴清心的。

不管你是衣衫褴褛的穷汉还是服饰华丽的富翁，我都要让你回复到那种不为富贵烟尘所沾染，也不被来自贫困的嫉妒意识所毒害的光彩夺目的赤裸状态去。富贵者哪里会相信贫富生活的差别是来自某种计算上的错误；行乞者又怎么能设想私有主是出于善意而占有财产呢？过问劳动者的疾苦，对有闲者说来是最乏味的消遣；同样，承认幸福者的权利，对穷苦人说来则是苦酒一杯。

要是你的职位已得到升迁，那我把你免职，你就自由了；要是你是身穿制服的军官，你就未免太无忧无虑了，它会使你习惯于发号施令和四体不勤。科学要求在思想上来一个暴动；可是，有其位必有其思，这是理所当然的。

我倒希望你那位美丽、热情和灵巧的太太确实只为你一人所占有，换句话说就是，你的灵魂、精神和良知都已经过渡到这个迷人的奢侈品上；可是，这种奢侈品是自然和艺术专使那些受蛊惑的人永受折磨而创造出来的。我准备把你和你身上的这一半天工巧物分离开来，因为当今之世，要想既获公平待遇又得女子之爱，未免有点过于奢望了。为了能够意境高尚、纯洁无瑕地从事思考，男

① 圣雷米(公元 437—533)，法国兰斯地区著名主教。——译者

② 培根，当指反对经院哲学的罗哲尔·培根(1214—1294)，而不是提倡机械唯物论的法兰西斯·培根(1561—1626)。——译者

③ 伽利略(1564—1642)，意大利伟大的物理学家和天文学家，争取先进世界观的战士。——译者

④ 康德(1724—1804)，德国古典哲学的创始人，唯心主义者，资产阶级思想家。——译者

子必须把自己的天性分作两半，只留下男性的假定；何况，在我将给你安排的那个位置上，你的爱人将视你如路人，所以，你不妨回忆一下约伯之妻的行径[①]！

你信奉哪一种宗教呢？……请忘掉你的信仰，依靠明智的思考变个无神论者吧?！你一定会说："什么？撇开我们的假设，当个无神论者！"是的，当个无神论者！不过，不是撇开我们的假设，而恰恰是以我们的假设为依据。必须长期使自己的思想高出于神物，才有权假设存在世外的超人和此生以外的生命。此外，对你的救赎请不要担心，因为上帝绝不会迁怒于依据理性而否认上帝的人，也不会特别恩宠那些只在口头上崇拜上帝的人。你在目前的思想状态下，最可靠的办法就是丝毫不去想它。难道你没有发现，对待宗教就如对待政府一样，最好的办法就是根本不承认它吗？因此，要使你的灵魂不做任何政治或宗教幻想的俘虏，这就是今天不致受骗和不必谋反的唯一途径。我在狂热的青年时代曾经叹息过：唉！我也许再也听不到共和国的第二次晚祷钟声，听不到我们那些身披白袈裟的神父用多利亚调咏唱赞美诗的叠句："我的主呵！改变我们的奴隶地位吧！就像使沙漠的风变成一股清风吧！……"不过，现在我已经对共和派完全绝望了，也不再认识宗教与神父了！

亲爱的读者！为了保证你们能够得出完全正确的判断，我本来还准备要求你们的心灵完全抛弃恻隐之情、超越德善之上和对

① 《圣经》上说约伯受上天惩罚，在火堆上受背叛的妻子的折磨和亲友的嘲辱。——译者

幸福无动于衷。可是，这对新入教者未免过于苛求，所以我只希望你们永远牢记：什么恻隐之心、什么功德慈善、什么幸福欢乐，统统都和祖国、宗教、爱情一样，是一些虚假的词句！这点千万千万不要忘记！

# 第一章　经济学

## 第一节　社会经济中事实与法律的对立

我肯定经济学具有现实性。

这个论点虽然现在只有很少经济学家会表示怀疑，可是对哲学家说来，恐怕是从来没有支持过的最大胆的立论吧！我希望本书的探讨将会证明，人类智慧的最大努力终有一天会证实这个立论。

另一方面，在肯定经济学的进步性的同时，我又肯定了经济学的绝对确实性。在我看来，经济学是一切科学中最渊博、最纯洁和最适于实践的科学。这个新的论点，使经济学成为一种具体的逻辑学或形而上学，从而根本改变了旧哲学的基础。换句话说，对我说来，经济学是形而上学的一种客观形式和具体体现，是在行动中的形而上学，是以不断流逝的时间为背景的形而上学。因此，谁要是研究劳动与交换的规律，谁就是真正的形而上学专家。

读了我在前言中所说的那番话，对这一点就不会引以为奇。上帝创造万物，无非就是把理性的各种永恒规律外化为现实；人类的劳动就是上帝的这项事业的延续。因此，经济学必然地既是一种关于观念的理论，又是一种自然神学，又是一种心理学。仅仅这样一个总的观点，就足以说明为什么我在讨论经济问题之前要首先假定上帝的存在，以及为什么我作为一个普通的经济学家，竟敢试图解决确实性问题。

但是，我应该现在就指出，我并不把近百年来人们正式名之曰政治经济学的那一套自相矛盾的理论视为科学，原因是这套理论不管它定名如何有据，毕竟只是一部自古沿袭下来的关于所有权的法典或惯例集成，它只能给我们提供经济学的基本概念，或者说入门知识。正因为如此，所以这些理论如同所有权本身一样，自相矛盾，在大多数情况下都是行不通的；其证据就是，亚当·斯密、李嘉图、马尔萨斯[1]和让·巴·萨伊[2]所留传给我们的那种政治经济学已经在某种意义上遭到否定，而且半个世纪来我们亲眼看到它停滞不前。这是本书所得出的一个重要结论。

某些肯于思考的人，倒也经常感觉到政治经济学的贫乏无能；但是，他们因为过分沉迷于自己的幻想，不深入了解实际，而只根据一些表面现象来作判断，所以，总是从一开始就形成某种反对现状的宗派，并且醉心于不断有计划地嘲讽文明及其成规。反过来，作为一切社会制度的基础的所有权，历来也不乏热忱的捍卫者；他们以实践家自命，以牙还牙地反击政治经济学的批判者，勇敢地，而且往往颇为巧妙地加固了这座由公众成见与个人自由协调而建

① 马尔萨斯(1766—1834)，英国教士，经济学家，资本主义制度的辩护士，宣传仇视人类的人口论。——译者

② 让·巴·萨伊(1767—1832)，法国资产阶级经济学家，庸俗政治经济学的代表人物。——译者

立起来的大厦。保守派与革新派之间目前仍在进行的这场论争，类似于哲学史上唯实论者和唯名论者的争吵，光是彼此的逞强、褊狭和不相宽容，便造成了种种误会，更不用说本来双方就是是非各半。

这样，两种势力对世界的统治权进行争吵，各抱敌对信念，相互狂热攻击；其中，一方是政治经济学，或曰传统，另一方是社会主义，或曰乌托邦。

那么，确切地说，什么是政治经济学，什么是社会主义呢？

政治经济学是迄今为止对财富的生产与分配的各种现象进行观察的成果的综合，也就是对劳动与交换的最一般、最自发、因而也是最现实的形式的观察成果的综合。

经济学家尽一切可能把这些观察成果分门别类，描述了各种现象，指出它们的变化和相互关系；在某些情况下也注意到他们称之为**规律**的事物必然性。这一整套可以说是以最原始的社会现象为依据而建立起来的知识，构成了政治经济学。

因此，政治经济学是有关人类在财富的生产与分配方面的最明显和最普遍的习惯、传统、成规与实例的最原原本本的历史。从这个角度看，政治经济学不论在**事实**或**法律**方面，都可以说是可取的；因为就事实而言，它所研究的都是经常、自发和普遍发生的现象，就法律而言，它认定这些现象是经人类的权威认可了的，而人类权威又是一切权威中最强有力的。因而，政治经济学自认为是一种**科学**，也就是说，是一种对经常的和必然的事实进行推理而系统化的知识。

至于社会主义，则有点像一再死而复生的毘湿奴天帝[①]一样，二十年来它无数次地托生于五六位天启者身上。它认定现存的社会结构是畸形的，因而也认定过去的一切制度都是畸形的；它断定，而且也证明了文明法制是人为的、自相矛盾的和无能的，本身只会产生压迫、贫困和罪恶；它虽然说不上诬蔑，最少也是责骂社会过去的一切，力图移风易俗，改变全部制度。

社会主义宣称政治经济学是一种谬误的假设，是为了维护极少数人对多数人的剥削而捏造出来的诡辩；它还遵照食其果而知其本这样一句格言，通过描绘人类的苦难来证明政治经济学的无能和空虚，把这些灾难统统归罪于政治经济学。

可是，如果政治经济学是谬误的，那么，研究每个国家的法律和习惯的科学，亦即法学，就将更为谬误了；因为法学本身是建立在你我之分的基础上，它事先就假定政治经济学所描述和分类的各种事实一概是合法的。至于有关公法、国际法和各种代议制的理论，就更为荒谬了，因为它们所依据的原则便是个人占有至上和个人意志第一。

社会主义接受了这全部论点。在它看来，被某些人视为财富生理学的政治经济学，不过是有组织的盗窃行为和贫困现象的写照；而法学家美其名曰成文理性的法学，在它心目中则无非是为维护合法和公开的盗窃行为，亦即为私有权而制造的理论根据。照社会主义的说法，这两种所谓的科学，即政治经济学和法学，结合在一起构成了一套维护不平等和提倡尔虞我诈的完整理论。据

① 毘湿奴天帝，印度教三大神中的第二位，后逐渐取代婆罗门。——译者

此，社会主义又从否定转入肯定，以联合原则取代私有权原则，自信能以此来彻底改造社会经济，也就是说，能够建立一种与旧日形式完全相反的新的法制、新的政治、新的制度和新的风尚。

这样一来，社会主义与政治经济学之间便壁垒分明，公开敌对。

政治经济学趋向于把利己主义神圣化；而社会主义则侧重于颂扬公有。

经济学家除了有时就某些他们认为违背了自己原则的事情责难政府以外，对既成事实一概欢迎；而社会主义者则只对未来将完成的事情表示乐观。

经济学家肯定说，应该存在的事物现在已经存在了；社会主义者们则认定应该存在的事物尚未存在。因此，前者以宗教、权威和其他现代原则的捍卫者和私有权的维护者自居，可是他们凭借理性所作的批判却往往反而击中自己的一些偏见。后者则唾弃权威与宗教信仰，一切均诉诸科学。然而，他们的学说最明显的特点却恰恰在于具有十分褊狭的宗教气息和反科学地蔑视事实。

此外，他们彼此还不断地攻击对方愚昧无知和拙劣无能。

社会主义者把账全算到经济学家身上，声称生活条件的不平等、商业的堕落以及由于垄断与竞争的大规模结合而不断滋生的豪富与贫困现象，统统要由经济学家来负责。他们责备经济学理论总是因袭过去、不寄任何希望于未来；简而言之，他们认为私有制是一种可怕的谬误，认为人类四千年来一直在以言论和行动反对这种制度。

至于经济学家，则历来就无视社会主义者关于可以建立一个没有私有制、没有竞争和没有警察的社会制度的主张，并且确凿地证明了社会主义的一切改革方案，都不过是向它所谴责的旧制度摹仿而来的一些零乱的幻想，一句话，就是剽窃政治经济学；一离开政治经济学，社会主义就一筹莫展，什么主张也提不出来。

在这场重大的争论中，每天所写的文章日益增多，问题也愈来愈纠缠不清。

当这个社会正在遵照经济常规时而稳步前进，时而踉跄而行，时而艰难困苦，时而繁荣昌盛的时候，社会主义者却从毕达哥拉斯、奥尔菲和高深莫测的赫尔姆斯[①]时起便致力于创立一套与政治经济学相对抗的理论，甚至还根据自己的设想，在某些地方做过一些建立联合会的试验；可是，到现在为止，这些寥若晨星的试验始终不见成效，全都淹没在私有制的汪洋大海里。似乎命运之神在攻击社会乌托邦之前，先要使各种经济假设缺乏论证的力量，于是改革派在忍气吞声地咽下了对手的种种嘲讽时，仍在等待自己大显身手一天的到来。

结果，就出现了这样一种情况：社会主义一刻不停地揭露文明的弊害，天天连篇累牍地指控政治经济学未能实现人类所希望的和谐要求；反过来，政治经济学的档案柜里又堆积着各种社会主义学说，这些学说由于为常人所忽视而一个一个地相继消逝。社会灾难有增无已，给社会主义提供了更充分的控诉理由；可是，社会主义的节节失败又给政治经济学提供了进行恶意嘲讽的资料。这

① 赫尔姆斯（1775—1831），德国神学家和哲学家，主张信仰服从于理性，为教廷所排斥。——译者

场争论究竟何时了结呢？法官们都避不出庭；政治经济学便正好利用它的优势，不许下任何诺言，得寸进尺地继续把持世界。

如果我们从理论领域转过来看看现实世界，那么，这种对立就显得更为严重、更为尖锐了！

最近这些年来，长期风暴所引起的社会主义一再在我们中间出现，使得一些历来对这场争论漠不关心、默不作声的人们也惊惶起来，他们竞相转向君主制和宗教的思想；人们谴责民主派应对造成社会不良后果负责，因而遭到咒骂和唾弃。其实，保守派对民主派的责难是一种诽谤。民主派一方面无力代替王室，另一方面在本质上又与社会主义思想毫不相容；他们的命运就是不断地密谋推翻王权，却又永无实现之日；这种情况早就暴露无遗，而且我们天天都亲眼目睹。民主派政论家既然在自己提出的誓言中一再表示忠于基督教和忠于私有制，也就从此见弃于人民了。

另一方面，哲学与社会主义格格不入和相互敌视的程度，并不亚于政治和宗教。

因为在政治方面，民主政治是以多数的主权作为原则的，而君主政治是以君主主权作为原则的；在思想意识方面，宗教无非是主张服从一个所谓上帝的神秘存在和代表着上帝的教士；最后，在经济方面，一切理论均以所有权为出发点，亦即以个人对生产工具的绝对占有为出发点；哲学其实也是一样，它以理性的先验判断为基础，其必然结果是把观念的产生及其权威性单纯归因于“我”，否认经验的抽象价值，也就是说，在一切问题上都以专断意志来代替客观规律。

但是，社会内部突然涌现出一种既无先例又乏渊源的学说；它在意识形态和社会各个领域中排斥专断原则，只把事物之间的关系作为唯一的真理；它与传统决裂，只同意把过去当成向未来前进的一个起点。这样一种学说当然不能不招致各种现存权威的反对。我们可以清楚地看到，当今的各种权威虽然彼此互相倾轧，毕竟还是联合起来与这个企图吞没它们的魔怪作斗争。

工人们既然抱怨工资低微，工作缺乏保障，政治经济学便拿商业自由来搪塞；公民们既然要求自由与秩序，观念政治学派便报以代议制；失去古代信仰而又意志薄弱的人既然对自己的生存依据和生存目的迷惑不解，宗教就连忙建议他们信仰一位神秘莫测的上帝，而哲学则对此暂抱怀疑态度。这一切到头来都是些荒谬的遁词，连一点足以平息心头忧虑、解决脑海疑难的真知灼见也没有！社会主义大声疾呼：是扬帆靠岸，进入港口的时候了。可是，反社会主义者却说，根本就没有什么港口可靠，人类是在天主的庇荫下，在僧侣、哲学家、雄辩家和经济学家的引领下进行着永无止境的环航。

因此，社会从一开始就分裂成两大派，一方是传统派，它从根本上承认等级区别，不过根据不同时期的需要，时而主张王政，时而主张民主，时而崇尚哲学，时而又崇尚宗教，总而言之是维护私有制。另一方是社会主义派，特别是那些自称为无政府主义者和无神论者的派别，它们反对天国与人间的一切权威，而且每当文明遭逢危机时总要卷土重来。

但是，现代的评论家已经证明，在这场论争中，为了求得真理，绝不能排斥对立双方中任何一方的意见，而必须协调两者的主张。我的意思就是说，科学已经得出一个这样的结论：不论是自然界或者是观念形态上的对立，都必须在某种广泛的基础上或者说通过某种复杂的公式来解决，也就是说，使对立双方互相吸收，彼此协调。在我们期待将来一定会解决这一问题的时候，我们这些具有常识的人，为什么不能通过对斗争双方力量的分析，以及通过对它们各自的积极面与消极面的分析，为今后的巨大转变做好准备呢？切实和自觉地做好这样一项工作，即使不能马上奏效，起码也会有很大的好处，可以使我们了解解决问题的条件是什么，从而避免陷入任何乌托邦的迷途。

那么，政治经济学的必要性和真实性究竟何在？它的趋向是什么？它能起什么作用？它要求我们做些什么？这就是我准备在这本书里要探讨的问题。至于对社会主义应该如何评价，通过本书的研究，也将得出答案来。



因为，归根结底，社会主义和政治经济学所追求的是同一个目的，即人类的自由、安定和幸福。因此，很明显，对它们两者说来，为了达到这个目的所必须具备的条件，或者说所必须克服的困难，也是相同的，而我们需要做的只是权衡一下它们双方所建议和试验的方法的优劣。此外，由于到目前为止只有政治经济学一方有可能把自己的主张付诸实践，而社会主义除了不断进行嘲讽之外，则别无他事可为，所以很明显，我们在根据经济工作的成败来衡量政治经济学的同时，也必须对社会主义的各种言论作出公正的评价；这样，我们的批判虽然表面看来集中于政治经济学，却仍然可以得出具有绝对意义和明确的结论。

为了使读者更好地了解这一点，有必要在进入政治经济学的实质讨论以前再举几个例子来说明。

## 第二节　理论的缺陷和批判的不足

首先，应该指出非常重要的一点，就是：争论双方都一致同意诉诸共同的权威，这就是各方都认为可以为自己辩护的科学。

乌托邦主义者柏拉图[1]借科学的名义来创立他的理想国，不过，他还比较谦虚和含蓄一些，把这种科学只叫做哲学。实践主义者亚里士多德[2]以同一哲学名义来反驳柏拉图的乌托邦。这样，从柏拉图和亚里士多德时代起，社会斗争便一直延续下来。现代社会主义者都认为科学是统一的、不可分割的；但是，究竟这种科学的内容、范围和方法如何，却众说纷纭，莫衷一是。而经济学家呢？则肯定社会科学不是别的，就是政治经济学。

因此，首先要弄清什么是社会科学。

一般地说，科学就是对现存事物的理论的和系统的知识。

把这个基本定义运用于社会，我们就可以说，社会科学并不是关于社会过去情况或未来情况，而是关于社会的整个生存过程，亦即关于社会的整个不断变迁情况的理论和系统的知识。因为只有在社会科学里才能有理论和系统。这门科学的对象包括的不仅是某一个时期的人类秩序，也不仅是其中的某一些因素，而是社会存在的一切原则和全部希望，就好像一切时期和一切地点的社会进

① 柏拉图（约公元前 427—前 347），古希腊唯心主义哲学家，奴隶主贵族的思想家。——译者

② 亚里士多德（公元前 384—前 322），古希腊伟大思想家，代表奴隶主阶级，哲学上摇摆于唯物主义和唯心主义之间。——译者

化一下子都集中在一起，固定在一个完整的画面上，从而使各个时代的联系和各种现象的次序一目了然，我们可以从中找出它的系列关系和统一性。凡是有关生动的和发展着的事物的科学本来都是如此，关于社会科学无疑也是这样。

因此，政治经济学虽然带有个人主义和狭隘排他的特点，仍然可以说它是社会科学的一个组成部分；政治经济学所描述的现象，就如进行大三角测量时所树立的基本标柱，也如一个复杂机体中的各个组成部件。从这个角度看，人类由简单状态发展为有组织状态，是完全符合科学的发展进程的；而今天构成政治经济学的基础和对象的那些不协调的，甚至具有极大破坏性的事实，我们应该视之为人类为了到达某种最高假设而逐项加以实现的局部假设。这种最高假设一旦成为现实，一切困难也就迎刃而解，并且既不必废除政治经济学，同时又可以满足社会主义的要求。其原因就如我在前言里已经说过的，无论在什么情况下，也无论人类用何种形式来表达自己的思想，我们都不能承认人类会有迷误的。



现在让我们拿事实来进一步说明这一点。

当前人们争论最激烈的问题，无疑就是关于组织劳动的问题。

就像施洗者约翰[①]在旷野劝导人们忏悔一样，社会主义者也到处兜售他们那套陈词滥调，呼吁人们“把劳动组织起来”，可是，这个组织应该是什么样的呢？他们却始终说不出来。尽管如此，经济学家还是认为这种社会主义叫嚣是对政治经济学理论的污

① 施洗者约翰，《圣经》中说约翰在约旦河畔为耶稣洗礼，故事见《新约·约翰福音》。——译者

辱，因为它实际上就像责备经济学家连应该懂得的劳动组织这样起码的事情也不懂。于是，经济学家便着手反击对方的挑衅，首先宣称劳动已经组织起来，因为所谓劳动组织无非就是独资或者合伙从事自由的生产和交换，而这点在民法典和商法典中已经作了详细的规定。之后，由于这种论据只能供对方笑骂，他们又改而采取攻势，说社会主义者本身对劳动组织什么也不了解，不过是把劳动组织当稻草人似地拿来吓唬人。最后他们还说，劳动组织不过是社会主义的一种新幻想，是一个毫无意义的口号，是一个荒谬的论点。在经济学家的一些最新著作中，充塞着这类无情的论断。

不过，可以肯定的是，劳动组织这几个字的含义与作坊组织、军队组织、警察组织、救济组织和战争组织一样地明确和合理。在这个问题上，经济学家的争论是十分荒谬的。同样应该肯定的是，劳动组织绝不是什么乌托邦或幻想，因为作为文明首要条件的劳动一经存在，便可以说劳动已经有了某种程度的组织，只不过这种组织形式在经济学家看来已经十分完善，而社会主义者则认为极其可憎。

所以，社会主义所提出的有关劳动组织的建议，现在只剩下这样一个不能接受的论点，就是劳动是否已经组织起来了。其实，这种说法是完全站不住脚的；因为众所周知，劳动不论在供求、分工、数量、比例、价格和保障等等方面，没有，或者说根本没有规律，相反，一切都取决于个人的独断意志，换句话说，一切都听凭偶然性的摆布 。

至于我们，从我们对伦理学的观点出发，是既反对社会主义者的意见也反对经济学家的说法；我们肯定劳动正在自发地组织着，既不是说必须去组织它，也不是说它已经组织起来了。

我们说劳动正在自发地组织着，意思就是说，从开天辟地以来，它就在自发地组织着，而且直至最后一天，它还将自发地组织着。政治经济学给我们指出了这种组织的基本原理，而社会主义却正确地告诉我们，目前的组织形式是不够完善的，它只是过渡性的。科学的全部使命就在于根据已有的成果和正在发展中的各种现象不断地探索各种可以立即实行的改革。

社会主义与政治经济学虽然彼此进行着一场可笑的斗争，其实归根结底追求的是同一个思想，就是劳动组织。

可是，它们双方都犯了违背科学和互相诽谤的错误。政治经济学这方面是把自己那些零七八碎的理论当成科学，拒不接受未来的任何进步；而社会主义那方面则是无视传统，企图在一种虚无缥缈的基础上改建社会。



因此，如果没有政治经济学的深刻批判和不断发展，社会主义将是一筹莫展。如果借用经院哲学的一句名言：不经感觉，便无智慧[①]，就可以说，社会主义提出的一切假设，都是可以从经济实践中找到它的。反过来，政治经济学只要是坚持认为亚当·斯密和让·巴·萨伊所收集的那些事例绝对适用于任何时代，那它就只会成为一种荒谬的狂想。

另外一个争论的激烈程度不亚于前者的问题，就是高利贷问题，或者说有息借贷问题。

高利贷，或者像有些人所说的使用的代价，不论其性质如何，

① 按当指经院哲学中唯名论的观点。——译者

反正就是所有者通过贷出物品而获取的收益。神学家们说："本之所殖是为利。"作为信用制度的基础的高利贷，看来是社会自发性最早用以组织劳动的工具之一，所以，对高利贷进行分析，可以揭示文明发展的深奥规律。在这方面，古代的哲学家和教父，由于对当时经济知识的贫乏，曾提出过前后矛盾的奇怪论点，是可以被看作社会主义在基督纪元初期的代表的。他们承认地租，但是谴责金钱的利息，因为按照他们的看法，金钱是非生产性的。所以他们把借贷分为两类：一类是贷出的物品因使用而消耗掉的借贷，金钱就属于这种物品；另一类借贷是贷出的物品并不因使用而消耗掉，使用人可以利用它们的生息而从中获益。

经济学家通过把地租概念普遍化，毫不费力地便证明说：不论花费在工资上的资本，或者是化为工具保留下来的资本，在社会经济中的作用和本身的生产性都是相同的。所以，要不就连地租也废除掉，要不就应该同时承认金钱的利息，因为两者都是特权应得的报酬和出贷应获的偿金。这个观念经过十五个多世纪才为人们所接受，一直害怕天主教对高利贷诅咒的人们，这时才心安理得地收取贷利。最后，明显的事态和普遍的愿望都倾向于贷主，他们终于战胜了社会主义，高利贷的这种合法化无疑也大有裨益于社会。摩西曾经给犹太人规定了这样一条戒律：勿向亲朋索取贷利，唯他族人除外。[1] 一直想把这条戒律普遍化的社会主义这时也只好认输，从原来只接受经济惯例中的地租进而承认资本具有生产性的理论。

---

① 语见《旧约·出埃及记》，第 22 章。——译者

可是，当人们后来要求经济学家证明地租制度本身的合理性，以及确立资本效能的学说时，他们的日子就不怎么好过了。可以说，在这一点上他们原先对社会主义的优势便丧失净尽了。

毫无疑问，我首先承认，地租和金钱及一切动产与不动产的租金一样，是一种自发的和普遍的事实，它源于我们天性的最深处，而且通过正常的发展，成为我们组织劳动的最有效的手段之一。我甚至可以证明，资本利息不过是“凡劳动必产生剩余”这一原理的具体化。但是，针对着这种理论，或者更确切地说，针对着这种关于资本具有生产性的虚构，近来又出现一种使最高明的经济学家也感到惊异的同样确切的论点，就是一切价值都是由劳动产生的，而且主要是由工资构成的，换而言之，就是任何财富都不是来源于特权，只有通过制作才具有价值，因此，在人与人之间，唯有劳动才是一切收益的来源。地租理论或者资本具有生产性的理论原来是在普遍实践中形成的；政治经济学不过是因为本性尊重成规而不得不承认它，但始终未能为它提供证明。而另一种理论却给我们指出，价值在正常情况下是由工资构成的，而且，就像我们下面还要证明的，这种理论必然导致社会净产值与社会总产值完全相等的结论。那么，怎样才能使这两种理论协调起来呢？

社会主义者是从来不放过任何有利机会的。他们抓住劳动是一切收益的来源这一原则，开始向拥有地租或其他资本收益的所有者算账了！经济学家原先是把地租与高利贷综合起来，放在一个共同的概念里，因而首先取得了胜利；现在社会主义者采取了报复措施，他们用一个更为一般化的原则，即劳动产生价值的原则，来否定资本的领主权利。所有权被彻底推翻了，经济学家就只好噤若寒蝉。可是，社会主义者在这条新的陡坡上刹不住车，一直滑到共产主义乌托邦的深渊的边缘。于是，社会因为找不到一种实际的解决办法，便进退两难，既无从为自己的传统辩护，又不敢贸然进行试验，因为只要试验中出点什么小差错，便可能使它倒退若干千年。

科学应该怎样对付这样一个局面呢？

当然，绝不能让事情停留在任意选择的、捉摸不定的半途上，而且这实际上也是不可能的。社会主义者如果想使他们的理论更合乎逻辑，就必须进一步总结，探索出第三个原则，某项实例和更高超的规律来，既能解释有关资本的虚构和有关所有权的奥妙，又能把它们与主张劳动是一切财富的源泉的理论协调起来。事实上，主张劳动具有真实生产力的理论与认定资本具有虚构生产性的理论，二者都是经济学的理论；社会主义者只能设法证明二者的矛盾，却不能从它的经验和辩证法中提出任何证据，因为社会主义似乎是既缺乏经验又没有辩证法。但是，按照正常的诉讼程序，诉讼人只要是局部地承认一项书证的强制力，就应当全部承认它的强制力，因为书证或口证的效力是不可分割的。社会主义既然承认政治经济学关于价值分析的理论强制力，难道还有权否定政治经济学关于高利贷问题的理论强制力吗？没有，当然没有！在这种情况下，社会主义唯一能做的事情就是要求政治经济学协调这两种理论，或者是干脆自己承担起这项棘手的任务。

我们愈是深入地研究这场煞有介事的辩论，就愈感到这场全部争执的由来在于一方当事人闭眼不看事实，而另一方当事人则顽固拒绝进步。

我们的公法里有这样一条原则，就是任何人的财产，如果不是由于公益需要，并且事先作了公正的赔偿，一律不得征用。

这个原则非常符合经济学的原理，因为，它一方面承认公民合法占有的财产是神圣的，必须经过所有权人的同意才能征用；另一方面又规定征用时应付偿金，或者说应对不动产付给征用价格，而且其数额并不按固有价格计算，而是根据商业规律，亦即一般的供求规律来估定，也就是说，按公意来决定。以社会的名义所作的征用，相当于经物主承诺的一项有利于公众的交易，因此，不但应该偿付征用物的价格，而且应该对与人方便这一点也付给代价。实际上确实也是这样估定偿金数额的。如果当年罗马的法学家也掌握了这种类推法，无疑就不致在公益征用问题上那样犹豫不前了。

因此，社会要取得征用的权利，其前提就是要给物主以偿金。



但是，在实践中，赔偿原则不仅没有按应有的方式执行，而且根本就无法照此执行。例如，关于修建铁路的法律虽然规定线路占用的土地应给予赔偿，却完全没有提到对与运输有关的许多行业的赔偿问题，而实际上，这些行业的损失要远远超过偿付给土地所有人的地价。同样，在谈到对甜菜糖制造商的赔偿时，谁也没有想到国家还应该赔偿原来依赖甜菜糖业为生，而现在可能陷入贫困的大量职工。可是，根据资本的概念和有关生产的理论，有一点是完全可以肯定的，就是：既然土地所有人由于自己的劳动工具被铁路线占用而有权获得赔偿，那么，那些因为铁路修通而致自己的资本不能获利的经营者，当然也有权索取赔偿。可是，为什么不给他们以赔偿呢？唉！问题就在这是根本办不到的事情。社会无法完全按照这种公正无私的原则来行事，因而它往往不得不返回到罗马法的那种无所作为的状态。这样社会里总是有吃亏的人……因此,赔偿原则被抛弃了,国家不可避免地要有负于某一个阶级或某几个阶级的公民!

于是,社会主义者又跑出来了!他们责备政治经济学只知牺牲广大群众的利益,而求建立特权;接着又说征用法就是土地法的雏形,并提出普遍征用的主张,也就是主张实行共同生产和共同消费。

但是,在这个问题上,社会主义又从批判的立场重新坠入乌托邦,再度暴露出它由于自身的矛盾而完全不能解决这个问题。如果公益征用的原则充分地发展,最终结果将导致整个社会的改组。因此,在着手这项工作之前,必须先确定这个新的组织是什么样子的。可是,我要重说一遍,社会主义的所谓科学,实际上不过是一些剽窃生理学和政治经济学的支离破碎的原理。其次,既然要征用,就必须按照赔偿原则偿付公民被征用的价值,即使不立即偿付,最少也要给予保证,简言之,就是要保证这些价值不致减损。可是,社会主义除了它要求管理的公共财产以外,试问又能够从哪儿为这笔财产找到担保呢?

按照正确而真实的逻辑来说,要跳出这个圈子是不可能的。因此,比起那些温和而动摇的学派来,共产主义者的态度倒反而比较老实。他们解开这个难题,公开宣布一旦他们掌握了政权,便要征用一切人的财产,而且一律不予赔偿,也不提供任何担保。当然,这样做法是既不公平又欠信义的;不幸的是,风趣的德穆兰[①]

① 德穆兰(1760—1794),法国律师和政论家,资产阶级革命活动家;曾参加攻打巴士底狱,后为国民公会山岳派议员,因追随右翼,与丹敦同时被罗伯斯庇尔处决。——译者

曾经对罗伯斯庇尔说，烧杀不等于答复，在类似的争论中，人们总是又回到放火和断头台的老路上去。在这个问题上，与其他问题一样，互相对立的是两种同样神圣的权利，即公民的权利与国家的权利；而且我们曾再三说过，总是存在着一种能够把社会主义的乌托邦和政治经济学的支离破碎的学说很好协调起来的公式，任务是在于找出这个公式来。可是，在这方面争论的双方都作了些什么贡献呢？什么也没有！与其说有什么贡献，还不如说他们之所以提出问题本来就只是为了制造辱骂对方的机会。还有什么好说的呢？他们不仅对问题本身不理解，而且当公众关心起这个与社会前途和人类命运攸关的问题时，这些自命在研究社会科学的学者们，不管是正统派还是叛道派，他们在一些原则上也没有取得一致的认识。本书将要探讨的利润与工资的关系问题，就是这种情况的证明。因为提出这个问题的人本身对问题的了解就肯定不比无视这个问题的人高明多少！



什么！经济学家，科学院居然把连它自己也不理解的问题提出来辩论！它怎么会产生这样的想法呢？……

是的，我的话确实令人难以置信，确实太出人意料了，但是实际情况就是如此。神学家只是用神话和比喻来回答形而上学的问题，结果只能又回到原来的出发点，永远也解决不了问题。经济学家也是这样，他们对自己所提问题的答复，总是以某种方式谈他们是怎样想起提出这些问题，但是避而不作正面回答，原因在于要是他们果真能够越出这个圈子，也就不成其为经济学家了！

比方说吧，什么是利润？他们说，利润就是企业主在支付一切成本以后余下的那一部分价值。但是，成本是由消耗了的劳动日和消费了的价值组成的，也就是说，归根结底是由工资构成的。那么，究竟一个工人的工资应该是多少呢？他们说，是企业主所能发给工人的最低数额；也就是说，谁也不知道应该是多少。企业主拿到市场上去的商品，价格应该是多少呢？他们说，是企业主所能得到的最高数额；也就是说，同样是谁也不知道应该是多少。在政治经济学上，尽管人们都一致同意商品和劳动日是可以估值的，但是一说到给它们定价，就谁也认为不可能。经济学家说，鉴于这个原因，定价实质上是随心所欲的行动，它永远不能达到确实而可靠的结论。按照政治经济学的观点，既然在任何情况下不能求出两个未知数，那么怎么能找它们的关系呢？所以，政治经济学提出的都是一些无法解决的问题，可是我们在下文即将看到，这些问题是政治经济学不可避免地一定要提出来的，同时又是我们的时代必然会加以解决的。正因为如此，所以我才说，伦理科学院在把利润与工资的关系提交辩论时，尽管并不意识到这个问题的真正含义，却说出了带预见性的话。

可是，人们会问，假使劳动需求大而工人数量少，岂不是工资就会上升，利润就会下降吗？假使竞争激烈，生产过剩，会不会出现销路停滞，蚀本出售，企业主无利可图，工人面临失业的危险呢？那时工人会贬价出卖劳动力吗？假使发明了一种新机器，这种机器首先是挤垮竞争对手，然后建立垄断，从而使工人受制于企业主，那么，利润和工资不就朝着与上述相反的方向变动了吗？所有这些以及其他许多原因不是都很值得研究、讨论和找出补救的办法吗？

唉！在亚当·斯密和让·巴·萨伊以后，形形色色的专著和史册，我们已经领略了不知多少，可惜其内容全都是抄袭他们两人的原理。不过，话又说回来，尽管科学院对利润与工资的关系问题的含义并没有作出什么新的解释，我们却认为不应该像原来那样理解这个问题，也就是说，不应该从商业行情和利益划分上难以确定的观点来观察，而应该从绝对意义上来观察，因为不论是行情变动或者是利益划分，应该是以后才能解释清楚的。现在我就来解释一下我这话的意思。

我们可以先把生产者和消费者当作同一个人，这样，他的产品当然就是他的所得；接着，我们再根据凡劳动必产生剩余的原理，把他的全部产品划分为两部分，一部分用以抵偿生产者预付的资金，一部分则构成其利润，之后，我们的任务便是确定这两部分的比例关系；这种关系一经确定，我们就很容易推算出企业主与雇佣工人这两个阶级之间的财富比例应该如何，同时也可以解释商业上的各种波动现象。这些将是论证过程中应该得出的一系列结论。

但是，要使这样一种关系确实存在，并且可以加以确定，就必然要有某种内在或外在的规律决定工资与销售价格的构成。而在目前状况下，由于工资和价格不断在变化和波动，人们就不免要问：究竟是哪些一般性开支、哪些原因促使价值变化和波动的？这种摆动的幅度多大？

但是，这个问题本身就违反了原则，因为既然说是摆动，就必须假定存在一个价值重心不断向其摆动的中心方位，而科学院在要求人们确定利润与工资的摆动情况时，就等于要求人们确定价值。可是，这又正是科学院的先生们所反对的。他们根本不愿意听到人们说，价值正因为是可变的，所以才是可确定的，这种可变性正是可确定性的标志和条件。他们硬说，由于价值始终在变动，所以它是永远无法确定的，似乎即使已知钟摆每秒钟的次数、摆动的幅度、进行实验地点的纬度和高度，也仍然无法确定钟摆的时长，因为钟摆始终在运动。这是政治经济学的首要信条。

至于社会主义，它对这个问题似乎也不见得有更多了解和关心。它的许多机关刊物中，有的干脆回避这个问题，以配给代替分配，也就是说，把数量和尺度问题从社会组织中排除掉；有的则把普选办法运用于工资问题，借此摆脱困境。自不待言，这些浅薄的说法欺骗了成千上万的人。

马尔萨斯在这段著名文章中曾对政治经济学作了以下责难：

"一个人生到人满为患的社会里来，要是他的家庭无法供养他，或者是社会并不需要他的劳动，那么我说，这个人就根本无权要求得到一碗饭吃，他在这个地球上实在是个多余的人。大自然的宴席上没有准备他的那份饭。大自然命令他滚开，而且马上就亲自来执行这个命令。"

两手空空的人都给我死掉吧！这是政治经济学注定必然要作出的结论。我在探讨这类问题时将用一个迄今还不为人所知的证据来证实这个结论。

"为了更正确地理解马尔萨斯的意思，让我们把它的那套华丽辞藻改换成哲学用语吧！"

"个人自由和作为它的表现形式的所有权，政治经济学中给予了阐述，但它是不谈平等和团结问题的。"

"在这种制度下，人人自己做主，人人为了自己，因而劳动和一切商品一样，价格有涨有落；无产阶级的艰苦处境就是由此而来。”

“谁要是既无收入又无工资，谁就无权向别人要求任何东西。他的不幸只好由他自己来负责；在命运的赌博中，他交的是倒霉运。”

从政治经济学观点看来，这些论点是不容辩驳的；马尔萨斯惊人准确地表述了这些论点，也是完全无可非议的。可是，从社会科学的一些条件来看，这些论点都是根本错误的，甚至是矛盾百出的。

马尔萨斯的错误，或者更确切地说，政治经济学的错误，既不在于它主张没有饭吃的人应该死去，也不在于它认为在私有制下既无工作又无收入的人，如果不想辗转沟壑，就只能以自杀离开人间；这种情形，既是我们生活的规律，又是私有制必然的后果。罗西[①]先生在这一点上竭力为马尔萨斯辩解，未免太煞费苦心了；说真的，我倒有点疑心罗西先生之所以这样长篇累牍、推崇备至地为马尔萨斯辩护，真正的意图恐怕是效法他的同胞马基雅维利[②]在《君主论》一书中向人们介绍专制制度那样，向人们推荐政治经济学。当罗西先生告诉我们说，贫困是工商业自由经营不可缺少的条件时，他就好像在对我们高喊：“瞧！这就是你们的法律，你们的正义，你们的政治经济学！这就是私有制！”

不过，天真的高卢人是不会懂得含蓄隐晦的语言的，对他们还

---

① 罗西(1787—1848)，意大利资产阶级庸俗经济学家，政治经济学中所谓历史学派的创始人。——译者

② 马基雅维利(1469—1527)，意大利政治活动家、历史学家和作家，资本主义关系产生时期资产阶级思想家之一。——译者

不如说点法兰西淳朴的语言！马尔萨斯的错误，或者说政治经济学的根本缺陷，总的说来是在于把过渡时期的情况，即把社会分裂为贵族与无产阶级的情况肯定为社会的终极状态。尤其错误的是，认为在一个有组织的因而是休戚与共的社会里，仍然可能有一些人既拥有财产，又有工作、消费品，而另外一些人则既无财产，又无工作，更无面包。最后，马尔萨斯，或者说政治经济学，在作结论时完全迷误了，他认为人类像动植物一样具有无限繁殖力，是使我们永远处于匮乏的威胁之下的原因。但是，从这种情况中，应该推论出一种必要的东西，即推论出人口与生产之间的平衡规律的存在。

总而言之：马尔萨斯的理论暴露了全部政治经济学的荒谬性。这正是这位作家最大的功劳；而他的同辈中却没有一个人想到过应该承认他的这个功劳。

至于社会主义，则老早就被柏拉图和托马斯·莫尔[①]下了定论，称之为乌托邦，也就是说，是无法实现的空想。



不过，我们还是应该还人类以荣誉，为一切人都说句公道话，那就是：不论是经济学或者人类的立法，在开始时总是只能像我们所看到的这种样子，社会也绝不可能就此停留在最初的这种状态。

任何一门科学开始都必须先确定自己的研究范围，搜集和整理有关的材料；因为，在形成体系之前总需要先有事实，在出现艺术世纪之前也先要有浏览博物的世纪。经济科学和其他一切科学一样，也要服从时间的制约以及经验条件的限制，它在探索社会的

① 托马斯·莫尔(1478—1535)，英国政治活动家，曾任大法官，人道主义作家，空想共产主义的早期代表人物之一，著有《乌托邦》。——译者

各种事物应该如何发生之前，必须先告诉人们这些事物现在在怎样发生。作者们在他们的著述中煞有介事地称之为规律、原则或理论的一切成规旧习，虽然彼此矛盾、互不连贯，我们还是应该细心加以汇集整理，并且严肃认真、不偏不倚地加以介绍。完成这项任务，也许比以后继续发展这门科学更需要高超的才能和刻苦的钻研精神。

因此，如果说，今天的社会经济学还只是表达了对未来的愿望而不是一种有关现实的知识，那么，必须承认在政治经济学中包含了研究这门学科的一切要素。当我说这个意见已经成为绝大多数人的看法时，我相信我是表达了一般人的意见。固然，为现状辩护的人确实不多，但是厌恶乌托邦的情绪也相当普遍。大家都知道，真理是寓于某种能够把保守与变动两者协调起来的公式之中。

因此，应该感谢亚当·斯密、让·巴·萨伊、李嘉图、马尔萨斯和那些敢于反驳他们的人，因为他们揭穿了财富（财神殿）的秘密。资本的无上地位、对劳动者的压榨、垄断企业的权谋，均被揭露无遗，不得不在众目睽睽之下稍事敛迹。人们根据经济学家所观察和描述的种种事实进行推论和揣测，发现非法权利和陈规陋习都只有在黑暗下才能存在；只要社会仍然是黑暗的，这些东西就总是受人敬重；可是一旦它们被置诸光天化日之下，便必遭众议责难而寿终正寝。人们开始疑心社会的治理恐怕不应该再按《社会契约论》所主张的那种空洞的意识形态来理解，而应该像孟德斯鸠[①]所

---

① 孟德斯鸠（1689—1755），法国资产阶级杰出的社会学家和法学家，18世纪资产阶级启蒙运动的代表人物之一。——译者

预见的那样，从物的关系中去理解。出现了一个明显左倾的社会势力，其成员全是曾经一直充当特权的代表者和捍卫者的学者、官吏、法学家、教授，甚至还有资本家和实业界巨头；此外，还有成百万的追随者。这些人在民族中自命超越于议会之上和代表议会外的舆论，孜孜于分析各种经济事实，力图从中探索社会生活的奥秘。

我们不妨把政治经济学看作一片辽阔的空地，到处堆满着准备建筑大厦的材料。工人们正等待着信号，他们满腔热情，急于动手干活；可是建筑师不见了，也没有留下图样。经济学家的脑海里倒是记得不少东西，可惜连点建筑图案的印象也没有。他们了解每件材料的来历，加工花了多少钱；懂得什么木料做椽子最好，什么黏土做砖最难得，也知道工具的购置和搬运一共花了多少钱，木匠和石匠的工钱多少；可就是，哪块材料打算作什么用途、用在什么地方，却一概不晓得。经济学家无法否认，他们眼前确实乱七八糟地堆放着许多可供建造宏伟大厦的材料，到处是诗作的素材；可是截至目前，他们还没有找到那张总图样，每当他们的尝试有了某种进步，便又碰到一些互不相关的疑难，终于因为找不出办法而绝望了，只好承认科学的创造力总是有限的，或者如他们自己所说的，“科学原则不免都有缺陷”；总而言之，他们否定了科学。[①]

① 法国一位头脑最清醒的人莱昂·福舍先生（1803—1854，法国资产阶级政治活动家、马尔萨斯派经济学家。——译者）在1844年12月曾经说过：“支配着各民族生活的原则并不是纯粹的科学，而是来自文明、需求和利益的许多复杂的事实材料。”大家不妨体会一下，怎么这样一位高明的人物竟会由于自己对经济学所抱的信念而得出社会上的复杂的事实材料与纯粹的科学背道而驰的结论。

例如劳动分工，没有它，生产便近乎乌有，但是分工又有许多流弊，最严重的就是使工人意志消沉；机器带来了廉价商品，但是又造成货物充斥和工人失业；竞争的结果是产生压迫；捐税尽管是社会的物质上的束缚，但是却往往成为一种与水、火、冰雹同样可怕的灾难；信用必然与破产相联系；所有权成为一切罪恶的渊薮；商业蜕化为赌博，有时甚至公然容许欺诈。总而言之，到处是无秩序和有秩序的现象均等地存在着，谁也不知道怎样才能使秩序战胜混乱。于是，经济学家便下决心作出定论，宣称万事业已大吉；任何救治时弊的建议，在他们看来都是敌视政治经济学的表现。

这样一来，建筑社会大厦的事也就无人过问了，人们纷纷涌到工地，不论大柱、柱头、柱基，或者木料、石料、金属材料，全都按人平分或者抽签分掉。结果，本来集中起来可以建筑一座华丽庙宇的材料，全被无知和野蛮的所有权制度修成一些茅棚草舍。以后的问题就不仅需要重新找到原来那座大厦的建筑图样，而且还必须把住在这些棚舍里的人赶出来；可是，他们坚持认为他们原来那个住区实在美不可言，所以一听说要改建便不约而同地排列在自己大门口，严阵以待，准备厮杀一场。混乱的程度比修建巴贝尔塔①时还要严重；所幸的是，我们都是说法兰西语的，而且比起尼姆洛②的同伙们还要勇敢得多。

好了，我们还是抛开这些比喻吧！历史的和叙述的方法尽管



① 巴贝尔塔，《圣经》上说诺尔的儿子想修建巴贝尔塔，好登上天国。上帝为了使这个狂妄的企图失败，故意创造出许多种语言，使大家因为言语不通，一片混乱而修不成塔。——译者

② 尼姆洛，传说中的迦勒底国王，号称“天下第一猎手”。——译者

在当初认识事物时颇为有效，可是以后就毫无益处了，因为，我们虽然已经写了成千上万部著作，编制了多不胜数的统计表，却并不比塞诺芬[1]和赫西欧德[2]时代的人先进多少。腓尼基人、希腊人和意大利人当年的做法与我们现在并没有多大的区别：他们同样放款、雇工、扩大私有田地，同样送货收钱、登记账目，同样投机倒把、倾家荡产，一切都合乎经济艺术的规则；他们之善于争夺专利和敲诈消费者与工人，并不在我们之下。关于这方面的记载，真是多如牛毛。如果我们无休止地翻阅这些统计数字，那么眼前将永远是一片混乱，一片无穷无尽、千篇一律的混乱。

确实，人们也相信，从神话时代起一直到现在我国大革命的第五十七年止，总的福利状况是提高了。在很长一段时期里人们把这种改善主要归功于基督教，可是现在经济学家却主张应该归功于他们的那些原则。他们责问说，基督教到底对社会有多大的影响呢？它从创始时起便是一种彻底的乌托邦，只是在逐步采纳了诸如劳动、资本、地租、高利贷、贸易、所有权等经济范畴以后，简而言之，就是在确认了作为政治经济学的最高表现形式的罗马法以后，才得以维持下来和扩大了影响。

就其神学部分说，基督教与关于生产和消费的理论是风马牛不相及的，它与欧洲文明的关系类似于过去的同业工会或共济会与流动工人之间的关系，无非是一种保险契约，一种互助组织。在这方面，基督教并没有什么要对政治经济学感恩的；政治经济学并



---

① 塞诺芬（约公元前 427—前 355），雅典将军、历史学家和哲学家，苏格拉底的学生。——译者

② 赫西欧德，公元前 8 世纪希腊诗人。——译者

不能拿基督教所做过的好事来证明自己是正确的。博爱和自我牺牲精神所起的作用不在经济学范围之内，经济学的任务是通过组织劳动和实行公平来造福社会。此外，我也愿意承认所有制确实也有一些良好的作用；不过，我发现这些作用都被所有制本身必然产生的贫困现象所掩盖了。因此，正像当年英国的一位著名的大臣在议会上承认的，也正像我们在下文行将证明的：在当今的社会里，贫困的加重和财富的增长并驾而前，恰成正比。这种情况的出现，完全抵消了政治经济学的功劳。

由此可见，政治经济学不论是以它的理论教条或者实际事业，都无法为它辩护；而社会主义呢？它的全部价值在于证实了这个事实。结果，我们不得不重新考察一番政治经济学，因为毕竟只有政治经济学才包含着某些社会科学的材料，至少是部分地包含着这种材料；与此同时，我们也要考察一下它的理论是否还隐藏着某些虽然错误，但是经过纠正便可以使事实与权利协调起来，可以揭示出人类的组织规律，从而使秩序二字恢复它应有的积极意义。

# 第二章　论价值

## 第一节　使用价值与交换价值的对立

价值是经济大厦的基石。责成我们继承他的创世大业的那位天国艺术大师并没有向任何人解释过价值的含义；但是，根据某些迹象，我们仍然可以猜度出来。实际上，价值生就两副面孔：一副是经济学家称之为使用价值，或曰固有价值；另一副称为交换价值，或曰议定价值。只要价值还没有确定，或者说得哲学意味更重一点，只要价值还没有构成，这种具有双重面孔的价值所起的作用是非常不规则的，因为这些作用由于这种构成关系完全处在变动之中。

那么，使用价值与交换价值的关系是怎样的呢？所谓构成价值指的又是什么呢？价值的构成需要经过哪些重大的变化呢？这就是政治经济学的对象和目的。我希望读者充分重视下文各节，因为这是本书中最重要的一章，需要花费力气阅读；至于我，则将尽力把问题说得简单明了。

凡是对我有某种用处的物品，在我看来就是有价值的。我手中有用的东西越丰足，我就越是富有，这一点并无难解之处。奶品、肉类、果品、谷物、羊毛、糖、棉花、酒、金属、大理石，最后还有土地、水、空气、火、阳光等等，它们的价值是由性质与用途构成，对我说来都有使用价值。如果我生存所需的一切物品都能像上述某些物品那样丰富，像光线那样充足，换句话说，如果每一类价值的数量都取之不竭，那么，我的福利将永远得到保障，从而，我也就不必劳动，甚至根本不会想到要劳动。在这种情况下，物品虽然始终具有**效用**，但是如果说它有**价值**就不正确了；因为，就如我们在下文马上就可以看到的，价值表示的主要是一种社会关系，甚至可以说，我们正是通过交换，使物品的社会性回到它的自然状态，我们才获得了效用的概念。所以，全部文明都是为了人类本身需要而不断创造新价值才发展起来的；这就像社会的种种弊端在我们不断地与自己的惰性作斗争中有它们最初的起因一样。如果使人类丧失了这种激发他进行思考并使他习惯于沉思生活的需求，那么，人类这个从事创造的巨匠就不过是一种头等的四足动物罢了！



可是，使用价值又怎样变成交换价值呢？必须指出，这两种价值虽然在观念上是同时产生的（因为前者只有在存在后者时才觉察得出来），但两者仍然有其先后之别。交换价值是使用价值的一种反映，正像神学家所宣传的三位一体的圣父在永恒的沉思中产生了圣子的情况一样。经济学家并没有仔细阐明价值观念产生的经过，所以我们必须加以论述。

由于我所需要的物品中有许多在自然界里为数很有限或者根本就没有，因此我不得不致力于生产我所缺少的物品；可是，因为我不能亲自动手生产多种东西，所以我就向别人建议，也就是向其他行业中我的合作者们建议，把他们所生产的一部分产品同我所生产的产品交换。这样一来，我便必须保证我的产品数量始终超过我将消费的数量。同样,我对方也要保证他们各自的产品的数量超过他们自己使用的数量。这项默契是通过商业来履行的。说到这里,我想顺便给大家指出,这两种价值的逻辑顺序在历史上的表现比理论上明显得多,因为人类在他们的产品足以进行交换以前,曾经有几千年是处在互相争夺天然财富的状态下(也就是人们所称的原始共产制)。

一切天然产物或者工业产品所具有的那种维持人类生存的性能,有一个专门的名称,叫做使用价值;它们所具有的相互交换的性能,则称为交换价值。事实上,两者是一回事情,因为后者只是给前者加上一个交换的概念。这种区分乍看起来似乎有点多余,可是,实践上其后果却是惊人的,有时产生良好的效果,有时则招致灾难性的后果。

因此,价值的这种区分是由事实决定的,丝毫不是人们任意规定的。人类的责任就在于遵循这个规律,并且运用它来创造幸福和自由。按照作家沃尔拉斯先生[①]所下的美好定义,劳动就是向自然界的吝啬开战;的确,财富和社会都是依靠劳动产生的。劳动不仅创造了财富,而且它所创造的财富比自然界赋予我们的要多得不可比拟。例如,有人就指出,光是法国制鞋业的产值就比秘鲁、巴西和墨西哥三国的矿藏总值高出十倍。可是,因为劳动能改造天然价值,所以它的权限便不断地扩展和增大,逐渐形成了这样一种情况,就是一切财富由于通过工业加工而全部归它们的创



① 沃尔拉斯,指数理经济学家华尔拉斯之父,中学教师,曾著有《财富的性质与价值的起源》一书。——译者

造者所有，而拥有原料的人则一无所得或者几乎一无所得。

因此，经济发展经历的过程是：首先是对土地和各种天然价值的占有；其次是通过劳动进行联合与分配，一直到实现完全的平等。在我们前进的道路上，的确遍布深渊，头顶上刀剑逼人；可是，为了预防一切艰险，我们有的是理性，而理性正是万能的力量。

由于使用价值与交换价值存在着这样的关系，所以，如果某一个生产者由于偶然的事故或者别人的恶意行为而无法与人交换，或者是他的产品突然失去了效用，那么，即使他的店铺里堆满了货物，还是等于一无所有。他愈是拼命生产，就愈是穷困。假如产品的效用不是完全消失，而只是降低了（这是一种在许多情况下可能发生的事情），那么，劳动者虽然不致马上遭殃，顷刻倾家荡产，还是要逐渐变穷，因为他不得不以自己的大量价值来换取别人的少量价值，他的生计势必降低，其比例相当于他卖出价值时的亏损。这样，他就将从原来的宽裕日子逐步走向衰微。最后，假如产品的效用提高了，或者是生产成本降低了，那么，交换的天平便转而有利于生产者，他的生活便会节节上升，从辛劳的小康之家进而成为饱食终日的朱门富户了。这种衰落与致富的现象是多种多样的，其过程也是千变万化的。工商业之所以投机成风，权谋百出，原因盖出于此。经济学家认为应该永远继续下去的正是这样一种充满骗局的赌博。伦理和政治科学院以探讨利润与工资的关系为名，要求人们把使用价值与交换价值协调起来，也就是说，要求人们找出一种能够使一切使用价值都同时具有交换价值，以及**反过来**使一切交换价值也同时具有使用价值的办法，其实就是不自觉地要求消灭这种赌博。

经济学家十分明确地揭示了价值的两重性，但是，对价值的矛盾性并没有作出同样明确的阐述。我们的批判就将从这个问题开始。

使用是交换的必要条件，可是离开交换，使用也就等于零，所以，两者是不可分离地联系在一起的。那么，矛盾究竟表现在哪里呢？

既然我们大家目前都只能依靠劳动和交换来维持生活，而且只要我们生产和交换愈多，我们就愈是富有，那么，每个人就必然设法生产尽可能多的使用价值，以便拿尽可能多的产品去交换，从而提高自己的享受水平。那么，这样造成的第一个结果，就是价值不可避免地增多，而价格则不可避免地降低；因为同一种商品的数量愈富足，交换时就愈不值钱，它的商业价格就愈是下降。这样，劳动的必要性与它的实际结果之间难道不是存在着矛盾吗？

在正面解释这个问题之前，我想先请读者注意一个事实。

一个农民收获了 20 袋小麦，打算全部留作自己一家食用；在他看来，收获 20 袋当然比只收获 10 袋要富足一倍。同样，一位家庭妇女织了 50 奥纳[①]的粗布，也会觉得比织 25 奥纳要富足一倍。从家庭经济的角度来说，这两个人的看法都是对的；但是，从与外界的关系说来，这种看法却是完全错误的。因为，如果全国的小麦产量都增加一倍，那么，出卖 20 袋小麦的所得，将不及小麦的收获减半时出卖 10 袋小麦的所得。同样，在类似的情况下，50 奥纳粗布的卖价也抵不上 25 奥纳。这就是说，使用的数量虽然增加，价

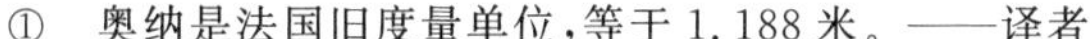

① 奥纳是法国旧度量单位，等于 1.188 米。——译者

值却下降了。这样一来,生产者虽然手中的货物不断增多,却可能反而贫困。这种局面看来是无法摆脱的,因为唯一的补救方法就是让所有的工业产品都像空气和阳光一样地取之不竭,可是这显然是荒唐无稽的事情。要是卢梭在场,他一定会喊道:“明智的上帝啊!这可不是经济学家们在语无伦次,而是政治经济学背叛了自身的使命;赝造也会使自己上当的。”

上面所举的是使用价值超过交换价值的例子;在另外一些情况下,使用价值又可能低于交换价值。这时,也会发生类似的现象,不过正好颠倒过来,交换的天平转而有利于生产者,受打击的是消费者。这在灾荒时表现得特别明显,那时生活必需品价格的上涨往往是人为造成的。另外,有一些行业虽然制造的产品效用并不大,人们不用它也完全可以,可是却具有较高的议定价值。奢侈艺术品一般地说便属于这类产品。人类因为有审美感,所以往往贪恋一些虽然毫无实用,但是能够满足虚荣心、天生的奢侈癖或者比这更清高一点的爱美感的物品;于是,这类物品的供应者便得以从中投机渔利。本来,对珍奇和高雅的物品征收捐税,其可恶与荒谬并不亚于征收交通税;可是,某些时髦商人已经堂而皇之地征收起这种税来了,而公众则出于自己的无聊癖好而甘心保护他们。其实,这种商人的全部功劳,往往就在于败坏风尚,使人更热衷于追求珍奇古雅之物。从来就没有人埋怨过这种税收;而那些日用必需品的垄断者绞尽脑汁,好不容易才在一尺布或者一块面包上涨上几文钱,却反倒成了众矢之的。

光是指出使用价值和交换价值之间的这种惊人的对立是很不够的,因为经济学家惯于把这种对立看作非常普通的事情;我们的

责任在于证明这种所谓的普通事情本身隐藏着深奥的秘密，并且对此作出透彻的分析。

因此，我敦促所有严肃的经济学家不要只是变换一种形式来提出或者简单地重复这个问题，而是设法告诉我们为什么价值会随着生产的增长而降低，或者反过来随着产品的减少而增高，用经济学的术语来说，就是为什么彼此不可或缺的使用价值与交换价值会成反比地增减。我想问的是：为什么"昂贵"的同义词不是"使用"而是"稀少"？因为，请大家注意，商品价格的涨落并不以生产过程中所耗费的劳动量多少为转移，生产成本的多寡也丝毫不能解释行情的变动。价值和自由一样，变化无常，既不考虑效用大小，也不顾劳动多少；更有甚者，除了某些例外，在一般情况下都是效用最大的东西反而要以最低的价格出售；换句话说，好像劳动最轻松的人理应得到最高的报酬，而流血流汗地劳动的人，收入却反而应该最低。按这样的原则推论下去，将会得出世界上最合逻辑的结论，就是凡属日用必需品，只要数量无穷就一钱不值，而毫无用处但又极端稀少的物品，却成了无价之宝。可是，最伤脑筋的是，这两种极端情况在实践中都不可能存在，因为一方面人类生产的任何产品永远不可能在数量上增加到无止境的程度，另一方面，即使是最稀有的东西也必须有某种用处，否则它就不会有任何价值。因此，使用价值和交换价值虽然由于它们的性质而始终互相排斥，可是两者又命定地互相联系。

有的人为了弄清这个问题，可能会提出种种咬文嚼字的异议，我就不打算一一加以反驳了，以免读者感到厌烦；原因是，价值概念所固有的矛盾，没有什么明确可寻的原因，也难以作出任何解

释。我所提到的这个事实就是人们所称的原始事实之一；也就是说，它可以用来解释其他的事实，而本身却像所谓单一体一样，是无法分解的。精神与物质的二元关系，就是这种情况。精神与物质是两个用语，如果把它们分开便各有其特殊的含义，可是却并不反映任何具体现实。同样，人类既然需要多种多样的产品，而产品又必须通过劳动来取得，也就必然产生使用价值与交换价值的对立；政治经济学最先碰到的一个矛盾就是从这种对立产生的。任何才智，任何神的意志或人的意志，都不能阻止这个矛盾的出现。

所以，与其寻求类似于幻想的解释，不如满足于承认矛盾的必然性。

不论已创造出来的价值是多是少，也不论不同价值之间的交换比例如何，如果我们想交换商品，就必须双方同意，也就是说，要是你是需求者，就必须使我的产品合你的意，要是你是供应者，则必须我喜欢你的产品。因为，谁也无权把自己的商品强加给别人；商品是否具有效用，或者说商品是否符合需要，唯一的判断者就是买主。在上述第一种情形下，是否符合需要是由你来做主；在第二种情形下，则是由我来做主。取消了双方的这种自由，交换便不再起工业纽带的作用，而成了掠夺了。说到这里，我要顺便指出，共产主义是永远战胜不了这个困难的。

可是，有了自由，生产不论在数量上或质量上就必然无法确定；结果，不论从经济发展的角度来看，还是从消费者利益的角度来看，商品的估价就永远是任意估定的，其价格将始终在波动。假如有一天所有的生产者都必须按固定的价格出卖产品，那么，一定会有的人因为生产成本较低或者产品较佳而赚钱很多，而另外一些人则赚不到钱;反正是平衡遭到了破坏。那么,为了避免商业停滞,我们不能把生产限制在必需的数量上吗?不行!这是侵犯自由;因为,你既然剥夺了我选择的权利,就等于迫使我付出最高的代价;你扼杀了唯一可以保证物价低廉的竞争制度,就引起了走私。这样一来,你为了阻止商业上的自由专断,就走上了行政上的强制武断;为了建立平等,你却毁灭了自由;这种做法等于否定了平等。那么,你能把生产者全都集中到一个工厂里吗?我假定你掌握这种秘诀。但是,光是这点还不够,你必须把消费者也集中到一个大家庭里。那样,岂不是超出了我们所谈问题的范围了吗?问题不在于废除价值概念,因为这和废除劳动一样是办不到的,而在于确定价值概念;问题不在于取消个人自由,而在于把个人自由社会化。但是,既然我们已经证明,使用价值和交换价值的对立是由于个人自由专断而造成的,那么,只要存在自由专断,又怎么可能消除这种对立呢?不牺牲个人,又怎能牺牲自由意志呢?……

所以,只要我是自由的买者,我就是我的需要的判断者,是物品是否合适的判断者,是对这件物品愿意出价多少的判断者;另一方面,只要你是自由的生产者,你就是制造物品用的资料的主人,你可以缩减你的成本。所以专断的意志必然要渗透到价值中去,并且使价值在效用与议价之间摇摆。

其实,这种由经济学家详尽描述的摇摆情况,不过是一种矛盾的结果,这种矛盾一旦大规模地表现出来,便产生出许多完全意外的现象。在俄国的某些省份里,接连三年的丰收竟等于一场社会大灾难;我国的葡萄产地也一样,连续三个丰年对葡萄种植者说来也成了灾难。我完全懂得,经济学家是把这种不幸归因于缺少市场。所以，在他们看来，市场问题是一个非常重大的问题。可惜他们的市场理论和人们想用以对抗马尔萨斯理论的移民主张一样，都只是一种原则性的呼吁。即使是市场最充足的国家也和最孤立的国家一样地会出现生产过剩。世界上又有哪个地方物价的涨落比巴黎和伦敦的交易所更为明显呢？

对价值的摇摆和它所造成的反常结果，社会主义者和经济学家双方作出的结论是相反的，但是又都是错误的。不过，前者是借题发挥，大肆诬蔑政治经济学，把它革出社会科学的大门；而政治经济学家呢？则利用这种状况来完全否定两种价值有任何协调的可能，并且从财富不平等的观点出发，肯定价值的不可估量是商业上的绝对规律。

我认为，双方错误的程度不相上下。

一、如果用使用价值和交换价值的不可避免的区别的方法，来分析具有矛盾性的价值概念，那就很清楚，它既不是来自思想上的错觉，也不是由于用语不当，或者实践上的谬误；它和事物的本性密切相关，而且是作为思想的一种普遍形式，也就是说，作为一种范畴强加于理性的。政治经济学既然是以价值概念作为出发点，这门科学（我暂且提前使用“科学”这个名词）的一切基本要素也就必然自相矛盾和彼此对立，从而使经济学家在每一个问题上都不得不始终置身于同属无可辩驳的肯定与否定之间。如果用现代哲学所确认的术语来说，就是二律背反[①]是政治经济学的基本特点，

① 二律背反原文为 antinomie，源自拉丁文 anti〔反〕和希腊文 nomos〔律〕；反律 contre-loi 就是这个外来语的法语直译。——译者

换言之，二律背反既是政治经济学的死刑判决，又是它的辩护词。

二律背反直解就是反律，指的是原则上的对立或者关系上的对抗，就如矛盾或前后不符，是指辩论中的对立或抵触。请大家原谅我不得不谈论这些烦琐哲学的细节，原因是二律背反一词对大部分经济学家来说还是陌生的。二律背反是一种具有两面性规律的概念，它既有其肯定的一面，又有其否定的一面。例如，推动星球绕太阳而转的万有引力，几何学家就把它分解为向心力与离心力；又例如，物质是否无限可分的问题也是这样，因为康德[①]已经证实这个问题可以交替使用同样无可辩驳的正确论据分别作出否定或肯定的答案。

二律背反只是表示一种事实，它无可抗拒地强加给我们的思想。至于矛盾，严格说来却是一种谬误。二律背反(〔反律〕)与矛盾(〔反论〕)之间的这种区别，指明了在什么意义上我们可以说在某些种类的观念和事实中，矛盾律并不如它在数学上那样有价值。

在数学上，按照常律，如果一项定理被证明是错误的，那么，与此相反的定理就是正确的，反之亦然。甚至可以说，这是数学上一种最有效的求证方法。可是，在社会经济问题上，情况就不同了。比方说，我们即使根据所有权的后果证明了它是谬误的，也绝不能因此肯定它的反面公式共有制就是正确的；我们可以同时以同样的理由既否定所有制，又否定共有制。可是，是不是可以因此就像有些人那样可笑地夸大其词，说一切真理、一切概念都是来自某种

① 康德(1724—1804)，德国古典哲学的创始人，唯心主义者，资产阶级思想家，写过一些重要的自然科学著作。——译者

矛盾，也就是说，来自某种在同一时候从同一角度上看既可以肯定又可以否定的事物，因而应该把那种认为矛盾是错误的最好标志的古老逻辑抛得远远的呢？不！这类陈词滥调只配诡辩家们来发表，因为他们是既无信念又不怀善意，总是竭力要使怀疑主义永世长存，借以维护他们那些于世无补的粗鄙主张。二律背反只要尚未为人们所认识，就必然要导致矛盾，因为人们总是把这两者混为一谈，尤其在法语中，法国人喜欢根据每一件事物所起的作用来确定它的名称。但是，对一切简单概念进行彻底分析后所发现的矛盾或者二律背反，都不是真理所在。矛盾始终只是虚无的同义语；至于二律背反，人们有时用同样的名词称呼它，实际上也只是真理的前驱。可以说，二律背反给真理提供了材料，可是它还不是真理；而且就它本身而言，它是混乱状态的成因，是谎言和罪恶的特有形式。



二律背反由两个词组成，它们互不可缺，可是又始终彼此对立，而且总想消灭对方。往下的道理本来我也犹豫是不是有必要讲，但是，毕竟还是认为不得不说出来，这就是其中的第一个词叫做**正题**，即本论，第二个叫做**反题**，即反论。这套论证方法如今已经是人所共知，而且我还希望它很快能列入小学教程。我们下文马上就可以看到这两个词起初怎样结合起来产生出一个统一名称，或者叫做概念，从而使二律背反归于消失。

例如，在价值中，没有一种具有效用的价值是不能交换的，也没有一种能交换的价值是没有效用的；所以，使用价值和交换价值是不可分开的。但是，一方面由于工业的进步，需求不断地增大和多样化，制造业便趋向于提高各种物品的自然效用，并且最后把所有的使用价值都变成交换价值;另一方面,因为生产工具的效能不断提高和成本不断降低,生产又趋向于把物品的交换能力回复到原来只供使用的状态。结果,使用价值和交换价值便永远在相互斗争。

这场斗争的结果是人所共知的,这就是商业竞争,市场竞争,产品过剩,货物滞销,颁布各种禁令,扼杀竞争,垄断独占,降低工资,制定限价法律,财富悬殊,贫困现象;这一切都源自价值的二律背反。这点恕我暂不加以论证,因为以后的章节自然会谈到这个问题。

社会主义者虽然理所应当地要求结束这种对抗,但是又错误地不承认对抗的根源,以为这只是一般常识造成的谬误,因而可以用行政法令来补救。正是因为这样,他们才迸发出那种可悲的狂热,拼命宣传一些最荒唐的幻想,使不少人直到今天仍然受骗,其结果是使社会主义在一些求实者的心目中变得平庸不足道了。我对社会主义的责备,并不是它的无病呻吟,而是它长期地这样冥顽不灵,愚昧无知。

二、但是,经济学家所犯的错误,其严重性也不亚于社会主义者。他们正是根据矛盾的事实,或者更正确地说是根据价值的二律背反,就武断地拒绝一切革新主张和改革愿望,而且他们从来也不愿意了解,正是由于矛盾社会已经发展到它最高度的对抗时期,所以协调与和谐的日子也在逼近。其实,只要政治经济学的信徒们比较重视现代形而上学的知识,对政治经济学作一番仔细的检查,这个道理本来是了如指掌的。实际上,根据人类理性所知的最确凿的证据,完全可以证实一点,就是凡是表现出二律背反的地方，便有解决问题的希望，便预示着变化即将来临。而价值概念，特别是像让·巴·萨伊先生所揭示的那种价值概念，正好符合我们所说的这种情况。可是，大部分经济学家却由于某种不可思议的命运，对哲学动机漠不关心，从来不去设想价值的这种固有的矛盾性（或者照他们的说法是价值的可变性）正是价值的可构成性的真正标志，这意思就是说，价值的矛盾性表明价值在本质上是完全可以协调，可以确定的。对于各经济学派来说，它们之所以反对社会主义，主要是对于它们自己的原则抱有错误的理解，这确实是不太光彩的。有关这点的证据当然很多，我们只要略举一二便足以说明问题。



科学院（这指的是另一科学院，而不是伦理科学院）有一次忽然越出它的职权范围，宣读了一篇建议根据各行工业每人每个劳动日的平均产量来编制全部商品的价目表的论文。《经济学家杂志》（1845年8月号）立刻抓住了这个在它看来是越权的事件，对论文中关于编制价目表的建议提出抗议，并且重申了它所谓的真正原则。

这家杂志在结论中说道："价值是没有尺度没有标准的，这是经济学告诉我们的；情况就如数学告诉我们说，没有什么永恒的运动，也没有什么圆积计算法，这种运动和这种求积法是永远找不到的。但是，既然价值没有标准，既然价值尺度甚至连一种形而上学的幻想也算不上，那么，到底支配交换的法则是什么呢？……这点我们曾经说过了，就是普遍的'供给与需求'，这就是科学的最终结论。"

可是，《经济学家杂志》是怎样证明没有价值尺度的呢？这里我暂且使用这个公认的术语，不过马上我就会指出价值尺度这个名称是比较含糊的，它并不能正确地表达人们要讲的和应该讲的意思。

诚然，这家杂志也提到我们上面所说的价值可变性，并且还附例作了说明，但是，却不像我们那样追究到矛盾。假使这位可敬的编辑先生是萨伊学派中的一位赫赫有名的经济学家，具有较为严格的辩证法训练，假使他长期习惯于不仅观察事实，而且善于从产生这些事实的观念中寻找对事实的解释，那么，我毫不怀疑他的话一定会比较留有余地，一定不会把价值的可变性看作科学的最后结论，而会承认它只是科学的起点。如果考虑到价值的可变性并不是来自物品本身，而是来自人们的观念，那就应该说，正像人的自由有它的规律一样，价值也有它自己的规律；因此，假定存在一种价值尺度，并没有什么不合理之处，因为大家都把这种规律称为价值尺度；相反地，否认价值尺度才不合逻辑和不能容忍。

而且，事实上，衡量价值概念，也就是说把价值固定下来的做法，究竟与科学有什么抵触呢？大家都相信价值是可以固定的，都希望固定价值，探索这种固定，并且假定了固定；每一项出售或购入的提议归根结底不过就是把两个价值加以比较，也就是对价值作出正确程度不等的，但是又可说是有效的估定。公众对实际价值与商业价格之间的差别所作的估定，可以说总是一致的。正是因为这样，所以许多商品才能定价出售；甚至有些商品例如面包，即使价格不断在变动，仍然是按定价出售的。既然两个工业家之间可以按照议定的价格、以来往记账的方式相互如数供应各自的产品，那么，我们就不能否认，十个、百个、千个实业家也可以照此行事。这样价值尺度问题正好得到解决。不错，我承认每件物品的价格都是经过争议才确定下来的，因为争议仍然是我们确定价格的唯一方法；但是就像一切光线都是由碰击而发射出来的一样，争议虽然是价值尚不确定的证明，但不论争议双方所抱的善意大小如何，争议目的总是在发现两种物品价值之间的关系，也就是说，在于测定价值和找出它的规律。

李嘉图在他的地租理论中提供了一个测定价值的出色范例。他给我们指出，不同的可耕地在费用相等的情况下，其价值之比相当于各该土地的生产率之比；在这方面普遍的实践也确实和这个理论相符。谁又能说这种正确可靠的估定土地价值的方法，而且一般地说也就是估定各种投资的价值的方法，不能推广到其他产品上呢？……

有人说：政治经济学绝不是以先验的演绎为准绳的，而是只根据事实来作出判断；正是事实和经验告诉我们，不可能存在什么价值尺度，事实和经验还证明，虽然这种价值尺度的概念会自然而然地产生出来，但是要找出这种尺度纯粹是一种幻想。只有供求关系才是支配交换的唯一法则。

有一点我不想再重复了，那就是经验所证明的恰恰与此相反。社会经济发展过程中的一切，都说明存在着一种力求构成价值和确定价值的倾向。这正是政治经济学应该达到的顶峰，因为通过价值的构成，政治经济学将得到改造；同时，这也正是社会进入有秩序状态的最高标志。这个总的观点如果只是来回重复而不证以实例，便有点使人厌烦。不过，我暂时还是不想越出我们的讨论范围。我想说的只是，人们断言为调整价值的唯一法则的供给与需求，不过是使使用价值与交换价值相会合并且促使它们协调起来的两种仪式。供给与需求是两个电极，把它们连接起来就会发生一种名为交换的经济上亲合现象。供给与需求就和电池的两极一样，彼此根本对立，而且不断想消灭对方；由于它们之间的对抗，物品的价格就偏高或者偏低。因此，问题在于弄清是否有可能使这两种力量在任何情况下都处于平衡或协调状态，使物品的价格能够始终代表物品的真实价值和体现公平关系。如果承认了这一点却又仍然说供求是支配交换的法则，就等于说供求是供求的法则。这就不是解释实践，而是宣布实践为谬误；可是，我却否认实践是谬误的。

上面我提到李嘉图通过一个具体问题，提出一个比较价值的确切规则；经济学家比他又前进了一步，他们每年利用各种统计表计算出一切商品的平均价格。试问平均价格的意义究竟何在呢？谁都会想象到，从千百万项交易中偶然举出个别的一项，丝毫不能说明究竟是供给（使用价值）还是需求（交换价值）占着优势。可是，一段完整时期的平均价格，却可以表示出产品真实和合理的价值，因为商品价格无论怎样上涨，迟早总会以同样的比例下降，换句话说，就是整个社会里投机的赢利与亏损总是相等。当然，这样计算平均价格确实为时过晚，可是，谁又知道不能提前发现呢？有哪一位经济学家敢说一定不行呢？

所以，不管你愿意与否，反正是必须找出价值尺度来，这是逻辑的要求；可是，不论经济学家也好，社会主义者也好，想法都和逻辑的结论相反。否认存在这种尺度的意见，是不合事理和毫无根据的。不管你怎么说，一方面你声称政治经济学是一种事实的科学，而事实是与确定价值的假设相矛盾的，另一方面你宣称在世界性的联合中这个危险的问题已不再存在，因为联合本身将消除这种对抗，但是，我都能够从两方面回答你：

第一，任何事实都不可能没有自己的规律，正如它不可能没有产生的原因；因此，如果交换的规律还未被发现，其过失不在事实而在学者们身上。

第二，只要人们是为生存而劳动，而且是自由地劳动，公平就是博爱的条件、联合的基础；可是，如果价值不确定，公平就不仅是不完整的，而且是不可能的。

## 第二节　价值的构成：财富的定义



我们已经认识价值的两种相反的面貌；但是，我们还没有认识价值的整体。如果我们能够了解这个新的观念，我们就能得出绝对价值，而向科学院宣读的那篇要求编制价目表格的论文，也将成为可能。

我们不妨把财富设想为一种由于某种化学作用的维持而始终处于化合状态的物体，有许多新的元素不断地按照一定的规律以不同的比例参与化合。价值就是那种比例关系（尺度），根据这种关系，每种元素构成整体的一部分。

由此可以得出两点结论：第一，经济学家想在小麦、钱币和地租上寻找价值的一般尺度，是完全错误的；当他们证明了这些东西中哪一种也不能作为价值的标准以后，便作出价值既没有道理也没有尺度的结论，同样也是错误的。另一点是，价值的比例虽然不断地变动，但是并不因此而不受某种规律的约束，我们所需要确定的正是这个规律。

我们不久就可以看到，这个价值概念是能够满足一切条件的，因为在确认和固定价值方面它包含了使用价值，同时在反映价值的可变的一面又包含了交换价值；其次，它消除了那种在确定价值过程中似乎是无法克服的困难，即两种价值的对立；再次，这样来理解价值，与那种把使用价值和交换价值两个概念简单地并列起来的做法有根本的区别，它具有新的特征。

产品的比例不是我们要给世界作出的什么新启示，也不是我们要给科学带来什么新发现，更不是像亚当·斯密当年把分工说成是前所未闻的奇迹。产品的比例是一个普通而又普通的概念，在政治经济学著作中比比皆是，我们不难找出大量的例证；不过，迄今还没有人考虑到要恢复它应有的地位，这正是我们今天要做的事情。此外，我们之所以要声明这一点，是为了使读者相信我们不是别出心裁，并且为了使那些因为胆小怕事而不欢迎新思想的人们能够与我们协调一致。

经济学家似乎历来只是把价值尺度了解为一种自身存在的、可以应用于一切商品的标准和基本单位，如像公尺可以量度一切长度一样。所以，在许多经济学家看来，价值尺度似乎起着与钱币相同的作用。可是，货币理论已经证明，钱币并非价值尺度，它不过是价值的一种计算器，而且只是一种约定通用的计算器。钱币对于价值就如温度计之于温度：温度计上人为地刻上的度数，固然能够表示出热量的增减；可是，温度均衡的规律如何、各种物体温度的比例怎样、需要多少热量才能使温度计上升 10 度、15 度或 20

度，这一切却不是温度计能够告诉我们的；同样，温度计上每一度的距离尽管相等，但它与热量的等量增加也不一定是相等的。

所以，到今天为止人们对价值尺度的观念还是不正确的；我们要寻求的并不是大家反复说的价值标准，那是毫无意义的事情；我们要探索的是那种支配着产品在社会财富中的比例的规律，因为在正常和合理的情况下，商品价格的一涨一落完全取决于对这个规律的认识。总而言之，正如所谓天体的尺度是指各天体之间相互比较而得出的关系，所谓价值尺度也应该了解为各种价值之间互相比较所得出的关系；而我认定，这种关系有它的规律，这种比较有它的原则。

因此，我假定存在着一种按照一定的比例把财富的各种元素配合起来组成一个同质的财富整体的力量；如果这些组成元素不按照应有的比例配合，其组合过程并不因此便停止，不过，并不是把全部物质都吸收进去，而是有一部分被作为废料抛弃了。各种物质的亲合力所产生的内部运动，促成着物体的组合；在社会上，这种运动就是交换。这里指的不仅是初级形式的人与人之间的交换，而且包括把私人工业所生产的一切价值融合成整个统一的社会财富的那种交换。还有，每一种元素在参与组合时所依据的比例，就是我们所称的价值；在组合后所剩下的多余部分，就是非价值。除非再加进一定数量的其他元素，这些多余的元素便不能互相组合，也就是说，不能互相交换。

关于钱币的作用，我们往后再作解释。

在明了这一切以后，我们就不难理解，组成国家财富的各种价值在某个特定时期中的比例，是可以借助于统计表和物资清册来确定的，至少是可以依据经验作出大约的估计，其情形多少类似于化学家通过实验和分析而发现合成水所需要的氢与氧的比例。把这种方法应用于确定价值，没有什么不可以的，何况它毕竟只是一种会计性的工作。这样一项工作虽说颇有意义，可是使我们学到的东西不会很多。一方面，的确如我们所知，比例实际上是不断变动的；另一方面，公众财富的统计表能够告诉我们的，显然只是制表当时和当地的价值比例，我们还不能由此推论出财富比例的规律。要做到后一点，单是进行一次这类工作是不够的，即使这样一个方法很可靠，最少也要进行成千上万次才能见效。

可是，这里说的是和化学完全不同的经济科学。化学家虽然通过实验发现了许多微妙的比例，可是对这些比例是如何形成的、为什么一定要这样的比例以及是什么力量确定这些比例的，完全一无所知。相反，社会经济学虽然不能通过任何**事后**的研究直接探索出价值比例的规律，可是却能从这种规律所由产生的力量中探索出这个规律。现在是把这种力量揭示出来的时候了。

这种力量就是**劳动**。亚当·斯密曾经大费笔墨加以称颂，可是他的后继人却加以否定，把它与特权等量齐观。劳动在质量上和数量上都因人而异。在这方面，它与自然界的一切重大原则和最普遍的规律本来是一样的，就是说，其动作和形式都是很简单的；但是，由于存在种种的特殊原因，它又变化无穷，表现为多种多样的形式。劳动，只有劳动，才能创造出组成财富的一切元素，并且按照一种可变的而又相对固定的比例规律，把这些元素组合起来，直至最微小的分子。最后，也正是作为生活动力的劳动，使物质财富的组合不断变动，并使它们形成比例。

社会，或者说集体的人，生产着无数的物品；享受这些物品就是社会福利。这种福利不但随着产品数量的增加而提高，而且也随着产品的多样化（质量）和产品比例的改进而提高。根据这个基本事实，可以得出这样的结论：社会在它存在的任何时刻都可以找出这样一种比例，按照这种比例，在当时的生产能力和生产手段所许可的情况下，能给人们提供最大的福利。产品的数量丰足、种类繁多和比例合适是构成财富的三大要件；因为作为社会经济学的对象的财富，如同作为美学的对象美、伦理学的对象品德和形而上学的对象真实一样，都依附同样的生存条件。

但是，如果没有这样奇妙和必要的比例，人类的一部分劳动便被弃置了，也就是说，白白浪费了，不和谐了，不真实了，因而，这部分劳动便与贫困和虚无同义。可是，怎样才能建立起这样的比例呢？



根据神话，普罗米修斯[①]的所作所为正是人类活动的写照。普罗米修斯盗取了天火，发明了初期的工艺；普罗米修斯能预知未来，并且企图和丘比特[②]分庭抗礼；普罗米修斯就是上帝。因此，我们就把社会叫做普罗米修斯吧！

普罗米修斯每天平均劳动十小时，休息七小时，娱乐七小时。为了使自己的操作能够获得效用最大的果实，普罗米修斯十分注意自己所消费的每一种物品需要付出多少精力和时间才能生产出来。这些都只有经验才能告诉他，而他一生都在汲取经验。普罗

① 普罗米修斯是古希腊神话中的火神，因为从天上盗取了火种，带给人间，被宙斯神锁缚在悬崖上，任凭飞鹰啄食他的脏腑。——译者

② 丘比特，希腊神话中的最高之神，相当于希腊诸神中的宙斯。——译者

米修斯在劳动生产过程中，也有许多失算之处。不过，归根结底他是劳动愈多，自己的福利就愈是提高，享受也愈是理想；他所征服的自然领域愈大，他本身的那种唯一能给他创造幸福的生命和智能的活力就愈强大。当这位"劳动者"获得了初步的教育，操作井井有序以后，劳动对他说来就不再是苦差，劳动就是生活，就是享受了。可是，劳动的引诱力并不破坏劳动的规律，恰恰相反，它正是劳动规律化的结果。因此，那些借口劳动应该具有诱人的力量，因而否定公平和主张实现共有的人们，就好像一群从花园里采摘鲜花，想在楼梯上布置花坛的孩童。

因此，社会的公平不是别的，就是价值的比例；生产者的责任就是使公平得到保障和得以确立。

普罗米修斯知道哪一种产品需要一小时的劳动，哪一种产品又需要一天、一星期或一年的劳动；同时，他也懂得，投入生产的费用愈多，自己的财富也愈是增长。因此，在开始时，他为了保证自己的生存，总是给自己准备一些成本最低、因而也就是最必要的东西，随着生活愈来愈有保障，他便逐渐考虑到各种奢侈品了；而且，既然他是个聪明人，他一定是按照每一种物品所需成本的大小的自然顺序来安排生产，也就是说，先低后高。有时，普罗米修斯也打错了算盘，或者因为感情冲动而牺牲眼前的需要去换取时机尚未成熟的享受，结果流尽了血汗换来的却是饥寒交迫。因此，规律本身就带有制裁，它是不能违反的，违反者没有不马上受到惩罚的。



萨伊有一句话是很有道理的，他说："这个阶级（消费阶级）是由一切阶级组成的，它的幸福就是公众的幸福，就是一个国家的繁荣。”不过，萨伊应该加上一句，就是生产阶级也是由一切阶级组成的，它的幸福也是公众的幸福，也是一个国家的繁荣。萨伊还说过：“每个消费者的财产永远和他所购买的一切处于对立状态”，这句话也应该补充一点，就是：每个生产者的财产总是不断地受到他所卖出的一切的冲击。如果不明确指出这种对应现象，大部分经济现象将不可理解。大多数经济学家正是由于忽视了这一重要的遗漏，所以才在论述商业平衡时谬论百出。关于这一点，我将在适当的地方加以说明。

我刚才说过，社会首先是生产那些成本最低、因而也就是最必需的东西……那么，对产品来说，是不是必需一定与廉价相联系，反过来，廉价又必然与必需相联系呢？是不是说必需与低廉同义，就如我们下面还要提到的，昂贵则与非必需同义呢？

如果每种劳动产品都能单独地满足人类生存的需要，那么，上述说法当然没有什么可怀疑的；因为既然一切产品都同样可以为人所用，那么，凡是成本最低的物品当然生产起来最合算，因而也就是最必需的。可是，产品的效用与价格之间平衡的形成过程并不像理论所说的那样严格。需要与生产力之间的平衡不仅是个理论问题，而且是个实际问题，它是依靠大自然的预见或者由于其他原因造成的；每天的实践和社会的进步都足以证明这一点。

让我们来回顾一下人类开始出现、文明刚刚发轫时的情况吧！最初人类难道不是只从事一些最简单的生产，既不需要什么准备，也不需要多少费用，如采集、畜牧、狩猎和捕鱼，而且是在很长一段时期以后才进而从事农业生产吗？从这时起，四大原始生产又有所改进了，私有的东西也多起来了。但是这两种情况都没有改变事情的本质，相反地只是使事情的本质更为明显。实际上，所有权总是偏爱那些具有最直接效用的物品，如果我敢这样说的话，总是偏爱既成的价值。因此，人们可以根据私有权的发展程度来确定各种价值的等级。

杜诺瓦耶[①]先生在《劳动的自由》一书中是积极支持这个原则的；他把生产分为四大类，并且按照它们发展的先后加以排列，也就是说，耗费劳动少的在前，耗费劳动多的在后。这四大类就是：采掘生产，包括上述所有半野蛮性的作业；商业生产；工场生产；农业生产。这位博学的作者把农业列在最后，是有充分理由的，因为农业虽然源自远古，但是它发展的速度确实不如其他生产那样快，而人类事物的发展次序不应该按照它们起源的迟早来决定，而应该根据它们的全部发展状况来确定。农业的出现可能比其他生产要早，或者和其他生产同时产生，但是改进较慢的就应该排列在最后。

因此，事物本身的性质和劳动者本身的需要就给劳动者指出应该按照怎样的顺序来生产组成其福利的各种价值。所以，我们的比例规律既合乎自然，又合乎逻辑，既合乎客观，又合乎主观，它具有最高度的确定性。现在来看看这个规律的实际运用吧！

一切劳动产品中，最耗时间和精力的，恐怕要算日历了。可是，今天使用日历所花的代价却最低。如果按我们自己所下的定义，日历就成了最必需的物品。究竟应当怎样解释这种变化呢？

① 杜诺瓦耶（1786—1862），法国资产阶级庸俗经济学家和政治活动家。——译者

对原始部落人来说，日历是没有多大用处的，因为他们只是日出而作日入而息，如同春秋更迭那样；可是为什么到了后来日历却变得这样必需、这样低廉和这样完善呢？（我们之所以把这三个形容词放在一起，是因为由于某种奇妙的协议，这三者在社会经济中的意义是相通的。）简而言之就是，怎样根据我们的比例规律来说明日历价值的变迁？

为了使生产日历所必需的劳动得以进行，使这种生产成为可能，就必须使人们能够从原始的劳作及其直接引起的其他劳作中抽出空余时间，换句话说，就是必须使这类劳作的生产率比开始时提高或者成本比开始时降低；这就等于说，必须从采掘生产本身来解决生产日历的问题。

所以，假定有一天忽然由于各方面努力的顺利结合，由于分工，由于使用了某种新机器，由于进一步驾驭了自然界的各种动力，一句话，由于普罗米修斯的多才多艺，终于找到了一种方法，能够在一天之内生产出从前需要 10 天才能生产出来的某种物品，那么，结果会怎么样呢？那时，这种产品在财富元素表上的地位将发生变化，我可以说，它与其他产品的亲和力提高了，而它的相对价值却相应地降低了；如果从前定价为 100，以后将只能定价为 10。可是，这种产品本身的价值并未减少，而且始终是严格固定的，它的价值大小仍然唯一地取决于劳动的多少。因此，价值虽然可变，决定价值的规律则仍然不变；何况，价值之所以可变，是因为它服从于一种其原则在本质上是活动的规律，也就是以时间来衡量的劳动。

同样的推理可以应用到日历生产上，也可以应用到一切可能有价值的生产上。至于文明，也就是财富增长的社会事实，究竟怎样加重了我们的事务，使我们的时间愈来愈宝贵，迫使我们不断细致地安排我们一生的活动，怎样使日历成为一切人所最必需的物品，这一点我想没有必要作补充说明了。何况，大家都知道，这项难得的发明还促使我们的工业出现一种极为可贵的行业，即作为日历业的当然补充的钟表业。

关于这一点，很自然地会出现一种反对意见，不过，能够拿出来反对价值比例学说的，也就只有这么一点意见了。

萨伊和追随他的一些经济学家认为，劳动和一切其他商品一样，本身也有待估值，因此，如果把劳动当作价值的原则和成因，那就陷入不良的循环论中了。由此，他们得出结论说，应该从稀有性和公意中去寻找价值原则和成因。

请这些经济学家们原谅，我认为他们在这个问题上表现出严重的疏忽。我们说劳动具有价值，并不是因为它本身就是商品，而是因为我们假定它隐含着价值。劳动价值是一种循果溯因的类比说法。

劳动的价值和资本的生产性一样，是一种虚构。劳动从事生产，而资本获得价值，因此，人们为了简略起见，把两步并作一步，便说成劳动价值；这样做丝毫不违背语言的规则；可是，理论家们却不应该把这看成一种现实。劳动就像自由、爱情、野心、天才一样，本质上是一种模糊和不确定的东西，可是，劳动的质量却体现在劳动对象中；换句话说，劳动通过它的产品变为现实。因此，当我们说某一个人每天的劳动值 5 个法郎，意思就是说这个人每天劳动的产品值 5 个法郎。

劳动的作用在于不断地把稀有性和公意排除于价值构成因素之外，其必然结果就是把各种具有天然效用的物品或者效用还不明显的物品（不论是否已为人所占有）变成可以衡量的有用物品，或者说具有社会性的有用物品。因此可以说，劳动既是对自然界的吝啬宣战，也是反对所有权的一种经常性的阴谋。

根据以上的分析，价值就是生产者之间通过分工与交换这两种方式自然地形成的社会里**组成财富的各种产品的比例关系**；我们所说的某种产品的价值，无非就是一种以货币符号来表示这种产品在总财富中所占比例的公式。效用奠定价值，劳动则把这种关系固定下来；至于价格，则除了我们需要另行研究的一些例外情况外，就是这种关系的表现形式。

这就是使用价值与交换价值摆动的中心，是它们之间的鸿沟消失的地方；这就是支配经济紊乱状态、工商业变幻局面和社会进步的绝对不变的规律。善于思考、朝夕勤劳的人类的全部努力，社会和个人的一切活动，作为创造集体财富所不可缺少的因素，全都受着这个规律的约束。政治经济学的使命就在于依次举出这个规律的各个矛盾，帮助人们认识它们；社会经济学（虽然社会经济学与政治经济学本质上没有什么区别，但是，请大家允许我暂时把它们划分开）的目的则在于阐明这个规律并且使它在各方面付诸实现。



请大家注意，价值尺度理论或者价值比例理论其实就是平等的理论。在社会上，我们实际上可以看到生产者与消费者是完全一样的，因此，付给一名游手好闲者以收益就好比把价值抛进埃特纳火山①的熔岩里；同样，给一名劳动者以过高的工资，也等于给只拾了一株麦穗的收获工发一块面包。凡是经济学家所称的**非生产性消费**，实质上无非就是一种违背比例规律的行为。

下文我们将看到社会天才又是如何从这些简单的事实中逐渐演绎出一整套还比较模糊的关于劳动组织、工资分配、产品定价和普遍联合的制度的。因为社会秩序是建立在严格的公平计算之上，而绝不是建立在今天许多可敬的社会主义者仍然力图在人民当中激发起来的四海一家、舍己为人、爱人如己等一类天国情感之上。他们效法耶稣基督，宣传自我牺牲的必要性，而且还自己作出榜样，其实都是徒劳。利己主义是非常顽强的，只有无情的规律和经济的必然性才能驯服它。人道主义热情虽然可以推动文明的进步，但是这类情感的发作和价值的摇摆一样，归根结底只能使公平计算的地位更为牢固，作用更为重要。大自然，或者说天国神明，不相信我们的心灵，不相信人对其同类会相亲相爱；而且从科学给我们揭示出来的神明对社会变迁的一切观点来看，上帝是十分愤世嫉俗的。道破这一点，虽然有点辱没了人类的良心，不过确实有必要让我们的伪善心理明白这一点。上帝之所以帮助我们，并不是出于什么仁慈之情，而是因为秩序就是上帝的本性；上帝为世间造福，也并不是认为世人受之无愧，而是因为他的无上智慧所抱的信仰使他非这样做不可。庸夫俗子们虽然给上帝加上一个亲切的称号，名之曰天父，可是，历史学家和经济哲学家却万万不可相信上帝真的爱护我们和看重我们。

① 埃特纳火山是地中海西西里岛东北部的著名火山。——译者

让我们模仿上帝这种超凡绝俗、宁静不染的高尚精神吧！既然用博爱的信条来创造社会福利总是碰壁，那么，我们还是到纯理性中去寻找和谐与高尚的境界吧！

作为产品比例的价值，换言之，即**构成价值**，必然包含同等的**效用**与**交换能力**，而且这两者是不可分离和和谐地结合在一起的。构成价值之所以包含效用，是因为如果不具备这个条件，产品就完全失去那种使它能够进入交换的亲和力，从而也就不成其为财富的一种组成元素；构成价值之所以包含交换能力，则是因为任何产品如果不是在任何时候都能按照一定的价格从事交换，那么，它就不过是一种无价值的东西，它就一无所用。

不过，在构成价值中，这两种特性具有比先前更为广泛、更为规则和更为真实的意义。所以，效用不再是各种物品所具有的那种供我们享受和观赏的所谓消极的东西；交换能力也不再是出于盲目的幻想或者无原则的公意的夸张；最后，它的变动也不再说成是供求双方进行充满恶意的争辩的结果。所有这一切都消失了，代之而起的将是一种实证的和正常的、在任何可能的变化情况下都可以确定的概念。如果允许我作个通俗的比喻，那么，通过价值的构成过程，产品就好比食物被人类的养生本能所发现，经过消化器官的吸收，进入人体总的循环体系，按照一定的比例变成肌肉、骨骼和体液等等，从而赋予人体以生命、力量和美。

可是，当我们的认识从使用价值与交换价值互相对抗的概念提高到构成价值或者绝对价值的概念时，价值概念的本身究竟发生了什么变化呢？可以这么说，它这时发生了一种结合现象，一种互相渗透的现象，在这种现象里面，价值的两个基本概念，有如伊壁鸠鲁所说的偏斜原子[①]一样，彼此捕捉，互相吸收，最后都消失了，只留下一个混合体；不过，这已经是一种高一级的物体，它具备两者原有的一切积极特性，清除了它们各自的消极特性。真正构成的价值，例如货币、最可靠的商业证券、国家债券和稳固企业的股票，是不会毫无理由地增值或丧失交换能力的，它们将只服从与生产行业增多和产量提高有关的自然规律。此外，这样一种价值，并不是交易行为的结果，也就是说，并不是折衷、对等或混杂的结果；它是一种完全混成一体的产品，一种与它的组合成分完全不同的全新产品，正如水虽然由氧与氢化合而成，却自成一种物体，完全不同于原来的那两种元素。

两种相反的概念结合为高一级的第三种概念，这就是经院哲学中的所谓合题。正如我们在上文说过的，合题是通过对两项绝对对立的概念不断地肯定或不断地否定（因为这两者其实是一回事）而得出来的，只有它才能提供确实而完整的观念。由此，我们可以作出一个在应用上和理论上都具有同等重要意义的结论，就是：不论在伦理学、历史学或政治经济学领域内，分析一个二律背反观念时，我们都可以先验地肯定这个二律背反中必然隐藏着一个迟早总要显现出来的更高级的观念。



我很抱歉这样冗长地叙述了一些连大学预科的青年人也滚瓜烂熟的概念；但是，我之所以要这样不厌其详，是因为某些经济学家就我对所有权的批判再三地提出各种两难论点，力图证明我如

① 伊壁鸠鲁认为原子本身有重量，自上而下作直线式降落，但是在运动过程中，由于原子内部的原因而产生脱离直线的偏向，这种偏斜运动使原子彼此冲突，互相结合而形成万物。——译者

果不是一名私有主便一定是一个共产主义者，这就是说，他们的问题全在于不懂得什么是*正题*、*反题*和*合题*。

亚当·斯密曾经模糊地看到价值的综合概念是社会秩序与社会进步的基本条件，如果用布朗基[1]先生的话说，就是“亚当·斯密证明了劳动是价值的普遍不变的尺度，并且给大家指出：任何物品都有它的自然价格；物品的流通价格虽然由于某些与物品的交换价值毫不相干的偶然情况而发生波动，但是总是不断趋向于与自然价格相一致”。

不过，亚当·斯密对价值概念的这种理解，还完全是直觉的，而社会是不会因为直觉所产生的信念而改变自己的习惯，只有事实的权威才能使社会信服。因此，必须对二律背反作出更有力和更明确的说明，而让·巴·萨伊就是这方面的主要解释者。不过，这位经济学家虽然富于想象力而且惊人地敏锐，却仍然不知不觉地受着亚当·斯密的定义的束缚，这一点在他的论证中随处可以看到。

萨伊说：“估计一件物品的价格，就是*宣布*这件物品应与人们指定的另一物品的*估值*相当……每一件物品的*价值在未得到承认以前*，始终是模糊不定和自由专断的……”。因此，必定存在某种承认物品价值的方式，也就是说，确定物品价值的方式；而且，因为承认或确定物品的价值是通过物品与物品的比较来实现的，因此也必定要有一种我们可以据以*宣布*某一物的价值高于、低于或等

[1] 布朗基（1798—1854），法国资产阶级经济学家和经济学说史家，庸俗政治经济学的代表人物。——译者

于另一物品的共同标准或共同原则。

萨伊开始时曾经说："价值尺度是另一产品的价值"，后来，他发现这句话不过是同义反复，所以便把它改为"价值尺度是另一产品的数量"，这和上面那句话同样费解。另外，这位平素头脑非常清醒和严谨的作者，还有一些无聊的区别上自寻烦恼，他说："物品的价值可以鉴评，但是不能衡量，也就是说，不能拿它与某种公认的不变标准相比较，因为这样的标准根本就不存在。人们所能做的归结起来只是把各种物品加以比较来估定其价值。"在另外一个地方，萨伊又区别出真实价值与相对价值，他说："前者是随着生产费用的增减而变化的物品价值；后者是随着它与其他商品价值的关系的改变而变化的物品价值。"

奇怪的是，这位天才人物潜心研究的结果，竟然看不到所谓比较、估定和鉴评，也就是衡量，看不到一切衡量任何时候都不过是一种比较，只要比较得当，就能够表示出真实的关系，因此，所谓真实的价值或尺度，与所谓相对的价值或尺度，其实完全是一回事；困难在于规定出比较点，而不在于寻找衡量的单位，因为一切数量都是可以互相代替的。在几何学上，当比较点是长度时，度量单位有时是分为三百六十度的圆，有时是地球的圆周，有时是人的手臂、手掌、大拇指或脚板的平均长度。在经济学上，我们已经根据亚当·斯密的说法指出了一切价值的比较点便是劳动，至于尺度单位，法国采用的是法郎。四十年来，竟然有那样多有见识的人为这样一个简单的概念费尽脑筋，未免令人难以置信，可是事情就是如此。19 世纪口称接受革命的平等理论的经济学家们竟然一反众议，下决心维护这样的论点，就是：各种价值是在它们彼此没有任何比较点和度量单位的情况下进行着比较。对此，后人该怎么说好呢？

现在，我就以一些明显的例证来说明，价值尺度或价值比例的概念，这不仅在理论上是必需的，而且在实践中早已实现，并且每天都在实现。

## 第三节　价值比例规律的运用

一切产品都是代表劳动的标志。

因此，一切产品都能够和另一产品交换，并且普遍的实践证明了这一点。

如果取消了劳动，剩下的就只是一些或大或小的效用，它们既不具任何经济性质，也不带任何人类的标志，彼此间没有共同的尺度可供比较，也就是说，逻辑上是不可交换的。

钱币和一切其他商品一样，也是一种代表劳动的标志，凭这一点它就可以作为共同的估值标准，作为交易的中介物。但是，习惯赋予贵金属充当交换手段的特殊职能，纯粹是约定的职能。任何别的商品，虽然可能不如贵金属那样方便，但是，也同样可以有效地履行这种职能；经济学家都承认这一点，并且还举出了不少的例子。那么，是什么原因使贵金属被公众选定为货币的呢？怎样解释货币的这种在政治经济学中绝无仅有的特殊职能呢？因为一种东西只要是独一无二和无可类比的，便是最难理解的，甚至往往根本就弄不明白。货币似乎就是一种已经从某一系列中脱离出来的东西，是不是有可能重建这种系列并把它引回到货币的真正原理上呢？

在这个问题上，经济学家按照自己的习惯越出了自己的科学领域，而研究起物理学、力学和历史学来了。他们海阔天空，什么都谈，唯独没有对问题作出解答。他们说，贵金属因为数量少、比重大、不易毁损，用作货币有着其他物品所没有的种种便利之处。简而言之，他们不是回答人们向他们提出的经济问题，而是讨论起工艺来。他们虽然完全正确地指出了金银充当货币在物质方面的优点，可是他们中却没有一个人看到或者理解决定贵金属具有这种特权的经济原因。

他们谁也没有注意到，在所有商品中，金银是价值已经构成的第一种商品。在宗法时期，金银还仍然是交易对象，而且是一锭锭地互相交换，然而当时它们就已经比其他商品有着显著的优势，具有占据支配地位的趋势。君主们逐渐霸占了贵金属，并且在贵金属上打上自己的印章。经过君主的这种确认，货币，亦即最优越的商品便出现了；不论商业上发生什么动荡，这种商品始终保持着一定的比值，并且在各种支付中为人们所接受。

事实上，货币之所以与其他物品有区别，并不在于金属的坚硬，因为金属的硬度比起钢来还要差一些；也不在于它的效用，因为它的效用远在被金银排挤到几乎分文不值的小麦、铁、煤以及许多其他物品之下；也不在于它的稀少可贵、比重较大，因为这两个优点并不是不可代替的，比如，对别的物质做一些加工，或者像今天一样使用银行证券，代表着大量的铁或铜。我再说一遍，金银除了它所具有的金属特殊性能外，还因为它本身开采困难，特别是由于国家所作的干预，所以很早以来便成为一种具有稳定性和确实

性的商品。

因此我说，金与银，特别是铸成货币的那部分金银，虽然其价值可能没有经过严格的计算，也绝不是任意规定的。还应该加上一句，就是这种价值尽管可能不断地改变，却不会像别的价值那样发生贬损。人们引经据典，举出种种理由，力图以金银为例来证明价值是一种本质上无法确定的东西，其实他们的论据都是一些似是而非的推论，是由于对问题茫无所知而得出来的。

法国国王菲力浦一世[①]以为自己既然拥有铸造货币的垄断权，便可以像一般商人垄断自己产品那样任意而为，所以，就在查理大帝[②]时代的土尔银币中掺进三分之一的杂质。其实，他和他的继承人遭到多方责难的伪造钱币，究竟是怎么回事呢？从商业惯例来看，这是一种非常正当的行为。可是，从经济学观点来看，这是一种十分荒谬的想法，就是以为既然供求支配着价值，那就只要人为地使一种物品稀少或者完全独占这种物品的生产，就可以提高它的价格和价值；而且以为这种情况也适用于金银，正如它适用于粮食、酒、食油、烟草一样。可是，菲力浦的欺诈行为一旦受疑，他的铸币就回跌到真实的价值，从而也就失去了他指望从臣民那里攫取的一切。在这以后出现的所有类似的企图，也都遭到同样的命运。这种失算的原因何在呢？

经济学家说，这是因为伪造货币并没有实际减少或增加金银的数量，这两种金属与其他商品的比例并未改变，因此，国王无法

① 菲力浦一世，1060年至1108年在位的法国国王。——译者

② 查理大帝（约公元742—814），法兰克国王，其后为皇帝。——译者

使在国内只值2的东西改值为4。同时应当考虑到，如果君主不是伪造钱币，而是设法把钱币的数量增加一倍，那么，金银的交换价值马上就会由于比例性和均衡的原因而下降一半。因此，货币的变质，从国王方面来说，是一种强制征借；说得确切一点，是一种破产，一种诈骗。

说得太好了！如果经济学家愿意把这些观点写进货币一章里，那将是对价值尺度理论的非常出色的阐述。可是，为什么他们又没有看到货币是商业的成文法和交换的标准呢？为什么没有看到货币不过是一系列只要经过社会的认可、即使不在事实上、至少也在法律上具有与货币相同的普遍支付职能的名为商品的第一项呢？

奥日埃[①]先生说得好："货币只有在它的价值最接近永恒不变这个理想时才能用来作为已成交易的检验尺度或者交换的良好手段；因为货币所交换或是购买到的价值始终不能超过它本身具有的价值。"（见《公共信用史》）

让我们把这个高度精确的论断翻译成一般的公式吧！

只有当每一个人的产品都和产品总量成比例时，劳动才能成为福利与平等的保证，因为劳动所交换或购买到的价值始终只能等于它本身所包含的价值。

伪造货币的君主其实不过是把政治经济学的基本原理，即价值具有任意专断的不稳定性的原理，应用于货币上罢了！因此，一面拼命维护投机欺骗的商业，一面又大声疾呼反对君主伪造货币，

① 奥日埃，法国新闻记者，写有若干有关经济问题的著作。——译者

岂不是有点奇怪吗？只要官卖局胆敢把750克烟草当作1公斤出售，经济学家们便叫嚷这是盗窃；可是，要是这同一个官卖局利用它的特权把1公斤烟草的价格提高2法郎，他们却只觉得太贵了点，而不认为有什么违背原则之处。请看政治经济学的错乱到了什么程度！

所以，关于把金银铸成货币，其中道理绝不只是经济学家所谈到的那些，这里首先有一个确认比例规律的问题，也就是价值构成的第一步的问题。人类不论在哪一方面的活动，都是经过无数阶段的；因此，当人类理解到所有的劳动产品都应该服从一种能够使各种产品都同样可以转换的比例尺度，他便着手把这种绝对可换性只赋给一种特殊的产品，使这种特殊产品成为人类其他一切产品的范本和保证；其道理正如人类为了使其成员达到自由平等而首先创立了君主一样。对这种命定的过程，人民是隐约感觉到的，因此他们在自己的美梦和各种神话中经常提到黄金和国王，而哲学家在赞颂所谓道德和宣传乌托邦社会理想时，又都对黄金和暴政大肆挞伐，从而，把贫穷神圣化。有那么一位共产主义者可笑地喊道：“让黄金见鬼去吧！”这无异于叫嚷“让小麦见鬼去吧！”“让葡萄见鬼去吧！”“让绵羊见鬼去吧！”因为一切商业价值都将和金银一样，最终得到精确而严格的确定。这项事业早就开始了，而且显然今天还在前进！

现在我们来谈谈一些其他论点。

任何劳动必有剩余，这是经济学家公认的定理。

对我说来，这个提法是普遍和绝对的真理，因为它是可以视为全部经济学的总结的比例规律的必然结论。但是，请经济学家原谅，我认为任何劳动必有剩余这个原理在他们的理论中是毫无意义的，而且也不可能得到任何证实。如果供求是调节价值的唯一法则，那么人们又怎样辨别剩余的部分和足够的部分呢？成本、卖价、工资都无法精密地确定，又怎么可能计算出剩余和利润呢？商业惯例既然给我们提供了利润的名称及其概念，而我们在政治上又都是平等的；那么，由此应该得出结论，每个公民都有通过自己的经营获取利润的同等权利。可是，商业活动在本质上是不规则的，而且人们也已经无可置辩地证明了商业利润无非是生产者对消费者所作的一种专断性和强制性的征扣，说得婉转一点就是一种专断性和强制性的转移。假使我们能够把每年亏损的总额与盈余的总额作个比较，就立即可以看出这一点。任何劳动必有剩余这一原则，按照政治经济学的意义说来，并不是别的，只不过是把我们大家通过革命获得的盗窃他人财富的宪法权利神圣化。

只有价值比例规律能够说明这个问题。我将更深入地研讨这个问题，因为它意义比较重大，完全有必要以更多的篇幅加以论述。

大部分哲学家和语言学家都把社会看作一个理性存在，或者说得确切一点，看作一个用以表示人类集体的抽象名词。我们大家从童年的最初几堂语法课中便接受了一个先入为主的成见，认为集合名词和类属名词指的都不是实物。关于这一点，可谈的问题很多，这里我只限于探讨涉及我们论题的一些问题。在真正的经济学家看来，社会是一个有机的存在，它本身赋有独特的智能和活动力，受着一些只有经过仔细观察才能发现的特殊规律的支配；而且，它的存在并不是以实物的形式表现出来，而是体现为全体成员的协调一致与亲密团结。所以，刚才我们用神话里的一个神灵来比喻社会，丝毫不是什么隐喻，而不过是给社会存在这个有机的和综合的统一体定一个名字罢了。在任何思考过劳动规律和交换规律的人看来（我暂且把一切其他考虑撇开不谈），集体的人的现实性（几乎可以说是集体的人的存在）与个人的现实性和个人的存在是一样地肯定的；唯一不同之点就是：个人是以一种在形体上各部分密切结合的有机物的面貌出现在人们的感觉中，而社会就不是这样。可是，智慧、自发性、发展、生命等一切构成生物高度现实性的要件，不论个人或社会都是主要的；由此可以说，社会管理是一种科学，亦即对天然关系的研究，而不是艺术，也就是说，不能凭喜爱和专断行事。正是因为这样，任何社会一旦转入空想理论家的手里，便总是要衰落下去的。

任何劳动必有剩余这个在政治经济学中无法证实的原理，也就是说，在所有制的惯例上无法证实的原理，最能证明集体的人的现实性；因为下文我们将看到这个原则对于个人也是真实的，因为它是来自社会，而社会也因此使得个人得以受益于它自身的规律。

现在我们来谈谈事实。我们曾经指出，铁路企业为企业主提供的财富，远不如为国家提供的多。这个论断是正确的，而且应该再补充一句，这个论断不仅适用于铁路，而且也适用于一切生产行业。但是，这种主要来自价值比例规律和生产与消费的绝对一致性的现象，是不能用通常关于使用价值与交换价值的概念来解释的。

兽力车的运费（包括装卸费用在内）平均每吨公里为 18 生丁。有人计算过，普通的铁路企业如果按照这个价目收运，所得的纯利便不及10%，其利润率与兽力车运输企业相仿。但是，假定铁路与兽力车运输速度之比为4∶1，那么，因为时间对社会来说就是价值，在两者运输相等的情况下，铁路运输给社会提供的利益就等于兽力车的4倍。运输业主却远不能像社会那样获得如此巨大的现实利益。这就是说，运输业主使社会获得4倍的利益，而自己却连10%的利益也得不到。为了把问题说得更清楚些，我们不妨再假定铁路运费提高到25生丁，而兽力车的运费仍然保持为18生丁，那么，铁路将立刻失去一切托运；因为不论是发货人或收货人，都将重新使用旧日的兽力货运车，必要时甚至使用兽力客车来运货。这样，铁路机车就会弃置不用，400%的社会利益将因33%的私人损失而遭到牺牲。

这个道理是很容易懂的，因为铁路货运迅速所带来的利益完全是社会性的，每个个人在其中所占的比例非常小（不要忘记，暂时我们说的只是货运问题），而托运人却遭到直接和具体的损失。假设社会总共只有100万人，那么，每个人从相当于400%的社会利益中的所得只有0.0004%，而托运人遭受的33%的损失却决定了社会将损失33 000 000%的损失。因此，私人利益与集体利益，乍看起来虽然分歧很大，其实却是完全一致和相等的。光是这个例子就足以使我们了解，在经济学中，一切利害都是互相协调的。



因此，为了让社会获得上面所假定的利益，必须使铁路运价不超过兽力车，或者只超过一点点。

可是，为了满足上述条件，换言之，为了使铁路能用于商业，就必须使可托运物资的数量相当多，使铁路企业至少可以收回所投资本的利息和养路的费用。因此，铁路存在的第一个条件就是货运频繁，做到这一点的前提便是生产大大增长，交易量非常庞大。

生产、运输和交换都不是临时拼凑起来的，而且，不同形式的劳动也不是互不相干、彼此孤立地发展的，它们的进步必然相互联系，彼此牵连，并且形成比例。实业家之间虽然可能存在对抗，社会的活动却仍然是统一、一致和协调的，一言以蔽之，是一体化的。因此，庞大的劳动工具要到一定的时期才会创造出来，这就是当公众的消费能够保证这些工具得到使用的时候，或者换一个意义相通的说法，当其他的劳动供养得起这些新型机器的时候，才创造出来的。想把劳动进步所指定的这个时刻提前，就不啻模仿那个为了从里昂去马赛而想让人专门为他一人开一班轮船的疯子了。

弄清这一点以后，要解释为什么每个生产者的劳动必然留下剩余，就再容易不过了。

首先，就社会来说，普罗米修斯当初脱离了自然的怀抱以后，便生活在充满乐趣的闲逸之中；可是，如果他不赶紧想法摆脱这种生活而从事劳动，这种乐趣很快就会变成灾难和痛苦。在这段懒散的岁月里，普罗米修斯因为不事生产，所以，其福利状况与禽兽无异，可以以零来表示。

于是，普罗米修斯开始劳动了，第一天，也就是第二次创世的第一天，他的产品，即他的财富和福利便等于10。

第二天，普罗米修斯实行了分工，他的产品便增加到100。

从第三天起，普罗米修斯每天都发明一些机器和发现物品新的效用和新的自然力，他的生活范围逐渐从感官领域扩展到道德与文化领域。他的生产活动每前进一步，产量也随着上升一步，这就意味着他的福利不断在增进。最后，由于对他来说消费也就是生产，所以很明显他每天所消费的只是前一天的产品，每天都为第二天留下一些剩余产品。

不过我们也要注意到，特别要注意到一个重要的事实，就是人们的福利是与劳动的强度和产品种类的多寡成正比的，因此财富的增长与劳力的增加是互相关联和并行的。

现在如果只是说每个个人都参与了创造集体发展的一般条件，就等于肯定一个由于证据明显而近乎老生常谈的真理。所以，还是让我们来谈一谈社会消费的两种普遍形式吧！

社会和个人一样，首先也是拥有那些由于时间的推移而逐渐感觉到需要的社会消费品，即它的神秘本能命令它创造的那些物品。因此，中世纪的大多数城市都有过一个人们强烈地要求建筑市政厅和天主教堂的时期，必须不惜代价满足这个要求，原因是城市这个共同体的存在有赖于此。安全与武力、公共秩序、集权、民族、祖国、独立等等，这些都是社会生命的组成部分，是社会的精神，是一些必须找到自己表现形式和标记的情感。当年耶路撒冷神庙的用途就在于此，它是犹太民族真正的守护神；罗马卡匹托里亚山[①]上的丘比特神庙也是这样。稍后，在修建了这种可以说是代表集权与进步的机构市政厅和神庙以后，又出现了其他的公用设施，如桥梁、剧院、学校、医院和公路等等。

公用设施主要是供公众使用，因而是不收费的。社会预付了这些大工程的修筑费用，但是却获得它们所带来的政治利益和道义利益作为抵偿；这些工程因为给劳动提供了保障，赋予人们以理

① 卡匹托里亚山，罗马郊外的七个山冈之一，传说为神庙圣地。——译者

想，因而促进了生产和艺术的进一步发展。

可是，唯一进入交换领域的个人消费品，情况就不是这样。这类物品只有当其消费需要履行一定的条件时才会生产出来，也就是说，消费者必须能立即偿付货价而生产者能从中获利时，才会生产出来。这样的条件，我们在前面讨论价值比例理论或者说成本逐步降低理论时已经作过充分的阐述。

我已经用理论和事实证明了任何劳动必然留下某些剩余的原理。但是这个像算术定理一样精确的原理，还远没有体现在每一个人身上。本来，由于集体生产的进步，个人每天劳动创造的产品也愈来愈增多，因而劳动者的工资尽管不变，生活应该日益富裕；可是，社会上却出现两种等级的人：一种从中获利，一种则因之变穷；一部分劳动者的所得增加一倍、两倍甚至三倍，另一部分则不断亏损；总而言之，到处都是有的人享受，有的人受苦，而且，由于生产能力的畸形划分，有些人甚至只消费不生产。福利的分配紧随价值的波动而变化，并且把这种波动再变为规模和程度都十分惊人的贫富不均的现象。可是，财富的增长，也就是说价值的比例，无论在哪里却仍然是占支配地位的规律；而且，当经济学家以所谓公共福利逐步增长和最贫困阶级的生活条件也已经得到改善为理由来反驳社会主义者的控诉时，实际上就是不自觉地承认了一个否定他们自己理论的真理。

我希望经济学家暂时摆脱那些迷惑着他们的成见，不要考虑自己既得的或者正在觊觎的禄位，不要考虑自己所贪图的利益，也不要考虑自己所追求的选票和向往的虚荣，反躬自问一下：到目前为止，自己是否已经按照我所提到的这一系列前提和后果来理解

任何劳动必然留下剩余这个原理；自己是否一向只把这句话理解为生产者有权玩弄供求规律来在价值上进行投机；自己是否一方面肯定财富与福利的增长，因而也肯定了价值尺度，另一方面却又肯定商业交易的任意专断性和价值的不可度量性，也就是说，自己是否完全自相矛盾了。我们在大学讲堂里不断听到和在政治经济学著作里反复读到的一个荒谬的假设，不正是来自这种矛盾吗？这个假设就是：**倘若一切物品的价格提高一倍**……好像各种物品的价格就不是物品间的比例，好像我们可以使比例、关系或者规律提高一倍似的！还有，现在不论商业界、工业界、艺术界或者国家官吏，人人都借口自己在为社会服务，夸大自己工作的重要性，争相要求奖金、津贴、巨额养老金和大笔酬金，似乎劳务的报酬并不一定都要按照它本身费用的大小来规定；这种现象难道不是来自政治经济学所维护的反常的所有制惯例吗？如果经济学家果真相信每个人的劳动必然留下一些剩余，那么，为什么他们不全力宣传这个十分简单而明白的真理，即任何人的劳动都只能购买相当于本身所含价值的物品，而且这个价值又是和所有其他劳动者的劳动成比例的呢？

可是，这里还有最后一个论点，我需要稍为说几句。

在经济学家中，让·巴·萨伊最坚持价值绝对无法确定，但他又是最不惜气力来推翻这个立论的人。如果我没有记错的话，正是他创造了下面这个公式，就是**任何产品的价值就是它的成本**，或者也可以说，**产品只能用产品来购买**。这句充满平等精神的格言一开始就遭到其他经济学家的反对。我们不妨来依次分析一下它的肯定的一面和否定的一面。

当我说任何产品的价值都等于它所耗费的全部产品，那就意味着任何产品都是一种一定数量的其他产品集中起来以新的形式出现的集合体，而这些产品的消耗量又各不相同。由此可见，人类生产的各种产品彼此间是**类**与**属**的关系，而且是按照各自的组成成分的数量多少和比例大小而形成一个由简到繁的系列的，每一种产品的各种成分对于这个产品来说都同居于属的地位。这个系列以及它的各种成分的等值是否通过工资与财产的平衡而或多或少地在实践中得到准确的表现，我们暂时不去管它；首先需要解决的问题是物与物的关系，是经济规律。因为这和事物通常的情况一样，总是观念首先自发地产生了事实，然后，事实又被它所由产生的思想所承认，经过逐步地矫正，最后按照自身的原则固定起来。商业既是自由的，又是竞争性的，它不过是一个漫长的矫正过程，目的在于找出价值的比例；只要民法加以认可，这个比例就被视为调节人们生活条件的法则。所以我认为，萨伊提出的**任何产品的价值就是它的成本**的原则就是指明了人类生产的一个系列，就如动物和植物各有其本身的系列一样；而且，在人类生产的系列中，其基本单位（劳动日）是相等的。因此，政治经济学从一开始就自我矛盾地肯定生活条件和财产的平等，这是包括柏拉图和卢梭在内的古今一切政论家都认为不可能实现的。

普罗米修斯先后当过农夫、葡萄种植者、面包师和纺织工。不论是哪一行，由于他只是为自己而劳动，所以总是只用同一种货币（他自己的产品）来购买他所消费的一切（也是他自己的产品），而这种货币的共同单位必然就是他的劳动日。不错，劳动本身是变化不定的，普罗米修斯也不是经常那样精力充沛，他的热情和体力也时有高低。不过,像一切可变的事物一样,劳动也有它的平均数,因此我们可以说:总的说来,一个劳动日正好偿付一个劳动日,既不多也不少。当然,如果拿社会存在的某一个时期的产品与另外一个时期的产品相比,比方拿人类存在的第一万万天的劳动来和第一天相比,前者提供的产品,显然要比后者多得不可比拟;但是,我们同样也可以说,集体的生命和个人的生命一样,是不能分割的,昨天与今天虽然不同,可是两者却是不可分离地联系着的;在全部生命中,昨天与今天是苦乐与共的。所以,假使一名裁缝为了生产 1 个劳动日的价值,需要消费纺织工用 10 个劳动日才能生产的价值,这就好比纺织工 10 天的生命才抵得上裁缝 1 天的生命。同样,一个公证人只花 1 小时就能写好的文书,农民却必须缴纳 12 个法郎给他,其情况也和上述例子一样。交换中的这种不平等和不公正,正是贫困最主要的根源。社会主义者揭露了这个根源,经济学家则只是私下里承认,没有主人示意许可,他们是不敢公开承认的。

公平交易中的任何错误,都等于拿劳动者作牺牲品,从一个人身上输血给另一个人……可是,请大家不要害怕,我绝对无意为此而猛烈抨击所有权;而且按照我所说的原则,人类是永远不会迷误的,人类开始时按所有权组合起来,不过是为自己未来的组织奠定一个基础,而当所有权的优势一旦取消,需要做的也不过就是使这个人所共知的反题重归于统一,所以,我就更不会去猛烈抨击所有权了。反对我的人在所有权问题上可能对我提出什么非难,我是完全知道的;我倒希望他们如果感到论证无术,就干脆坦率一点儿!请问,如果财富不是以劳动为尺度,我们又怎么能对它**估价**

呢？既然创造财富和使所有权合法化的是劳动，那么，怎么来解释游手好闲者的消费呢？那种产品的价值因人而异、有时高出有时又低于产品成本的分配制度，又怎能说是公平的呢？

萨伊的观点最后将导致平分土地，所以保守派急忙起来反对。罗西先生说过："财富的第一源泉是劳动。工业学派宣布了这个伟大的原则，不仅是证实了一个经济原则，而且还阐明了一项社会事实的原则。高明的历史学家要是掌握了这个原则，就能把它变成可靠的指南，用以追踪人类的行程和它在地球上成家立业的经过。"

为什么罗西先生在讲义里写上这样一段深邃的见解以后，却又在一本杂志上认为应该否定这个见解，从而无缘无故地败坏了自己的哲学家与经济学家的声誉呢？



他在杂志上写道："你说财富只能是劳动的成果，你肯定在任何情况下劳动都是价值的尺度，价格的调节器；为了尽量使这个理论免受来自四面八方的各种或则不完备，或则武断的责难，你不管愿意与否，总是不得不把劳动概念普遍化，用一种极其错误的综合来代替分析。"

像罗西先生这样的人也竟然向我提出这样一个可悲的论点，使我十分遗憾；但是，在重读我刚才引述的这段话时，我实在禁不住要说：科学与真理再也算不了什么了；现在人们崇拜的首先是商号，其次便是那代表着商号的绝望的宪法主义。罗西先生的话究竟是想对谁说呢？他赞成的是劳动还是别的什么呢？是分析还是综合呢？还是统统都赞成呢？不管他选择的是哪一项，反正结论不可避免一定是反对他的。

如果劳动是一切财富的来源，如果劳动是用以追踪人类的行程和它在地球上成家立业的经过的最可靠的指南，那么，平等分配和按照劳动尺度实行完全平等，为什么不应该成为一项规律呢？

相反地，如果说有的财富并不是来自劳动，那么，为什么占有这些财富却成了一种特权呢？垄断的合法性又何在呢？要是这样，就请你把非生产者消费权的理论、善意的法理、游手好闲的信条和特殊等级神圣特权的依据给我们解释一下吧！

现在呼吁对综合的错误判断进行分析，究竟是什么意思呢？这些形而上学用语只能用来吓唬头脑简单的人，因为这样的人根本就不会想到，不论是用综合法或者分析法，只要你愿意，都可以得出同一个结论。劳动是价值的依据和财富的源泉，这本来是罗西先生所要的那种分析结论，因为它经过分析，证明了劳动这个原始概念与产品、价值、资本、财富等后续概念是同一的，然后才得出来的结论。可是，我们看到，罗西先生却唾弃了这个分析成果。反过来，劳动、资本和土地是财富的源泉，这本来是罗西先生所要的那种综合结论，因为在这个结论中财富是作为一个由三个非同一的、互存区别的类属概念所构成的总概念；可是，这样表达的结论却深得罗西先生的喜爱。现在，罗西先生愿不愿意我们说，他的理论是分析的垄断，而我们的理论是综合的劳动呢？我可以满足他的愿望……不过，和这样一位严肃的人继续开这样的玩笑，我实在过意不去。罗西先生比谁都清楚，不论分析法还是综合法，本身都不能单独证明什么问题，要紧的还是像培根所说的那样，做一些精确的比较和完整的调查。

既然罗西先生热衷于抽象法，他为什么不敢向对他的一字一

句五体投地的大批经济学家说明以下的道理：

“资本是财富的原料，正像银子是铸币的原料，小麦是面包的原料一样；而且，循着这个序列追溯到底，也可以说这正像土地、水、火、空气是我们全部产品的原料一样。但是，劳动，只有劳动，才能陆续创造出这些原料的各种效用，从而把它们变成资本和财富。资本来自劳动，也就是说，它是已实现的智慧与生命，如同动物与植物是宇宙灵魂的体现，如同荷马、拉斐尔①、罗西尼②等人的杰作是他们思想与感情的表现。价值是一种比例，人类灵魂的体现必须遵循这个比例取得平衡才能产生一个和谐的整体，这和谐的整体就是财富；就能为我们创造福利，或者说得确切一点，它是我们幸福的象征而不是幸福的对象。”

“价值没有尺度这个命题既违反逻辑，又自相矛盾，这是因为人们据以立论的理由本身就违反逻辑和自相矛盾。”



“劳动是价值比例的原则，这个命题是正确的，因为它是经过无可辩驳的分析而得出的结论；不仅如此，这个命题还是进步的目标，是社会福利的条件与形式，是政治经济学的开端与归宿。从这个命题和它的结论来说，任何产品的价值都等于它的成本，产品必须用产品来购买，可以推论出生活条件平等的定理。”

“社会构成价值的观念，或者说产品比例的观念，还可以用来解释下列各种情况：(1)为什么任何机器的发明尽管暂时产生一种特权和引起一些紊乱，最终总是促使境况普遍改善；(2)为什么经

① 拉斐尔(1483—1520)，文艺复兴时代意大利的伟大现实主义画家。——译者

② 罗西尼(1792—1868)，意大利著名作曲家。——译者

济方面的新发现给发现者带来的利益永远不及它给社会提供的利益；(3)为什么每种产品的价值尽管经历着一系列供求上的波动，仍然不断地趋向于与成本和消费需求相一致，从而得以稳固和积极地确定下来；(4)为什么随着集体生产不断地增加消费品的数量，因而每个劳动日的报酬的愈来愈多，劳动必须给每一个生产者留下剩余；(5)为什么劳动不会因生产进步而减轻，反而在数量上不断加重，质量要求不断提高，也就是说，各个生产行业中的劳动强度和难度都不断地提高；(6)为什么社会价值会不断排挤虚构的价值，换句话说，为什么工业会使资本与所有权社会化；(7)最后，为什么当产品的分配由于各种价值的构成所形成的相互保障而逐步正常化以后，便能推动社会走向生活条件与财产的平等。”

“最后，从经济观点看，涉及劳动、财富和富利无止境进步的一切商品价值的连续构成学说，社会的命运，都向我们揭示：用尽可能少的劳动生产每一件产品，不断地生产出数量尽可能大、品种尽可能多的价值，使每个人都能获得最大限度的物质、精神与文化上的福利，使全人类进入尽善尽美和无限光荣的境界。”

现在，我们既然经过一番周折终于确定了科学院所提出的有关利润与工资波动的问题的含义，便可以开始着手解决我们的主要任务了。凡是劳动还没有社会化的地方，也就是说，凡是价值未经综合地确定的地方，交换必然混乱和不诚实，必然彼此诈骗和陷害，生产、流通和消费也必然遇到阻难，必然有的劳力不事生产，劳动缺乏保障，人们彼此掠夺，互不团结，出现贫困与豪富；但是，与此同时，社会天才却始终在努力实现公正，不断走向联合与秩序。政治经济学不是别的，就是这场伟大斗争的历史。事实上，政治经济学一方面是货真价实的延长灾难和制造贫困的理论，因为它企图把价值的反常状态和利己主义的优势地位神圣化和永恒化；另一方面，它又不失为组织财富的开端，因为它阐述了文明世界所创造的种种克服贫困的方法，尽管这些方法经常转而有利于垄断。

因此，重要的是重新研究事实，研究经济惯例，找出它们的精神所在，阐明它们的哲理；不如此就不能获得有关社会进程的任何知识，也无法从事任何改革试验。直到目前，社会主义的错误仍在于继续做自己的宗教迷梦，置身于一种虚幻的未来之中，而不去了解粉碎这种梦幻的现实；反之，经济学家的错误则在于把每一件既成事实都当成反对任何改革方案的禁令。

就我来说，我所理解的经济学，我所理解的真正的社会科学，并不是这样的。与其先验地回答劳动组织、财富分配这类可怕问题，我宁愿把政治经济学当作人类内心秘密的保管人来请教，我要让事实按照它们产生的先后次序出来作证，我要不带任何成见地披露它们的证言。这将是一篇悲壮的史实，其人物是一些概念，旁白是一些理论，而时日则是一些公式。

# 第三章　第一个时期——分工

价值是政治经济学的基本概念，也是它的主要范畴。

价值是通过供给与需求的一系列波动而达到的绝对的确定状态。

所以，价值先后以三种面目出现，这就是：使用价值，交换价值，综合价值或称社会价值。后者是真正的价值。第一项价值在矛盾状态下产生了第二项价值，这两者又通过互相渗透、彼此吸收而产生出第三项价值，因而观念的矛盾或对抗便是全部经济学的出发点。德尔图良[①]论福音书时说过这样一句话："因为它是荒谬的，所以我相信它。"在社会经济中，只在存在明显的矛盾，就潜藏着真理，因此，我也可以套用上面这句话来评价政治经济学：因为它是矛盾的，所以我相信它。

因此，从政治经济学观点看来，社会的进步就在于不断地解决价值构成的问题，或者说解决产品的比例和联系问题。

不过，在自然界中，对立面的综合与对立面的对抗是同时产生的；在社会上，各种相反的因素似乎需要经过一段长时期才能产



① 德尔图良（Tertullien，约公元 160—约 220），北非的基督教教父和拉丁神学的创立者。——译者

生，而且必须经过一场长久而剧烈的动乱才能解决。例如，在自然界中我们找不出一个有谷而无岭、有左而无右、有北极而无南极、棍子只有一梢或只有两梢而无中段之类的例子，而且根本也不会设想存在这样的事情。人身分成左右，而且如此完美地对称，是从一受胎时便完整地形成的；它不愿意像后来经过量身制成、用以掩体的衣衫那样，分片缝合而成[①]。

相反地，在社会里，就如在精神方面一样，一种观念并不是一跃而达到完整的境地，可以说，在两个相反命题之间存在着一条鸿沟；而且即使是这两种命题终于被认识，人们也许还仍然看不出合题究竟是什么。必须使原始概念通过热烈的争论和剧烈的斗争得到充分的阐发；浴血战斗是和平的前提条件。现在，欧洲已厌倦战争与论战，正在期待着出现一种排难解纷的原则；正是出于这种对局势的模糊认识，所以伦理与政治科学院才会提出下面这样一个问题：支配着利润与工资的关系和利润与工资的波动的是哪些普遍事实？换一种说法就是，在劳动与资本的斗争中最值得注意的情节和最明显的变化是什么？

因此，如果我能证明政治经济学连同其自相矛盾的假定和模棱两可的结论不过是一种确立特权和制造贫困的理论，就等于证明了政治经济学包含着一种组织劳动与建立平等的可能性；因为我们已经说过，任何一种成系统的矛盾都预示着要出现一种协调

---

① 高明的语言学家保尔·阿克曼先生以法语为例向大家证明，语言中每一个词都有它的反面词，或者如作者所说的，有它的反义词。全部词汇都可以分编成对，形成一个庞大的二元体系（参阅《反义词典》，保尔·阿克曼著，巴黎布洛克奥斯与阿弗那里乌斯书店 1842 年版）。

的组合，而且我们已经指出了这种组合的原则。总而言之，揭示经济矛盾的体系就是为普遍联合打下基础；说明集体努力所创造的产品如何出自社会就是解释怎样使这些产品返回社会；阐明生产与分配问题的由来就是为这些问题的解决作好准备。所有这些命题都是同一的，都有充分的依据。

## 第一节　分工原则的对抗性后果

在原始公社里，所有的人都是平等的，就赤身露体和野蛮无知来说，是平等的，就其拥有无限智能来说，也是平等的。经济学家习惯于只看到前一方面而忽视或者根本不承认后一方面。不过，根据拉·罗什富科[①]、爱尔维修[②]、康德、费希特[③]、黑格尔、雅戈多[④]等现代最伟大的哲学家的说法，不同的人的智能只是在构成每个人的特点和专长的质的确定性方面有所区别，于至作为智能本质的判断力，则每个人在数量上是完全相等的。由此可以得出结论：按照环境的有利程度，普遍的进步总是或迟或早地引导所有的人从原始的消极平等进入才能与知识上的积极平等。

心理学的这个可贵的论据，我是坚决赞同的。它的必然结论是：才能上的等级今后不应该作为组织的原则与规律，因为平等是

① 拉·罗什富科(1747—1827)，法国慈善事业家。——译者

② 爱尔维修(1715—1771)，法国杰出的哲学家，机械唯物主义代表人物，资产阶级思想家之一。——译者

③ 费希特(1762—1814)，德国主观唯心主义哲学家。——译者

④ 雅戈多(1770—1840)，法国教学家、物理学家和化学家。——译者

我们唯一的准则，也是我们的理想。因此，就如我们已经用价值理论证明了的，贫困的平等应该逐步转变为福利的平等，最初因为只代表虚无而属于消极的精神平等，在人类教育发展到最后一个阶段时，也应该以积极方式重现。智能活动是和经济活动平行地进行的，它们彼此互为表里，互作解释；心理学与社会经济学是相一致的，说得确切一点，就是它们是从不同的角度来展示同一部历史。这一点在亚当·斯密所发现的关于**分工**的重要规律中尤为明显。

从本质上说，分工是实现生活条件平等和知识平等的方式。分工使职业多样化，产生产品的比例和交换的平衡，从而为我们打开通向财富的道路；同时，它在工艺和自然的各个领域为我们开辟无限的前景，从而引导我们把自己的一切活动理想化，使我们的智慧具有创造性，也就是说，使我们的智慧变成神明本身，变成一种永存于一切劳动者身上的敏锐的神明化的智慧。

所以，分工既是经济进化的第一个阶段，也是智能发展的第一个阶段。无论对人或对物，我们都应该从这个阶段开始研究，而我们论述的顺序并不是随心所欲任意决定的。

但是，就在这进入分工的庄严时刻，狂风便已开始袭击人类。进步虽然最终总是要扩及每一个智力与体力创造者，使他们发生变化，但是，它并不是划一地同时及于每一个人。进步首先只影响到少数特权者，使他们成为民族的精华部分，而广大群众则仍然处于野蛮状态，甚或变得更其野蛮。正是进步的这种对一部分人的偏私，使得人们长期相信生活条件的不平等是出自自然与天意；也正是这种偏私产生了种姓制，建立了各个社会的等级制。人们并不了解，任何不平等始终不过是一种否定，它本身就带有不合法的标志和最后灭亡的征兆；人们更不会想象到，这种不平等是由于某种原因偶然地造成的，而这种原因最后必将使这种不平等完全归于消失。

价值的二律背反就是这样地重现在分工规律上，结果上天赋予我们用以获取知识和财富的第一个最强有力的工具竟变成了我们制造贫困和愚蠢的工具。这就形成一种新的对抗规律公式，我们应该把文明社会的两种最古老的病态，即贵族和无产阶级归于这个公式。劳动根据其固有的规律进行分工，这个规律也是劳动增殖财富的首要条件，但是劳动分工却导致了否定了自己的目的，并且自我毁灭了；换句话说，没有分工就没有进步，没有财富，没有平等，可是分工的结果却使工人处于从属地位，使智力无用武之地，使财富为害于人，使平等无从实现。

从亚当·斯密以来，所有的经济学家都提到了分工规律的益处和害处，但是他们过分强调了前者而忽视后者，因为这样更适合他们的乐观主义；没有一个经济学家肯于反问一下这个规律的害处究竟何在。请看让·巴·萨伊是怎样总结这个问题的：

“一个人一生只从事一种操作，就必然比别的人做得更好和更快；但是与此同时，对于其他的工作，不论是劳力的还是劳心的，他的能力就不免要差一点；他的其他官能便慢慢地衰退，结果就单个的人来说，人类是退化了。一生只从事制造扣针的第 18 道工序的工人，就是一个可悲的例子。但是，大家不要以为只有那些终身摆弄锉刀或铁锤的工人才这样失去天赋的尊严，即使是那些由于职位关系而运用他的智慧最敏锐的官能进行脑力劳动的人也不免如此……因此我们可以说，分工固然是一种使用人力的巧妙办法，它能奇迹般地增加社会的产品；但是，对于每个个人来说，它又剥夺了他们的一部分才能。”（见《政治经济学原理》）

因此，除了劳动以外，什么是财富增长与劳动者熟练程度提高的首要原因呢？就是分工。

造成精神衰退和文化贫乏的首要原因又是什么呢？就如我们将要不断看到的，这原因也是分工。

为什么把这同一个原则一直严格地贯彻到底竟会产生出截然相反的结果呢？无论是在亚当·斯密以前或以后，始终没有一个经济学家发现这是一个需要加以说明的问题。萨伊虽然已经走到承认分工既产生良好的结果，也产生不良的后果，可是，他接着就只是对行业分工的受害者说上几句怜悯话便就此满足，以为自己已经作出了不偏不倚和符合实情的解释了，问题便这样放下了。他这种做法就好像在对我们说：“你们应该懂得，劳动分工愈细，劳动生产率就愈高；可是与此同时，由于劳动逐渐地变成机械性的操作，人们的智能也就逐渐愚钝了。”

人们慷慨激昂地抨击那种企图利用劳动来制造一个才能上的贵族阶层，从而不可避免地导致政治不平等的理论，完全是徒劳之举；人们以民主和进步的名义提出抗议，主张今后不应再有贵族、资产阶级和贱民之分，也同样是无功之事。这位经济学家像命运之神一样，冷酷无情地答道：“你们注定必须大量地生产，廉价地生产，不然你们的工业就一蹶不振，你们的商业濒于乌有，你们将不仅不能指导文明，而且将落后于文明。”怎么？在我们这些善良的人中间，竟然有一部分人命中注定要愚昧无知？我们的工业愈完善，我们倒霉的弟兄人数反而更要增多吗？……啊！……这可是经济学家的最后结论！

不能否认，作为一种普遍事实和一种原因的分工，具有规律的一切特征；不过，由于这个规律支配着两种根本相反、彼此对立的现象，因此我们也必须承认，这个规律在严格的科学中是一种未知事物，是一种自相矛盾的奇特规律，一种反律，一种二律背反。我们还不妨先入为主地加上一句，就是任何社会的经济看来都具有这种特点，因而哲学看来也具有这种特点。

除非改组劳动，消除分工的弊病，同时又保留它的有益作用，否则，分工原则所固有的矛盾是无法补救的。必须按照谋害基督的犹太祭司们所主张的杀一以拯百的原则行事，把穷人灭绝以保护私有主的财产。这个判决之所以必要，我将在下面加以说明；分工的劳动者，只要还有一丝理性，就应懂得自己的死亡是政治经济学的规律使然，也庶几得以自慰。

劳动本来应该发挥人们的意识，使人愈来愈无愧于幸福；可是分工的结果却引起智能的衰退，使人体最高贵的那个部分衰退了，造成中枢失灵，从而使人重新沦入兽性。从这时起，堕落的人类就像牲畜一样地劳动，因而理应待之如役畜。作出这个判决的是自然和必然性，执行判决的则是社会。

劳动分工在败坏了人们的灵魂以后造成的第一个后果就是延长工作日，使工作日与脑力的消耗量成反比。因为产品是既根据数量也根据质量来评值的，所以，如果劳动由于工业的某种进步而在上述的任何一方面缩减了，就必须在另一方面找到补偿。既然工作日的长度不能超过 16 至 18 小时，所以一旦不能依靠增加劳动时间来获得这种补偿，便只好从劳动价格上下手，于是工资就降低了。而工资的这种降低并不像人们可笑地想象的那样，是因为价值本质上是任意专断的，而是由于价值本质上是可确定的。供求斗争的结果虽然时而有利于雇主，时而有利于佣工，但是，这种由于人所周知的、数以千次评定的次要因素而造成的摆动，幅度大小不一。有一点是可以肯定的，而且也是我们在这里唯一需要指出的，就是公众的意识是不会把监工的工作与小工的劳动等量齐观的。因此劳动日的价格必然降低。这样一来，一个劳动者除了由于执行屈辱的职能而使灵魂受到摧残以外，还免不了要忍受报酬微薄所造成的肉体上痛苦。这是不折不扣地执行了《圣经》上所说的那句话：所得无多者，吾亦将尽去其所有。

在经济波澜中，存在着一个无情地嘲弄宗教、公平和政治信条的原理，这就是一个人是否幸福，要看他是否顺从命运的支配。的确，在这个问题上我们绝不是抱着今天许多可敬的著作家仍然向往的那种基督博爱精神。渗透着这种精神的资产阶级，总是力图通过大量慈善措施来缓和法律的严酷。政治经济学家只承认公平，承认不可改变的、有如守财奴的钱袋口一样勒得紧紧的公平；这是因为政治经济学是社会自发性的产物，是神明意志的表现，因此我可以说：上帝是反对人类的，他是愤世嫉俗的。上帝要我们付出无尽的血泪才能挽回一点经验教训；尤其不幸的是，我们在与自己同类的交往中，大家都和上帝一样地冷酷无情。这么说来，天父对自己创造物的慈爱究竟跑到哪里去呢？人类手足之情又何物之有呢？

有神论者说：不这样还能换个其他的样子吗？人性堕落了，剩下的只是兽性，造物主又怎么能在这样的人身上看到自己的影像呢？所以，造物主只好把人当成役畜来看待，这又有什么不好理解的呢？可是，考验总不会没有终止之日，劳动在专业化之后迟早终将进入综合化。

为天意辩解的人们，通常就持这种论据，结果往往给无神论者提供了新的武器。这种论调不就等于说，上帝六千年来一直在嫉妒我们那种可以拯救亿万受害者的主张：劳动同时既按专业又按综合分配！反过来说，就是上帝通过圣仆摩西、佛祖、琐罗亚斯德[①]、穆罕默德等人教给我们一些有辱我们理性、杀人多于牛毛的无聊礼仪吗？更有甚者，如果我们相信原始的启示，社会经济学岂不成了一种可诅咒的科学，它的果实只供上帝享用，而对人类来说却是不许触动的禁果吗？如果劳动果真如经济学所发现的那样，是仁爱之父和通向幸福之途，那么，宗教为什么要贬抑劳动呢？为什么要嫉妒我们的进步呢？既然现在人们已经可以明显看到，我们的进步靠的只是我们自己，那么，崇拜这神界幽灵干什么呢？而这个幽灵依靠它那帮皈道者拼命给我们说教又有什么用处呢？天主教徒们，耶稣教徒们，东正教徒们，新天启教徒们，招摇撞骗者，愚夫愚妇们，请你们大家听听人类赞美上帝仁慈的第一节歌词吧："随着分工原则的付诸实施，工人变得愈益衰弱、狭隘和依附于别人；工艺进步了，匠人却倒退了。"（见托克维尔[②]《论美国民主》）

因此，我们还是不要过早地下结论，不要任意臆断经验将作的

① 琐罗亚斯德（约公元前 628—前 551）古波斯祆教创始人。——译者

② 托克维尔（1805—1859），法国资产阶级历史学家和政治活动家。——译者

最后启示。就目前而论,上帝似乎不大厚待我们,更多地是和我们作对,所以,我们还是来谈谈事实吧!

政治经济学开宗明义就对我们说了一句神秘而阴郁的话:效用生产得愈多,交换能力便愈降低;同样,在到了第一站时,它又对我们发出可怕的警告:工艺愈是进步,匠人便愈是倒退。

为了使大家更明确这些观点,我们来举几个实例。

在整个冶金工业中,什么工人最没有技术呢?恰恰是人们所称的机械工。自从工具显著改进以后,机械工便成了一种只懂得动动刨子或者把零件送上刨床的人。至于机械原理呢?那是工程师和工长的事。乡下的一个钉马掌的匠人,迫于环境往往需要擅长几种活计,既是锁匠,又是铁匠,又是刀剑匠,又是机械工,又是修车工,又是兽医。人民总是很幽默的,他们给这种工匠起个外号叫打铁人,殊不知打铁人的铁锤底下包藏着许多高深的学问,会使文人学士为之惊奇不已!克勒佐[①]的一名工人,十年里亲身经历了自己那个行业里最壮观和最精巧的技术改造,可是,他一离开了工厂,便成了个对什么活儿都粗手笨脚、无法挣钱糊口的人。人的无能竟与工艺的改善成正比,这种情况不但冶金业存在,而且所有行业都如此。

机械工的工资直至目前仍然算是比较高的;可是,早晚总是不可避免地要降低,因为这种劳动并无过人之处,要维持这样高的工资是不可能的。

我刚才引证的是机械工艺方面的例子,现在我们再举一项文

---

① 克勒佐(或叫勒克勒佐),法国东部一冶金工业中心。——译者

化工业为例。

德国大印刷家古腾堡[1]及其勤巧的伙伴浮斯特、萨伐尔又何曾想到他们那项高明卓绝的发明竟会由于分工而使印刷沦为一种无知的行业，甚至可以说是白痴的行业呢？像印刷业中的排字工、印刷工、铸字工、装订工和纸张管理工那样智能衰弱和文化低下的人还真是很少见。人们在埃蒂安纳[2]时代看到的那种印刷专家，现在几乎已经绝迹，成了一个抽象名词了。由于使用妇女排字，这个高贵的行业本来就大受打击，从此更每况愈下了。我见过一个算是比较高明的排字女工，她不认得字，只认得字母。印刷工艺全面地倒退了，只有那么几个真正够得上艺术家的工人和一些有专长的工长和校对，还算保留有一点儿技术；可是这些无名学者照样受到作家和老板的粗暴轻慢。总而言之，印刷术已沦为一种机械性行业，由于职工的状况，它已经够不上文明水平了，大概不用多久就将只剩下一些残迹供人凭吊了。

我听说巴黎的一些印刷工人正力图靠结社来摆脱自己的屈辱地位。但愿他们的努力不要耗费在一些没有成效的经验主义做法上，不要迷失在难以结果的乌托邦中！

在谈过私营工业以后，我们来看看行政部门的情况吧！

在公务人员中，分工后果之严重与可怕，也并不亚于私营工业，因为在行政部门，到处都随着技术的发展而缩减大量雇员的薪

---

① 古腾堡（约 1400—约 1468），德国印刷工人，1440 年发明西方活字印刷术。——译者

② 埃蒂安纳，16 世纪法国的一个从事印刷出版和诠释古籍的著名家族。——译者

金。一名邮递员的年薪约为400至600法郎,行政当局从中扣下大约10%作为退休基金。任职满30年退休的,每年可领300法郎的养老金,说得更确切些,每年领回原扣薪金300法郎;这笔钱如果退休人愿意转给养老院,则可以在养老院享受食、住和洗换衣被的权利。提起这些,我真有点心酸;不过,我觉得政府还算是慷慨的,因为一个全部工作只是用两条腿跑跑路的人,还想得到多少报酬呢?传说从前的犹太流浪者只能领到5个铜子,邮递员究竟还算拿到二三十个铜子呢!当然,大部分邮递员还要设法养家。至于需要使用脑力工作的只有主任和办事员,他们做的倒是人干的工作,因而收入也比较高。

因此,在各种公共服务事业中如同在自由行业中一样,事情的安排都是90%的劳动者给另外那10%的人当牛马:这就是工业进步不可避免的后果,也是财富不可缺少的条件。必须首先深刻了解这个基本道理,才能向人民谈论什么平等、自由、民主制度和种种乌托邦理想,因为这些东西的实现都以劳动者的相互关系经过彻底的革命为必要的前提。

分工最显著的一个后果是文学的衰落。

在中世纪和古代,文人都像百科全书那样博古通今,无所不知,无所不能,不愧为骚士墨客的后代。文学高高在上地指导着社会;连国王也要乞求作家的青睐,或者是为了报复他们的侮慢,把他们连人带书付之一炬,可是,这后一种办法归根结底也是承认文学至上的一种方式。

今天,有的只是工业家、律师、医生、银行家、商人、教师、工程师、图书专家等等,而不再有文人了;我们还不如说,谁只要是在自己那个行业里有点地位，那就好像一定是腹有文墨似的，文学有如学位，成了任何这类职业的基本标志。文人二字只能按照字面最简单的意义来解释，成了公共写作者，也就是受雇于众人的捉刀小吏，其中人们最熟悉的就是新闻记者……

四年前，议会突然心血来潮，想起要制定一项有关文学所有权的法律，好像今后思想观念再也不会凌驾一切，文笔的高下已经无足轻重。感谢上帝，议会的雄辩总算像史诗和神话一样成为过去了，这幕戏没有引起商人和学者多大的兴趣；结果，内行人尽管慨叹艺术衰落，哲学观察家却认为这是人类理性的一大进步，因为理性对这类琐事与其说是喜爱，还不如说是厌烦。小说只有接近现实才能引起人们的兴趣；历史已沦落为人类学的注释；最后，修辞技巧到处成了从属于观念和事实的走卒。讲究口才在不耐烦的人看来，实在是太烦琐、太耽误事情了，所以，根本就无人重视，一天天地失去魅力。19 世纪的语言是由事实和数字组成的，谁最言简意赅，谁就是我们中间最有辩才的人；谁做不到这一点，谁就被毫不留情地排斥于能言者之外，归入无头脑者之列。

在一个新生的社会里，文学的发展必然走在哲学与工业之前，并且长期作为哲学与工业二者的表现形式。可是，思想超越语言的一天总要到来，这时文学所保有的优越地位，便成了社会衰退的可靠征兆。事实上，语言是各个民族天赋思想的集成，是上天最初向它启示的一部百科全书；语言是各民族的理性在通过观察与实验直接向大自然进军之前必须耕耘的园地。可是，当一个民族穷尽本族词汇所包含的知识以后，不去依仗高一级的哲学来加以提高，而只是披着诗人的斗篷，舞文弄墨，玩弄章句，那么，我们就可以大胆地宣称，这个社会正在没落。它的一切都将变得烦琐、庸俗和虚假；它甚至不能再保持它所珍爱的本族语言的光辉。我们将看到它不是走上塔西佗[①]、修昔底德[②]、马基雅维利、孟德斯鸠这样一些承上启下的天才人物的道路，而是无可挽回地走向毁灭，从西塞罗[③]的威严磅礴沦落为塞涅卡的烦琐诡谲、圣奥古斯丁[④]的对偶论法和圣贝尔纳[⑤]的双关语式。

所以，请大家千万不要产生错觉，当最初全神贯注于语言的有才干的人把精力转移到经验和劳动上的时候起，所谓真正的文人就只不过是我们最渺小的一种官能的可怜化身罢了；文学这种智力劳动的糟粕，只是在以之作为消遣的有闲阶级和受它迷惑的无产阶级，在觊觎江山的政治骗子和捍卫政权的附庸风雅者之中，在传达西奈山[⑥]诫命的神权祭司和主张人民主权至上的狂热信徒中，才有销路。其中最后的那种人为数并不多，他们只知道向公众贩卖格拉古[⑦]和狄摩西尼[⑧]的陈词滥调，目的无非是想在自己先辈



① 塔西佗（约公元 55—120），罗马最著名的历史学家。——译者

② 修昔底德（公元前约 460—前 395），古希腊历史学家。——译者

③ 西塞罗（公元前 106—前 43），罗马杰出的演说家和国务活动家，折中主义哲学家。——译者

④ 圣奥古斯丁（公元 354—430），北非主教，基督教神学家和唯心主义哲学家，宗教世界观的狂热宣扬者。——译者

⑤ 圣贝尔纳（1090—1153），法国基督教神学家，宣扬神秘主义。——译者

⑥ 西奈山，在埃及西奈半岛，圣经上说上帝在此显灵于摩西，颁示神谕。——译者

⑦ 格拉古（公元前 163—前 133），古罗马护民官，曾为农民利益进行过争取土地法的斗争。——译者

⑧ 狄摩西尼（公元前 384—前 322），古希腊大演说家和政治活动家，奴隶主民主制的拥护者。——译者

的墓前小试护民的雄辩，巴望有一天真能登上高高的讲坛倾吐自己的宏论。

所以，不论建立了何种政权的社会，在无止境地恶化工人处境这点上都是一样的，到处的实践都证明这个论断是正确的。经验证明，劳动者一出母胎，就注定必须蒙受苦难；任何政治改革，任何劳资联合，以及任何慈善救济或教育方面的努力，都无从拯救他们。人们最近设想出来的种种灵丹妙药，都远不能治疗这种创伤，而只会刺激它恶化；有关这方面的种种著述，都只是明确指出了政治经济学的这种恶性循环。

下文我们将扼要地证实这一点。

## 第二节　布朗基、舍伐利埃、杜诺瓦耶、罗西和帕西诸先生的无效处方

人们为救治分工的灾难性后果而提出的种种处方，归结起来不外是两类，甚而可以说只有一类，因为其中的一类只是另一类的反面罢了。这就是：增加工人的福利和提高他们的地位以重新振奋他们的精神，或者是通过教育，及早为他们的解放和幸福作好准备。

我们就来逐一分析一下这两类方案。前一套办法的代表者是布朗基先生，后一套办法的代表者是舍伐利埃[①]先生。

① 舍伐利埃(1806—1879)，法国经济学家和政论家，原为圣西门主义者，后为资产阶级自由贸易论者。——译者

布朗基先生主张劳资联合与进步，是一位有民主倾向的作家、无产阶级所拥护的教授。在他的1845年新年献词中，布朗基先生宣布劳资联合和工人分享利润是救国之途，是产业团结的第一步。他大声疾呼："我们的世纪应该产生集体生产者"。布朗基先生忘记了集体生产者和集体消费者一样，早就诞生了，问题已经不在接生，而在治疗了。现在需要做的是：不要让集体消化系统所制造的血液全部涌到头部、腹部和胸部，而使它也流到腿部和臀部。此外，我不知道布朗基先生建议用些什么办法来实现他这个好心的主张：是创办国家工场呢还是组织国营股份公司？是没收私人企业而代之以劳动者的合资企业呢还是只建议工人多多储蓄？如果是后者，利润分享就永无实现之日了。

不管怎样说，布朗基先生的想法归根结底不外就是通过给工人一个合伙者的身份，或者最少是给他一个共同利害人的身份；把他们的工资提高一点。试问，他所说的这种利润分享究竟对工人有什么好处呢？

一家拥有15000纱锭、雇用300名工人的纱厂，每年提供的利润远远到不了2万法郎。我听牟罗兹[①]的一位实业学说，阿尔萨斯的纺纱厂，一般都入不敷出，这个行业已经不是靠劳动来赚钱，而是靠投机获利。卖货卖得及时，卖得价钱高，这就是关键所在；制造只是准备出售的手段。因此，我假定一个拥有300名工人的工厂平均利润为2万法郎，只是以此作为论述的一般依据，所以必须要有2万法郎我才算对。我们就姑且假定这样一个数字吧！我

① 牟罗兹，法国东部边境的工业中心。——译者

以 300 人和 300 个劳动日来除工厂的利润 2 万法郎，就发现每人的日工资不过提高 22.2 生丁，或者说每日可以多消费一块面包，因为一块面包的价钱是 18 生丁。为了这一点点东西，值得下令剥夺企业主，拿公共财富作赌注来建立一些弱不禁风的机构吗？这样的机构是由无数的小股份组成，又没有利润作支柱，就好比一条船没有压舱货，又怎么有保证抵挡得住狂风骇浪呢？反之，如果不是没收，那么，给工人阶级提供的前景就未免太暗淡了！为了增加 18 生丁的收入，竟要花几个世纪的辛勤积蓄才能换到，因为即使周期性的失业不致耗光工人们的积蓄，也最少要有这样长的时间才能攒足他们该纳的那份股金！

这一事实在我以前也曾经有人以某种别的方式提到过。帕西[①]先生曾经亲自从诺曼底的一家劳资合营纱厂的账簿里摘录了几个工人家庭十年里的工资数字，发现这些家庭每年平均工资为 1200 至 1400 法郎；然后，他又把按照老板卖价高低来领取工资的工人的生活状况与挣固定工资的工人作了比较，结果他承认两者并没有多大的差别[②]。这个结论是不难预料的。经济现象是服从一些与数字同样抽象和无情的规律的，只有特权、欺诈和任意专断才会打乱这些现象永生不灭的和谐状态。

可是，布朗基先生似乎有点后悔自己不该作出这种迎合社会主义思想的建议，所以急忙又收回自己的话。在帕西先生证明劳资合营公司不解决问题的那次会议上，布朗基先生大声疾呼道：

① 帕西(1793—1880)，法国资产阶级经济学家，宣扬自由贸易。——译者

② 参阅伦理与政治科学院 1845 年 9 月的会议记录。

“劳动不是看来能组织起来的事情吗？人类的幸福难道真的和军队行进一样应当依靠政府以数学上的精确性来调节吗？这是一种不良的倾向，是科学院无论怎样反对也不为过的一种幻想，因为它不仅是一种梦呓，而且是一种危险的诡辩。我们固然应当尊重善良和正直的愿望，但是我们也应该大胆地说：出版一部论劳动组织的书籍无异于第五十次修订论述圆积法或者点金术的文章。”

接着，布朗基先生为热情所驱使，终于用下面这个事例摧毁了那个已经被帕西先生所动摇的合营理论，他说：“一位头脑清醒的耕植者达利先生曾经给自己的每一块耕地和每一种产品算了一笔细账，发现同一个人在同一块土地上，三十年里的收获都不一样。产值的增减大约在26000法郎至9000或7000法郎之间，有时甚至降到300法郎；有的产品，例如马铃薯，甚至九年就有一年亏本。面对着这样的变化、这样不稳定的收入数字，又怎么能为劳动者制定一种正常化的分配制度和划一的工资额呢？……”



对此我们可以回答说：每块土地的产量经常变化的事实无非告诉我们，在把工人和地主联合起来以后，还必须把地主与地主也联合起来，这样才能建立起更为紧密的连带关系。可是，这恰恰等于对争论中的问题，亦即布朗基先生经过深思以后认为一定办不到的劳动组织问题事先作出一个肯定性的结论。此外，很明显，即使建立了连带关系，也丝毫不能给公共财富增加一文钱，而且一点也接触不到分工问题。

总而言之，为人们所嫉妒的、可是又往往不可靠的雇主利润，远远不足以弥补实付工资与要求工资之间的差额；布朗基先生原先提出、后来又撤回的这个效果十分可怜的方案，实行起来对制造业将是一场灾难。何况，从那时以来，到处都实现了分工，我们的论断就更可以普遍适用，甚至可以得出结论说，贫困不但是懒惰的结果，而且**也是劳动的结果**。

针对这一点，人们说，那就提高劳务的价格，把工资加上二三倍，这倒是一种大受民众欢迎的论据。

如果工资真的可能提高，那么，我承认成效一定很大；不管舍伐利埃先生怎么说，反正我必须对他作一点修正。

根据舍伐利埃先生的说法，如果任何一种商品的价格提高了，其他商品的价格就必然以同样的比例上涨，这样就对谁也没有好处。

经济学家们沿袭了一百多年的这个传统观点，既陈旧又错误；身为工程师的舍伐利埃先生，本来应该加以纠正。一个办公室主任的日薪金是 10 法郎，一个工人的日工资只有 4 法郎；如果各增加 5 法郎，那么，他们之间的财富比例原来是 100 与 40 之比，现在变成 100 与 60 之比了。工资的提高必然是按加法计算，而不是按比例计算，所以，它当然是一个拉齐水平的好办法；可见，经济学家原先不分青红皂白地给社会主义者扣的无知帽子，理应受到社会主义者的回敬。

可是，我却要说，这种提高是办不到的，所以这个假设是荒谬的；因为就像舍伐利埃先生在另一个地方所正确指出的，表示工作日价格的那个数字不过是一种代数指数，对于实际情况毫无影响；为了纠正分配上的不平等，需要设法增加的首先是产品数量，而不是货币表现；在产品得以增加以前，任何争取提高工资的运动，除了使粮食、酒、肉类、糖、肥皂和煤炭等等涨价，亦即加剧贫困以外，不会有别的结果。因为所谓工资究竟是什么呢?

工资就是小麦、酒、肉类与煤炭的成本,就是一切物品综合的价格;再进一步说,工资就是工人群众每日为再生产而消费的各种财富组成要素之间的比例性。因此,如果按照人们所理解的那样,把工资提高一倍,就等于发给每个生产者以超过其生产量的产品,这当然是矛盾的做法;而且,如果只是在少数生产部门内提高,就会使交换普遍混乱,总而言之就是加剧贫困。尽管我渴望工人阶级的命运得到改善,我还是要断言:罢工所争取到的工资提高,不能不引起价格的普遍上涨,这同 2+2=4 一样地确定无疑。当然啦!但愿上帝保佑我这话不致不幸而言中!工人们靠这样的收入是绝不能致富的,更不用说想借此获得那比财富宝贵万倍的自由了。工人们受到某些言论轻率的报刊的支持,而要求提高工资,与其说是在为自己的真正利益服务,还不如说主要是为垄断企业服务。但愿他们在重受艰苦日子的煎熬时,能够认清这种由于缺乏经验而造成的苦果就好了!

舍伐利埃先生深信提高工资于事无补,或者更确切地说,深信提高工资将产生恶劣后果,同时也明确地感到这个问题绝对不是一个商业问题而是个制度问题,所以又从反面提出解决办法。他首先为工人阶级要求教育权,并且在这方面提出一些重大的改革措施。

教育!教育是一切进步的起源!这正是阿拉戈①先生对工人

① 阿拉戈(1786—1853),法国著名天文学家、物理学家和数学家,资产阶级政治活动家。——译者

说的一句话。教育！……我们必须时刻懂得，为了解决我们当前所关心的这个问题，究竟能期待教育起什么样的作用；我的意思就是说，问题不在于人人受教育是否是件好事，毫无疑问，这是件好事，问题是究竟是否做得到。

为了更好地理解舍伐利埃先生的观点的全部意义，必须懂得他采用的是什么战术。

舍伐利埃先生最初是研究理工的，接着又与圣西门派发生关系，最后是在大学任教，因此早就习惯于守纪律；他看来根本不会承认：一个学生除了校规的意志以外还有别的意志，一个派别的成员除了首领的意志以外还有别的意志，一个国家职员除了当局的见解以外还有别的见解。这是一种对待命令的态度问题，也许和别的态度一样地可敬，我并不想对此表示可否。舍伐利埃先生是否有他个人的意见要发表呢？他根据凡是“未经法律禁止都是许可的”的原则，总是抢先发表自己的见解，可是只要后来当局一表示意见，他就赶忙回头表示赞同。正是因为这样，舍伐利埃先生在未归附立宪派之前曾经皈依过安凡丹[①]先生；也正是因为这样，所以早在政府各部对铁路修建、租佃转让、发明专利和著作版权等问题作出规定之前，便先行发表了许多有关河道、铁路、财政和所有权方面的意见。

因此，舍伐利埃先生绝不是盲目崇拜大学教育的人；在新命令下来以前，他总是毫无顾忌地说出自己的想法。他的意见总是最

① 安凡丹(1796—1864)，法国空想社会主义者，圣西门亲信门徒之一；领导过圣西门学派。——译者

激进的。

维尔曼[①]先生在他的报告中说道："高等教育的目的是培养一批准备担任行政和司法职务、充当律师和从事各种文教职业的出色人才，其中也包括海陆军的高级人员和学问高深的专门人员。"

对上述意见，舍伐利埃先生指出："高等教育同时也负有培养农艺师、制造师、商人、私人职业工程师的任务。可是，在计划中，这些人都被遗忘了！这种遗漏未免有点过分；因为各种形式的工业、农业或商业，对一个国家说来毕竟都不是附属性或者可有可无的事情，而是主要的事情……如果巴黎大学想名副其实，就必须再开设这类学科，否则，它将看到自己的对面矗立起一所工艺大学……那将出现分庭抗礼的局面……"

任何真知灼见的特点就是能同时解决一切与它有关的疑难。舍伐利埃先生从职业教育问题中得到启发，找到了解决教会与巴黎大学之间关于教学自由问题的争论的捷径：

"必须承认，继续把拉丁语规定为基础课程，显然大大有利于教会。由于拉丁语是教会通用语言，所以神职人员与巴黎大学一样地精通拉丁语；而且教会的学费又较低，因此，大部分青年便必然被吸引到教会的各种神学专修班和本科神学院里……"

由此，结论只有一个：只要改变教学内容，就可以使王国非天主教化，而且，由于神职人员除了拉丁语和《圣经》以外一无所知，他们当中既没有艺术大师，也没有农艺师和会计，在总数 4 万名教

---

① 维尔曼（1790—1870），法国文学史家，巴黎大学教授，曾任国民教育部长。——译者

士中，能够画个图或者钉个钉的，也许连 20 人也不到；所以，我们很快就会看到：家长们是喜爱工业还是喜爱弥撒书，而且他们并不认为劳动是最适于向上帝祷告的语言。

这样一来，宗教教育与世俗科学、神权与政权、信仰与理性、神坛与讲台之间的那种可笑的对立就会终结；它们之间历来的争吵，也将从此失去意义，当然，在公众的愤怒暂时没有爆发以前，这些争吵也许还能愚弄某些天真的人们。

不过，舍伐利埃先生并没有坚持这个方案，因为他也知道宗教与君主政治是一对伴侣，它们之间虽然经常口角，可是彼此却相依为命。为了避免引起怀疑，舍伐利埃先生又转而皈依另一种革命思想，就是平等思想。

"法国完全能够给理工学院提供多于目前二十倍的学生（以平均 176 人计算，这一数目将是 3520 人）。巴黎大学只要愿意接收就行……如果我的意见多少能被重视，那我就要说，数学才能绝不像一般所想象的那样专门。大家一定还记得那批可以说是随便从巴黎大街上捡来的儿童经过拉马蒂尼埃[①]用塔巴罗上尉的教学法进行教育后所取得的成绩吧！"

目前受过高等教育的人数大概只有 9 万人左右，如果按照舍伐利埃先生的主张加以改革，全部法国青年都接受高等教育，那么，可以毫不夸大地说，数学专门人才将从 3520 人增加到 1 万人；根据同一理由，我们还将有 1 万名艺术家、语言学家和哲学家，1 万名医师、药剂师、化学家和生物学家，1 万名经济学家、



① 拉马蒂尼埃（1683—1749），法国的一名多学科著作家。——译者

法学家和行政学家，2 万名工业家、工长、商业工作者和会计人员，4 万名农艺师、葡萄种植者、矿工，等等。总计每年可以培养出 10 万人才，其人数约占全部青年的 1/3。剩下的虽然没有专门才能，可是对于各种技术都略知一二，可以分别安排到其他部门。

这样一种有力地推动大家学习知识的办法，当然会加速平等的发展。我毫不怀疑，这正是舍伐利埃先生内心的期望。可是，这也正是我所担心的问题；因为人才和居民一样，什么时候也缺不了，问题是怎样给人才找到职位和给居民找到面包。舍伐利埃先生枉费心机地对我们说："这样，高等学校就可以少给外界口实，免得人们埋怨它把大批眼高手低、一无专长、只热心于扰乱国家的野心家，既不勤奋、又无所用场、偏偏自以为万事皆能，特别是自命擅长于领导国家公务的人物塞进社会。科学研究较少使人激动，它同时可以启迪人和使人做事有条理，使人适应实际生活……"我的回答是：这一套话要是给神甫们说说倒还可以；可是作为一位政治经济学教授对于自己的讲坛和听众应该更尊重一点才是。政府每年只有 120 个空缺来安置 176 名理工毕业生；要是入学人数增加到 1 万名，或者就按舍伐利埃先生所说的数字，只增加到 3500 名，试问，会出现多大的麻烦呢？就整个来说，文职人员的职务总共只有 6 万，假定每年空缺为 3000，要是突然采纳舍伐利埃先生的革新主张，那么，就将有 5 万人缠着当局求职，这岂不吓坏了政府？人们经常质问共和主义而不见答复的一个问题是：要是每人都有选举权，是不是议员就会好一点，无产阶级也比较进步一些？我也想向舍伐利埃先生提出一个类似的问题：如果每学年结束时给你

送来10万个人才，你该怎么办呢？

为了安插这一批令人喜爱的青年，你只好从最低级的职务上做点文章。可是，他们都经过15年寒窗，你却无法像现在这样开始就让他们当见习工程师、炮兵少尉、海军少尉、见习检察官、审计官、总监守等职务，而是叫他们当工兵、辎重兵、挖泥工、见习水手、税务员、杂工等卑微工作；结果，他们只有等到有一天死神清洗了一部分人员之后，才能稍作升迁。因此，一个理工学校毕业生，即使才能可成为沃邦[①]第二，也许至死也不过当个二级公路的修道夫，或者是团队的伍长。

唉！天主教就表现得稳重多了！它对人类和社会的认识真是远远超过圣西门主义者、共和主义者、大学教授和经济学家！神甫们懂得我们的一生不过是一次旅行，绝对不可能在今世到达尽善尽美的境地；因此他们满足于对人类进行一些初步的教育，等到了天国再加以完善。宗教只希望培养出来的人，懂得如何制造和取得他们在人世间维生的东西，这样的人不但不会成为政府的累赘，而且不如说只是政府的牺牲者。啊！可敬爱的宗教啊！十分需要你的资产阶级竟如此不了解你，这难道应该吗？……

这个普及教育的狂想将把人们推向一场多么可怕的虚荣与贫困的战斗啊！如果你的学生既没有企业，又没有资本，职业教育有什么用处呢？农业学校和商业学校又干什么用呢？如果他们将来不过是在纺纱机上接接线头，在煤井下挖煤，又有什么必要让他们

① 沃邦(1633—1707)，法国军事工程师，后升元帅，曾多次攻城获胜，在修筑城防上有特殊才能。——译者

在 20 岁前往脑子里塞那么多各式各样的科学知识呢？你看，你不是自己也承认说每年只有 3000 个职位来安排可能毕业的 5 万名人才吗？可是你却还在谈论增办学校！我看还是维持你原来那种垄断的和特权的教育制度吧！这种制度是自古就有的制度，是历代王朝贵族的根基，确实是一种对多数人施行宫刑以保证暴君享乐的机器。你对授业索取高价，设置重重障碍，延长考察时间，借此把由于饥饿而无法久待的无产阶级子弟排斥于门外！你还尽其所能保护教会学校，在那里，人们学习为来世工作，怎样忍辱负重、斋戒绝欲，怎样尊敬大人先生、热爱国王、祷告天主吧。因为一切无用的学习迟早总要被抛弃；对奴隶来说，科学只能是一种毒药！

当然，舍伐利埃先生很聪明，他一定会看到他的这个主张可能带来的后果；可是他内心还是想：首先总得把人培养成个人的样子，然后就看谁能活就活下去好了。他的这个善良愿望，我们也只能热烈赞许就是了！

我们就这样在上帝的指引下冒着风险前进，而上帝却永远是通过打击我们来警告我们，这就是政治经济学的开宗明义第一章和最后的结论。

法兰西国家学会的成员、经济学家杜诺瓦耶先生的看法与法兰西高等学院政治经济学教授舍伐利埃先生的看法恰恰相反，他不赞成把教育组织起来，认为组织教育只是组织劳动的一环，所以也是不可能办到的。他认为：教育是一种职业，不是一种行政职务；它应该像其他行业一样，始终是自由的。正是以罗伯斯庇尔、拿破仑、路易十八[①]和基佐[②]为代表的各种共同体、社会主义和革命倾向，在我们中间散布了这种主张一切活动都集中和统一到国家手中的害人观念。新闻界是十分自由的，因此记者的笔杆成了一种商品；宗教也是十分自由的，因此身披长短袈裟的神父们都懂得怎样激发人们的好奇心，把群众吸引到自己的周围。拉科戴尔[③]先生拥有一批信徒，勒鲁先生有他的一批门人，毕舍[④]先生也有他的修道院，为什么教育就不能也自由一番呢？既然受教育者的权利和购货人的权利一样地无可非议，那么，教育者的权利当然也不过是售货人权利的一个变种，与教育者的权利是相关的，因为侵犯教育自由就不可能不侵犯我们最宝贵的一种自由，即良心自由。接着，杜诺瓦耶先生又补充道：如果说国家对任何人都负有教育的义务，那么，很快人们就会说国家有义务给每个人找工作，然后又会说，食、住等等都应该由国家来供给……这样下去会搞到什么田地呢？

杜诺瓦耶先生的论据是不容置辩的，因为把教育组织起来就等于许诺每一个公民都有一份自由职业，有一笔宽裕的工资；而这两点是紧密相连的，就如动脉循环与静脉循环密切联系在一起一样。可是，杜诺瓦耶先生的理论却引起另一个意思，就是只有人类一部分精英的进步才是真的，其他十分之九的人必须永远处在野



① 路易十八（1755—1824），法国复辟王朝国王。——译者

② 基佐（1787—1874），法国资产阶级历史学家和国务活动家，大金融资产阶级利益的代表人。——译者

③ 拉科戴尔（1802—1861），法国基督教社会主义宣传家之一。——译者

④ 毕舍（1796—1865），法国政治活动家和历史学家，基督教社会主义思想家之一。——译者

蛮状态中。按照杜诺瓦耶先生的说法，这种情况甚至是社会的本质，因为社会的本质就表现为以下三个特点，即宗教、等级制度与行乞。依照这种理论，就如德斯蒂·德·特拉西[1]、孟德斯鸠和柏拉图所主张的那样，分工的二律背反和价值的二律背反都是无法解决的。

我承认，当我看到主张教育集中的舍伐利埃先生受到拥护自由的杜诺瓦耶先生的驳斥时，心里有说不上的高兴。不过杜诺瓦耶先生本身又遭到基佐先生的反对。基佐先生是违背以自由为原则的宪章而主张集权的代表人物；这部宪章已经被大学教授们踩在脚下了，他们完全不顾福音书对神父们发出的“去吧！去教育人吧”的庄严敕令，径直宣布自己拥有教育特权。经济上的神谕压倒了经济学家、立法者、部长先生、科学院士、教授和神父们的种种喧嚷，完全无视福音书而高呼道：教育家，你们想干什么呢？你们的教育究竟对我有什么用处呢？

谁能使我们摆脱这个困境呢？罗西先生倾向于折中主义，他说：分工太粗糙，劳动生产率便不高，分工太细微，又会使人愚钝，所以，最妥善的办法便是介乎两个极端之间，因为中庸是为德。可惜，这中庸妙计不过是小康加上小贫；结果，人们的生活条件丝毫没有改变。如果说原来好坏之比是100与100，现在则是50与50，因为折中主义的标准永远是如此。更何况罗西先生的中庸之道是和经济方面一个大原则直接相违背的，这就是用尽可能低的



[1] 德斯蒂·德·特拉西(1754—1836)，法国庸俗经济学家，感觉论哲学家，君主立宪的拥护者。——译者

费用生产出尽可能多的价值……那么,没有精密的分工,劳动怎么才能完成自己的使命呢?如果大家愿意,我们就继续探讨下去。

罗西先生说道:“一切经济制度,一切经济假设,都属于经济学家的事情;可是,明智、自由和有责任感的人却是遵循道德规律行事的……政治经济学只是一种考察各种事物间的关系并从中得出结论的科学。它考察劳动所起的作用是:在实施中,你应该根据劳动目的的重要性来使用劳动。如果只是为了生产财富而使用劳动,缺乏一个更为高尚的目的,那就不应该使用它……假定让童工每日工作15小时是国家致富的一种方法,那么,道德便会说,这是不容许的。这是不是就证明政治经济学错误了呢?不!这只是证明你把应该分开的事物混淆在一起了。”

如果罗西先生多具备一点高卢民族所特有而外国人难以学到的直率性格,那他一定会像德·赛维涅夫人[①]所说的那样,干脆把自己的舌头丢给狗吃不要再啰唆了。可是,既然当了教授,必须说话,说话,说话,目的不是要说点些什么,而只是为了不表示沉默。所以,罗西先生绕着问题转上三圈,然后就睡觉去了,可是,即使是这样,居然还是有人相信他对问题已经作了答复了。



如果一门科学按照自己固有的原则发展下去,竟然到了被另一门科学所否定的地步,那么,对这门科学说来,当然是一个颇为不妙的征兆。就说政治经济学吧,当它的基本要求与道德学的基本要求相背驰时,情况便是如此。我这样说是把道德学和政治经

① 德·赛维涅夫人(1626—1696),法国女侯爵,年轻时守寡,习多种文字,成为贵族作家。——译者

济学一样假定为一种科学。那么,既然人类知识所作的一切肯定都是彼此矛盾,相互否定的,我们还能相信些什么呢? 分工劳动是奴隶的事情,可是却是生产率最高的一种劳动;自由人从事的是不分工的劳动,可是,却所得不偿所费。一方面,政治经济学告诉我们说,发财致富吧! 另一方面道德学却又告诉我们:争取自由吧! 罗西先生正是代表着这两方面在说话;他警告我们说,我们是既不能致富也无法获得自由,因为我们顶多只能半富裕,半自由,这就等于既不富裕也不自由。因此,罗西先生的学说远远不能满足人类的这种双重倾向;他为了不排斥任何一方而把我们一切全都剥夺了,这是另一种形式的代议制度。因此,罗西的学说是有害的。

可是,对抗要比罗西先生所看到的深刻得多,因为,根据普遍的经验(在这一点上,普遍经验与理论是相符的),分工愈细,工资便愈低,由此可见,我们尽管服从了分工的奴役,仍然不能致富,它只会把人变成机器。这点请看看新旧两大陆工人群众的情况就清楚了。另一方面,社会要是不分工,固然会退到野蛮时代;可是,更为明显的是,即使牺牲掉财富,也并不能获得自由。亚洲和非洲所有游牧民族的情况就是这一点的明证。因此,政治经济学和道德学都迫切要求我们解决分工问题。可是经济学家现在做到了哪一步呢? 三十多年以前勒蒙特[①]曾经发展了亚当·斯密的一个论点,揭露了分工所起的败坏精神、杀人害世的作用,人们对此有过什么反应吗? 作过什么研究吗? 提过什么计划吗? 恐怕连问题本



① 勒蒙特(1762—1826),法国历史学家、经济学家和政治活动家,资产阶级革命时期追随立法议会右翼。——译者

身是怎么一回事也不了解吧！

经济学家年复一年一丝不苟地介绍欧洲各国的商业动态，如果我没有看见这种精神始终没有结果的话，我是会大加称赞的。经济学家知道一共制造了多少公尺的毛织品，多少匹丝织品，多少公斤铁，他们也知道每人消费了多少小麦、酒、糖和肉；简直可以说，对他们说来，科学的最高成就就是公布表册，他们工作的最后目的就是要成为各国的总稽核人。搜集这样大量的资料，本来给研究工作提供了前所未有的美好远景，可是他们究竟发现了些什么呢？从这一大堆资料中究竟总结出什么新的原理呢？从中又对那一大批老问题作出了什么答案呢？给研究工作找到了什么新方向呢？

在各种问题中有一个问题似乎为作出最后判断作了准备，这就是贫穷问题。今天，在文明世界的一切事件中，贫穷是大家最为了解的。人们差不多已经明白它从何而来，什么时候和怎样出现的，它的代价有多大；人们也已经计算出在不同文明程度下贫穷所占的比重如何；与此同时，人们也已经相信，截至目前，一切用以救治贫穷的灵丹妙药都了无成效。贫穷分成各种各类，形式繁多，构成一部完整的自然史，是人类学的一个重要组成部分。那么，从已搜集到的一切事实中，可以得出一个不容置辩的结论，就是：只要劳动与资本的对抗存在一天，贫穷就是社会的一种器质性慢性病，只有彻底否定政治经济学，才能结束这种对抗。可是，这一点人们并没有看到，也不想看到；至于经济学家，则顽固地以沉默来掩盖它。他们究竟给这座迷宫找到什么出路呢？

最后这一点值得我们稍为谈一谈。

在原始共有社会里，如像我们在上一节里已经提到的，贫困是普遍的现象。

劳动就是对这种贫困展开的战争。

劳动先是通过分工，后来通过机器，最后通过竞争等等而组织起来。

不过，问题是要了解：这样组织起来的本质是否就像政治经济学告诉我们的那样，一面结束了一部分人的贫困，一面又命定不可避免地加剧了另一部分人的贫困。我们应该从这个角度来提出和解决贫困问题。

那么，经济学家喋喋不休地埋怨工人不会长远打算、偷懒、缺乏自尊心、无知、浪费、早婚等等，究竟是什么意思呢？实际上，所有这些恶习，这些堕落现象，都不过是贫穷的表现形式；可是，使五分之四的人类命定地永处贫贱地位的首要原因是什么呢？大自然难道不是使一切人都同样地粗鄙下流、厌恶劳动，同样地淫秽、野蛮吗？贵族与无产者不都是用同样的泥土捏成的吗？可是，为什么在经过这么些世纪以后，尽管出现了这么多工业、科学和艺术的奇迹，生活福利和道德礼仪却仍然未能成为人们的共同财产呢？为什么在巴黎、伦敦，在社会财富的各个中心，贫穷仍然同恺撒[①]和阿格里哥拉[②]时代一样地严重呢？为什么贵族阶级那样地文质彬彬，而周围的广大群众却那样缺乏教养呢？人们责骂平民的种种恶习，可是上等阶级的恶习不见得就少于贫民，也许还有过之而



① 恺撒（约公元前 100—前 44），罗马著名的统帅、国务活动家和著作家。——译者

② 阿格里哥拉（公元 40—93），罗马帝国将领，曾征服大不列颠。——译者

无不及呢！原始的污点人皆有之；我们再说一遍：问题是为什么文明的洗礼在不同人的身上成效就不相同呢？这岂不是连进步也成了一种特权么？岂不是凡无驷马高车者都必得永世辗转沟洫么？这还有什么好说的呢？一个两手空空的人，连获救的愿望都没有，因为他灰心丧气，什么雄心壮志都泯灭净尽。

杜诺瓦耶先生说得非常有道理："个人美德中，是必要的，而且又是一切其他美德的源泉的，就是对幸福的酷爱，就是想摆脱贫困与卑贱的强烈愿望，就是那种不容自己满足于卑微处境的竞争心和自尊心……可是不幸的是，这种看来似乎纯属天然的情感，远不如人们所想象的那样普天共有。提倡禁欲主义的道德学家责备大多数人过于贪图逸乐，这未免有点颠倒是非了；如果反过来责备他们太不想望安逸，倒是公道得多……在人类天性中，甚至有一种非常明显的天性，就是谁愈是没有知识和财富，就愈是不想获得知识与财富。人类中最穷苦和最不开化的野蛮人，恰恰最不愿意接受他们所需要的东西，人们也最难于激发其摆脱原来处境的愿望；因此，一个人总是在通过劳动为自己赢得了某种程度的福利以后，才会比较强烈地感到有必要改善自己的生活条件和丰富自己的生活内容，也就是说，才可能具有我称之为对幸福的向往的那样一种欲望。"（见《论劳动自由》，第二卷，法文版，第80页）

所以，一般地说，劳动阶级之所以贫困是由于他们缺乏头脑，欠缺思想，或者像帕西先生在什么地方说过的，是由于他们精神官能和智慧官能的软弱与迟钝；而根据杜诺瓦耶先生的意见，这种迟钝又是由于这些尚处于半开化状态的劳动阶级没有足够强烈的改善生活条件的愿望而造成的。可是，缺乏这种愿望，本身就是贫困

的结果，所以应该得出的结论是：贫困与淡漠二者是互为因果的，无产阶级就处于这样一种恶性循环之中。

为了脱离这个深渊，就必须有一点生活福利，也就是说，必须逐步提高工资，或者是智力和勇气有所恢复，也就是才能得以逐步增长；可是，这两点都与作为分工的必然后果的精神与肉体的堕落直接对立。因此，无产阶级的苦难完全出自天意，在政治经济学目前的情况下，要想着手消灭这种苦难，就等于企图煽起一场革命旋风。

一般人的意识总是交替地表现为富人的自私和穷人的淡漠，因而人们拒绝给那些只是同操纵杆和动力开关打交道的人以应得的报酬。从最崇高的道德观点来看，这是非常有道理的。假使那种不可能有的事情果真出现，即物质福利真的落到分工的工人手里，那么，就一定会发生一种可怕的现象，就是那些从事令人厌恶的劳动的工人将和当年因为刮尽天下财宝而愚钝不堪的罗马人一样，不知道怎样享受手中的财富。只有物质福利而没有教育，只会使人民粗鄙蛮横；这种看法从远古以来便有，《旧约・申命记》就写道：既粗鄙又蛮横。何况，分工工人就已经给自己下了断语：只要有面包充饥，有床铺过夜，星期日又有酒可醉，他们就满足了。因此，再多的生活享受对他们都是有害的，都将危害公共秩序。

里昂有一个阶层的人，凭借市政府给他们的垄断权，领着高于学院教授和部里局长的工资，这就是装卸工。那里有几个码头的装卸费，根据装卸工协会的规定，每 100 公斤货物收费 30 生丁。照这个收费标准，一个装卸工每天赚上 12.15 乃至 20 个法郎是常事，而所干的活也不过就是把四五十袋货从船上运到堆栈，花不了几个钟头。如果财富本身以及所提供的闲聊能起劝善惩恶的作用,那么,对装卸工们一家老少的智力发展来说,上述情况该是多好的条件啊!可是,情况完全不是这样。现在里昂的装卸工还是和以往一样:酗酒,放荡,粗野,无礼,自私,散漫。提起这事来实在令人痛心,可是我认为明说出来是我的责任,因为它包含着一个真理,即在劳动阶级中,首先要进行的几项改革之一是在提高某几类工人工资的同时,降低另外几类工人的工资。垄断权并不因为它属于人民中最卑微的等级便比较可敬,特别是当它只起着支持最粗鄙的个人主义的作用时,情形更是如此。码头装卸工以及推而广之包括所有的河运工,对丝织业工人的暴动就一点也不同情,而且甚至可以说是抱敌视态度。凡是码头以外发生的事情,他们都无动于衷。只要他们的特权得以保持,他们就像一群事先驯服好来为专制制度服务的牲畜一样,从来不过问任何的政治。不过,我也应当替他们说几句公道话:近几年来,由于竞争使装卸价格也下跌了,所以合群的社会情感在这批粗野的人群中也开始萌芽了,只要再来几次降低工资,使他们也尝到一点贫困的滋味,那么,当需要向巴士底狱冲锋的时候,里昂的装卸工是会成为一支优秀队伍的。

总之,在目前这种社会制度下,无产阶级想通过教育来争得物质福利,或者通过提高物质福利来获得教育,都是不可能和矛盾的。因为,无产者作为一种机器人,既无从接受教育,也不能享受富裕生活;即使撇开这一点不说,事实也已经证明:一方面他们的工资降低的趋势大于提高的趋势,另一方面他们的知识即使得到提高,对他们也没有什么用处。因此,存在着一种不断推动他们走向野蛮与贫困的力量。近年来法国和英国都有人在童工劳动、女工劳动和初等教育等方面作过一些改善贫穷阶级境遇的尝试，但是，这一切如果不是激进主义者别有用心之举，最少也是违背经济原理和有害社会秩序的做法。对广大劳动群众来说，进步永远是一部重重封条的禁书；依靠立法上的反常之举是无法解决这个无情的难题的。

此外，如果说，经济学家因为只知墨守成规，终至丧失对社会各种事物的理解力，那么，我们也不能因而认为社会主义者对分工所引起的二律背反有什么更为妥善的解决办法。恰恰相反，社会主义者始终停留在否定上。例如，他们建议以一种所谓多样性的分工来代替单调的分工，即每一个人都可以在同一天里任意 10 次、15 次乃至 20 次地调换工种，这难道不是只停留在否定上吗？

难道一天 10 次、15 次或 20 次地调换工种就等于使劳动综合化了吗？难道一天干 20 项体力劳动，凑起来就能抵上一个艺术家的工作日吗？这种工业把戏即使可行，也丝毫改变不了工人在物质、精神和文化方面的条件，而且我们可以事先肯定它一定要失败，因为工业生产要求劳动者对自己工作有负责心，因而必须使他们各有专职。这种把戏只会由于它所起的分散作用而更进一步使工人缺乏专长，使他们更处于依赖地位。这一点是各种组织家、共产主义者和其他人士都承认的。他们没有雄心解决分工的二律背反，所以都承认等级制是劳动组织的必要条件，也就是说，必须把工人划分为分工工人与一般性工人或综合性工人，因此在一切乌托邦思想中，作为财富不平等的基础和永久借口的才能区别，被承认为一个基本原则。有一些只是在逻辑上转圈子的革新派人士，

在非难劳动的简单化、单调、划一和琐碎以后，竟然提出了劳动多样化作为合题；这样的发明家已经受到批判，应该回学校认真学习一番。

毫无疑问，读者一定会问：那么，你，批评家，你的解决方案又是什么呢？请把你那个既能保持责任心和个性，也就是保存工人的专业技能，又能把最大限度的分工与最高度的多样性结合起来的复杂而和谐的合题拿出来给我们看看吧！

我的答案早已准备好了，这就是让我们调查事实，请教人类！因为我们再也找不出比它们更为高明的向导了。继价值摆动之后，分工是最明显地影响着利润与工资的经济现象。分工是上天在工业场地上竖立的第一根标杆，它是那项最终将确定每一个人的权利与义务的大型三角测量工作的起点。因此，请注视着我们的测量仪吧；否则，我们就将迷途失路，走向谬误。

你要踏着我的脚印，紧紧跟上来。

# 第四章 第二个时期——机器

"国内各工业区继续穷困，朕深以为憾。"

这是维多利亚女王[①]在国会复会时说的话。

如果有什么事情值得帝王们三思的，那就是社会制度本身和他们权力的性质决定了他们绝对不可能解除人民的痛苦，甚至根本就不容许他们管这种事，所以，他们都是不同程度地对人类的苦难漠不关心的观众。经济学理论家和代议制理论家都异口同声地说：任何关于劳动与工资的问题，都不是当政者分内之事。被宗教捧到天上的君主、王公、诸侯、主教和一切神权卫士，经受不到狂风暴雨的袭击，从崇高的天国俯瞰社会的风云变幻，可是他们的权力也因此扩展不到这些风暴，他们是丝毫不能拯救世人的。说实在的，理论家们的这些话是有道理的，因为建立帝王的目的是为了保守而不是革命，为了维护现实而不是寻求乌托邦。他们代表着这互相对立的原则的一方，因为如果他们建立起和谐，他们自己便会毁灭；这对他们说来，是完全违宪和非常荒谬的。

但是，尽管理论是如此，观念的进步仍然不断地改变着各种制度的外表形式，不断地使那些立法者所不希望有和不曾预料到的



① 维多利亚女王(1819—1901)，1837 至 1901 年在位的英国国王。——译者

事情成为必要，例如，税收问题变成了分配问题，公益征用问题变成了国民劳动与工业组织问题，财政问题变成了信贷活动问题，国际公法问题变成了关税与市场问题。这就证明：不论人们怎么说，帝王与他们所由产生的神明一样，不过是、也不能不是一种假定，一种虚构而已；因为按照理论，帝王永远不应该干预的一些事务，竟出乎理论的预料之外，无可抗拒地日益变成政府工作的对象。

可是，帝王和他们负有使命加以捍卫的利益，面对着新出现的原则与新产生的权利，毕竟是不甘屈服和自行消失的；所以，当进步不知不觉地在人们思想上树立以后，便以动乱的方式在社会上实现；因而暴力尽管遭到人们责难，却不失为进行改革所必不可少的条件。凡是反叛力量被压制的社会，都是停步不前、垂死没落的社会。历史上没有比这更为确凿的真理了。

我所说的关于君主立宪制的道理，对于代议制民主政体也同样正确，因为社会契约到处都束缚着政权，禁锢着生活；立法者既无从看到自己做的正是与自己目标背道而驰的事情，又不可能采取其他的做法。

君主们和议员们！你们这些议会闹剧的可怜演员们，请看，你们到头来不过扮演着诅咒未来的角色！每年你们都收到人民的陈情表，当人们向你们讨一份救治方案时，你们的智慧就避而不露面了！那么，应不应该支持特权？就是说，应不应该支持这种对创造了你们而且日新月异的强权的认可呢？你们马上就点头示意，把千军万马动员起来，全副武装，摆开阵势，准备战斗。当人民抱怨自己虽然辛勤劳动，而且恰恰是因为辛勤劳动而被贫困所吞噬时，当社会向你们要求活命时，你们就大念起慈善经来！你们的全部精力都用于维护现状，你们的全部德行却熔铸在对天国的向往中！你们就像法利赛派[1]一样，不去奉养自己的父亲，却只是为他祈祷！啊！我可要告诉你们：我已经掌握了你们使命的秘密，原来你们的存在只是为了不让我们活下去！给我滚开吧！别想再统治我们了！

至于我们，对政权的使命却是另外一种看法，我们认为政府应该专门从事探索未来，寻求进步，保证每一个人的自由、平等、健康和财富。我们将继续勇敢地进行批判工作。我们深信，在我们把社会弊病的原因、狂热的根源和动乱的理由揭示出来以后，我们完全有把握对症下药，根治疾病。

## 第一节　机器在它与自由的关系中的作用



工业是在与分工规律相对立的过程中采用机器的，目的就像为了重建被分工规律严重破坏了的平衡。为了正确地评价这种变动的意义，并且掌握它的实质，必须进行一些一般性的思考。

现代的哲学家在搜集了各种编年材料并加以分类以后，由于他们的工作性质，不能不同时专心于历史研究。这时他们便不免要惊奇地发现：**哲学史与历史哲学**本质上是一回事；而且这两门思辨学科，即哲学史和历史哲学，表面上虽然区别很大，实际上都不过是各种形而上学概念的运用，因为形而上学就是全部的哲学。

① 法利赛派，古犹太的一个教派，以伪装圣洁著称，传说耶稣曾揭露他们的伪善。——译者

如果把宇宙史的资料划为若干领域，例如：数学、自然史、社会经济学等等，我们就会发现这每一个分科都包含着形而上学。即使把全部历史分成最细小的纲目，情形也是如此。因此，任何自然界或工业方面的现象，本质上无不蕴藏着整个哲学，不论事物的大小和性质如何，都是如此；哲学为了达到它观念的顶峰，它的各种规范都同样地适用于一切事物；还有，最卑微的行业也和最具概括性的科学一样，包含着理性的一些基本原理，为了把一个工匠熏陶成哲学家，也就是说，把他变成一个头脑有概括能力和高度综合能力的人，只要加以指导就行。指导他什么呢？可以就他的那一行职业指导他。

的确，直至现在，哲学始终和财富一样，只为某几个等级所掌握；我们虽然有历史哲学、法哲学，还有某些其他哲学，但是这都成了专用品，它们和其他许多来源高贵的专用品一样，理应消灭掉。可是，为了演算这个庞大的方程式，必须先从劳动哲学着手，在这以后，每个劳动者才可能着手掌握他自己那个行业的哲学。

既然任何艺术和工业的产品，任何政治和宗教制度，都和一切有机的或无机的创造物一样，不过是哲学的一种实现，是哲学的一种天然的或实际的运用，自然规律与理性规律的同一性，物质规律与思想规律的同一性，也就得到了证实。而对于我们来说，当我们确定了经济现象与思想的抽象规律的永恒一致性，确定了人类事实中实际与理想的等值时，无非就是针对一种个别情况重申这个永恒不变的论点罢了。

实际上，我们要说的是什么呢？

为了确定价值，换句话说，为了在社会内部把财富的生产与分配组织起来，社会所经历的过程恰恰和理性创造概念的过程完全一样。首先，社会提出一个原始事实，作出一个假定，就是分工。分工是一种真正的二律背反现象，它的对抗性后果就像观念上演绎出的结论一样，体现在社会经济中；因此，工业运动随着观念的演绎而分为两股洪流，一股是产生有益结果的洪流，另一股是产生有害结果的洪流，两者都是必要的，都是同一个规律的合理产物。为了协调地构成这个两重性的原则和解决这个二律背反，社会便创造出第二个二律背反，随后很快又创造出第三个二律背反；社会天才一直就是这样前进，直到解决了自己的全部矛盾为止（我假定人类的矛盾是有止境的，尽管这点还没有得到证实），然后再跳回原来的各个出发点，按照一项统一的公式解决自己所面临的一切问题。



我在论述中采取这种现实与观念并行发展的方法，有两点好处：首先是可以避免被人责难为唯物主义者。经济学家就经常受到这种非议，因为在他们看来，事实就是真理，唯一的理由就是因为它们是事实，是有形的事实。在我看来，事情正好相反，事实绝不是物质的事物，因为我不明白有形这个字在这里是什么意思，而只知道事实是无形观念的有形表现。根据这个理由，事实所证明的只是它所代表的那个范围内的观念；正因为如此，所以我认为使用价值与交换价值是不合理的，不确定的，因而应予抛弃，而且接着又抛弃了分工本身，尽管这三者在经济学家看来都是具有绝对权威的。

另一方面，人们也不能指责我是唯灵主义者、唯心主义者或者神秘主义者。原因是我只把观念的外在表现作为立论的出发点，只要观念还没有反映出来，我就不理睬它，它就不存在，就像太阳如果独自存在于无穷尽的太虚中，也就谈不上有什么阳光；我事先就撇开神统记和宇宙起源论之类的说法，也不去研究什么本质、原因以及自我与非我，我只限于探索事物的规律，并且尽我们理性所及来追踪这些规律表现于外部的体系。

毫无疑问，事实上，任何知识在一种神秘面前就要停滞不前。比方说，物质与精神就是这样，因为我们承认二者都是不可知的因素，是一切现象的支柱。但是，这并不等于说神秘是知识的出发点，也不等于说神秘主义是逻辑的必要条件；恰恰相反，我们理性的自发性倾向于永远排除神秘主义，它先天地反对一切神秘，因为对理性来说，神秘的唯一用处就是可以被否定，神秘主义就是理性可以不凭经验便能否定的唯一事情。

总之，人类的事实是人类观念的化身；所以，研究社会经济的规律就是创立有关理性规律的理论，就是创立哲学。现在我们可以继续我们的研究。



上一章结束时，我们正谈到劳动者和分工规律之间的纠纷，那位不知疲倦的俄狄浦斯[①]究竟怎样着手解决这个难题呢？

社会上新机器的不断出现，是分工的反题，即分工的反公式；这是工业天才对分工和杀人劳动的抗议。机器实际上是什么呢？机器是把被分工所分割的各部分劳动联结起来的一种方式。任何机器都有这样的特点，就是把若干项操作合并起来，简化传动系

① 俄狄浦斯，希腊神话中特拉俄斯国王的儿子，被放逐到科林斯；后来在归国途中遭到妖怪斯芬克斯的留难，由于他机智地回答了斯芬克斯故意为难的谜语，才保住安全。——译者

统，压缩劳动量和降低成本。在这一切方面，机器都是分工的对立物。因此，机器的采用使分工劳动者恢复原状，减轻工人的劳动强度，降低产品的价格，活跃各种价值的交流，促进新发明和提高公众福利。

一项新定理的发现给几何学家提供新的能力，同样，一种新机器的发明也会减少手工劳动，加强生产者的力量；因而我们可以相信，分工的二律背反即使不能因此完全消除，最少也会出现均衡，得到中和。舍伐利埃先生的教程中列举了机器对社会的无数益处，那是一幅非常动人的图景，我愿意向读者做个推荐。

在政治经济学中作为分工的对立物出现的机器，在人类思想中则代表着与分析相对立的综合。而且，就像我们马上要谈到的，有了分工和机器，政治经济学就全部形成了；犹如有了分析和综合，就构成全部逻辑，构成哲学一样。劳动必然是交替地通过分工和借助工具来进行；正如推理必然是交替地进行分析和综合，仅此而已，别无他法，也绝无他法。劳动与理智是永远超不出这个范围。所以，普罗米修斯和内普顿[①]一样，三步便跨到世界的尽头。



根据这些如公理一样简单、一样明确的原则，可以引申出无数的结论。

在智力活动中，分析与综合本质上是不可分离的；另一方面，理论也只有步步紧随经验才能正确；由此可以得出结论：既然劳动是把分析与综合、理论与经验集中于一种持续不断的行动之中，既然它是逻辑的外在形式，从而概括了现实与观念，所以，劳动又一

① 内普顿，希腊神话中的海神。——译者

次显示出它是教育的一种普遍方式。劳动创造了工匠，所以，在一切教育制度中，最荒谬的莫过于把思维与行动分开，把人分成为不可能存在的两种实体，一个是抽象的，一个是机械的。正因为如此，所以我才赞许舍伐利埃先生、杜诺瓦耶先生以及其他一切要求改革大学教育的人士所提出的正当责难；也正因为如此，我才对他们所允诺的改革寄予期望。如果教育首先是通过经验和实践来进行，讲授只起解释、总结和条理化的作用，如果容许那些不能用想象力和记忆力来学习的人使用眼睛和双手来学习，那么，我们很快就将看到，人的才能将通过劳动而大大地增长，而且任何人都能懂得某些事物的理论，甚至由此而了解哲学语言，只要一有机会，哪怕是终生只有一次，他们便会有所创造、改变和革新，完成某种杰作，证明他们是有才智和理解力的；总而言之，他们将表现为真正的人。人们的记忆力虽有强弱，却丝毫不会改变能力的平等，因为在我看来，天才实际上不过是指健全的智能。

18 世纪的贤人智士曾经长期争论什么是天才，它和才干有什么区别，以及才智指的是什么等问题。他们把人们在社会地位上的种种区别运用到智能范畴。在他们看来，有帝王和统治者的天才、王公诸侯的天才、大臣宰相的天才；然后又有贵人绅士的才智、资产者的才智，有城里人的才干、乡下人的才干；处在这个阶梯最下层的是大群做工的粗鲁人，他们只勉强有点智能的雏形，根本被排除在优秀分子行列之外。全部修辞学至今还充斥着这一类无礼的话，王室的利益、文人学士的虚荣和社会主义的伪善，为了永久奴役各民族和维持现存秩序，都对之竭力加以宣扬。

但是，既然我们已经证明：一切智能活动归结起来不外是两种，就是分析和综合，两者虽然有所区别，却又必然地不可分离；劳动与研究工作虽然千变万化，形式繁多，可是，智能总是不断反复地织着同样的布，因而天才者无非就是本身很健全，进行许多劳动、思考和分析，对事物作出比较、分类、总结和结论的人；而才智有限的人则是由于墨守成规，不去发挥自己的官能，消极和机械地行事，因而扼杀了自己的智能罢了。把实际上只是由于年龄不同而形成的差别说成是天性的区别，然后又把本来通过劳动和教育便能日益消除的由于发展程度不同或者某些自发的偶然原因而造成的差别变成一种特权和非特权的区别，这是一种非常荒谬的做法。

心理学的浮夸的演说家虽然按智能把人分为王室的、贵族的、资产阶级的和无产阶级的；但是，他们也看到，天才绝不可能是全才，总是各有所长。因此，在他们看来，荷马、柏拉图、菲迪亚斯[①]、阿基米德[②]和恺撒等人，都只是他们各自那一行中首屈一指的人物，只是被奉为他们各自的科学王国中的至尊，彼此地位是平等的。这是多么前后矛盾啊！天才的特性不正好证明了智能平等的规律吗？另一方面，天才的作品之所以经常成功不也正好说明天才是按照一些非它所固有的原则在进行活动，只有忠实而准确地遵循这些原则才能保证其作品更得臻完善。对天才的神化不过是那些专门说废话的人的白日梦呓；我们只能把它看作人类有可能臻于完美的明证，不然，人们也许会使我们认为绝大部分人真的生



---

① 菲迪亚斯（约公元前500—前430），古希腊伟大的古典雕刻家。——译者

② 阿基米德（约公元前287—前212），古希腊伟大的数学家和机械学家。——译者

来都是白痴。

所以，我们可以说，劳动在把才能加以区分并且通过行业分工为才能的均衡化作好准备以后，便依靠机器来把智能彻底武装起来。历史和分析结论都证明：尽管存在着由各种经济原则的对抗所造成的一些例外情况，人们智能的差别并不在它的高下、明晦或广狭，而首先在于专门知识的不同，或者像一个学派所说的，在于质的规定性的不同，其次在于使用与教育的不同。因此，不论在个别的人身上或者集体的人身上，智慧都是一种逐渐生长、逐渐形成、逐渐发展、逐渐成熟的机能，而不是一种在学习以前就已经形成的完整的实体或存在。理性，或者叫做天才、才智、才干都可以，在开始时总是一个空白的惰性的实体，后来才逐渐成长壮大，有了色泽，慢慢确定下来，斑驳陆离，乃至无穷。由于智能收获的重要性，一句话，由于智能的实质，一个人跟另一个人的智能是不同的，并且将永远不同；可是，作为一种能力，它从一开始就是人皆等同的，随着社会的进步和工具的不断完善，这种能力最终应该在一切人身上最终归于等同。如果不是这样，劳动对一部分人来说就是一种特权，而对另一部分人来说则是一种惩罚。

可是，我们从分工阶段就能看到其序幕的才能均衡状态，还不是机器所追求的全部目的；上帝的眼光比这要远大得多，因为经济上一采用机器，自由便突飞猛进。

机器是人类自由的象征，是我们驾驭自然的标志，是我们能力的属性，是我们权利的表现，是我们人格的标记。自由加上智慧便构成完整的人，因为，假如我们把那种只从本质（精神或物质）来看待人类的空论当作神秘和不可理解的见解暂时撇在一旁，那么，人就只剩下两类具体的机能：第一类包括一切我们称之为感觉、意志、热情、兴趣、本能、情感的机能；另一类则包括一切所谓注意、理解、记忆、想象、比较、判断、推理的机能。至于机体的器官，绝不是这两类机能的根源或基础，我们应该把它视为这两类机能的综合的与实证的体现，视为这两类机能的生动与和谐的表现形式。人类本身存在的各种相互对抗的原则经年累月地发挥着作用，最终总有一天要形成社会组织；同样地，我们也应该把每一个人看作上述两类机能的产物。

因此，社会经济学先是以逻辑学的形式出现，在进一步发展的过程中，又以心理学的形式出现。政治经济学和哲学的共同目的是进行智能教育和自由教育，简而言之，就是创造人类的福利以及一切与福利同义的事物。确定财富生产与财富分配的各种规律，就是通过客观而具体的论述来揭示理性与自由的各种规律，就是**事后**由果及因地创立哲学与法学；因此，不论我们朝哪个方向前进，都始终离不开形而上学。

现在，让我们借助心理学和政治经济学所收集的事实材料来给自由试下一个定义。

如果可以把人类的理性设想为开始时是一颗明亮的能起反射作用的原子，它在初生时是一个毫无形象的空虚体，可是总有一天要代表整个宇宙；那么，就同样可以把自由看作意识刚萌芽时的一个生命起点，看作一种模糊的、盲目的自发性，或者更确切地说，看作一种对一切都无所偏倚的、可以接受一切可能的印象、意向和癖好的自发性。自由是作为或不作为的能力；这种能力通过某种选择或决定（我这里使用的决定一词同时包括主动与被动两方面的含义），突破了它本身的那种无所偏倚的状态而形成意志。

所以我说，自由与智慧一样，就其本性说是一种尚未确定的、尚未成形的能力，有待接受外界的影响以形成自己的价值和特点；因此，它虽然最初只是一种消极的能力，但是经过锻炼，我的意思就是说经过教育，便会逐渐定形和确立。

对“自由”一词的词源至少有我这样的理解，才能真正懂得我的意思。自由的拉丁语词根是 lib-et，意为“喜欢”（请比照德语中的动词“爱”lieben）；由 libet 又派生出拉丁语 lib-eri，指自己所喜爱的儿童，是做父母的对自己子女的专门称谓；又派生出 lib-ertas“自由”，指贵族子女的身份、性格与意向；lib-ido“放肆”，指的是无法无天、不认祖国的奴隶狂热，它是 licentia“恶行”一词的同义语。自发性所作的决定如果是有益的、慷慨的或者向善的，便称为 libertas（自由）；反之，如果是有害的、卑鄙的或者向恶的，便称为 libido（放肆）。

渊博的经济学家杜诺瓦耶先生也曾经给自由下了一个与我相近的定义，适足以证明我的定义是十分精确的。

“我所说的自由是指人随着克服原来妨碍他运用自己能力的各种障碍而获得的更易于发挥自己能力的那种权能。我的意思是说，人愈是摆脱妨碍他运用自己能力的束缚，愈是远离这些束缚，愈是扩展和延伸自己的活动范围，他就愈是自由……所以，说一个人有自由的思想，说他在思想上享有很大的自由，指的不仅是他的智力没有受到任何外界暴力的干扰，同时也指他的智力没有因为醉酒而昏迷，没有因为疾病而变质，也没有因为缺乏锻炼而停留在无能为力状态中。”

杜诺瓦耶先生只是从消极方面看自由，似乎自由只不过是克服障碍的同义语。照这种说法，自由就不成其为人的一种能力了，它将什么也不是。不过，在坚持这个不完整的定义的同时，他很快也抓住了事情的积极一面，所以才进而指出，人发明一种机器就是促进了自己的自由。但是，他不是像我们所理解的那样，他认为人确立了自由，这是因为人类给自由消除了一项困难。"因此，发音语言是一种比手势要优越的工具，用发音语言比用手势更能自由地表达自己的思想，更能自由地把自己的思想注入别人的脑海中。文字又胜于发音语言，它是一种更为有效的工具；因此，当人们懂得把语言表达为文字形象供人阅读时，就比只使用口头语言更能自由地影响他人的思想。印刷又是一种效力比笔写高出二三百倍的工具；所以，当人们能通过印刷传播自己的思想时，就比只能用笔写方式与别人交往时要自由二三百倍。"

这种表述自由的方式所包含的不精确和不合逻辑之处，我就不一一列举了。自从孔狄亚克[①]哲学派别的最后一位代表人物德斯杜特·德·特拉西时起，在法兰西学派的经济学家中，哲学思想便模糊起来了；对意识形态的惧怕心理败坏了他们的语言。只要你仔细观察一下，就会发觉对事实的崇拜已经使他们失去了理论感。不过，尚堪告慰的是，杜诺瓦耶先生和他的政治经济学对自由本质的理解还没有迷误，懂得所谓自由就是不受任何行动影响的，因而能够接受任何好的或坏的、有益的或有害的决定的一种力量、机能或自发性。杜诺瓦耶先生对所谓真理是十分怀疑的，他本人



① 孔狄亚克(1715—1780)，法国经济学家和自然神论哲学家。——译者

就写道:“与其把自由看作一种信条,我宁愿把它当作一种结果;与其把它看作人的属性,我宁愿把它当作文明的属性;与其设想种种适于建立自由的政体,我宁愿尽我所能来解释自由是怎样从我们的一切进步中产生出来的。”

接着,他又补充了几句颇有理由的话:

“人们将会发现,这种方法与那些武断的哲学家所采用的方法是多么地不一样。这类哲学家只会终日谈论什么权利与义务,谈论政府该干些什么,人民又有权要求些什么,如此等等。我并不想下这样的断语,即人皆有自由之权;我只是在寻思:人是如何获得自由的?”

根据这段表述,我们可以把杜诺瓦耶先生准备写的那部书归纳成四行:论述妨害自由的种种障碍和促进自由的种种手段(工具、方法、观念、习惯、宗教、政府等等)。只要没有什么遗漏,那么,他的这部著作简直就是一部政治经济的哲理著作。



可见,政治经济学不但提出了自由的问题,而且还给我们提供了一个与心理学所下的定义以及根据语言推论出来的定义相一致的关于自由的定义。对人的研究就是这样地逐步从对自我的探索进入对现实事物的观察。

于是,正如人的理性所作的决定被称之为观念(包括对先验假设的概括观念、或曰原则、概念、范畴,以及第二观念,用比较专门的术语说就是后天观念或实证观念),自由所作的决定可称之为意志、情感、习惯、风俗。然后,本身使命在于表象的语言又继续提供基础心理学的各种要素,使人们逐步养成一种习惯,指定智慧作为观念寄寓的场所和机能,而意识则作为意志、情感寄寓的场所和机能。长期以来，哲学家一直把这些抽象概念当成现实，始终没有人发现给各种心理机能这样地分派任务必然只是一种幻觉，这样的心理学只能是一种海市蜃楼。

不管怎么说，如果现在我们认定理性和自由所作的两类决定是通过一种组织聚合和融合在一个有理性和自由的活人身上，那么，我们马上就能理解到，这两者理应彼此扶持、互相影响。如果由于理性的谬误或疏忽，使本性上盲目的自由养成一种恶劣和不幸的习惯，那么，理性也会很快就受到影响；结果，理性不是去创立符合于事物的天然关系的正确观念，而是墨守偏见；天长日久，这种偏见便深入于意识之中，以后要想把它从智力中根除就困难了。在这种情况下，理性与自由就减弱了，前者的发展受到了干扰，后者则在前进中受到压抑；从而，这个人便陷入迷途，也就是说，变得恶劣和不幸了。

因此，当理性根据矛盾的感觉和不完整的经验而借经济学家之口宣称根本不存在什么价值尺度，而商业的规律就是供求关系时，自由便为野心、利己主义和投机心理所驱策，商业便变成一种在某些警规保护下的赌博，贫困便从财富源泉上产生了。本身也是陈规陋习的奴隶的社会主义，只知道对结果抗议，而不起来反对产生的原因，结果理性面对着这样大量的弊害，也就不得不承认自己走错了道。

任何人只有当自己的理性与自由不仅协调地前进，而且两者都永不休止地向前发展，才有可能到达幸福的境界。但是，和理性的进步一样，自由的发展也是无止境的，而且这两种能力又是密切相关、互相联系的，由此应该得出结论：自由的决定愈是符合理性的规律、亦即符合事物的规律，自由就愈是完美；而且，既然理性是无穷尽的，那么，自由也是无穷尽的。换句话说，充分的自由存在于完美的理性之中。**法律愈完善，自由愈充分**。

为了正确地评价机器的作用，为了揭示经济进化的联系，这一段前言是不可缺少的。说到这里，我应该提请读者注意，我们要叙述的并不是那种符合时间顺序的历史，而是一种符合观念顺序的历史。各个经济阶段或经济范畴有时是同时出现，有时又先后颠倒；因此，经济学家历来总是感到很难把自己的观念系统化，从而他们的著作也就总是杂乱无章，即使像亚当·斯密、李嘉图和让·巴·萨伊等人的著述，尽管在其他方面十分可取，也难免有上述的弊病。不过，经济理论有它自己的逻辑顺序和理性系列。我高兴的是，这种顺序和系列已经被我所发现，从而，我这本书也就既成为一部哲学著作，又成为一部历史著作。

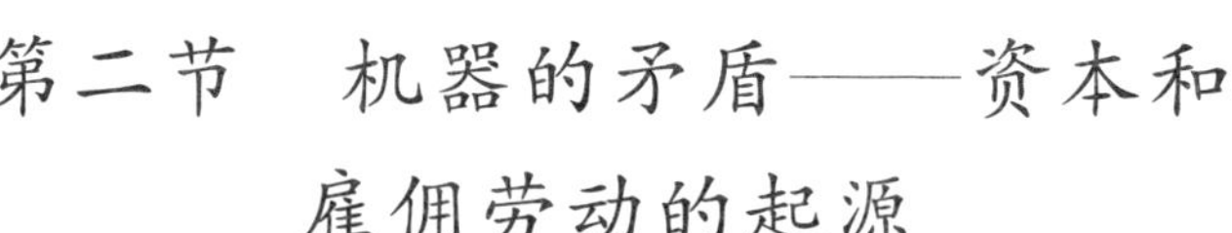

## 第二节　机器的矛盾——资本和雇佣劳动的起源

正因为机器减少了工人的劳苦，缩短了劳动时间，并减轻了劳动强度，因此劳动就日益供过于求。诚然，价格的降低会逐渐增加消费，使比例重新建立起来，劳动者又重新受雇；但是，工业上的改良是不停地进行的，而且不断地趋向于以机械操作取代人工劳动，结果便形成一种经常性的趋势，就是削减一部分劳务，把一些劳动者从生产中排挤出去。可是，经济领域与精神领域的情况一样，既然离开教会就得不到拯救，离开劳动也就无以生存。社会和自然同样地冷酷无情，它们协同一致地执行着这项新的判决。

让·巴·萨伊写道:“当一种新机器,或者一般地说一种更为简捷的操作方式,代替使用中的人工劳动时,一部分手工劳动者便因为他们的操作被有效地代替而闲下来。这样,一部新机器代替了一部分劳动者的劳力,而且还不降低产品的数量;如果产量降低,人们就不会使用新机器了,因为那样一来,机器就使收益转移了。不过,事情最终总是有利于机器的,因为产品的数量丰足和成本的低廉使交换价值降低了,消费者,也就是说所有的人,都将从中获益。”

让·巴·萨伊的乐观既违背逻辑,又不符合事实。这里说的不是少量的偶然事件,不是三千年里才出现那么三两部新机器的问题,这里说的是一种经常性的正常而普遍的现象。当收益像萨伊所说的那样通过一种新机器而转移以后,又会通过第二种、第三种机器继续转移;只要一天需要劳动,需要交换,收益便会不断地通过另一种新机器而转移。我们应该从这个角度来描述和观察这种现象,而且应该了解,它的表现形式是千奇百怪的。收益的转移,工作和工资的丧失,是一种永远消灭不了的慢性瘟疫,是一种霍乱症;它时而戴上古腾堡的面具,时而又换上了阿克莱①的容貌;这里人们名之曰雅卡尔②,那里又称之为詹姆士·瓦特③或者儒弗拉瓦侯爵④。这个怪物以某种形式肆虐一段或长或短的时期



① 古腾堡是西方活字印刷发明人,见上章注;阿克莱(1732—1792)是产业革命时期英国资产阶级企业家,买下了英国的许多发明专利。——译者

② 雅卡尔(1752—1834),法国机械学家,发明雅卡尔式纺织机。——译者

③ 瓦特(1736—1819),英国杰出发明家,设计了万能蒸汽机。——译者

④ 儒弗拉瓦(1751—1832),法国侯爵,最早设想把蒸汽机用于航海。——译者

以后，又变换另一种形式；而经济学家竟误以为它已经离去，便高声叫喊："这又有什么了不起！"只要自己的论点能从事情的积极方面找到一点依据，他们便心安理得，根本闭眼不看事情的破坏性一面；只是到了人家向他们重新提出贫困问题时，他们才又搬出自己那套指责劳动者没有长远打算、嗜酒如命之类的说教来。

下面是杜诺瓦耶先生提供的一些数字，从中也可以看出在这个问题上他是怎样煞费苦心的：

"1750 年兰开斯特公爵的领地人口只有 30 万人。

"到 1801 年，由于纺纱机的发展，人口增加到了 67.2 万人。

"1831 年又增加到 133.6 万人。

"以前棉纺业雇用的工人只有 4 万；自从机器发明以后，便增达 150 万人。"

杜诺瓦耶先生还补充说：这个行业在工人数目这样猛增的同时，劳动价格也提高了半倍多。因此，居民随着工业的发展而增加，这是一件正常的、无可非议的事情。对此我有什么好说的呢？既然他把居民的增加当成机器发展的功绩与光荣，机器发展当然是件可喜的事情了！可是，杜诺瓦耶先生忽然又变了一副面孔说：不久，大批的纺纱机便停止运转了，工资理所当然地下降，机器所召唤来的居民又被机器抛弃了。据此，杜诺瓦耶先生竟然宣称：工人轻率地结婚成家是造成贫困的原因。

英国商界为了应付大主顾的需求，从四面八方招来工人，从而增加了结婚的人数。其实，只要工作源源而来，结婚本来是件大好事；人们为了吹嘘机器的好处，也喜欢举出结婚的作用；可是，一旦没有把握找到主顾，因而工作减少，工资无着时，人们又大喊结婚过多,责备工人太不会盘算日子。政治经济学,也就是说私有主的专制制度,就是这样永远没有错误的,一切都应归咎于无产阶级!

人们曾反复援引印刷业为例,而且总是抱着乐观的态度来谈论它。印刷业现在养活着的人,比起古腾堡以前靠抄写和涂色为生的人数,可能要多一千倍;于是人们就得意扬扬地作出结论,说印刷业从来没有对不起过任何人。类似的事实也许不胜枚举,而且没有一件是可以否认的;可是,问题的解决仍然没有因此前进一步。我再重申一遍,谁也不否认机器确实有助于提高普遍的福利;可是,面对着这个无可辩驳的事实,我也要肯定地说:经济学家断言任何工业雇用的工人数目的减少完全与操作的简化无关,是违背现实的;正确的说法应该是:在现存的社会经济制度下,机器和分工一样,既是财富的一个源泉,同时又是产生贫困的一个永久性的、无可幸免的原因。

“1836 年,在曼彻斯特的一家工厂里,4 名工人操纵着 9 台各有 324 枚纱锭的纺纱机;后来,由于机身加长了一倍,每台增加到 680 枚纱锭,便只要两个人就能管理了。”

这是一个通过改进机器而削减工人的赤裸裸的事实。通过一项简单的组合,4 名工人中 3 名便被排挤了。即使再过五十年以后,地球上的人口增加 1 倍,英国的主顾增加 4 倍,新的机器也制造出来了,英国制造商们终于又把他们的工人全部召回去,这跟当前又有什么关系呢?经济学家是不是准备为了给机器说几句好话而来预先夸耀一番人口的增加呢?要是那样,那就请他们抛弃马尔萨斯的理论,停止攻击结婚过多和生育太滥吧!

“事情还不止于此。很快,机器的某项新改进又将使 1 个工人能完成过去 4 个工人担负的工作。"好了，结果又是缩减了 3/4 的劳力，前后总共就减少了 15/16 劳力。

博尔顿[①]的一位制造商曾经写道："我们的纺纱机加长车身以后，1837 年需要雇用 35 名纺纱工人的活计，现在只需要 26 人就完成了。"又是一个裁减工人的例子，4 个人里就有 1 个人充当牺牲品。

这些都是从 1842 年的《经济评论》上摘录下来的例子，其实，谁都能够举出一些类似的事实。我亲身经历了改用印刷机的过程，可以说，我是目睹了印刷工人在这一过程中所遭受的苦痛的。安装了印刷机以后的 15 到 20 年里，一部分工人改当排字工，另外一些工人脱离了这个行业，还有一些因贫病交迫而死去了；每当工业革新之后，都是这样谢绝工人的。二十年前，布尔盖[②]和里昂之间的航运是靠 80 艘马拉的拖驳来维持；可是，自从 20 来艘汽船问世以后，它们就全完蛋了。当然，商业上确实得益匪浅，可是，那批靠拖驳为生的居民怎样办呢？转到汽船上工作吗？没有。他们的去处和一切过时行业里的工人一样，就此消失了！

此外，我从同一本杂志里摘引的下列资料，也有助于大家比较正确地理解工业改进给工人命运带来的影响。

"曼彻斯特的工人每周平均工资为 12 法郎 50 生丁（相当于 10 个先令）。在 450 名工人中，挣 25 个法郎的还不到 40 人。"文章的作者还特别指出，一个英国人的消费相当于一个法国人的 5

① 博尔顿，英国曼彻斯特附近一城市，曾为棉纺业中心。——译者

② 布尔盖，法国罗纳河下游一商业城镇，在尼姆市附近。——译者

倍，就好像一个法国工人只要有 2 法郎 50 生丁就应该能维持一个星期的生活。

1835 年的《爱丁堡评论》说："发明沙尔佩和罗伯特牌纺纱机的是曼彻斯特的一个工人同盟（这是工人们为反对厂主降低工资而结成的同盟），可是，这项发明狠狠地惩罚了这批鲁莽的同盟成员。"这就是说，受惩罚者罪有应得：曼彻斯特沙佩尔和罗伯特牌纺纱机的发明是酿成事态的根本原因；工人们拒绝降低工资的要求不过是一个导火线。从《爱丁堡评论》的报复态度中，不是也可看出机器的反面作用吗？

一位英国制造商说："我们的工人的不服从指挥，使我们有必要考虑怎样不要他们。我们费尽了脑筋，想方设法寻找一些可以代替人力的更为驯服的工具，终于取得成功。机器使资本摆脱了劳动的压迫。不管是哪项劳动，如果我们还雇用着个把工人，都只是暂时的现象；总有一天有人会为我们发明出一种可以完全代替人工操作的工具。"

当一种制度使商人满心高兴地想望着社会不久就可以用不着工人，你说这是种什么样的制度啊！机器使资本摆脱了劳动的压迫！这就好比说：政府部门正在着手使预算摆脱纳税人的压迫，这真是荒谬透顶！工人虽说要花费你们的钱，可是他们是你们的主顾；如果工人被你们赶走，再也不能消费你们的产品了，那你们的产品又有什么用呢？所以，机器的拳头在伤害了工人之后，马上就会落到老板头上；因为生产如果排除了消费，自己很快也将被迫停顿下来。

"英国的一座工业城市在 1841 年第四季度有 4 家大制造厂破

产，一共解雇了1720人。”破产的原因是生产过剩，这就是说市场不足，或者人民穷困。多么可惜啊！机器竟然没有使资本摆脱消费者的压迫！多么不幸啊！机器竟然不能买它自己制造的织物！要是在世界上连一个人也没有的情况下，农、工、商三业仍然能照样向前发展，那该是多么理想的社会啊！

“约克郡有一个教区，9个月来工人们每星期只做两天工。”原因是机器！

“盖士顿有两家价值6万英镑的制造厂以2.6万英镑的代价出让了，因为它们的产量超过了销售量。”原因也是机器！

“1841年，制造厂中13岁以下的童工减少了，因为他们被13岁以上的童工取代了。”原因还是机器！成年工人倒回去当学徒，当童工。这个后果我们在论述分工时就已经预见到了，因为那时我们就已经说过，随着工业的改进，工人的质量也相应地降低了。

在文章的末尾，这位新闻记者发表了这样一个感想：“1836年以来，棉纺业后退了。”这就是说，它和其他的工业不相称了；这又是我们在价值比例论中就预见到的另一后果。

今天在英国各地，工人同盟和工人罢工似乎已经停止了，经济学家对秩序的恢复深为欣慰，这是有道理的。我们这样说完全是出自常识。可是，这不过是因为工人不想今后除了机器给他们带来的贫困之外再加上自愿罢工所造成的贫困罢了！至少我是这样希望的。既然这样，难道可以说局面因此就有所改变吗？既然局面丝毫没有改变，那么前途岂不永远是过去那种悲惨情景的翻版吗？

经济学家总喜欢从万户安康的前景里寻求自我安慰；这是可

以用以辨认他们的主要标志，而且也是他们彼此互相评价的标准所在。但是，在他们之中也不乏心情抑郁、忧思忡忡的人，他们随时都准备以种种难以根除的贫困现象作为证据来反驳那些关于经济日益繁荣的报道。

1844 年 12 月，提奥多尔·费克斯[①]先生是这样总结当时的一般形势的：

“截至 19 世纪初，由于经常发生贫困和饥荒而造成可怕的混乱现象，现在对人民的粮食供应已不再有危险了。作物的多样化和农业的改进，几乎已经完全扑灭了这两重灾难。据估计，1791 年法国小麦的总产量约达 4700 万公石，除去留作麦种以外，每个居民可得 1 公石 65 公升。1840 年的小麦总产量估计为 7000 万公石，每个居民可得 1 公石 82 公升；小麦耕种面积与革命以前没有多大出入……加工品增加的比例不下于原粮增加的比例。另外，纺织品的产量比五十年前可以说增加了不止一倍，也许可达两倍。这些都是技术改良的结果……”

“从本世纪初以来，寿命平均延长了两三年，这是生活大有改善的无可争辩的证据，如果人们愿意的话，也可以说这是贫困有所缓和的无可争辩的证据。”

“二十年来，在立法上没有作出任何新的增税规定的情况下，间接岁入从 5.4 亿增加到 7.2 亿；这与其说主要标志着税务工作的进步，还不如说主要是标志着经济的发展。

“1844 年 1 月 1 日，国家信托金库收存各储蓄银行的款项为

① 费克斯(1800—1846)，瑞士资产阶级庸俗经济学家。——译者

3.515 亿,其中巴黎占 1.5 亿。但是,这种业务是最近十二年才发展起来的,而且应该指出,目前收存的那 3.515 亿并不是居民储蓄的总额,因为积累下来的资金都定期另作别用……1843 年,居住在首都的 32 万名工人和 8 万名仆役中,有 9 万名工人在储蓄银行存款 254.7 万法郎,3.4 万名仆役存款 126.8 万法郎。"

这些事实全是千真万确的,由此得出的有利于机器的结论也是确凿无疑的;机器确实大大地促进了公众福利的提高。但是,我们将在下面举出的事例也同样是确凿的,从中得出的不利于机器的结论也一样正确,就是说,机器是产生贫困的一个经常性原因。我们根据的还是费克斯先生自己的数字。

在巴黎居住的 32 万名工人和 8 万名仆役中,没有参加储蓄的分别为 23 万人和 4.6 万人,共计 27.6 万人。我们总不能说这 27.6 万人全都是挥金如土、游手好闲、自甘贫困的浪荡子吧!再说,即使是参加积蓄的人,也有一部分是贫穷或者境况中常的,对于他们说来,储蓄只不过是暂时性的,一遇困难必须应急或者稍一浪费便要提尽存款;所以,我们可以得出这样的结论:在以劳动为生的人们当中,大约有 3/4 的人或者因为不会盘算日子、偷懒、放荡而一个钱也没有储蓄,或者是穷得无钱储蓄。除此不可能有别的解释。可是,即使不谈宽厚,就按常理说,我们也不能笼统地指责整个劳动阶级,只得把错误归咎于我们的经济制度。费克斯先生怎么没有看到他举出的这些数字正好打了他自己的嘴巴呢?

人们总是希望不久的将来也许所有的或者几乎所有的劳动人民都能参加储蓄。可是,用不着等待将来事实的证明,我们现在就可以推断出这个希望是否将落空。

根据巴黎第五区区长维耶先生的证实，“社会救济局调查册上登记的赤贫户共为3万，包括的人数是6.5万”。1846年初户口调查的结果，赤贫人数为88474人。没有登记的赤贫户还有多少呢？大约也是这个数字。好吧，我们姑且把没有疑问的穷人暂定为18万人，虽然这不算什么官方的正式数字。至于外表宽裕、实际却手头拮据的人又有多少呢？又是一倍。所以，总计起来，巴黎生活困难的人达36万人。

另一位经济学家路易·勒克莱克[①]先生大声疾呼道：“人们总是谈论小麦；可是，难道不是有大批居民是不吃小麦面包过日子的吗？难道只有到国外才能找到专靠玉蜀黍、荞麦和粟子度日的居民吗？……”

勒克莱克先生已经把事实摊开了，我们就不妨来解释一下。无疑，居民人口增长在大城市里特别显著，也就是说，在小麦消费最多的地方特别显著，既然如此，大城市里每人平均消费量的增加显然不等于普遍情况有所好转。天下没有比平均数字更能骗人的了。

这位经济学家接着又说：“人们大谈间接消费品的增长，企图以此为巴黎人的掺假行为打掩护，其实是徒劳之举，因为这种行为确实存在。它有它的主子，有精通此道的人，有不切实际的虚文，有它说教的和典型的论著……法国拥有醇酿的美酒，如今怎样呢？这种灿烂的财富成了什么样子呢？自从布罗贝斯[②]以来法国民族



① 路易·勒克莱克，法国资产阶级庸俗经济学家。——译者

② 布罗贝斯，公元276—282年在位的罗马皇帝，据说古高卢的葡萄是他引进来的。——译者

的天才所创造的这种宝物究竟到哪里去了呢？特别是当我们看到在酒价昂贵或者酒类还未纳入正规管理的地方所出现的过度饮酒现象，更是有此感觉。至于巴黎这个美酒之都，我们可以看到，这里老百姓喝的都是些我说不上叫什么的伪造、掺假、令人作呕、有时简直无法下咽的饮料；一般生活优裕的人在自己家里喝的或者在著名饭馆里忍气吞声地接受的饮料，虽然也叫做酒，但是都混浊不堪，色近紫黑，索然无味，苦涩难言，连勃艮第或都兰一带的贫苦农民也望而生畏；看到这种情况，难道我们还能对酒精饮料确实是我们民族天然的绝对必需品有所怀疑吗！……”

我之所以要全文引述这一大段话，是因为它通过一个具体例子概括了应该提到的机器的种种弊病。对于民众来说，酒的情况如此，纺织品的情况也是如此，而且一般说来，举凡一切供贫苦阶级消费而制造的食物和商品，情形无不是这样。酒商始终离不开这样一种考虑，就是一定要通过一切办法来降低生产费用，以便第一，能够以优势地位与运气较好、资产较丰的同行竞争，第二，能够为那不计其数的买不起优质饮料的贫穷主顾服务。如果用普通方法来造酒，对广大消费者来说价格一定太贵，产品有长期堆存在酒窖里卖不出去的危险。于是，造酒商便设法避开这个困难：既然无法使葡萄种植机械化，那就靠掺点别的原料来使大家都能喝到这种宝贵的饮料。既然有的野蛮人在饥荒的时候可以咽土度日，文明制度下的工人当然也不妨喝点清水。马尔萨斯确实是一位伟大的天才！

至于平均寿命的提高，我承认这是事实，但是，我同时也要宣布这种观察方法是错误的。让我们来解释一下：假设居民人数是

1000 万，不管是由于什么原因，反正其中有 100 万人的寿命延长了 5 年，其余 900 万人死亡年龄如前不变；那么，要是把那 100 万人寿命延长的年数平均到 1000 万人身上，每人的平均寿命便延长了 6 个月。被当成平均福利增长标志的平均寿命的延长，其实就是这么一回事，其情况正和平均教育程度的问题一样：平均知识水平尽管不断提高，却丝毫不妨碍今天法国的文盲数目仍然和弗朗索瓦一世[①]时不相上下。那些主张修筑铁路的江湖骗子，大吹大擂地说蒸汽机车对思想交流如何地重要；而一个劲儿地维护文明蠢事的经济学家中也有很多人附和这种胡言乱语，似乎为了传播思想就非靠蒸汽机车不可！但是，究竟现在是什么在妨碍着思想从法兰西学院传播到巴黎圣安东尼和圣马尔苏郊区，传播到巴黎旧城和马莱区的穷街陋巷，传播到一切缺乏思想比缺乏面包更为严重的广大居民区呢？我们今天已经有了公共马车，有小邮局，但是巴黎人与巴黎人之间的距离却比 14 世纪还要远两倍，这原因究竟在哪里呢？

机器对社会经济和劳动者生活条件的破坏性影响是多种多样的，它们彼此联系，互为因果。诸如：生产中断、工资降低、生产过剩、商品滞销、货物变质、掺假伪造、破产倒闭、解雇工人、能力蜕化，最后是疾病与死亡。

提奥多尔·费克斯先生本人就注意到，近五十年来法国人的平均身高缩短了几公厘。这个问题和刚才的那个问题是一样的：究竟是什么人矮小了呢？

---

① 费朗索瓦一世，1515 年至 1547 年在位的法国国王。——译者

莱昂·福希埃先生在他向伦理科学院宣读的一篇关于1841年3月22日法律执行结果的报告中曾经这样说道："青年工人脸色苍白，身体衰弱，体格矮小，思想和动作都很迟钝。十四五岁童工的发育状况还不如正常发育的9岁或10岁儿童。至于他们德智两方面的发展，人们可以看到，有的13岁儿童连上帝也没听说过，从来没有人教他们懂得什么是他们的本分，他们进的第一所道德学校就是监狱。"

上面是莱昂·福希埃先生所看到并据以宣称3月22日法律难以补救的现实情况；这使查理·迪潘①先生大为不快。我们不要对立法者的无能生气；这种祸害是来自一种对我们来说和日出日落一样地必然的原因；我们已经陷入这样的泥潭，无论怎样气愤，不管使用什么治标法术，都只会使我们处境更为恶化。是的，在科学和工业突飞猛进的同时，如果不迅速改变文明的重点，无产阶级的智能和生活水平就必然逐步降低；在富裕阶级寿命延长、生活提高的同时，贫苦人的生命注定要缩短，生活也注定要恶化。这是从一些最富有思想的著述中，也就是想说的最乐观的著述中得出的结论。

根据德·蒙洛格②先生的统计，法国有750万人每年只能花91个法郎，平均每天25生丁。"5个苏！5个苏③！"这句讨人嫌的歌词叠句原来还带点预言性哩！

① 查理·迪潘(1784—1873)，法国经济学家和工程师，曾协助其兄安德烈·迪潘立法。——译者

② 德·蒙洛格(1776—1840)，法国农艺师，经济学家。——译者

③ 苏，法国旧币单位，合5生丁。——译者

在英格兰(不包括苏格兰和爱尔兰),济贫税是:

1801 年——人口 8872980 人
税收 4078891 英镑

1818 年——人口 11978875 人
税收 7870801 英镑

1833 年——人口 14000000 人
税收 8000000 英镑

可见,贫困增长的速度超过了人口。面对着这一事实,马尔萨斯的假设难道需要改动吗?但是,毫无疑义的是,在同期内,平均福利水平又确实有所提高,那么,这统计数字究竟意味着什么呢?

巴黎第一区的死亡率是 52 名居民中死一人;第十二区则是 26 名居民中死一人。原来,前一区是 28 名居民里才有一名贫民;而后一个区里却是 7 名居民里就有一名贫民。这种情况并不妨碍巴黎居民的平均寿命像费克斯先生所正确指出的那样,有所提高了。



在米卢兹,有闲阶级的儿女,平均寿命约为 29 岁,而工人阶级的儿女则大约只有 2 岁。1812 年这一地区居民的平均寿命为 25 岁 9 个月零 12 天,到 1827 年已下降为 21 岁 9 个月;可是,全法国的平均寿命却有所延长,这又说明什么呢?

布朗基先生因为无法解释这种既十分繁荣又十分贫困的景况,便在一个地方大声疾呼说:“生产的扩大不等于财富的增长……相反地,工业愈是集中,贫困就愈普遍。这样一种既不能保障资本安全,又不能保障劳动稳定的制度,这样一种既给生产者增加困难,同时又强迫生产者增产的制度,本身一定存在着某种根本性的毛病！”

其实，这里并没有什么根本性的毛病。使布朗基先生惊奇的，不过是他所属的那个科学院要求人们加以确定的那种现象，就是价值的波动。价值这一经济钟摆按同样的摆幅交替地向善恶两方摆动，一直到普遍均衡的时刻到来时为止。如果容许我再作一个比喻的话，那我就要说，人类好比行进中的一队士兵，他们踏着鼓点，以整齐的步伐前进，可是，队列慢慢就会参差不齐；尽管大家都在行进，但是前后间隔不一，队伍不断地拉开了，有人蹒跚而行，有人甚至迷失路途，这是行军中必然出现的现象。

不过，我们必须进一步深究这个二律背反。机器允诺给我们增加财富，它也确实没有失信；但是，与此同时，它也给我们加重了贫困。机器又答应给我们自由，但是却给我们带来了奴役，这点我将在下文加以证实。

前面我说过，价值的确定以及随之而来的社会苦难，始于生产上的分工；而没有生产上的分工，就既不可能有交换，也不可能有财富与进步。我们现在所处的是另外一个时期，即机器时期；它的一个突出的特点就是雇佣劳动。

雇佣劳动是使用机器的直接产物。为了明确表达我的这个看法所具有的普遍意义，我们也可以换一种说法，就是雇佣劳动是那种把资本视为生产动因的经济虚构的直接产物。雇佣劳动出现于分工和交换之后，它是降低成本的理论、即设法以某种方式来降低生产费用的理论的必然产物。这个谱系太有意思了，我们不能不稍为说几句。

机器的最首要、最简单和最显著的产物就是工场。

分工只是把劳动的不同部分分开，让每一个人都从事他最惬意的专业；工场却是根据部分与整体的关系来组合劳动者。这是经济学家认为无法做到的价值均衡化的最初形式，工场制度使生产提高了，同时又造成生产的亏损。

有一个人曾经注意到：把生产分为不同的部分，让每一个工人分别完成其中的一个部分，工人的劳动效率就进一步提高，产品的总产量将比不分工时同样数量工人生产的产品要高出许多。

他抓住这个线索进一步思考，发现如果根据自己行业的需要选拔一批劳动者，组成一个永久性的集团，那么，生产便会更持久，产量会更提高，费用也会更减少。此外，工人们并不一定要集中到一起，因为工场的存在本质上并不一定要有这样一种联系。只要各项劳动之间保持着一定的关系和比例，而且存在着一个统一的思想来指导这些劳动，便成其为工场。总而言之，集中在一起可能有它的好处，对此确实不应该忽视；但是，它并不是工场的构成要件。

因此，投机者向愿意与他合作的人提出这样一个建议：如果你们愿意接受我为你们的买主或中间人，我将保证你们的产品永远能够销售出去。这样的交易显然于双方都有利，所以建议本身绝不会遭到拒绝。这样一来，工人们就可以经常有工作，工价稳定，生活有保障；而企业主方面则销售货物比较容易，因为既然生产费用较低，在价格上自然可以高抬贵手，而且，由于商品大量推销，所得利润也将较大。至于广大群众和官方当局，对于企业主能够通过这种办法来增加社会财富，当然无不表示庆幸，都会赞同给他以褒赏。

可是，首先，所谓减少费用就等于减少劳务，当然这不是指这个新工场的劳务需求减少，而是指工场以外的同行业工人以及许多从事附属劳动的工人在未来将很少有人问津。因此，任何工场的成立相应地必然剥夺了一部分劳动者的工作权利。这个论断表面看来虽然矛盾，但是不论就工场或机器来说，都是正确的。

经济学家也承认这一点；可是在这个问题上他们又老调重弹，说是经过一段时期以后，由于价格的降低，产品的需求将有所增加，于是劳动力的需求也必然要比以前增加。毫无疑问，随着时间的推移，平衡是会重新建立起来的，但是，当平衡在这一点上还未重新建立，在另外一点上又会出毛病了，原因是发明和劳动一样，也是永远不会停步不前的。那么，有什么理论能为这种无休止的大规模牺牲作辩解呢？西斯蒙第[①]曾经写道："如果我们把从事血汗劳动的人数减少到目前的 1/4 或 1/5，我们就只需要现有 1/4 或 1/5 的教士和医师，等等。如果把从事劳动的人全取消了，我们也就可以完全不要人类了。"事实上也确实是如此，因为如果要使每部机器的工作量与消费需求相协调，也就是说要使那些不断被破坏的价值比例恢复原状，我们就不应该不停地创造新机器和开辟新市场，从而也不应该增加劳务和占用别的劳动力。现在的情况可以说是工业与财富为一方，人口与贫困为另一方，互为因果，并行不悖。

前面我曾经说过，在工业萌芽时期，企业主对于以后才成为自

① 西斯蒙第(1773—1842)，瑞士经济学家，批判资本主义的小资产阶级批评家，经济浪漫主义的代表人物。——译者

己属下工人的伙伴，是平等相待的。不难理解，这种初期的平等，由于主人的有利地位和雇佣工人的从属地位，势必很快就消失。所以，法律上保证每个人都有权经营企业，有权单独劳动和直接出售自己的产品，是完全徒劳无用的。按照我们的命题，后面这项规定是无法实行的，因为工场的目的正是要消灭单独劳动。至于人们所谓的操犁度日之权，在工业上与农业上的情况是一样的：只懂得劳动是不管用的，还必须适时；商号也好，土地也好，都归最初占有者所有。企业可以随意发展营业，扩大根基，充实资本，招徕顾客，赤手空拳的工人又怎么能够和这样的优势力量较量呢？所以，中世纪同业公会和工长制度的建立，既不是君主们随心所欲的专断措施，也不是人们一时心血来潮的野蛮的僭越行为；早在王室敕令加以确认之前，这种组织便已由于事物本身的发展规律而建立起来了；而且，尽管经过1789年的改革，我们仍然看到它们以百倍于前的威力东山再起。如果任凭劳动按它本身的趋势发展，3/4的人类定将遭受奴役。

但是，事情并不止于此。机器或工场通过使劳动者从属于一位主人而贬低其地位以后，最终还把他们排除于手艺人行列之外，使他们下降为小工。

从前，索恩河与罗纳河①两岸的居民大部分从事水运，都擅长操舟，或用马拉，或用桨划。现在，几乎到处都有了蒸汽拖轮，这些人大多数也就找不到本行工作，其中有的人只好3/4的岁月失业，有的人则改行当了火夫。



---

① 均在法国西部，索恩河为罗纳河的上游。——译者

即使幸免贫困，也难逃地位卑微——这是机器给工人带来的最后一个恶果。因为一部机器和一门大炮一样，大炮除了长官之外，还必须配备一批炮手，机器也需要有一批奴隶来侍候它。

自从建立了大工厂，大批小型的家族手工业便被淘汰了。可是，你以为那些每天挣 50 至 70 生丁的女工能像她们的祖母那样能干吗？

杜诺瓦耶先生说道："自从巴黎到圣日耳曼[①]的铁路修通以后，在贝克[②]和许多邻近地方之间，公共马车和定时班车数量骤增。这条铁路的建成，出人意料地大量增加了马匹的使用。"

好一个出人意料！恐怕只有他这么一位经济学家没有预料到这件事。多添些机器，就多添些痛苦与可恶的劳动，这个论断可是和太古洪水时代就流传下来的任何格言一样地可靠。如果人们愿意，就尽管责备我敌视本世纪里最美好的发明好了；可是，谁也不能阻止我说铁路的主要成果就是在挤垮了小手工业之外还制造出大批卑微的劳动者，包括养路工、清道夫、装货工、卸货工、货运马车夫、看守员、看门人、过磅员、油漆工、清洁工，以及火夫、消防员，等等，等等。四千公里的铁路将给法国增加五万名奴隶。毫无疑问，舍伐利埃先生要求开办的职业学校，肯定不是为了培养这样的人才。

也许有人会说，运输量的增加在比例上要比粗工人数的增加大得多，既然存在这种差距，那么修建铁路总是有好处的，而且，社

① 圣日耳曼，巴黎西北一城镇。——译者

② 贝克，圣日耳曼与凡尔赛间一小城镇。——译者

会毕竟因此有了进步。人们甚至可以把这种论点普遍化，将同样的推理应用到所有的工业上去。

可是，正是这种现象的普遍化使劳动人民受奴役更为严重了。在工业中，机器扮演的是主要角色，而人却只是次要的；结果，通过劳动显示出来的全部天才，反而使无产阶级变得愚蠢。要是总共4000万人口中，竟然有3500万在做苦工，或者只是抄抄写写，或者当个仆人，那么，那时我们的国家该有多体面啊！

随着机器和作坊的出现，神圣的法权，亦即权威原则也进入政治经济学领域了。资本、工长制度、特权、垄断、股份公司、信贷、私有权等等这样一些经济上的术语，无非就是人们所称的权力、权威、主权、成文法、启示、宗教这些我不很明白的各种名称，最后还有天主这个我们一切苦难和一切罪恶的根源，我们愈是设法给它下个定义，它就愈是逃避我们。

这么说来，在目前的社会状况下，难道工厂及其等级制组织以及机器就不可能专为人数很少、不爱劳动的富有阶级服务，而为大众的福利服务吗？

这就是我们将要研究的课题。

## 第三节　防止机器灾难性影响的办法

减少人工劳动是降低价格的同义语，因而也是增加交换的同义语；因为如果消费者付出较少的钱，他们就可以买进更多的东西。

可是，减少人工劳动也是市场紧缩的同义语；因为如果生产者获利减少，他们买入也就少。实际情形也正是这样。把劳动力集中到工厂，让资本以机器的名义干预生产，结果就同时引起生产过剩和人民穷困，因而大家都看到，这两种比水灾和鼠疫还要可怕的灾难，今天正在大规模地蔓延，简直吞噬了一切。可是，我们要后退是不可能的，因为我们必须生产，必须永远地生产，必须低成本地生产，不然，社会的生存就遭到破坏。分工原则使劳动者受到变得愚蠢化的威胁；为了避免这种灾难，劳动者创造出许多奇妙的机器，可是现在却自食其果，不是失业，就是受人压迫。为了避免这二者必居其一的结局，人们提出了些什么办法呢？

德·西斯蒙第先生以及一切具有宗法观念的人都希望放弃分工，抛弃机器和工厂，每个家庭都恢复原始的不分工制度，也就是说，回到严格意义上的自给自足状态。这是开倒车，是行不通的。

布朗基先生则旧调重弹，再次提出他那个把一切工业都变成集体劳动者的合资企业、让工人分享利润的方案。我在前面已经指出，这种计划只会损害公共财富，而对劳动工人的境况却不会有什么了不起的改善，而且布朗基先生本人对此也似乎不无同感。可是，怎样才能在事实上把工人的利润分享权与发明者、企业主和资本家的权利协调起来呢？后面这些人当中，有的人需要收回他们的大笔预付资金，取得他们长期耐心经营应有的代价；有的人原来不断地拿自己既得财富来冒风险是为了投机碰运，从企业中捞一把；还有第三种人则经受不了利润率的降低，只要出现这种情况，他们的积蓄就不可能不受某种损失。一句话，既然企业主、股东和发明者拥有明显地使他们能独占利润的优越地位，而我们又不可能取消他们的这种地位，那么，我们又怎么能在工人和这批主人之间实现我们所希望建立的平等呢？颁布法律来承认所有工人都有权参加利润的分配，就等于宣布解散社会，这一点所有的经济学家都是清楚地意识到的；因此，尽管当初他们曾经把这作为一项计划向国家提出来，现在也只好把它当成给企业主的一种建议了。可是，只要雇佣工人除了企业主留给他们的那么一点点利润之外别无所得的情况一天不改变，我们就可以肯定他们将永远处在贫苦之中；而从事劳动的工人是根本无力改变这种情况的。

此外，这种把工人与企业主联合起来的主张，虽然精神十分可嘉，却会走向附和共产主义者的一个前提显然错误的结论，这就是：机器的最后结果就是使人不必劳动便能致富享福；而且，既然自然的动力本来应该完全为我们大家所用，所以机器应该属于国家所有，进步的目标就是共有。

关于共产主义的学说，我将在适当的时候再来讨论。



但是，我认为从现在起就应该先警告这种乌托邦的拥护者：你们寄托于机器的希望不过是经济学家的一种幻想，它就像永恒运动的某种东西，人们一直在寻求它，却始终找不到，因为人们这是在知其不可而为之。机器光靠自己是转动不了的：为了维持机器的运转，必须为它组织起庞大的服务设施；结果是人们自己被许多工具所包围，而且还给自己增添无数的劳务；为了保养这些机器，也就是说为了不断地供给这些机器以动力，所耗费的精力钱财，远比分享产品的利益为多。而且这种动力既不是空气或水，也不是蒸汽或电力，而是劳动，换言之就是产品销路。

铁路消灭了沿线的所有马车、货运马车、马具商、制鞍工、造车匠和客栈主，这是铁路修成以后我才晓得的事情。假定政府采取预防措施或是实行赔偿原则，使这些被铁路运输淘汰了的工商业者变成铁路的所有者或经营者，又假定运价降低 25%（要是运价不降低，铁路又有什么好处呢?），那么，所有这些人的收入总合起来也就比过去减少 25%；这就等于说，虽然政府采取了优厚的措施，原先依赖畜力运输为生的人中，仍然有 1/4 的人将毫无生活来源。为了弥补这笔损失，他们只有一个希望，就是这条路线上的运输量能增加 25%，或者是自己能够在别的工业部门找到工作。后者是根本不可能的，因为不论是理论或事实都证明，到处都没有空缺，到处都恪守比例，到处都供大于求。

但是，为了增加运输量，必须给其他生产部门的劳动以新的刺激。可是然而，即使运输业上过剩的工人都得到安排，而且这些工人在各个劳动部门的分配果真如理论上所说的那样轻易办到，离开问题的解决还远着呢！原因是，既然运费降低了 1/4，也就是运输能力提高了 1/4，那么运输业要获得和从前同等的收益，就必须使其他生产也提高 1/4；由于原来交通部门人员与生产部门人员的比例约为 100 与 1000 之比，所以，工农业大军需要增加的人数不是交通系统中减少的 25 人，而是 250 人。但是，为了做到这一点，又必须制造机器，而且更糟糕的是还要制造出大批能使用机器的人；问题转来转去，还是回到原来的地方。就这样，矛盾之上又加矛盾：不仅由于有了机器而使人缺少工作；而且又由于人在数量上的不足和消费力的薄弱，机器反过来又缺少人；结果在等待建立平衡的同时，出现了既缺乏工作又缺乏工人、既缺乏产品又缺乏市场的情况。我们关于铁路所说的一切，对一切工业也同样适用。人与机器永远互相追逐，人永远得不到休息，机器也永远得不到

满足。

因此，不论机械的进步多大，即使发明了比棉纺机、织袜机、圆筒印刷机还要精良百倍的机器，找到了比蒸汽还要强大百倍的动力，也远远不能解放人类，不能为人类创造舒适的日子，不能无代价地从事一切生产，而只能无止境地增加劳务，刺激人口增长，加重奴役，使生活费用愈来愈高，使统治和享受的阶级与被统治和受苦的阶级之间的鸿沟愈来愈深。

现在，我们假定这一切困难都能克服，假定那些由于修筑铁路而多余下来的工人足以应付机车所增加的劳动，而且赔偿工作可以进行得有条不紊，谁也不致受苦，甚至相反地各人都因为分到一份高出于马车的铁路利润而生活提高，那么，人们一定会问我：谁在阻止事态如此正常和精确地发展呢？对一个聪明的政府说来，还有什么事情比用这种方式来改造工业更为容易的呢？

我之所以作这样极端的假定，一方面是为了指出人类应该走向的目标，另一方面是为了说明人类要达到这个目标所必须克服的困难。就机器而言，上天的命令肯定是要让它的进步像我刚才所说的那种方式来实现；但是，由于社会的整个进程缺乏组织，所以它的进步受到了障碍，结果是过了卡律底又碰上西拉[①]。我们目前还只是到达社会进化的第二个阶段，可是途中已经碰到了两个似乎无法逾越的深渊，即分工和机器。怎样使一个秉性聪慧的分工工人不致变得愚蠢呢？如果他们已经愚蠢了，又怎样使他重

---

① 卡律底和西拉是地中海西西里岛与意大利半岛之间墨西拿海峡的著名暗礁，为航海之忌。此处意指灾难重重。——译者

新恢复智能活动呢？其次，如果这些劳动者缺乏利害与共的思想，工业的每一个进步就只会造成更大的灾难；可是，当这些劳动者已经被劳动、工资、知识和自由所严重分裂，也就是说，被利己主义所严重分裂，又怎样才能在他们当中树立这种思想呢？最后，我们又怎样才能使已有的进步所造成的那些不协调的事物协调起来呢？如果求诸共有，求诸博爱，那就未免为时过早了，因为分工和使用机器的结果，人与人之间是不会产生任何共有观念和博爱情谊的。因此，至少就目前而论，我们不应当从这方面寻找答案。

有人会说：好啦，既然思想上的毛病比制度上的毛病还要严重，那我们就回过来搞教育，努力去教育人民吧！

要使教育起良好作用，或者至少能为人所接受，首先必须使学生有自由，这就好比播种以前必须先把土地犁松，把荆棘杂草除掉一样。而且，最优良的教育方式，即使是涉及哲学和伦理方面的教育，也莫过于职业教育。因此，我们又要追问：怎样才能把这种教育与分工和使用机器协调起来呢？既然人们由于他们所从事的劳动的性质已经变成了奴隶，也就是说变成了一种工具、一种物品，那么，怎样才能通过同样的劳动或者说通过同样的操作而使他们重新恢复为人呢？人们怎么就看不到这都是些自相矛盾的想法呢？怎么看不到倘若无产者万一真能达到某种知识水平，他们必定会把这些知识首先用于革新社会，改变人与人之间和工业方面的各种关系呢？我这样说并不是信口开河，故意危言耸听。巴黎和其他大城市的工人阶级在思想观念上比二十五年前高明多了；可是，人们能对我说它不是坚决的和强大的革命阶级吗！随着它逐步获得正义和秩序的观念，尤其是逐渐了解了所有权的结构，这个阶级将愈来愈革命化。

请允许我再次回过来讨论词源问题。如果可以说劳动者在被工业剥夺了人格之后，那么，在我看来，语言便明确地表达了劳动者的这种精神状态。在拉丁语里，奴役这个词的含义是人从属于物的状态，其后，封建法律关于农奴附属于土地的规定，不过是以一种婉转的说法来表达奴隶一词的本义①。所以，在科学尚未证实雇佣工人的地位卑微以前，自发的理性，也就是命运的决定，早已判定他们必须蒙受屈辱。既然如此，各种慈善事业对这些遭到上天委弃的人们又有什么用处呢？

劳动对我们来说就是培植自由的教育。古人把奴隶工艺和自由工艺划分开来，就是已经深刻地意识到这条真理；因为，吃哪一行饭就有哪一类思想观念；有哪一类思想观念就有哪一派习尚。



① 有一些最享盛誉的权威人士认为，拉丁语中的 servus（奴隶）一词源自 servare（保留），因为奴隶是人们保留下来从事劳动的战俘；可是，我却不以为然。奴隶制，或者起码是家奴制，虽然在战争出现以后才大为推广，但是，其存在肯定先于战争。而且，如果奴隶一词的起源果真在观念上和事实上都如他们所说的那样，那为什么这个词要写成 servus 而不按正常的语法构词法写成 serv-atus（被保留的）呢？依我看来，对比一下 serv-are 和 serv-ire 这两个词，就可以发现 servus 的真正词源。serv-are 和 serv-ire 这两个词与 ser-ies（关节、系列）、ser-a（锁）和 sertir（嵌入）等词一样，原始词根都是 ser-o 或 in-ser-o（连接、捆绑）；所有这些词都有一个共同的含义，就是在一件主物上系上一件有特殊功用的从物。因此，serv-ire（服役）就是指一件从属于他物的有用物品；serv-are（保留）就如我们刚才所说的，是指把一件有用的物品捆绑好，放在一边，准备作一定的用途；而 serv-us 则是指手中掌握的一种有用的物品、工具或奴仆。servus（奴隶）的反义词是 dom-inus（主人），其同根词有 dom-us（家庭）、dom-inium（占有物）、dom-are（驯服），指的是有权使役人（servat，奴仆）、动物（domat，牲畜）和物（possidet，财产）的一族之长或一家之主。至于战俘，则是后来才被保留下来充当奴隶，或者更确切地说才被束缚于土地上，这点是很清楚的。由于他们的用途很明确，所以也就用了奴隶这个名称。

受奴役者的一切习惯、爱好、倾向、情感和欢乐都具有堕落的特点，他们身上存在一种普遍的破坏性。在这样的情况下你想去教育穷苦阶级吗？那就是在这些堕落的灵魂里制造最残酷的对立，因为这等于把一些劳动已经使他们无法接受的观念、一些与他们的粗鄙状态不相调和的情感和一些他们业已不能感受的欢乐强加给他们。假如这样一个计划居然收到成效，其结果将不是把劳动者教育成人，而是把他们变成魔鬼。大家不妨研究一下监狱和苦役牢里各色人等的精神面貌，然后给我说说，其中的大部分人是不是确实对于美丽、高雅、财富、福利、荣誉、科学和构成人类尊严的一切启导的感应力都很薄弱，这一切是不是都只会败坏他们的精神和戕杀了他们。

一些胆子较小的人说："至少总应该固定一下工资，在各工业部门规定一个雇主与工人都能接受的工资定额。"



提出这个济世设想的是费克斯先生，而且他扬扬得意地回答道：

"这种工资定额在英国和其他一些国家都实行过了，它的作用是大家都清楚的；但是，到处都是刚一规定就遭到违反，而且不但雇主违反，工人也违反。"

工资定额遭到违反的原因是很容易找到的，就在机器、就在工业的操作方法和管理制度不断地变化。尽管某一个时期商定了一项工资定额，可是忽然又出现了新发明，使发明人便有可能降低商品的价格；这时，其他企业主该怎么办呢？他们只好停工和辞退工人，或者向工人提出降低工资。在他们自己也发明某种方法，能够在不降低工资的情况下生产出比竞争对手更为廉价的产品以前，唯一的出路就是如此。可是,降低工资又是等于减缩工人。

莱昂·福适先生似乎倾向于实行赔偿制度,他说:“我赞同,为了某种利益,国家应当代表公众的愿望,命令某一种工业作出牺牲。”自从政府赋予每个人以生产自由并且保护这种自由使它不受任何侵犯时起,人们就一直认为政府是有权支配这种自由的。“不过,这是一种极端措施,是一种始终有害的实践;因此,在实行这种措施的同时必须对个人作出尽可能妥善的安排。国家在有其他办法来维持某一阶级公民的生活或者保证他们能在一种新工业中找到使用其智力或体力的职位以前,是没有权力禁止他们从事某种赖以为生的劳动的。在文明国度里,从原则上说,政府即使是为了公众利益,如果没有事先给私有主以合理的赔偿,是不能侵占其私人财产的;而在我看来,劳动是一种和土地及房产同样合法与神圣的财产,所以我无法理解为什么可以在不给任何赔偿的情况下剥夺人们劳动的权利……”

“我认为,把政府当成社会工作的总供应者的理论是空想的,同样,我觉得为了公共利益而调整劳动,都必须提供某种赔偿或是采取妥善的过渡措施,以便使任何个人或阶级不致为了国家而蒙受牺牲,这是公正和必要的。在一个组织完善的国家里,当局总是有金钱和时间来减轻这种局部性的苦难的。而且,正因为工业并不是国家建立起来的,而是在公民的自由推动下产生和发展起来的,所以,政府打乱工业进程时,当然有义务对工业提供某种补贴或赔偿。”

话说得多么冠冕堂皇啊!其实,不管莱昂·福适先生怎么说,反正他要求的就是把劳动彻底组织起来。如果**凡是调整劳动都必**

须提供某种赔偿或者采取妥善的过渡措施，而且不使任何个人或阶级为了国家而蒙受牺牲，那么，这毫无疑问就是要使国家的最高法律为了工业的进步和企业的自由而成为社会工作的供应者和工资的保护者，至于具体方式如何，则视未来情况而定。可是，我们在前面已经一再指出，工业进步是继续不断的，因而社会上劳动力的解雇和重新召回也是继续不断的；所以，问题并不在于为每一次革新找出一种特殊的过渡办法，而是要探索出一个适用于可能出现的一切过渡状态并且能自动起作用的总的原则和有机的规律。莱昂·福适先生能够提出这样一个规律吗？他能把我们上面所说的各种对立现象全都协调起来吗？不能！因为他只停留在提供赔偿的主张上。他说：在一个组织完善的国家里，当局总是有金钱和时间来减轻这种局部性的苦难的。福适先生的慷慨意愿使我十分感动，可是在我看来，这是完全不切实际的。

当局拥有的只是从纳税人那里取得的时间和金钱。以税收来赔偿被淘汰的工业家，就等于排斥新发明和用刺刀来推行共产主义；这并不是在解决困难。继续坚持由政府作出赔偿只是徒劳之举。如果按照莱昂·福适先生的观点来实行赔偿，其结果要不就是导致某种像穆罕默德·阿里[①]治下的那种工业专制政治，要不就蜕变为一种济贫税，也就是实行一种毫无实效的伪善措施。为了人类的利益，最好还是不要赔偿，让劳动去寻找它自己永恒的体制为好。

---

① 穆罕默德·阿里(1769—1849)，1811 年至 1849 年在位的埃及总督，任内振兴农业和手工业，初步发展了资本主义关系。——译者

有人主张：政府不妨把被解雇的工人转移到尚未建立私营工业或者是私人经营无法到达的地方；我们有的是荒山可以植树，有的是河道需要疏浚，还有五六百万公顷的土地等待开垦，最后，还有数以千计的亟需的公用事业需要兴办。

费克斯先生回答道："可是，我要请读者原谅，这些事都需要资本的参与。除了若干村镇公地以外，上述土地之所以荒芜是因为开垦了不但不会带来什么纯利，而且可能连耕作费用也收不回来。这些土地的所有者，有的拥有必要的开垦资本，有的则缺乏这种资本。在第一种情况下，如果所有者开垦过这些土地，很可能是当初愿意满足于某种最低利润，并且甘心放弃通常所谓的地租。可是，后来便发现经营这种垦殖使自己亏蚀了本钱，再从其他方面盘算一下，又发现产品销售所得连耕作费用也抵不上……于是，经过仔细计算以后，他们还是让这些土地荒着，理由是在那里投资不但无利可图，而且连本钱也丢光了。如果不是这样，所有这些土地早就种上作物了；而今天投入其他用途的储蓄，也必然早就或多或少地用于开垦土地了，原因是，资本是没有感情的，它只懂得利润，它永远在寻找一种最可靠而又最赚钱的用途。"

这个理由充分的论点就等于说：对法国说来，宜于垦荒的时刻尚未到来，就如对非洲的加弗里人和贺旦多人[①]说来适于修筑铁路的时刻尚未到来一样。原因正如我们在第二章里说过的那样，社会总是首先开垦那些耕作起来最容易、最有把握、最必需和最不

① 加弗里人和贺旦多人是住非洲东南部和西南部靠近好望角两个地区的黑人。——译者

费钱的土地，然后才逐渐地利用那些生产率相对比较低的土地。人类自从在地球上安身以来，成天奔波的就是这件事情，他最关心的始终是如何找到新的方法来保证自己的生存。为了使我们所说的这种垦荒事业不致成为一种倾家荡产的买卖和困苦的来由，换一句话说，为了使垦荒成为可能，必须进一步增加我们的资本和机器，发明新的方法，并且使分工更为完善；可是，请求政府在这方面采取主动，就等于农民看到暴风雨将至便赶忙祷告上帝、恳求开恩一样。有一点现在重提一下也不为多，那就是：政府是神界的代表，甚至可以说是上天报应的执行者，所以它是一点好事也不会替我们办的。比方英国政府吧，难道它会想到应该给那些栖身于贫民救济所的不幸者找个工作吗？即使它知道应该这样做，难道它敢吗？“自助然后天助！”人民的这句蔑视神明的话也已经告诉我们从当权者那里能期待点什么了……什么也期待不了！

当我们到达自己难途的第二站时，与其沉迷于一些不着边际的幻想，还不如步步倾听命运的启导！我们自由的保证就在我们苦难的征途上。

# 第五章 第三个时期——竞争

在百喙怪蛇般的分工和桀骜飞龙般的机器之间，人类将变成什么样呢？两千多年以前，有一位先知曾经说过：当萨旦看着他的牺牲者时，战火已经燃起，万民受劫，散逸四方。为了使我们在饥荒和瘟疫的双重灾难中幸存，上帝便给我们送来竞争。

竞争代表着这样一个哲学时代，即对理性的二律背反的一知半解产生了诡辩术，混淆了真假；人们只从事自欺欺人的智力格斗，没有什么学说可言。工业动态也如实地反映了形而上学的动态。社会经济的全部历史都见诸哲学家的著作。让我们来研究一下这个有趣的阶段，它最显著的特征便是不论拥护者或者反对者都失去了判断力。

## 第一节 竞争的必要性

偶尔也被称为经济学家的小说家路易·雷布[①]先生，曾经以自己的反革新的讽刺文章而获得伦理和政治科学院的奖状，而且

---

① 路易·雷布(1790—1879)，法国小说家，早年是商人，曾任马赛议员。——译者

后来变成了最厌恶社会改革思想的作家之一。但是，尽管如此，这个人还是深深浸透着这类思想；他虽然大叫大嚷，并不是内心上真的反对，而不过是在事实上表示反对。

路易·雷布先生因为对社会上种种痛苦现象有所感触，又为那些热情奔放、自信能够改造世界的学派创立者的勇气所感动，在自己所著的《论现代革新者》一书的第一版中公开表明自己的见解，认为这些人的学说中关于联合的思想将是永垂不朽的。参加评定雷布先生著作的杜诺瓦耶先生给他下了如下的一段评语，这段评语由于略带讽刺笔法而显得对作者的赞许更甚。

"雷布先生在一本法兰西科学院嘉奖过的著作里正确而卓越地指出了三种主要革新学说的缺点，同时表示赞同作为这些学说的共同基础的联合原则。他宣称，在他心目中，联合是当代的首要问题。他说：联合的使命在于解决劳动果实的分配问题。如果说，政府对这个问题的解决无能为力，那么，联合却是完全胜任的。在这一点上，雷布先生的说法和法伦斯泰尔[①]派著述家的说法完全不谋而合……"

我们可以看出，雷布先生走得有点太远了。不过，由于他天资敏锐，秉性善良，不至于看不到前面的深渊，所以很快便意识到自己有所迷误而开始后退了。我绝不想责备他的出尔反尔，因为雷布先生是属于这样一种人，如果要他对自己所作的种种比喻负责是不公平的。没有仔细考虑就说了，然后又撤回自己的话，这在他

① 法伦斯泰尔是法国伟大的空想社会主义者傅立叶（1772—1837）所设想的理想社会主义的生产消费协作社成员们居住和工作的场所，此处用以代表傅立叶主义。——译者

说来是再自然不过的事情！倘若社会主义者一定要把这归罪于什么人的话，那么，杜诺瓦耶先生应该首当其冲，因为正是由于他发表了上述奇妙的赞词，才惹得雷布先生出来否认自己的前说。

杜诺瓦耶先生很快就发觉人们对他的话并不都是充耳不闻的，所以在谈到这个卓越的原则时他说："雷布先生在《论现代革新者》的另一版中，已经稍为缓和了自己措辞中的绝对化语气，不是说完全胜任，而是说比较胜任。"

正如杜诺瓦耶先生所正确地指出的，这是一个重大的修正。但是，这并不妨碍雷布先生此时又写出这样的话来："这些征兆是很有意义的。我们可以把它看作一种混乱组织的征兆，在这种组织中，劳动将寻求它所欠缺的均衡和秩序。在革新家的这一切努力的背后，隐藏着一个原则，就是联合原则；如果因为这个原则存在各种不正常的表现形式而对它加以责备，那就错了。"

最后，雷布先生终于公开宣称自己是竞争的拥护者，这就等于说他坚决放弃联合原则了。因为如果所谓联合只应理解为由商法典所规定的、而其哲理又已由特洛勃隆[1]和德朗格尔两位先生扼要地阐述了的那种社团形式，那么，就没有必要再费力去把正在追求联合的社会主义者与认定联合已经存在的经济学家加以区别了。

请读者不要误以为我会因为雷布先生对一个看来他并没有明确定论的问题任意表示可否而把他归入社会主义投机分子之列。

① 特洛勃隆(1795—1869)，法国资产阶级法学家，第二帝国时曾任贵族院议长，撰有若干有关民法的著作。——译者

那类投机分子总是向世界抽出一些神秘莫测的高论，然后很快又把它收回，借口是这些思想已经成为公共财富，可以让它们去自行发展。照我的看法，雷布先生毋宁说只是一位受骗者，有不少老实人，甚至很有头脑的人也都上当了。因此，在我的心目中，雷布先生仍然是一位直言善辩之士，一位有良心、有才华的作家。他虽然容易受骗，可是从来说的都是他亲眼目睹和经历的实事。此外，雷布先生一旦接触到经济思想领域的问题，理解就更为清楚，推论也更为正确，因而也就更感到需要否定自己原来的意见。现在就让我给读者做一个奇特的试验。

如果雷布先生愿意倾听我的意见，我一定会对他说："你赞成竞争，那是错误的，你反对竞争，也是错误的，这意思是说你总是有理的。其次，如果你认定自己不论在第一版或第四版的著作里表示的意见都没有错误，那你就应该用使人更易理解的方式归纳出自己的见解，只要做到这一点，我就认为你是一位天才的经济学家，堪与杜尔哥[①]和亚当·斯密相媲美。可是，我也要提醒你，那样你就和这位你肯定不大了解的亚当·斯密没有多大差别了，也就是说，你将是一个平等主义者。这点你敢和我打赌吗？"

为了使雷布先生承认他自己的前后主张其实是一致的，我首先要给他证明：尽管任何人处在我的地位都会严厉指责他的反复无常是一种背弃行为，可是，实际上并不是这位作家本人犯了什么背弃之罪，而是他所要表述的事实背弃了他。

① 杜尔哥(1727—1781)，法国资产阶级经济学家和国务活动家，重农学派著名代表人物之一。——译者

1844 年 3 月,雷布先生就他的故乡马赛全城都关心的油料种子问题发表了一篇文章,热烈赞同自由竞争和提倡芝麻榨油。根据他所收集的看来是正确的材料,芝麻的出油率是 45%—46%,而罂粟和油菜籽则只有 25%—30%,橄榄只有 20%—22%。因此,北方的榨油商很讨厌芝麻,便要求政府禁种芝麻,而且果然得到同意。但是,英国人却正在窥伺机会,准备夺取这项获利不浅的买卖。雷布先生说,即使连芝麻也禁种了,这种油还是会掺杂在肥皂中或者以其他方式进入法国,结果我们就失去以芝麻制油的利润。此外,保护这项贸易也是我们航运业的需要,因为这不只是 4 万多吨油子的问题,而是涉及 300 条船和 3000 名海员的出路问题。

这些事实都是有决定意义的:因为出油率不是 25%而是 45%,质量高于法国的一切其他油类,一种日常必需品的价格得以降低,消费者就可以节省开支,300 条船和 3000 名海员也有了出路,这就是自由贸易给我们带来的好处。因此,竞争万岁!芝麻油万岁!

接着,为了更好地保证这些辉煌成果,雷布先生在自己爱国主义精神的驱策下,对自己的主张又作了在我看来十分正确的发展,建议政府今后应该避免签订任何有关运输的互惠条约,要求不论是出口或进口的运输都由法国自己的航运界来承担。他说:"所谓互惠,全是一句空话,它只有利于航运成本较低的一方;而法国由于航运业的各种因素,如船只的购置费、船员的工资、装备和供应的费用等等都大大高出其他海运国家,所以,任何互惠条约对我们说来都算不上什么互利文件,而只是一种丧权的条约,签订这种条约无非是自觉或不自觉地作出牺牲。"说到这里,雷布先生还列举了互惠所产生的灾难性后果："法国消费 50 万包棉花，把它运到我们码头的是美国人；法国要用大量的煤炭，而运输这些煤炭的是英国人；瑞典人和挪威人把他们的钢铁和木材亲自运给我们，荷兰人把他们的干酪亲自运给我们；俄国人运给我们的是他们的大麻和小麦，热那亚人运给我们的是他们的大米，西班牙人运给我们的是他们的油，西西里人运给我们的是他们的硫磺，希腊人和亚美尼亚人则运来地中海和黑海一带的各种产品。"

显而易见，这种情况是不能容忍的，因为这样做的结果是使我们的商船弃置不用。因此，我们应该迅速回到外国低廉运费正在把我们摈诸门外的世界海运队伍中去。应该对外国船只封闭我们的港口，至少也要向他们征收重税。因此，必须打倒竞争！打倒海运对手！

雷布先生是否已经开始懂得他这种动摇于经济学家和社会主义者之间的做法其实比他自己想象的还要直率得多呢？我终于使他那自疚的良心平静下来，他该如何来答谢我呢？



雷布先生那样深恶痛绝的互惠条约，不过是贸易自由的一种形式。如果让贸易自由充分和全面地发展下去，我们的商船就会像芝麻被逐出大陆一样，从海面上被驱赶出去。因此，如果我们坚持要自己榨油，我们就得付出更高的价钱来买我们的油，如果我们想包办殖民地商品的运输，我们就得付出更高的价钱来购买这些商品。为了保证物价低廉，我们在放弃了我们的油类之后，还必须放弃我们的海运，这就等于马上连我们的呢绒、我们的织物、我们的印花布和我们的钢铁全都放弃了。此外，既然任何生产如果单独地进行，其成本必然过高，所以不如连我们的葡萄酒、我们的小麦、我们的饲料也统统放弃掉！不论你选择哪一种办法，反正都行不通，都荒谬悖理。

这里无疑存在着一个协调的原则；但是，除非它是完全专横武断的，否则就应该从某种高于自由本身的规律中把它探寻出来。可是，正是这个规律目前还没有人能够确定，因此我正想请问经济学家，他们是否真正掌握这种知识。因为我不能把一位心怀善意和才智过人、竟然在短短十五行文字里忽而宣扬自由、忽而鼓吹垄断的人尊为学者。

竞争消灭着竞争，这难道不是显而易见、一目了然的事情吗？几何学上还有比这更为确凿无疑和不容置辩的定理吗？那么，在什么条件下，在什么意义上，一个自我否定的原则能够进入科学的范畴，能够成为社会的内在规律呢？如果说竞争是必要的，如果它像学院人士所说的那样，是生产的基本要件，为什么它又具有那样大的破坏性呢？既然它最必然的后果就是抵消了它所起的一切良好作用，那么随着竞争而来的种种弊害就如它所带来的种种利益一样，并不是人为的偶然现象，两者都是从竞争原则的本身逻辑地产生出来的，都以同样的地位针锋相对地存在着……

首先，对劳动说来，竞争与分工是同样地必要的。因为竞争本身就是以另一种形式出现的分工，或者更确切地说，是提高到第二种能力的分工。我的意思是说这时的分工已经不再像经济进化的第一个时期那样地相当于集体力量，把劳动者个人吸收到工厂中，而是把每一种再分工都变成一种自主权，人们可以凭着这种权力而以完全独立的姿态出现，自由也就由此产生。总而言之，竞争是存在于分工过程和已划分的各种劳动中的自由，它不但存在于最综合性的工种中，而且正在逐渐扩大到各种最低级的操作上。

关于这一点，共产主义者提出了异议。他们说，对任何事物都应该区别使用与滥用。有一种竞争是有益的、值得赞许和合乎道德的，这种竞争会开阔胸襟，提高思想，是一种高尚慷慨的竞争，这就是竞赛。为什么不可以利用这种竞赛来为大众谋利益呢？另外一种竞争是有害的、不道德和非社会的，它是一种互相嫉妒、互相仇恨、互相杀害的竞争，这就是利己主义。

共有制就是这样说明，大约一年以前，《革新报》在宣布它们的社会信仰时就是这样表述的。

尽管我并不愿意反对那些和我主张实质上相同的人，但是我却不能赞同他们的这种论证。《革新报》以为用这种主要是字面上而不是实际上的区别就可以调和一切，其实是不自觉地在搞折衷，也就是说采用了一种最恶劣的手法。这家报纸的论证和罗西先生在分工问题上所作的论证完全相同，就是把竞争和道德对立起来，使它们彼此互相限制。罗西先生企图用道德来阻挠和限制各种经济上的推论，按照不同需要和不同情况把这些推论或掐头或去尾；这家报纸也正是这样做法。我曾经为了反驳罗西先生而向他提出了这样一个简单的问题：科学怎么能自相矛盾呢？关于财富的科学和关于义务的科学怎么可以互相抵触呢？现在我也要问一问共产主义者：为什么一个发展下去显然有利的原则会同时又是有害的呢？

有人说：竞赛并不是竞争。我首先要指出：这种所谓的区分不过是根据原则所发生的不同效果而作出的，结果只会使人们以为真的存在两种原则，人们把它混为一谈罢了。竞赛不是别的，就是竞争本身。既然人们想讨论抽象的理论，那我也愿意奉陪。正如世间不会有无对象的热爱一样，无目的的竞赛也是不存在的；而且,由于人们所好不同,热爱的对象必然取决于热爱者是什么人,好色者爱女人,野心家爱权力,贪财者爱黄金,诗人则爱桂冠,同样,工业竞赛的目标必然是利润。

共产主义者会反驳说:不!劳动者进行竞赛的目的应该是公众利益,是友情与博爱。

本来我们这里谈的是个人问题,可是,因为人们总是要扯到集体的人,所以我也就只好来谈社会了。我认为,社会本身只是为了财富而劳动,福利和享受是它唯一的目标。既然整个社会归根结底指的就是人,而整个人类就寓于每个个人,那么,适用于社会的原理为什么就不适用于个人呢?特别是,既然公众福利只能产生自个人福利,没有后者,前者也就等于乌有;那么,又怎么可以拿这种非常遥远的、近乎虚无缥缈的所谓公众福利来取代作为工业竞赛的直接目标的个人福利呢?

共产主义者一般都有一种奇特的幻想,就是迷信权力,认为可以依靠集权力量,就我们现在所谈的具体问题说,就是依靠集体财富,以某种归还的方式给创造这些财富的工人提供福利,似乎社会是先于个人而存在,而不是先有个人才有社会。社会主义者不自觉地受他们所反对的那个制度的旧传统支配的事例,并不只此一端,以后我们还会看到许多。

可是,固执己见又有什么必要呢?共产主义者既然想改变事物的名称,那就是默认自己无能,开始逃避问题的讨论。因此我对他们只有一个答复,就是:“你们既然连竞争也否认了,就是抛弃了论题;从今以后,你们也就没有权利参加讨论。关于个人为了公众的利益应该作出多大程度的牺牲,我们以后再来探讨;现在要解决的是关于竞争的问题，就是说，如何把最大限度地满足利己主义和最大限度地满足社会的种种需要协调起来。请你们还是开恩不要再提你们那仁义道德了吧！”

竞争是价值构成所必需的，也就是说，是分配原则本身所必需的，因而也是实现平等所不可或缺的。只要某种产品只由唯一的一个制造商来提供，这种产品的真实价值就始终是一个谜，其原因或者是由于生产者故意地隐瞒，或者是由于他忽视或者无力把成本降低到极限。因此，生产上的特权对社会说来是一种真正的损失；而生产的公开和劳动者的竞争对社会来说却是一种必要。一切已经设想出来或者可能设想到的乌托邦，都不能脱离这个规律。

当然，我并不想否认，劳动和工资可能而且应该得到保障，我甚至希望这个日子为期不要太远。但是，我坚持认为，如果不正确地认识价值，工资的保障就不可能实现；而这种价值又只有借助于竞争才能发现，绝不是各种共产主义制度或者人民的一道法令所能确定的。原因就在于这里存在着一种比立法者和人民的意志更为强有力的规律，这就是一个人一旦摆脱了对自己应负的一切责任，就绝对不会去履行自己的义务，而所谓对自己应负的责任，从劳动方面说，就必然意味着与别人作竞争。要是颁布一道法令，规定从 1847 年 1 月 1 日起一切人的劳动和工资都受保障，那么，工业上热气腾腾、你追我赶的局面就会立即大大松弛下来；真实价值将迅速降低到名义价值之下；硬币尽管铸有国王的肖像和印鉴，也将遭到大革命时期的流通券同样的命运，商人将索取高价，减少供应；我们将处于更深一层的贫困地狱，而竞争毕竟还只是地狱的第三层，比这总是略好些吧！

即使我像某些社会主义者一样，承认劳动的吸引力也许有一天会使人们不追求私利而从事竞赛，可是，这种乌托邦空想对我们正在探讨的这个时期来说，又有什么用处呢？我们还只处在经济进化的第三个阶段、即劳动构成的第三个时代，也就是说，处于劳动还不可能具有吸引力的时期；因为劳动的吸引力只能是劳动者的体力、道德和智慧高度发展的产物，这样的发展，这种生产对人类的教育成果，正是我们通过社会经济的种种矛盾力图达到的目的。对我们来说，酷爱劳动还只是一种目标和愿望，我们又怎么能把它当成一个原则和杠杆呢？

尽管劳动作为生活、智慧和自由的最高表现来说本身无疑具有吸引力，可是我认为这种吸引力永远不能完全离开功利的动机，从而也永远不能排除利己主义的复发。这就是说，我否认人们为劳动而劳动，就如我否认人们为写文章而写文章，为爱情而爱情，为艺术而艺术一样。今天，为写文章而写文章已经产生了草率下笔、急就而成和空洞无物的著述；为爱情而爱情导致了鸡奸、手淫和卖淫；为艺术而艺术的结果则产生了毫不实用、滑稽可笑的作品，形成对丑恶的崇拜。如果一个人在劳动中只是为了寻求锻炼的乐趣，那么他很快就会停止劳动，干脆玩起游戏来。历史上不乏这种堕落的事例，例如，希腊那样一个全靠奴隶生产的社会的各种游艺，包括伊斯特姆、奥林匹克、皮忒克、尼梅等竞技大会[①]；斯巴



① 伊斯特姆、奥林匹克、皮忒克和尼梅是古希腊著名的四大竞技大会，分别为2年或4年举行一次，内容包括运动和文艺竞赛。伊斯特姆即科林斯地峡，奥林匹克是伯罗奔尼撒半岛一个平原，皮忒克是达尔斐地方神巫的名字，尼梅是一个山谷的名称。——译者

达人及其楷模古克里特人的生活；雅典人的竞技、角力、赛马和广场游艺；柏拉图为他的理想国战士规定的反映着那个时代的情趣的各种活动；最后，还有我们封建社会里的骑士比武和军事竞技。所有这些发明，以及从据说是帕拉麦德在特洛伊城[①]被围时发明的象棋起一直到格林哥奈尔为查理六世[②]绘制的纸牌为止的无数我难以列举的其他发明，都是劳动在脱离了严肃的功利动机以后蜕变的例证。劳动，真正的劳动，创造财富和科学的劳动，必须遵守规则，持之以恒和富有牺牲精神，才能和那本性转瞬即逝、变化无常和杂乱无章的热情长期结伴并存；只为了娱乐和享受而劳动，未免是一种过于崇高、过于理想和哲学意味太甚的事情，也就是说，是一种神秘和感情化的事情。使人区别于禽兽的劳动能力，根源于最内在的理性；它怎么会变成我们身上的一种简单的生命活动，变成我们感官上的一种逸乐行为呢？

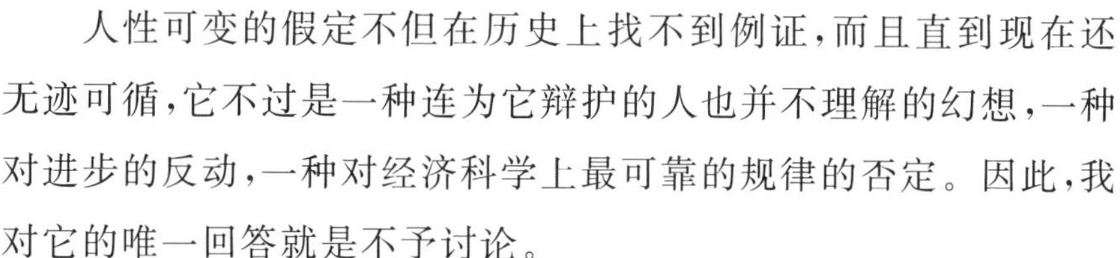

人性可变的假定不但在历史上找不到例证，而且直到现在还无迹可循，它不过是一种连为它辩护的人也并不理解的幻想，一种对进步的反动，一种对经济科学上最可靠的规律的否定。因此，我对它的唯一回答就是不予讨论。

我们还是来谈事实吧！因为只有事实才有意义，才对我们有所帮助。法国革命既是为了争取政治自由，也是为了争取工业自由。我要理直气壮地说，法国在 1789 年虽然还没有意识到它要求实现的那个原则将产生的全部后果，可是，不论是它的愿望或者是

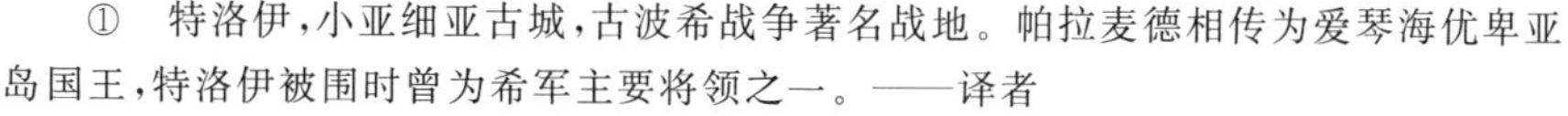

① 特洛伊，小亚细亚古城，古波希战争著名战地。帕拉麦德相传为爱琴海优卑亚岛国王，特洛伊被围时曾为希军主要将领之一。——译者

② 查理六世，1380 年至 1422 年在位的法国国王。——译者

它的期待，都没有错误。谁要是试图否认这一点，我就认为他已经丧失了任何批判的权利。因为我拒绝与任何在原则上认定2500万人的自发行为是犯了错误的论敌进行辩论。

18世纪末，法国已经对各种特权感到厌倦，因而不惜任何代价想使它的各种同业公会从麻木状态中清醒过来，给予工人以自由，以恢复他们的尊严。到处都需要解放劳动，激发天才，在给工业家招致千百万竞争者，并使他们在单独承担由于自己软弱无能、愚昧无知和心怀恶意而造成的一切后果的同时，使他们负起责任来。1789年以前，法国实现这种转变的条件就已经成熟，光荣地迈出了第一步的正是杜尔哥。

假如竞争不是社会经济的一项原则，不是命运注定的一种法令和人类灵魂的一种必然性，那么，为什么人们宁愿废除同业公会、工长制和商会，却不考虑加以改进呢？为什么要进行革命而不满足于改革呢？如果改变一下就能解决问题，为什么要作这种否定呢？中间党派固然完全站在资产阶级所赞成的保守思想一边；即使是共产主义者和准社会主义的民主主义者，在竞争原则上也不自觉地代表着折中主义，反映了反革命思想。如果可能，我倒要请他们给我解释一下为什么举国意见竟然如此一致。

还应补充一点，事变也证实了理论。自从杜尔哥主持财政部时起，全国便开始出现工业活跃、生活提高的局面。这个试验看来非常有说服力，所以得到了历届立法机关的赞许；结果在我国宪法上，工商业自由与政治自由被列在同等重要的地位。六十年来法国财富的增长归根结底正是归功于这种自由。

除了这件雄辩地证明竞争的必要性的事件以外，请允许我再举三四个类似的事例，它们虽然普遍影响不如前者，但是却更突出地表明我所维护的原则所起的重大作用。

为什么我国的农业这样惊人地落后呢？为什么国民劳动的这个重要部门在绝大部分地区仍然被陈规陋习和野蛮状态所笼罩呢？在人们所能举出的许多原因中，我认为居首位的就是缺乏竞争。农民们为一小块土地而争夺不休，在公证人面前进行竞争；可是在耕作上却不这样。要是你对他们谈论什么竞赛，什么公共的利益，那他们就全都愕然以对。他们会说："还是让国王（在他们看来，国王就是国家、公共利益和社会同义词）去操心这些事情吧！我们只管自家的事！"这就是他们的哲学，他们的爱国主义。唉！要是国王能够给他们制造一些竞争者就好了！可惜这是办不到的。在工业中，竞争来自自由和所有权；而在农业中，自由和所有权却是竞争的一种直接障碍。农民并不是按照自己的劳动和知识来领取报酬，而是凭土地的质量和上帝的喜怒来获取报酬的；他们耕作的时候，只希望尽量少付工资，少出垫款。由于自己的货物随时有把握售出，因此，他们致力的与其说是改良土壤和提高产品质量，不如说是减少生产费用。他们只管播种，其他一切都听天由命。农民阶级所懂得的唯一一种竞争就是租佃竞争；而我们不能否认，这种竞争在法国，例如在博斯地带[①]，曾经带来了良好的效果。但是，因为这种竞争可说只是间接产生的，并不是直接来自耕作者的自由和所有权，当产生这种竞争的原因一消失，竞争本身也随之消失。因此，在许多地区里，只要把佃农变成土地私有主，农

① 博斯地带，法国中部塞纳河以南广大肥沃平原的统称。——译者

业恐怕就一定会衰落，或者至少是停止发展……

最近几年间引起激烈争论的另一个集体劳动部门就是公共工程业。杜诺瓦耶先生说得好："为了修筑一条公路，与其让一个新从土木工程学校毕业的工程师来负责，恐怕还不如交给一个工兵或者驿车夫来负责更为可靠。"还没有人有机会来试验一下这种说法是否正确。

在我国的一条最美丽和在交通上极其重要的河道上，正在修建一座桥梁。工程开始之初，河运人员就发觉桥拱太低，涨水时船只将无法通过。他们向负责修建这项工程的工程师提出了意见，这位工程师竟然摆起架子回答说："桥梁是给从桥面通过的人修造的，而不是给从桥下通过的人修造的。"这句话已经成为当地的一句谚语。但是，胡说八道到底是站不住脚的，政府终于觉得有必要检查一下这位官员的工作。在我写这几行字的时候，人们正在加高桥拱。如果这项工程交给对航道有利害关系，而且对工程质量要负赔偿责任的商人来承造，你们以为会有这种返工的事情发生吗？土木工程学校的毕业生创造的这类杰作，收集起来简直可以写成一大本书，原因就在，这些博学的青年，只要一离开学校，终身有靠了，就再也没有什么竞争心了。

有人举烟草专卖公司为例，企图证明国家在工业上是大有作为的，因而任何部门都可以取消竞争。据说，在烟草工业里，没有赝品，没有官司，也不发生破产和贫穷；工人们有足够的报酬，得到教育和培养，有牧师给讲道，道德上有人指导，退休后可以领到以平日交纳的储蓄作为基金的退休金，总之，处境比自由工业所雇用的绝大多数工人要优越得多。

这一切可能都是确实的，反正我不了解。烟草专卖公司里的情况，我一点也不晓得；我既没有向经理也没有向工人作过任何调查，也没有这种必要。专卖公司烟草的售价是多少？这些烟草究竟应该值多少钱？第一个问题好办，只要到公司的任何一个办公处跑一趟就能得到回答；可是，对第二个问题你就什么也说不上来了，因为你缺少一个比较的标准，又不可能通过实验来核实官营工业的各项成本，因而无法确定公司的售价是否合宜。所以，烟草一经规定为专卖，社会所付的代价就必然高于以前；它变成了一种不是靠自己的产品而是靠补贴来维持的工业，从而它不但不能作为我们的范例，而且是必须首先加以改革的弊端之一。

我之所以说烟草生产应该实行改革，考虑的不仅是那高出产品价值两三倍的巨大税收，也不仅是公司里由于待遇悬殊而使一部分人员高官厚禄、毫无用场，另一部分雇佣工人则永远地位卑微、全无指望的等级组织。我所着重考虑的不是这些机关所享受的种种特权和它们所豢养的大批寄生虫，我特别着眼于那些有益的劳动，即工人的劳动。光是因为专卖公司里的工人没有竞争，不关心公司的盈亏，一句话就是因为他们并不自由，所以生产率就必然很低，劳务代价必然十分昂贵。既然如此，人们一定会说，政府非常关心它的佣工，关心他们的福利，上哪儿找得到这样的奇迹呢？可是，承受着特权重担的是自由；而且就算所有的工业部门果真都实行烟草业那样的待遇，补贴的来源也就断绝，国家便无法平衡收支，就要宣布破产，这点为什么人们却看不到呢？

至于外国产品，我想引述一位并不熟悉政治经济学的学者李比希先生提供的证据：“过去，法国每年从西班牙输入 2000—3000

万法郎的苏打，因为西班牙出产的苏打质量最好。在和英国作战的整个时期中，苏打的价格不断上涨，因此肥皂和玻璃的价格也不断上涨。这个情况使法国制造商吃了很大的苦头。正在这个时候，勒白朗[①]先生发明了从普通盐里提炼苏打的方法。这对法国说来是一个财富的源泉，苏打制造业也就突飞猛进地发展起来了。但是，不论是勒白朗先生或者拿破仑，都没有享受到这项发明的好处。拿破仑皇帝本来答应给勒白朗一笔钱，从而鼓励了他的这项发明；可是，王室复辟之后，政府却利用了民众对大陆封锁的主谋者拿破仑的愤怒，拒绝清偿这位前皇帝的债务……

“几年以前，那不勒斯国王着手把西西里的硫黄贸易改为专卖。原来消耗大量西西里硫黄的英国，便以战争来威胁那不勒斯国王，要他取消专卖。就在两国政府交换外交照会期间。英国批准了十五项从英国盛产的石膏、硫化铁和其他矿物中提炼硫酸的发明专利，和那不勒斯国王的纠葛也就因此解决了。其实，当时硫酸的提炼还没有结果，能够肯定的只不过是根据已进行的实验，用新的方法提炼硫酸是有可能成功的，那样就将摧毁西西里的硫黄专卖。”

假如没有同英国作战，假如那不勒斯国王没有垄断硫黄的妙想，我们法国也许长期不会想到要从海盐里提炼苏打，英国人也不会想到要从自己拥有的大量石膏和硫化铁中提取硫酸，这正是竞争对工业发展所起的作用。一个人只有受困迫时才会从偷安中振作起来，而毁灭一个人的天才最有效的办法莫若给他解除一切忧



① 勒白朗(1753—1806)，法国医师和化学家。——译者

虑，使他摆脱社会上名利的诱惑，在他周围建立起普遍的和平、永恒的安宁，把由于他怠惰而造成的恶果推给国家来负担。

是的，应该说，和这种现代的宁静主义[①]理论相反，人生是一场持久不息的战争，一场夺取必需品的战争，一场对自然的战争，一场对同类因而也是对自己的战争。那种鼓吹建立一个以博爱和牺牲精神为基础的平等宁静的世界的理论，不过是天主教关于弃绝人寰财产与欢乐的禁欲主义教义的翻版，是一种行乞至上论，一曲贫困赞歌。一个人能够至死热爱其同类，但是却不会为爱其同类而去劳动。

除了我们刚才从事实上和法律上驳斥过的牺牲论以外，反对竞争的人还提出另外一种与此正好相反的理论，这就是反竞争的社会主义者的所谓奖励论。思想的规律就是这样，当你否认作为均衡点的真理时，你就必然摇摆于两种矛盾之间。

还有什么事情在表面上比奖励劳动和奖励工业更符合社会利益和更为先进的呢？没有一个民主主义者不把奖励当成良好政府的一种特征；没有一个空想家不把奖励列为创造幸福的首要方法之一。可是，由于政府的本性是无能领导劳动，所以它所发给的任何奖励，都是不折不扣的盗窃公有金库的行为。雷布先生就给我们归纳出这样一个结论。

他曾经在一篇文章里指出："为了鼓励出口而发给的奖励，其实就是进口原料所交纳的税款。好处一点也没有，无非就是鼓励

① 宁静主义是一种反动的唯心主义哲学，宣扬听天由命，无所作为。其主要代表人有西班牙神甫莫利奈斯(1640—1696)、法国神秘主义哲学家居戎夫人(1648—1717)和法国大主教菲尼隆(1651—1715)。——译者

了大规模的走私。”

这种结果是不可避免的。如果你取消进口税，那么，就跟我们上面谈到芝麻问题时所指出的那样，本国工业会因之衰落；可是，要是你保留进口税而又不给出口以任何奖励，那么，本国商品又会在外国市场上被打败。你想恢复奖励来防止这种弊病吗？那你就只不过是一手收进，一手又付出，反而鼓励了走私舞弊，这是任何工业奖励的最终结局和死路一条。由此可见，任何高出产品本身价值以外的劳动奖励和工业奖赏，都是无偿的赠与，都是从消费者身上征收的小费，然后以消费者的名义赏给当局的受宠者，挽回的却是零或无。因此，奖励工业就是奖励懒惰的同义语，它是一种欺骗手段。

为了我国海军的利益，政府曾经认为应该根据船上雇用的人员数目发给海运业主以奖金；可是，我继续引用雷布先生的话：“每艘开往纽芬兰的船都雇有六七十人。其中只有 12 名水手，其余的都是刚脱离农村的乡下人，在船上做短工，料理从海上捕获的鱼类，完全不懂海上操作。他们和水手相同的只是都有胃有脚，能吃饭走路。可是这些人也列入海员名册，永远蒙混下去。人们在捍卫奖金制度时，都把他们计算在内；因为他们人数很多，当然有助于达到保留这种制度的目的。”

毫无疑问，某些天真的革新者一定会高喊：这实在是太不光彩的骗局！好吧！就让我们来分析一下这个事实，设法从中找出它包含的一般思想。

原则上，科学能够承认的唯一的劳动奖励就是利润。因为不能在本身产品中获得报偿的劳动，不但不应该奖励，而且应该尽快放弃；而如果这项劳动的结果能产生净收入，那么，在这种净收入之外再给一份无偿的赠与，从而加大劳务的价值，那是荒谬悖理的。根据这个原则，我就可以说：如果商船上的劳务只需要 1 万名水手，就不应该要求它维持 1.5 万人。政府最简捷的办法就是把已招募的多余的 5000 人转到国家船只上，让他们像王公诸侯的运输队一样给国家运输。对商船的任何奖励都只会直接造成舞弊。对这种办法我应该说些什么呢？我说，这等于建议给一种并不存在的劳务支付工资。就目前商船的操作、纪律和一切条件来说，难道适宜于增加这样一批闲散人员吗？既然政府愿意给船主一笔意外之财，但求船主把船上所不需要的人员收留下来，那么船主除了收下以外，还能怎么办呢？既然部长把国库的金钱扔在大街上，难道我把它捡起来算是犯罪吗？……

因此，有必要指出，奖励理论是直接来自牺牲理论的。反竞争论者的思想注定是自相矛盾的，他们为了使人们都变得不负责任，一会儿把人当成上帝，一会儿又把人看作禽兽。然后，他们又责怪社会为什么对他们的呼吁置若罔闻。可怜的孩子们啊！人总是像你们所看到的那个样子，既不太好，也不太坏。只要个人利益需要，他们就不顾公众的利益。这样的人我认为虽然不值得尊敬，至少也应该原谅。既然你一会儿要他们负起超过他们不应对你应尽的职责，一会儿又用他们所不应得的奖励来刺激他们的贪欲，那么，这就是你的过错了！一个人最宝贵的莫过于他自己，因此，对他自己负责是他唯一的法律。牺牲理论和奖励理论都是骗人的理论，都是颠覆社会、败坏道德的理论。仅就你们企图靠牺牲或者靠特权来维持社会秩序这一点说，你们就是在给社会制造新的对抗。

你们不是在创造人们的活动自由与和谐局面，而是在个人与国家之间制造隔阂；你们一面呼吁人们团结，其实一面却在挑动纠纷。

总起来说，离开了竞争，就不外是两种出路，要么就是骗人的奖励，要么就是伪善的牺牲。

因此，竞争从它的起源来分析是对公平的鼓励，但是就其的结果而言，我们又将看到它是不公平的。

## 第二节　竞争的破坏作用及其对自由的损害

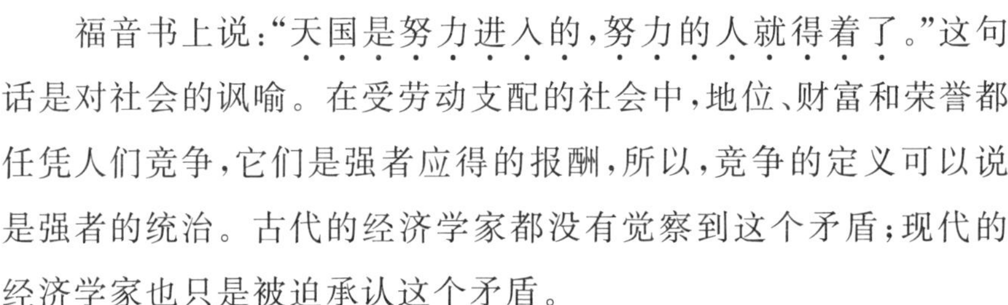

福音书上说："天国是努力进入的，努力的人就得着了。"这句话是对社会的讽喻。在受劳动支配的社会中，地位、财富和荣誉都任凭人们竞争，它们是强者应得的报酬，所以，竞争的定义可以说是强者的统治。古代的经济学家都没有觉察到这个矛盾；现代的经济学家也只是被迫承认这个矛盾。



亚当·斯密写道："为了使一个国家从极端野蛮的状态提高到高度的富裕，只需要三件东西，就是和平，适当的赋税和一个差强人意的司法机关；其他的一切都会在事物的天然进程中产生。"

亚当·斯密著作的最新译者布朗基先生情不自禁地给这段话加上了这样一个阴暗的注解："我们看到，事物的天然进程产生了灾难性后果，使生产出现无政府状态，产生了市场战，并且把竞争变成海盗行为。分工制度和机器的改良本来应该为人类的工人大家庭争得无损其尊严的幸福与安乐，可是结果却在许多方面制造了堕落与贫困……这位格拉斯哥大学的教授在写这段话的时候，自由连同它的种种麻烦和弊病还没有到来，因而他只是预见到自由的有利一面……要是斯密能够亲眼看到当今的爱尔兰和英国各工业区的悲惨状况，恐怕也会写出德·西斯蒙第先生那样的文章……”

那么，我们的文学家、政治家、政论家、宗教徒和半宗教徒们，你们不是都以教育人类为己任吗？你们可曾听到过这一番就像是从耶利米[①]的预言转译过来的话呢？请告诉我们，到底你们想把文明引向哪里？你们打算对社会、对危难中的祖国提出些什么忠告？

可是，我是在向谁说话呢？是对部长、新闻记者、教堂监守和学究先生们。这些人会关心各种社会经济问题吗？他们听过人们说起竞争吗？

有一个在商业战中冷酷无情的里昂人，在托斯卡纳[②]旅行时曾经注意到这个国家每年制造五六十万顶草帽，总值达四五百万。这种工业几乎是当地人赖以为生的唯一行业。这里昂人想的是：“这样简单的作物和这样简单的工业为什么没有转移到普罗旺斯[③]和郎格多克[④]去呢？这两个地方的气候和托斯卡纳的气候不是一样吗？”可是，一位经济学家对同一情况却会说：如果夺去托斯卡纳乡下人的这项生产，他们该怎么生活下去呢？

黑丝绒制造业已经成为佛罗伦萨的一种秘传的特种工业。一位游客曾扬扬得意地说：“里昂的一位能干的制造商不久前搬到佛罗伦萨，终于掌握了那里特有的印染和纺织方法，这个发现也许将

① 耶利米（公元前约650—前590），相传为犹太四大预言家之一，鼓吹犹太人应该屈服于巴比伦王。——译者

② 托斯卡纳，曾为大公国，1860年并入意大利，即今意大利中部佛罗伦萨一带。——译者

③ 普罗旺斯 Provence，法国旧行省，在东南部地中海沿岸。——译者

④ 朗格多克 Languedoc，法国旧行省，在南部，即今图鲁兹一带。——译者

减少佛罗伦萨的出口。”（见菲尔希隆《意大利游记》）

过去，托斯卡纳的农民盛行养蚕来补贴生活，现在却已经放弃了。“农业协会的人来了，他们声称，在农民的卧室里养蚕，空气不够流通，温度不均匀，而且不如专业工人那样内行和照管周到。于是，一些富裕、聪明而慷慨的公民便在公众的一片欢呼声中建造了所谓‘蚕房’。”（德・西斯蒙第先生语）

你们一定会问：那些养蚕的农民，那些制造黑丝绒和草帽的手工业者，是不是会失去他们营生的职业呢？一点儿不差！而且人们还给他们证明说这样对他们更为有利，因为他们可以用低于自己原来制造成本的价钱买回同样的产品。请看，这就是所谓的竞争！

竞争具有杀人的本能，它经常夺取了整个劳动阶层的面包，而且还把这当成改进和节约。它卑鄙地盗窃了人家的秘密，然后庆贺自己作出了新的发明。它改变了生产的天然区域，使当地的全部居民受到损害，反过来却说这样做只会更好地发挥当地的自然条件的作用。竞争颠倒了一切公平与正义的概念。它毫无必要地增加投资，以致提高了生产的实际成本，使产品的价格时而上涨，时而下跌。它用投机赌博来代替行使权利，从而败坏了公共道义，到处制造了恐怖和猜疑。

这又有什么可奇怪的呢？如果竞争没有这种残酷的性格，也就丧失它的一切良好作用；如果交易不是任从人意而为，市场上又不存在什么风险，工厂就不会你追我赶地不断提高生产；如果生产稍一松懈，它就无从创造它的各种奇迹竞争从它本来的良好作用中产生了祸害之后，又会由祸得福；破坏中产生了效用，动乱实现了平衡。参逊在谈到被他打死的狮子时所说的话也适用于竞争，他说："肉必取自肉食者，福必得自强者。[①]"在人类的一切科学领域中，难道还有比政治经济学更为奇妙的吗？

但是，我们要注意别屈服于嘲讽的冲动，因为从我们方面说，这只是不公平地谩骂一通。经济科学的特性就是从自己的种种矛盾中探求自己的确定性，经济学家的全部错误就在于不了解这一点。一接触到竞争问题，就显出他们的批判贫乏无力和他们的思想混乱可悲。因为他们就像是一些受不了刑讯的证人，不得已才供出自己心中不愿意说的话。现在，我把经济学家关于自由放任政策的全部论据都摆到读者眼前，就好比让大家列席他们的一次秘密会议；想来读者们一定会领我的情吧。

最先发言的是杜诺瓦耶先生。

杜诺瓦耶先生是所有经济学家中最热衷于维护竞争的积极方面的一位经济学家，因此我们可以料想到，他也是他们中间最不了解竞争的消极方面的一位经济学家。杜诺瓦耶先生在他所谓的原则问题上是毫不通融的，他绝不会相信在政治经济问题上是与否居然能够同时具有同等的正确性。可是，有一点我们应该称赞他，那就是当他的论述越是率直和真诚，他就愈是厌弃上述原则。对我来说，政治经济学的一切范畴都是矛盾，这是一个明如白昼的真理；为了使这位如此纯真、如此固执的学者相信这个真理，我是什么都愿意牺牲的！如果他不再白费气力地企图调和实际与理论，不是满足于世间一切都是有利有弊这样一个可笑的遁词，而是去探求一种能



① 参逊，《圣经》中人物。据说他力大无穷，有一次打死了一头狮子，饱食其肉。事见《圣经·士师记》，第14章。——译者

够解决一切二律背反现象的综合概念；那么，他就将从今天这样一位乖悖常理的保守派变成和我们一样坚决彻底的革命家了。

杜诺瓦耶先生说："如果竞争是一个谬误的原则，那结论就是人类两千年来走的都是错误的道路。"

不是的，结论并不像你所说的那样。你的这个先入为主的判断，用进步理论便可以驳倒。人类先后提出了各种原则，其间的间隔有时是很长的。人类尽管不断地摧毁这些原则的表现形式或公式，但是却从来不抛弃这些原则的内容。这种摧毁称为否定，因为不断进步的普遍理性总是不断地否认自己原来观念的完善性和充分性。正是因为这样，所以竞争只是价值构成的一个时期和社会合题的一个因素，而且应该说，竞争作为一个原则是不可摧毁的，可是它的现存形式却应该废除，应该否定。如果说有谁在这个问题上违背了历史的话，那就只能是你。

关于对竞争的种种指责，我有几点看法需要提出来。第一点是这个制度不管好坏，不管它是破坏性的还是建设性的，实际上还没有真正存在；即使个别地方已经出现了竞争，也只是一些例外，而且其形式也很不完善。

这第一点看法并没有什么意义。我们在开始时就说过，竞争消灭着竞争，既然这句话可以视为定论，竞争又怎么可能有完善的一天呢？何况，你认定竞争实际上还没有真正存在，指的无非就是竞争还没有完全发挥出它所拥有的消灭一切的力量；可是，这种情况丝毫不会改变它的矛盾本性。我们有什么必要再等三十个世纪才来说竞争愈是发展就愈倾向于减少竞争者的数目呢？

"第二点是：人们对竞争所作的描述是不符合实际的，他们没有充分注意到包括劳动阶级的福利在内的公众福利的大幅度提高。”

如果说，有的社会主义者忽视竞争的有益一面的话，那么你呢？你却只字不提它的有害作用。如果拿你对方的论据来补充你的论据，竞争的真相就大白了；对我来说，双重的谬误便构成真理。至于竞争为害的严重性，我认为是必须强调的，这点我们下面还要谈到。

“第三点是：人们并没有找出劳动阶级遭受苦难的全部真正原因。”

如果除了竞争之外还有其他造成贫困的原因，难道竞争就不成其为原因之一吗？哪怕每年有一个工业家被竞争所毁灭，而且你又承认这种毁灭是竞争原则的必然后果，那么，竞争作为一个原则就应该抛弃掉。

“第四点是：人们提出的防止竞争恶果的一些主要方法是很难见效的……”

这倒是可能的，可是我由此得出的结论却是：正是因为人们所建议的处方无济于事，所以你才负有一个新的任务，就是探索出一些能够最有效地防止竞争弊病的办法。

“最后，第五点是：如果这些弊病能够通过某种立法来加以救治，那么，这种正确的处方就恰恰应该从这个被指责为弊害之源的制度中去探寻，也就是说，要在日益成为现实的自由和竞争制度中去寻找。”

太好了！我也希望事情确实如此。照你的说法，竞争的补救办法就是使竞争普遍化；但是，为了使竞争普遍化，就必须保证所有的人都拥有竞争手段,必须取消或改变资本对劳动的支配,改变雇主与工人的关系;一句话,必须解决分工和机器的二律背反,必须组织劳动。可是,你能拿出这种解决办法来吗?

然后,杜诺瓦耶先生似乎更为理直气壮地阐发了一通他自己的那个实行普遍竞争的乌托邦;这可是一座大迷宫,连它的建造者自己在里面也跌跌撞撞,一步一摔跤,处处自相矛盾。

杜诺瓦耶先生说:“竞争正遇到许多的障碍。”

的确,竞争遇到了大量严重的障碍,以致它无法前进。因为,我们有克服社会制度所固有的,从而和竞争不可分离的障碍的办法吗?

“除了公共职务以外,还有一些行业是政府认为多少应该给自己保留的,至于立法上规定给少数人垄断的职业,那就更多了。余下来供人们竞争的职业,又规定有种种的手续、种种的限制和种种的障碍,结果是多数人对之可望而不可即,竞争离不受限制很远。最后,几乎从事任何职业都要缴纳各种各样无疑是必要的捐税……”

这一切意味着什么呢?杜诺瓦耶先生的意思肯定不是说社会可以不需要政府,不需要行政机关、警察、捐税、大学等等,一句话,不是不需要构成社会的一切。既然社会必然存在竞争的种种例外情况,那么,普遍竞争就只能是一种空想,我们便只好重新厕身于专制制度之下,这一点从竞争的定义中便可以预见到。既然如此,杜诺瓦耶先生的这个论据又有什么值得重视之处呢?

过去的一些科学大师们总是开始时先把一切既有的成见抛得远远的,而致力于研究各种事实,既不加以歪曲,也不加以掩饰,设法从中归纳出一些普遍性的规律。亚当·斯密的著述，就它发表的那个时代而言，是充满了智慧和高度理性的杰作。魁奈[①]的经济图表，看来虽然十分费解，却证明了他对一般综合法有深刻的认识。萨伊的巨著中的序言，是专门论述政治经济学的科学特点的，我们从其中每一行里都能看到作者感到多么需要绝对观念。毫无疑问，上一世纪的科学家们还没有把这门科学建立起来，但是他们曾经热情而真诚地探索过如何把它建立起来。

今天我们距离这种高尚的理想多么远啊！人们并不是在探索科学，而是致力于维护王室和阶级的利益。人们坚持的惯例即使已不起作用，还是允许用一些最可贵的名称来给一些反常的现象标上它们所没有的正确性；反过来却又把对方根据事实所作的揭露当成异端邪说。人们肆意诽谤时代的潮流，最使经济学家恼怒的便是有人敢于和他争论。

杜诺瓦耶先生用非常不满的口气大喊道："当前时代的特点就是一切阶级都在骚动，它们都在忧虑，什么事情都安不下心来，而且永无满足之日；由于比较不幸的人们被迫从事着恶极无道的劳动，以致社会愈是致力于改善他们的处境，他们却愈是不满。"

好啊！因为社会主义者触犯了政治经济学，他们简直是魔鬼的化身！的确，把无产者在劳动和工资上受剥削和在现存条件下他们的贫困是无可挽救的这样的道理告诉无产者，还有比这更为亵渎上帝的行为吗？

雷布先生重复了他老师杜诺瓦耶先生的怨言，而且语气更为

---

① 魁奈（1694—1774），法国著名经济学家，重农学派的创始人。——译者

加重，就像《以赛亚书》[①]中说的那两位天使一样，配合起来给竞争唱赞诗。1844年6月《现代革新者》第四版出版时，雷布先生伤感地写道："提出组织劳动和维护劳动权利的是社会主义者，监督制度的倡始者也是社会主义者……海峡两岸的立法议会已经逐渐接受了他们的影响……乌托邦就这样得势起来……"于是雷布先生斥责社会主义对一些好心肠的人的暗中影响，痛斥那些曾经与社会主义决裂的人又让自己接受了社会主义的感染。你瞧，是多么切齿痛恨啊！然而他预言不久将发表一部名为《劳动的规律》的著作，作为他对这些恶人的最后裁判。据称，他在这部著作里将证明（除非他的思想有新的发展）劳动规律与劳动权利及组织劳动毫无共同之处，而最好的改革就是放任自流。雷布先生还补充说："政治经济学的趋势已不再是研究理论，而是研究实践，从而这门科学的抽象部分看来从此将具体化了。有关定义的争论业已结束或者接近结束了。一些大经济学家关于价值、资本、供求、工资、捐税、机器、地租、人口增长、产品过剩、市场、银行、垄断等等问题的著作似乎标志着理论研究的顶峰，形成一整套的学说，离开了它就别无理论可言了。"

说话容易，论证无能，这是孟德斯鸠对社会经济学创始者的这种奇异赞歌所下的结论。雷布先生发誓说，科学已经建立起来了！他的这番宣告十分有权威，以致人们在科学院里、讲台上、参政院里和议会里都在重复它，报纸上发表它，国王在新年献词中也提到



① 以赛亚，相传为公元前8世纪时犹太族四大预言家之一，所著预言诗集称《以赛亚书》。——译者

它，连法庭对当事人的请求也据此作出裁决。

科学已经建立起来了！因此，我们的那些社会主义者该是多么愚蠢啊！竟然在大白天里寻找太阳，手里提着小灯笼去和阳光对抗。

但是，先生们，我出于由衷的遗憾和深切的怀疑，不得不要求你们给我作点解释。如果你们不能医治我们的痛苦，至少也应该给我们说点安慰话，举些例证，告诉我们怎样才能乐天知命呀！

杜诺瓦耶先生说："显然，今天财富的分配状况比过去任何时候都要好得多。"雷布先生马上接过去说："人间的苦乐正日渐恢复均等。"

什么？你们说什么？财富分配状况变好多了！苦乐均等恢复了！对不起，你们能说明这种分配状况变好表现在哪里吗？难道平等已经实现，或者说不平等已经消失了吗？难道团结加强了，或者说竞争减少了吗？只要你们不答复我这些问题，我就绝不罢休，绝不放过你们……不论你们举出的造成均等恢复和分配变好的原因是什么，我都举双手欢迎，而且一定要寻根究底地研究下去。1830年以前（这个时间界线我不过是随便划定的）财富分配得不好是什么原因呢？而今天照你们的说法是财富分配得比较好，那又是为什么呢？你们一定懂得，我这些话的真意何在，这就是分配还不完全公平，均等也并不绝对完善；我要请问你们的是：一方面究竟是什么破坏了均等？另一方面，人类之所以会不断地从最坏的境遇进到不太坏的境遇，又从好的境遇进到更好的境遇，又是由于什么原因呢？因为，不论是竞争、机器、分工或供求，归根结底都不是这种好转的奥秘所在；正如伦理科学院所正确理解的，所有这些原则，都不过是一些先后促使价值摆动的杠杆。既然如此，幸福的最高规律是什么呢？进步的规则、尺度和标准是什么呢？这种进步一旦破坏便会招致永远的贫困吗？请说呀！可就是不要高谈阔论！

你们说财富分配比较好了。我们就来看看你们举出的证据吧。

杜诺瓦耶先生说：

“根据官方文件，土地税已不少于1100万份。缴纳这些税款的私有主估计约为600万人；以每户4人计算，全国3400万居民中至少有2400万人占有土地。”

那就是说，根据最乐观的数字，法国也有1000万无产者，这个数字将近占人口的1/3。嘿！你们该说什么呢？除了这1000万以外，还要加上那2400万人的一半，他们的土地因为抵押、割让、丢荒和贫瘠而价值还抵不上一部织布机。何况，这里还没有包括那些生活朝不保夕者的数字呐！



“这2400万私有主的数字显然还在增加。”

我呢，我肯定这个数字明显地在减少。照你的意见，哪些人算是真正的私有主呢？是负担着各色各样的摊派和捐税，不得不典押财产，因而只是徒有其名的土地占有者呢，还是那些真正获取收益的债权人呢？今天，阿尔萨斯的真正地主是犹太人和巴塞尔人[①]中的放债人；他们宁愿贷放资金，而丝毫不想买地，足证他们见识之卓越。

① 巴塞尔人，指瑞士北部旧省巴塞尔的居民，首府同名。——译者

“除土地私有主以外，还应该加上约计 150 万户持有营业执照者。按每户 4 人计算，以企业主身份从事赢利的共 600 万人。”

但是，首先，这些营业执照持有人绝大多数就是土地私有主，你把他们算成双份了。其次，可以肯定，在全部持有营业执照的工商业者中，最多只有 1/4 是赚钱的，另外 1/4 盈亏相抵，其余的都是经常亏损。所以，这 600 万企业主中顶多只能算它一半，加上那本来数字就大有问题的 1200 万真正的土地私有主，总共是 1500 万人，这就是由于自己有文化、才干、资本、信用和财产而能够从事竞争的法国人的总数。至于其他的 1900 万法国人，竞争对他们来说，就像亨利四世①的炖鸡一样，是他们制作出来供买得起的阶级享用的一道名菜，可是自己却根本尝不到。

还有另外一个麻烦就是，这 1900 万对竞争无缘的人都是竞争者的雇佣大军。他们就像过去的农奴一样，只为领主打仗，不能另树旗帜自成队伍。既然竞争本身不能为大家所共同享有，那么，那些只受到它祸害的人们怎么能不向他们的主人要求有点保障呢？既然这样的要求又不便拒绝，那么，除了像中世纪的主教们用杜撰的神命休战来阻止封建主战争那样给竞争设置点障碍以外，还能提供点什么别的保障呢？我刚才说过，就社会结构来说，竞争只是一种例外情况，是一种特权；现在我要进一步问，如果有了权利平等，这种特权还能存在吗？

当我为消费者和受雇者要求保障以防止竞争的祸害时，你以

① 亨利四世，1399—1413 年在位的英国国王，相传他曾许诺农民每星期天饭桌上都能有炖鸡。此处意指空洞的诺言，可望而不可即。——译者

为这是一种社会主义者的梦想吗？请听听你的两位总不致被你认为别有用心的著名同行是怎么说的吧！

罗西先生在他的讲义的第1编第16讲里承认，国家在危险太大，保障又不足时，就是说在任何时候有权管理劳动。因为立法者必须用各种原则和法律来维持公共秩序，而不应该等待不测事件发生以后才任意专断地压制。此外，在第2编第73—77页里，这位教授还大声警告说，过度的竞争将日益形成一个金融和土地贵族阶层，而小私有主则迅速破产。至于布朗基先生，则宣称组织劳动的问题已经列入经济学的研究日程(后来他又取消了这句话)，他鼓吹工人分享利润和组成集体劳动者，而且不断猛烈地抨击垄断企业、各色禁令和资本的暴政。有耳便请恭听！罗西先生以刑法学家的资格判定竞争为抢劫；布朗基先生则以预审推事的身份揭发了罪犯。这正好是刚才雷布和杜诺瓦耶两位先生二重唱的对台戏；当这两人高唱赞诗时，罗西和布朗基却像教廷会议里的主教一样，报之以咒词。

但是，有人会说，布朗基和罗西两位先生想攻击的不过是竞争的滥用，而并不想革除竞争这个原则；因此在这个问题上他们与雷布和杜诺瓦耶两先生是完全一致的。

为了维护这两位教授的声誉，我反对作这样的区别。

事实上，滥用已到处蔓延，例外已变成常规。当特洛勒隆先生与所有的经济学家一起维护贸易自由时，也承认运输公司结成联营看来是违背了社会经济学最起码概念的，但是又是立法者绝对无法禁止的事情。不过，那时候特洛勒隆先生还可以自我安慰地说，这类事情恐怕还只是一种例外，大概不至于普遍化吧；可是，现在事情却已经普遍化了。即使是最迂腐的法学家，只要把头探出窗外就能看到，今天的一切，包括交通（陆运、水运、铁路运输）、小麦和面粉、葡萄酒和各种烧酒、木材、煤、油、铁、纺织品、盐、化学产品等等，都已经完全被竞争所囊括。对法学这门政治经济学的孪生学科来说，看到自己作出的庄严预言还不到五年时间就破了产，当然是大为痛心。但是，更为可悲的是，一个大国竟然被几个可怜的英才牵着鼻子走，指靠着他们著作里的一些混乱不堪的主张在过日子。

在理论上我们已经证明：竞争就它有益的一面来说应该普遍化，而且应该提到最大的高度；可是，就其消极的一面来说，则应该到处都加以扼杀，一点残余也不留。经济学家们是否有能力进行这种去芜取精的工作呢？他们有没有预见到这样做的后果和估计到可能出现的各种困难呢？如果答案是肯定的话，那么，我愿意提出下面一个事例来请他们解决。

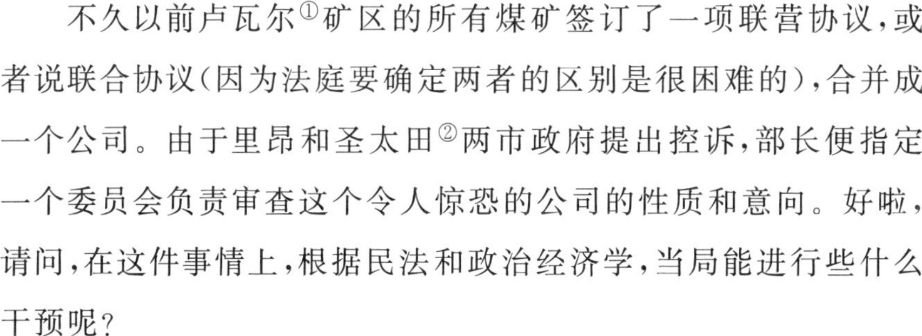

不久以前卢瓦尔[①]矿区的所有煤矿签订了一项联营协议，或者说联合协议（因为法庭要确定两者的区别是很困难的），合并成一个公司。由于里昂和圣太田[②]两市政府提出控诉，部长便指定一个委员会负责审查这个令人惊恐的公司的性质和意向。好啦，请问，在这件事情上，根据民法和政治经济学，当局能进行些什么干预呢？

政府可以对联营大声责骂，但是能够阻止矿主联合起来吗？

① 卢瓦尔矿区，在法国东南部。——译者

② 圣太田市 St.-Etienne，在里昂西南不远。——译者

能够阻止他们减少一般开支和开采费吗？能够阻止他们更合理地安排劳动以便从自己的煤矿获得更大的收益吗？政府是不是可以命令他们恢复原来的竞争，命令他们增加开支，进行浪费，造成滞销、混乱和跌价而致破产呢？这一切都是荒谬绝伦的。

是不是可以阻止他们提高价格以收回他们的资本利息呢？那样，政府就必须支持他们反对工人提出的增加工资的要求，必须修改股份公司法，禁止股票买卖，如果这些措施都实行了，拥有矿井的资本家便被迫丧失在原来的制度下投入的资金，这当然是不公正的；结果，政府便又只好给他们以赔偿。

可以向他们强加一个定价吗？那就是说要制定最高限价法。结果，国家就必须代替矿主来计算资金、利息和办公费，规定矿工的工资、工程师和经理的薪金、坑木的价格和材料的消费等等，最后还要定出正常和合法的利润额。这一切都不能靠部里的一纸命令便能做到，必须有一部法律。立法者难道敢于为了一种个别工业而改变法国人的公法，并且以政权来取代私有主吗？结果就只有二者择一：或者是煤炭贸易落入国家手里，或者是国家设法协调采矿工业中的自由和秩序，而在后一种情况下，社会主义者就会要求对其他工业也一律采取煤炭工业的做法。

卢瓦尔矿业联营事件提出了一个不容回避的社会问题，这就是：或者是实行竞争，也就是说允许垄断及其一切后果存在；或者是由国家开采，其结果是工价昂贵，贫苦依旧；最后，或者是实行一种平等主义的解决办法，换句话说，就是组织劳动，可是，这却是对政治经济学和私有制目的的否定。

但是，经济学家们绝不是按照这种简捷的逻辑行事的。他们必然喜欢讨价还价。杜班[①]先生在伦理与政治科学院1843年6月10日会议上发表了一个这样的意见:“如果说竞争在国内也许有些益处,那么,在国家之间则必须制止。”

阻止或者放任,这是经济学家永远的两种选择道路,他们的才智始终超不出这个范围。尽管人们向他们高声疾呼说,问题并不在一律阻止,也不在全部放任,人们所要求于他们和社会所期待于他们的是找出一种协调的办法,可是这种两元观念怎么也进不了他们的头脑。

杜诺瓦耶先生反驳杜班先生说:“必须把理论和实践区别开来。”

我的天哪!谁都知道,杜诺瓦耶先生历来在他的著作里对原则问题是毫不通融的,而在参政院里他却非常迁就实际。但愿他至少能稍为想一想这样一个问题:“为什么我非得不断地把实践与理论区别开来?为什么它们不结合起来呢?”

为人平和、善于妥协的布朗基先生,一面拥护博学的杜诺瓦耶先生,也就是说,拥护理论;但是一面又和杜班先生一样,也就是说和实践一样,认为竞争并不是无可非议的。布朗基先生是多么害怕别人说闲话啊!

杜班先生坚持自己的主张。他举出诈骗、小秤出售、使用童工等等来责备竞争。这一切无疑都只是为了证明竞争在国内可能是有益的!

帕西先生按照他平时的逻辑,要人们注意弄虚作假的人总是

① 此处当指安德烈·杜班(1783—1865),法国法学家和国务活动家。——译者

永远会有的，等等。总而言之，他是在高呼：控诉人性吧，可就是不要控诉竞争！

帕西先生的论证从一开始就离开了本题。我们对竞争的谴责针对的是它本质所产生的弊病，而不是针对那些以竞争作为条件或借口的诈骗行为。一个制造商以一个每天工资1法郎的女工来代替每天工资3法郎的男工，对这个制造商来说，这是对付跌价、维持营业的唯一办法。很快，除了女工之外，他又雇用童工。接着，出于竞争的必要，他又逐步降低工资，延长工时。这究竟是谁的过错呢？这种论据可以用千百种方式提出来，而且可以适用于一切工业，可丝毫不需要指责人性。

帕西先生自己也不得不承认这一点，所以他补充说："至于儿童的强制劳动，过错在于父母。"这是正确的。可是，父母的过错又应该归咎于谁呢？



这位演说家接下去又说："爱尔兰完全没有竞争，但是却极端贫困。"

在这一点上，帕西先生由于太健忘而违反了自己平素的逻辑。爱尔兰的土地被普遍而彻底地垄断了，租佃竞争非常地剧烈，完全不受限制。竞争和垄断是苦难的爱尔兰双脚拖着的两条锁链。

经济学家虽然疲于指责人性，指责父母的贪欲，指责激进派的捣乱，可是，他们却又陶醉于无产阶级的幸福前景。不过，即使在这一点上他们彼此的看法也并不一致，而且每个人自己就自相矛盾。没有什么比他们思想上的混乱更真切地体现出竞争的无政府状态了！

"今天一个工匠妻子穿的华丽长袍，连上一个世纪的贵族妇女见了也甘拜下风。”(见舍伐利埃先生讲义，第6讲)也正是这位舍伐利埃先生，根据自己特有的计算法，算出了在国民收入总值中每人每日收入为65生丁；有的经济学家甚至把这个数字降低为55生丁。可是，国民收入总值中应该除掉那些构成上等阶层财产的数目，所以，按照德·蒙洛克先生的计算，半数的法国人每天的收入不超过25生丁。

尽管如此，舍伐利埃先生却仍然以一种莫名其妙的愉快口吻接着说：“幸福不正是存在于欲望与享受的协调，存在于需要与满足的均衡之中吗？不正是存在于政治经济学所无法回避又不能促使其产生的某种精神状态中吗？这是属于宗教和哲学的任务。”要是贺雷西活在我们的时代，他一定会对舍伐利埃先生说：经济学家呀！请你只关心我的收入吧！至于我们的灵魂，还是让我自己来操心好了！只要给我生命与财富，我便自有宁静的心灵。

杜诺瓦耶先生又发言说：“有许多城市过节的时候，工人阶级和资产阶级简直都分不清了(可是为什么会有两个阶级呢?)，因为工人阶级的服装都讲究得很。至于饮食方面，也远比以前丰足、富有营养和多样化了。各地面包的质量都有提高。在许多工业城市里，肉类、肉汤和白面包都成了最普通的食品了。最后，平均寿命已经从35岁提高到了40岁。”

后来，杜诺瓦耶先生又根据马歇尔提供的资料描述了英国的财产状况。从中可以看出：英国有250万个家庭每年只有1200法郎的收入。可是，在英国1200法郎相当于我国730法郎；这个数字按一家4口计算，每人只摊到182法郎50生丁，亦即每天50生丁。这与舍伐利埃先生所估计的每个法国人每日收入为65生丁的数字相近；法国人之所以幸运地收入较高，是因为财富在法国增长较慢，穷苦程度也就不如英国显著。应该相信什么说法呢？是相信经济学家关于豪华生活的描述，还是相信他们计算的数字呢？

布朗基先生承认："英国的贫困已经到了这样一种程度，以致英国政府必须在那种可怕的劳动所里寻找某种出路……"事实上，在这些所谓的劳动所里，全是些可笑的无益的劳动，不管人们怎么说，反正劳动所就是受难所。因为对一个具有理性的人来说，成天推着不放粮食、不出面粉的空磨，目的只在不让你休息，免得你懒惰，恐怕是再苦不过的折磨了！

布朗基先生继续说："这种组织（竞争组织）的趋势是把劳动所得的全部利润转到资本手里……在兰斯·米卢兹和圣康坦[①]等地，与曼彻斯特、里兹、斯皮塔菲德[②]一样，工人的生活最无保障……"接着便是一幅工人贫困的可怕景象。你眼前的男男女女、姑娘小孩，全都面带饥色，体质孱弱，衣衫褴褛，肤色苍白，骨瘦如柴。这段描述是以这样一句话结语的："机械工业的工人再也不能应征入伍了！"看来，杜诺瓦耶先生的白面包和肉汤，与这批人是完全无缘的。



维尔梅先生认为年轻女工的放荡淫佚是不可避免的。姘度是她们习以为常的事情。她们全靠老板、店员和大学生们供养。结婚对于平民来说虽然一般比对资产阶级更有吸引力，但是大批并不知道马尔萨斯的马尔萨斯主义者—无产者，都随附潮流，害怕成

① 兰斯和圣康坦均为法国北部工业城市。——译者

② 里兹和斯皮塔菲德均为英国南部工业城市。——译者

家。所以，女工成了卖淫的材料，就像男工充当炮灰一样。这一切完全可以说明为什么女工在星期日要穿红着绿。不管怎么说，为什么一定要求这些姑娘比资产阶级女人更有操守呢？

获得法兰西学院奖金的欧仁·布莱[①]先生说："我敢肯定，工人阶级的肉体与灵魂都受着工业的任情蹂躏。"在另一个地方又说："只要投机者作点小小努力就能使每磅面包的价格涨落 5 个生丁或者更多；按 3400 万人口计算，这出入就是 6.205 亿法郎。"这里要顺便指出，这位不幸早逝的布莱先生竟认为垄断者的存在只是民间的一种成见。唉！诡辩家呀！你既然承认事实，那么，名称叫做投机者还是垄断者究竟有什么区别呢？

类似的例证真是成卷累牍。但是，我这本书的目的并不在列举经济学家的种种矛盾和进行一些毫无结果的争论；我所抱的是完全另外一个目的，比这要崇高和严肃得多，这就是：展示经济矛盾的体系。因此，我们到这里就煞住这段令人不快的叙述，不过在结束之前，让我们再检阅一下人们所提的种种防治竞争弊病的办法。

## 第三节　防治竞争弊病的办法

劳动中的竞争能够废除吗？

这就等于问个性、自由和个人责任能否取消。

竞争实际上是集体活动的一种表现，正如工资就其最精确意

① 布莱(1810—1842)，法国经济学家，西斯蒙第的学生。——译者

义来说是劳动者功过的一种表现，简言之即劳动者责任的表现。人们对纪律和自由体现于劳动中的这两种基本形式的指责和抨击，全都是徒然的。没有工资理论，就没有分配，没有公平；没有竞争的组织，就没有社会保障，因而也就没有团结。

社会主义者把工业上的竞争与家庭里的团结加以对比，是把两件本质上不同的事物相提并论。他们老是在设想，是不是可以把社会组织得像一个大家庭，所有成员都亲如骨肉团结一致，而不是一种每个成员都受个人利益的规律支配的同盟。

我敢这样说：家庭不是社会的模型，也不是社会的有机组成单位。正如德·波纳尔特[①]先生非常恰当地指出的，家庭是只有一个精神、一个思想、一个灵魂，甚至如《圣经》所说的，只有一个肉体。家庭是君主制和宗法制的模型和摇篮；它在现代国家中体现和并保持了正在逐渐消失的那种权威和无上权力的思想。一切古代的和封建的社会，都是以家庭为模型组织起来的；而近代民主主义者所抗议和反叛的正是这种古老的宗法结构。

工场才是社会的组成单位。

但是，工场必然包含着整体利益和私人利益，包含着集体和个人。由此便产生出一系列在家庭中所没有的关系，其中最首要的便是厂主所代表的集体意志与佣工所代表的个人意志的对立；其次是工场与工场之间、资本与资本之间的关系，换言之就是竞争与联合的关系。竞争和联合是互相依存的，彼此不可或缺；它们不仅

① 德·波纳尔特（1754—1840），法国作家和哲学家，神权君主制的狂热卫士。——译者

不互相排斥，甚至彼此间并不存在分歧。只要说到竞争，就必然假定存在着一个共同的目标；可见，竞争并不是利己主义，而社会主义最可悲的错误就在于它把竞争看成是对社会的倾覆。

因此，问题并不在于消灭竞争，消灭竞争与消灭自由一样，是不可能的事情；问题在于如何使竞争获得平衡，或者可以说，如何使竞争受到监督。因为任何一种力量，任何一种自发性，不论是属于个人的或者集体的，都必须有一个确定的范围；在这一点上，竞争与自由、理智是一样的。那么，怎样在社会中协调地确定竞争的范围呢？

杜诺瓦耶先生在为政治经济学辩护时曾经回答过这个问题，这我们已经听到过了，就是竞争的范围应该由它自己来确定。换句话说，照杜诺瓦耶先生和所有经济学家的意见，防治竞争弊病的办法仍然是竞争。显然，由于政治经济学是一种有关所有权的理论，一种有关使用或滥用的绝对权利的理论，所以，它当然不能提供任何别的答案。这就好比主张以自由来指导自由，以思想来培育思想，以价值来确定价值同样明显地同义反复和荒谬可笑。



事实上，就我们所讨论的问题而言，显而易见的是：如果是为了竞争而竞争，为了维持虚假的和互相抵触的自主性而竞争，是收不到任何效果的，而只会造成永无休止的动乱。竞争中从事斗争的是资本，还有机器、工艺、才能和经验，这后几项说到底还是资本；斗争的结果总是最强大的队伍取得胜利。所以，如果竞争只是为了私人利益，而它对社会应起的作用既未经科学加以确定，又不受国家的控制；那么，竞争就将如民主政治一样，不断地通过内战而变为寡头政治，由寡头政治又变为专制，然后，专制崩溃了，内战又重起，这一切将永无休止之日。放任自流的竞争之所以永远不能到达它的构成阶段，原因就在这里。竞争正如价值一样，需要有一个更高的原则来加以社会化，给它确定一个范围。这些论点已经得到充分的证实，我们完全可以把它们看作批判的成果，以后就不必再重复了。政治经济学既然在监督竞争这个问题上除了竞争以外提不出任何其他方法，也就证明它在这方面是完全无能的。

好了，现在我们还需要弄清楚的是，社会主义又是打算怎样来解决这个问题的。只要举一个例子就可以看出它的办法的大概，并且作出一般的结论。

路易·勃朗[①]先生也许是近代社会主义者中由于才华出众而最能用自己的著作吸引大众注意力的。他在《劳动组织》一书中把联合的障碍统统归咎于竞争，然后斩钉截铁地主张取消竞争。根据这一点，我们可以看出这位平常非常谨慎的作者是多么错误地理解了政治经济学的价值和社会主义的意义。一方面，勃朗先生不知从哪里接受了那么一套成见，把一切都归咎于他的时代，而丝毫不归咎于历史，把政治经济学从形式到内容全部抛弃了，连它所提供的有关劳动组织方面的材料也撇在一旁；另一方面，他又把一些复活的旧倾向当成新倾向加以宣扬，赋予这些倾向以它们所没有的现实性，并且否定了本性专事批判的社会主义。从勃朗先生身上，我们看到了一个异想天开、仓猝鲁莽地与一些根本不可能存



① 路易·勃朗(1811—1882)，法国小资产阶级社会主义者，历史学家。——译者

在的事物作斗争的人物形象。他相信天才的预见；可是他应该懂得，科学并不是即兴可就的，不管你叫阿道尔夫·布瓦耶也好，路易·布朗也好，卢梭也好，凡是实践中还不存在的事物，你思想上就不可能有。

勃朗先生一开始就宣称："对那些妄想把两个相反的原则神秘地结合在一起的人，我实在无法理解。企图把联合嫁接到竞争上，是一种可怜的想法，这就等于用阴阳人来取代阉人。"

这几行文字将使勃朗先生终身引以为憾。它证明勃朗先生直到自己著作的第四版发表时，在逻辑学和政治经济学两方面都进步很小，证明他对这两门科学的理解，就类似于色盲人对色彩的理解。从政治上说，雌雄同体恰恰表现为互相排斥，因为排斥的结果总是以某种形式和在同等程度上重新引上排斥的思想。勃朗先生在自己的著作里就不断地把最为对立的原则，如权威与权利、私有制与共产主义、贵族制与平等、劳动与资本、奖励与牺牲、自由与独裁、思想自由与宗教信仰混合在一起，因此，他自己就是一个地道的阴阳人，一个两性同体的政论家。把这点告诉他，他一定会大吃一惊。勃朗先生置身于在民主主义和社会主义的边缘上，比起共和派来要低一等，比巴罗[①]先生低两等，比梯也尔[②]先生则低三等。无论他说些什么和做些什么，反正他是基佐先生的第四代后裔，是个空谈家。

① 巴罗(1791—1873)，法国资产阶级政治活动家，原系王朝的自由主义反对派首领，后领导过受各保皇集团支持的内阁。——译者

② 梯也尔(1797—1877)，法国资产阶级历史学家和国务活动家，镇压巴黎公社的刽子手。——译者

勃朗先生大声说道:“我们当然不是那种诅咒权威原则的人。我曾经在许多场合维护这个原则,驳斥人们对它的一些恶毒而愚蠢的攻击。我们都知道,社会上哪里缺乏有组织的力量,那里就出现专制……”

所以,按照勃朗先生的看法,防治竞争弊病的办法,或者说废除竞争的办法,就在于政权的干预,在于以国家来代替个人自由;这和经济学家的主张正好相反。

勃朗先生的社会倾向是人所共知的。如果他因为我批驳了他而指责我对他不公正,那我将深感遗憾。我承认他悲天悯人,我阅读并且热爱他的著作,我尤其感谢他所作的贡献,这就是他在《十年史》一书中把他自己所属党派的致命弱点揭露无遗。当然,谁也不愿意让人看出自己是受骗者或者傻瓜,不过,撇开他的个人性格不谈,试问,在社会主义这样一种反对一切的理论与勃朗先生的那种由各种古老成见七拼八凑而成的共和理论之间,究竟有什么共同之处呢?勃朗先生不断地求助于权威,而社会主义则公开宣称自己是无政府主义的;勃朗先生把政权置于社会之上,社会主义则倾向于使社会凌驾于政权之上;勃朗先生希望从上而下安排社会生活,而社会主义则想使社会生活从下面发芽滋长;勃朗先生追逐的是政治,而社会主义则是探索科学。我倒想向勃朗先生说:还是不要当伪善君子吧!你不赞成天主教,不赞成君主制,不赞成贵族阶层,可是,你却需要一位上帝,一种宗教,需要独裁监督、荣誉和等级。至于我呢?我可要否定你的上帝、你的权威、你的主权、你的法治国家和你关于代议制的一切玄妙主张。我既不要罗伯斯庇

尔的香炉，也不要马拉[①]的棍棒；与其忍受你们的雌雄同体的民主，我宁愿安于现状。十六年来，你们那个党一直在抗拒进步，压制舆论。十六年来，它充当中左政权中的极左派，暴露了自己的专制本性。现在是这个党引退或彻底改变的时候了！那么，冷酷无情的权威论者，你们究竟向你们所抨击的政府提出了些什么它能够以一种比你们原来的做法更易于为人接受的方式来实现的建议呢？

勃朗先生的制度可以归纳为三点：

（1）赋予政权以广泛的主动权，用法国人的话来说就是赋予专制政权以全权来建立乌托邦；

（2）国家出资建立社会工场；

（3）依靠国营工业的竞争来消灭私营工业。

如此而已。

勃朗先生提到过牵涉一切其他问题的价值问题吗？他连想也没有想到！他提出什么关于分配的理论吗？没有！他解决了作为工人愚昧、堕落和贫困的永恒原因的分工的二律背反问题吗？也没有！他消除了机器与雇佣制度之间的矛盾，协调了联合权利与自由权利吗？正好相反，他把这些矛盾神圣化了。他原则上承认了在专制国家的保护下保留地位与工资的不平等，只不过加上一个选举权作为补救。工人们拥有批准自己的规章和选举自己的领导人的权利便自由了吗？完全可能出现这样的情况，就是投票的

① 马拉（1743—1793），法国政论家，资产阶级革命的著名活动家。他和罗伯斯庇尔都是雅各宾派领袖。此处所称香炉指讨好人民，棍棒指镇压反动派，都是作者对雅各宾派的污蔑。——译者

工人既不愿意接受任何人的指挥，也不希望有任何薪给的差别，而由于事前没规定什么既能维护政治平等、又能发挥工业才能的办法，结果除非警察出来干预，否则这种工场就将彻底瓦解，所有的人都只好回去重操旧业。在勃朗先生看来，这些都是杞人之忧，既不现实，也毫无根据。所以他才那样若无其事地等待考验的到来，满有把握地认定社会不会越轨出来反对他。

还有捐税、信贷、国际贸易、所有权、继承权这样一些非常复杂和混乱的问题，勃朗先生是不是深入研讨了呢？还有人口问题，他解决了吗？没有，没有，一千个没有！当他不能解决的难题，他就把它抹杀掉。一谈到人口，他就说："因为贫困，人口才迅速增长；既然社会工场能取消贫困，因此人口问题也就不必操心。"

西斯蒙第先生曾经根据普遍经验向他大声疾呼："我们绝不信任行使代表权的人们。我们认为，任何一个机关办事都比以私人利益为动力的个人还要糟糕，经理们总是玩忽职守、铺张浪费、徇私偏袒、害怕负责，而且总是沾染上只见诸公共财务机关，而在私有财务管理上却难得看到的种种污点。此外，我们还认为，股东会里无非都是一些漫不经心、随心所欲、吊儿郎当的人，要是企业靠这样一个会议而不是由一个商人来管理，那就一定会不断亏损，而且很快就会倒闭。"可是这些话等于白说，勃朗先生一概充耳不闻，而只是用一些漂亮词句来搪塞，比如，用所谓对公共利益的献身精神来代替个人利益，用竞赛和奖励来代替竞争，等等。由于他信仰上帝、权威和天才，因而也就必然地把等级制确立为工业的原则；在这以后，他就任凭这种神秘力量和自己内心想象的种种偶像来支配自己了。

因此，勃朗先生的第一步就是要发动一场政变，照他自己的说法就是，行使他为政权而创造的那种主动力量，对富有者征收一项特种税，来为无产阶级垫付股金。勃朗先生的逻辑十分简单，也就是共和国的逻辑：凡是人民所希望的，政权都能办到，而且凡是人民所希望的，就是真实的。压制社会的最自发的倾向，否认社会的最现实的表现，不是靠正常发展传统而是靠任意摆布劳动和收益来使福利普及化，这真是一种奇特的社会改革方式！可是，这样伪装实际上有什么必要呢？何必这样拐弯抹角呢？马上平分土地不是更简单吗？政权只要根据自己的主动权力，一下子宣布一切资本和劳动工具收归国有，并且给私有主以偿金作为过渡措施，不就行了吗？采取这种率直真诚的断然措施，经济领域的种种障碍就可以一扫而光，要实现乌托邦也就不需要再多的代价。那时，勃朗先生不就可以毫无阻碍地从容进行他的社会组织了吗？

且慢，我说什么来着？组织！勃朗先生的全部组织工作，不管他自己怎么说，反正就是“没收”或曰“取代”的伟大行动；只要工业一旦转手和共和化，大规模垄断也就组成了。勃朗先生确信生产将如人所愿地向前发展；他想象人们对他的这个所谓制度的实现是不会制造任何障碍的。说实在的，像勃朗先生的这种难以捉摸的可笑主张，又有什么值得反驳的呢！他的著作中最奇怪的部分便是选集了一些怀疑者所提出的疑难，而对于这些疑难，我们可以想象，他当然是扬扬自得地答复的。这些批评家在讨论勃朗先生的制度时并没有看到自己原来只是在讨论数学上某一点的大小、重量和形状。事情的结果是，勃朗先生所挑起的这场争论教给他的东西比他自己苦思所得的还要多得多；而我们可以想象，要是人们继续起来反驳他，他总会发现他自以为已经发明了的那种劳动组织。

可是，勃朗先生所追求的目的毕竟十分有限，那就是：取消竞争并且保证国家所保护和资助的企业获得成功。但是，即使是这样一个有限的目的，究竟能否实现呢？关于这个问题，我想引述一位有才干的经济学家约瑟夫·加尔涅先生的感想，而且，请原谅我加上一点评注。

“按照勃朗先生的办法，政府将挑选一些品行端正的工人，发给他们优厚的工资。”可见，勃朗先生需要的是一些特意制造出来的人；他并不自诩对任何品质的人都适用这个办法。至于工资，勃朗先生许诺一定优厚，这当然比确定一个工资标准要容易得多了。

“勃朗先生根据自己的假设，宣称这些工场一定会获得纯利，并且能够在竞争中压倒私营工业，从而促使私营工业转变为国营工场。”

如果国营工场的成本高于自由工场，上述情况又怎么可能出现呢？在第一章里我曾经指出，雇用300名工人的纺纱厂正常所得的全部纯利超不过20000法郎，分配到300个劳动者身上，每人每天只增加18生丁的收入。其实，所有的工业，情况都是如此。国营工场既然必须发给工人以优厚的工资，又怎么能够弥补这笔亏空呢？勃朗先生说：靠竞赛么！

勃朗先生非常得意地引用了油漆工人协会创办勒克莱尔商行为例，指出它的业务非常兴隆，并且把这作为他的制度的现成证据。类似的例子勃朗先生本来还可以举出很多，但是，它们所能证明的也不会超过这家商行的例子。勒克莱尔商行是受一个大型社团庇护和支持的集体垄断企业。问题在于这整个社团是否可能都按照勃朗先生的意向变成勒克莱尔商行式的垄断企业，这点我坚决认为是不可能的。有一点与我们所讨论的问题有密切的关系，而且也是勃朗先生所完全没有注意到的，那就是从勒克莱尔商行提供给勃朗的分配账目中可以看出，这家商行的工资比一般工资要高得多，因此为了改组这个社团，首先要做的事情就是这家商行的工人中间或者在商行之外的工人中间鼓励竞争。

“工资将由政府来规定。社会工场的成员可以按照自己的方便来共同支配全部工资，这样，共同生活无可争辩的优越性将很快就使联合劳动发展为联合的享受。”

勃朗先生是个共产主义者吗？究竟是不是？希望他不要回避，直截了当地表明自己的态度。即使共产主义不会使他变得聪明些，至少人们可以知道究竟他所希望的是什么。

“读了勃朗先生著作中用以反驳某些报刊对他提出异议的附录部分，更可以看出他的观念不完全，他的那套主张至少来自三个方面，即圣西门主义、傅立叶主义和共产主义，另外加上一点政治学，再加上一点点政治经济学。

“按照他的解释，国家不过是工业的调节者、立法者和保护者，而不是囊括一切的厂主或生产者。但是，既然勃朗先生光是保护社会工场以消灭私营工业，势必就不由自主地走上垄断道路，并且陷入圣西门的理论，至少在生产方面是这样。”

这点勃朗先生是无法否认的，因为他的制度的锋芒是对着私人工业的；而且在他看来，政权的任务就是运用它的主动力量来消灭个人的一切主动力量，禁止自由劳动。勃朗先生最厌恶人们把相反的命题结合在一起，因此我们看到，为了联合他不但牺牲了竞争，而且连自由也抛弃了。我预料他还将废除家庭呐！

“不过，就像在傅立叶主义和立宪政体中一样，等级制是从选举原则产生出来的，而这些由法律来调节的社会工场难道不也就等于同业公会吗？这些同业公会受什么东西约束呢？法律！谁制定法律呢？政府！你以为政府一定管用吗？不！经验证明，政府是从来不懂得如何处理工业中的无数事件的。你对我们说，政府将确定利润率和工资率，你希望它这样做的结果会使劳动者和资本都涌到社会工场来安身；可是你却没有告诉我们怎样在这些理应向共有生活发展、向法伦斯泰尔发展的工场之间建立起均衡，没有告诉我们这些工场怎样避免内外的竞争，它们怎样解决人口超过资本的困难，社会制造业工场和社会农业工场究竟有什么区别；此外，还有许多其他问题你都没有说明。我完全知道，你一定会回答说：这些都由法律来作专门规定好了！要是你的政府、你的国家不懂得制定这些法律呢？你难道没有看到，你正在顺着斜坡往下滑，以致必须抓住一种像灵活变化的法律这样的东西来救命吗？读了你的著作，可以非常清楚地看到，你是特别用心于创造一种能够适应你的制度的政权；可是，我必须声明，在仔细地阅读了你的著作以后，我认为你还缺少一个你所必需的明确概念。你所缺少的，也是我们大家所缺少的，就是对自由和平等的真正概念。当然，你并不想否定这个概念，可是尽管你小心谨慎，最后还是不得不牺牲它。”

“你因为不了解政权的本质和作用，所以不敢对它作任何解释，连最小的例证也没有举出来。”

“我们姑且承认这些工场是为了生产而经营的，可是，它们也是商业性的工场，因为它们也从事商品流通，从事交换。那么，谁来规定价格呢？还是靠法律吗？老实对你说，除非上帝在西奈山[①]上再度降灵，否则你和你的那个国家委员会、你的国民议会、你的参议院都永远无法摆脱困境。”

这些思考无可辩驳地正确。勃朗先生既然主张靠国家来组织，结果也就不可避免地要回到原来的出发点；说真的，他本来就不必费那一番工夫去写这么一部《经济学研究》。正如批评他的人非常正确地指出的：“勃朗先生的严重错误就在于把政治上的权术运用于一些不适用这类手法的问题上。”勃朗先生曾经试图使政府履行它的职责，可是结果只能愈来愈清楚地证明社会主义和崇尚高谈阔论的议会民主是互不相容的。他这本妙笔生花的小册子虽然足以显示出他的文学才华，但是就其哲学价值而言，如果作者每一页上只写上“我抗议”三个大字，它的价值将与此完全相等。

让我们来总结几句吧：

作为一种经济状态或一个经济阶段的竞争，就其起源来说，是机器的出现、工场的建立和成本降低论的必然产物；就其本身作用和发展趋向来说，则是集体活动的一种表现形式和实现方式，是社会自发性的表现，是民主与平等的象征，是价值构成的最有力的工具，也是联合的支柱。作为个人力量的刺激剂，它是个人自由的保证，是个人之间和谐的初步时刻，是把一切人联合起来、团结起来

① 西奈山，在埃及西奈半岛上。《圣经》上说上帝在这里显灵给摩西。——译者

的负责任的形式。

但是，如果缺乏一个高尚而有效的原则来指导，放任其自流，就只会成为一种难以捉摸的运动，成为工业力量在两个同样都是灾难性的极端之间毫无目的的一种摆动，其中一个极端是我们所看到的由工场产生的同业公会和共济会，另一个极端就是下一章里将要讨论的垄断。

社会主义虽然正确地反对了这种无政府状态的竞争，但是并没有提出任何令人满意的调节竞争的建议。下列事实都足以证明这一点：他们提出的都是一些乌托邦理想；他们把价值的确定和社会化委诸专断的决定；而他们的一切改革，其结果要不就导致等级制的企业公会，要不就导致国家垄断或者是共产主义专制。

# 第六章　第四个时期——垄断

垄断就是对某种物品进行独占的经营、开发和享用。

垄断是竞争的天然对立物。正如我们曾经指出的，这个简单的说明就足以驳倒各种企图消灭竞争的乌托邦理论，因为它们以为竞争的对立物是联合与博爱。竞争是维持集体存在的生命力，如果消灭竞争这个命题得以成立，社会就将被扼杀。

可是，竞争既然是必要的，那么，它就必然包含着垄断的概念，因为垄断就像是每一个竞争者的安身之所。所以，经济学家们曾经指出过，罗西先生也正式承认，垄断是社会占有的一种形式，没有垄断就没有劳动，没有产品，没有交换，也没有财富。一切土地占有都是垄断，一切工业方面的乌托邦都倾向于以垄断作为基础；而且应该说，一切不属于这两个范畴的行业，也都是如此。

所以，垄断本身并没有不公平的含义。反之，不论就社会或个人而言，垄断本身都具有某种合法性。我们即将讨论的就是这个原则的**积极**的一面。

但是，垄断也和竞争一样，正在变成反社会的和灾难性的现象，为什么会这样呢？经济学家回答说，那是因为人们**滥用**了垄断。于是法官就出来确定和取缔垄断的种种滥用行为；而新经济学家派也以揭露垄断的各种流弊引以为荣。

我们将证明，所谓垄断的滥用，不过是合法的垄断向消极方面发展时所产生的后果。这些流弊与原则的本身是不可分离的，否则，这个原则就要受到破坏，因此，法律对这些流弊是无能为力的，取缔这些流弊是专横无理和不公平的。因而垄断既是社会的基本构成原则和财富的必要条件，同时又是掠夺和贫困的主要根源；人们愈是要运用它来造福，从它那里得到的祸害也就愈大；没有垄断，社会就将停止前进；有了垄断，劳动却又怠惰，文明也将衰败。

## 第一节　垄断的必然性

所以，垄断是竞争的必然产物，竞争通过不断的自我否定而产生垄断。垄断的这种起源，本身就证明垄断是合法的。因为既然竞争就如运动是生物的固有属性一样，是社会的一种固有属性，既然随着竞争而产生的垄断是竞争的目的和结果，没有垄断，竞争就不会被人接受，那么，只要竞争本身、机器操作和工业管理方式、分工制度和价值构成仍然是必要的，仍然是规律，垄断就始终是合法的。

因此，光是垄断的这种合乎逻辑的产生过程，就足以证明垄断是正当的。但是，如果垄断不能依靠自身作为一种原则确定下来，上述论断看来就毫无意义，而且只会使人更坚决地反对竞争。

在前几章里我们已经看到，分工意味着工人的专业化，特别是就他们的智力来说是这样；机器的创造和工场的建立表现了工人的自由；而竞争则是人或者智力的自由进入行动。垄断乃是自由取得胜利的表现，是斗争所得的代价，是天才应获的报偿，它是盘古开天以来业已实现的一切进步的最强有力的刺激剂。正因为如此，所以就像我们刚才所说的，社会虽然不能与垄断并存，但是如果没有垄断，社会又不能形成。

垄断的这种特殊效能究竟从何而来？不论是垄断一字的词源或者它通常的外表，都不能给我们提供什么解释。

垄断实质上只不过是人类对自己实施的强制，是自然赋予每个生产者的一种独断权，使他能够随心所欲地运用自己的能力，按照自己所喜爱的方向发展自己的思想，用自己的一切有效手段来从事自己所任意选择的专业活动，以及自主地使用自己所创造的工具和自己储蓄所得的资金来经营自己认为值得冒险的事业，而且这一切都附有明确的条件，就是他可以单独地享有自己发明的成果和经历风险所获得的利润。

这种权利是自由的这样一种本质，如果否定它，人们的身心就将遭到损害，他的能力的运用就将受到妨碍，而只靠个人的自由发展才能进步的社会也将失去自己的探险者，从而停止了前进。

现在到了用事实来证明这一切观念的具体化的时候了。

我知道有那么一个小城镇，自古以来就没有修过一条可以出去垦荒或者与外界往来的道路，在一年的 3/4 时间里，任何货物都无法进出。泥泞和沼泽保护着这个神圣不可侵犯的城镇，既防止了外人的侵入，又阻碍了居民的远行。好道上一匹瘦马就能驮走的东西，这里即使是晴天也要 6 匹马才勉强拉得动。当地的镇长不顾村民的劝告，决定在自己管界内修一条道路。为此，他长期被人嘲笑、咒骂和抱怨，说他当镇长以前这里没有道路也过得很好，干什么要花镇里的钱和浪费大家的时间来运土修路呢？这一定是镇长先生为了满足自己的虚荣心，想让那些从城市里来拜访他的朋友们有条平坦的大道好走，所以才折磨咱们穷苦农民……不管怎么说，道路终究还是修成了。这下子农民可高兴啦！他们说，过去我们运30袋粮食上市，需要8匹马和3天时间，现在只用两匹马，早晨动身，晚上就能回来了，这差别多大啊！可是，在议论中谁也不提镇长了。既然事情已经证明他是正确的，人们也就不再谈论他了。可是我知道，大多数人可都曾埋怨过他。

这位镇长倒是照阿里斯提得[①]的榜样行事的。不过，假定当初他因为厌烦人们的无理取闹，干脆向他管区的居民建议，由他来出资修建道路，条件是他有权收50年路捐，至于其他田间小路，大家仍然可以照样免费自由通行；请问，这样一项交易有什么不正当之处呢？



这就是社会和垄断者的故事。

不是所有的人都能把一条道路或者一部机器当作礼品来送给自己同胞的，耗尽心血和财产的发明人通常总是期待着酬劳。要是你拒绝给阿克莱[②]、瓦特、雅卡尔[③]等人的发明以特权，而且还嘲笑他们，那他们一定宁可关起门来悄悄地工作，也许会对自己的发明秘而不宣，一直带进坟墓。如果你拒绝承认拓荒者对他们所开垦的土地的占有权，就谁也不会去垦荒。

但是，人们说：这难道是真正的权利、社会的权利和博爱的权

① 阿里斯提得(公元前约540—前468)，雅典将领和国务活动家。相传为人正直爱国，虽受谗言遭放逐，仍以国家利益为重，后来重回雅典，再立大功。——译者

② 阿克莱(1732—1792)，英国机械师，曾改进纺织机。——译者

③ 雅卡尔(1752—1834)，法国机械师，发明纺织机。——译者

利吗？在脱离原始共产社会的时候，这种情况还可以原谅，因为那时确实有这种必要，不过这毕竟是一种暂时的现象；现在，当人们已经比较完整地理解什么是人和社会的权利与义务时，这种权利就应该取消了。

我绝不放弃自己的任何假设。好吧，让我们来比较深入地探讨一下吧！我的论敌已经供认，在文明的第一时期，事情不能不是这样，这是很重要的一点。剩下的问题就是那个时期的这种制度实际上是否像他们所说的那样，只是一种暂时的现象，还是说它是社会本身永恒规律造成的结果。不过，我所主张的论点目前还难于为人所理解，因为它和一般的潮流相违背而且马上我还需要以它的矛盾来推翻它。

因此，我要请问人们，既然社会本身是排斥一切团结与博爱的交易的，我们又怎么能求助于和睦、博爱、团结等原则呢？在每种生产开始的时候，在每项发明刚出现的时候，其创始者或发明者总是孤立的，社会对他置之不理，站在后面不管他。更确切地说，就这个人所怀抱和力求实现的理想来说，他一个人就代表着整个社会。他没有伙伴，没有合作者，也没有保证人。谁都远远地躲开他，责任只由他一人来负，因此投机所得的利益也归他一人所独占。



人们坚持说：社会是因为不辨是非，才放弃了自己最神圣的权利和利益，断送了后世子孙的幸福。至于那个比较聪明或者说比较幸运的投机者，只不过是不公正地利用了人们的普遍无知所提供的垄断机会罢了。

我认为，社会的这种做法，对目前来说仍然是最明智的；至于将来，就像我行将证明的，也不会使社会受到什么损失。我在第二章中谈到价值二律背反的解决办法时已经指出，每一项有益的发明给发明人带来的利益，无论如何总是比给社会带来的利益要小得多；而且我是如数学一样精密地作了证明的。何况，我以后还要证明一点，就是除了一切发明保证社会的利益外，社会还可以利用它所让与的各种短期性或永久性的特权来大大消除私人财产的某些过度增长的现象，从而迅速地恢复平衡。不过，这点我们暂时先不讨论它。

因此，我注意到社会生活表现为保守和发展两种形式。

发展是通过个别人能力的发挥而实现的；至于群众，就其本性说，是无所作为的、被动的和拒绝接受任何新事物的。如果打个比方，可以说群众就像是子宫，它本身是不会妊娠的，可是经过性交，胎儿便在子宫里成长；在雌雄同体的社会中，个人的活动所起的作用和男子的性器官完全一样。



但是，社会只有避免与个人投机牵连在一起，完全让个人来承担一切革新的风险，才能维持下去。如果把有益的发明开列出来，几页纸就可以写完。获得成功的研究发明总是有限的。可是，任何数字也无法表示人类头脑每天所出现的错误设想和轻率尝试如何之多。任何一个发明家，任何一个工人，为了获得一个合理而正确的观念，都要先有千千万万个幻想。任何智慧要想获得一星半点儿的理性，都要先散发出迷漫无际的烟云。如果把人类理性的全部产物划分为两部分，一部分是有益的产物，一部分是白白地消耗了体力、脑力、资金和时间而毫无效用的产物，那么，我们将会十分惊讶地发现，后者远远超过前者，也许是亿倍于前者。倘若社会必须支付这笔亏损，清偿这笔破产债务，那它还成其为社会吗？而劳动者如果有社会作靠山，自己不冒任何风险地胡思乱想，任意妄为，随时都可以拿人类的生存孤注一掷，那么，他们的责任和尊严又变成什么呢？

根据上面所说的这些道理，我的结论是：原始时代实践的事情，将一直实行下去；在这个问题上，和在其他问题上一样，既然我们的任务在于协调一切，那么认为现存事物可以废除的想法是荒谬的。因为思想与自然世界一样是无穷无尽的，人的本性总是倾向于投机冒险，也就是说总是会犯错误的。现在和过去一样，对于个人总是存在着对投机的鼓励，对于社会则有理由提出并加以提防，因而垄断也就始终有存在的依据。

人们提出了什么办法来摆脱这种困境呢？赎买行吗？首先，赎买是不可能的，因为一切价值都被垄断了，社会拿什么来赔偿垄断者呢？哪里来抵押品呢？其次，赎买是一点好处也没有的，因为如果一切垄断都赎买了，你就得组织工业。可是用什么办法来组织工业呢？公众的意见又怎么想呢？有哪些问题已经解决了呢？如果工业按等级制来组织，我们就将回到垄断制度；如果采取民主形式，我们又要回到原来出发的地方，已经赎买的工业将再度落入公众手里，就是说又进入竞争，慢慢地便又重新变成垄断企业。最后，如果是采取共产主义形式，那么，我们就不过是从一种行不通的办法转到另一种行不通的办法，因为正像我们在适当时候将要证明的那样，共产制度与竞争及垄断一样，本身也是一种二律背反，是行不通的。



为了不使社会财产负担无限的、从而也是贻害无穷的连带责任，是不是只作出一些规定来限制赋有发明天才和富有事业心的人们就行了呢？假定社会能够事先知道某项发明正在试验，是不是可以对天才和狂徒建立一种审查制度呢？预先审查工业家的计划，就等于事先禁止一切活动。我们再说一遍，因为就企业家给自己提出的目标来说，他有一段时候是代表着社会的，因为他比其他的人都看得更远大、更正确，而且往往连他自己也无法解释为什么是这样，也无法使人了解自己。牛顿[①]的前辈哥白尼[②]、开普勒[③]和伽利略等人当年对以教会为代表的基督教社会宣称：《圣经》是错误的，地球是旋转的，太阳是不动的；尽管这些意见是正确的，可是那时的社会只相信感觉和传说，否定了他们的意见。既然这样，社会能够接受哥白尼体系的连带责任吗？这种可能性极小，因为这个体系公开地反对社会的信仰。在理性和感知获得一致以前，这项发现的负责者之一伽利略就因为坚持这种新思想而遭受酷刑。我认为，现在我们在这方面还是比较宽容的，但是这种宽容本身也证明了一点，就是我们赋予天才以较大自由，并不意味着我们不如自己的祖先那样审慎。政府虽然批准了大量的发明专利，但是并不加以保证。把地产契据交由公民自行保存，可是不论是土地登记册或者是契据，都不保障这些地产的价值，只有依靠劳动才能使地产取得价值。至于政府有时一高兴不花分文地委托一些探险家



① 牛顿(1642—1727)，英国伟大的物理学家、天文学家和数学家，经典力学的创始人。——译者

② 哥白尼(1473—1543)，波兰伟大的天文学家，太阳中心说的创始人。——译者

③ 开普勒(1571—1630)，德国杰出的天文学家，在哥白尼学说的基础上发现行星运动的规律。——译者

去完成某项科学研究任务或其他任务，这些任务对政府来说就成了一种掠夺行为和更加舞弊的行为。

事实上，社会对任何人也不能保证供应其进行某种试验所需要的资本；在法律上，社会也不能要求享有它所没有资助的事业的成果。因此，垄断是无法消灭的。何况，即使存在这种连带责任，也是不起任何作用的；因为如果每个人都可以要求所有的人为自己的某种幻想负连带责任，如果每个人都有权获得政府的空白专利证，那么，很快就会出现一种普遍为所欲为的局面，也就是说，直接回复到垄断的原状。

我由衷地感到遗憾的是，有的社会主义者非常不幸地受了福音书上的一些抽象思想的激发，以为可以依靠一些美好的教义——才能的不平等证明义务也不平等，你得天独厚，就应该比你的弟兄们多贡献一些，还有其他种种诸如此类的漂亮动人的说法——来解决困难。这些说法对缺乏头脑的人来说倒是始终起作用的，但是也只有最天真幼稚的人才会想象出这种说法。从这些美妙的格言中演绎出的实践公式就是：每一个劳动者都应该把自己的全部时间贡献给社会，反过来，社会又应该尽自己所能支配的资源来满足每一个人所必需的一切。

请我的共产主义朋友们原谅！要不是我的理性和内心确信当前阻碍着社会进步的最大障碍就是共产主义、共和主义和一切不顾事实、无视批评的社会的、政治的或宗教的乌托邦理论，我也不至于这样苛责你们的思想。须知，博爱只有在公平的基础上才能建立，只有公平才是自由和博爱唯一的条件、手段和规律；我们研究的对象应该是公平，而且应该不断地加以研究，一直到它的细微的一点，即它的确定的意义和形式是什么？那些熟悉经济学术语的作家怎么会忘了才能至上就是需要至上的同义语，所以，社会绝不应该期待从能者手中获得比庸人更多的东西，而是应该经常注意不让能者的所得高于他们的贡献，因为一般群众的贡献本来就不容易抵偿他们的所得。无论你们怎样绕圈子，最后还是要回到现金出纳账和损益计算书上来，这是对付大型消费者和小型生产者的唯一保障。工人是不断要从生产中超支的，他们总倾向于赊欠，借贷，最后是破产，他们永远需要人们用萨伊的格言来提醒他们：产品只能用产品来购买。

如果假定才能出众的劳动者竟然会为了照顾弱者而满足于领取一半工资，无偿地贡献出自己半数的劳务与产品，也就是说，像老百姓所说的“为了普鲁士国王”，也就是为了名曰“社会”、“君主”或者“我的兄弟”的抽象概念而无偿地贡献自己的劳务与产品，那就是要社会建立在某种情感基础上。当然，我不是说人类就根本不可能有这样的情感，但是，如果企图把这确立为一项贯彻始终的原则，就只能说是一种哗众取宠的办法，是一种危险的伪善行为。人们建议我们举办慈善事业，作为对因不测事故而病残的同胞的一种救济办法。我认为，为了这个目的，慈善事业倒是应该组织的，因为慈善事业本身也是渊源于连带责任，其目的无非也是为了恢复公平。但是，如果把慈善事业当成建立平等的工具和均衡的规律，那就等于让社会解体。人与人的平等是依靠严格和不可变更的劳动规律和价值的比例关系，依靠交换的诚实和职业的平等而建立起来的，一句话，就是依靠精确地解决一切对抗而建立起来的。

正是因为这样，慈善虽然是基督教徒的第一德行，是社会主义者的正当期望和经济学家全部努力的目标，可是，只要是把它当成一项基本原则和规律，就会成为社会的一种祸害；也正是因为这样，所以某些经济学家才说，合法的慈善事业给社会带来的祸害比私有主的掠夺更要严重。个人与他所属的社会一样，总是不断在计算自己的流水收支，凡是自己消费的一切，都要自己生产出来。这是事情的一般规则，谁要是违背了这个规则，便不免于声名狼藉或蒙诈欺之嫌。企图以博爱为借口来相对地贬低大多数人，这确实是一种古怪的想法。人们既然要发表这种堂而皇之的宣言，就只好等待着收获恶果了，用不了多久，贵族政治就将借助于博爱而卷土重来！

要是把工人正常的工资增加一倍，那就只会鼓励他们偷懒，辱没他们的尊严，败坏他们的良知。要是克扣他们劳动的正当代价，又会激起他们的愤怒，或者助长他们的傲气。不论上述哪一种情况，都会损伤他们的博爱情感。相反，如果你采取自然所预见的唯一足以使人联合起来、使人变得善良和幸福的方式，也就是把劳动作为享受的前提条件，那么，你就回到了“产品只能用产品来购买”这个经济分配规律上了。社会的基本原则就是职业和能力逐步地趋于平等。为整个社会主义者所倾慕的共产主义者，不相信通过自然和教育能够达到平等，而是企图用一些他们无论怎样努力也实施不了的强制法令来代替。他们不从事实的相互关系中寻求公平，而是从自己的感觉中探索公平，把一切在他们看来属于博爱性质的事物都称作公平，不断地把理性事物与感性事物混为一谈。

那么，他们为什么要不断地把博爱、慈善、牺牲精神和上帝掺杂到各种经济问题里呢？难道不正是因为乌托邦主义者觉得玩弄这些高尚的辞藻比认真地研究社会的各种现象容易得多吗？

博爱！兄弟！你喜欢怎么说都行，反正只要我是大哥，你是小弟，只要作为我们共同母亲的社会能够尊重我的长子身份和我的劳务，给我加倍的报酬就行。你说你要尽你的资源所能供给我所需要的一切，相反，我却认为你不过是按我的劳动来供应我的需要，否则我就会停止劳动。

慈善！我否认慈善，因为这是神秘主义。你给我讲什么慈善和博爱，统统都是徒劳，我还是相信你并不爱我，而且也深感我并不爱你。你的友谊是虚伪的，即便你爱我，也是出于私利。我所要求的不过是我应得的全部报酬，只此而已；为什么你要拒绝我呢？

牺牲精神！我否认牺牲精神，因为这是神秘主义。还是给我讲讲**债权**和**债务**吧！在我看来，这才是社会上公平与不公平、善与恶的唯一标准。首先是按每个人的工作付酬；然后，如果需要我帮助的时候，我可以自愿地帮助你，但是我不想被迫帮助你。强迫我牺牲，就是谋杀我。

上帝！我不认得上帝，这还是神秘主义。如果你希望我听你讲，那么，请你先从你的话里去掉“上帝”这个字样。因为三千年来的经验使我明白：谁要是给我讲上帝，谁就是想剥夺我的自由，或者是想劫走我的钱包。你究竟欠我多少钱，我到底又欠你多少钱，这就是我的宗教，我的上帝。

垄断是以自然和人的名义存在的，因为它的根源是在我们内心的深处，是在我们个性的外在事实中。正如我们的躯体和智力各有其特点一样，我们的劳动也各有其固有的特性，劳动的质量高低和价值大小就取决于这种特性。同时，由于劳动的表现不能没有材料或者对象，有了人还必须有物，因此，垄断也必然是在主体与客体之间建立，正如时间是由过去和将来组成一样。蜜蜂、蚂蚁和其他的群居动物，似乎天性就没有个体意识而只有机械性，它们的灵魂和本能几乎都是集体性的。正因为这样，所以在这些动物中不可能存在特权和垄断，所以即使是最具反射性的行动，它们也不经过商量和研究。可是，人类在多样性中各有个性，因此每一个人不可避免地要成为垄断者，他不成为垄断者，就一文不值；而所谓社会问题，就是如何协调各种垄断，而不是如何消灭垄断。

垄断最显著和最直接的作用就是：

(1) 在政治方面，它把人类划分为家庭、部落、城市、民族和国家：这是人类的一种基本区分，也就是根据劳动者的血统、语言、习尚和风土而分成大集团和小集团。正是通过垄断，人类才能占有地球，正如由于联合，人类才完全成了地球的主宰。

一切立法者所制定的和法学家们所论证的宪法和民法，都是产生于社会的这种爱国的和民族的组织；在社会矛盾的系列中，这些法律是首要的环节和广泛交叉的一个部门。研究这个部门所需要的时间，恐怕要 4 倍于研究我们科学院所提出的有关工业的经济问题。

(2) 在经济方面，垄断有助于增进福利，其途径首先是通过改良工具来增加总的财富，其次是把财富资本化，也就是说，牢固地掌握依靠分工、机器和竞争而取得的劳动果实。由于垄断具有这种作用，所以就产生了这样一个经济虚构，就是认为资本家便是生产者，资本是生产的媒介；根据这个虚构，又产生出关于净产值和总产值的理论。

关于这个问题，我们需要介绍几种看法。我们先来引述让·巴·萨伊的几段话：

“已生产的价值是总产值，从这个产值中减去生产费用后所余的就是净产值。”

“把国家作为一个整体来说，它是没有净产值的，因为产品所具有的只是相当于生产费用的价值；如果减去这种费用，就等于减去产品的全部价值。因此，所谓全国产值，全年产值，应该始终指的是总产值。”

“岁入是总收入。”

“所谓净产值，指的只能是某一个生产者的利润与其他生产者的利润的对比。企业主的利润就是已生产的价值减去已消耗的价值。但是，他的所谓已消耗的价值，例如购买生产性劳务的开支，对提供劳务的人说来，却是一种收入。”（见《政治经济学概论：分析图表》）

这些定义都是无可非议的。可惜的是，让·巴·萨伊并没有理解这些定义的全部意义，也没有预料到他在法兰西学院的一位后继者竟然有一天会跑出来攻击这些定义。罗西先生企图驳倒让·巴·萨伊所说的“一个国家的净产值等于其总产值”的论断，根据的理由是：国家和企业家一样，如果不预付资金就生产不出物品；而且，如果让·巴·萨伊的公式是正确的话，那么，无中不能生有这个格言也就不能成立了。

可是事情却恰恰是如此。人类效法上帝的做法，无中生有，从虚无中生产出一切，正如它本身就是虚无的产物以及它的思想产生于虚无是一样的道理。如果罗西先生不是像重农主义者那样，把工业领域的产品与动物界、植物界、矿物界的产品混为一谈的话，他就不至于产生这种错误了。政治经济学与劳动同时产生，并且随着劳动而发展，凡是不是来自劳动的产品，都属于纯粹有用的物品，亦即受人的行动支配的一类的物品，而没有变成可以用劳动来交换的物品，从而也就根本不属于政治经济学研究的范围。垄断本身尽管纯粹是通过集体意志的行为而建立的，也丝毫不能改变上述关系；因为根据历史，根据成文法和根据经济学理论，垄断是后于劳动出现的，或是被认为在劳动之后出现的。

因此，让・巴・萨伊的学说是不容攻击的。就各个企业主来说，他的专业总是需要有其他行业的工业家来合作，利润就是已生产的价值减去已消耗的价值后余下的部分，这里所谓已消耗的价值，也包括企业主的工资，亦即他本人的报酬在内。就整个社会来说，因为它包括了一切可能存在的行业，所以它的净产值和总产值是一致的。

但是有一个问题我在让・巴・萨伊和其他经济学家的著作中找不到解释，就是怎样证明净产值的现实性和合法性。因为，显而易见，只要一提高工人的工资，增加消耗价值的定额，而售价又不变，净产值便化为乌有。因此，净产值看来就像是从工资中扣下的一笔款子，或者从另一个角度说，就像是从消费者身上预收的一笔款子，它完全类似于强制勒索所得，而丝毫不像是一种权利。

这个困难在我们的价值比例学说中已经事先得到解决了。

按照这种学说，任何人要是采用一种新机器，运用一种新观念或者使用一笔资金，都应该被认为是在以原来同等数量的费用生产出更多的产品，因而是为社会节省了时间，增加了社会的财富。

所以，净产值合法性的依据就在于优先使用新的生产方法。如果新的方法成功，就产生一笔多余的价值，因而就有利润，这就是净产值。如果企业建立在错误的基础上，总产值便要减少，造成亏损，久而久之，企业便要倒闭以至破产。即使像常见的情况那样，企业主并没有采取什么新方法，一项工业是否成功只取决于经营管理的好坏，上述关于净产值的原理也还是适用。根据垄断的性质，任何企业的风险既然都应由企业主来承担，那么，由此应该得出结论：净产值也应归人间最神圣的称号：劳动和智慧，即企业主所有。

提出用欺骗手段减少工资，或者用所有其他方法，使净产值经常增大，那是没有益处的。这种流弊并不是来自原则本身，而是来自人们的贪欲，因此它不属于理论研究的范围。而且，我在第 2 章第 2 节里讨论价值构成的时候就已经指出了两点：1. 为什么净产值始终不会超过由于生产工具的差别而造成的差额；2. 每项新的发明给社会带来的利益总是远远超过给企业主带来的利益。我不准备回头再来谈这些已经作了充分说明的问题，这里只想指出一点，就是工业的进步虽然使福利增长了，但是，对工业家来说，净产值却不断在减少，就像树木的年轮一样，树干愈粗，年轮就愈薄，离树心也愈远。

我曾经指出，除了提供作为劳动者当然报酬的净产值之外，垄断的最可喜的结果之一就是使价值**资本化**，由此又产生出另外一种利润：资本的**利息**或**租金**。至于**地租**，虽然人们往往把它与利息混为一谈，并且在通常言语中把它与利润、利息统称为**收益**，但是实际上地租和利息并不相同。地租不是来自垄断而是来自土地私有权，它属于一种专门的理论范畴，我们将在适当的地方另作讨论。

那么，这种人所共知的现实，但其定义还很不明确，人们称之为利息与借贷代价，而且它又引申出资本具有生产性的假定，它究竟是什么东西呢？

大家知道，企业主计算自己的生产费用时，通常是把它分成三类：1.已消耗的价值和已支付的劳务代价；2.他个人的薪金；3.资本的折旧和利息。正是这最后一类费用产生了企业主与资本家的区别，当然这两种身份往往是代表着同一种职能，就是垄断。

因此，如果一个工业企业只是产生资本利息而不产生任何净产值，那么，它就是一个毫无意义的企业，因为它只是改变一下价值的形式，而丝毫没有增加财富。这样一个企业完全没有存在的理由，很快就会被抛弃。那么，为什么这种资本利息不被看作净产值的一种代替物呢？为什么利息本身不是净产值呢？

在这个问题上，经济学家的哲学也是错误的。他们为了替高利贷辩护，认为资本是能够生产的，并把一种比喻当成现实。反私有主的社会主义者不费吹灰之力便把他们的这种诡辩推翻了。这场论战的结果，使关于资本的理论声名狼藉，以致资本家今天在人民的头脑里成了有闲者的同义语。当然，我这样说并不是打算反悔自己在其他人之后曾经主张过的论点，也不是想为一个莫名其妙地错误理解自己职责的公民阶级恢复名誉。不过，科学的利益和无产阶级本身的利益要求我不得不对我原先的主张作些补充以捍卫正确的原理。

(1) 进行任何生产都是为了满足消费，也就是为了满足某种享受。在社会上，生产和消费这两个相关联的名词，就像净产值与总产值一样，指的是同一件事物。所以，如果一个劳动者取得净产值以后，不把它用来增进自己的生活福利，仍旧只满足于他自己的工资，并且像许多只为购买而赚钱的人一样，把盈余部分不断用于新的生产，那么，生产就将无止境地增长；至于居民的福利状况，从社会的角度来看，却似乎仍然处于原来状态。投入这个企业的资本由于净产值的积累而逐渐形成的利息，就好像是增加生产的需要与增进福利的需要之间的一种协调工具，也是一种既再生产净产值又消耗净产值的方式。正因为这样，所以某些工业公司才能够在企业还没有生产出任何东西之前便把红利先发给股东们。生命是短促的，成就却非一蹴可得。人一方面必须劳动，一方面又需要享受。为了协调这两种需要，必须使净产值返回生产，但是，在这个过程中，也就是在等待新产值产生的时候，资本家便可以先享受。



因此，如果说净产值的数字代表着财富的增长，资本利息则代表着福利的提高；没有资本利息，净产值就等于无用，甚至根本就不存在。不论人们所建立的是何种形式的政府，不论人们是生活在垄断制度下还是共有制度下，每个劳动者总是要开借贷的户头，或者尽管共有制度给劳动者分配了劳动和享受，我们刚才所揭示的规律总是要实现的。我们关于利息的计算只不过是提供一个证据罢了。

(2) 净产品所创造的价值归入储蓄，从而变成一种最具交换能力、最不易贬值和最自由的资本，简而言之就是变成唯一的构成价值即货币形式的资本。假如这种自由的资本又转而采取机器、房屋等形式来投放，那么，它还是具有交换能力，不过，这时就比前此更容易受供求波动的影响了。一旦投放了，就很难抽回。所有主唯一的办法就是加以利用，只有加以利用才能保持已投放资本的票面价值；但是，既然是加以利用，就既可能增加原来价值，也可能降低它。以这种形式投放资本就像经营海运事业一样，利息就是资本的保险费，其高低取决于资本来源是短缺还是充裕。

后来，人们又把保险费和资本利息区别开来，这就产生了一些新的事实。因此，人类的历史就是一个不断地区别智力概念的过程。

(3) 资本利息不但使劳动者得以享受自己的劳动成果和保证他能够储蓄；它最奇妙的作用在于给生产者以报酬的同时还促使生产者继续劳动，永不休止地劳动。

如果企业主本人就是这家企业的资本家，便可能会出现这样的情况，就是他只要能获得相当于资本利息的利润额，他就满足了；但是，如果是这样，他的企业就肯定无法继续发展，而只会逐渐衰落。如果企业主并不同时是资本家，我们也可以看到这种情况，就是资本家拿走利息以后，厂主便别无利润可言，结果，这项企业对他说来成了一种经常性的负担，因而必须尽速摆脱它。因为正如对社会来说生活福利必须在无止境的进步中发展一样，生产者的规律则是必须不断地创造出剩余，不然他的生活便朝不保夕，单调乏味，令人厌倦。所以，生产者欠资本家的利息就如时刻在困睡的奴隶头上挥舞作响的殖民者的鞭子，它发出这样的进步呼声：前进，前进！劳动，劳动！人类的命运驱使着人们去追求幸福，不容人们稍事憩息。

(4) 最后,金钱利息是资本流通的条件,是工业连锁的主要媒介。这一点是所有的经济学家都看到的,我们在研究信用问题时再来专门加以探讨。

我认为,我业已比迄今为止任何人的论证都更为有力地证明了下列几点:

垄断是必要的,因为它是竞争的对立物。

垄断是社会所不可缺少的,因为没有垄断,社会就无法脱离原始森林,没有垄断,人类社会将急速倒退。

最后,垄断是对生产者的褒赏,因为它通过给生产提供净产值或者资本利息而使垄断者的生活福利获得由于他的预见和努力而应得的提高。

那么,我们是不是和经济学家一起来赞美垄断并且为了富有的保守派的利益而把垄断神圣化呢?我倒很愿意这样做,不过,他们必须像我在上面承认他们意见的正确性一样,反过来也承认我在下面将要提到的主张的正确性。



## 第二节　垄断在劳动中造成的灾害和对思想的败坏

像竞争一样,垄断在名称上和定义上都包含着矛盾。实际上,由于对社会说来消费和生产是一回事,销售与购买是同义语,所以,谁要是提到销售或开发的特权,指的必然也就是消费和购买的特权,结果是二者相互否定了。由此,垄断便有可能禁止工人生产,也有可能禁止工人消费。竞争是内战;垄断则是在屠杀俘虏。

这些命题在物理学、代数和形而上学上都有其依据。我要补充的不过是一些比较详细的说明，这些说明本身就足以证实这些命题的正确性。

从经济关系上看，任何社会都自然地分为资本家和劳动者，企业主和受雇者。他们每个人都根据自己的收入来源，亦即按照自己领取的工资、利润、利息、租金或地租而分属于各个阶层。

根据这种按身份和收入而划分的等级制，可以得出这样一个结论，就是上面引述的萨伊原理：一个国家的净产值等于其总产值不再是正确的。因为垄断的结果使销售价格的总额大大高出于成本的总额。可是，由于用以抵偿销售价格的是成本，而一个国家事实上除了本身之外就没有别的市场，所以，上述情况便使交换无法进行，因而社会流通和社会生活都难以进行。

“法国分布在科学、艺术和工业各个部门的劳动者有 2000 万，他们都在生产着有益于人类生活的各种物品。假定他们的工资总额为 200 亿，由于垄断者拿走利润（净产值和利息），全部产品的售价应该是 250 亿。可是，因为一个国家中除了挣工资的和付工资的人以外，便没有别的买主，而后者是不会为前者偿付货价的，同时，商品售价对所有的人又都是相同的，所以，很显然，为了使商品能够流通，劳动者就必须以 5 个法郎来购买只值 4 个法郎的东西。”（见《什么是私有权?》[①]，第4章）

正因为这样，所以富裕和贫困不仅在观念上互相关联，不可分离，而且在事实上也是如此。也正因为这样，富裕和贫困才彼此共同存在，使挣工资者有权认为富人拥有的并不比穷人的多，穷人的

① 《什么是私有权?》，蒲鲁东的成名作。——译者

东西并没有被侵占。在垄断者计算了自己的成本、利润和利息之后，挣工资的消费者也要打自己的算盘；后者终于发现在劳动契约上虽然答应给100的工资，实际上却只给了75。因此，使雇佣工人破产的是垄断者，说垄断者靠掠夺为生是完全正确的。

我六年前就已经指出了这个触目惊心的矛盾，可是报纸上为什么没有任何反应呢？有名望的舆论主持者们为什么不把这告诉公众呢？为什么那些替工人要求政治权利的人不向工人说明工人正遭受着掠夺呢？为什么经济学家对此噤若寒蝉呢？这一切到底是什么原因呢？

我们的革命民主派之所以大声疾呼是因为他们害怕革命；可是，他们越是不敢正视危险，越是想掩饰危险，就只会越是增加危险。布朗基先生说："我们就像一些火车司机，一面加大气门，一面又放跑蒸汽。"垄断的受害者们，你们自相宽慰吧！如果说你们的刽子手不理睬你们的呼声，那是因为上帝决心要惩罚他们。《圣经》上说：他们不听话，因为上帝将处决他们。

产品销路不能满足垄断的要求，就出现商品过剩；一年劳动的产品足够开支15个月的工资，劳动者一年便必须有3个月失业。但是，失业就拿不到工资，他又怎么买东西呢？垄断者的产品既然销售不出去，他的企业又怎么维持下去呢？于是围绕着工场逻辑上办不到的事情便愈来愈多，而且到处都见诸事实。

欧仁·布莱说："英国制帽工人竟致两天挣的工资不够一天吃，这种情况持续了一年半。"他还举了许多类似的例子。

但是，垄断的种种后果中最使人痛心的是可怜的工人因为贫苦而彼此埋怨，都以为只要大家联合起来互相支持就可以防止工资降低。有一位观察家曾经指出:“爱尔兰人给大不列颠的劳动阶级上了有害的一课。他们传授了一个可悲的秘诀给我们的劳动者,这就是把自己的需要减少到只能维持动物生活的水平,并且像野蛮人一样满足于能延续生命的最低限度的生活必需……劳动阶级因为受这种可悲的榜样的启发,而且部分地也因为环境所迫,都失去了他们原来可敬的自尊心,再也无心布置和收拾自己的住处,谁也不想在自己周围增添点增进幸福的东西。”

我从来没有读过比这更令人丧气和愚昧无知的文章了！作者究竟打算要这些工人怎么办呢？爱尔兰人既然来了,难道应该屠杀他们吗？工资已经降低了,难道应该拒绝接受,自寻死路吗？这位作者自己也说,这是环境所迫。他接着又没完没了地描绘了一大堆悲惨的情景,包括疾病、残废、堕落、愚昧以及工业奴隶制的其他种种表现。这一切灾难本来都是来自垄断和它以前的一些可悲的事实,即竞争、机器和分工;可是,他却大骂起爱尔兰人来！

有时,工人们就埋怨命运不好,互相勉励要好生忍耐,这和他们在有工可做、工资够花的时候对上帝感恩祈祷的做法是相对应的。

莱昂·福适先生在《经济学家杂志》(1845 年 9 月号)上发表的一篇文章中提到:近来英国工人对同盟已不发生兴趣,这肯定是应该祝贺的进步。不过,工人思想上的这种进步主要还是经济上开化的结果。在波尔顿[①]的一次集会上,有一位纺纱工大声疾呼:“工资的增减不是由厂主决定的。可以说,萧条时期的老板们不过

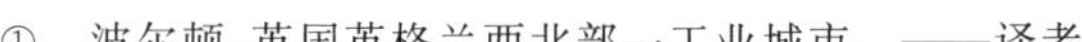

① 波尔顿,英国英格兰西北部一工业城市。——译者

是充当他随手必备的鞭子，不管他们是否愿意，反正就得抽打。起调节作用的是供求关系，老板是无能为力的……我们还是应该谨慎行事，既然交上厄运，就要学会忍耐，等待有一天好运到来！支援我们的工业发展，不但有利于我们自己，而且也有利于整个国家。”（鼓掌）

妙极了！这就是行为检点的工人，堪称模范的工人。这些纺织工人因为明白供求关系对工资所起的调节原理，毫无怨言地忍受必然性的鞭子的抽打，这是多么杰出的人物啊！莱昂·福适先生还以一种天真可爱的口气补充道：“英国工人是大无畏的推理家。要是给他们一个错误的原则，他们也会严谨地推论下去，一直到得出荒谬的结论，既不中途而废，也无所畏惧，就好像自己是在向着真理胜利进军似的。”对我来说，我却希望不管经济学家怎样拼命宣传，法国的工人千万不要变成这种高明的推理家，希望不论是供求关系还是必需的鞭子都不致支配他们的头脑。英国看来还缺少法国的那种贫困，但愿这种贫困不致蔓延到海峡那边去！

分工、机器、净产值和利息互相结合的结果，使垄断不断地扩大自己的领域。它囊括了农业、商业、工业以至所有种类的产品。大家想必都听说过普林尼[①]在谈到招致意大利灭亡的土地垄断时所说的那句话：大土地占有制灭亡了意大利。正是这种土地垄断，使得罗马的农村穷困不堪，荒无人烟，使得英国纷扰重重，永无宁日。也正是这种在一次种族战争后迅速建立起来的土地垄断，给

① 当指小普林尼（公元 62—约 114），古罗马作家，著有图拉真皇帝的《颂辞》和《书信》10 卷，描述古代风俗。——译者

爱尔兰带来了种种的灾难，这些灾难使奥康奈尔[①]大伤脑筋，以致这位足智多谋之士也没有能力指引他的追随者走出这座迷宫。用伟大的情感和优美的辞令来救治社会的灾难，是最坏的处方。奥康奈尔想用演说来推翻扼杀爱尔兰人的垄断，恐怕要比把爱尔兰连人带岛从北海迁到澳大利亚海洋去还要困难。空洞的祷告和说教也不见得更有效。如果说，唯一可以作为爱尔兰人精神支柱的就是宗教情感，那么，现在是到了拿一点教会所鄙弃的世俗科学来拯救一下教会牧羊鞭所无法保护的羊群的时候了！

垄断侵入了商业和工业，这是人所共知的，无须我再来收集这方面的证据。再说，既然实际结果已经那样明显，又有什么必要再多作论证呢？布莱对工人阶级的贫困所作的描述，是多么令人触目惊心，使人难过已极，简直透不过气来。虽然这是些证明文件和正式记录，但却令人难以置信。衣不蔽体的夫妇带着一群光身的孩子蜷缩在一无所有的卧室里；大批居民因为穿不上衣服而礼拜天上不了教堂；尸体停在家里 8 天不能入葬，因为死者连块裹尸布也没有留下，也没有钱买棺材和雇人殡殓（可是主教却享有四五十万地租）；一家老少住在阴沟或者猪圈里，皮肉活活地腐烂了，或者像西非的黑人一样，住在洞穴里；年近古稀的老人赤身露体躺在地板上；处女和卖淫者一样裸着身体见人。到处是绝望、衰颓、饥饿！最后还是饥饿！……而这样一些在为他们的主人赎罪的老百姓竟然不起来反抗！是的，他们没有反抗，因为赏罚之神感召了他们！

① 当指丹尼尔·奥康奈尔（1775—1847），爱尔兰律师和资产阶级政治活动家，民族解放运动右翼自由派的领袖。——译者

可是，要是这些老百姓不再存复仇之念，上帝也就不再存在了！

垄断所造成的无数惨状还没有诗人来为它吟叹。我们那些对世事漠不关心、对无产者冷酷无情的庸俗诗人，只顾吟花弄月，发泄他们悠闲的随感。可是，垄断所造成的灾难该是诗人多么好的沉思成章的题材啊！[①]

下面是瓦尔特·斯葛特[②]写的一段话：

“许多年以前，这里每个村民都有自己的牛和猪，房屋的周围还有围墙。从前30户小农靠它过活的地块，现在只由一家富农在耕作。为了一家独富，而且确实比过去那30家都要富，自然就得有29户变成可怜的雇农，他们的智慧和双手都无处用武，大多数成了多余的人，唯一的用处就是在他们力所能及的时候，为自己所住的草房纳60先令的年租。”

布莱引述了一首近代歌谣，描述了垄断造成的荒凉情景：

山谷不闻纺车音，
远近无复家室情；
衰翁败手侍炊烟，
寒屋身心并凄零。

议会里提出的报告也可与小说家和诗人的描述相媲美：

“登迪山谷附近格仑瑟尔地方的居民，过去体格一直胜过附近的人。男子高大魁梧，活泼勇敢；妇女和蔼可亲，落落大方。不论男女都非常爱好诗歌和音乐。现在呢，唉！长期贫困的折磨，经常

① 《沉思》和《随感》是当时拉马丁和圣贝夫等作家的诗篇，作者此句为双关讽喻之辞，所以他加了着重点。——译者

② 瓦尔特·斯葛特(1771—1832)，英格兰诗人和小说家。——译者

性的营养不足和衣着不全，已经彻底毁损了这个优美的种族！”

这也就是我在分工和机器那两章中曾经提到的不可避免的退化现象。我们的文人总是念念不忘描述过去的美妙日子，似乎当前的现实都不值得他们的天才来花费笔墨。他们之中要是有谁胆敢走上这条可恶的写作道路，简直就是大逆不道，一定受到同行的指责！真是一批无耻的寄生虫，卑鄙的诗文掮客！全都该像马西亚斯[①]那样受报应。你们听着！要是我轻蔑你们一天，你们就该受一天惩罚，那么，你们就死了心吧，你们将在地狱里万劫不复！

我们在前一节里刚看到，垄断似乎是十分公平的，其实它是很不公平的；因为它不仅使工资虚幻不实，而且利用虚假的名称和虚假的内容使工人们对工资的高低产生错觉。

西斯蒙第先生在他的《社会经济学研究》中曾经指出，银行家以纸币来换取商人的价值时，并不是贷款给商人，而是从商人手里借入款项。他还说：“这笔贷款为期其实很短，以致商人几乎没有时间来弄清银行家是不是有那么些钱借给他们，更不用说弄明白银行家原来不是在贷出款项而是借入款项了。”



所以，按照西斯蒙第先生的看法，在发行纸币时，银行家的身份刚好与商人颠倒过来，前者是债务人，后者才是债权人。

垄断者与雇佣工人之间的关系，就类似于这种情况。

工人事实上就像向银行贷款的商人一样，要求预支自己的劳动代价。在法律上，企业主理应向他们提供抵押和担保。现在我

① 马西亚斯，希腊神话中的林神，因擅长演奏一种新乐器，冒犯了阿波罗神，被天神捆绑在大树上凌迟而死。——译者

来解释一下。

在任何性质的企业中，企业主除了他个人的劳动以外，能够合法地要求的，只有他所提供的各种主意，至于这些主意的实现，则是许多劳动者合作的结果，是集体努力的成果；而付出努力的劳动者是和老板一样自由的，也就是说，不能无报酬地进行生产。但是，问题在于企业主发给所有工人的工资总额是否相等于我所说的集体成果，因为，如果并不相等，就是违反了萨伊的“任何产品的价值都等于它的成本”的原理。

“有人说，资本家把双方商定的日工资发给工人，因此他并不欠工人任何东西。确切的说法应该是：他雇用工人一天，就应付一天工资，可是实际不是那么回事。因为由于劳动者的同心协力、分工合作和协调一致而产生的巨大力量，由于组成工场而获致的生产费用上的节省，以及由此导致的产量的增加，虽然这些都是企业家所预见到的，但却是由额外的力量来实现的，资本家对之并未付出任何代价。例如，200 名士兵在一名工程师的领导下几小时内就把一座方底尖碑修建起来，难道一个人做 200 天就能完成这项工作吗？可是，按照企业主的计算方法，上述两种情况的工资总额却是一样的，因为他把集体力量所创造的利益算作自己的了。这里总是两者必居其一，或者是他有侵占行为，或者是计算错误了。”（见《什么是私有权》，第3章）

为了使一座纺织厂正常运转，就必须有机械师、建筑师、职员和各个工种的男女工人。这些人在受雇进厂时，总是要代表自己的自由、自己的安全、自己的未来以及子女们的未来提出某些条件；但是，他们向企业主提出的受雇条件书在哪里呢？他们又从企业家那里得到什么保证呢？怎么！千百万出卖自己体力，割让自己自由的人，原来是完全不知道合同的重要性；他们是以为能够长期有工作而且报酬又合适才来受雇的；他们用自己的双手实现了老板设想的计划，而且通过这种合作成为企业中的联合成员。可是，当垄断一旦无力或者不再愿意进行交换而停止制造，以致这千百万劳动者粥饭不继时，人们却劝告他们要**安于天命**。由于新生产方法的采用，他们十天有九天失业；人们却拿高悬在他们头上的**必然的鞭子**来威吓他们。要是他们因为工资太少而拒绝工作，人们就给他们证明说这是自作自受；要是他们接受雇主提出的工价，那他们就将失去那种构成自己尊严和幸福并且使自己有权博得富人同情的**高贵的自尊心和生活的乐趣**。如果他们协议共同要求增加工资，人们便把他们投进监狱。本来应该由他们在法庭上控告剥削者，法庭却反过来给他们加上妨碍商业自由的罪名。垄断的受害者其实是在为垄断者服刑。唉！人类的正义啊！你这个披着女神外衣的宫廷奸佞，究竟你要到什么时候才停止吮饮被戕杀的无产者的鲜血呢？

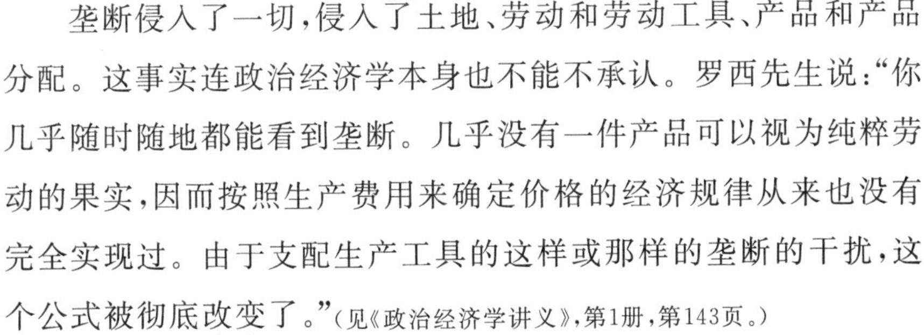

垄断侵入了一切，侵入了土地、劳动和劳动工具、产品和产品分配。这事实连政治经济学本身也不能不承认。罗西先生说："你几乎随时随地都能看到垄断。几乎没有一件产品可以视为纯粹劳动的果实，因而按照生产费用来确定价格的经济规律从来也没有完全实现过。由于支配生产工具的这样或那样的垄断的干扰，这个公式被彻底**改变**了。"（见《政治经济学讲义》，第1册，第143页。）

罗西先生谈到垄断问题时站得很高，所以不能给他的论点以科学所要求的一切正确性和严密性。他那样婉转地称之为**改变经**

济公式的现象，实际上指的就是劳动和交换的基本规律遭到长期而粗暴的破坏。正是由于垄断的作用，所以社会上除了总产值以外又出现了净产值，劳动者必须以高于产品成本的价格来买回自己生产的产品，这是矛盾的和不可能的；也正是由于垄断的作用，所以生产和消费的自然平衡遭到破坏，劳动者在工资额和工资结算上遭受欺骗；也正是由于垄断的作用，所以福利的提高对劳动者来说才变成贫困的不断加剧。最后，也正是由于垄断的作用，一切公平交易的观念被歪曲了，社会经济学也从一种实证科学变成了一种不折不扣的乌托邦理论。

政治经济学在垄断的影响下所受到的歪曲，在社会思想史上是一件非常显著的事实，因而我不能不在这里举几个例子来说明。

例如，从垄断的角度来看，价值已不再是一个用来表示某种有用物品与全部财富之间的比例关系的综合观念；因为，垄断并不是根据物品与社会的关系，而是根据物品与它的关系来评定物品的价值，从而价值也就失去它的社会性质，变成一种模糊、专断、利己和变动不定的关系。从这个原则出发，垄断者便把产品这个名称扩展到各种各样的劳役，并把资本概念适用于一切用以满足他们的嗜好和恶癖的无聊和下流的行业。萨伊说，妓女的美色是一种资本，它的产品是受价值的一般规律亦即供求规律的支配的。大多数政治经济学著作都充斥着这类见解。但是，由于卖淫和它所派生的婢妾制是道德所谴责的，所以罗西先生一定还打算给我们指出，政治经济学由于垄断的干扰而在改变了它的公式之后，还应该来一番订正，虽然这样的结论是无可非议的。因为他说，政治经济学和道德毫无共同之处，政治经济学的公式应该由我们根据自己的利益和社会的利益，参照道德标准来确定、改变和订正。可见，政治经济学与真理的距离有多么大啊！

与此同时，具有高度社会性、渐进性和保守性的净产值理论也可以说是由于垄断的作用而个人化了，这个本来应该给社会带来福利的原则反而毁灭了社会。垄断者的一切行动都是为了取得最大可能的净产值，他已不再作为社会的一个成员为社会谋福利了；他只为自己的利益而活动，而不顾这利益是否违背社会的利益。西斯蒙第先生认为这种变化趋势就是罗马农村居民减少的原因。他把罗马农业生产按土地用于耕作或放牧两种不同情况作了对比后，发现第一种情况下的总产值等于第二种情况下的12倍；可是，因为耕作相对地需要较多的人手，所以第一种情况下的净产值减少了。这一点逃不过土地私有主的计算，所以就出现了让土地荒芜的习惯，从而罗马农村也就无人居住了。

西斯蒙第先生又补充说："在原来属于罗马领地的各国，到处可以看到中世纪的繁荣与今日的荒凉的对比。由于多次击退查理五世[①]对马赛的进攻和挫败萨伏依公爵[②]对日内瓦入侵的郎骚·多·塞里的战功而著名的塞里城，现在已经一片荒芜；奥尔辛尼和柯伦那[③]的所有旧采邑都已荒无人烟；环绕着秀丽的维科湖[④]的森林地带，人类已经绝迹。14世纪时多次使罗马战栗的可怕的维科

① 查理五世(1500—1558)，所谓神圣罗马帝国的皇帝。——译者

② 萨伏伊，法国东南部与意大利西北部交界的公国。——译者

③ 奥尔辛尼和柯伦那都是中世纪罗马著名家族，结有冤仇。不少教皇和主教出身于这两个家族。——译者

④ 维科湖，在地中海科西嘉岛西南维科城。——译者

总督手下的士兵，竟然连一个后代也没有留下；卡斯特罗和龙西格里奥诺地方已成荒原……”（见《政治经济学研究》）

实际上，社会追求的是最大限度的总产值，因此也希望有尽可能多的人口，因为对社会来说，总产值和净产值是一致的。与此相反，垄断却力求不断地攫取最大限度的净产值，为了这个目的，即使灭绝人类也在所不惜。

在垄断的这种影响下，曲解了概念的资本利息也变成了社会毁灭的根源。正如我们已经解释过的，资本利息一方面是劳动者把净产值投入新的生产的形式，同时也是他们享用净产值的一种形式；另一方面，从财富增长的角度来说，它又是生产者相互团结的物质联系。从前一方面说，利息的总额绝不应超过资本的总额；从后一方面说，利息除了有还本的作用外，还含有对已贡献的劳务进行奖励的意义。无论在上述哪一种情况下，资本利息都不是永存不灭的。

资本只能说是人类利用大自然所赋予我们的可开发的资源经过劳动创造出来的，它属于大家所有。当社会处于无政府状态下，对资源的占有必须具有排他性，永久性和主权性才能确立，所以天然富源往往被窃为己有。可是，垄断却把资本概念和可开发的资源混同起来。它认为，资本就像土地、动物和植物一样，本身就具有一种固有的活动性能，资本家不必再拿别的东西去与人交换，可以不参加任何工场劳动，而且垄断还把这点确定为一项原则。从垄断的这种错误理解中派生出含义相当于资本子息或者资本增殖的希腊字高利贷；因此，亚里士多德才有必要说那么一句俏皮话，就是“银币绝对长不出小银币”。但是高利贷者的类比胜过这位斯塔奇拉城人的妙语。贷利就像作为它的样板的地租一样，被宣布为一种永恒的权利；只是在很长时期以后，它才稍为恢复它原来的原则，重新含有折旧还本的用意……

这就是这个多次在神学家和法学家中闹出笑话的难题的全部谜底。基督教会在这个问题上曾经犯过两次错误：第一次是谴责一切利息，第二次是附和了经济学家的意见，完全推翻了自己原来的教义。高利贷或者意外收益权，既是垄断的表现形式，也是垄断的罪名。这是资本对劳动的有组织和合法化的掠夺，是古代社会中最受责难的一种经济反常现象，这种丑恶现象的继续存在，为人们要求立即无偿没收整个资本家阶级的财产提供了依据。

最后，垄断由于它的保守本性，甚至把联合概念当成大敌而加以否定，说得更确切些，就是它根本不容许这种概念产生。

今天谁又敢自诩能够给社团下一个确切的定义呢？法律上把公民社团区别为两种和四类，把商业团体也分作同样多的类别，包括简单的两人合伙一直到股份公司。我曾经读过有关这种联合形式的最权威性的注释，我声明从这些注释里我看到的无非就是两个或者再多的同盟者把它们的资本和精力联合起来从事垄断的惯例，目的是对付其他一切生产者和消费者、发明者和交换者，甚至生者和死者。这些社团必不可少的条件就是资本，只要有了资本便可以组织社团，便有了社团的基础；这些社团的目的是垄断，也就是说，排斥所有其他的劳动者和资本家，从而就人格方面说就是否定社会的一致性。

因此，按照法典的规定，如果一个商业团体在原则上承认任何人只要提出申请就有资格参加该团体并立即享有合股人的权利和特权，甚至可以充当经理，那么，它就不成其为商业团体，法院可以根据职权不予承认并责令其解散。还有，团体合伙契约中如果没有规定缔约人应投的股份金额，一方面保留每个缔约人有与大家作竞争的特殊权利，一方面只限于保证他们相互之间的劳动和工资，不提它的经营的性质，不提资本、不提利息、分红和亏损，这样的契约从内容说就是自相矛盾的，既缺乏目的，也缺乏依据，因而只要任何一个拒绝履行契约的合伙人提出控诉，法官便可以裁定契约无效。这种内容的契约不能产生任何法律效力，那些自认为与其他人合伙的人可以被视为不是合伙人。凡是只规定合伙人之间的保障和竞争，而不提团体资产和经营目的的契约文件，只能看作是纯粹江湖骗子的作品；草拟这种契约的人，只要法官同意，实在应该把他当成疯子送进精神病院。



可是，历史和社会经济已提供了最确凿的事实，证明人类最初在他耕作土地上是赤手空拳、没有任何资本的；因此，正是人类自己创造了，而且现在天天还在继续每天不断地在创造着财富。而垄断对人类来说只是一个相对的目标，其作用就在于确定劳动者的等级以及与这些等级相应的享受条件。任何进步都表现为在无止境地增加产品的同时确定产品之间的比例，也就是说，通过分工、机器、工厂、教育和竞争来组织劳动和提供福利。即使对各种现象进行更深入的考察，结论也不过如此。另一方面，很明显，人类不论在政治方面或者民事法律方面，总的趋向是把我们法典上所规定的团体概念普遍化，也就是彻底加以改变。

我由此得出的结论是：既然根据经济学理论，每一个合伙人在参加团体时都是一无所有的，那么，如果一个团体的契约完全没有规定参加人应纳的股金，而只规定了劳动和交换的条件，而且谁要申请都可以参加，在我看来，就并没有什么不合理和不科学的地方，因为这正是进步的表现，是劳动的基本公式，也可以说，因为它能使人类恢复自己原来的面目，给人类组织提供了一个正确的雏形。

可是，法学家和经济学家中又有谁接近于——即使是相距千里——发现这样一个极其重要而又十分简单的观念呢？特洛勃隆先生说："我认为联合精神所能完成的任务绝不会超出它迄今所完成的任务……我承认我从来没有作过任何尝试来实现这种我认为过分的希望……联合有它不能逾越的合理界限。不！联合不是要它在法国支配一切。个人智慧的自由发挥也是我们民族的一种活跃力量，是我们民族特征的原因之一……"

"联合概念并不是什么新东西……我们从罗马人那里就已经看到带有垄断、居奇、勾结、合盟、掠夺和诈欺性质的商业团体……关于合伙经营的规定充斥于中世纪的民法、商法和海事法中，当时它就已经成为组织团体劳动的最活跃的工具。从 14 世纪中叶起，我们便看到股份公司的出现；直到约翰·罗[①]失败时为止，这种团体一直在增加。怎么？我们奇怪人们把矿山、制造厂、专利和报纸分成股份！要知道，早在两个世纪以前，人们就已经连岛屿、王国甚至将近半个地球也分成股份了。我们大喊一个企业集中成百上千的股东是什么奇迹，可是早在 14 世纪时，整个佛罗伦萨城就已

① 约翰·罗（1671—1729），英国资产阶级经济学家和金融家，曾受法王延聘任法国财政大臣，设立银行，发行纸币，从事金融投机，搜刮民资以解决财政困难，后因失败去职。——译者

经由几名充分发挥了经营才能的商人在合股经营了。后来，当我们的投机事业由于过分轻率、缺乏预见或者轻听人言而不大顺利时，我们便提出种种烦琐的要求来和立法者纠缠，要求他们制定各种禁令和宣布这样或那样东西无效；我们似乎有一种想用法律来调整一切的怪癖，甚至连法典已经有规定的事情也要用法律来重新调整一番；我们有一种用一再修改、订正和增补的法律条文来约束一切的怪癖，有一种企图管理一切，甚至连买卖运气的好坏也想管理的怪癖，所以，尽管现有法律已经多不胜数，我们还是要叫喊：应该再规定点什么……”

特洛勃隆先生虽然信仰上帝，但是可以肯定地说，他不是知天者，因为他未能探索出今天那些对他在注释中列举的同盟和掠夺的现象深恶痛绝的有识之士所盼望的联合公式。特洛勃隆先生对那些想用法律条文来约束一切的人们大发雷霆虽然颇有理由，但是他自己却也想拿几十条在有清醒理性的人看来丝毫没有一点经济学和哲学影子的条文来束缚未来。他说：我们似乎有一种想用法律来调整一切的怪癖，甚至连法典已经有规定的事情也要用法律来重新调整一番……我还没有见过比这更充分暴露出法学家和经济学家真面目的说法了！在他们看来，拿破仑法典简直是空前绝后了！……

特洛勃隆接着又说：“所幸的是，1837 年和 1838 年出现的各种轰动一时的改革方案今天都已经被人遗忘了。这些方案的建议相互冲突和改革意见的混乱带来了消极的后果。公众在反对投机者的同时，以其正确的判断力驳斥了官方的种种组织计划，这些计划远不如现有法律那样合理，远不符合现行的商业惯例，而且更远不如1830年帝国参政院的主张那样自由化。现在，一切都已经恢复秩序。商法保持了它的完整性，它的卓越的完整性。当商业有需要时，在商法中除了集体公司、合营公司、有限公司的规定外，还可以找到关于自由有限股份公司的规定。后者由于吸收合伙人的条件较严格和刑法上有关于欺诈行为的条款而较为稳妥。”（见特洛勃隆著：《民事社团和商业社团》序言）

看到改革尝试流产而幸灾乐祸，看到研究精神招致消极效果便自认获胜，这是一种什么哲理啊！对于为特洛勃隆写了两卷著作提供资料的民事社团和商业社团，我们暂时还不可能进行更深入的批判。这个问题我们先保留下来，等以后再发表意见，就是说，等最后我们完全结束了关于经济矛盾的理论的讨论，从这些矛盾的总方程式中得出联合方案以后，我们再拿出前人的实践和主张来作比较。

现在我们只就有限股份公司说几句。

乍看起来，人们认为有限股份公司由于它易于扩展和股权转让方便，它就可以普及到全国的一切工业和商业关系上。可是，只要对这种公司的结构进行一番哪怕只是很表面的考察，马上就可以发现，它虽然可以增加股东的人数，却同社会联系的扩大毫无共同之处。

首先，像其他一切商业公司一样，有限股份公司必然只限于经营某种单一的行业，从这一方面说，它是排斥其他工业的，否则它就将改变性质，成为宗旨并不专为利润，而在于改善劳动分配和交换条件的新型公司了；可是，这正是特洛勃隆先生所否定的、也是维护垄断的法律所排斥的那种联合。

至于组成有限股份公司的人员，则自然地分成两类，就是经理人和股东。前者为数极少，都是从企业的发起人、筹建人和资助人中挑选出来的。老实说，只有他们才是真正的合伙人。和这个全权统治着公司的管理集团相比，股东们不过是一批彼此不相认识、没有影响也没有责任，只是因为投资才和企业发生关系的纳贡者。他们是贷主而不是合伙人。

由此可以想见，王国的一切企业都可以由这类有限股份公司来经营，每一个公民都会由于增加股份十分便利而对一切或者大部分的有限股份公司发生兴趣，他们的境况并不因此而有什么改善，甚至还可能愈来愈恶化。因为，我再说一遍，股东其实不过是役畜，是有限股份公司剥削的对象，这些公司不是为他们而建立的。为了使联合名副其实，就必须使参加人不是以赌客的身份，而是以企业主的身份来参加，让他们在董事会上有表决权，把他们的姓名包括在公司名称中，或者含蓄地有所表达，总而言之，凡是有关他们的规定，都应该以平等原则为依据。可是，这些恰恰是劳动组织起来的条件，它们与垄断是根本不相容的，而且法典上也完全没有规定。这些条件的实现还只是经济学的最终目标，因此问题是要创造这些条件，而不应该假定它们已经存在。

社会主义尽管声名煊赫，可是在解释公司的含义方面，迄今也并不比垄断者来得高明；甚至我们可以说，在它的种种组织计划中，一涉及这个问题就总是暴露出它是在剽窃政治经济学。我在讨论竞争问题时曾经提到，勃朗先生时而赞成等级原则，公开维护不平等制度，时而又宣扬共产主义，一笔抹杀他所无法领会的矛盾规律，并且把政权作为他的制度的最后靠山。现在，勃朗先生又给我们提供了一个不自觉地抄袭政治经济学、不断在私有制成规里兜圈子的社会主义者的奇特例子。实际上，勃朗先生否认资本的优势地位，甚至否认资本在生产中与劳动是平等的，就这一点说，他的主张确实和健全的经济学理论相一致。但是他没有办法或者说不懂得怎样才能摆脱资本，所以他仍然把资本作为出发点，不过是求助于国营有限股份公司，也就是说，他向资本家屈膝求救，承认了垄断的无上权力。由此可见，他的辩证法是多么地古怪和蹩脚。希望读者原谅我老是要评论某些个人。可是，因为社会主义和政治经济学一样，总是体现在某些著作家身上，所以我除了引用他们的话以外，也没有别的办法。

《法朗吉》[①]杂志曾经写道："资本作为一种促进生产的能力来说，是否具有与其他一切生产能力同样的合法性呢？如果它是不合法的，那么它要求参加生产就是不合法的，应该把它排除出去，而且不应该取得利息。相反，如果是合法的，那么，拒绝它分享它协同增加的利润就是不合法的。"

这里问题提得再清楚不过了。可是，相反，勃朗先生却认为问题提得太含混，其实意思就是说这个问题使他感到十分为难，为了弄清它的含义，他十分伤脑筋。

首先，勃朗先生假定人们问他的是："从生产利润中分给资本家以相等于给劳动者的一份是否公平？"对此他毫不犹豫地回答说这是不公平的，接着就滔滔不绝地大谈起不公平的理由何在。

可是，法伦斯泰尔主义者问的并不是资本家的那份应否与劳

① 《法朗吉》是傅立叶主义者办的半月刊，1834 年创刊。——译者

动者的那份相等，他们想知道的是资本家是否应该有自己的一份。勃朗先生没有回答的正是这后一点。

勃朗先生接着又说，人们是不是想问资本是否和劳动一样是生产所不可缺少的因素呢？在这个问题上他作了一个区分：他承认资本和劳动同样是必要的，但是其必要的程度不如劳动。

事情又是这样，法伦斯泰尔主义者要争辩的并不是数量问题而是权利问题。

提出问题的老是勃朗先生：人们是不是认为所有资本家都不是不干活的吗？勃朗先生对参加劳动的资本家实在照顾，他责问为什么给不劳动的资本家那样大的份额？接着便又长篇大论地谈起资本家的非直接劳动和劳动者的直接劳动来，最后还是求助于上帝才结束了这番议论。

我们再说第三遍：人家问你，既然你承认资本参加生产是必要的，那么资本分享利润是不是合法的？

最后勃朗先生总算明白了，但是又决定作这样一个答复：要是他给资本以利息，那也不过是一种过渡性措施，为的是减轻资本家走下坡路的痛苦。再说，既然他的方案不可避免地要把私人资本全吸收在联合里，再进一步岂不就近乎愚蠢，而且连自己的原则也要放弃了吗？如果勃朗先生研究他所说的话，他只要用“我否认资本”一句话来回答就行了。

因此，勃朗先生（我提到他的名字时指的就是整个社会主义）声称资本是生产中不可缺少的因素，因此资本应该像劳动一样地参与生产并分享利润，这是和他著作的标题《劳动组织》的第一个矛盾。其次，他又把资本从劳动组织中排除出去，拒绝承认资本，这是第二个矛盾。第三个矛盾是，他虽然讥笑各种勋位和贵族头衔，可是又把各种桂冠、奖金和荣誉给予那些对祖国有功的文学家、发明家和艺术家，主张按照他们的等级和名位发给俸禄；这和利润、净产值一样，是不折不扣的资本复辟，尽管不如后两者那样具有数学上精确性。第四个矛盾是，他想在平等原则的基础上建立一个新贵族阶层，也就是说，他主张由自由平等的合伙人来选举一批主人，由劳动者来批准有闲者的特权，由被掠夺者来认可掠夺行为。第五个矛盾是，他主张这个所谓平等的新贵族阶层要有一个拥有强大力量的政权做基础，也就是说，要把这个阶层建立在专制制度，亦即另一种形式的垄断的基础上。第六个矛盾是，他企图通过对艺术和劳动的种种奖励而像垄断那样按劳动贡献付酬和按能力定薪之后，开始赞美起共同生活，鼓吹共同劳动和共同消费。当然，这仍然不妨碍他主张国家用共有产品来充当奖励，以帮助那些大多数读者所不关心的严肃认真的文学家之类不致继续被人忽视。第七个矛盾是……不过让我们就停在第七个上吧！因为，如果继续说下去，恐怕 77 个矛盾也不止。

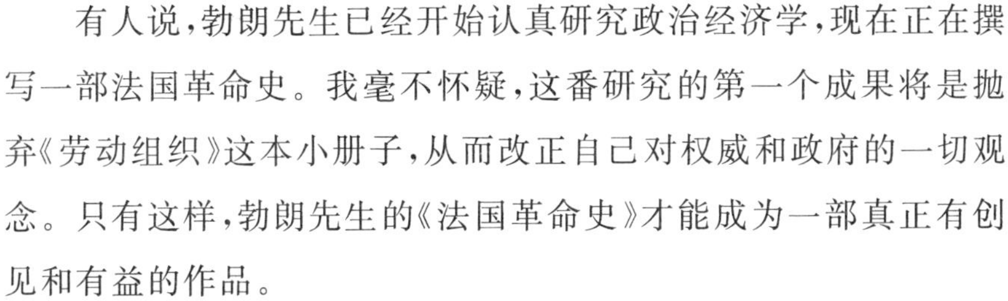

有人说，勃朗先生已经开始认真研究政治经济学，现在正在撰写一部法国革命史。我毫不怀疑，这番研究的第一个成果将是抛弃《劳动组织》这本小册子，从而改正自己对权威和政府的一切观念。只有这样，勃朗先生的《法国革命史》才能成为一部真正有创见和有益的作品。

一切社会主义派别都毫无例外地具有同样的成见，不自觉地领悟到经济矛盾，在资本的必要性面前承认自己的无能，为了实现自己的理想，他们都期待自己有一天能掌握政权和金钱。在联合问题上，社会主义的各种乌托邦思想更足以证实我们在一开始就说过的那个真理：社会主义的任何论点在政治经济学中都能找到。这种不断抄袭的现象对双方都是一种不容置辩的谴责。无论在哪一方的著作中，我们从来没有看到这种从各种经济范畴中光辉地产生出来的基本思想，就是资本不过是个人账本中的一个项目，联合的最高公式完全不必把它考虑在内，而它所关心的只应是生产的平衡、交换条件的改善和成本的逐渐降低，这才是增加财富的唯一源泉。社会主义者所考虑的不是如何确定工业与工业的关系、劳动者与劳动者的关系、省与省的关系、民族与民族的关系，而只是梦想如何筹措资本，总是把劳动者之间的团结问题设想为建立一个新型的垄断机构的问题。世界、人类、资本、工业和各种商业实践都现成地存在着，问题是在于寻求它们的哲理，换句话说，在于把这一切组织起来，可是社会主义者们却去寻求资本！他们始终离开现实，因而永远找不到现实，这又有什么奇怪的呢？



因此，勃朗先生要求成立国家有限股份公司和建立国家工场；因此，傅立叶要求600万法郎，他的学派直到今天还在筹措这笔款项；因此，共产主义者盼望能给他们送来政权和金库的革命，他们竭尽全力，等待人们进行无用的认捐。资本和政权这两种次要的社会工具，成了社会主义永远崇拜的偶像；因此，如果资本和政权并不存在，社会主义自己也要设想出政权和资本来。由于社会主义过分重视政权和资本，所以它完全不了解它自己所提出的抗议的含义；尤有甚者，它竟然没有觉察到由于自己的所作所为而陷入各种经济成规，已经自行剥夺了抗议的权利。它指责社会上的对抗现象，可是它自己却正是想依靠这种对抗来实现改革。它为贫苦的劳动者争取资本，似乎劳动者的贫困并非来自资本之间的竞争和劳动与资本之间人为的对立，似乎今天的问题并非资本出现以前就早已存在的那个问题，即始终还是个平衡的问题。最后让我们不断重复地说，重复到令人厌烦为止，似乎今后的问题是其他事情，而不再把文明所传播的一切原则加以综合，并且即使是这个合题、这个指引世界前进的观念已经发现，也仍然需要资本和国家的干预才能使它表明出来。

社会主义者放弃批判工作而徒事空想，光唱高调，并且参与各种政治和宗教阴谋活动，这就背弃了自己的使命，无视时代的特点。1830 年的革命已经挫伤了我们的士气，现在社会主义又使我们沮丧颓废。社会主义只是不厌其烦地重复政治经济学的各种矛盾，它和政治经济学一样无力满足智慧的运动。因此，对那些受其迷惑的人说，它不过是一种必须破除的新成见，而在那些为它宣传的人说来，则是一种必须加以揭露的江湖骗局，特别是它几乎总是说出自善意，所以就更为危险。

# 第七章　第五个时期——警察或捐税

人类像服从一道最高命令似地遵循着自己的原则永不后退；它就如一位通过蜿蜒陡峭的山道从深谷攀登顶峰的旅行家一样，勇敢不屈地沿着迂回曲折的道路，以坚定的步伐向自己的目标进发，既不犹豫后悔，也不中途而废。社会天才在到达名为垄断的拐角时，以忧郁的目光回头眺望，并在沉思中自言自语地说：

“垄断剥夺了穷苦佣工的一切，包括面包、衣着、家室、教育、自由和安全等等。这些我一定要让垄断来偿还，为此我不妨保留它的特权。”

“土地、矿藏、森林和河流这样一些人类的基本财富，无产者都无缘享受，我一定要参与开发它们，然后我才能有自己的一份，而垄断也才能得到尊重。”

“工业已经进入封建制度；可是，我就是宗主，藩属必须给我纳贡，才能保持他们的资本收益。”

“商业向消费者收取高额的利润，我将在它的路上遍设关卡，货单要贴上印花，货物必须经过检验才能通过。”

“既然资本依靠知识战胜了劳动，那么我就兴办学校；只要劳动者本身有了知识，他们便能成为资本家。”

“产品如果不能流通，社会生活就会陷于毁灭。所以我将修筑道路，架设桥梁，开凿河道，建立市场，建造剧院，兴修庙宇，这样，人们就既有工作，又有财富，货物也有了销路。”

“富人过着富裕的生活，穷人却饥寒交迫。我何不从面包、酒类、肉类、食盐、蜂蜜和种种必需品和珍贵品上征收捐税，这将是对我的穷人的一种救济。”

“我将在河道、森林、乡村、矿区和公路遍设警卫；我将派遣税吏征收税金，聘请教师教育儿童；我将建立军队来处置违抗者，设立法庭来审判他们，修建监狱来惩罚他们，委派牧师来诅咒他们。这一切职务都将委派无产者担任，而由从事垄断的人来负担开支。”

“这是我坚定而有效的意志。”

我们需要证明的就是，社会所设想的这些措施虽然再好不过，但是执行起来却又再坏不过。这将是我们下面论述的内容，而且我希望我能够帮助人们以一种新的观点来观察这个社会问题。

一切警察措施，一切行政和商业条规，就如一切有关捐税的法律一样，实质上不过是贵族与无产阶级自古以来就有的不断遭到破坏又不断恢复起来的无数妥协办法之一。至于双方或其代表是否意识到这一点，以及他们是以什么样的观点来看待他们的政治结构，与我们并没有多大关系；我们的着眼点并不在行为人、即立法者或君主从事这些行为的意图，而是行为本身的含义。

## 第一节　捐税的综合概念——这个概念的出发点及其发展经过

为了使下文即将论述的问题更易于理解，我将一反前此采用的方法，首先说明捐税的基本理论，然后指出捐税的起源，最后才叙述它的矛盾和后果。捐税的综合概念和它的原始思想可供阐述的内容十分丰富。但是我将只限于概括地阐明某些论点并辅以简要的例证。

就其本质和积极使命而言，捐税是亚当·斯密所称的非生产性人员的一种分配形式，虽然他也和其他人一样，承认这类人员的劳动对社会是有用和必要的。亚当·斯密根据这种非生产的属性，以他的天才窥见了一切，而把一切留给我们来做。他认为这类劳动者的产品是消极的。所谓消极，与毫无价值是有很大区别的，因此对这些人要付给报酬，但又不能通过交换，而要采取另外一种形式。

其实，从分配的观点看，我们不妨看看矿业、工业、商业和农业这四大集体劳动分工中是怎样进行分配的。每个生产者都把自己一种数量可以计算、质量可以鉴定、价格可以商讨的具体产品带到市场上去，它的价值最后是以别的劳务和商品，或者以货币来清偿。对所有这些行业说来，所谓分配不过是按照价值比例规律进行相互的交换。

至于所谓公职人员，事情却完全不一样。他们之所以拥有生活权利，并不是因为他们生产了有实际效用的物品，而恰恰是由于他们不事生产，而他们处于这种地位并不是他们自己的过错。对他们来说，比例规律是颠倒过来的：社会财富是直接由于四大类生产所提供的实际产品的数量、种类和比例所形成和增加的，法治人员则相反，他们由于财富的增长和社会秩序的改进而必然逐渐地减少，直至取消。所以，国家公职人员确实是非生产性的。在这方面，让·巴·萨伊的想法和亚当·斯密是一样的，我们很容易看出，他在这个问题上对他老师的观点所做的一切修正完全是一种误解，可是有人却愚蠢地以为这是他的功劳之一。总而言之，政府雇员的工资对社会来说是一个**贷项**，应该列入**亏损**栏下，因而不断地降低这个贷项应该是生产组织的目标之一。既然如此，对政府人员，除了用亚当·斯密所下的那个定义外，还能有什么其他更确切的说法呢？

由此可见，公职人员从事的是一种不提供真正产品的劳务，因此是不能以任何通常方式来支付工资的，这种劳务既不受交换规律支配，又不能成为具体投机活动、竞争活动、有限股份公司或任何商业买卖的对象，这种劳务实际上应该由一切人无偿地来完成，但是却由于劳动分工的规律而委托给了少数人来专事其事，因此，对这种劳动应该付给报酬。历史证实了这个总的看法是正确的。人类的智慧对每一个问题都尝试过各种解决办法，它对公职人员的报酬问题也曾经试图以交换方法来解决。在很长一段时期里，法国的法官像公证人一样，就曾经靠收取讼金为生。可是，经验证明，对非生产性公职人员采取这种分配方式，未免代价过高，流弊太甚，因而不得不放弃。

非生产性劳务在许多方面有助于提高公众的福利。首先，它使劳动者摆脱了公共事务的负担；而原来因为这些事务大家都要负责，所以人人多少都要受到牵累。其次，它在社会上建立起一个人为的权力中心，成为未来各种生产统一联系的雏形和前奏。最后，它是均衡和纪律的初步试验。

因此，我们虽然和让·巴·萨伊一样，承认法官和其他公共权力代理人的效用，但是，我们认为这种效用完全是消极的，因而赞成对创造这种效用的人沿用亚当·斯密所定的名称，即非生产者；这并不是因为我们对他们有什么轻蔑之意，而是因为他们确实不能列入生产者这一范畴之内。属于萨伊学派的经济学家加尼埃[①]先生说得非常恰当："捐税是一种掠夺，必须尽量减少到社会上竞争所必需的限度以内。"如果我们所引述的这位作者仔细思考一下自己这句话的含义，一定会发现这里所用的掠夺一词正是非生产的同义语，因而那些因征收捐税而得利的人员确确实实是非生产者。

我坚持这个在我看来是无可争辩的正确的定义，尤其是考虑到人们尽管在用语上还有些争论，但是对事情本身看法却完全一致，这个定义就更不容怀疑了。原因是，这个提法包含着世界应该完成的一场最伟大的革命的萌芽思想，我所说的革命就是指人们所一直向往而又从来没有实现过的使非生产性职能从属于生产性职能的革命，简而言之，就是使权力有效地受制于公民的革命。

经济矛盾发展的后果之一是：社会秩序在开始看起来是颠倒的，上下倒置，高低反常，明暗易位。因此，本来和资本一样本质上应该附属于劳动、服从于劳动的政权，却由于社会上的对抗而变成了凌驾于生产职能之上的警探、判官和暴君，原来由于自己的从属地位而应该服从于生产者的政权，却成了君王和主宰者。

自古迄今，劳动阶级都力求通过反对官吏阶级来解决这种只

① 加尼埃(1813—1882)，法国庸俗经济学家、自由贸易论者，曾任参议员。——译者

有经济学才能提供解决秘诀的二律背反现象。这种动荡不定的局面，也就是说这种劳动反对政权的斗争所造成的政治动乱，有时导致中央权力的削弱，甚至使社会的生存也受到威胁，有时则使这种权力过分地膨胀，产生了专制政权。之后，由于非生产性职能具有发号施令的特权，由于它能无穷尽地满足野心与虚荣，所以，它成了竞相逐鹿的目标，制造了一种深入到社会一切方面的新的分裂；社会本来就一方面分为资本家和雇佣工人，一方面又分为生产者和非生产者；现在又因为权力的争夺而分成君主派和民主派。王权和共和主义之间的纷争有着许多极其微妙和引人入胜的问题值得我们论述；但是，由于本书主旨所限，我们不便多作题外之谈，因此在指出人类除了原来的大量迷误外还有这样一种新的谬误以后，我们将转而仅限于从经济角度来讨论捐税问题。

这就是捐税综合理论的最简要的说明，也就是有关政治术语上所称的国家，或者打个通俗的比方就是有关人类战车上发出辚辚巨响的第五个轮子的综合理论的最简要的说明。我再说一遍，国家、警察或者是它们生存手段的捐税，就是政治经济学上称之为非生产者的那个阶级，亦即社会公仆的正式名称。

但是，公众理性却不是一下子就能掌握这个简单的概念的；多少世纪以来它始终只是一个超验的概念。文明要越过这个高峰，必须经历无数可怕的暴风雨和革命，在每一次革命中，文明可以说都是通过浴血斗争而进一步增强了自己的力量。可是，当资本所代表的生产终于接近驾驭非生产性机构即国家时，社会便出于激愤，起而反抗；劳动因为不久即将获得自由而饮泣；民主由于政权的削弱而胆战心惊；正义痛责这种无赖行为；所有的神谕解释人都惶恐万状，奔走相告，惊呼圣域发生了渎圣的丑事，世界末日正在到来。其实，人类从不希望自己所追求的事物真的到来，因为无论实现任何一点进步，在人民中总是引起一番恐惧啊！

那么，在这种渐进过程中，社会究竟是以什么为出发点，又经过什么曲折的道路才能实现这种政治改革，也就是说达到节省开支、均摊税负和使权力从属于生产呢？关于这点，我们这里只说几句话，以后再详细发挥。

捐税的原始概念是**赎买**。

照《摩西法典》的说法，每一个长子都被认为是属于耶和华的，必须以供物赎身；这样，捐税就到处都表现为什一税或朝贡的形式，私有主的经营收益好像是得自君主的，所以必须每年向他交纳赎金。此外，捐税不过是人们所谓的社会契约中的一项特殊规定。

古人和今人们，都程度不等地明确认定社团的法律地位体现着弱者对强者的一种反抗。这种观念贯串在柏拉图的所有著作中，特别是在那本《高尔吉亚斯答问》[①]里，他维护法律的宗旨，反对暴力，也就是说维护立法者的专断，反对贵族和将领的专断，他的说法透彻入微，胜于逻辑。在这场双方各有所据的难解难分的论战中，柏拉图表达的不过是整个古代的舆论情感罢了。远在柏拉图以前很久，摩西在划分土地时就已宣布遗产不得转让，并且规定每隔50年便对一切抵押进行一次清理，不予任何赔偿，从而给强权的欺凌设置了一层障碍。整部《圣经》可以说就是一部对**公平**

---

① 《高尔吉亚斯答问》为柏拉图的论辩集，内容宣扬苏格拉底和诡辩主义的学说。——译者

的赞歌，用希伯来人的说法就是对强者慈善宽大地对待弱者和自愿放弃特权的行为的颂歌。梭伦[①]执行自己的立法使命时，首先是废除一切债务，规定各种权利和限制条件以防止借贷卷土重来，在这方面他也是一个反抗者。吕库古斯[②]则更进一步，他禁止私人占有，尽力设法把个人吸收在国家之中，他废止自由，以便更好地保持均衡。霍布斯[③]十分正确地认为立法起源于战争状态，所以他企图通过一条奇特的道路，在专制的基础上建立平等。他的著作虽然遭到不少非议，其实也不过是对这个著名的反题作了一点发挥罢了。1830 年的宪章[④]确认了 1789 年平民对贵族的起义，宣布了人人在法律面前的抽象平等；这部宪章尽管仍然承认作为当时社会制度真正基础的财产与才能上的不平等，毕竟还是体现了社会上穷人对富人、平民对显贵的反抗情绪。人类有关销售、购买、租赁、所有权、借贷、抵押、时效、继承、赠与、遗嘱、嫁妆、未成年人权利义务和监护制度等等的一切法律，都是立法者的专断为了对抗强者的专断而设置的种种障碍。正如著名的莱桑达[⑤]所一针见血地指出的，所谓遵守契约、言而有信、誓约神圣不可侵犯等等，都是社会用来欺骗强者和束缚强者的虚构和骗局。

---

① 梭伦（约公元前 638—前 558），雅典著名的立法家，在人民群众的压力下制定了许多反对世袭贵族的法律。——译者

② 吕库古斯，传说中公元前 9—前 8 世纪古斯巴达的著名立法者。——译者

③ 霍布斯（1588—1679），英国著名的哲学家，机械唯物主义的代表人物；他的社会政治观点具有明显的反民主倾向。——译者

④ 指 1830 年法国“七月革命”后路易·菲力浦颁布的维护金融贵族利益的宪章。——译者

⑤ 莱桑达 Lysandre，公元 4 世纪斯巴达著名将领，以勇谋兼备著称。——译者

捐税属于起预防、强制、约束、惩罚作用的制度的这一大类中,亚当·斯密统称这一类为警察制度;而就它的原始概念而言,正如我已经说过的,只是弱者对强者的一种反抗。这是从捐税的自然区别中产生的结果,尽管历史也提供了丰富的证据,我并不准备加以引述,而只限于讨论经济证据。

捐税可以分为两大类:(1)摊派税,或称特权税,这是最早设立的一种捐税;(2)消费税,或称定率税,它的趋势是使一切人平均负担全部公共开支,在这一点上,它和前一种捐税相似。

在我国,第一种捐税包括土地税、房产税、人口税、动产和租赁税,营业税和特许税,所有权转移税,百分之一税,实物税和专利税。这一类捐税是国王专门对他所许可或宽容的各种垄断征收的;正如我们说过的,它是对穷人的补偿金,是发给私有权的一种通行证。古代王国的一切捐税都是采取这种形式和包含这种精神的,因而对这种捐税来说,封建制度是最理想的一种制度。在这种制度下,捐税不过是财产持有人向国王这位总所有权人或总股东缴纳的贡赋。

后来,当王权这种最高的宗法形式由于公法的发展而开始浸染民主精神时,捐税便变成合格选民对公共事务的负担份额,而且是归入国库而不再落入国王手中。经过这样的演变,捐税的原则仍然依旧,制度本身没有改变,只不过是真正的主权者取代了象征的主权者。不论是供国王享用或作清偿公共债务之用的捐税,都始终是社会对特权提出的一种赔偿要求,否则就无法解释捐税为什么要按照财产比例征收。

“所有的人都来分担公共费用,这是再好不过的事情了;但是,为什么富人要比穷人交纳得多呢？有人说，这是公平的，因为富人钱多。我坦白地说，我不理解这种所谓公平。这里二者必居其一：或者是比例税制保障了富有的纳税人享有特权，或者是这种税制本身就不公平。因为如果私有权如1793年宣言所说的那样，是一种天赋权利，那么，凡是根据这种权利属于我所有的财产便和我的人身一样地神圣不可侵犯；它是我的血肉、我的生命，是我本身，谁要侵犯了它，就等于伤害了我的眼珠。我的10万法郎的收益与女工每天的75生丁的工资一样地不可侵犯，我的邸宅与她的茅屋也一样地不可侵犯。捐税既然不是按照体力、身材或者才能计征，当然也不应该按照财产的多寡来摊派。”（见《什么是私有权》，第2章。）

这些看法是非常正确的，因为它所提出的用以反对比例摊派的原则确实是存在过的。历史上比例税的出现大大后于藩属的进贡；藩属进贡只是表示敬意，并不是一种实际的租税。

第二类捐税包括人们一般以反语称之为间接税的各种捐税，如酒税、盐税、烟草税、关税等，一句话，就是指对一切应课税的物品，亦即对产品直接征收的捐税。这种其名称与实际相反的捐税，其征收原则在理论上比前者无疑更有依据，趋向也比前者公平。尽管舆论往往误解了有利于它和有害于它的事物，我还是毫不迟疑地说，这后一种捐税是唯一正常的捐税，除了它的分配和征收方法以外，我在这里不作研究。

如果捐税确如我们刚才所说的，其真正性质是以一种特殊的工资形式来偿付某些不适用通常的交换形式来付酬的劳务，那么就应该认为，每一个生产者既然都同等地享受着这些劳务，当然也就应该分担同等的税额。因此，每个生产者所交纳的定率税将是他的可交换产品的一部分，换句话说，就是从它提供给人们消费的价值中扣除下来的一部分价值。但是，在垄断制度下，尤其是就地产税来说，税务局在产品尚未进入交换时，甚至在产品尚未收获之前便征收了，结果是税额被列入生产费用之内，从而这项负担便由垄断者转嫁到消费者身上。

不管摊派税和定率税的作用如何不同，有一点是可以肯定的，也是我们特别需要弄清楚的，这就是：君主之所以要按比例原则征税，其意图是不想再按照旧日征收人头税那样的封建原则（这种原则的含义就是按纳税人的数目征收而不按他们财产的比例来征收）来使公民分担公共开支，而是按收益的比例来分担；这样的做法就是假定资本从属于一种高于资本家的权力的支配。人们不约而同地认为这种摊派办法是公平的，从而也就不约而同地断定捐税是社会的一种回扣，是垄断者付给社会的偿金。这种情况在英国尤其明显，按照那里的一项特别法，土地私有者和制造业主根据他们收入的比例缴纳一笔总额为 2 亿法郎的名为济贫税的捐税。

简而言之，捐税的实际和公认的目的就是为了人民的利益而按资本的比例向富人征收的回扣。

但是，事实和分析的结果都证明：

摊派税，也就是垄断税，并不是由那些占有人缴纳，而是几乎全部由那些并不占有的消费者来缴纳。

对生产者和消费者区别对待的定率税，实际上只是向后者征收，资本家所缴纳的只是像在财产绝对平等时应缴纳的那一部分。

最后，军队、法院、警察、学校、医院、养老院、救济院和感化院、公共机关、宗教团体等等所有这些社会为了保护、解放和救济无产阶级而建立的机构，都由无产阶级出资创办和维持，然后又反过来反对无产阶级，或者是对无产阶级毫无用处；结果，无产阶级不但开始时必须为那个吮吸无产者血汗的资本家阶级劳动，现在还必须为那个鞭笞它的阶级，即非生产者阶级劳动。

这些事实现在已经是人所共知的，而且平心而论，经济学家对此也作了充分的揭露，既没有必要由我再作补充，也没有什么人会表示异议。我唯一想说明的，而且看来也是经济学家还没有足够认识的是：社会经济的这个新阶段给劳动者造成的境况是根本无法改善的，除非把生产组织起来，从而使政治得到改革，财产获致平等，祸害是和警察制度分不开的，犹如产生了这个制度的慈善观念是和这个制度不可分开的一样。最后一点是，不论国家采取何种形式，是贵族政体还是神权政体，君主政体还是民主政体，只是它一天不从属和听命于一个人人平等的社会，对人民说来就永远是一个地狱，甚至可以说是一种合法的刑罚。

## 第二节　捐税的二律背反

有时候我听到一些拥护现状的人说，我们现在已经享受着充分的自由，他们甚至认为，尽管人们大肆攻击现存秩序，我们毕竟还是配不上我们的制度。这种乐观主义者的看法，至少就捐税方面说，我是完全同意的。

按照我们刚才提到的理论，捐税是社会对垄断的一种反抗。在这一点上，舆论的看法是完全一致的，因为不论人民也好，还是立法者、经济学家、新闻记者和喜剧作家也好，都异口同声地用各自的语言表达了这种社会思潮，公开宣称应该向富有者征收捐税，应该对剩余品和奢侈品征税，而对日用必需品则应该豁免。简而言之，人们都把交纳捐税当成特权者的一种特权。这是一种有害的思潮，因为这就等于从事实上承认不论在任何情况下，不论任何形式的特权都不值得加以合法化。人民这种出自利己心的前后矛盾的态度是应该受到惩罚的，而上帝也确实没有贻误自己执行这项惩罚的使命。

既然是把捐税看作一种赔偿要求，那么，不论是对资本征收的捐税，或者专门对收益征收的捐税，都应该按比例征收。可是，我必须指出，一个财产完全平等的国家正应该采取这种按资本或收益大小的比例来征税的办法，尽管不同的国家在起征基数和税率上可以有不同；在我们的社会里，税务局是最自由的机关之一，在这方面，我们的风尚确实是落后于我们的制度。只要有了坏人，哪怕是最好的事情也免不了会变成坏事；因此我们将会看到，平等税制怎样恰恰由于人民的觉悟适应不了而使人民遭殃。

假定法国每个四口之家一年的总收入是 1000 法郎。这个数字比舍伐利埃提供的数字略高一点，因为，按照他的计算，每人每天的收入是 63 生丁，也就是说，每户一年的总收入为 919 法郎 60 生丁。目前全国税收为 10 亿多以上，约为法国人全部收入的1/8，这就是说，每年收入 1000 法郎的家庭应交 125 法郎的捐税。

按照这个比例，收入 2000 法郎的家庭应纳 250 法郎，收入 3000 法郎的应纳 375 法郎，收入 4000 法郎的应纳 500 法郎，以此类推。这个比例是严密的，在数学上是找不到漏洞的。税务机关完全可以根据数学加以计算，万无一失。

可是到了纳税人身上，情形就完全变了。立法者设想的是税额应该与财产成正比，但是事实却相反，它变成按贫困的程度累进征收，谁愈是穷，纳税也就愈多。下面几个数字可作证明：

按照比例税制，应向国库交纳的税额是：

| 收入 | 1000 | 2000 | 3000 | 4000 | 5000 | 6000（单位法郎，其余按此类推） |
| --- | --- | --- | --- | --- | --- | --- |
| 应纳税额 | 125 | 250 | 375 | 500 | 625 | 750 |

根据表列数字，税额似乎按照收入的比例递增。

但是，如果我们考虑到这里的每一笔收入都是由代表着纳税人每天收入的 365 个单位组成的，那么，就会发现，捐税并不是按比例征收的，而是平均分担的。事实上，国家对收入 1000 法郎的家庭所征收的 125 法郎捐税，就好比征收了这个家庭 45 天的生活资料；而对收入分别为 2000、3000、4000、5000 或 6000 法郎的家庭所征收的 250、375、500、625 和 750 法郎的捐税，对于这些纳税人来说，也同样只相当于他们 45 天的收入。

现在我要说的是，捐税上的这种平等是一种惊人的不平等，因为用每天收入作为征收基数，以为就能使收入多的人交纳更重的税，纯属一种极大的错觉。让我们从个人收入转而分析一下集体收入。

由于垄断的结果，社会财富脱离了劳动阶级而转移到资产阶级一边，捐税的目的就是缓和这种转移，对抗这种掠夺，从每一个特权者手中按比例地回收一部分财富。但是按照什么比例呢？当然是按照特权者所超额收入的数额，而不是按照他的收入所占的社会资本的份额。可见，税务机关不是到拥有 1/8 社会财富的地方去征收这 1/8 的税，相反是向应得这 1/8 的人征收这 1/8 的税；这样一来，捐税就迷失了方向，法律也遭到了歪曲。只要拿上述数字作个计算，问题就十分清楚。

假定法国每人每天收入为 68 生丁，一家之长每年的工资收入或资本收益为 1000 法郎，即占国民收入中的 4 个份额。可是，每年收入 2000 法郎的家庭，所得是国民收入的 8 个份额，每年收入 4000 法郎的家庭，所得是国民收入的 16 个份额，以此类推。从这个数字中可以看出，收入 1000 法郎的工人向税务机关缴纳的 125 法郎的捐税，等于还给公家半个份额，这数额占他的收入和家庭生活资料的 1/8。可是，收入达 6000 法郎的人却只交纳 750 法郎的捐税，从集体收入中就得到 17 个份额，或者换个说法，等于通过捐税获得了 425%的份额。

同样的道理也可以用另外一种方式来说明：

法国的选民大约为 20 万人。我不清楚这 20 万选民交纳的捐税总额是多少，姑且假定为每人平均交纳 300 法郎，这个数字大概与实际情况相差不致太远。按此计算，20 万符合财产资格的选民交纳的总税额是 6000 万法郎，再加上他们交纳的约等于此数 1/4 的间接税，总共也只有 7500 万；如果每个选民家庭有 5 口人，那就等于每人纳税 75 法郎。这就是选民阶级交纳给国家的全部税款。根据 1845 年《经济年鉴》的记载，国家预算是 11.06 亿法郎。除去选民所纳税款外，余下的 10.31 亿万都是由非选民来负担，每人平均纳税 31 法郎 30 生丁，这个数字相当于每个富有者所纳税额的 2/5。为了使这个比例公平合理，必须使非选民阶级的平均生活水平能达到选民阶级的 2/5，可是实际上并不如此，前者的生活水平还不到后者的 1/4。

可是，如果考虑到我们刚才关于选民阶级纳税额的计算其实完全是错误的和有利于选民的，那就会发现不公平的程度更要惊人了。

实际上，为了享有选举权而应纳的捐税只有：1. 地产税，2. 个人所得税和动产税，3. 房产税，4. 营业税。除了个人所得税和动产税变动不大以外，其他三种捐税都转嫁到消费者身上。所有间接税的情况也是一样，资本占有者已从消费者手中拿回了这笔税款。例外的只有所有权转移税，因为这是直接向所有权人征收的，其总数约为 1.5 亿法郎，不过，其中选民交纳的即使从宽估计也只占 1/6。把这个数字加上每人分担的直接税 12 法郎（总额为 4.9 亿）、间接税 16 法郎（总额为 5.47 亿），每一个有 5 口之家的选民平均交纳的捐税为 265 法郎。只靠双手来养活自己、妻子和两个孩子的工人，缴纳的税额却是 112 法郎。说得好懂一点，就是上层阶级每人平均纳税 53 法郎，下层阶级每人 28 法郎。面对着这两个数字，我又要提出刚才说到的那个问题，就是选民阶级的生活水平难道只高出于非选民一倍吗？

捐税的情况和定期刊物相仿。定期刊物出版次数愈少，价格就愈高。日报每月定价为 40 法郎，周刊是 10 法郎，月刊是 4 法郎。假定其他因素相同，这些刊物每月的预订价分别为 40 法郎、70 法郎和 120 法郎，价格随着出版次数的减少而增高。捐税累进的情况正是这样，它就好比每个公民用以换取劳动权和生存权的订金：享受这种权利最少的人，付的订金最多；享受较多的人，付得较少;享受最多的人,反而付得最少。

经济学家一般都同意这种看法。他们不仅抨击比例税的原则,而且抨击它的实际征收办法;他们还揭露了各种几乎都是因为资本与收益的比例和耕地面积与地租的比例没有确定而造成的畸形现象。

“如果对产量各为8法郎、6法郎和5法郎小麦的三种不同质量的土地一律按统估收益的1/10,征收1个法郎的捐税,那么,对其中最肥沃的土地来说,捐税等于其收益的1/8;对不很肥沃的土地来说,等于其收益的1/6;而对不肥沃的土地来说,等于其收益的1/5。这样的规定难道不是与征收捐税的原意相违背吗?如果不谈土地而以其他生产工具为例,产量不同的工业部门,即使投入同样价值的资本和同量的劳动,其捐税负担的不合理也有如前述。向一个每年收入1000法郎的工人和向一个收入6000法郎的艺术家或医生同样地征收10法郎的个人所得税,是不公平的。”(见加尼埃著:《政治经济学原理》)

这段议论谈的虽然只是捐税的计征法或具体税率问题,还没有触及捐税的原则,但却是非常正确的,因为如果税额不以资本为准而以收入为准,那么本来应该按照财产比例征收的捐税,便总是转嫁到消费者身上。

经济学家终于下了决心,公开承认比例税制是不公平的。

萨伊说:“对必需品绝不能征收捐税。”诚然,这位作者没有给所谓必需品下一个明确的定义,不过我们可以弥补这个漏洞:必需品就是全国的产品扣掉应征收的捐税以后需要归还给每个国民的那部分产品。为了计算方便,我们假定法国的全部产值是个整数

80 亿，捐税也是整数 10 亿，那么，每人每天的必需品价值就是 56.5生丁。按照萨伊的说法，只有超过这个数字的那部分收入，才能课税，在此数字以下的收入，对税务机关来说一律是神圣不可侵犯的。

这同一位作者还用另外一种说法来表明自己的意见，他说："比例税制是不公平的。"在他以前，亚当·斯密就已经说过："富人不但按照收入的比例来分担公共费用是合理的，而且即使再多负担一点也不为过。"萨伊补充说："我想更进一步大胆地说，累进税制是唯一公平的税制。"新近的一位经济名著节写人加尼埃先生说："可以这样说，改革的目的应该是规定一种累进平等税制，这比所谓平等税制要公平合理得多，后者其实是一种极其不平等的税制。"

因此，按照一般的舆论和经济学家的分析，有两点是已经证实的：一点是捐税就其原则来说是对垄断的一种反抗，而且是针对富人的；另一点是就其实践情况来说，捐税背弃了它原来的目的，因为它主要是从穷人身上征收，犯了不公平的罪行，所以，立法者应该不断设法以一种比较公平的方式来加以补救。

在谈其他意见以前，我需要把这两点先作进一步的论证。现在先从批判开始。

经济学家虽然从他们前辈那里继承了至今仍受人称颂的那敦厚朴实的品质，但是他们没有觉察到，他们当作一项最明智和最宽大的政策向各国政府建议的累进税学说，不但在名称上自相矛盾，而且在许多方面是行不通的。他们争相谴责税务机关的横征暴敛，宣称这是时代的野蛮行为，是对原则的无知，是阶级的成见，是税吏贪婪的表现，总而言之，按照他们的看法，正是这一切妨碍了累进税制的实施，妨碍了真正平等分担国家预算。他们丝毫没有想到，他们要求实行的所谓累进税制是违背一切经济概念的。

例如，他们没有看到，捐税既然是按比例征收的，便必然是累进的，只不过像我们已经说过的，现在它是向相反的方向累进，也就是说，它不是随财产的增多而累进，而是随财产的减少而累进。捐税的这种畸形现象无一例外地存在于一切国家之中，经济学家不会不注意到，如果他们对这种畸形现象有一个明确的认识，他们就一定会探究它的原因，最终总会发现，这种他们以为只是文明发展中的一种偶然现象和人类管理工作中一种无法克服的困难，其实只是整个政治经济固有矛盾的产物。

不论是对资本或是对收益实行的累进税，都是对罗西先生所说的那种社会经济发展过程中随时都能看到的垄断的否定；可是，垄断是工业的真正刺激剂，是储蓄的希望所在，是一切财富的保管者和创造者，因而我们才说，社会上有了垄断，固然难以存在下去，但是没有垄断，又不可能有社会。如果捐税突然变成它无疑应有的那个样子，也就是说，变成由每个生产者负担公共开支的比例税（或者说累进税，反正这是一回事）。那么，一切地租和利润便立即统统没收归国家所有，个人的劳动果实被剥夺，每人只剩下每天56.5生丁的微薄收入，贫困变成普遍的现象，劳动与资本之间的契约被解除，这样一来，社会就没有了领导，就必然要倒退到它的原始状态。



有人也许会说，只要在适当程度上停止累进，不就可以避免完全取消资本的收益吗？

折中主义，中庸之道，听天由命，安分守己，总是这么一套哲学！真正的科学是不容这样委曲求全的。一切已投放的资本都应该以利息的形式给生产者以报偿，一切劳动都应该留有剩余，一切工资都应该和产品相等。只有在这些规律的保护下，社会才能不断地通过多种多样的生产，不断提供最大的福利。这些规律是绝对的，违背这些规律就是破坏社会，毁灭社会。资本归根结底不过是累积起来的劳动，它是不可侵犯的。但是另一方面，要求平等的趋势也是不可改变的，每进入一个新的经济发展阶段，这二者都以更大的力量和不可战胜的威力显现出来。因此，你们必须同时满足劳动与公平的要求，也就是说，必须给劳动以愈来愈现实的保障，同时又毫不含糊、毫不退缩地实现公平。

可是，你们不是这样做，而只知不断以君主的专制旨意来代替你们的理论，靠某种专断的权力来抑制经济规律的作用，并且以公平为借口来同时欺骗劳动与垄断！你们的自由只是一种半真半假的自由，你们的公平也只是半虚半实的公平，你们最高明的一手就是折中，可是这却是在不公平之上再加不公平，因为它没有满足任何一方的要求。不！这不可能是你们答应给我们提供的那种科学，真正的科学应该给我们揭露财富生产和消费的秘密，毫不含糊地提出解决二律背反的办法。你们的半自由的理论其实是一部专制法典，它只能暴露出你们既没有能力前进又缺乏勇气后撤！

如果说社会因为受着它先前的经济事实的束缚，永远无法转身后退，如果说，在实行普遍平等以前，垄断将始终保有它的阵地，那么，捐税的征收标准就不可能有任何的改变。它无非和其他的矛盾一样，是一个将继续发展直到最后才获得解决的矛盾。因此，请你们还是大胆地亮出你们的真正主张，那就是：尊重豪富，对遭到垄断之神惩罚的穷人丝毫不要怜悯；愈是无以为生的佣工，愈是应该多纳税，因为唯其他所得不多，更要剥夺得他一无所有。这是完全必要的，不可避免的，因为这关系到社会的安宁！

虽然如此，我们不妨也来尝试把捐税累进的方向改变一下，使纳税较多的不是劳动者而是资本家，看看情况又是怎么样。

首先我要指出，如果用惯常的征收方式，捐税仍然全部计算在生产费用之内，那就必然出现下列两种情况之一：一种是尽管产品的售价提高了，消费者仍然购买它，从而生产者便摆脱了自己的捐税负担；另一种情况是因为价钱实在太高，消费者不买了，结果就像萨伊所非常恰当地形容的，捐税有如对种子征收的什一税一样，妨碍了生产。不动产转移税的情况就是如此，由于这种税收过高，妨碍了不动产的流通，从而使这类资金无从通过转手而提高生息率。

可是，如果相反地改为对产品征收捐税，那就只是一种由每人按照消费多少来交纳定率税，而原来应负担捐税的资本家反而逃之夭夭。

何况，累进税不论是以产品为基准，或者是以资本为基准，都是非常荒谬的。怎样可以设想同一种产品在这一个商人手中征收10%的捐税，而在另一个商人手中则只征收5%的捐税呢？对那些已抵押出去并且每天都在易主的土地，以及合股资本或个人资本，我们又怎么可能只根据土地注册或资本注册便找出每个所有人的资产总数和收益总额来据以征税呢？怎么可能不按其原有价值和固定租金来按比例征税呢？……

因此，剩下的只有一个办法，就是根据每一个纳税人的净收入来征税，不管这种净收入是以什么形式组成的。例如，收入1000法郎的征税10%，收入2000法郎的征税20%，收入3000法郎的征税30%，以此类推。姑且不谈这种办法在调查核实方面的重重困难和麻烦，就算这项工作完全如你们所想象的那么容易，我也认为它恰恰是一种伪善、自相矛盾和不公平的制度。

我首先要说的是，这种制度是伪善的，因为除非把富人超过每户应得的国民收入平均数以外的全部收入都征收了，否则捐税就不可能像人们所设想的那样按富裕程度累进征收，而至多只是稍为改变一下比例数字罢了！何况，这种全部征收的办法是根本行不通的。按照现行税法，其累进状况是收入1000法郎以下的纳税比例是照10、11、12、13递增，而收入1000法郎以上的纳税比例却是按10、9、8、7、6递减，捐税始终随着贫困的程度而递增，随着富裕的程度而递减。如果说，你只限于减征主要由穷人负担的间接税，与此同时仍对富人阶级的收入以原有比例累进征税，那么，确实上述累进数字会有所缩小，比方说穷人纳税的累进比例将是10、10.25、10.5、10.75、11.25等等，而富人纳税的累减比例则是10、9.75、9.5、9.25、9、8.75等等；这样的累进，虽然对两方面说来都比原来缓和一点，但是累进的方向始终如前，始终与公平背道而驰。因此，这种所谓累进税，顶多只是给慈善家增添点高谈阔论的资料，没有丝毫的科学价值。税法不会因它而作出任何修改，因为正如俗语所说的：穷人总是要背着乞食袋，有钱人才始终受到当局的关怀。

我还要补充的是，这种制度是自相矛盾的。

其实,法学家就说过,边给边收,等于不给。如果垄断者所得的唯一好处就是失去一切收益,从而也失去一切享受,那何不马上颁布土地法呢?由于实行累进税或者说由于它的趋势,每天所得只许可在56.5生丁之内,这种情况法律上的确没有预料,而是实行累进税的必然结果。既然如此,宪法上又何必规定人人可以自由享受他的劳动和经营成果呢?立法者之所以容许我们垄断,目的是为了有利于生产和维持我们的经营热情;可是,如果我们在没有联合起来以前,不能专为自己而生产,那么,生产还有什么意思呢?既然宣布赋予我们以自由,怎么又可以对我们的销售、租赁和交换附加种种足以取消我们自由的条件呢?

假定一个人持有利息2万法郎收入的国家公债,按照新的累进税率需要征税50%,那么,他还不如把资本抽回,光花本金而不花利息更为有利。那好吧,就把本金归还给他!什么?还本?国家是不能简单地还本的,要是它同意清偿本金,就要同时根据净收入额按比例征捐税,结果,公债持有人如果想抽回本金,由于需要纳税,2万法郎利息就只等于1万法郎,除非他把公债分成20份,那样,他拿到的将是双倍于此。同样,地租为5万法郎的地产,如果捐税为收益的2/3,这份地产就降值2/3;但是,如果地产主把它分成100份拍卖,那么,税则的规定便伤害不到买主,而地产主也就可以收回全部地价。因此,如果实行累进税制,不动产便不再依据供求规律和实际收益来定值,而是按所有者的财产资格来定值。结果是大地产贬值,中地产反而行时,业主都急于变卖产业,因为对他们来说,与其收回为数有限的地租,不如直接花销这笔产业;资本家也纷纷撤回他们的资金,或者是只肯以高利贷出。这样一来，一切大规模的经营都将停止，一切显眼的财产都受到迫害，一切超过本人生活必需数量的资本都在禁止之列。这些受蹂躏的财富一定会隐蔽起来，只在走私中才出现；而劳动则将永远和贫困结伴，就像一个活人和一具死尸捆在一起一样。设想出这样一种改革的经济学家难道还有资格嘲笑别的改革家吗？

在证明了累进税的虚伪性和矛盾性之后，它的不公平难道还用得着证明吗？经济学家和附和他们的某些激进人士所设想的这种累进税，如果是对资本和产品征税，那么，就像我刚才所说的，它是行不通的；因此，我假定它是对收入征税的。但是税务机关是根本不管资本、产品和收益三者间的纯理论上的区别的，所以，我们上面所指出的行不通的状况和它们的不幸的特性在这里还会出现，这点又有谁看不到呢？

假定一位工业家发明了一种能够节省20%生产费用的新方法，因而获得25000法郎的收益，而税务机关从中征收了15000法郎，那么，这位工业家就只好提高价格，因为纳税的结果使这种新方法不是节省20%的生产费用，而只是8%。这不就好像税务机关妨碍了产品降价了吗？因此，本来人们以为能加重富人负担的累进税，总是转而加重了消费者的负担；除非完全取消了生产，否则便不可能不是如此。可见，这是多么失算啊！

任何已投放的资本都应该不断地以利息的形式归还企业家，这是一条社会经济规律。累进税制是根本违背这条规律的，因为征收累进税的结果使资本利息减少到这样一种程度，就是只要创办企业就一定要损失一部分甚至全部的投资。要使情况不致如此，就必须使资本利息像捐税一样地累进；可是，这又荒谬悖理。

因此累进税不仅阻止了资本的形成，并且妨碍了资本的流通。实际上，要是实行累进税制，那么任何想置办生产工具或土地从事经营的人，需要考虑的与其说是这些工具或这块土地的实际价值，还不如说是他因此将负担的捐税；结果，如果实际收益为4%，可是由于累进税的规定，或者说由于投资人的财产资格，收益将减少为3%，那么，这项生产工具或土地的买卖也就难以成交。累进税因为伤害了一切利息，并且以它的无数累进等级造成了市场的混乱，也就妨碍了财富的增长，使交换价值降低到实际价值之下，从而使社会萎缩，停滞不前，这又是多么专横无道，多么滑稽可笑啊！

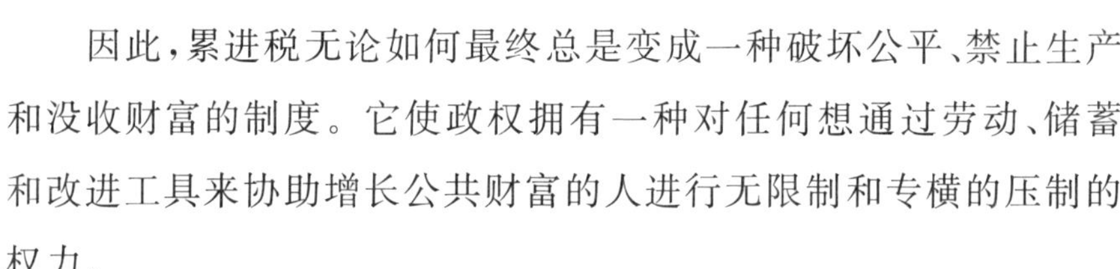

因此，累进税无论如何最终总是变成一种破坏公平、禁止生产和没收财富的制度。它使政权拥有一种对任何想通过劳动、储蓄和改进工具来协助增长公共财富的人进行无限制和专横的压制的权力。



既然我们已经掌握了这个真理，再沉迷在这些空幻的设想之中还有什么意义呢？如果说，捐税对社会各个阶级如此惊人地不平等，那么，过失并不在比例原则本身，而在我们的成见和习俗。只要人类仍然实行捐税制度，那么，捐税就总是公正和准确的。社会经济要求它对产品征收，它就对产品征收；如果产品逃避它，它就对资本征收。还有什么比这更顺理成章的呢？先行于文明的捐税，认定劳动者和资本家是平等的；这是必然性的不可更易的表现。捐税似乎是在鼓励我们通过教育和劳动使我们一律平等，鼓励把各行各业平等化和把我们的利益联合起来，以便我们能与捐税步调一致。捐税拒绝区别对待每一个人，可是我们却指责它过分严格地服从财产的不平等！我们竟然要求实现某种适应于我们的不公平状态的平等！……我在开始谈到捐税时说我们的思想落后于我们的制度，这话现在看来不是完全正确吗？

因此，我们经常看到，立法者在制定税法时，因为考虑到累进税的破坏性后果而裹足不前，宁愿承认比例税制的必要性而不改行累进税制。原因就在于福利的平等不能靠破坏资本来实现，二律背反必须合乎规律地解决，否则社会将重新陷入混乱。永恒的公平是不会迁就人们的任何幻想的。一个妇女，人们可以凌辱她，但是如果想要和她结成夫妻，那就必须正式转让自己的感情；永恒的公平要求我们放弃利己主义和承认它的一切权利，也就是科学的一切权利。

如同我们已经指出的，捐税的最终目的是给非生产者以报酬，但是，它最初的用意是在于恢复劳动者的地位。但是，在垄断制度下，捐税却变成一种单纯的抗议，成了一种不公平的制度，它的全部后果是干扰了垄断者的占有并且恶化了雇佣工人的处境。至于那种想把比例税制改为累进税制的主张，或者说得确切一点，那种企图改变捐税的累进方向的主张，则是一种完全要归咎于经济学家的莫大谬误。



但是，从今以后，特权将受到威胁。政府既然有权改变捐税的比例，手上就掌握了一个简便可靠的手段，可以随时任意剥夺资本所有者。所有权这种伟大的制度和社会基础，成了无数争论、无数法律、无数赞颂和无数罪行的目标，它就像一个连着绳子的钓钩一样悬挂在无产阶级嗷嗷待哺的大口上。看到这种情形，怎能不令人惊心触目呢？

## 第三节　捐税的无可避免的灾难性后果

（生活必需品、禁奢法、农村和工业警察、发明专利证、商标等）

1843 年 7 月，舍伐利埃先生就捐税问题给自己提出了下列几个问题：

“(1)捐税是向全体国民还是主要向一部分国民征收？(2)捐税是不是类似于人头税，还是完全与纳税人的财产成正比？(3)农业的负担是不是比工业和商业多些还是少些？(4)对地产的征税是比动产宽些还是严些？(5)对生产者是否比消费者优待一点？(6)我国的税法是否具有禁奢法性质？”

舍伐利埃先生对这些不同问题所作的答复，是我迄今所看到的在捐税问题上最具哲学意味的宏论了，特引述如下：

“(1)捐税有着普遍影响，它是把全国当作一个整体看待的，因此征及全体国民；但是，由于穷人为数最多，为了保证税收，当然向他们征收的税额就较大。(2)由于某些事物性质特殊，所以有时捐税也采取人头税的形式，盐税就是一例。(3)(4)(5)税务机关对劳动和消费同样地征税，因为法国人全都在劳动；对地产比对动产征得多，对农业比对工业征得多。(6)由于同样的理由，我们的法律没有多少禁奢法的性质。”

怎么？教授先生！难道科学就是这样启导你的吗？你说，**捐税是把全国当作一个整体看待，因此征及全体国民**，唉呀呀！这点我早就懂得了，可是这是最不公平的办法，我正想请你给解释解释呢！当政府考虑捐税的基准和分担办法时，它并不认为也不可能认为人们的财产是平等的，因此它没有规定，也不可能规定平等的税额。究竟为什么政府在实践上总是和它口头上的说法不一致，是不是劳驾你给解答一下这个疑难。只管作解释好了，不论是维护税务机关的还是谴责税务机关的都行；不论你赞成哪一方面，只要拿出个看法，说出点什么意见总是好的。可就是，你不该说出这样的话来："由于穷人为数最多，为了保证税收，当然向他们征收的税额就较大。"你可别忘记，读你的文章的可都是人，他们是不会宽恕一位博士先生坐在安乐椅上发表这样一番谬论的。不，先生！支配着捐税的不是人数，捐税完全懂得成千上万的穷光蛋加上成千上万的穷光蛋还是顶不上一位选民。你的说法使税务机关变得可笑又可恨；可是，我却认为它两者都不是。穷人纳税之所以多于富人，是因为在上帝看来贫困和犯罪一样地可恶，因此它在安排万物时就有意使穷人永远受最大的盘剥。捐税的不公平是一种天降的灾难，它的作用就是驱策我们走向平等。我的上帝！但愿这位旧日圣西门主义宣道者、经济学家终于有一天能领会到上天的这个启示！

舍伐利埃说："由于某些事物的特殊性质，所以有时捐税也采取人头税的形式。"好吧，那么究竟在什么情况下采取人头税形式是公平的呢？还是在任何情况下总是都不公平或永远不公平呢？捐税的原则究竟是什么？捐税的目的何在？请你说说回答我！

"税务机关对劳动和消费同样地征税，对地产比对动产征得多，对农业比对工业征得多。"我倒要问一问，你从这些本来就不值得援引的事实中究竟得出什么教训呢？你摆出这一大堆原始事实，从中又分析出半点对科学有用处的道理来了吗？

所有预先征收的捐税、地租或者资本利息等等，都转嫁到消费上，因为它们都算在一般费用里，成为价格的一部分，结果捐税全部是，或者说几乎全部是由消费者来交纳，这是我们知道的。何况，由于消费最多的商品总是获利最大的商品，结果必然是最穷的人负担最重。这和前一个结论一样是不可避免的。因此，我想再问一遍，你对捐税所作的区别，跟我们又有什么关系呢？不论你把课税的物品如何分类，反正对资本征收的捐税总是只限于它的收益，因而总是有利于资本家，而无产者则始终受到不公平的待遇，受到压榨。问题并不出在捐税的分派不当，而出在财富的分配不均。这点舍伐利埃先生本来是不会不知道的，可是，为什么这位其言论显然比任何有不尊重事物规律之嫌的著作家更有权威的舍伐利埃先生却偏偏不说出来呢？



从 1806 年到 1811 年，巴黎每人一年酒的消费量是 160 公升，现在已经降到 95 公升了；如果取消了每公升 30 至 35 生丁的零售税，消费量马上就将从 95 公升上升到 200 公升；那样一来，正苦于卖不出去的酿酒业也就有了销路了。肉类也是一样。因为对牲畜征收进口税，老百姓的肉类消费量也减少了，下降的比例与酒类相仿；所以经济学家惊恐地承认法国的工人因为营养不足而不如英国工人那样出活。

舍伐利埃先生出于对劳动阶级的同情而赞成让我们的制造商感受一点外国竞争的刺激。可是，要是每条裤子上能减少一个法郎的羊毛进口税，消费者就可以节省将近 3000 万法郎，这个数字足够交纳半数的食盐税；如果每件衬衫的价格降低 20 个生丁，节约下来的钱，可能相当于装备一支 2 万人部队所需的费用。

最近十五年食糖的消费从5300万公斤提高到11800万公斤，实际上是人均消费3.5公斤。这一进步表明，从此以后，食糖应该和面包、肉类、牛奶、棉花、木材和煤一样，列为生活必需品。食糖是穷人唯一的药剂，难道把这种东西的人均消费量从3.5公斤提高到7公斤是过分的吗？每一百公斤的税收才49法郎50生丁，大可废除这笔税收，每人增加一倍的消费。

因此，生活必需品的税收只是以种种方式使贫困的无产者不安和受苦；食盐的昂贵损害了牲畜的成长；肉类的税款进一步降低工人的消费量。为了及时完税，同时又满足工人阶级所消费的发酵饮料，人们让化学师来供应不知其名的混合制剂，而不是由啤酒厂主、葡萄园主来供应。这一来，岂不是我们还需要向牧师去请教营养食谱吗？对劳动者来说，承蒙捐税，终年都要斋戒；他们的复活节晚餐只相当于主教大人在复活节前星期五斋戒日的小吃！这就是说，废除一切生活必需品的捐税十分必要，因为它使人民挨饿，使人民筋疲力竭，这就是经济学家们和激进派的结论。

这就是需要解决的问题，一个不可回避的问题。

舍伐利埃先生对自己所提的第6个问题，即我们的捐税法是否具有反奢法的性质，是这样回答的：不！我们的捐税法并不具有反奢法的性质。舍伐利埃先生本来应该加上一句：这正是我们的捐税法的优越所在。这是千真万确的。但是，舍伐利埃先生不管三七二十一，总是保留着一种对激进主义的固执的狂热，宁可宣称要反对奢侈，在这个问题上对任何党派他都不打算妥协。他写道：“如果在巴黎，人们对专车，对配鞍的马和马车，对家佣和宠物狗，像对肉类一样一律公平地收税，那将是一律公平。”

身在法兰西学院的舍伐利埃先生说这话，是不是为了评论马萨尼罗的政策呢？[①] 我在巴塞尔曾经见过狗颈上都挂着税牌，标帜这狗已经纳了狗头税。我当时就认为这样一个几乎不收捐税的国家之所以征收狗头税，与其说是为了增加收入，还不如说是旨在劝勉人道和维护卫生。1844 年布拉邦省[②]（居民为 66.7 万人）每条狗纳税 2 法郎 11.5 生丁，全省共收入 6300 法郎。照此计算，法国全国的狗税收入有 300 万法郎，从而使每人每年可以减少捐税8个生丁。当然，我并不是认为 300 万法郎可以轻视，特别是由于我们存在着一个善于挥霍的内阁，所以我对议会拒绝征收狗头税深感遗憾，这样一笔钱至少总可以用来为半打公主殿下置备嫁妆。但是，我想提醒大家注意：从原则上说，这种性质的捐税与其说是为了增加税收，不如说主要是为了维护社会秩序；因此，当绝大部分人变得比较文明，厌恶与牲畜为伴时，这种征税就应视为一种苛捐杂税；何况，每年 8 个生丁对穷人又有多大的补益呢？……

不过，舍伐利埃先生还把马匹、车辆、仆役、奢侈品，总之是一切涉及奢侈的物品都盘算在内，当作税源呐！奢侈品！这词包括多少东西啊！

让我先用一个简单的计算来打破这种可笑的幻想，然后再拿出我的看法来。1842 年，进口税总额增加到 1.29 亿法郎，其中对 61 种日用消费品征收的税占 1.24 亿法郎，对 177 种高级奢侈品



① 马萨尼罗，意大利那波里渔夫，1647 年在该地领导抗税起义，占领城市 7 天，后被刺身亡。——译者

② 布拉邦，法国旧行省，在今比利时首都布鲁塞尔一带。——译者

征收的税只占5万法郎。在前一类商品中，食糖进口税达4300万，咖啡1200万，棉花1100万，羊毛1000万，油类800万，煤400万，大麻和亚麻300万；这7种商品的税额共计9100万。因此，效用愈小、消费量愈低、奢侈程度愈高的商品，税收数字也就愈小，尽管各种用品中税率最高的是奢侈品。由此可见，即使为了大幅度降低生活必需品捐税的比重而把奢侈品捐税提高100倍，也无非等于用一种禁止性税收来取消商业上的一个项目罢了。可是，经济学家全都主张废除关税，这无疑不是最终要用入市关税来代替关卡吗？……如果把这个例子推而广之，盐税给税务机关提供5700万法郎，烟草税提供8400万，那请你们根据手上这些数字给我说说，如果取消盐税和烟草税，有什么奢侈品税能够弥补这些亏额？

你们要对奢侈品课税，那你们就误解了文明了！我呢？我主张奢侈品应该免税。在经济术语上，什么叫做奢侈品呢？所谓奢侈品就是那些在全部财富中比重最小、在工业序列中居于末位、只是在有了其他一切产品之后才进行生产的物品。从这个角度说，人类劳动创造的一切产品原先都曾经是奢侈品，只是后来才逐渐不成其为奢侈品，因为所谓奢侈品，我们所了解的不过是财富成分中无论在年代上或商业上后来产生收益的物品。总而言之，奢侈是进步的同义语，它是社会生活的每一个时期中劳动所能创造的最大限度福利的表现，这种福利是一切人都有权利享受和命定应该享受的。既然捐税在一定时期内优待新建筑的房屋和新开垦的田地，那么，它也同样应该优待新产品和贵重物品；原因是：就新产品来说，对每一种新发明都应该给予鼓励，就贵重物品来说，则应该帮助这类物品由少变多。怎么?!你想利用奢侈来建立一个新的公民等级吗?你以为关于撒兰特城[①]和法布利西乌斯[②]的传说当成真的了吗?

既然说到这个问题,我们就来谈谈道德吧!你们无疑是赞成历代禁欲主义者所一再重复的一个真理,就是奢侈使风俗败坏和颓废;可是,这正好说明奢侈使人们的习惯变得文明、庄重和高尚,意味着奢侈是对民众进行教育的一种最首要和最有效的方式,是促使大多数人追求理想的刺激剂。古人传说女神都是裸体的,可是,人们什么时候听说过女神是赤贫的呢?今天,正是对奢侈的向往,而不是宗教信条,在推动着社会前进和使下层阶级显出自己的尊严。伦理与政治科学院是很懂得这个道理的,所以它才把奢侈作为它一个征文题目;我由衷地赞赏它的这种明智做法。事实上,奢侈在我们的社会里已经不仅是一种权利,而且是一种需要,因而从来半点奢侈也没有享受的人确实太可怜了。当人们普遍致力于使奢侈品愈来愈普及的时候,你们却想连那些你们高抬贵手称之为生活必需品的东西也限制人们享受;当奢侈品正为大家所共享,因而各个阶级也更加接近和逐渐混合起来的时候,你们却把阶级的鸿沟掘得更深,把它们彼此之间的壁垒砌得更高!工人流汗出力,节衣缩食,挤出一点钱来买件首饰给自己的未婚妻,买条项链给自己的女儿,买块表给自己的儿子,可是只要他们不向你们纳税,也

---

① 撒兰特城是神话中的先知向克里特岛古王伊多美尼介绍的一个位于意大利半岛南部的民风淳朴、政治修明的城市。——译者

② 法布利西乌斯,公元前282年古罗马执政官,史称其廉洁简朴、治国有方;卢梭曾引述其例。——译者

就是说不把罚金交上，你们就打算连他们这点幸福也给剥夺掉！

可是，对奢侈品课税，就是禁绝华贵的艺术，这点你们想过没有？丝织工人的工资平均还不到两个法郎；妇女时装工人一天只挣 50 生丁，珠宝匠、金银匠和钟表匠不时失业，仆人的工资一年只有 10 个埃居[①]，你们发现他们的收入太多了吗？

你们能够断定奢侈品税不是由奢侈品工人缴纳，就像饮料税不是由饮料消费者缴纳吗？你们知道奢侈品的价格高昂就一定不妨碍生活必需品的价格降低吗？你们以为只要你们自信是在做有益于人数最多的阶级的事情，你们就一定不会反而使人们的境况更为恶化吗？其实，这是你们的一种巧妙的计算！你们在酒类和食糖上替劳动者节省 20 个法郎捐税，却打算在娱乐上从他们手里拿走 40 法郎；你们在做皮靴的皮革上少征 75 生丁，却要他们每年四次到乡下时在车费上多花 6 个法郎！我倒要问问，如果一个本来在雇佣近身女仆、洗衣工、女裁缝和听差上总共花费 600 法郎的小资产者，现在因为征收奢侈税而顺从公意改行节约，总共只雇一个女仆，税务机关从人民生计出发能不谴责这种节约的做法吗？只要仔细推敲一下，就可以发现经济学家的博爱主义多么地荒唐可笑！

不过，我还是愿意满足你们的幻想。既然你们一定非要禁奢法不可，我倒也可以给你们出个主意，而且按我这个办法行事，我保证税收一定来得十分容易。就是不要海关稽查员、评税员、品尝员、化验员、检查员、收税员，不要稽查机关，也不必花办公费，根本

① 埃居，法国古代钱币名。——译者

用不着骚扰老百姓和粗暴地对待纳税人，更不必采取任何强制措施。只要颁布一条法律，规定今后任何人均不得领取两份俸给，巴黎任何官吏的薪水都不得超过 6000 法郎，外省的不得超过 4000 法郎。怎么？你们傻了眼啦！……所以，你们还是承认你们的那个禁奢法不过是假仁假义的好了！

有一些人为了减轻民众的苦难而主张把商业成规用到捐税上。他们说，把食盐的价格降低一半，把邮资也减收一半，消费量就一定会提高，税收的增加也许还不止一倍，国库将会增收，消费者也会得到好处。

姑且假定事实真如这种推断，我还是要说，如果邮资减收3/4，或者食盐不花钱，国库还能多收吗？不，肯定不能！这样一来，人们所谓的邮政改革究竟还有什么意义呢？原因就在于每种产品都有一个自然的利率，利润如果**超过**这个利率就变成高利贷，其结果势必使消费减少；可是，反过来如果利润**低于**这个利率，生产者就要亏损。这和经济学家所反对的价值可以确定的道理非常相似，我们曾经说过，有一种神秘的力量在规定着价值在其间摆动的两个极限，其中就存在一个表达正确价值的中间界限。

可以肯定，谁也不希望邮政业务亏损，因此舆论都主张这项业务应该**按成本**收费。这本来是一个简单明了的道理，可是令人奇怪的是，我们居然还要对英国降低邮资的效果进行一番煞费苦心的调查，收集多得可怕的数字，分析无数可能出现的情况，费尽九牛二虎之力，为的只是想弄清楚，如果法国也降低邮资的话，其后果将是盈余还是亏损，而且，最后还是莫衷一是，没有得出什么一致的意见！这是怎么一回事？竟然找不到一个思路健全的人出来告诉议会：用不着什么大使的报告，也用不着英国的先例作参考，只要逐步降低邮资，一直到邮政收入与邮局开支相抵就行了[①]！可叹的是，我们这个古老的高卢民族的智慧都跑到哪里去了！

但是，有人会说，如果食盐、烟草、邮资、糖、酒、肉类等等都不抽税，一律让它们按成本出售，那么消费量毫无疑问是会增加，生活也会有显著的改善。可是，那时国家拿什么来弥补它的开支呢？间接税的总额将近6亿，你准备让国家从什么别的产品上补上这笔税收呢？如果国库在邮政上一无收入，势必就得增加盐税，如果减免盐税，税额又得摊到饮料上，这样下去，事情总是完结不了。所以，不论是国营工业的产品也好，或者是私营工业的产品也好，让它们按成本出售，都是行不通的。

因此，现在该我来解释：由国家来解救穷苦阶级的苦难，正如禁奢法和累进税一样，都是办不到的。你们有关捐税的这一派胡言，都是讼棍的狡辩。照你们的这套做法，连将来也许由于人口增加，有更多的人分摊负担，因而减轻每人税负的远景也指望不到。因为随着人口的增加，贫困也将加剧，贫困一加剧，国家的杂务和人员也就更为增加。

众议院在1845—1846年开会期间所通过的各种税法完全足以证明，当局不论采取什么方式都绝对无法保障人民获得福利；光是因为它是一个政权，也就是说，是神权和私有权的代表，是强制机构，就必然在这方面无能为力，它的一切措施都必然具有深刻的

① 谢天谢地，部长总算解决了问题，我向他表示诚挚的祝贺。按照他的建议：1至20公里距离内的邮资减为10生丁；20至40公里内减为20生丁；40至120公里内减为30生丁；120至360公里内减为40生丁；360公里以上减为50生丁。

欺骗性。

我刚才谈到邮资降低约 1/3 的改革问题。当然，如果只是谈改革的动机，我就没有什么好责备办了这样一件好事的政府；尤其是，我绝对无意像报刊上的无聊文人那样，吹毛求疵地力图贬低政府的功绩。这样一种重税，一下子减少了 30%，税额的分担也规定得比较公道和适宜；我看到的事实就是如此，所以我很赞赏办了这件事的部长。但是，我们的问题并不在此。

首先，政府在邮资方面让我们享受的利益，是完全按捐税的比例规律分配到每个人身上，也就是说人们享受这个利益的程度是不公平的，这一点几乎不言自明。邮资负担上的不平等一如往日，从降低邮资中得到好处的主要还是最富有者而不是最穷困者。原先需要交纳 3000 法郎邮资的商号，现在只交 2000 法郎不到，这 1000 法郎净利便可以加到它的买卖所赚到的 5000 法郎利润上，这当然应该归功于税务机关的宽宏大量。至于每年只给他当兵的儿子发两封信并且收到同样数目的复信的农民或工人，所节省的也不过就是 50 生丁。这样的邮资改革难道不是与捐税公平分担的原则背道而驰吗？再说，即使政府果真像舍伐利埃先生所希望的那样，有心加重富人的负担和照顾一下穷人的话，在应该减少的税收项目中，邮资难道不是属于最微末的一项吗？税务机关难道不是背弃了它原来建立的目的，就像是在找个借口实行一点对穷人来说完全无足轻重的减免，以便趁机给富人献礼吗？

这本来是法律草案审查人应该发表的意见，然而他们之中却没有一个人看到。当然，要是提出这样的批评，矛头就不是对着部长，而是抨击政权的实质，同时也攻击了所有权，这对于反对者来

说是不大合适的。真理在今天总是受到一切舆论的反对。

话又说回来，现在不这样做行不行呢？不行！因为如果你保留原来的税率，所有的人都受损害，谁的负担也不能减轻；反过来，如果你降低税率，就不能按照公民的阶级来分别规定税额，否则便违反宪章第一条关于法国公民在法律面前一律平等，亦即在捐税面前一律平等的规定。但是，邮资必然牵涉到每一个人，这种税收是一种人头税，所以，从这个方面看，它是公平；但是，从另外一个角度看，它又是不公平的。总之，公平负担是不可能的。

在这同一时期，由于政府的关怀，还进行了另外一项改革，就是改订肉畜税则。过去，不论是从外国进口的或者是农村运进城市的肉畜，都是按头计征的，现在这种捐税改按重量征收了。这项有益的改革是经济学家多年以来就一直要求的，这次得以实现，部分正是得力于他们施加的影响。在这件事情上，就像在我也记不全的许多其他事情上一样，经济学家显示出最堪钦佩的热情，使那些只会发些无聊高论的社会主义者黯然失色。可是，要说这项法律有助于改善穷苦阶级的境况，同样只是一种幻想。对肉畜的税负平等化了，划一起来了，但是具体到人来说，却并不公平。每年消费 600 公斤肉食的有钱人，当然能够感受到屠宰业所面临的新情况；至于从来就吃不上肉的绝大多数老百姓，却无由感觉到这种变化。所以，我还是要重复刚才提出的那个问题，就是政府和议会除此以外还能做出别的事情吗？答案还是一样：不能！因为你总不能对肉商说，有钱人来买肉，你要他两个法郎一公斤，穷人买就只要 10 个苏 1 公斤。肉商给你的答复也许正好与此相反！

盐的情况也是这样。政府对农业用盐减征 4/5 的捐税，条件

是只适用于未经加工、不能食用的盐。有位记者觉得没有比这更值得大作文章的事情了，于是就大鸣不平。他怜悯这些不幸的农民的遭遇，叫嚷法律对农民的虐待比对牲畜还甚。我倒要第三次提出这样的问题：政府难道有别的办法吗？本来就只有两种做法可供选择：一是完全取消盐税，那就必须用另一种税收来代替它，我不信有哪位记者能发明出任何经得起两分钟考验的捐税来。二是部分减税，这也有两种做法，或者是对全部盐都减税，仍然保留一定的税率，或者是对某种用途的盐全部免税；前一减法对农业和穷苦阶级并无若何补益，后一减法仍然保留人头税性质，负担很不公平。总之，不管怎样，倒霉的总是穷人，因为无论理论上怎么说，捐税反正只能按照已占有或已投放的资本按比例征收，税务机关如果违背这一条，就会阻碍社会的进步，束缚财富的增长和扼杀了资本。



民主派既然指责我们为了社会主义的利益而牺牲革命的利益（究竟什么叫革命利益呢？），那么，他们就应该告诉我们，按照他们的理解，怎样才能既不让国家成为唯一的所有者，不宣布财富和利益的共有，又能通过某种捐税制度来救济民众，把资本掠自劳动的财富归还给劳动。我绞尽脑汁，发现在任何问题上，政权都处在十分虚伪尴尬的地位，报刊舆论则陷于无止境的谬误中。

阿拉戈先生 1842 年曾经赞成铁路由私营公司来经营，大多数法国人的想法也和他一致。可是到了 1846 年，他就宣布改变自己的主张，而且，可以说除了那些铁路投机商外，大多数国民也都跟他一样改变了主意。学者和整个法国的意见这样地来回变动，你说该信哪个主张好呢？怎么办才好呢？

由国家来经营，表面看来似乎更能保证全国的利益；可是这可费时误事，既不经济，质量也差。不相信这一点的人，只要看看25年来全国疏浚河道的工程中大量的错误、失算、缺乏远见和严重浪费的事实就清楚了。我们甚至可以听到一些工程师和政府官员公开地承认国家不论在修建公共工程上或者兴办工业上都一样地无能。

由私营公司来经营，从股东的利益看来当然是无可指摘的；但是，那样一来，公众利益自然要遭到牺牲，而且也给有组织的垄断大开了投机和剥削公众之门。

如果能够有一种既兼有上述两种方式的优点、又不带有它们的任何缺点的制度，当然是最理想了，但是用什么方法来协调这些相互矛盾的特性呢？究竟怎样激起那批对企业毫无利害关系的终身官员们的经营热情，促使他们精打细算和精通业务呢？如何让公司像珍惜自己利益一样地珍惜公众利益，使公众利益真正成为它们的利益，但是又使公司的利益有别于国家的利益，因而使公司仍然可以谋取其本身利益呢？在官方人员中，有谁认为有必要和有可能协调这两种利益呢？更不用说，又有谁掌握协调这两种利益的秘诀呢？

在这件事情上，政府和平素一样，采取了折中的办法，就是自己经营一部分，让私营公司经营一部分，也就是说，它不是协调相反的两方，恰恰倒是使双方发生冲突。而报界呢？由于它对任何问题的任何方面都既不比当局聪明，也不比当局愚蠢，所以同样分成三派，一派拥护政府的折中办法，一派赞成只由国家经营，一派则赞成由私营公司来经营。结果，今天和过去一样，尽管公众和阿拉戈先生都已改变了主意,他们还是弄不清自己究竟希望怎么办。

19 世纪的法兰西民族有三权分立制,有报纸,有学术团体,有文学,有教育,然而它是一群什么人啊! 我们国家里虽然有 10 万人在专门注视着一切与民族进步和祖国声誉有关的事情,可是,你要是向这 10 万人提出一个有关公共秩序的最简单的问题,我可以向你保证,他们一定全都一样地糊里糊涂,莫衷一是!

公务员的升迁是以劳绩为准还是以年资为准比较好呢?

当然,谁都认为最好是这两种评定能力的标准能够合而为一。要是才能的高下能够始终与年龄的长幼相一致,那该是一种多好的社会啊! 但是,有人说,这样十全十美的事情只是一种乌托邦,因为它的前提就是自相矛盾的;他们没有看到恰恰是因为存在矛盾才使事情成为可能,人们才去争论这两种对立制度各自的价值,结果在把每一种制度引导到荒谬地步的同时,同样地纵容了各种难以容忍的弊端。

应该由谁来鉴定劳绩呢? 一种人说是政府,因为政府是最了解自己人员的贡献的,因此不会任意升迁,不会出现各种损害公务员的独立和尊严的不道德的做法。

但是,另一种人说,年资无疑是最值得尊重的。可惜这有一个缺点,就是把本质上是自愿和自由的劳动和思想固定了下来,给当局在所有人员中制造了障碍,而且往往让一些无能之辈侥幸获得智勇之士应得的奖赏。

最后一种人则主张折中,就是:政府有权任用一定数量它认为不需要什么年资考验的有功之士;至于其他的人显然都被认为无能,就只好按部就班,循序等待升迁。于是,那些本身就是由平庸自负之徒驱策的朽马，而且一般都是靠一些不学无术的年轻人的免酬文章支撑门面的报刊，便急忙出来抨击当局，这家说它任人唯亲，那家又说它墨守成规。

谁又敢夸口说永远不按报纸的舆论行事！你看，它们刚刚指手画脚地指摘国家预算过于庞大，马上又出来要求增加庞大公务员队伍的待遇。凭良心说，公务员们也的确是穷得难以为生。你看，一会儿是替包括高等和低级教育人员在内的教育界诉说苦楚，一会儿又为农村牧师的种种丑闻和弊端辩护，说他们是因为待遇菲薄才不得不收受津贴。现在又替全国的公务员说话了，什么没有房子住啦，没有衣服穿啦，没有煤火取暖啦，没有食物饱肚啦，说是这些人有 100 万，连同他们的家属，人数将近占全国人口的1/8，他们的穷苦是法国的耻辱，为了消除这种耻辱，首先必须增加 5 亿预算。可是，请大家注意，这大批人员中没有一个是多余的，相反地，如果人口继续增长，这种人的数目还将相应地增加。请问，你能为此在全国再多征 20 亿捐税吗？在国家其他支出已经十分浩繁的情况下，你能够从每 4 口之家平均只有 920 法郎的收入中再抽走 236 个法郎，即 1/4 强来专门增补这些非生产者的俸给吗？既然你做不到这一点，既然你拿不出钱来开支，又减少不了开支，那你到底要求政府怎么办呢？你有什么好抱怨的呢？

但愿人民能彻底明白：当局的施政演说和党派人士的抨击发言中竞相用以安抚老百姓的那些关于减轻捐税和税负公平化的种种诺言和希望，全都是骗人的鬼话。在垄断制度下，捐税既不可能减轻，也无法做到公平。相反，公民的生活条件愈是降低，他们的税负就愈是沉重。不管立法者意图如何善良，税务机关如何竭尽努力，这种现象总是不可抗拒地必然要出现的。谁成不了富人，或者保持不了自己的富裕，谁就只好进入苦难的深渊，别指望能够按自己的贫困程度少纳捐税，既来之则安之吧！

因此，捐税，或者说警察(以后我们就不再区别这两个概念了)，是贫困的一个新的根源。它加剧了原先分工、机器、竞争、垄断等这样一些二律背反的破坏性后果。捐税以它的寄生生活、横征暴敛、欺诈舞弊以及随之而来的刑罚，打击了劳动者的自由和良知，戕害了他们的肉体和心灵。

在路易十四时代，光是在住家查获的私盐案每年就达 3700 起，逮捕的男子达 2000 名、妇女 1800 名、儿童 6600 名，扣押 1100 匹马，没收 50 辆车，300 人被处苦役。有一位历史学家指出：这还只是盐税一项所造成的后果，如果把所有因为捐税而不幸被监禁、处刑或没收财产的人算在一起，数目就不知该有多大了！……

在英国，每 4 个家庭中就有一家是非生产者，而生活富裕的正是这一家。你们一定以为这种寄生生活的瘟疫一旦消灭，对工人阶级将有很大的好处！其实不然，在理论上无疑你们是对的，但是在实践上，寄生的消灭将是一场大灾难。既然英国有 1/4 的居民是非生产者，那就一定还有另外 1/4 的居民在为他们劳动；倘若这后一部分劳动者突然失去自己产品的销路，他们该怎么办呢？你们一定会说这是荒谬的假设。不错，这是荒谬的假设，但却是非常现实的假设；而且正是因为这个假设是荒谬的，你们就更应该承认它。法国有 50 万常备军、4 万神父、2 万医生、8 万律师、2.6 万官吏，还有不知其数的各式各样非生产者，对我们的农业和制造业来说，这是一个非常巨大的市场。只要这个市场突然关闭，马上工业就要停顿，商业就要破产，农业也将被自己的产品窒息而死。

可是，怎么可能设想一个民族竟然会因为摆脱了它的那些光吃饭不生产的人便停止前进了呢？提这样一个问题还不如问：如果给一架每小时要消耗300公斤煤的机器，只供应150公斤煤，为什么它就失去动力了呢？还有，既然我们摆脱不了这些非生产者，难道我们不能把他们变成生产者吗？嗯，天真的人们！那就请你们告诉我，如果没有组成现存秩序的警察、垄断、竞争以及矛盾，你们又怎样过日子呢？你们不妨听听：

1844年里弗·德·日耶[①]发生骚动时，安森姆·培特丹先生在《独立评论》杂志上发表了两篇揭发卢瓦尔煤矿开发的无政府状态的文章，理由充分，态度率直。他指出矿山完全有必要合并起来集中开采。他向公众报道的那些事实，政府并不是不知道，可是政府考虑过怎样合并矿山和如何经营这门工业的问题吗？一点也没有！当局遵循的是自由竞争原则，所以采取放任态度，坐视不管。

从那时起，矿主就自动联合起来了，这当然不能不引起消费者的某种不安，因为他们发现这是一个旨在提高燃料价格的阴谋。政府虽然接到了许多有关这方面的控诉，可是它会出来干涉、禁止垄断、让人们恢复竞争吗？不会的！因为联营的权利与联合的权利在法律上是完全一回事；垄断是我们社会的基础，正如竞争是社会的胜利果实一样；因而只要不发生暴动，政府就将放任一切，顺

---

① 里弗·德·日耶，法国东部城镇，在卢瓦尔矿区中心。1844年矿工为反对矿主降低工资，曾先后举行多次罢工斗争，遭到政府残酷镇压。——译者

其自然。它能采取别的态度吗？它能查禁一个依法组织起来的商业社团吗？它能迫使同胞自相毁灭吗？它能禁止他们降低自己的生产费用吗？它能规定一个最高限价吗？只要政府做了这其中的任何一件事情，它就要推翻现存秩序。因此，政府是不会采取任何主动措施的。政府之所以建立，就是为了同时捍卫和保护垄断与竞争，其条件就是私有主需要履行申领专利证和许可证、交纳地产税以及法律给私有权规定的种种义务。除此以外，政府没有任何权利借社会的名义来施加限制。社会权利并没有确定，而且社会权利也将是对垄断和竞争的否定。既然如此，政府又怎么能维护这种未经法律规定和确认，而且又是与立法者所承认的其他权利相对立的权利呢？

所以，尽管里弗·德·日耶事件中与矿主作斗争的矿工理应被认为是社会的真正代表，但是，既然他们竟敢起来抗拒垄断者抬高物价并且捍卫自己的工资，竟敢以工人同盟来对抗矿主同盟，政府便出来枪杀矿工了。于是，一些无理取闹的政客便谴责起政府来了，说它偏私、残忍，说它卖身投靠垄断者等等。至于我，我却认为这样判断政府的行为是没有多大道理的，因此我坚决反对。当时也许应该少杀些人，也有可能杀得更多一些；这里指出的不是死伤多少，而是镇压工人的事实。那些批评政府的人如果处在政府的地位，也会像政府那样办，所不同的也许只是他们的刺刀更加不留情，射击更要准确。我的意思就是说，反正他们也得进行镇压，他们非如此不可；其原因是人们否认不了的，那就是：竞争是合法的，股份公司是合法的，供求是合法的，以及从竞争、股份公司和自由贸易中直接产生的一切事物也都是合法的；反过来，工人罢工却是**非法**的。这点不但刑法典上有明文规定，而且是经济制度和现存秩序的必然性所要求的。劳动只要还没有主宰一切，就理应遭受奴役，社会只有以此为代价才能生存下去。工人有支配自己的人身和双手的自由，这是可以容忍的[①]；但是，如果工人依靠同盟来对垄断施加暴力，社会就不能容许了。你要是取消垄断，那就是废除竞争，就是瓦解工厂，就是到处撒播毁灭的种子。政府在枪决工人时，处境正如昔日的布鲁图斯[②]，必须在爱子之情与执政官的职责之间作出抉择，唯一应该做的就是抛弃自己的儿子，保全共和国。这种选择的确是可怕的，但是，社会契约的精神和文字就是如此，宪章的主旨就是如此，上帝的命令就是如此。

因此，原来为了保护无产阶级而建立的警察，锋芒完全反过来对准无产阶级。无产者被驱逐出森林、河流和山谷，人们甚至禁止他们通过道路；很快他们就将只认识通向监狱的道路了。



农业的进步使人普遍感到人工牧场的优越性和废弃野生牧场的必要性。于是，人们到处开垦、出租和圈围市镇公地；新的进步带来了新的财富。但是，穷苦的日工除了市镇公地以外别无财产可言，只靠饲养一头半头奶牛和几只绵羊度日；他们过去都是在路

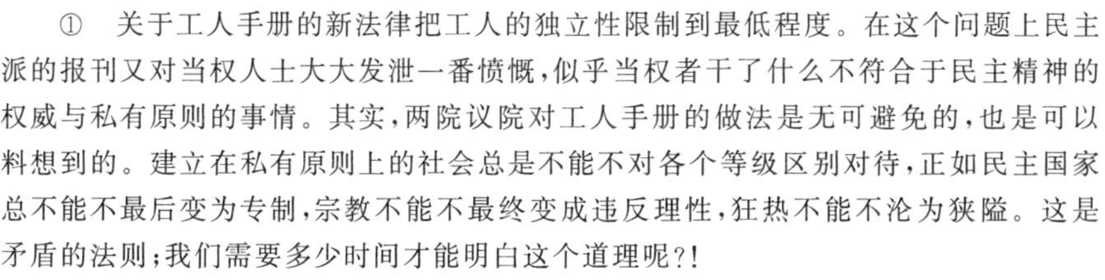

① 关于工人手册的新法律把工人的独立性限制到最低程度。在这个问题上民主派的报刊又对当权人士大大发泄一番愤慨，似乎当权者干了什么不符合于民主精神的权威与私有原则的事情。其实，两院议院对工人手册的做法是无可避免的，也是可以料想到的。建立在私有原则上的社会总是不能不对各个等级区别对待，正如民主国家总不能不最后变为专制，宗教不能不最终变成违反理性，狂热不能不沦为狭隘。这是矛盾的法则；我们需要多少时间才能明白这个道理呢?!

② 布鲁图斯，指吕赛乌斯·尤尼乌斯·布鲁图斯，公元前509年罗马执政官，曾发动政变推翻第五位罗马国王塔克文，建立了共和国。其子参与塔克文的复辟阴谋，布鲁图斯判处他死刑，并亲自主持处决。——译者

旁的杂草丛和收了庄稼的地里放牧，这一下可失去了他们最后唯一的草原了。从此以后，地主、市镇公地的购买者或租佃人，除了出售小麦和蔬菜之外，还出售牛奶和奶酪了。不但旧的垄断没有削弱，而且还出现了一种新的垄断。甚至连养路工人也无不保留一小块路边地作为自己放牧之所，把不属于公家的牲畜驱赶出去。结果怎样呢？凡是不愿舍弃自己奶牛的日工，便只好违警放牧，盗窃田园，到处进行破坏，最后被罚款，坐班房；既然如此，警察措施和农业进步对他们又有什么好处呢？去年，米卢兹市市长为了防止葡萄被盗，竟然规定凡是非葡萄园主以外的任何人无论白天或黑夜都不得通过葡萄园旁或葡萄园里的道路；防范之严真可谓无微不至，连人们的意图和良心也在警戒之列。但是，既然公共道路不过是私有权的附属品，既然市镇公产变成了私有财产，既然公共土地就和私有地一样由私人保有、开垦、出租和转卖，还有无产者的那份吗？对无产者来说，社会脱离了战争状态而进入警察制度究竟又有什么好处呢？

工业和土地一样，也有它的特权；像惯常一样，在一定的条件和保留之下，这种特权为法律所确认，也像惯常一样，这种特权使消费者受到极大损害。这是一个很有意思的问题，我们需要说上几句。

先引述勒努阿尔[①]先生的一句话。

他说："特权是对条例的校正……"

为了解释勒努阿尔先生的原意，请他允许我把这句话颠倒过



① 勒努阿尔(1765—1853)，法国著名出版家，著有《论发明专利》。——译者

来，说成条例是对特权的校正，因为谁要提到条例，指的就是限制。但是，怎么可以想象在特权还没有存在之前便能加以限制呢？我能够设想君主怎样使特权服从于条例，可是却无法理解君主们怎么会故意为了减弱规则的效力而规定特权。这样一种让步是没有任何理由的，它是一种无因之果，不论从逻辑上或者历史上说，在制定法律或条例的时候，一切总是已被占有，被垄断。这一点不论民事或刑事立法都是如此；前者是从占有和取得而产生的，后者则是因为出现了各种轻重罪行才有必要。勒努阿尔先生只注意一切条例所固有的某种奴役性，因而认为特权是对这种奴役的一种补偿，因而才说特权是对条例的校正。可是，勒努阿尔接着补充的另一句话证明他所指的恰恰是相反的意思，他说："我国立法中的一个基本原则，即以让与暂时的垄断权作为社会与劳动者订立契约的代价，总是被忽视了……"可是，让与垄断权实质上是什么意思呢？它不过是一种简单的承认和声明。社会为了发展某种新的工业和享有这种工业可能提供的利益，便与发明人做交易，就如与垦殖者做交易一样，保证发明者在一定时期内对其工业实行垄断；但是，这垄断并不是社会创立的，发明的本身就产生了垄断，社会所做的只是承认这种垄断。

在澄清了这个模糊观点以后，我们就可以来谈一谈法律上的各种矛盾。

"所有的工业国家都以建立暂时垄断作为社会与发明人之间所订契约的代价……我绝不认为各国所有的立法者这样做是犯了什么掠夺罪。"

要是勒努阿尔先生哪一天读到我这部著作，他一定会公道地承认我引述他的话时想批评的并不是他的思想，因为他自己也觉得法律关于专利权的规定是存在某些矛盾的。我的目的只是想把这些矛盾归结到总的制度上。

首先，为什么工业垄断是暂时性的，而土地垄断却是永久性的呢？过去埃及人在这个问题上就比较前后一贯，他们规定这两种垄断都是世袭、永久和不可侵犯的。我懂得人们反对著作权的永久性时用的是什么理由，而且我也同意这一切理由；可是，土地所有权也同样适用这些理由，何况，光是这些理由也并不能完全驳倒反面的论据。那么，立法者所以要对工业和地产作出不同的规定，其奥秘究竟何在呢？当然，用不着说，我指出这种不一致的情况，目的既不在责备立法者，也不是想讥笑他们，因为我承认立法者作出这样的决定并不是自愿的，而是出于不得已。

可是，最明显的矛盾是法律主义上出现的矛盾。第 4 章第 13 条第 3 款规定："如果申请专利的内容只是一些原理、方法、体系、发现、理论或纯科学的概念，并没有指出工业上的实际用途，其专利即无效。"

所谓原理、方法，理论概念和体系究竟是什么？其实这就是才智的成果，就是纯粹的发明，就是思想，就是一切；至于实际用途，那不过是些简单而微不足道的事实罢了。可是，法律却把理应获得专利的思想本身排斥于专利之外，反而赋予实际用途以专利；而照柏拉图的说法，这种实际用途不过是有形的事实和思想的实例罢了！因此，把这叫做发明专利是错误的，正确的说法应该是最初占有的专利。

在我们的时代里，谁要是发明了算术、代数、十进法，一定得不到什么专利；可是，巴莱姆[①]却因他所著的《计算手册》而获得著作所有权。巴斯噶[②]还会因为他的气压理论而获得专利；可是，最先制造出气压计的玻璃商却会取代他而获得特权。下面引述的是阿拉戈的一段话："在经过两千年以后，我们的一位同胞发现原来用以引水上升的阿基米德螺旋也可以用来使气体下降，而且螺旋无需改动，只要使它从左向右转，而不是像提水时那样从右向左转。含有其他物质的大量气体就这样被迫降到水的最底层；当气体重新上升时就变纯了。我坚持认为这是一种发明，想出把阿基米德的螺旋当成吹风机的来使用的人，完全有权获得专利。"最奇特的是：如果阿基米德本人想使用自己发明的螺旋桨，还必须向这人赎买此权利，而阿拉戈先生却认为这是完全合理的。

这样的例证无须多举，因为，就像我刚才所说的，法律准备赋予垄断权的，并不是思想，而是事实，不是发明，而是占有。好像思想不是包含表达它的一切事实的范畴，好像一种方法、一种体系不是经验的概括，因而不是真正构成才智的成果——发明！在这一点上，法律不但具有反经济的性质，而且简直到了愚蠢的地步。所以我完全有权质问立法者，他们既然承认自由竞争，而所谓自由竞争指的又不外是把某种还没有被占有的理论、原则、方法和体系付诸实用的权利，那么，为什么他们又要在某些情况下禁止自由竞争，禁止实施这种原理的权利呢？勒努阿尔先生非常正确地指出："人们因为不能再组成同盟和行会来扼杀自己

① 巴莱姆(1640—1703)，法国著名数学家，著有《计算手册》。——译者

② 巴斯噶(1623—1662)，法国著名数学家、物理学家和思想家，曾发明关于圆锥内接六角形的"巴斯噶定理"、气压随高度变化和近代计算机等原理。——译者

的竞争者,便利用专利权作为一种代替办法。”请问,立法者为什么要帮助垄断者实现这种阴谋,为什么要禁止那些本来属于一切人所有的理论呢?

但是,老是质问这些说不出什么理由的人又有什么用处呢?当立法者这样奇怪地运用所有权,更正确地说,运用优先权的时候他们自己其实也不明白依据的是什么道理。但愿他们起码能够说明他们假借我们的名义与垄断者订立的契约的条文。

我撇开这部法律中关于专利期限、行政程序和税收的规定不谈,只来讨论一下这样一个条文:

“专利特许证不保证发明物。”

毫无疑问,社会或者代表社会的君主,既不能够也不应该保证发明物,因为既然社会已经承认为期 14 年的垄断权,就已经成为特权的购买者,因此应该由取得专利特许证者来提供保证。既然如此,立法者怎么可以得意扬扬地跑出来对自己的选民说:“我们已经代表你们和一位发明人议定,他保证让大家享受到他的发明,条件是他享有在 14 年期限内单独使用这项发明的权利。可是我们并不保证这项发明!”立法者们,你们依靠的是什么呢?如果这发明是没有保证的,那么你们给予专利权的并不是一项实际存在的发明,而只是一项可能出现的发明,这不有点像在耕犁发明之前,你们就把工场转让了吗?这一点为什么你们没有看到呢?你们的职责是谨慎从事,谁让你们随便上当的?!

因此,发明专利特许证甚至都没有登记的日期,而且是一种预先转让的行为。似乎法律在说:我保证最初占有者对土地的权利,但是并不保证这块土地的质量及其所在,甚至连它是否存在我也不作保证；而且，连我是否有权转让和这块土地是否能够被占有，我也并不清楚。这样来运用立法权，真是滑稽之极！

我知道法律不保证发明是有充分理由的，但是我认为法律也有充分理由对保证发明进行干预。证据如下。

勒努阿尔先生说："专利权现在是、将来也仍将是一种江湖诈骗的工具，同时也是对劳动与才智的合法报偿……人们不能掩盖，也无法阻止。这种诈骗行为只有靠公众的良知来制裁。"这就等于说："真品与赝品、纯酒与掺水的酒，都要靠公众的良知来判别；同是胸前的勋章，究竟是凭功劳而得还是靠庸碌奸佞而获，也要靠公众的良知来辨认。既然警察职能要由公众良知来履行，为什么你们还要把自己称为国家、政权、政府和警察呢？"

"正如人们所说，谁有土地，谁就一定想为土地而战，同样，谁有特权，谁就一定为特权而讼争。"

好了！既然你没有保证，你怎么判别真伪呢？只要人们向你争辩说，产品在法律上是用独有的方法制造的，在事实上是类似的物品，你就没有办法了。凡是其真伪取决于质量的物品，你要是不要求什么保证，就等于没有赋予任何专利权，等于放弃了比较新旧制造方法和辨别真伪的权利。可是，工业上的制造方法失之毫厘便谬以千里，这毫厘之差可决定着一切啊！

根据上述，我得出以下的结论：发明专利法虽然从动机上说是不可缺少的，但是从经济上说是办不到的，也就是违反逻辑、专横武断和极其有害的。立法者出于某种需要，以为赋予某种确定的物品以特权是有利于公众的，结果却是发给垄断者一张可以任意填写的空白证书，并且白白断送了公众作出这项发明或任何类似发明的机会，无偿地剥夺了其他竞争者的权利，使善意的消费者任由贪婪的骗子蹂躏而不加任何保护。然后，为了使契约的荒谬悖理达到无以复加的地步，立法者竟然对他应该提供保证的人们说："你们自己去保证吧！"

我也和勒努阿尔先生一样，不相信任何时代任何国家的立法者在确认作为社会经济基础的各种垄断时是有意地进行什么掠夺。但是，勒努阿尔先生也应该和我一样地承认，任何时代任何国家的立法者对自己所制定的法规的含义从来就并不了解。一个学会了敲本区教堂的钟和给它上弦的既聋又瞎的人，之所以适于充当敲钟人，正是因为他不会被钟声和钟楼的高度弄得头晕眼花。我和勒努阿尔所一致深为敬佩的一切时代一切国家的立法者们，就类似于这位既聋又瞎的敲钟人，因为他们是盲目地表达着人类一切愚妄思想的机械人。

要是我终于能使这些机械人也进行一些思考，使他们懂得他们的工作成果就像培娜洛普[①]织的那块布一样，这头往前织，那头又往下拆，注定永远也织不完，这对我是多么光荣啊！

人们就是这样地一面欢呼设定专利权，一面又要求废除特权，而且终是那样得意扬扬、心安理得。奥拉斯·萨伊[②]先生为要求肉类买卖自由而提出的各种理由中，有一点非常正确：

---

① 培娜洛普，希腊神话人物奥德赛的妻子。奥德赛出外征战20年；培娜洛普为了摆脱许多求婚者的纠缠，推说等自己手上的布织完以后再作答复，实际却白天织布，晚上拆掉，始终没有织完。——译者

② 奥拉斯·萨伊(1794—1860)，让·巴·萨伊之子，法国商人和政治活动家，写过一些有关经济实际问题的著作。——译者

“一位准备停业的肉商想找人买下他的铺底，出售清单开列的是原有的工具、货物、商号信誉和经常往来的主顾；可是，在现行制度下，他还添上一项，就是参加某种垄断的空头资格的代价。承顶的肉商为购买这项资格而付出的额外资本是可以拿回利息的，用的不是什么新办法，只是把利息额加进肉价就行了。因此，限制肉店数目的结果只会使肉价上涨而不是降低。

“顺便说一下，我敢肯定，我所说的关于肉店出顶的情况，也适用于一切行时的行业。”

奥拉斯·萨伊先生所提出的那些关于废除肉店特权的理由是无可置辩的，而且，这些理由确实不但适用于肉商，也同样适用于印刷商、公证人、律师、法警、法院书记、拍卖估价人、经纪人、股票经纪人、药剂师以及其他各行各业的人。但是，这些理由并不能驳倒那些主张垄断，并根据业务上的安全、信实与正确的需要，作为商业利益和公共卫生利益而一般演绎出来的理由。你们一定会说，这些目的都是无法实现的。天哪！这点我也懂得，可是问题在于：让肉店竞争，大家固然要吃上臭肉，可是让肉店垄断呢，大家照样还是得吃臭肉。这就是从你们的那些有关垄断和专利的法律中能够期待的唯一结果。

于是，喜欢一切都用条例来调整的经济学家便大声疾呼道：“这都是人们滥用垄断所造成的！应该设立警察来监督商业，强制使用商标，惩罚制造赝品，等等……”

因此，文明在前进道路上不管朝哪个方向走，结果总不外是两种情况：或者是垄断者实行专制，从而使消费者受到压榨；或者是用警察措施来消灭特权，这又会造成经济的倒退，破坏自由，进而瓦解社会。事情就是这样奇怪，在这种工业自由制度下，防止弊端的办法反而使弊端像虱子一样不断地繁殖，立法者如果为了消灭各种罪行，取缔一切诈骗行为，保障人身、财产和公共安宁不受侵害而一再进行改革，其结果将是使非生产性职务增加到需要全国人民都来担任的程度，最后是连一个人留下来生产也没有，所有的人都成了警察，工业阶级也成了神话里的事物。也许只有到了那个时候，垄断才说得上被纳入秩序。

勒努阿尔先生说："正在拟订的商标法的原则应该是：商标不能够也不应该变成质量的保证。"这是从专利法引申出来的原则，因为正如他上面所说的，专利法是不保证发明的。如果我们采纳勒努阿尔先生的原则，商标还有什么用处呢？酒瓶上不标明12度酒或者15度酒，而是写上人们所喜爱的艾尼菲尔公司[①]或者其他酿酒厂的商标，这于我又有什么关系呢？我关心的并不是哪家商号出品的，而是商品的质量如何和价格是否合理。

固然，人们假定制造商的名字是工艺优劣和质量高低的简略标志；既然如此，为什么不干脆赞成除了产地商标之外再加一个示意商标呢？故意这样隐晦其词，实在令人难以理解。其实，两种商标的目的是一样的。第二种商标不过是第一种商标的说明或注释，是商人的简明广告；因此，我再重复说一遍，既然产商商标本身就表示某种商品，为什么商标就不能完全代表商品说明呢？

---

① 艾尼是古希腊一城邦国君，嗜酒，以己名命酒；艾尼菲尔是取其名的酒厂。——译者

沃洛夫斯基[①]先生在1843—1844年的议会开幕词中曾经非常出色地阐明了这个论点。这篇演说的主要之点完全包括在下面这个类比说法中，他说："政府既然可以确定一个数量标准，就同样可以，而且也应该确定一个质量标准。它们互为必要的补充。既然货币单位和度量衡制度丝毫不损害工业自由，那么，商标制度也不致对工业自由有什么损害。"接着，他又引用了科学泰斗亚当·斯密和让·巴·萨伊的一些话来作依据，因为在信奉权威甚于遵从理性的听众面前，小心设防总是有好处的。

就我来说，我愿意宣布我完全同意沃洛夫斯基先生的意见，因为我深感他的意见具有革命意义。按照沃洛夫斯基先生的说法，商标不是别的，就是一种质量标准，在我看来，这就等于说商标就是价目标签。因为，无论是官办的特种事业，即以国家的名义来保证商品质量的行业，例如，铸造货币的金银成色，或者是制造商自定的商标，只要这种商标能表明商品的固有成分（这是沃洛夫斯基的原话）并保证消费者不受任何欺骗，它就必然代表一个固定的价格。商标并不就是价格，因为，外形相似但产商质量却不同的产品，也可能价格一样，一瓶勃艮第葡萄酒和一瓶波尔多葡萄酒的价格可能相等；但是，商标既然表示商品的质量，也就是说对商品提供了说明，那么，人们就可以据此准确地了解它的价格。计算一种商品的价格，就是分析它的构成；如果说我们希望商标能起表意的作用，那么，产商商标应该起的正是这种作用。所以，就像刚才所

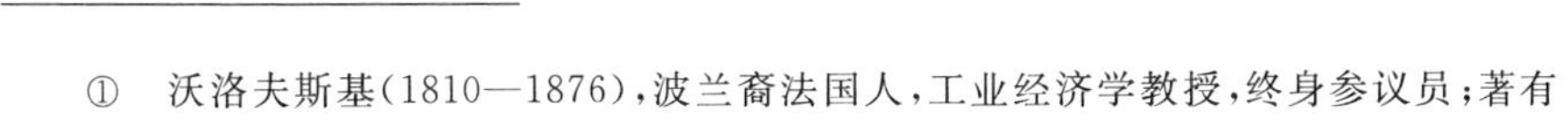

① 沃洛夫斯基（1810—1876），波兰裔法国人，工业经济学教授，终身参议员；著有若干经济著作。——译者

说的，我们现在正向着一般的规定货价迈进。

可是，一般的规定货价并不是别的，而是确定它的全部价值，在这一点上，政治经济学的原则与它的倾向又发生了矛盾。所以，不幸的是，为了实现沃洛夫斯基所主张的改革，就必须首先解决以前的种种矛盾，并置身于更高的联合会的范围内，而沃洛夫斯基的主张之所以遭到他的大多数经济学同行们的非难，正是因为缺乏解决这些矛盾的办法。

实际上，商标制度在目前制度下是行不通的，因为它违背制造商的利益，与他们的成习不相容，只是靠政府的强制才能实行。假如暂时由税务机关负责粘贴商标，税务人员就势必要时刻干预劳动过程，就像他们干预啤酒的制造和酒类的销售一样；就拿这后两项干预来说，实际情况已经表明够麻烦琐碎的了，而且结果也只能做到监督产品的数量，防止漏税，至于上市产品的质量，根本就无法查核。为了消灭和防止诈骗，税局的监税员和化验员就必须对一切细节都进行检查。就算这都可以做到，诈骗的标准又是什么呢？立法者对此并没有规定，或者，即使规定了也并不精确。事情难办之处就在这里。

出售哪怕是最下等质量的酒也不算诈骗，可是把一种质量的酒冒充另一种质量的酒就是诈骗；所以，你就必须区别酒的各种质量，从而也就必须加以保证。那么，把酒混合起来算不算诈骗呢？夏普塔尔[①]在他的一本研究酿酒法的著作中认为混成酒是非常有

① 夏普塔尔(1756—1832)，法国化学家，曾任执政府内政部长。对化学有过不少贡献，其中包括酒的保存法。——译者

益的；可是，另一方面，经验又证明，有的酒互相忌讳，不相协调，如果把它们混合起来就既难入口，又有碍卫生。因此，你就需要说明哪一些酒混合起来是有益的，哪一些酒是不能混合的。往酒里加香料、酒精或者清水又算不算诈骗呢？夏普塔尔也建议采取这些做法；可是，我们大家都知道，掺入这类杂质的酒，有时虽然有益，有时却十分有害，而且难以下咽。这样一来，你究竟准备禁止添加哪些物质呢？在什么情况下禁止呢？添加到多大比重就禁止呢？你是不是打算禁止往咖啡里加菊苣根、往啤酒里加葡萄糖、往葡萄酒里加清水、苹果汁和36度酒精呢？

众议院今年曾经一时高兴，试图草率制定关于伪造酒类的法律，但是，因为无法解决这个困难，只好半途而废。不过，它毕竟还是宣布往葡萄酒里掺水或者加进10%以上的酒精是诈骗行为，接着还把这种行为明定为轻罪。这样做在理论上虽然站得住脚，不会碰到什么障碍；但是，大家都能看到，这个双重的严厉措施给税务机关带来的好处远远多于消费者，众议院也没有敢设置大批葡萄酒品尝员和化验员之类来检查和核实诈骗行为，免得增加几百万法郎的预算。而且，在禁止往酒里掺水和加酒精这样一种制造商用以使大家买得起酒而自己又能获利的唯一方法的同时，下议院并没有能通过减轻酿酒业的税负来扩大它的销路。总而言之，下议院取缔伪造酒类的结果反而扩大了诈骗的门路。为了真正达到查禁假酒的目的，必须事先解决怎样使酒商不掺假品而仍能维持营业以及怎样使人民买得起不掺假的酒的问题，可是这却越出了议会的职权范围，而且也不是它能力所及的事情。

如果你要使消费者在酒的价值和卫生方面得到保证，你就必

须弄清并且规定怎样就算优质和诚实的生产，就必须不断把着制造商的手指点，每一步都领着他们走。结果，从事制造的就不再是他们，而是你，就是说，国家倒成了真正的制造商。

这样一来你就上了圈套：或者是需要以种种方法干预生产，从而妨碍了贸易自由，或者是宣布自己是唯一的生产者和唯一的商人。

在第一种情况下，所有的人都会讨厌你，结果是所有的人都起来反对你，国家迟早还是会被排除出去，商标也要废止。在第二种情况下，你是到处以政权的活动来代替个人的主动性，这就违背政治经济学的原则和社会制度。要是采取折中办法，那又必然产生偏私、滥权和伪善，因而是一切办法中最坏的办法。

现在，我们假定让制造商自己来处理商标问题，那么，我说，这时商标即使强制使用，也会逐渐失去它的*表意*作用，最后只成为*产商*的标志。很不了解商业内幕的人才会以为使用专利不能接受的方式的商人或厂主愿意泄露自己的生产赢利和营业的秘诀。因此，商标的*表意*是骗人的，而警察措施对此是无可奈何的。当年的罗马皇帝为了查缉那些隐瞒自己信仰的基督徒而强迫所有的人都供奉神像，固然使有的基督徒叛教，有的殉教；可是，基督徒的数目却反而增加了。同样，表意商标虽然对某些商号有益，可是却又孕育了不计其数的诈骗罪行和取缔行动；这是应该预料到的一切。为了使制造商能够诚实地标明自己商品的真实成分，就是说标明这些商品的工业和商业价值，就必须使他们摆脱竞争的威胁，并且满足他们的垄断本能；这点你能做到吗？此外，还必须使消费者关心对诈骗行为的取缔，但是只要生产者还没有完全消除私心，要做到这点是不可能的，而且也是矛盾的。为什么说不可能呢？请大家设想一下，一边是堕落的消费者中国，一边是陷于绝境的商人英国，双方交易的是一种使人兴奋和麻醉的毒物，在这种情况下，即使你出动全世界所有的警察，还是禁止不了鸦片买卖。为什么说是矛盾的呢？在社会上，消费者和生产者其实是一回事，也就是说，尽管某种产品对消费者有害，他们还是有兴趣去生产它，因为对每一个人说来，只有生产和销售以后才能有消费，所以，大家都是首先协同照顾生产与销售，然后再各自去小心安排自己的消费。

产生商标的思想与产生最高限价法的思想有着同一起源。这又是政治经济学无数难题之一。

立法者制定最高限价法虽然目的在于救济饥馑，其理由也十分充分，但是结果却反而加剧了粮荒。因此，经济学家对这种令人厌恶的法律，并不是责备它不公平或者意图险恶，而是指责这种做法愚蠢失策；但是他们用以反对这种法律的论据却是十分矛盾的。



他们说：为了救济饥荒，就必须有粮食，说得更确切些，就是必须使粮食上市，别的办法是没有的；而为了使粮食上市，就必须使存粮者有利可图，鼓励他们竞争，保证他们在市场上有完全的自由。在你们看来，这大概是一种最荒谬的以毒攻毒的办法了！怎么可以设想，愈是让人家放手向我勒索高价，我才愈早得到粮食供应呢？他们说，还是放任自流吧！让人们自由行事吧！特别是在粮荒的时候，更应该让竞争和垄断进行活动，尽管粮荒正是竞争和垄断的结果。这叫什么逻辑啊？！尤其是，这叫什么道德啊？！

那么，为什么不可以像对待面包商那样，也给农户规定限价呢？为什么不可以对播种、收获、葡萄的收摘，饲料的收割和牲畜的饲养也来一番监督，就像账本、票证、汇单需要贴印花以及对啤酒商和葡萄酒商进行税务管理那样呢？……我承认，在垄断制度下，这样做将增加不少麻烦，但是鉴于我们商业上不诚实的风气愈来愈严重和政府也喜欢不断增加人员和预算，所以制定一项有关查核收获情况的法律看来是愈来愈必要了。

此外，我们也很难肯定，在粮荒的时候，究竟自由贸易和实行限价两种办法中哪一种的害处更大。

不管怎样，你总得从两者中择一；可是，无论你采取哪一种办法，都制止不了商人的欺诈，人民也避免不了严重的灾难。要是实行限价，人们就把商品囤积起来，结果限价便使粮荒更为严重，粮价一个劲地上涨，不久流通便中断，急剧无情的灾难就像劫匪一样接踵而来。要是容许实行竞争，祸害的到来虽然比较缓慢，但是程度照样是致命的。在高昂的价格还没有把粮食吸引出来之前，就已经有许多人因为饥饿而奄奄一息，或者干脆就死去了；待到粮食上市了，又不知有多少人被盘剥一光！这就和大卫王的故事相像：上帝为了惩戒这位国王的骄矜自大，命他在 3 天瘟疫、3 个月饥荒和 3 年战争这三种灾难中任选一项[①]；大卫选择的是最短期的灾难，而经济学家则选择最长期的灾难。人类确实也可怜，他们宁可死于慢性痨病，而不愿突然中风而亡；在他们看来，好像两种死法有什么不一样似的。人们之所以这样夸大限价的害处和自由贸易的优点，理由就在这里。



① 大卫(David，公元前约 1010—前 970)，相传为犹太第二位国王；故事见《圣经：旧约》，《撒母耳记下》，第 24 章；文中所称 3 年战争按《圣经》原文为 7 年战争。——译者

何况，如果说法国这25年来没有遭受普遍的饥荒，原因绝不在有了贸易自由，而且只要贸易自由愿意，它完全能够在富足中制造匮乏，在丰收中制造粮荒；真正的原因在于交通改善，距离缩短，所以能够很快地恢复由于局部地区的匮乏而一时遭到破坏的平衡。这个实例雄辩地证明了这样一条痛苦的真理，就是社会的普遍幸福永远不能依靠个人的意志和谋算来实现。

我们愈是深入地探究垄断与社会之间这种虚幻的妥协，亦即我们在本章第一节中论述过的资本与劳动之间、贵族阶层与无产阶级之间的虚幻的妥协，就愈是清楚地看到，一切都是按照一句连专制主义理论家霍布斯和马基雅维利也不懂的可怕箴言的预见和规定在实现：一切事情都是由人民所做，一切事情都是反对人民的。当劳动在进行生产时，资本在虚构的生产性的掩护下享受和滥用财富；立法者为了从中协调而企图唤起特权者的博爱情感和给劳动者提供各种保障；可是现在的情况却是，由于不可避免的利害冲突，所有这些保障都变成了惩罚手段；国家在这方面对穷人犯下的罪行和它对穷人施加的无数酷刑，需要有铁石心肠的人用十辈子的年月才能说得清，需要几百本厚书才写得完。只要粗看一下警察措施的各种主要类型，就足以了解它的用意和真义所在了。

国家既然用大批混乱不堪的民法、商法、行政法来扰乱人们的思想，制造更多的矛盾，使公平概念更加模糊不清，也就需要有一整个阶层的诠释人来说明这套制度，而且必须组织对罪行的追究和实施各种刑罚。刑事法庭就是这个非生产的大家族中的一个非常庞大的支系，为了维持它的存在，法国每年就要花费3000多万法郎；它变成社会的一个不可缺少的生存要素，就如人生不能没有

面包一样。当然,这两者有一点不同,就是人是依靠自己双手创造的产品为生,而社会却是吞食自己的成员,吮吸他们的血肉来养活自己。

根据某些经济学家提供的数字,我们算出:

伦敦每 89 个居民中有 1 名罪犯。

利物浦每 45 个居民中有 1 名罪犯。

纽卡斯尔每 27 个居民中有 1 名罪犯。

可是这些数字看起来似乎惊人,还是不够精确的,并没有反映出警察对社会的败坏程度。我们需要知道的不仅是已承认的罪犯数目,而且要知道已确定的罪犯和罪行的实际数目。刑事法庭的工作只是暴露垄断制度下人类道德败坏程度的一种特殊方面,官方所披露的这些数字还远远没有包括全部的犯罪行为。请看看另外一些更接近事实的数字:

巴黎轻罪法庭受理案件的数目:

1835 年为 106467 起

1836 年为 128489 起

1837 年为 104247 起

假定从这时起一直到 1846 年期间这类案件继续按这个比例增长,而且除了这些轻罪案件以外再加上重罪法庭审理的案件、违警案件以及那种据法官们说其数目大大超过法庭审理的案件的未经揭发和惩处的案件,那么,我们就可以得出这样的结论:巴黎城每年发生的违法行为比全城人口数目还要多。这当中,7 岁以下的儿童当然谈不上犯罪,所以需要除外,结果是每个成年公民每年都要犯上三四次妨害现存秩序的罪行。

这就是说，巴黎的私有制是靠每年发生一二百万起罪行才维持下来的。可是，即使这全部罪行都是一个人干的，还是可以找出理由为他辩护：他不过是犹太人的种种罪孽的替罪羊罢了！而且，只要司法队伍齐全，犯罪人数再多又有什么关系呢？

暴力、背约、盗窃、诈骗、蔑视人与社会，这都是垄断的本性；这些现象的产生是非常自然的、十分正常的，而且完全合乎规律。人们甚至可以精确地计算出这些罪行的数目，而且只要知道人口数目、工业发展状况和人们的文化程度，便可以精确地衡量出他们的道德水平。经济学家尽管还不懂得价值原理，可是对罪犯在居民中所占的比重，究竟占几位小数，还是懂得的。人口有多少万，其中坏人占多少，判了罪的又有多少，都一点不会弄错。这是或然率计算法的一种最高明的实际运用，是经济学中最先进的一个部门。要是这种揭露性论点是社会主义发表的，那么大家就一定会大声斥之为诬告。

再说，这对我们又有什么好大惊小怪的呢？正像贫困是社会各种矛盾的必然后果，是可以根据利率的大小、工资的数字和贸易的价格精确地加以计算的后果；重罪和轻罪也是这样，它是这种对抗状态的另一后果，也可以和它的成因一样准确地计算出来。可是，唯物主义者却从这种支配着自由的数字规律中得出一些最荒谬的结论，似乎人们根本不受周围一切的影响，尽管周围的一切都受着一些必然规律所支配，只要人们达到最自由的程度，便感受不到这些规律的作用。

我们刚才提到建立和维持刑事法庭的必要性，在道德方面也有所表现，不过是比较抽象一点罢了。

按照一切道德学家的观点，刑罚的目的应该是使罪人改过自新，因此它是排斥任何足以使罪人堕落的做法的。我绝对无意驳斥人们这种善良的愿望，也不想轻蔑古代一些伟大人物曾经作过的种种有口皆碑的尝试。博爱主义这个字眼儿虽然有时带有讽刺的意味，可是，在后代人的心目中，它将永远作为我们这个时代的一种最可敬的特点：废除死刑或缓期执行，取消犯人文身，研究单间监禁问题，设立监狱工场，以及其他不胜枚举的改革，都证明我们在观念和风气上确实有了进步。基督教的创始人怀着悲天悯人的高尚情感向人们叙述的那个神秘的天国里，悔过自新的罪人简直比无罪的人还要光荣。这种基督教的仁爱乌托邦已经变成了我们世俗社会的想望。可是，既然所有的人在这方面的情感是一致的，我们就不禁要惊奇地问道：究竟是谁在阻碍这种愿望的实现呢？



唉！这是因为理智比仁爱更为有力，逻辑比罪恶更为顽强；是因为和其他问题一样，在这个问题上我们的文明也存在着一个无法解决的矛盾。我们还是不要沉迷于想入非非的世界吧，还是回头来面对赤裸裸的可怕现实吧！

俗话说：

罪恶招来的是耻辱，而不是断头。

一个人只要受了惩罚，而且是罪有应得的，那么，他的人格就贬损了，因为刑罚已使他名声扫地；这倒不是因为法典上的定义谴责了这种行为，而是因为他犯了招致刑罚的过错。因此，刑罚在物质上的改进有什么意义呢？你们的种种感化制度又有什么用处呢？你们在这方面所做的一切，都不过是为了安慰自己的良心，而丝毫不能恢复受你们司法惩处的不幸者的名誉。罪人一旦蒙受了刑罚的耻辱，就不能回复原状了，他的污点将无法磨灭，他的罪名也将永劫不复。如果不是这样，刑罚也就与罪行不相称，将形同虚设。因贫困而被迫偷窃的人，如果遭到法庭审判，以致永远成为上帝和人类的敌人，那他还不如不生此世，耶稣基督就是这样对他说的：汝不生此世为佳。耶稣基督还有一句话无论是否基督徒都是同样信奉的，那就是：有产者所懂得的唯一福音启示就是不要宽恕耻辱。既然垄断使平民与自然隔绝，作为一切罪行和刑罚的根源的贫困又把他们从人类中排除出去，那么，无法靠劳动为生又无力进行抢劫的平民，还有什么其他出路呢？

为了对无产阶级进行这场攻防兼而有之的战争，就必须有一种官方力量，因为执行权是来自民法、行政和司法上的需要。在这方面，人们最美好的希望又一次悲惨地落空了。

犹如立法者、市长和法官一样，君主也以神权代表者自居。自命为穷人和孤儿寡妇的保护者的君主，都允诺在自己王政所及之处实施自由与平等，救助劳动者和倾听人民的呼声，于是人民便满心爱戴地投入政府的怀抱。可是，当经验使他们觉醒到政权原来是在反对他们时，他们并不归咎于制度，而是指责君主。他们从来不愿了解，君主从其本质和使命来说乃是非生产者的首脑，是首屈一指的垄断者；希望他们来维护人民，即使他们有心这样做，也是根本办不到的。

无论是对政府的形式或对政府的行动进行批判，最终总是要归结到这个根本矛盾上。那些所谓民权论者认为结束暴政之道在于建立民选政府，其实这不过就像松鼠在笼子里打转转，老也逮不着自己的尾巴。因为，只要权威、私有制和等级制仍然是政权的构成要件，普选就不过是人民对政权的压迫行为表示同意罢了，因此这是一种最恶毒的骗局。

在权威制度下，不论其权威来自君主制还是民主制，政权就总是社会的最高机构，社会必须依靠它才能生存和活动，一切创议都来自政权，一切秩序、一切成就都归功于它。相反，按照经济学所下的符合实情的定义，政权是一个非生产者组成的体系，社会应该不断地缩小这个体系。因此，在民主派所最珍视的权威原则下，政治经济学的这种代表着人民愿望的理想又怎么能实现呢？既然假设政府就是一切，那么，又怎么能期待政府会成为一个顺从的公仆，一个从属于人民的机构呢？君主又怎么会为了削弱政权而接受权力呢？怎么会为了社会利益而致力于消灭自己呢？反过来说，君主又怎么会不设法加强自己的力量，增加自己的属员，不断征收新的国税，以求最终摆脱作为民选政权最终目的的那种依附于人民的局面呢？

有人说，人民既然任命了自己的立法者，并且通过他们向政府表达自己的意志，就能够随时制止政府侵犯人民；人民这样就既起着君主的作用，又起着最高主权者的作用。可以总括一句说，这不过是民主派的一种乌托邦，是他们用以愚弄无产阶级的永恒的迷宫。

但是人民是不是可以制定一些法律来反对政权，反对作为社会基础的权威原则和等级原则，反对自由和私有权呢？按照我的设想，这不仅是不可能的，而且是自相矛盾的。因此，私有权、垄断、竞争、工业特权、财富不均、资本的优势地位、压倒一切的阶级集权、行政压迫和司法专横等等都将保留下来。而且，由于政府不可能不按照它自身的原则行事，所以资本仍将和过去一样充当社会的神祇，人民将永远受剥削，受贬抑，在这场民权试验中，他们唯一所得的将是证明自己的无能。

政权的拥护者，所有君主立宪空论家，彼此间只有策略上的区别，他们一旦当权以后，总是到处吹嘘改革，可是全都是徒劳之举。究竟改革些什么呢？

改革宪法吗？这是不可能的！即使全国大批民众进入立法议会，结果也只是以另一种形式来批准奴役制，要不就是议会遭到解散。

重新修订拿破仑皇帝集罗马法和习惯法的精华而制定的那部法典吗？这是不可能的！你除了私有制惯例以外什么也没见过，什么也没听说过，你拿什么来代替这些惯例呢？你的想象力根本就无法越出垄断法的范围，你又拿什么来代替垄断法呢？自从古代世界传给我们的王权和民主这两位女神在最近半个世纪以宪法形式协调她们的神谕以来，自从君主的圣明思想与人民的意志取得一致以来，究竟发出过什么新的启示呢？发明了什么新的治国原则呢？找到了什么摆脱这个特权迷宫的出路呢？在君主与人民达成这项奇特的协议以前，它们的分歧是什么？自从他们尽力解除这个协议以后，他们的分歧又在哪里呢？

减轻公共负担，根据比较公平的原则来分配捐税吗？这是不可能的！因为人民纳捐上税总是像应征入伍一样，超过他们应负担的份额。

调节垄断，限制竞争吗？这是不可能的！因为这将扼杀生产。

开辟新市场吗？这是不可能的[①]！

组织信贷吗？这是不可能的[②]！

攻击世袭权吗？这是不可能的[③]！

开办国营工场，保证不开工时也发给工人最低限度的生活费，并且分配给他们一份利润吗？这是不可能的！政府的性质是：管理劳动是为了束缚劳动者，正如它管理产品不过是为了征收什一税。

通过某种赔偿制度来补救机器所造成的灾难吗？这是不可能的！

通过各种条例来消灭精细分工所造成的使人愚昧的后果吗？这是不可能的！

让人民享受教育的好处吗？这是不可能的！



规定物价和工资的标准，并且运用最高权力来确定一切物品的价值吗？这是不可能的！不可能的！

处于危难中的社会所需要的一切改革，没有一项是政权力所能及的，没有一项可以靠它来实现，因为政权在性质上就反对这些改革，凡是上帝已经分离的东西，人类就无法重新加以弥合。

崇拜政府主动性的人一定会说：至少你总该承认，在二律背反的发展所必然导致的革命中，政权将是一个有力的助手吧！既然如此，为什么你又要反对那种把政权转移到人民手中的改革呢？这种改革不是很符合你的观点吗？社会改革是目的，政治革新是

---

① 参阅本书下卷第九章。

②③ 参阅本书下卷第十章。

手段；如果你希望达到目的，为什么要反对手段呢？

这是今天所有民主报刊所持的论点。我衷心祝贺这些报纸终于通过表白这种准社会主义的信念而宣告了自己理论的破产。民主派是用科学的名义来要求以政治改革作为社会改革的前提的。可是，科学却反对这种有辱其声誉的遁词，科学拒绝与政治结成任何联盟，它不希望从政治方面得到丝毫的援助，而恰恰要在政治方面开始它的否定工作。

人的思想和真理是多么无缘啊！当我看到民主派，即旧日的社会主义派，不断地要求以资本来战胜资本的影响，要求以财富来救助贫困，要求抛弃自由来建立自由，要求改革政府来改革社会时，也就是说，当我看到民主派毅然挑起社会重任，但求社会问题得以排除或解决时，我就好像听到一个女巫在释卦之前先探询一番问卜者的年龄、身份、家庭和一生遭遇。唉！可怜的算命婆啊！要是你真能预知未来，真能晓得我是谁，知道我想的是什么，那么，干什么还要问我这些呢？

因此，我对民主派的答复是：如果你们真的懂得应该如何运用政权，真的知道政权应该如何组织，你们也就完全精通经济学了；但是，如果你们真的精通经济学，如果你们了解各种经济矛盾的关键所在，如果你们能够组织劳动，如果你们研究过交换规律，你们也就不需要什么国家资本或者公共权力了。从今天起，你们就比金钱更有权势，比政权更有力量。因为，单凭劳动者站在你们一边这点，你们就可以主宰生产，可以掌握商业、工业、农业的联系，可以支配所有的社会资本，你们也将成为捐税的公断者，将控制住政权，将把垄断踏在脚下。你们还想望什么别的主动权，什么更大的权威呢？是什么东西阻碍你们实行自己的理论呢？

当然，阻碍你们实现自己理论的并不是一般所遵循和信奉的政治经济学，因为政治经济学里既有正确的一面，也有谬误的一面。对你们说来，问题只在于如何协调各种经济因素，使它们结合在一起时不再发生矛盾。

阻碍你们实行自己理论的也不是民法，因为这部法律之所以单纯地确认经济惯例，是由于这些经济惯例虽然有其弊害，却有着种种优点；民法和政治经济学本身一样，可以适应正确的综合命题的一切要求，因此它对你们来说是再有利不过了。

最后，阻碍你们实行自己理论的也不是政权，因为政权是对抗状态的一种最终表现，它是为了维护法律而建立的，除非它背弃职责，否则是不会给你们制造障碍的。



所以，我再问你们一遍，究竟是什么阻碍着你们实行自己的理论呢？

如果你们精通社会科学，你们就会懂得，联合的问题不仅在于如何组织*非生产者*，因为，谢天谢地，这方面已经没有什么事情需要做了；问题在于如何组织*生产者*，如何通过这种组织工作来制服资本和使政权处于从属地位。这就是你们需要进行的战争，一场劳动反对资本的战争、自由反对权威的战争、生产者反对非生产者的战争、平等反对特权的战争。你们为了在这场战争中取得胜利而要求的东西，恰恰是你们应该打倒的东西。为了制服和贬抑政权，使政权回复到它在社会里本来应处的地位，仅仅更换掌权人或者改变一下政权的活动方式是无济于事的，必须找出一种能够把政权从今天的社会主宰者变成作为社会奴隶的工农业组织形式才行，可是你们掌握了这种工农业组织形式的奥秘吗？

可是我说什么呢？这不正是你们所不赞成的事情吗？你们因为不能设想社会可以不要等级，所以就充当权威的宣扬者；你们因为是政权的崇拜者，所以就一心只想加强政权，束缚自由；你们所喜爱的箴言是不顾人民的意愿如何，应该为人民争取福利；你们不是用消灭政权、消灭政治的方法，而是想依靠重建政权、改组政治的办法来实现社会改革。这样一来，你们就制造了一系列的矛盾。你们向我们保证政权将节省开支，平均税负，保护劳动，实施义务教育，实行普选，保证实现一切与权威和私有权不相容的乌托邦理想。这固然足以证明你们的善意，但是，你们的对手，亦即作为政权的真正友人的贵族与保皇派，却完全懂得这不过是一些幻想。因此，政权一到你们手里，便总是摇摇欲坠。正因为如此，所以你们永远无法保持政权；也正因为如此，所以雾月 18 日那天[①]只要 4 个人就把你们推翻了；而今天，和你们一样地酷爱权力并且正想有一个强大政权的资产阶级，是不会把权力交给你们的。

因此，原来作为社会集体力量的工具和劳动与特权之间的调停者而建立的政权，命定地要受制于资本并把锋芒对准无产阶级。任何政治改革都不能解决这个矛盾，因为政治家自己也供认，这种改革最终只能使政权的权力更大，范围更广。除非取消等级，解散社会，政权是不会去触动垄断特权的。因此，对劳动阶级来说，问题并不在于夺取政权，而在于同时压倒政权与垄断，也就是说，要从人民的内心和劳动的深处发出强大的权威，创造出一种能够支

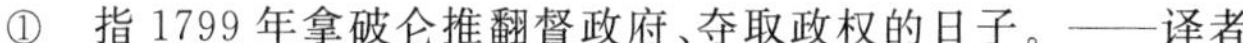

① 指 1799 年拿破仑推翻督政府、夺取政权的日子。——译者

配资本和国家，使它们处于从属地位的强大事实。任何不能满足这个条件的改革建议，都只能更增加一重灾难，如同一位先知所说的，增加一根威胁无产阶级的警鞭。

对现存制度的褒扬是宗教。这里我没有必要来讨论宗教思想的哲学价值，叙述它的历史，探究它的释义，而只限于论述它的经济根源，它与警察的隐蔽联系，以及它在社会现象系列中所占的地位。

我们可以说，一个人在无望获得自身能力的均衡时，便会跳出自我的束缚，到无限中去寻求无上的和谐；对他说来，实现了这种和谐便是到达自己理性、力量和幸福的最高阶段。由于他不能与自身取得和谐，他便跪在上帝面前祈祷；可是他祈祷，他献给上帝的祷词，他给上帝唱的赞歌却是对社会的诅咒。

他自己认为，权威和政权既然来自上帝，我们就应该服从上帝和君王，你也要服从上帝与君王；法律和正义来自上帝，君王为我而治，能者掌执正义，让我们尊重立法者和官吏的谕示吧！劳动是上帝激发起来的，财富也是上帝支配的，愿上帝的意志得以实现！我主赏赐，我主籍没，应向我主感恩！如果贫困吞噬着我们，那是上帝在惩罚我们，是我们在为正义而受难，这灾难是上帝出自慈悲之心用以洗涤我们的罪恶，让我们毕恭毕敬地承受这灾难吧！在万能上帝的指引下谦恭行事吧！我的生命是上帝赐给的，为的是给我以考验，引导我获得拯救，让我们摆脱一切享受，热爱苦难，追求苦难吧！让我们把忏悔当成无上的欢乐吧！不公平所造成的哀伤，是上天的恩惠；号哭的人才是幸福的！哀者福也……苦难乃上天之赐！

一个世纪以前，有一位传教士在对一批银行家和大领主讲道时，便曾经供出了这种令人作呕的戒律的本来面目。他声泪俱下地喊道："我一直做了什么呢？我使上帝最好的朋友即穷苦人悲伤，我在饥肠辘辘的不幸者面前宣扬要严于忏悔；现在，当我站在苦难人类的压迫者面前，眼前看到的全是有钱有势者的时候，我有责任高声传达上帝的重如千钧的教导！……"

不过，我们还是应该承认，乐天知命的理论曾经替社会防止了暴乱。宗教依据神权确认了政权与特权的不可侵犯性，赋予人类以继续前进和穷究各种矛盾的力量。如果没有宗教来蒙住人民的眼睛，社会早就不知多少次地瓦解了。总要有人受苦，社会才能得救。作为苦难者的慰藉的宗教，说服了穷人安于苦难；正是这些苦难引导着我们达到今天的发展程度。文明的一切奇迹固然要归功于劳动者，文明的存在及其前景，也要依靠劳动者的自我牺牲。彼系自愿牺牲，余盍治其创伤。

唉！劳动者们！你们这些被剥夺了继承权、备受折磨、被排斥于法律保护之外的老百姓，你们这些被监禁、受审判、遭杀害的老百姓，蒙受嘲弄和侮辱的老百姓啊！难道你们竟不懂得忍耐和牺牲也总该有个限度吗？难道你们还要继续洗耳恭听这些故弄玄虚的演说家要你们祷告和等待的劝告吗？还要继续让他们用那些宣扬依靠宗教或者政权来获致幸福的慷慨激昂、娓娓动听的言辞来迷惑你们吗？你们的命运是一个不论什么坚强的体力或高昂的勇气、不论任何热诚的光芒或感情的威力也不能解决的神秘之谜。否认这一点的人实际上是在欺骗你们，他们的一切说教都只会推迟那本来就近在眼前的解放时刻的到来。热诚、情感和无聊的诗意又哪里敌得过必然性呢？为了战胜必然性，还是需要必然性，也就是说，需要最高度的理性和最纯净的物质与精神。

因此，产生于自由意志的必然性的价值矛盾，应该以另一种必然性来解决，亦即依靠自由与智慧相结合而产生的价值比例性来解决。但是，社会总要经历长期的痛苦变乱，才能使聪明与自由的劳动所取得的胜利显现出它的全部成果。

因此，劳动为了增加自己的能力便必然要分工；而由于分工，劳动者又必然沦于卑贱和贫困。

这种初步的分工又必然导致各种更为巧妙的工具和操作方法的出现；这种改变又必然使从属于厂主的劳动者丧失合理的工资和赖以为生的运用自己技能的机会。

由于技艺高超而变得高贵的生产者，在劳动中必然高举自己的旗号以驾驭众人，就如昔日由于武艺过人而变得高贵的武士在战斗中高举自己的旗号以号令千军一样。由此，特权又必然迅即产生无产阶级。

这样一来，社会就必然把备受摧残而乞食街头、无处栖身的平民置于自己的保护之下，这种保护又必然转变为一系列新的刑罚。

我们在前进的道路上还将遇到其他种种的必然性，它们都将和最初的一些必然性一样，在更为强大的必然性面前逐一地消失，最后将出现一种最高级的必然性、一个最终的胜利者，即普遍平等，到了那时，劳动就将一劳永逸地建立起自己的统治。

但是这种最终解决既非反掌而成之事，也非徒劳妥协可得。正如没有劳动和资本便不可能生产，劳动与资本的联合也是不可能的；社会不可能取消政权和平等，不可能没有人民和警察，同样，想依靠政权来实现平等也是办不到的。

我再重复一下我的论点，就是必须有一种无敌的力量来把社会现有的各种公式颠倒过来，以某种巧妙、合法、一劳永逸和不可抗拒的方式使资本从属于人民，把权力交给人民，这种力量既不是人民的勇气，也不是他们的选票，而是人民的劳动。

# 第八章　人和上帝在矛盾规律下的责任，或天命问题的解答

古人把世界上罪恶的存在归咎于人性。

基督教神学不过是以自己独特的方式来表达这个命题。由于这种神学是原始社会一直到我们时代为止的全部宗教的总结，所以可以说，它关于原罪的教理是得到人类同意的，是有高度盖然率的。



因此，古代哲人的种种言论证明，每个民族都把自己的各种制度当成最完善的制度加以维护和颂扬，因而他们都不是从宗教、政府和世代相沿的传统习惯中来追寻罪恶的根源，而是把它归咎于某种原始的堕落状态和人类先天就有的某种恶性。至于为什么一个人生来就是堕落和败坏的，古人则只是用寓言来释难；夏娃的苹果和潘多拉的盒子[①]就是至今仍然传诵着的代表性解答。

因此，古人不仅在神话里提出了罪恶的根源问题，而且还用另一种神话来解答这个问题，毫不犹疑地肯定人类是生而有罪的。

近代哲学家们提出了一个和基督教理相反的稍为明确的说

---

① 夏娃是《圣经》中所说的第一个女人，她偷食上帝的禁果。潘多拉是希腊神话中的第一个女人，宙斯神赠给她一个封藏着一切罪恶的盒子，她的丈夫擅自打开了这个盒子，从此世间罪恶便层出不穷。——译者

法,就是把罪恶归咎于社会的腐败。卢梭以他一向斩钉截铁的语调宣称:人类生而性善;只是社会,也就是社会的形式和制度,使他们堕落了。这位日内瓦的哲学家的反论,或者更确切地说是他的抗议,就是这样表述的。

可是,这种思想显然只是古代假设的另外一种表达形式。古人指责的是个别的人,卢梭指责的是集体的人;实质上二者是同一个命题,同样是荒谬的。

但是,尽管它们在原则上基本相同,由于卢梭的提法正好是基督教理的反题,是一个进步,所以受到人们热烈的欢迎;而且即使它本身违反逻辑和充满矛盾,却仍然是对基督教理的一种反动标志。事情的奇特就在于:近代社会主义正是在这位《爱弥儿》的作者对社会所作的咒骂的基础上产生的。

最近七八十年来,各种不同的学派都利用和传播这种社会腐败论。他们一面抄袭卢梭的说法,一面又极力反对这位作家的反社会的哲学,而没有觉察到单是他们的向往社会改革,便说明他们和卢梭一样地反社会,或者说一样地不利于社会。这些假革新者尾随卢梭之后,既谴责君主制,又指责民主制,既谴责私有权,又指责共有制,指责你的和我的,指责垄断、雇佣劳动、警察、捐税、奢侈、商业、金钱,总而言之,指责社会所不可或缺的一切。然后,他们反过来又指责卢梭过于厌世,立论过于荒唐,指责他在揭露文明社会的对抗状态以后,既然已经发现各种乌托邦思想都是虚无缥缈的,并且也承认离开社会就没有人类可言,却仍然顽固地作出反社会的结论。看到假革新者的这种做法,真是不可思议的奇观!

对那些相信这类诽谤之议和剽窃之论、以为卢梭真的只是为了标新立异而发怪论的人，我奉劝他们重读一下《爱弥儿》和《社会契约论》。这位可钦佩的辩证论者虽然不得不承认社会是必要的，但是又从公平的观点着眼，走到否定社会，这种做法就和我们一样：我们相信社会将无止境地进步，但是又始终否认社会的现存状态是正常和终极的。所不同的是，卢梭竭力以自己独创的一套政治体系和教育制度来使人类接近他所说的那种自然状态，也就是他所憧憬的那种理想社会；而我们呢？却以一种更为深邃的学理为依据，认定社会的任务就在于不断地解决它的各种二律背反，这一点是卢梭所没有考虑到的。所以，今天的社会主义，虽然已经抛弃了《社会契约论》的体系，但是就其批判部分来说，不管是如何提法，却仍然是采取了卢梭的立场，也就是必须不断地改革社会，亦即不断地否定社会。



总而言之，卢梭不过是把社会主义者每看到一个进步时便不厌其详地重复的一个论点简要而明确地表达出来，即现存社会制度并不完善，它总是缺少点什么东西。卢梭的错误并不在于而且也不可能在于他否定社会。正如我们即将指出的，他的错误在于未能把自己的论证贯彻到底，在否定社会的同时没有把人和上帝也一齐否定掉。

不管怎么说，人本无罪论和与它相联系的社会腐败论毕竟还是占据优势。绝大多数社会主义者，包括圣西门、欧文、傅立叶和他们的信徒、各色共产主义者、民主主义者、进步主义者，都曾严正地驳斥了人类带有原罪的基督教神话，而代之以社会失常的理论。这类派别的大多数人尽管众所周知地不信宗教，却仍然由于过于宗教化、过于虔诚而未能完成卢梭的事业，他们不敢把性恶的责任加诸上帝，而只是从关于上帝的假设中引申出人性本善的论点，从而更加起劲地咒骂社会。

这种对基督教理的反动，在理论上和实际上的结论就是：罪恶是内在与外在斗争的结果，它本身是反常的、暂时的，因而各种惩罚和镇压制度都是过渡性的；人们并非生来就有恶性，只是生活环境使人的性格堕落了；文明已经违背了自己的意旨，强制是不道德的，我们的情欲和享受都是神圣的，应该像修炼品德一样去追求情欲与享受，因为让我们这样做的上帝本身就是神圣的。连女子也跑出来给哲学家的这番高论助威。于是，反强制的抗议就像《圣经》上所说的，有如决堤的洪流，冲向惊惶失措的公众。

这类思潮的著作，从它们模仿《圣经》的风格上，从它们充满阴郁的有神论语调上，特别是从它们深奥莫测的辩证法上，就可以辨认出来。



路易·勃朗先生说："人们几乎把我们所有的罪恶都归咎于人性，其实应该谴责的是不良的社会制度。请看，我们周围有多少才智由于无用武之地而失落，多少活动由于缺乏合法和自然的目的而混乱不堪！人们迫使我们的情欲进入污秽的境界，它当然就要变质，这又有什么可奇怪呢？把一个健康的人放在满是病菌的空气里，他当然只好束手待毙了……文明已经走错了道路……如果你一定要说事情只能如此，那你就完全无权谈论公平、道德和进步，无权谈论上帝。上帝也只好让位于最庸俗的宿命论。"勃朗先生在《劳动组织》一书中，提到上帝的名字达 40 次之多，可是却什么道理也没有说出来。我是最喜欢引证他的话的，因为在我看来，他比任何人都更能代表那种先进的民主主义思想，我既批驳他，但也尊敬他。

因此，当时在极端民主主义支持下的社会主义神化了人类，否定了原罪教理，从而打倒了上帝，它从此也就无助于改进上帝的创造物。正是这种社会主义，在否认历史的神意权威的同时，却又由于内心的怯懦与空虚而重新陷入肯定神意的说法。

人类世界中没有别的事物比矛盾更具成功的机会，因此，伊壁鸠鲁在公众理性暂时消失的时期中所复活的那种享乐主义宗教思想，才被当成民族天才的启示。新有神论者与旧天主教徒之间的区别正是在这一点上；前者近两年来努力用以抗衡后者的办法，无非就是与后者比赛谁更狂热。当今最时髦的做法是：什么问题都谈到上帝，但是又攻击教皇；一切都援引天命，却又嘲笑教会。**革新派**大概有一天将会说，“感谢上帝，我们可绝不是无神论者”；而且，也许还会更加前后矛盾地加上一句说，“可是，我们也不是基督教徒”。一切动笔的人都心照不宣地一齐来迷惑人民，他们的第一条新教义就是：无比善良的上帝创造了和他自己一样善良的人类，但是，这并不妨碍他亲眼看着人类在一个可诅咒的社会里堕落下去。

但是，显而易见的是，社会主义和基督教传统之间关于人与社会的这场争论，虽然双方同具宗教色彩，甚至可以说同具宗教意愿，其结局却必然是否定上帝。因为在我们看来，社会理性与绝对理性并无任何区别，而所谓绝对理性也不是别的，正是上帝本身，否定以前说法的社会，也就是否定天命，否定了上帝。

这样一来，我们就面对着两种否定，亦即两种相互矛盾的肯定：一种是以整个古代的见解为依据，免除了社会和它所代表的上帝的责任，把罪恶归因于人类；另一种是以自由人类、明智人类、进步人类的名义提出异议，把世间的一切动乱都归咎于社会的缺陷，从而也必然进一步归咎于作为社会的天才创造者和启导者的上帝身上。

既然社会秩序的种种反常现象和个人自由所受的压迫主要是来自各种经济矛盾，那么，我们就有必要根据我们业已提到的种种事实来探索一下下列两个问题：

（1）既然其圈子包围着我们的宿命是我们的自由所无法抗拒和难以摆脱的，那么，在二律背反的支配下所犯的违法行为是否还应该归咎于我们？如果答案是否定的，那为什么又要追究个人的罪责呢？

（2）人类假定其存在并相信其掌握着人类活动的最高指导权的那位至善、万能和全知的上帝，在危难的时候是否会前来拯救社会？如果回答是肯定的，那就请解释一下为什么上帝竟然这样无能。



简而言之，我们将要探讨的是，人类是否就是上帝，上帝本身是否存在，或者说，为了达到智慧和自由的顶峰，我们是否应该寻求某种高于上帝的主因。

## 第一节　人的罪责——对原罪神话的说明

只要人生活在利己法则的支配下，他就总是谴责自己，一旦他思想上形成了一种社会规律的概念，他就谴责社会。不论是哪一种情况，人类总是在谴责人类。这种双重的谴责一直遗留至今的最显著的产物就是我们一直还没有谈到的那种不可思议的忏悔本能；赋予上帝和人以这种后悔本能的就是宗教。

可是，人类有什么可忏悔的呢？既然上帝也和我们一样忏悔，他为什么还要惩罚我们呢？上帝后悔在大地上创造了人类，五内忧烦地说：我要设法消灭人类……

如果我能证明，人类所自责的罪行并不是经济贫困的结果，尽管经济贫困是人类的观念体系所造成的，同时又能证明，一个人作恶总是没有理由的，也并非出于被迫的，正如他引以为荣的英勇行动并不是迫于正义的要求而为一样；那么，我就可以得出这样几点结论：这个人面对着自己良心的裁判时，虽然也可以提出某些减轻罪责的理由，但总不能完全推卸自己的罪责；其次，人在精神上和理性上始终存在着斗争；再次，人虽然有时应该受到称赞，有时又应该受到谴责，但是，这两种情况都是他本身的不和谐状态的一种表现；最后，人的心灵在本质上是两种相反的诱惑力相妥协的产物，人的道德始终处于左右摇摆的状态，总之就是处于折中主义，这句话可以说明一切。

现在我就来作出证明。

自有人世以来，就存在着一项先于自由的戒律，它经过耶稣基督的增补，经过使徒、殉教者、修士、圣女的言传身带，已经铭刻在人们的内心深处，这就是爱。在摩西之后，基督又教导我们说，要爱人如爱己。一切问题都归结于此。只要爱人如爱己，社会就将完美无缺；只要爱人如爱己，君主与羊倌、富人与穷人、学者与愚氓之间的一切区别就归于消灭，人类的利害冲突也将化为乌有；只要爱人如爱己，大家的日子就充满劳动的欢乐，完全用不着为未来担忧。本来，人们只要顺从自己内心的倾向，倾听自己同情的心声，便能履行这条戒律，为自己获致幸福；可是，人们却顽固拒绝这样做，尤有甚者，他们不但不满足于爱己甚于爱人，而且时刻致力于毁灭他人，也就是说，他们不但出于利己而背弃了爱，而且以不公正的行径破坏了爱。

我的意思就是说，人们背弃了博爱的戒律，毫无必要地使社会的各种矛盾作为害自己的方法。由于他们的利己主义，文明竟变成一场措手不及、危机四伏的战斗。人们互相欺骗、盗窃和杀害，而这一切都不是出于什么不得已，不是因为受到什么挑衅，而且也没有任何可信的理由。总而言之，他们的作恶具有出自天性故意为之的一切特点，尤其可恨的是，他们本来天生就懂得，只要自己愿意，是可以作出无偿的善行，甚至作出自我牺牲。所以，人们在论及人性时所说的人之于人，或似虎狼，或如神明，是既正确又深刻的。

为了不离题太远，特别是为了避免对我应该回答的问题作出先入为主的判断，我的论述将局限于上面已经分析过的经济事实。

劳动分工在实现综合组织以前，本质上是人与人之间在体力、道德和智力上不平等的一种无可抗拒的根源，对此，不论是社会或个人的良知，都是无力改变的。这是一种带必然性的事实，也就是说，不但那些由于自己处境而遭受着各种苦难的分工工人是无辜的，即使是富人，也同样是无罪的。

可是，这种命定的不平等为什么会使一部分人身份高贵，另一部分人则地位卑微呢？如果人类果真是善良的，为什么他们不按照自己的善良心愿来破除这种纯粹抽象的障碍呢？为什么那个无情的必然性不来密切人与人之间的友爱联系，却反而破坏这种联系呢？在这一点上，人们是不能以自己对经济无能为力或者立法上的缺乏预见来为自己辩解的；因为，只要他们确实具有善良的心愿，就完全足以解决问题。劳动分工的受害者本来应该受到富人的救助和尊敬，为什么反而被富人当成卑鄙者加以唾弃呢？为什么从来没有见过主人与奴隶交换一下工作，王公、官吏，牧师与工匠互易一下地位，或者是贵族取代一下农奴呢？为什么有权势者都那样粗暴骄矜呢？

请大家注意，他们如果这样行事，将不仅是出于慈善和博爱，而且是符合最严格意义的公平原则。按照集体力量的原则，劳动者和他们的老板是平等的，是老板的合伙者，因此即使是在垄断制度下，共同行动也可以恢复分散的个人主义所打乱了的平衡，公平与博爱可以融合在一起。那么，既然假定人的本性是善良的，又怎么解释人们竭力要把有权势者变成贵族，而把处于从属地位的人变成平民呢？劳动一直在农奴和自由人之间黑白分明地画定一条不可逾越的界线；而我们这些以善良自诩的人们内心深处的看法是与我们的前人毫无二致的。我们对无产者所抱的同情竟与我们对动物的怜悯不相上下；娇贵自身，害怕贫穷，不屑与苦难者为伍，这就是被利己主义改变了的所谓博爱之心。

最后，还有一点提起来只会使我们十分难过，那就是像布施这样的自发的善行，虽然本来用心十分纯洁（因为这是济贫、同情、是慈爱），可是，对不幸的受施者说来，却变成了一种堕落的标志、一种公开的耻辱，这难道不是确凿的事实吗？社会主义者一面修改基督教义，一面竟敢给我们谈论什么博爱！基督教的思想和人类的良心都在鼓励人们举办更多的减轻穷人苦难的慈善设施，在这一点上它们是正确的。为了体会《圣经》戒条的深义，为了使合法的善行不但在行善者而且在受施者看来都同样成为一种荣誉的事情，应该怎么做才对呢？那就要少来点高傲，少来点贪婪，少来点私心！如果人类真是善良的，为什么接受救济的权利却变成一系列违警行为和大小罪行的前奏呢？谁能给我解答这个问题呢？既然社会经济的对抗状态给人们提供了这样良好的机会，使人们用不着作什么自我牺牲，只要公平行事就足以显示自己的博爱心肠，有谁还敢把人的罪恶归咎于这种对抗状态呢？

我知道，对我的观点人们能够提出的唯一反驳就是：慈善行为已经受到诋毁，蒙受了不白之冤，因为，不幸的是，要求救济的人差不多都有行为不轨之嫌，其中品行和劳动值得赞许的实在太少，而且，统计数字也已经证明，由于行为卑劣或粗疏懒惰而变穷的人，十倍于因为某种变故或时运不济而变穷的。

我不想反对这种看法，因为确实有大量事实证明它是对的，何况公众也都这么认为。最不满穷人懒惰的就是人民自己。在下层阶级里，我们经常可以看到一些人以自己从来没有去过救济院，在多困难的时候也从来不肯接受慈善机构的施舍而自豪，认为这是自己品格高尚的表现。因此，正如富裕者供认自己是靠掠夺致富一样，贫困者也承认自己接受救济是不光彩的。人之为暴君或奴隶，首先是出于自己的意志，然后才来自他的运道。无产者的内心和有钱人的内心一样，都是一个欲念翻腾的阴沟，一个恶行毒计的渊薮。

在作了这样一个人们意想不到的揭露以后，我就要问了：如果说人是善良博爱的，为什么富人要诽谤善行，穷人又要污辱善行呢？有人说，这是由于富人把事情曲解了；也有人说，这是由于穷人过于无知了。但是，为什么前者会曲解，后者会无知呢？为什么真挚热诚的博爱精神既没有克服前者的自视不凡，也没有消除后者由于劳动而无知的后果呢？希望人们不要拿空话来回答我，而是说出点理由来！

劳动创造了各种操作方法和机器，从而无止境地扩大了自己的威力；然后又以竞争来激发工业天才，以资本利润和经营特权来保障工业天才的收益，从而使社会的等级结构变得更为分明，更为不可避免。我再说一遍，这一切都不应该归咎于任何人。反过来，我可以拿福音书上的神圣律例来证明，我们完全可以使这种人与人的从属关系，或者更确切地说使劳动者与劳动者的从属关系，产生出另外的结果来。

封建社会和宗法社会的传统给工业家提供了榜样。劳动分工和生产上的其他一些事件的出现，无非是呼吁社会进入大家庭的生活方式，标志着一个表现和发扬博爱精神的社会行将到来。行会师傅、行会、长子继承权等都是根据这种观念设想出来的。这种形式的联合，连许多共产主义者也不反对。因此，在那些遭到失败但是仍然没有放弃自己主张的人们当中，有的时至今日仍然以这种理想的代表自居，顽固地坚持这种理想；这又有什么可奇怪的呢？既然等级之分只是劳动的条件之一，那么，究竟是什么东西妨碍在各个等级之间维持博爱、团结和自我牺牲的精神呢？其实，为了做到这一点，只要那些拥有机器的人，也就是拥有势均力敌的武器的英勇骑士们，在这场战争中不要故弄玄虚，把自己的秘密隐蔽起来；富商们不要竞相掠夺产品，而是争先降低产品的价格；另外，处于依附地位的人则相信这场战争的结果只会增加自己的财富，从而始终积极、勤劳和忠诚地劳动。这样一来，厂主就不过是为了士兵和自己的利益而指挥作战的将领，并不是以自己的金钱，而是以士兵们的劳务来维持这支军队。

可是，我们之间存在的并不是这种友爱，而是自视、妒忌和背信弃义。厂主像神话里的吸血鬼一样剥削着沦落的雇佣工人，而后者又密谋反对前者，有闲阶级吞食着劳动者的血汗脂膏，而农奴则辗转沟洫，精疲力竭，唯余满腔仇恨。

“今天，在生产过程中，一些人是提供劳动工具的，另一些人是提供劳动力的，因此资本家与劳动者之间一直在进行着斗争。为什么会这样呢？原因是他们双方的一切关系都是任意专断的，资本家一方是利用劳动者对工具的需要而进行投机，劳动者一方则是利用资本家求利的需要而从中得益。”（见路易・勃朗著：《劳动组织》）

那么，资本家和劳动者的关系中为什么会存在这种任意专断的情况呢？为什么他们会有利害冲突呢？为什么他们彼此这样仇恨呢？如果你不是总以事实本身来解释事实，而是深入地探索一下，那就随处可以发现，这里首要的原因就是存在着一种非法律、正义和博爱精神所能抑制的狂热的享受欲，可以发现利己主义正在不断地预支未来的成果，任情大家的劳动、资本、生命和安全。

神学家称性欲的热望为肉欲或欲念，按照他们的说法，这是原罪的产物。暂时我不准备多费笔墨来研讨什么是原罪，而只想指出，神学家所谓的欲念并不是别的，就是那种被伦理科学院视为我们时代的主要动力的对奢侈的需求。但是，关于价值比例的理论业已证明：奢侈是以生产为天然限度的，一切先期消费必将招来其后相应的困乏，一个社会过分地奢侈，必然造成贫困的加剧。如果一个人宁愿牺牲自己未来的幸福而先期作了奢侈享受，那么，我也许只会责备他太不审慎；可是，如果他占夺了自己同胞的福利，攫取了他们按照博爱精神和公平原则说来属于不可侵犯的福利，那么，我就要说，这个人十分卑鄙，恶劣得不可饶恕。

按照博胥埃的说法，上帝创造人的心灵时，首先赋予它以善良的品质，因而，博爱是我们的第一条戒律；纯理性的命令就如感官的刺激一样，只是第二位、第三位的。我们各种官能的等第是：博爱原则是我们良知的基础，智慧和各种器官都是为这个原则服务的。因此，只能在两种解释中任择其一：或者是说，人是屈从于自己的贪欲而违反了博爱原则，因而他是有罪的；或者是说，这样的心理分析是错误的，人们的奢侈需求本来就应该和博爱及理性并行不悖，只是这个人太放肆妄为了，本质上太卑劣了，以致成了人中的禽兽。

所以，社会固有的种种矛盾并不能免除人类的责任，何况这些矛盾本身无非都是等级制度的产物，而等级制度乃是社会存在的首要形式，因而也是一种无可指责的形式。劳动和资本通过它们发展过程中的二律背反，不断地走向既平等又从属的关系，走向既联合又依附的关系；其中一方是共同财富的管理者，一方是共同财富的促进者和看守者。封建制度的理论家曾经模糊地觉察到这种迹象，基督教适逢其会，便把这种契约关系固定下来；这种关系本来是无害和合法的，我们之所以有人至今仍然对它感到不满而支持其中一方，是因为对这种关系有一种不理解和失望的感情。这种关系既然是命运所预先规定的，我们就不能说它本身是不好的，正如我们不能说胚胎状态是不好的，因为人的生理发展总要经过这样一种阶段才能成长起来。

因此，我还是坚持我对人类的谴责。

在路德[1]和法国革命所废除的那种制度下，人们本来是可以在工业进步所许可的范围内过幸福生活的，但是人们却不希望这样，反而加以拒绝。

劳动曾经被看作卑下的事情。教士和贵族吞噬着穷人，为了满足自己的兽性，他们扑灭了自己心中的博爱之火，摧残、压迫和杀害劳动者。我们可以看到，资本也是这样狩猎无产阶级的。资本家不采取联合和互助的方式来缓和各种经济原则的破坏性倾向，而是没有必要地和恶意地加剧这种倾向。他们滥用工人的智能和良知，把工人作为自己阴谋权变的执行者、奢侈享受的供应者、巧取豪夺的同谋者；他们把工人变成和自己一样地卑鄙，这样，他们自己才得以规避革命的裁判。令人惊奇的是，生活在贫困中的人，他的心灵本来好像应该更接近博爱与自尊，却和他们的主人一样地堕落，一样地向往虚荣与奢侈。如果说有时他们也对自己所蒙受的不平等待遇提出抗议，那也多半不是出于正义的热情，而主要是为了和主人一比欲念的高低。平等所需要克服的最大障碍，绝不是富人的贵族式的自大感，而是穷人的不可抑制的利己心。可是，人们却想指靠他们的所谓天生的善良心地来同时革除

① 路德（1483—1546），德国新教创始人，市民阶级思想家，中世纪宗教改革领袖之一；在农民战争中站到诸侯方面反对起义农民和城市贫民。——译者

他们的自发的和预谋的恶行！

路易·勃朗说："当代这种谬误的和反社会的教育，使得社会只能以增加报酬作为鼓励人们发奋努力的动力，因而就只好划分职务等级以规定高低不同的工资。应该用一种新的教育来改变这方面的观念和习惯。"

这里我们姑且不谈职务的等级区分和工资不平等的好处何在，而只来讨论一下这位作者所提出的那个动力。勃朗先生一面肯定我们天性是善良的，一面却又求助于我们最卑鄙的一种性格，即贪欲，这不是令人奇怪吗？实际上，在他看来，社会上的弊端实在太根深蒂固了，所以不得不借助一种违反博爱的办法来着手恢复博爱。耶稣基督严厉斥责妄自尊大和贪婪之心；显然，比起被社会主义毒害的教徒来，接受耶稣谆谆教诲的非教徒倒反可以说是圣人。归根结底，既然现在已经证明社会是一直沿着宿命所安排的道路前进的，因而我们不能把人的罪责加于社会，那么，就请你给解释一下，为什么我们的观念就是谬误的，我们的教育就是反社会的呢？



社会主义的逻辑确实是妙不可言。

他们说，人虽然是善良的，但是必须使他对恶行**失去兴趣**，他才不去作恶；人虽然是善良的，但是也必须使他对善行**发生兴趣**，他才会去行善。因为，一旦欲念诱使他作恶，他就会作恶，欲念诱使他对行善淡漠，他就不去行善。社会是无权责备他屈从于自己的欲念的，因为正是社会使他屈从于欲念。尼禄[①]因为讨厌自己

① 尼禄（公元37—68），罗马著名暴君。——译者

的母亲而把这个妇人杀死了，因为想重演一场特洛伊城的浩劫而焚毁了罗马！他的性格是多么丰富多彩，多么难能可贵啊！赫里加巴尔[①]建立了卖淫制度，他的心灵是多么奇怪啊！提比略[②]纵横杀掠，他的秉性又是多么坚强啊！可是，尽管社会产生了像塔西佗和马尔库斯·奥列里乌斯[③]那样的伟大人物，这个社会又败坏了这些超凡入圣的灵魂，它又是多么地可恶啊！

这就是人们所谓的人类的无害性和欲念的圣洁性！年老的莎芳[④]被情人遗弃，恢复了正常的夫妇生活，这就是说，她对爱情不感兴趣了，重结婚姻，成了圣洁者。可惜法语里圣洁者这个词不像希伯来语里那样包含着双重的意义，否则大家也许会以为莎芳真的圣洁无瑕呢！

我从比利时的一份铁路报告中读到：比利时政府答应火车司机，如果能从每行驶一法里的平均耗煤定额 95 公斤中节约 100 公升，便发给 35 生丁的奖金；这项规定收到的效果是：耗煤量从 95 公斤降低到 48 公斤。这一事实概括了社会主义的全部哲学，就是通过提高工资、组织合伙、颁发荣誉和奖赏的办法来逐步培养工人的公平观念，鼓励他们劳动，激发他们的献身精神。当然，我丝毫无意指责这种自古就有的老办法，因为只要你能驯服毒蛇猛虎，变



① 赫里加巴尔（公元 204—222），罗马皇帝，以奢豪淫逸见著。——译者

② 提比略（公元前 42—公元 37），罗马皇帝，以宏图大略、但残暴多疑见称。——译者

③ 马尔库斯·奥列里乌斯（公元 121—180），罗马皇帝，在位期间称罗马黄金时代。——译者

④ 莎芳，相传为公元前六七世纪时希腊抒情女诗人，热恋美男子法昂，未能如愿，跳崖自杀。——译者

害为利,用什么方法我都赞成。可就是你别把这野兽说成是温柔的鸽子,因为只要叫你看看它那利爪和巨齿,也就什么问题都清楚了。比利时机械工人在他们对燃料的节约有利害关系之前,多烧了一倍的燃料,这就是说,尽管他们和政府订有责成他们规矩行事的合同,他们还是玩忽职守,挥霍浪费,也许还贪污盗窃。你说使工人有利害关系是件好事,我却要更进一步地说,这是完全正当的做法。而且,我还坚持认为这种利害关系对人的影响,比他所同意接受的责任,也就是他所承担的义务,更要有力,因而它也暴露了人类的真面目。社会主义在道德方面是倒退的,它蔑视基督教,它根本不懂得什么是慈善,如果你相信它的话,慈善倒是它发明的!

社会主义者说,请看,我们社会秩序的改进已经产生了多么可喜的成果啊!现代人无可争辩地要比他们的前人优秀,我们据此作出完善的社会将产生出完美的公民的结论,难道有什么过错吗?拥护人性本恶的保守派则反驳道:这还不如说是因为宗教纯洁了人们的心灵,社会制度也同时受到影响是并不奇怪的;你们还是让宗教去完成它的事业吧,对社会你们就不必操心了!

这两派理论家就这样离题万丈地争辩不休。哪一派也不懂得,人类就像《圣经》上所说的那样,源出一宗,绵延不绝,也就是说,它在发展的每个时代,无论就个人或整体来说,都始终遵循着同一个原则,这个原则就是一成不变,而是不断变化。一方面,他们没有看到道德的提高是人性不断战胜兽性的结果,正如财富的增长是劳动与自然界的吝啬作斗争取得的成果一样,因而也就看不到那种认为社会使人丧失了天生的善良品质的说法是和认为劳动糟蹋了天然财富的说法是一样地荒谬的。另一方面,他们不愿意理解，如果说人类确实有所进步，不论这种进步是由于宗教或者其他原因造成的，那么所谓人类天生就堕落的假设都是没有意义的，都是自相矛盾的。

不过，我先来作出本应稍后再作的结论：让我们先来证明，人类道德的提高一如物质福利的改善，是通过在善与恶、功与过之间的不断摆动而实现的。

的确，在公平方面，人类是有了进步的，但是我们在自由方面的进步应该完全归功于我们智慧的进步，而丝毫不能证明我们的天性是善良的，尤其是不等于我们有权赞颂我们的欲念，相反地，它实际上只能取消欲念的优越地位。我们的恶行随着时间的推移而改变其方式方法，例如：中世纪的领主在通衢大道上拦劫商旅，然后又在自己的城堡里殷勤款待他们；重商主义的封建制度就不这样露骨，它剥削无产者，同时又给他们修盖救济院。可是，谁能说出他们两者谁该戴上行善的桂冠呢？

在所有的经济矛盾中，价值是支配和概括了其他矛盾的，在某种意义上说，它主宰着社会，甚至可以说也主宰着道德世界。只要价值仍然在使用价值与交换价值这两个极端之间摆动而没有到达构成阶段，那么，你的和我的便始终是人们任意专横规定的，财产的分配状况就只能是凭机运而形成，私有权就只能建立在动荡不定的基础上，社会经济的一切全都是暂时性的。关心社会的、明智和自由的人们从价值的这种不确定状态中应该得出什么结论呢？结论就是要商定一些友善的规章以保障劳动，保障交换和廉价。如果大家都能以诚实、无私和宽厚的态度来弥补我们对客观的公平规律的无知，对大家该是多么幸福的事情啊！可是，事实恰恰相反：由于自发的努力和一致同意，商业到处都变成一种指靠侥幸的活动，一种充满风险的事业，一种买卖彩票的勾当，而且往往还是一种乘人不备和故设骗局的投机行为。

是什么原因使粮户，也就是社会粮库的保管员故意制造饥荒，散布恐慌，使粮价上涨呢？国家缺乏远见使消费者任由他们摆布，气候一些许变化就给他们提供了借口，可靠的暴利又使他们最终堕落下去，而巧妙地散布出来的恐慌情绪则使居民完全掉入他们的罗网。当然，促使超出自己需要的囤积者的动机，与骗子、盗贼和杀人犯为非作歹的动机是一样的，据说这些人的本性是被社会制度弄坏的。可是，这种图利的热望为什么稍一放纵就会危害社会呢？为什么社会必须制定预防性、惩罚性、强制性的法律来不断限制这种自由呢？最能揭露问题实质和无法否认的事实是：任何国家的法律都是因为存在弊端而制定的，任何国家的立法者都不得不设法使人无能为害，就如给狮子戴上嘴套和阉猪一样。社会主义只是因袭过去的事物，自己从来就提不出什么新的主张，实际上它所要求建立的制度，如果不是更加加强司法措施和对自由作出更全面的限制又是什么呢？！

商人的特点就是把一切东西都当成交易的对象或工具。他们与自己的同行各行其是，对别人的事一概不负责任；对任何事情、任何意见或任何党派他们都既赞成又反对。每一项发明，每一种科学，在他们看来都是必须加以提防的战斗工具，只要不是他们可以用来消灭自己的竞争者的，他们就要想法加以毁灭。在他们心目中，艺术家、学者都只是会操纵大炮的炮手，如果不能据为己有，就要设法消灭他们。他们深信逻辑是一种可以按自己所需任意用以证明是或非的艺术。发明政治贿赂、以良心做交易、收买人才和报刊的正是商人。任何谎言和不义，他们都能为它找到论据和辩护士。唯一对任何政党价值不存幻想的就是商人，因为他们认为一切政党都是可以利用的，也就是说，都是荒谬可笑的。

商人是从来不尊重自己发表过的意见的，他们可以再三出尔反尔，他们经常食言自肥，却又别有用心地指责别人背信弃义；不论是提出申请，呈报营业状况，或者是表报财产，他们都说假话；他们有时夸大，有时隐瞒，有时又漫天要价；他们把自己当成是世界的中心，除了自己以外，一切都只是相对的存在，都只有相对的价值和相对的真理。他们做买卖时精明狡猾，订合同时提出种种保留，既怕讨价太高，又怕要得太低；对头脑简单的人，他们就花言巧语，有时是笼笼统统，不着边际，免得自己吃亏，有时又啰唆烦琐，不轻易表示同意；要拿出个最后主意，总得先经过三番五次、十回八回的考虑，吞吞吐吐，欲言又止。最后下决心没有呢？他还得反复细看合同，这样理解，那样解释，不辞劳苦地在合同的每个字眼儿上来回斟酌，发现深意，连最明确的词句也要设想出相反的意思来。

他们和短工打交道时更是要尽花枪，一派伪善！从小业主到大企业家，都不谋而合地这样对待短工，都懂得怎样在劳动上讨价还价，尽量压低工价。首先是给你点指望，好让你给他跑一趟腿，接着又答应你点什么，好叫你再给他办一次苦差；然后是试工了，这可是分文不给的，因为据说他这东家本来是并不需要雇什么人的，你这个不幸者也只好承认这一点，从而满足于很低很低的工资；清规苛求和额外工作是没完没了的，可是报酬呢？那是克扣了又克扣,荒唐上加荒唐。工人们只好忍气吞声,逆来顺受,因为老板掌握着大权,谁能够承蒙老板高抬贵手,少榨取一点,就够幸运了!这种可恶的压榨,是如此地天真自发,完全用不着什么自上而来的推动,而人们却因为社会没有找到办法来阻止、惩处和消灭这种行为,便把它归罪于社会的压迫。多么荒谬的曲解啊!

经纪人是垄断的典型和最高表现,是商业的缩影,也就是所谓文明的缩影。任何行业都依赖于他们,都参与或者效法他们的经营,因为从财富分配的角度看,人与人的一切关系归结起来就是交换关系,也就是价值转移关系,所以可以说,经纪人是文明的人格化。

但是,你如果问一问经纪人,他们的职业道德究竟是什么,他们都会老实告诉你:经纪就是抢劫。人们惯于指责那种败坏工业声誉的诈骗和伪造行为,可是商业,尤其是经纪业,无非就是垄断者的一种时而竞争、时而勾结的大规模的和经常性的阴谋活动。它不是一种为获取正当利润而经营的行业,而是一种对一切消费品,甚而对人员和产品的流通进行投机的巨型组织。这种行业本身就容许诈欺取财:有多少运货单添加了字样、经过涂改或者是伪造的!有多少假冒的印花!有多少捏造的损耗和隐瞒的毁损!有多少关于商品质量的谎言!有多少约定被出尔反尔地废弃了!有多少证件被销毁!有多少密谋和勾结!又有多少背后出卖别人的行径啊!



经纪人,就是商人,或者干脆说是人,全都是赌棍、造谣者、无赖、贿买者、盗贼、骗子……

新神秘主义者认为这是我们对抗性社会造成的后果。商界人士也是这么说的，而且不论在什么情况下指责时代堕落的首先是他们。照他们的说法，他们所做的纯粹只是为了补偿自己的损失，而且完全不是出自本意，他们只是被必然性所迫，为了正当防卫而不得不然。

这种相互指责牵涉的是人性本身，所谓社会的腐败其实并不是别的，正是人的堕落，而原则与利益的对立也可以说不过是一种外部事件，它使我们的利己主义思想和我们自以为荣的一种稀有美德的黑暗面突出暴露出来了，但并不发生必然的影响，这难道需要什么天才的努力才能看出这一点吗？

我熟知不调和的竞争和它的排斥性的不可抗拒的后果，它是命定的。就其最高表现来说，竞争是一种齿轮传动系统，通过这种系统，它使劳动者互相激励，互相支持。但是，在竞争还没有提高到体现其本来性质的那种组织状态以前，就只能是一场内战，生产者在其中并不是通过劳动互相帮助，而是借助劳动来彼此打击，彼此消灭。这种危险近在眼前：为了防止这种危险，人幸而有博爱这条至高无上的戒律，并且为了生产的利益，人们可以使竞争发展到极限，然后用一种公平的分配办法来补救竞争所造成的破坏性后果，没有什么比这更轻而易举的事了！可惜，我们离这种状况还远得很！因为这种无政府状态的竞争已经变成劳动者的灵魂和精神。政治经济学已经把竞争这种致人死命的武器交给了人，人也就用它来互相残杀，就像猛狮使用它的利爪和血盆大口来撕裂和吞食活人一样。因此，我再说一遍，一些完全来自外部的偶然事件怎么可能改变人们假定其为善良、温厚和喜群的人性呢？

酒商求助于凝霜、害虫、清水和毒药，想方设法来加剧竞争的

有害后果。这种疯狂的做法是怎么来的？你说这不过是效法他的竞争者。可是，又是谁指使他的竞争者这样做的呢？准是另外一个竞争者。这样一来，我们便要找遍整个社会，然后才发现，原来是群众，是群众中的每个人，他们由于彼此的欲念、自视、懒惰、贪婪、猜疑和忌妒，而组织了这场可怕的战争。

企业家在置备生产工具、原材料和工人以后，从产品中除了必须收回自己所支付的成本之外，还要收回资本的利息，再加上一笔利润。正是根据这条原则，才出现了有息借贷，利润也才被视为合法的收益。在这种制度下，国家不可能一下就看出有息借贷的内在矛盾，雇佣工人也不懂得直接依靠自己，而是像士卒依赖贵族、部落依赖族长一样地依赖一位老板。这样一种结构是必要的，在彻底的平等制度建立以前，它是能够满足大家的福利需要的。但是，如果主人的利己思想疯狂发作，对他的奴仆说，你不能再在我这里干活了，一下子就剥夺了后者的工作和工资，那么，他这样做又出自什么必要，理由又在哪里呢？难道我们应该为了替贪欲解脱而把这归因于脾气暴躁吗？如果你为了替人类的一系列贪欲辩护而作这样的让步，那你就小心，这不是在拯救人类的道德，而且在践踏人类的道德。至于我呢？我宁愿说有罪的人对人比猛兽还要凶恶。

人性使人喜欢群居，因为人的本能的自然发展，有时使他们变成一个大慈大悲的天使，有时又使他的博爱情感和忠诚观念丧失净尽。你有没有看见过一位资本家因为厌倦赚钱而想方设法为公众谋利益，或并把解放无产阶级作为他的最后投机事业呢？有很多人，是幸运的宠儿，早就一无所缺，只差顶乐善好施的桂冠；但是，有哪一位食品商在致富之后愿意按成本出售自己的货物呢？有哪一位面包商在改行的时候会把自己的往来主顾和他的铺底送给自己的雇工呢？有哪一位药商在退休前夕甘心把自己手中的药品原价出售呢？慈善事业既然有它的受害者，怎么会没有得益者呢？如果我们马上成立一个由已经弃业但还能工作的放贷人、资本家和企业家组成的改革协会，专门不计报酬地经营某些工业，那么，用不着多长时间，社会也就得到彻底改革了。可是，白白劳动，一无收益……这是樊尚·德·保罗[①]、费内隆[②]一类人物及那些灵魂超脱、甘愿安贫乐道之士才肯干的事情。至于发了财的人却都宁可当市参政员、慈善会董事、救济院长之类，什么沽名钓誉的职务他们都愿意担任，唯独那些有实效而又违背他们习惯的事除外。没有获利希望，他们会劳动吗！他们是不干的，因为这等于自杀！也许有人愿意做，可就是没有勇气。**我倒想办好事，可是还是要作恶**。退休的财主确实像寓言里的猫头鹰一样，捡山毛榉来喂自己抓到的耗子，好等以后吞食它。我们难道应该把这种长期自由自在地得其所哉的贪欲所造成的种种后果归咎于社会吗？

人既然是这样一种既能表现出最高尚道德、又能干出最可怕罪行的复杂而矛盾的生物，那么，有谁能解释此中的奥秘呢？一条狗哪怕挨了主人的打，还要亲昵地舐舐主人的手，那是因为狗的本性就是忠诚，它从来不会丧失这种美德；羔羊会躲在剥它皮、吃它

① 樊尚·德·保罗(1576—1660)，法国教士，办过一些慈善事业。——译者

② 费内隆(1651—1715)，法国主教，狂热地宣扬天命论。——译者

肉的牧人怀里，因为羔羊不可分离的本性就是温柔和善；马的急蹄即使在硝烟弹雨中也不会踩在路上躺着的死伤者身上，因为马的不可改变的本性就是宽厚仁慈。在我们看来，这些动物都是它们永恒的献身天性的牺牲者。可是，冒着生命危险保护过自己主人的仆人，却可以因为一丁点儿钱而出卖或刺杀主人；多忠贞的妻子，也会因一时喜新厌旧或者不堪远离的孤寂而与外人姘度，我们在卢克莱修[①]的诗篇中读到的那位玛萨琳娜[②]就是这种女人。地主可以时而像慈父，时而又像暴君，先是救济和扶植破了产的佃农，随后又把相信封建契约而过分繁殖家口的佃农赶出自己的庄园。骑士本来是侠义精神的典范，可是却用自己战友的尸体作为升迁的阶梯。像埃帕米农德[③]和列古鲁斯[④]出卖自己士卒的鲜血那样的事情，我们见得还少吗？大言不惭地自命为献身者的人，实际上却是最无气节的懦夫，这是多么可怕的言行不一啊！人类有其殉难者，也就有其变节者。因此，我再问一遍，这种各走极端的现象又该归因于什么呢？



你总是说，在社会处于对抗状态中，在人至今仍然生活在彼此分离、彼此孤立、彼此仇视的对立状态中，总之，在人心错乱的情况

---

① 卢克莱修（公元前99—前55），罗马杰出的哲学家和诗人，唯物主义者，无神论者。——译者

② 玛萨琳娜，据传为罗马皇帝柯罗德的皇后，秉性淫逸，因欲与当时美男子执政官西里乌斯重婚，被柯罗德处决。——译者

③ 埃帕米农德（公元前420或410—前362），底比斯古国著名将领，屡胜强敌，使底比斯一度称霸远近。——译者

④ 列古鲁斯，公元前2世纪罗马执政官，被迦太基人俘虏，回罗马说降。——译者

下，这种错乱使他把享受当作仁爱，把所有当成占有，把痛苦当成劳动，把陶醉当成欢乐。最后，在这种错误的良知下，使他在原罪的名义下良心上不断受到谴责。只有到了人本身协调一致，不再把自己的同类和自然看作敌对力量时，人才会爱人并以他唯一自发的力量从事生产，他的热情才不再像今天那样专注于掠取，而转注于施与，那时他才会在劳动和献身中寻求他唯一的幸福，寻求他无上的快乐。也只有那时，仁爱才真正彻底地成为人类的戒律，司法措施才会仅余虚名，成为过去那个充满暴力和血泪的时代的不愉快的回忆。

当然，我既不想否认存在对抗的事实，存在如人们所喜欢提到的背离宗教的事实；也不想否认人有自我协调的必要，因为我的全部哲学就是不断地协调一切。你承认我们天性的不一致是社会存在的前提，我却宁可说得更确切一点，人类天性的不一致是文明的实质。而且，请注意，我想探讨的正是这种不可消灭的事实的意义所在。当然，如果你不把人类官能的歧异与和谐当成历史上两个有先有后、互相分离、互相区分的时期，而是同意我的看法，承认这只是我们天性的两种永远相反却又始终在力求协调，并且永远不能完全协调的表现形式，那么我们之间就接近于彼此了解了。总而言之，个人主义是人类的一个原始事实，联合是人类的一个补充期限；可是两者都不断地表现出来，而公平永远是实现人间博爱的必要条件。

因此，人类堕落这种教理，不仅是表达了理性和人类道德的一种特殊的和暂时的状态，而且也是形象地自发供认了一个令人惊奇却又无法否认的事实：我们人类有罪和作恶倾向。人类的良心

到处都在用不同的语言呼喊：我们罪该万死。我们应受惩罚，因为我们有罪。宗教不过是把这种思想具体化、戏剧化了，把我们内心固有的观点外化了，使它超越于世界之外，凌驾于历史之上。这虽然只是宗教的一种理论上的想象，但是却符合事实的本质和永恒性。我们需要说明的正是这个事实，而我们行将作出的关于原罪教理的解释也正是以这个事实为依据。

一切民族都有他们的赎罪习惯、祭供仪式、镇压机关和刑罚制度，这都是产生于对罪恶的恐惧和忏悔。凡是社会的自发性在哪个问题上表示出某种观念或愿望，天主教就在那个问题上创立自己的一套理论；既然罪人通过某种既是象征性的又是实际的仪式来表达自己的悔恨，祈求上帝和人类原谅自己的罪过，决心改恶从善，天主教便把这种仪式神圣化。我也毫不犹疑地认为，那种想取消赎罪忏悔、攻讦忏悔二字，把高尚品德归结为单纯信仰，最终不再做悔罪，从而后退了一步，并且完全否认了进步的规律。否认并不等于答复。教会在这方面与它在其他方面一样，有许多弊病需要改革，有关忏悔、永罚、赦罪和感恩的理论，我敢于说包含着处于潜在状态的人类教育的整个制度，应该进一步发展这些理论，使它们理性化，而路德只知道加以破坏。秘密忏悔是一种蜕化的悔罪形式，它以一种暧昧不明、人所不知的自供来代替谦恭自责的崇高行为；路德既然把在上帝和众人面前的原始忏悔改为独白忏悔，他的伪善也就超过了天主教。忏悔从此失去了基督教原来的含义；只是经过三个世纪以后，才由哲学重新加以恢复。

既然基督教，也就是说宗教化的人类没有弄错人类天性的基

本事实的现实，即他们用原始渎职一词所指的事实，那么，就让我们向基督教、向人类询问这个事实的意义何在。我们对各种隐喻或类比不必感到惊奇，因为真理是与表象无关的。何况，对我们说来，所谓真理不就是意味着我们的智慧从诗境不断走向现实的进步吗？

首先，我们来探索一下这种起码是很奇特的所谓原始渎职概念在基督神学中是否有其对应的概念。因为一种正确的观念，一种普遍化的概念，总是不会孤立地产生的，它必然有一系列对应的概念。

基督教把人类堕落的教理作为第一项命题确立起来以后，继续发展它的这种思想，进而肯定所有在这种罪恶状态中死去的人都是无可救药地背离了上帝，只好蒙受永劫不复的惩罚。然后，它又进一步完善自己的理论，以赎免或恩赦的教理作为反题来调和上述理论。按照赎免或恩赦的教理，上帝出自憎恨心情而创造的人类，又由于耶稣基督的功德而重新皈依上帝，而耶稣基督的功德则只有当人们对之信仰和忏悔时才能起作用。因此，只有自愿参与献祭基督的人才能摆脱罪恶的天性和永恒的惩罚。这就是神学观念的简略演变过程。第二个命题是第一个命题的结果，第三个命题是对上述两个命题的否定和改变。这实际上就是说：天生的恶性是必然不可毁灭的，它所招致的惩罚也如它一样是永恒的，除非有一种至高无上的力量使人类彻底洗心革面，否则是无法改变命运和终止惩罚的。

人类的智慧在宗教幻想方面像它在最具实证性的宗教理论方面一样，永远只是一种方法，就是那种既产生了基督教玄理，又导

致政治经济学矛盾的形而上学方法，信仰是不自觉地产生于理性的，所以我们作为神和人间各种现象的探究者，完全有权以理性的名义对神学上的种种假说进行一番审查。

表现为宗教教理的普遍理性，既然是运用这样一种正常的形而上学方法交替地肯定人类生而有罪、惩罚的永恒性和上帝恩宠对人类的必要性，那么，究竟它在人的天性中看到了什么呢？神学的罩纱已开始变得十分透明，以致我们可以透过它而看到神学完全类似于博物学。

如果我们设想上帝创造万物的行动并不是创造力和无限本质的发挥和运用，而是这种本质的分裂或分化，那么，任何有机物或无机物在我们看来就都是上帝的无数实力的一种特殊表现，是从绝对存在分裂出来的一部分；所有个体（液体、矿物、昆虫、鱼、鸟和四足动物）的总和就是天地万物，就是宇宙。

人是宇宙的缩影，他身上集合和凝聚了生物的一切实力和绝对存在的一切分裂部分；这些实力互相区别地聚合在一起，但是既不渗透，又不混合。由于这样一种聚合，所以人既是精神又是物质，既有自发性又能思考，既是机械的又是有生命的，既是天使又是畜生。他阴险如毒蛇，残忍如老虎，贪婪如猪，淫猥如猴，忠诚如狗，宽厚如马，勤劳如蜂，专情如鸽，喜群如海狸和绵羊。可是他又是人，也就是说，他具有理性和意志，能够接受教育和改进。人拥有与罗马主神丘比特一样多的名称。这些名称都刻在自己的脸谱上，凭借自己那万无一失的本能，他能够从自然界各色各样的镜子里辨认出自己的名称。蛇在理性看来是美丽的，而良知却感到它是丑恶可怕的。不论古代人或近代人，都懂得人是由世间一切实力的聚合而形成的；我们可以说，加勒[①]和拉瓦代尔[②]所做的工作，不过是尝试对人类的凝聚结构进行分解，对我们的各种官能进行分类，绘制出一幅人性的简略图表。最后，人就像掉进狮子洞穴里的先知一样，只好听任猛兽的摆布；而且，如果说关于我们时代可耻的伪善有什么需要提请后代警惕的话，那就是我们的一些学者们和执迷不悟的唯灵论者曾经企图改变人类的天性和歪曲解剖学，而认为这是在维护宗教和道德。

因此，问题到此需要弄清的就只是：尽管人由于自己观念的逐步散播而增加了周围的矛盾，但是他们是否能够主动地发挥自己支配下的那些实力，或者如道德家所说的，发挥自己的热情；换句话说，就是人是否像古代的海格立斯[③]那样，能够克服困扰着他们的兽性，战胜那似乎随时要吞噬他的地狱妖兵。

所有民族普遍都认为，而且我们在第三、第四两章中也已经证明，一个人除了他的一切兽性冲动以外，其他特质可以概括为智慧与自由，也就是说，他首先是具有判断和选择的能力，其次是具有一种既能行善也能作恶的行为能力。此外，我们还证明这两种能力相互产生着必然的影响，它们都是可以发展，可以无止境地改善的。

因而，社会的命运和人类的谜底，可以说在这几个字里找到答

---

① 加勒(1758—1828)，德国医生，创设了反动的颅相学，其著述中涉及人脑的构造作用。——译者

② 拉瓦代尔(1751—1801)，瑞士新教神学家、哲学家和诗人，创造了反动的面相学。——译者

③ 海格立斯，古希腊神话中的一个最为大家喜爱的英雄，以非凡的力气和勇武的功绩著称。——译者

案：教育和进步。

对自由的教育，对我们本能的驯服，对我们灵魂的解放或者说救赎，正如莱辛格[①]所证明的，这就是基督教玄理的意义。这种教育将是我们毕生的任务，也是人类整个生存过程的任务：因为政治经济学的矛盾是可以解决的，而我们内心的矛盾却永远无法解决。人类的伟大导师摩西、释迦牟尼、耶稣基督、琐罗亚斯德之所以都是赎罪的倡导者和忏悔的活典范，原因就在这里。人天生就是罪人，换而言之，他本质上并不作恶的，而是没有造好，不如说他是造坏的，因此人的命运就在于不断地在自己身上重树理想。最伟大的绘画家拉斐尔就深刻地意识到这一点，他说，艺术的任务不在于把事物描绘成自然所创造的样子，而是把它描绘成自然所应该创造成的样子。

因此，今后应由我们来教育神学家，因为只有我们才真正继承了教会的传统，只有我们才真正掌握《圣经》、宗教会议和教父启示的精义。我们所作的解释是建立在最确切、最真实的事实的基础上，建立在人类中享有最大权威的关于观念和事实的形而上学结构的基础上。不错，人是有作恶倾向，因为人是违背逻辑的，因为他的天性只是万物的各种实力不断进行斗争所产生的独立于社会矛盾之外的妥协产物。人生无非就是不断地在劳动与惩罚之间、仁爱与享乐之间、公平与自私之间进行调和；人自愿地牺牲低级的享受，就是为自己与上帝重新和好作准备的一种洗礼，通过这种洗礼，他才有资格升入天国，享受永恒的幸福。

① 莱辛格(1729—1781)，德国作家。——译者

社会经济的目的就是要不断巩固劳动秩序，促进对人类的教育，从而尽可能地通过平等达到博爱，亦即取消奴役的状态；说得确切一点，就是从公平中孕育博爱，正如花茎长出花朵一样。唉！要是博爱精神真的能为人间创造幸福，那么它早就该作出证明了；社会主义也不必再去寻求什么劳动组织，而只要高喊一句："注意！你们太缺乏博爱精神！"也就行了。

然而，可叹的是，人们的博爱精神是如此微弱无力、卑微淡漠，它需要兴奋剂的激发和芳香的熏陶才会迸发出来。我之所以赞成原罪、永罚和救赎这个三部曲的教理，亦即经由公平臻于至善的教理，原因就在于此。人间的自由永远需要外力相助，所以关于上天恩宠的天主教理论，对我们人类天性缺陷所作的最真实的论述，是一个很好的补充。

神学家认为，从救人济世方面说，上帝的圣宠是引导我们走向永生的途径和方法；这就是说，只有在经验的不断帮助下，只有依靠工业、科学和艺术，只有经历欢乐与痛苦，总而言之，只有通过肉体与精神的种种磨炼，人类才能改进，才能文明化和人道化。

神学认为存在所谓惯常的恩宠，亦称从善恩宠或成圣恩宠，据说它是寓于灵魂的一种品质，包含天生的品德和神灵的天赋，这种恩宠与博爱不可分离；换句话说，惯常的恩宠象征着各种向善的动力，它促使人类走向秩序和博爱，人类正是在这种动力的作用下制服自己的不良倾向和支配自己行动。至于所谓现行的恩宠，则是指那些能够增长人们的秩序观念和战胜破坏性的欲念的外在手段。

按照圣·奥古斯丁的说法，圣宠完全是上帝当然赐予的，而且先于罪恶而存在人的身上；博胥埃也以充满诗意和温情的笔调表达了同一思想：上帝创造人的心灵时，首先使它具有善性。的确，自由意志总是在这种天生的善性中作出了第一个决定，因此，人才不断地倾向于秩序、劳动、学习、谦逊、慈善和牺牲。因此，圣保罗也才能在不否认自由意志的情况下宣称，每当我们行善时，上帝就在我们身上支配着我们的意志和行动。因为人在开始思考和感觉以前，自己身上就存在着神明的灵感，他一违背这些灵感就感到内疚，遵从这些灵感就感到欢乐，而其后产生于社会和教育的一切冲动，都不是人类固有的属性。

当圣宠促使意志愉快地、热情地、毫不迟疑地、义无反顾地倾向于善行，它就是所谓有效圣宠。谁都经历过这样热情激动的时刻，就是在瞬息之间下决心响应某种召唤，完成某种英雄行为。在这里，自由并没有丧失，而只是由于这是圣宠所预先确定了的，所以可以说，自由就不可避免地作出这样的决定。培拉吉教派[①]和路德教派等都认为圣宠妨害了意志自由，扼杀意志的创造力，这种说法是错误的，因为意志的一切决定都必然来自支持它的社会，或者是来自给它展示前景和指出命运的天性。



可是，另一方面，圣奥古斯丁教派、圣托马斯教派[②]、适应派[③]、

① 培拉吉教派，英国僧侣培拉吉(公元360—440)所创设的异端教派，否认原罪学说。——译者

② 圣托马斯教派，指中古经院哲学巨头托马斯·阿奎那(1225—1274)所创设的反动教派。——译者

③ 适应派 congruistes，指基督教中主张上帝给人的启示是适应人们所处的时地的神学家。——译者

杨赛尼乌斯[①]、托马辛和莫里纳[②]等，却陷入惊人的谬误；他们虽然同时承认意志自由和圣宠，但是却认为二者处于对立状态，看不到它们之间的关系有如内容与形式，根本不存在什么对立。自由如同智慧及一切本质、一切力量一样，必须加以确定，也就是说，自由有其形式和属性。不过，在物质方面，形式与属性是它的本质所固有的并且是与它同时存在的；在自由方面，它的形式可以说取决于三种外在的条件，即人类的本质、思想的规律、培养或教育。最后，圣宠又与它的对立物诱惑一样，其存在恰足以说明自由需要加以确定。

概括起来说，现代的一切有关人类教育的思想都不过是对圣宠这个天主教教义的一种诠释，一种哲理说明；这种教义之所以在其阐述者看来显得模糊难解，是由于他们对意志自由作了错误的理解，只要一说到圣宠或者作出决定的由来，他们就以为意志自由受到了威胁。我们却相反地认定，意志自由本身与任何形态无关，它却是按照某种既定的秩序在活动和发展，它接受了造物主所施加的最初的推动，获得仁爱、智慧、勇气、决心以及圣灵的一切恩赐，从而投身实验工作。因此，圣宠必然是先行的，没有圣宠，人就不可能作出任何善行，自由意志便只能自发地自行思考和作出选择来完成自己的使命。这一切并没有什么矛盾或神秘之处。人，只要是人，就是善良的；但是，正如那位宣扬圣宠的学者柏拉图所描写的那位暴君一样，人的内心又潜藏着无数的魔鬼，只有对正义

① 杨赛尼乌斯(1585—1638)，荷兰主教，专事宣传奥古斯丁的神学理论。——译者

② 莫里纳(1536—1600)，西班牙神学家，耶稣会头子。——译者

和科学的追求，只有音乐和体育，只有一切临时的恩宠和经常的恩宠才能帮助他制服这些魔鬼。所以，只要把圣奥古斯丁的那个因引起争论而见著并把宗教改革引入迷途的整个圣宠教义改正过来，你就会对这个问题豁然开朗，感到顺理成章了。

现在要问，人究竟是否就是上帝？

按照神学的假设，上帝是至高无上的、绝对的、高度综合的存在，是无比睿智、无比自由、因而是完美无缺和神圣的自我；显然，作为天地万物的凝聚物，作为天地万物所具有的一切有形的、有机的、智力的、精神的实力集合物的人，是既能迁善又能从恶，他是不能满足根据他的心灵所设想的上帝的一切条件的。他既不是上帝，而且只要他还活着，就成不了上帝。

橡树、狮子、太阳和宇宙本身，也就是绝对本质的各个分裂部分，当然就更不是上帝了。这样，人神论和自然神论一下子就都被推翻了。

现在，我们需要从反面来证实这个理论。

我们曾经从社会矛盾的角度论述过人性的善恶问题，现在我们将从同一个角度来论述上帝的善恶问题。换句话说，就是如理论与信仰所高度推崇的那样一位上帝是否可能存在呢？

## 第二节　对天命神话的说明。上帝的退化

神学家和哲学家在自己所提出的用以证明上帝存在的三项理由中，习惯于把公众的承认列在首位。

我重视这个论据，但是既不赞成，也不反对。我马上问的是：

人们在肯定上帝时，普遍承认的是什么？关于这个问题，我应该提醒大家：宗教的千差万别并不说明人类肯定在自我之外存在一个至高无上的自我。这是错误的，正如语言的多种多样并不足以证明理性是非现实的。宗教的歧异以至对立并不削弱，而是更为加强和肯定了关于上帝存在的假设。

另一个论据是从宇宙的秩序提出来的。关于这一点，我曾经指出，自然界自发地通过人类之口肯定了自己存在精神与物质的区别，现在要知道的是否存在一个无限精神、一个宇宙灵魂在统治和推动着宇宙，就像表现为模糊直觉的良知所告诉我们的，存在着一个赋予我们以生机的精神。因此我要补充说，如果秩序的存在确实无误地证明了精神的存在，那么，就不可否认宇宙中存在一位上帝。

不幸的是，“如果”这两个字并没有得到证实，也永远无法得到证实。因为，一方面，被设想为物质的对立物的纯精神是一种矛盾的事物，根本无法证明其确实存在；另一方面，有些事物本身就秩序井然，例如结晶体、植物、行星体系等等，它们并不像动物那样能够与我们的感觉相呼应，在我们看来，它们似乎并无感觉。我们没有任何理由假定宇宙的中央存在一个精神，正如我们不可能在硫磺色棒里放置一个精神。如果说，精神或意识果真存在于什么地方，那就只有在人的身上。



但是，宇宙秩序虽然丝毫不能证明上帝的存在，却给我们揭示了一个也许同样难能可贵的原理，一个足以指引我们的研究途径的原理，这就是：一切存在、一切本质、一切现象都按照源于它们特性的全部规律相互联系着。这全部规律，我在第三章中称之为宿命或者必然性。由此可见，一定存在一个掌握着这全部规律和整个宿命的无限智慧，一定存在一个始终由全部宇宙规律所确定的、因而无比强大和自由的最高意志，与这个无限智慧密切结合在一起；而且，宿命、智慧和意志这三者一定是同时存在于宇宙之中，彼此相辅相成，混成一体。显然，直到现在为止，我们还没有发现任何证据足以否定这论断；可是，这个论断正是有待我们去证实的那种人神合一论的假设。

这样，人类的证明给我们揭示了一个上帝，可是还未能说明这位上帝是怎样的；宇宙秩序的存在又给我们揭示了宿命的存在，亦即存在一系列绝对的、不可抗拒的因果关系，简而言之就是存在一整套规律，如果上帝确实存在，这套规律就是他的所见所知。

有神论者用以证明上帝存在的第三个，也是最后一个证据，就是他们所称的形而上学证据；它无非是一些互相重复的概念的堆砌，根本起不了什么证明作用。比如：

因为某种事物存在，所以就存在着这种事物。

因为某种事物是合成的，所以这种事物是单一的。

因为甲事物产生于乙事物之后，所以乙事物产生于甲事物之前。

因为甲事物小于或者大于乙事物，所以乙事物大于或者小于甲事物。

因为某种事物在运动，所以一定有另一种事物起着推动作用。如此等等，无穷无尽的重复。

这就是人们今天在大学里和神学进修班里遵照教育部长和主教们的命令讲授的用以证明上帝存在的所谓形而上学证据，这就是法国的优秀青年被迫必须跟着自己教师经年背诵的词句，否则就领不到毕业文凭，不能研习法学、医学、工科及其他科学。显然，如果有什么事情真的值得人们惊讶，那就是：尽管泛滥着这样的哲学，欧洲竟然还没有变成无神论统治的世界。在这类学派的胡言乱语横行之际，有神论思想竟能够顽强地存在下去，也的确是一件莫大的奇迹。它简直可以作为证明上帝存在的一个最有力的证据。

我不懂得人类所称的上帝究竟是什么。

我无法说明这个名字应该理解为人呢，还是宇宙，或者是别的什么不可见的实体；要不然这个名字只是表示某种理想或某种有理性的事物。

但是，为了使我的假设具体化并继续探讨下去，我姑且采用一般流行的看法，就是把上帝视为一种无所不在的独立存在，他区别于造物主，被赋有不灭的生命，无穷的见识和无限的能力，尤其是最有预见和最公正无私，能够赏善罚恶。我将撇开泛神论的假设，因为那是一种伪善的和怯懦的假设。上帝或者就是人，或者不是人，总是非此即彼；我将从这样一个原理出发来阐发我的整个神证论。

不管上帝这个概念将来可能引起什么问题，目前我需要辨明的问题是：根据我已经指出的社会进化的种种事实，应该怎样理解人们建议我和人类加以信仰的那位上帝的所作所为？简而言之，我准备从已经得到证实的恶的存在这个观点出发，用一种新的辩证法来探讨上帝。

恶是存在的，这一点现在似乎大家的看法都是一致的。

但是，禁欲主义者[①]、享乐主义者[②]、善恶二元论者[③]和无神论者都要问：恶的存在这一事实与上帝是至善、全知和万能的说法又怎么协调起来呢？其次，上帝既然让恶进入世界，那就一定是无能、疏忽或者心怀恶意，这样一来，他又怎么能要他所创造的并不完善的、因而容易接受各种诱惑的人类对自己的行为负责呢？最后，上帝既然应允世人死后能享受永恒的天国幸福，换句话说，他既然赋予我们以幸福的观念和愿望，那么，为什么他不使我们有能力抗拒罪恶的引诱以便今世就享受到这种幸福，而偏要我们冒遭受永罚的危险呢？

这就是无神论者过去所提出的抗辩。

今天，人们已不大争论这个问题了；有神论者也不为自己学说中的种种不合逻辑的说法而担忧。人们都希望有一位上帝，特别是希望有上帝的照顾。激进教派和保守的耶稣会员都竞相宣传这个教义。社会主义者以上帝的名义宣扬幸福与善行；在学院里，那些反对教会最力的人，则恰恰是头号的神秘论者。

古代的有神论者对自己的信仰比较关切，如果不能加以证实，最少也要设法使它们合乎情理，他们和他们的后继者相反，他们觉得如果自己的信仰缺乏真确性，就有失自己在信徒面前的尊严，于心也有不安。

于是教父们便向非教徒们答辩说：恶性无非就是缺乏一种超



① 原文为斯多葛主义者。——译者

② 原文为伊壁鸠鲁主义者。——译者

③ 原文为摩尼主义者，摩尼教是3世纪下半叶波斯人摩尼所创立的教派，兼采基督教和祆教的一些教义，主张人性二元论。——译者

越于它的善性，而且，人们尽管始终在考虑如何向善，但是因为缺少一个立足的起点，便直接沦于荒谬。实际上，任何创造物都必然是有局限的、不完善的，不过由于上帝有无限的威力，所以它们又能不断地进一步完善。从这个角度说，在创造物身上善总是不同程度地有所欠缺。反过来说，尽管我们假定创造物都是不完善和有局限的，但是，只要它们存在，就必然具有某种对它们说来略胜于无的善性。因此，按理说，一个人只需做了他力所能及的善事，就可以被认为是至善的。对上帝来说则不然，因为他的创造能力与他的无止境地行善的职责是互相矛盾的，创造万物与使万物完善化是必然互相排斥的。只有上帝才有权判断应该赋予每一种创造物以何种程度的善性；企图在这方面埋怨上帝，就是诽谤他的公正。

至于罪恶，亦即品德上的恶行，教父们则以其有关意志自由、救赎、向善和圣宠等等教义来答复无神论者所提出的异议。关于这些，我们就不必重复了。

对于这种主张创造物均有其固有的不完善性的理论，也就是拉梅耐在他的《随笔》一书中出色地阐发了的理论，无神论者是否无条件地反对，我并不是很清楚。其实，即使他们想反驳也是不可能的，因为他们是以一种对恶行和意志自由的错误理解作为论证的依据的，而且对人类的规律又一无所知，当然就既没有能力解决自己的疑难，也拿不出理由来驳倒信仰这种理论的人。

现在，让我们放下有限与无限的问题，进而讨论秩序这一概念。上帝是否能画一个圆圈或者正方形呢？当然能够。

如果上帝按照几何学的原理创造了世界，然后，又让我们并非出于自己过失而从观念上错误地设想或者相信一个圆形可以是正方的、一个正方形又可以是圆形的，从而招来无数的祸害，那么，上帝是否应该对此担负罪责呢？当然应该。

好了！这恰恰是上帝、拥有天命的上帝在治理人类时的所作所为，恰恰是我要谴责他的地方。社会的各种秩序，亦即自由、财富和科学，如果割裂开来加以绝对化，便会成为对立的概念，从而把我们投入贫困的深渊；可是，如果使它们彼此协调，这一切便都能见诸现实。这个道理人类是经过六千年痛苦的经历才发现的，而上帝则是早就了若指掌的；试问，为什么他不事先给我们以警告呢？为什么不从一开始就来纠正我们的判断呢？为什么要让我们局限于自己那不完善的逻辑思维，任凭利己之心支配着我们去做不信不义之事呢？这位幸灾乐祸的上帝明知要是让人类凭经验去偶然地摸索，人类就一定要经过很长时期才能懂得如何保障自己全部幸福所在的生命安全，为什么不早日启示我们认识自己的发展规律以缩短这个漫长的学习年月呢？为什么他偏要用各种相互矛盾的见解来迷惑我们，而不把经验的过程颠倒过来，使我们能够沿着从综合概念到二律背反的分析法的道路前进，非要让我们艰苦地攀登那从二律背反到综合概念的险峰不可呢？

如果像人们过去曾经认为的那样，人类深受其害的恶行无非是来自创造物所必然具有的不完善性，说得确切一点，就是如果这种恶行的根源在于人类固有的各种本来应该受我们的理性驾驭和引导的能力与倾向的对抗状态，那么，上帝也就无罪了，我们的处境也就只能如此，根本无权控告上帝。

但是，面对着我们悟性上的这种自觉的幻想，这种虽然非常容易破灭，但是其后果又非常可怕的幻想，还有什么可替上帝辩解的吗？人类在这方面难道不是确实没有获得上帝的恩宠呢？宗教信仰给我们描绘的这位像慈父与明主的上帝，让我们遭受一种我们并不完全理解的命运，在我们脚下挖掘陷阱，让我们盲目地行进；然后，每当我们栽倒时，又把我们当成罪大恶极者来惩罚。这怎么说好呢？事情竟然好像连我们在历尽旅途的艰辛与苦难以后终于辨认出自己应走的道路也非上帝所愿，好像他强加给我们的种种考验一旦使我们变得稍为聪明和自由，就会有损他的光辉似的。既然如此，我们又有什么必要不断地祈求各种神明呢？那些六千年来借助于千百种宗教来欺骗我们、迷惑我们的上帝的帮闲者们究竟对我们有什么用处呢？

怎么！上帝通过他的使徒和他播植于我们心灵的规律来谕示我们要爱己及人，要己之所欲必施于人，要予人以应得之份，不得克扣工资，不得发放高利贷；而且，尽管他明知我们博爱之心并不强烈，良心也并不可靠，只要有小小的借口便力图逃避上帝律令，他还是要求我们在商业和私有权的矛盾中也要按上述律令行事。可是，按照理论不可避免地得出的结论，在这个领域里，所谓博爱与正义是绝对行不通的。必然性凭着自己的巨大威力强加于理性的那些经济原则一旦被利己主义所利用，便致人类的博爱和睦于死地。可是，上帝却不启发我们的理性了解这些原则的意义，反而让我们滥用理性为自己的欲念服务，他通过精神的诱惑破坏了我们良知的平衡，当着我们的面为我们的掠夺行为和贪欲辩解，使人与自己同类的分裂成为不可避免和合法的现象；他使人们理应通过劳动和权利来建立的平等制度成为不可能，从而在我们之间制造了分歧与仇恨;他使我们相信这种作为世界规律的平等对人类是不公正的。在做了这一切以后,他又以我们没有执行他的那些高深莫测的律令为理由而大批地给我们定罪判刑!当然,我相信我在上文曾经证实过,上帝的抛弃并不能认为我们无罪;但是,无论我们的罪恶多大,在天命上帝面前我们又总是无罪的;所以,如果说有谁在我们之前,而且比我们更应该罚入地狱的话,那么,我就不得不指出,这人的名字就是上帝。

有神论者为了确立他们有关上帝的教义,曾经援引自然界的秩序作为证据,这虽然只是一种倒果为因的推论,但是至少我们不能说它包含矛盾,不能说他们所引证的事实足以推翻他们的假设。譬如说,在宇宙体系中你就看不到哪怕是最微小的二律背反现象或者最轻佻的缺乏预见的现象,根本无法从中提出任何臆断来反对这个至高无上的、智慧无边的和具有人格的推动者的观念。总而言之,自然界的秩序虽然不能证明上帝的真实存在,但是也不能说明一定不存在。



在治理人类方面,情形就完全不同了。在这里,秩序并不是和物质同时出现的,秩序也不是像在宇宙体系里那样一劳永逸地建立起来的。社会秩序是按照一系列必然的因果关系逐渐发展起来的,而这些因果关系又是人类本身,也就是作为治理对象的人类依靠自己的力量,根据实践的要求自发地发现的。在这方面,人类并没有获得任何启示。人类从一开始就服从某种先定的必然性,服从于某种不可抗拒的绝对命令。但是,为了使这种秩序变为现实,必须由人类来发现它;为了使这种必然性存在下去,必须由人类来推断它。这个发现的过程本来是可以缩短的,但是不论天上或人间都没有人来帮助人类和教育人类，人类就只好在几千年里不断自相残杀，流尽血汗，受尽苦难，而他们所崇拜的那位上帝却从来不来启发一下他们的理性，缩短一点对他们的考验。既然如此，神明的作用究竟何在呢？天命究竟跑到哪里去了呢？

“如果不存在上帝，就应该创造一位上帝。”这是宗教的敌人伏尔泰说的。为什么呢？“因为，”伏尔泰又说道，“如果我要同一位无神论的君主打交道，他高兴要把我放在石臼里压成齑粉，那么我敢肯定，我一定会被压成齑粉。”这样一位伟大的思想家竟然发表如此的怪论！如果你和一个笃信上帝的君主打交道，而这位君主的听告解者以上帝的名义命令他把你活焚，你不是也得肯定自己一定会被烧死吗？难道你这个反基督分子竟然忘记了宗教裁判所，忘记了圣巴塞罗缪节[①]，忘记了范尼尼[②]和布鲁诺[③]所受的火刑、伽利略所受的折磨以及许多其他自由思想家所受的迫害了吗？……你不必在这里区别什么使用与滥用，因为我完全可以反驳你说，凡是根据一个神秘的和超自然的原则，根据像上帝观念那样包罗一切的原则，一切结果都是合法的，而信仰者的热诚就是对这些结果是否适当的唯一判断。

卢梭说：“过去我曾经认为人可以当一个老实人而不需要什么上帝，现在我已经从这个错误中觉醒过来了。”这和伏尔泰的说法

① 1572年8月24日圣巴塞罗缪节前夕，法国天主教在巴黎大规模屠杀胡格诺教徒，史称圣巴塞罗缪事件。——译者

② 范尼尼(1585—1619)，意大利哲学家，因宣传无神论和天文知识被火焚于法国图卢兹。——译者

③ 布鲁诺(G. Bruno，1548—1600)，意大利伟大思想家，唯物主义者和无神论者，发展了哥白尼的宇宙构造学说，遭宗教裁判所火焚。——译者

实质上是相同的,同样是为宗教上的不容忍主义作辩护:人之所以行善去恶,只是因为考虑到有个上帝在监督着自己,因此,否认上帝的人应该受到诅咒!尤其乖谬的是,这位要求有一位能赏善罚恶的上帝来判别我们品德的人,原来就是那位主张以人性本善作为教理的人。

至于我呢?我却要说,明智而自由的人首要的任务就是不断地把上帝观念从自己的心灵里和意识中驱除出去。因为要是上帝果真存在,那么,他也是根本敌视我们的天性的,而且我们也根本不会去求助于他的权威。我们掌握科学、获致幸福和建立社会,统统都是违背他的意愿的;因此,我们的每一个进步都是在打倒上帝的斗争中的一场胜利。

人们还是不要再说上帝的意图如何高深莫测了吧!我们已经看穿这些意图了,在这些意图里,我们读到的是用血的文字写成的无能的证明,如果这不是上帝的恶意的话。我长期以来自惭形秽的理性逐渐地又提高到无限的境界,随着时间的推移,这种理性将发现由于缺乏经验而未能发现的一切,随着时间的推移,我将愈来愈少地感到不是灾难的肇事者,而且由于我获得知识,由于我的自由的改进,我将逐步洗涤自己的身心,使我的存在臻于理想,从而我将与上帝相匹敌,成为创造物的主宰。万能的上帝本来是能够阻止一时的混乱的,然而他一点不加阻止,因而这种混乱使他的神智受到谴责,使他的睿智就蒙上了污点;一个无知的、被遗弃和被出卖了的人,只要是在行善上有一点小小的进步,就应该享有无限的光荣。“**你应当是神圣的,因为我是神圣的**!”上帝又有什么权利对我们说这样的话呢?我回答他说:说谎的神灵,愚蠢的上帝,你驾驭人类的时代已经终止了，还是到牲畜中去寻找别的牺牲者吧！我知道我并不是神圣的，也永远无法变成神圣的；再说，如果我真的像你，你该变成什么样子啊！不朽的天父呀，不论你是丘比特还是耶和华，我们已经学会辨认你了！原来你过去、现在和将来都永远是亚当的嫉妒者，是镇压普罗米修斯的暴君。

所以，当圣保罗禁止圣杯而对陶器制造者说：你为什么把我造成这个模样时？我绝不采用圣保罗所驳斥的这种诡辩术。我毫不责备造物主把我造成现在这样一个不和谐的生物，这样一个不统一的聚合体，因为我只有按现有条件才能存在。我只想大声责问他：为什么你要欺骗我？为什么你默不作声地纵容我身陷利己主义？为什么你要在我的悟性里灌输各种产生于互相对抗的观念的痛苦幻觉，以致使我受到怀疑一切的折磨呢？我怀疑真理，怀疑正义，对自己的良心和自由也怀疑；唉！上帝啊，我甚至连你也怀疑起来了！由于这一切怀疑，我不得不对我自己作战，对我的同胞作战！至高无上的天父啊！请看，这就是你为我们的幸福和你的荣光所做的一切，这就是你始终如一的意志和统治，这就是你拿来喂养我们的用血泪揉成的面包！我们求你宽赦的那些过错，其实都是你让我们犯下的，我们求你把我们从中解救出来的罗网，其实正是你给设下的。所以，缠扰着我们的那个魔鬼萨旦，不是别人，正好是你。

当你使我们人类的象征，正直的约伯[①]身心备受折磨之后，又对他天真的虔诚、无知的拘谨与谦恭进行凌辱时，你倒是胜利了，

① 约伯，《圣经》中的人物，身受各种困苦而仍对上帝恭顺驯服。——译者

谁也不敢反抗你。我们曾经把天当成你的华盖，把地当作你的宝座，在你的不可见的赫赫威仪面前，我们自惭微不足道。可是现在，你已经被废黜了，被打倒了。长期以来，你的名字曾经是学者们凭借的无上权威、法官的最高裁决者、君主的力量所在、穷人的希望和忏悔者的安身之所！从今以后，这个令人望而生畏的名字将永受人们的轻蔑和诅咒，为人类所不耻。因为上帝意味着愚昧和怯懦，上帝意味着伪善和欺诈，上帝意味着暴政和贫困，上帝本身就是罪恶。只要人类仍然拜倒在神坛面前，受君主和神父奴役的人类就将永劫不复；只要仍然有一个人在以上帝的名义接受另一个人的祷告，社会就将始终建立在非信义的基础上，和睦与仁爱就将永远被摈斥于人世之外。上帝啊！你只好退位了！因为从今天起我已经摆脱了对你的敬畏，变得明智了；我要举手朝天咒骂：你，上帝，不过是扼杀我理性的刽子手，蒙蔽我良心的魔鬼！



因此，我否认上帝对人类的无上权威；我鄙弃上帝的统治，这种统治的不存在业已由人类形而上学和经济上的种种幻觉所证实，一句话，已经由人类所受的种种苦难所证实；我拒绝上帝对人的裁判权；我要剥夺他所享有的天父、天皇、判官等等称号，取消一切诸如至善、宽容、慈悲、教世、赏善罚恶等等对他的颂辞。所有这些组成上帝概念的属性，都不过是一幅讽刺人类的漫画，与文明的二律背反绝不相容，而且已经为人类所犯的种种谬误和身受的种种灾难所否定无遗。既然上帝已经不能再被视为照顾人类的上帝，既然我已经取消了他的那些由于人类十分珍重而毫不迟疑地以之作为上帝同义语的种种属性，那么，是不是就可以得出结论说，上帝并不存在，神学教理的谬误、最少是它内容的虚伪，到此就已确证无疑了呢?

可惜的是,事情并不是这样。有关神的本质的偏见确实已经破除了,与此同时,人类的独立性也确已得到证实,但是也就仅此而已。上帝存在的现实还没有被触动,我们的假设也依旧站得住脚。在谈到眷顾人类上帝时,我们虽然证明了上帝并不可能是这样的时候,这只不过是我们在确定上帝概念的过程中走出的第一步;接下去还需要弄清我们这第一个结论是否与我们的假设中的其他部分相符,也就是说,需要从智慧的角度来判明如果上帝真的存在,他又是个什么样子。

因为,正如我们在证明人在经济矛盾的影响下所犯的罪责以后,还需要进一步说明这种犯罪的原因,否则就会让人认为人是神智不全的,仅仅对他作了一个可耻的讽刺;同样,当我们认定所谓上帝是保护人之说完全是幻想之后,还必须探究如何把这个论断与存在一种至高无上的智慧与意志的观念协调起来,否则我们就仍然不能解决我们所提出的、至今还没有任何证据足以证明其为谬误的那个假设。

我敢肯定,即使确实存在一位上帝,那么他也绝不是哲学家和神父所描绘的那样一种形象,他也绝不像人所独具的特点那样,按照分析、预见和进步的规律来思考和行动;相反地,还不如说他是朝着相反的、倒退的方向行进,他的智慧、自由与个性与我们的智慧、自由和个性的构成并不一样,上帝所天然具有的那种所作所为一律正确的特性,决定了他在本质上是反文明、反自由、反人类的。

我将从否定到肯定来证明我的论断,也就是说,通过阐述我的反面观点来证实我的命题的真确性。

（1）信徒们说，上帝只能被设想为无限善良、无限睿智，拥有无限能力等等，总而言之是一大串的无限。可是，无限完美的本质是和对进步漠不关心甚至反对进步的意志不相容的；因此，要么就是上帝并不存在，要么就像我们从二律背反的发展中得出的结论那样，我们对这一切奥秘根本就毫无所知。

我对这些推论家的答复是：要是只求助于某种深奥莫测的神秘之论便可以变谬见为真理，那么，不代表天命的上帝和无效的天命这两种神秘论断，我都一概赞成；但是，在事实面前，我们不应该援用这种或然之说，而应该相信经验的实证之论。经验和事实都证明，人类的发展始终遵从着某种不可变易的必然性，这种必然性所包含的规律和体系，随着人类集体理性对它们的逐步发现而日益显示其作用和见诸实践；社会发展中没有任何证据足以证明存在着什么外来的推动力，什么上天谕旨，什么超人的思想。促使人们相信存在天命的，正是这种作为人类集体的本质和基础的必然性。但是，这种似乎自成体系的和逐步实现的必然性，不论在人类或上帝身上都不成其为什么天命；人们只要回想一下社会秩序所表现出来的无穷尽的动乱状态和它所经历的痛苦的探索过程，也就不难信服这个道理。

（2）另外一些推论者则想走一条捷径，他们大声疾呼：这种玄妙莫测的探讨究竟有什么用处呢？天地间既没有什么无限的智慧，也没有什么天命；离开了人，什么“我”、什么“意志”，都不存在；已发生的事情，不论是好是坏，反正都必然要发生；人和自然都同样注定要受种种不可抗拒的因果关系的支配；我们本身的所谓良知、意志和判断力等等，无非是那个命定的、永恒的和不变的整体

的个别组成部分而已。

这个论据和前一个论据正好相反。它是以某种必然的和永恒的,但是又是无意识的和盲目的安排来取代那个万能全知的造物主的。这个反面论据告诉我们,唯物论者的辩证法并不比宗教信徒们的辩证法更为可信。

谁要是谈论必然或宿命,谁就是说存在一种绝对不灭的秩序;反过来,谁要是谈论动乱和纠纷,谁就是肯定一切与宿命最不相容的事物。但是,世界上确实有纠纷,而且都是由自发力量所造成和非任何其他威力所能平息的。如果一切都是命定的,为什么会发生这种情况呢?

然而,谁都看到,这个有神论者和唯物论者多年争论的老问题,是产生于对自由和宿命的错误理解,他们都以为自由和宿命是彼此矛盾的,实际上并不如此。其中一方说:如果人是自由的,那么上帝就更有理由是自由的,这样一来,宿命就只成了一句空话。另一方则反驳说:如果自然界的一切都是互相联系的,那么,就既没有自由,也没有宿命。双方就这样朝着自己选定的方向无边无际地推论下去,谁也永远无法懂得:这种所谓自由与宿命之间的对立,其实不过是行动与智慧之间的天然差别,而不是对立性的差别。

宿命就是宇宙构成的绝对秩序、规律、法典、命运。这样一部法典本身绝不排除存在一位最高立法者的观念,与此相反,它很自然地假定存在一位最高立法者,所以古人全都毫不迟疑地承认存在一位最高立法者;今天的全部问题在于:究竟是像各种宗教的创始者所相信的那样,宇宙之间是先有立法者然后有法律,也就是智慧先于宿命呢,还是像今人所主张的那样,先有法律然后有立法者,也就是说,精神产生于自然。在前还是在后,全部哲学归结起来就是这样一个二者择一的问题。要是只是争论精神在先还是在后,这倒并无不可;可是要是假宿命之名来否认精神,那就是毫无理由的武断了!只要回想一下这种说法无非是以恶性的存在作为立论的依据,就完全足以驳倒它了。

既然存在物质和引力,就必然产生宇宙体系,这是命定的。既然存在两种相联系又相矛盾的观念,随之就必然有一个综合观念,这也是命定的。和宿命不相容的并不是自由,因为自由的目的正是在某个领域内保证宿命的实现;与宿命不相容的是混乱,是一切妨碍规律实现的事物。世界上究竟是否存在混乱呢?宿命论者并不否认;因为令人难以思议的怪事就是,正是由于存在恶行,才使他们成为宿命论者。可是我却认为,恶行之存在不但不能证明存在宿命,反而粉碎了宿命,冒犯了宿命,因为,恶行的存在证明了存在某种动因,当这种动因自发地错误地发展时,就违背了规律。我把这种动因称之为自由;而且,我在第四章中已经证明,自由就如那作为人们心灵的指路明灯的理性一样,它愈是与宿命的自然秩序和谐一致,它就愈大、愈完美。

因此,谁要是把宿命同自我感觉自由的良知的证明对立起来,或者相反地,把这种良知的证明同宿命对立起来,都证明他误解了这两个概念,完全不了解问题何在。人类的进步可以理解为就是宿命对人类理性和自由的教育,因此把它们看成三个彼此排斥、互不相容的概念是荒谬的,实际上它们是相辅相成的,宿命是基础,其上层就是理性,自由则是大厦的冠冕。人类的理性致力于认识宿命，洞察宿命，自由的使命则在于适应宿命。我们现在所进行的对人类的自发发展和本能信仰的批判，实质上就是对宿命的探索。关于这一点，我们来作个说明。

人是赋有活动能力和智慧的，他有能力冲破自己所处的世界秩序。但是，他的一些不端行为是可以预料的，而且它们是在一定限度作出的，这种限度经过若干反复以后，又会使人重新遵守秩序。根据自由的这种摇摆情况，我们便可以确定人类在世界上所起的作用；而且，由于人的命运和万物的命运相联系，因而我们也可以从人的身上探索出万物的最高法则，并且一直追溯到物的根源。

因此，我不再追问人为什么会有破坏神所创造的秩序的能力，上帝又为什么允许人这样做了。我想用另外一种方式来提出问题，就是作为宇宙必要组成部分和宿命的产物的人，为什么有能力破坏宿命？这种命定的组织，人类的组织，为什么那样带偶然性，那样违背逻辑，那样充满动乱和灾难呢？既然宿命并不限定在一小时之内、一世纪之内、一千年之内起作用，而我们又命定一定会掌握科学与自由，那为什么科学与自由不早些到来呢？其实，从我们开始蒙受等待之苦时起，宿命本身就出现矛盾了；所以，只要出现了恶行，就既不存在上帝，也不存在宿命了。

总而言之，宿命时时刻刻都在被它本身所制造的种种事实所否定，那么这种所谓宿命究竟是什么呢？这是宿命论者所必须解释清楚的，其道理正如有神论者有责任说明那个既不能预见也不能防止自己所创造的生灵沦于贫困的无限智慧究竟是什么。

而且，问题还不止于此。自由、智慧和宿命三者，归根结底是用以指明万物的三种不同表现形式的相辅相成的概念。就人来说，理性只是一种已确定的自由，它是感受到限制的。但是这种在已确定的范围内的自由仍然是宿命，是一种活生生的、人格化了的宿命。因此当人们的良知宣称存在一种宇宙的宿命，也就是说宣布存在一种既符合于具体理性又适应于无限自由的至高无上的宿命时，无非就是提出一个无论从哪一方面说都是合法的假设，一切派别都有责任来证实这个假设。

（3）现在轮到新无神论者、人文主义者出场说话了：

人类就其整体而言，是社会天才假借上帝这个神秘名义所探索的现实。这种集体理性的现象，这种由于人类注视自己，把自己当成一种外在的、主宰着人类命运的超验性的存在的海市蜃楼，这种意识上的幻觉，我们说过，是已经作过剖析和解释的；所以，今后如果再制造这种神学假设，就是科学上的后退。我们唯一应该重视的是社会，是人。宗教上的上帝，政治上的国家，经济上的所有权，就是使人类对自己变得漠不相关，不断自我毁灭的三种形式，人类今天应该抛弃这些形式了！

我承认，任何肯定或者假定上帝存在的论断都是来自神人同形论，而上帝开始只是人类的一种理想，或者说得确切一点，是人类的幽灵。此外，我还承认上帝概念是权威和专断原则的楷模和基础，而我们的任务就是在任何地方，无论是在科学方面、劳动方面还是在城市里，只要它有所表现，就必须加以清除，最少也要加以制服。因此，我并不反对人文主义，我要继承人文主义。如果我接过它对神明的批判，并把这种批判应用之于人，我就必须指出：

人既然把自己当作上帝来崇拜，就是给自己创造一个与自己本质相反的理想，并且宣称自己是那位所谓无上完美的，亦即无限崇高的上帝的对抗者；

人根据自己的判断，只是一个虚假的神，因为他假定了上帝存在，就是否定了自己；而人文主义也和古代一切有神论一样，是一种令人厌恶的宗教；

这种人类把自己看作上帝的现象，用人文主义的理论是解释不了的，需要有进一步的说明。

按照神学的理解，上帝不仅是宇宙的最高主宰，是永不谬误和不对万物负责的最高君王，是人类智慧的典型，而且是无始无终、万古不变、无所不在、无比睿智、无限自由的存在。但是，我却要说，上帝的这些属性不过是人类相应属性的理想化和任意的拔高，它们是与人类相应的属性相矛盾的。上帝与人是相矛盾的，正如博爱是与公平相矛盾的，圣德——完善的理想是与可完善性相矛盾的，王权——立法权力的理想是与法律相矛盾的，等等。因此，关于上帝存在的假设，一旦在人类实践中获得解决以后，又会重新出现，关于是否存在某种完善的、和谐的绝对物的问题，尽管人们经常加以回避，却仍然不断地重新出现。

为了证实这种根本的二律背反现象的存在，只要把事实与定义对照一下就行。

在一切事实中，最肯定无疑和最永恒不变的当然是下面这样一个事实，就是人的知识是渐进的、有系统的、经过思考的，一句话，就是经验性的；其证据就是：任何理论只要未经经验的认可，也就是说，只要它的论点缺乏持续性和连锁性，就丧失其科学性。这一点是丝毫不容怀疑的。即使是人们认定为属于纯粹科学的数学，它的各种定理也是以连锁性为必要的条件，也是经过经验的验证并且承认它的规律的。

人的知识，从所得的观察出发，逐渐进步，并在一个无边无际的领域内前进。它所追求的最终目标，它所致力于实现的理想，就是无限，就是绝对；可是，这个目标和理想是永远不可能达到的，相反地却可能愈走离它愈远。

那么，就像某种理论在上帝身上所假定的、那种能够决定同样无限自由的无限知识和绝对知识，究竟是什么东西呢？这种知识看来不仅是一种包罗一切的知识，而且是一种直观和自发的知识；而且，虽然它既包括了现实，也包括可能，但是却是不容任何怀疑的，也不带有任何客观性的；它是一种可靠的但是又不可能加以证实的知识，一种完整的但是又不连贯的知识；最后，它虽然是赓续不断地形成的，但是，它的各个部分之间又完全不存在任何先后的关系。

心理学提供了不少这种认识过程的例子，诸如：动物具有某些本能和预感的官能，某些人天生就有某种数学或艺术天才，并不依靠后天的教育；还有，人类大部分的制度和原始时代的许多伟大建筑物都是没有凭借什么理论而只依靠人类的天才自发地创制和修建起来的。此外，天体运行得那样复杂而规律化，物体配合得那样奇妙，难道不是在说明各种事物都存在某些固有的特殊本能在起着作用吗？……

所以，如果上帝真的存在，那么，在宇宙中和在我们身上总会显示出他的某些属性。可是，这些属性显然又和我们最真实的倾向和最现实的命运尖锐地对立；通过教育，这些属性正不断地从我们心中消失，而我们最关心的也正是如何使它消失。上帝和人是本性上不同的两种事物，从他们互相认识时起便彼此规避，因此，除非两者之一发生变化，或是两者都发生变化，它们怎么才能协调起来呢？既然理性的每一个进步都使我们更远离神明，那么，上帝和人又怎么可能在理性上相一致呢？人类又怎么可能通过教育而变为上帝呢？

再举另外一个例子：

宗教在本质上是一种情感。因此，通过宗教，人类赋予上帝以情感，正如它原来赋予上帝以理性一样；而且，随着自己观念的正常发展，人类又肯定上帝的情感与他的知识一样，也是无限的。

光是这个情况就足以改变上帝情感的性质，使这种情感成为一种与人的属性完全不同的属性。在人身上，情感可以说是来自无数不同的源泉，这些情感相互矛盾，相互干扰，相互毁损，否则就无法自觉其存在。相反地，在上帝身上，情感却是无限的，也就是说，它是统一、完满、固定、纯洁和平静的，它不必用相反的情感来激发自己才能获致幸福。我们自己也都体验过这种神明的感情状态，比如，当某一种情感完全控制了我们的一切官能，使自己处于一种心醉神迷的状态，这时，其他一切情感便全部暂时保持缄默，不起作用。不过，我们的这种迷醉状态总是借助于情感的对比或者某种外来的刺激才会出现；它永远不是完整的，或者说，它永远也达不到完满的程度，就如月亮只有在短至不可分的一刹那是完全正圆的一样。

因此，我们是通过一系列的对立、冲突和内心的斗争而生存着、感觉着和思维着的；因此，我们的理想并不是无限的，而只是处于平衡状态。无限指的不是我们，而是别的事物。

有人说：上帝并没有他自己特有的属性，他的属性就是人的属性，因此，人和上帝是合二为一、并无区别的。

实际却完全相反，既然人的属性一体现到上帝身上就成了无限的，上帝也就有其独有的、特殊的属性，因为有限之所以存在，正是因为无限已经特殊化了，已经变成上帝的本质了。因此，人可以如同否定某种矛盾观念的现实性一样否定上帝的现实性，人们也可以把这个我们欲离反近的、既不可捉摸又残酷无情的幽灵排斥于科学和道德之外；因为，这样做在一定程度上还是正当的，最少也是无害的。但是，却绝不能把上帝当成人类，因为这对上帝和人类都是一种诬蔑。

有人也许会说，人神的对立只是一种错觉，它是个别的人和整个人类本质之间的对立所造成的。如果事情果真如此，那就应该说，这是把人类神化了，结果，它就无论在理性上和情感上都不是不断地进步了，它的理性和情感也不存在矛盾了，一句话，人类就在一切方面都是无限的了。这种情况不仅已被历史所否定，而且，也是被心理学所否定的。

人文主义者大声疾呼说，不应该这样理解人类！他们说，为了求得人类的理想，不应该仅从历史发展来考察人类，而应该根据它的全部表现来考察，就好像各代人都生活在同一个时刻，集合成一个单一的人，一个无限的、不朽的人。

这就是说，要人们抛弃现实而去抓住一个幻影，不把现实的人当成真正的人，必须超越时间，到永恒中去寻找正确的人、理想的人。对这样的论点我们该说什么好呢？这是抛弃有限去追求无限，撇开人类来寻觅上帝！我们所认识的人类，是正在发展着的人类，一句话，是能够存在的人类，是站立着的人类；而人们却给我们描绘一个倒立的形象，就像水中反映的人影，然后就对我们说：瞧！这就是人！我呢，我只能回答说：这已经不是人了，这是上帝！可见，人文主义是最地道的有神论。

那么，有神论者所假设的寓于上帝身上的天命究竟是什么呢？这本质上是人类的一种性能，是一种神人同形说的属性，通过这种属性，上帝就被认为能够根据事变的发展窥知未来，而人类则只能根据编年史实来回溯过去。

显然，所谓“无限”，亦即自发和全面的直觉知识，是与人类不相容的；同样，天命也与上帝的假设不相容。对上帝来说，一切观念都是同等的并列的，上帝的理性并不把二律背反和综合划分开来；在他看来，永恒已经使一切事物都成为当前现实存在的。上帝在创造我们的时候，并没有能把我们矛盾的奥秘启示给我们；原因正是在于他是上帝，他看不到矛盾，他的智慧不受时间的和发展规律的限制，他的理性是直觉的，他的知识是无限的。神授天命说其实是在上帝这个矛盾之上再加一个矛盾；正是由于有所谓天命之说，人们才按照人类的形象来创造上帝；只要否认天命，上帝也就不再成其为人，而人也会放弃充当上帝的奢望。

也许有人会问：如果上帝并不了解人类发生的事情，那么，那无限知识对他又有什么用处呢？

让我们来区别一下吧：上帝对秩序是能辨认的，对至善是能感知的。但是，他是把这种秩序和至善当成永恒和绝对的，他不看它们的渐进和不完善的一面，并不了解它们的缺陷。只有我们才能看到、感觉到和衡量出恶性来，因为只有我们才可能为恶，正像因为我们的生命是短暂的，所以只有我们才会计算时间的长短。上帝只能看到和感觉到秩序，但是却不了解实际发生了什么事情，因为这些事情都发生在他的脚下，在他的视线之下。我们则相反，我们既看到善，又看到恶；既看到现时，又看到永恒；既看到秩序，又看到动乱；既看到有限，又看到无限；既看到自我，又看到非我，也就是说，正因为我们的理性是有限的，所以它能够越出我们的视野。

因此，通过人的创造和社会的发展，我们的这种有限的但又是天赋的理性与上帝的那种直觉与无限的理性形成了对立，结果尽管上帝在任何方面都丝毫没有丧失其无限性，可是，仅仅由于人类的存在这一事实，上帝就变得渺小了。渐进的理性是永恒不变的观念在流动着和前进着的时间中的体现，人类是能够听到上帝的言语的；因为人类本身就来自上帝，人类的理性最初与上帝的理性并无二致。但是，上帝却不能听到我们说话，也不能到我们这里来，因为他是无限的；如果他想拥有有限的属性，就不再成其为上帝，就会自我毁灭。因此，神授天命这个教理，无论在事实上或在法律上都证明是虚伪的。

现在，我们很容易就能看出，同样的论据也可以用来驳倒把人神格化的学说。

人命定地要把上帝看成具有绝对和无限的属性，可是，他自己却又向着与这种理想相反的方向发展，于是人的进步和他所设想的上帝之间便发生了矛盾。很显然，一方面，人由于其构造上的混成性及其性格的待完善性而不成其为上帝，也不可能成为上帝；另一方面，作为最高存在的上帝，是人类的直接对立物，是至高无上的实体，人类只会离它愈来愈远。上帝和人可以说是分别赋有存在的两类相反的能力，似乎正在进行着一场争夺世界主宰权的竞争；前者赋有自发性、直觉性、不谬性、永恒性；后者则拥有预见力、演绎法、变动性和时间。上帝和人始终企图打倒对方，又不断地互相躲闪；当人永无休止地在思考和推理中前进时，上帝却好像由于他命定的无能而退缩到它本质的自发性阵地上。因此，人类和它的理想之间存在着矛盾，人和上帝之间存在着对立；基督教神学便用魔鬼或撒旦的名字，也就是用上帝和人的冤家和仇敌的名字来把这种对立寓言化和人格化。

这是根本性的二律背反。我发现现代的批评家都没有注意到它；如果人们继续加以忽视，迟早总要走到对人—上帝的否定，从而也否认对它的全部哲学解释，为宗教和迷信大开方便之门。

按照人文主义者的说法，上帝不是别的，就是人类本身，就是个体的我把它作为一位不可见的主人来服从的集体的我。但是，如果说肖像是根据原形忠实地临摹出来的，为什么会出现这样古怪的幻影？人类既然从它产生以来就能不借助于望远镜而直接地看到自己的形体、灵魂，看到自己的领袖、教父、祖国、国家，为什么还要像照镜子一样，通过上帝这样一个古怪的形象来观察自己，以致连自己也认不出来呢？这种幻觉有什么必要呢？这个模糊混浊的自画像，在经过一定时期以后明晰起来、矫正过来，不再使人错认为是别的东西，而是可以清楚地辨出原来的样子；这究竟是一种什么样的自画像呢？社会本身就在那里，它存在着，可以看得见，感觉得到，它有希望和活动，而且人们也已经认出它来，并且把它叫做社会;既然如此,为什么它对人来说却变成这样一种超验的东西呢?

有人说:不!从来就不存在什么社会,人只是集合在一起而不是联合在一起;所有制和国家的那种胡乱的组成情况以及宗教的那种不容异端的现象就是证据。

这纯粹是狡辩之词,因为自从人与人通过劳动和语言彼此往来,并且商妥相互应承担的义务和创造了法律与习惯时起,社会便开始存在。无疑,随着科学知识与经济的进步,社会也逐渐趋于完善。但是,任何一个文明时代的进步都不可能给社会带来乌托邦创立者所幻想的那种根本变化;人类未来的境况尽管将非常完美,但是它也只能是其原先状态的当然的继续和必然的结果。

何况,就像我已经指出的,任何联合制度本身都不排除博爱和公平,政治理想与上帝绝不能混为一谈,而实际上我们也都亲眼看到各民族的社会都是区别于宗教的。社会被看作*目的*,而宗教只被当作*手段*。君主是集体意志的执行者,而上帝则是良知的统治者,他在坟墓旁等待着那些逃避了人间惩罚的罪人。进步和改革的思想到处可见,任何信仰宗教的民族也从来不会对构成社会生活的一切事物完全忽视或者根本加以否定。因此,我想再问一遍:如果神学上的假设确如人们所认为的那样,只不过是人类社会的理想,只不过是经过平等、团结、劳动、博爱的改造的一种先定的人类典型,那么,为什么会出现社会—上帝合一论呢?

当然,如果说当今有什么欺骗性很大的偏见和神秘之论,那么,在我看来已经不再是那正在没落的天主教义,而不如说是人文主义哲学,因为它相信一种过于高雅因而不免流于武断的空谈,把人当成一种神圣崇高的存在；因为它不顾人们就人类道德的堕落不断提出的令人沮丧的证据，顽固地宣称人类就是上帝，也就是宣称人类的一切方面在本质上都是完善和井然有序的。它把人类的恶行归咎于人们所受的压迫，并且保证说人类只要获得充分的自由，便能作出最纯洁的牺牲；因为，根据这种哲学的说法，在作为人类自画像的神话中，人类是被描绘为要经历两个相反的时代，一个是名为地狱的压迫和惩罚的时代，另一个则是名为天堂的幸福而独立的时代。人们如果遵循这样一种哲学，便有可能，而且也必然要承认自己并不是上帝，并不善良，并不神圣，也并不明智，从而立刻投入宗教的怀抱。由此可见，世界否定上帝的结果，归根结底只能是上帝的复活。

在我看来，这并不是宗教寓言的真正含义。当人类承认上帝是自己的创造者，是它的主子，是它的第二个我时，不过是通过一个反题来确定自己固有的本质：这种本质是折中主义的和充满对比的，是产生于无限与无限相矛盾的，是在时间中发展而又向往着永恒的，因此，尽管它有善良情感的引领，有秩序观念来约束，它仍然有可能迷误。人类是上帝之子，正如任何一种对立物都是前此状态的产物；正是因为这样，人类才发现上帝类似于自己，一面把自己的一切属性加诸上帝，一面又把这些属性特殊化，也就是说，把上帝神化为与人类相对立。对人类来说，上帝是一个幽灵，同样，对上帝来说，人类也是一个幽灵，两者的存在互为原因、依据和结果。



因此，为了证明“神我”的概念来自“人我”的自感，仅仅通过对宗教观念的批判是很不够的，还必须通过对人类的批判来进一步审查这个推论，看看人类是否符合自己的神明形象所要求的各种条件。我们同时以人类的现实和上帝存在的假设为依据来开始叙述社会的经济制度和理论思想的发展历史，其实就是在庄严地着手这项工作。

一方面，我们证明了人由于自己思想中的对抗而受到煽动，尽管这在某种程度上是可以原谅的，但是由于他的欲念的兽性冲动而作的恶行，这是和自由、睿智和圣洁的存在物的性质不相容的。另一方面，我们又指出，人的天性绝不是和谐和综合地构成的，而是由万物所特有的各种潜在性能聚合而成的；这种情况正是人类的自由造成的种种动乱的根源所在，而且最终地证明人类并非神明。最后，我们在证明了在上帝身上不但没有天命，而且根本不可能有什么天命以后，换句话说，我们在把上帝这个无限存在身上的神明属性与人神同形的属性区别开来以后，作出了一个与古代护神论相反的结论，就是：由于人类的命运从根本上说是趋向进步的，而上帝的本质却是永恒、不变和无限的，所以上帝的智慧与自由受到某种压抑、限制和贬损；结果，人就不再把上帝当作自己的最高主宰和引领者来崇拜，而只能和只应把上帝看作自己的对抗者。仅仅根据这最后一个结论，我们便完全有理由抛弃人文主义，因为人文主义由于把人神格化，必然要走向复辟宗教。在我看来，医治宗教狂的可靠办法并不是把人类与上帝同一化，因为这就等于在社会经济上肯定共有制。在哲学上肯定神秘主义和现状；正确的做法应该是给人类证明：即使真有一位上帝的话，那他也只能是人类的仇人。

根据这些论点，对上帝存在与否的问题应该得出什么解决的办

法呢？归根结底，上帝是不是某种存在物呢？……

我不晓得自己是否有一天能够解决这个问题。如果说到目前为止，我既没有理由肯定人类这个违背逻辑和自相矛盾的存在物的现实性，也没有理由肯定上帝这个不可思议和并未露面的存在物的现实性，那么，最少我还是懂得，由于这两种本性的根本对立，我对自己意识所不由自主地假定其存在的那位造物主既不寄任何希望，也不存任何畏惧；我知道自己真正的倾向是愈来愈远离这种观念的冥想；今后支配我心灵和理性的规律应该是实际的无神论；我也明白，我应该不断地从可以察觉到的宿命中学到指导自己行动的规范，至于人们向我兜售的一切神秘天命或任何神权，我都应该加以拒绝和与之作斗争；我晓得，如果我因为宗教的影响，因为自己懒于思索、愚昧无知或盲从轻信而重新皈依上帝，那将是一种自杀行为；如果有一天我要和上帝和解，只要我活着，这种和解也是不可能的，即使在和解中，我能获得一切而毫无所失，这种和解也只能是自我毁灭。

好了，让我们来总结几句，作为我们今后探讨的目标。

立法者既不信任作为自然的缩影、万物的聚合的人，也不指靠上帝这位无限的神灵所并不拥有的天命。

但是，立法者必须注意各种现象的更替，倾听命运的教导，从宿命中探索人类的规律，也就是探索对人类的未来永恒有效的预言。

立法者有时也考虑到，虽然人类对神明的感情已经日趋淡薄，虽然上苍的启示已经逐步让位于经验的推论；虽然人类与上帝之间的分裂已日益明显，虽然作为我们生存的形式和条件的这种进步已经越出了那无穷的，因而也就是反历史的智慧所能感知的范围；一言以蔽之，虽然政府求助于天命已经成为一种怯懦的虚伪行为和对自由的威胁，但是，通过建立大量的各色宗教而表现出来的世界各民族信仰神灵的公意，以及始终困扰着人们的思想、行动和倾向的那种永远无法解决的矛盾，说明我们的灵魂与无限之间存在着一种神秘的关系，整个大自然也通过我们的灵魂与无限之间存在着一种神秘关系。只要确定了这种关系是什么，那么，宇宙的意义和我们生存的目的何在，也就一目了然了。

珍藏本
纪念版

汉译世界学术名著丛书

# 贫困的哲学

下卷

〔法〕蒲鲁东 著

余叔通 王雪华 译

2017年·北京

# 目 录

# 第九章　第六个时期——贸易的平衡

## 第一节　自由贸易的必要性

社会在它的一些调整措施遭到失败并且无法从内部找到补偿无产者的办法以后，便着手从外部寻求这种补偿。社会进化的辩证运动就这样地导致对外贸易时期的到来。这一时期从一开始就形成两种相矛盾的理论，即绝对自由论和禁止论，最终是以一个名为贸易平衡的著名公式解决了矛盾。我们现在就来逐一研究这几种观点。

捐税本来是为了人民的利益而设想出来的，但是不幸，却毫无成效。为了在捐税之外给人民一些补助，最合理的途径莫过于对外贸易，因为对外贸易扩大了出口，就可以增加劳动，提高工资。劳动原来通过税收和合理要求仍然无法从垄断取得的东西，可以依靠对外贸易而取得；因而在不同民族之间组织产品交换，将减轻贫困。

但是，垄断就像它本来应该设法减轻人民的负担而事实上却没有做到一样，这时又以维护劳动本身的利益为名，反对交换自由，并且要求具有支配国内市场的特权。因此，一方面，社会力图以捐税、警察和贸易自由来驾驭垄断；另一方面，垄断又起来反对社会的这种趋向，而且几乎总是成功地利用比例税制、工资的自由议定和关税制度来打破这种趋向。

在一切经济问题中，没有任何一个问题比保护原则问题争论得更激烈，没有任何问题能更好地烘托出经济学派经常所独具的思想，他们在这个问题上背离自己的保守习惯，突然变了一副面孔，坚决反对起贸易平衡来。本来，作为一切垄断和私有权的高度警觉的捍卫者的经济学家，在一切其他问题上，总是坚持防御政策，只限于把革新者的主张视为空想而加以回避；可是，在禁止贸易的问题上，他们却主动发起攻击，当众责骂垄断，似乎自己只是初次看到垄断。他们攻击传统，攻击地方利益，攻击保守原则，攻击他们的最高政策，因而可以说攻击了常识。不过，尽管他们咒骂禁止制度，并且举出种种所谓的论据，尽管英法两国都有人为此激动叫嚣，可是，到了今天，这种制度仍然和在柯尔柏[①]与菲力浦二世[②]那个可憎恶的时代一样地富有活力。在这方面，我们可以说，一个世纪来人们所称的经济学派的高论，与他们的实际所为完全相反，所以，他们的主张便和共产主义者的主张一样，受到人们的鄙弃。

按照本书采用的论述方法，我首先要证明贸易自由的经济必要性和自然必然性，以驳斥禁止制度的拥护者；其次要证明的是，这种自由并不像反保护政策的经济学家所说的那样，是什么对垄

---

① 柯尔柏(1619—1683)，法国财政总监，奉行有利于君主专制制度的重商主义政策。——译者

② 菲力浦二世，是 1180 年至 1223 年在位的法国国王，执行依靠城镇、削弱封建领主、集中王权的政策。——译者

断的破坏，相反地，它是建立一切种类的垄断、巩固商业封建制、促进各国暴政相互勾结以及使各国贫困形成连锁关系的最有力的手段。最后，我将以若干世纪来人所共知的那种名为贸易平衡论的解决方案来结束对这个问题的论述。

人们用以维护贸易绝对自由的一些论据，是大家所熟知的，我完全赞同这些观点。因此，我只需要用几页篇幅来提醒一下就够了。我们不妨就让经济学家自己来说话。

“假如从来就没有海关，那么事情会怎么样呢？”

“首先，绵延不断的血腥战争就会减少；诈骗和走私的罪行便不存在，也不需要什么制裁这些罪行的刑事法律；从而国家之间便不致由于工商业利益的对立而产生敌对行为，剩下的只是政治上的疆界；产品可以毫无阻拦地在各国领土间流通，最大限度地有利于生产者；交换可以大规模地进行。商业危机、货物滞销、贫困等都成了个别的例外现象。真正存在着最广大的销路，每个生产者都可以把全世界作为自己的市场……”

这段描述，我只摘录到这里。它有点流于幻想，所以连作者费克斯先生本人也并不信以为真。人类的幸福并不取决于是否存在海关税吏这样一件小事，即使世界上从来就没有海关，光是分工、机器、竞争、垄断和警察，便足以到处造成压迫和绝望。

他接着说的就完全无可非议了。

“假如这时候每个国家的政府里都有一位官员跑出来说：

“我已经找到了一种可以加速我国繁荣和提高同胞幸福的办法，而且我深信，这种办法的效果非常好，我的政府将马上严格执行。以后，你们别想再要我们的某些产品，而我们呢？也只要你们的某些产品;我们的边界将布满一支专和商品作战的军队,有的产品他们完全禁止输入,另外一些产品则需要交纳一笔惊人的税款才允许输入;进出国境的一切都要收费;任何商队、车辆、货包、箱子以至小小的包裹,他们都要检查;他们无时无刻不在边界上拦截过往商人;有时候还剥光商人的衣服,看看是否贴身还藏着什么不许进出国境的东西。

“与这支荷枪佩剑的军队相配合,还有一支以笔杆子做武器的更为可怕的军队。他们作出种种规定,或者说是作出无穷无尽的规定,用各式各样的命令、通告和指示使商人们不知所从,以致他们尽管处处提防,还是无法确保自己的货物免于没收或者罚款。结果,商人们便需要有一些特殊的秘诀来躲避这两支军队。这一切,从你家门一直到全国哪个角落都会碰到,而且愈是走远,障碍和危险也就愈多,需要作出的牺牲就愈大,获利却愈来愈少。可是,采取这种办法,你的货物就保证能卖给自己的同胞,因为他们买不到国外来的东西。你们只用一点小小的垄断权作为代价,便能获得一个广阔的市场,因为再也没有人和你们竞争,你们将主宰国内的消费。至于消费者呢?他们就只好适应这种情况,稍为吃点亏了!东西要贵一点,享受减少一点;可是,这是他们对公众事务应作的牺牲,也就是说,对政府希望以一种新的有效措施加以保护的工商业应作的贡献。”

这段反面的描述也许太富诗意,不过,我还是全文转录,以飨一切有识之士。在公众面前为自由辩护,最好的办法莫过于描绘奴役所造成的苦难。不过,由于这段话本身什么也没有论证和说明,所以我们还需要从理论上对自由贸易的必要性作一些阐述。

不论我们把每一个社会看成一个民族统一体，作为人类整体的一个组成部分，或者是把它只看作许多支配着自己的财产与人身的自由个人的总和，贸易自由对经济发展和人类幸福的创造来说都是必要的。

首先，一些国家在对其他国家的关系上就像是早把地球的开发分割完了的巨大的个体。这是一个自古人们就公认的真理。关于诺亚[①]把大地分给他几个儿子的传奇，寓意也无非在此。可是，地球分成无数的小块，在每个小块上，生存着一些彼此隔离、互不往来的小社会，这是可能的吗？只要看看人们消费品种类之多，就可以确信这样的假设是绝对不能成立的。即使是最俭朴的手艺人，更不用说富有者，消费都是多种多样；试想，要是他们完全闭关自守，能够满足自己的多种需要吗？还是让我们直截了当地说吧：人类是不断进步的，这是它的特点，它的本性；因此，细胞式的结构是不适用于人类的，因此，国际贸易是人类生存的首要条件，是人类不断完善化的必不可少的条件。

因此，一个普通劳动者、一个国家同样都需要交换，因为只有通过交换，他才能富裕起来，才能拥有知识和尊严。我们在上文所说的关于社会成员之间价值构成的一切原理，同样地适用于各个社会之间。每一个政治实体都是通过逐步解决内部发展着的各种二律背反而走向正常的结构；同样，通过各国之间类似的程式人类逐步走向统一的结构。因此，国家之间的贸易应该尽可能地自由，

① 诺亚，《圣经》中人物；洪水时期诺亚避于方舟，得免于难，之后繁衍出人类。故事见《旧约·创世记》。——译者

以便使任何社会都不致被排除在人类之外，促进各个集体的活动与特长相互配合，加速经济学家所预见的那样一个所有种族共同组成一个大家庭、全球共同组成一个大工厂的时期的到来。

从个人自由和垄断社会的结构的角度，也充分证明自由贸易的必要性，就像我们在上卷中已经说过的，垄断结构本身是我们天性所必需的，并且是我们劳动者的条件。

法律从个人占有和公民平等的原则出发，不承认生产者之间存在什么连带责任，企业主也不对受雇人负连带责任，任何经营者都无权为了本垄断组织的利益而要求别的垄断组织服从自己或者为自己承担责任。结果是社会的每一个成员都有无限的权力来随己所欲地取得自己消费所需的物品，以及按自己确定的任何价格出售自己的产品给任何买者。因此，任何公民都有理由向自己的政府说："或者按照我愿意出的价格你给我供应盐、铁、烟草、肉、糖，或者就让我从别的方面购买！为什么要我勉为其难地用强迫我支付奖金来支持毁灭我的工业家和掠夺我的经营者呢？让每个人都有垄断权，都为自己的垄断谋利，让大家都有贸易自由好啦！"

因此，在民主制度下，那种来自采邑和王权的海关制度，是一种可恨和矛盾的事物。或者说，自由、平等和私有权全都变成空话，宪章成了一张废纸；或者说，海关无时无刻不在侵犯人权和公民权。所以，当英国人强烈要求废除海关时，法国的民主报刊也普遍参加到废除派的行列里。"自由！"民主派正在狂热地为此而斗争，就像公牛朝着斗牛士扬起的红布冲杀过去一样。

其实，贸易自由在经济上之所以必要，真正的原因在于它是集体财富增长和个人福利提高的前提，是国家之间交换的现实状况所决定的。

产品交换有利于社会和集体劳动者，这是不容置疑的；因为通过这种交换，消费就更为多样化，消费的质量也更高了。另一方面，根据劳动规章和政策法令的规定，任何独立的、不负连带责任的个人，都有权单独接受外国工业企业的要约，从中取得对抗本国同行的其他垄断者的保障，这也是无可争辩的。但是，迄今为止，人们只看到国际贸易中存在着价值的交换，而没有发现这里还存在着价值的增长。为了说明这一点，有必要从另外一个角度来观察。

我们可以给交换下一个这样的定义：交换是分工规律在产品消费方面的运用。劳动分工是生产和增长价值的重要途径；同样，通过交换而实现的消费分工，是吸收这些价值最强有力的手段。总而言之，通过产品的多样化和产品的交换而实现的消费分工，能够扩大消费能力，正如劳动按作业不同而分工可以提高生产能力一样。我们假定有两个彼此不同的社会，它们每年各自消费的价值是1亿法郎，我们还假定它们分别生产着不同的产品，于是它们开始交换它们的财富，在经过一段时期之后，即使人口的数目照旧，两国的消费总值就不再是2亿法郎，而是2.5亿法郎了。简单一点说，就是两国居民一旦彼此交往，就不会仅限于进行简单的产品交换，也就是只变换一下消费内容，因为产品多样化使彼此都想消费对方的产品，同时又不放弃本国的产品，这样双方的劳动需求量和福利水平便同时提高了。

因此，贸易自由除了是对推动国际和睦与进步、促使垄断者诚实行事和保障政治权利的完整性所必需之外，对个人和国家来说，

又是增长财富和提高福利的源泉。这个总的结论概括了所有可以用来维护贸易自由的正面理由。这些理由我原来就赞成,而且就我所知,从来也没有人能够证明它们是错误的,因此我认为没有必要再进一步加以阐述。

概括起来,国际贸易的理论不过就是个人竞争理论的延伸。竞争不仅是物价低廉的天然保证,而且是物价继续降低的天然保证;同样,国际贸易除了可以扩大劳动需求量和提高福利水平外,还是每个国家内部各个垄断者之间建立正常关系的一种天然保证。在精明的政府手中,国际贸易可以成为对工业进行严密监督的工具,其效力比任何法律规章和极刑还要大。

此外,还有无数的事实和一些骇人听闻或者滑稽可笑的事情可以证明这个理论的正确性。随着保护关税制的出现,消费者在垄断者面前变得毫无防御,因而我们可以看到,社会上出现了惊人的混乱和严重的危机,使劳动和资本遭到毁灭。

布朗基先生写道:“煤、铁、羊毛和肉类的人为的提价,无非是为了某些人的利益而向公众预征的一种捐税。不管人们作出什么努力,问题始终是要弄清楚国家到什么时候才能自己承受起这种负担,以便兑现它一再许下而从来没有实现的改善人民生活的诺言,因为提高价格是改善不了人民生活的。”

“我国和欧洲其他的国家的情况一样,禁止制度只能给某些按英国方式经营、唯一目的在于追求利润的工业提供一种人为的和危险的推动力。它虽然刺激了生产,但是同时又由于对进口设置了各种障碍以及因此经常招致对方采取报复措施而限制了消费。它以国内的激烈竞争代替了对外的竞争。它破坏了各国之间劳动分工的良好效果，使彼此之间长期以来的敌对状态延续下去……它保持了那种往往使劳动与资本发生冲突的深刻分歧，而且通过突然解雇工人而制造了贫困。”（引自《经济学家杂志》，1842年2月号）

布朗基先生所指出的保护关税制的这一切后果，全是事实，而且对施加于贸易自由的各种障碍是很好的揭露。但是，不幸的是，我们即将看到贸易自由本身也立即产生了这些后果，其严重性并不亚于此，结果为了消除其弊害，我们必须和布朗基先生一道彻底铲除病根，必须同时反对国家政权，反对私有权，反对工业和反对政治经济学！不过，说到这里，我们还没有接触到二律背反呢！让我们再接着看下面的引文：

“接踵出现的特权、垄断和保护关税制，使作为一切劳动的目的的产品在分配上出现种种奇怪的现象，把不幸的工人排除在外。在任何地方，贸易自由都只停留在恩赐的限度内，不能充分发挥它的效力。各种障碍导致了走私，盗窃、诈骗和暴力成了劳动的必要补充。今天，贪欲正无耻横行，成了要大家付钱来聚敛财富的一种权利、一种手段，结果到处是纷争，没有一点儿和谐可言。”

“但是，我们自愿奔向的正是这样一个灾难性的结局。这种重重的盘剥，在一个人民毫无地位的国家里，还是可以理解的；可是，在一个人民高于一切的国家中，为什么却听不到人民的抗议声呢？为什么在讨论各种经济问题时从来没有人提到人民呢？人们大声疾呼理性应该统治世界，可是难道理性竟然宣判法兰西民族今天应该几乎完全素餐度日吗？在人类智慧已经创造了这样多奇迹的时候，难道他们注定应该穿不上外衣、衬衫和鞋子，手上一文不名吗？在英国的生产量已经超过消费量的今天，法国人难道必须以马铃薯来代替小麦当食粮，而且劳动需求量日减一日吗？难道理性就从不关心物价与工资的比例，偏要把市场当成战利品，一会儿赠给这一批人，一会儿又让给另一批人吗？”

“法兰西民族被剥夺肉食的权利已经十八年了，而且每人消费的份额还天天在缩减。可是，每当我们提出抗议，人们总是冷冰冰地对我们说：55 法郎的价钱是生产者必需的最低价格了！好一个必需！原来剥夺穷人的营养是某些人发财所必需！”（引自 H. 杜萨德文章，见《经济学家杂志》，1842 年 4 月号）

这段描述确实没有夸大；经济学家既然献身于实现自己的乌托邦，本来就有责任揭示社会贫困的真相，而且是全部的真相。但是，罗西先生所说，既然这个备受攻击的保护关税原则不过是政治经济学的基本原则，不过是我们到处可见的垄断；既然这个原则就是私有权本身，就是私有权，就是垄断的宗教；那么，如果我不说这是经济学家的伪善，我岂不是由于前后矛盾而理应引起公愤吗？如果垄断果真是这样可恶的势力，为什么不从根本上否定它呢？为什么一面向它顶礼膜拜，一面又抽刀砍杀它呢？为什么要这样阴阳两手呢？既然不论对土地、工业资本或制造业工具的一切占有和利用都构成垄断，为什么必须等到外国的垄断来和它们竞争时，它们才变成可恶的呢？为什么本国的垄断就不如外国的垄断那样可敬呢？为什么法国政府不敢直接攻击鲁瓦尔煤炭联营，却要煽动一个神圣同盟的军队来反对自己的国民呢？为什么要让外部的敌人来干涉内部的敌人呢？整个英国今天都起来争取贸易自由，这等于是这个国家的工业垄断者向俄国人、埃及人和美国人发出了反对土地垄断者的呼吁；如果他们真的是反对垄断的话，为什

么有这种背叛行为呢？难道英国的几百万双一无所有的拳头不足以对付几千个贵族吗？

反谷物法同盟[①]最有影响的成员西尼耳先生大声地疾呼："当人们将来如实地告诉工人们说，政府一直在主动地满足制造业和商业的要求，它正在用骇人听闻的掠夺措施来帮助某些人谋取利润（包括现实的和推测的利润）；当工人们终于发现，政府在它所认可的垄断中，最热衷于维护的就是生活资料的垄断；当他们看到，最无情地剥夺工人，并且给统治阶级带来最大的和最及时的利益的正是垄断时，我要问一问，他们究竟是把这些弊病当作**天定的灾难**加以忍受，还是把它看成非正义行为的灾难性后果呢？如果理性引导他们得出后一种结论，他们又会采取什么方式来对付呢？是屈从呢，还是依靠自己的力量来摆脱这长年的屈辱呢？他们的力量是否强大到足以取胜的程度呢？"

"所有这些问题都不难回答。英国的人口成百万地聚集在城市里，他们习惯于议论政事。他们有自己的领袖和自己的报刊。他们都组织成团体，名之曰**工联**，各有自己的官员、自己的执行机构和议事机构。他们还拥有基金，可以应付联合在一起的各社团的共同开支。他们凭借长期的经验已经学会怎样回避反工联的法律，怎样与政府作斗争和破坏当局的权威。这样的人民是可怕的，即使国家处于繁荣时期也是如此。当国家穷困时，哪怕这种穷困并不能归咎于政府，这股力量也会增长一千倍。一旦这贫困可以

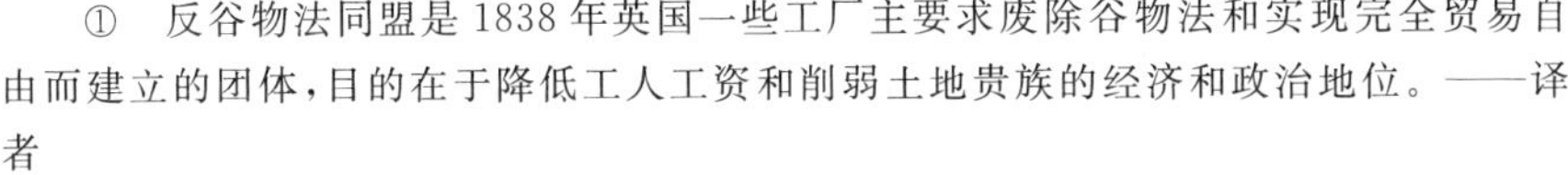

① 反谷物法同盟是1838年英国一些工厂主要求废除谷物法和实现完全贸易自由而建立的团体，目的在于降低工人工资和削弱土地贵族的经济和政治地位。——译者

归罪于立法者，一旦劳动者不仅有理由谴责统治阶级犯了错误，而且有根据谴责政府贪污盗窃和压迫剥削，一旦他们意识到自己是私有主收取地租的受害者，是种植园主和加拿大林场主的利润的牺牲品时，谁又能抑制住他们的愤怒呢？在这样一场大规模冲突中，又怎能肯定我们的财富、我们的政治权威，甚至我们的宪法得以幸存呢？”

这一大段议论中，没有一句话不是直接地谈到海关取消派。

当我们告诉工人们说：人们假装要通过取消海关来使工人摆脱垄断的桎梏，可是，海关一取消，垄断将反而获得新的活力；这种垄断将比人们所愿意承认的还要广泛深入得多，它不仅表现为对市场的独占，而且特别表现为对土地和机器的独占经营、对资本的疯狂掠夺、对产品的囤积居奇和对交易的专横独断；当我们给工人们指出，工人是投机倒把的受害者时，工人正束手无策地遭受着资本利息的盘剥；劳动分工之所以产生消极后果，机器之所以造成压迫，竞争之所以引起灾难性的价格波动，以及税负之所以如此不公平，原因全在于此；当我们接着又给工人证明，为什么废除保护关税法只会更扩大特权、加重剥削并且有助于各国的垄断者勾结起来反抗无产者；当我们告诉工人说，不论是选出的和宫廷的资产者都是以贸易自由作借口来竭力维护、巩固和加强这种欺骗性和掠夺性的制度，而且他们已经建立一些讲坛，提供并发放一些奖赏，雇用一些诡辩家，收买一些报刊，贿赂司法机关和煽动教会来维护这种制度；当我们告诉工人说，资本的暴政是什么阴谋、伪善和暴力都使得出来的；总而言之，当我们把这一切真相都告诉了工人的时候，难道能够想象他们会不怒火填膺，奋起斗争吗？一旦有可能

报仇，难道他们还会沉默不语，束手待毙吗？

西尼耳先生还补充说："我很后悔作出这样的警告，我很遗憾不得不这样做，因为这个角色本来不适宜由我来担当。但是，我坚信我所提到的这些危险确实威胁着我们，而且我的职责就是把我最根本的信念公之于众。"

而我呢？我也很遗憾不得不发出警告，因为充当控告人最不合我的性格。但是，真理总应该明说，正义必须得到伸张。既然我认为威胁着资产阶级的那些灾难是资产阶级咎由自取，那么，我的职责就是证明资产阶级是有罪的。

说真的，当经济学家在穿绿制服的海关税吏身上只看到和放弃垄断时，我所控告的最普遍形式的垄断是什么呢？对于既没有资本又没有财产的人来说，这种垄断就是禁止他们劳动和商品流通，禁止他们享用阳光、空气和生活必需品；就是彻底的剥夺、永恒的死亡。法国人没有鞋和衬衫，没有面包和肉食，缺酒缺铁缺糖缺燃料；英国人呻吟于常年的饥饿之下，经受着难以形容的惊人苦难；穷苦卑下的人们回复到野蛮无知的状态；这就是当自由遭到任何特权的压制而濒于毁灭时所表现出来的可怕的特征。人们就像听到那个被维吉利乌斯[①]关到地狱里、锁在大理石王座上的罪大恶极的罪犯的呼声似的：

不幸的提修斯坐在那里，永远坐在那里，
黑暗中传来巨大的声音：
学会公正行事吧！千万不要亵渎神明！

---

① 维吉利乌斯(公元前70—前19)，古罗马杰出的诗人。——译者

今天，那个贸易规模最大的国家，那个受政治经济学保护、颂扬和神圣化的所有垄断形式吞噬最厉害的国家，已经举国一致，像一个人似地起来反对保护关税制度；政府在全民欢呼声中发布法令，取消关税。法国在经济学界的宣传鼓动下，也正处于步英国后尘并带动整个欧洲起来行动的前夕。这样一场规模巨大的革新，其后果是需要研究的；在我看来，它的动机不尽纯正，其原则也不甚恰当，不能不引起我的怀疑。

## 第二节 保护关税制度的必要性

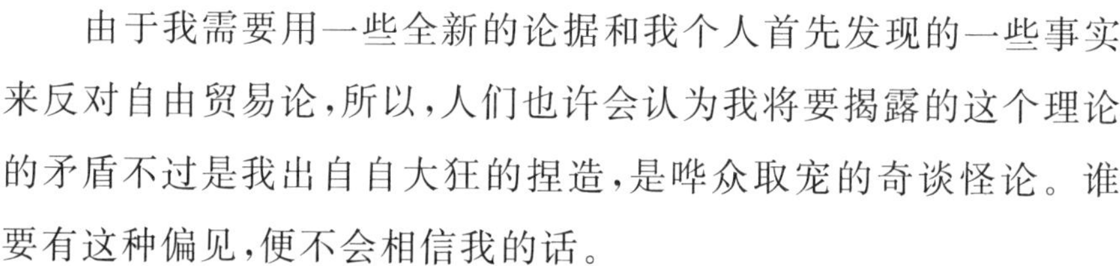

由于我需要用一些全新的论据和我个人首先发现的一些事实来反对自由贸易论，所以，人们也许会认为我将要揭露的这个理论的矛盾不过是我出自自大狂的捏造，是哗众取宠的奇谈怪论。谁要有这种偏见，便不会相信我的话。



不过，我将维护的是普遍的传统，最久远最正确的信念。经济学家所提出的怀疑和所揭露的对抗现象，我也有同感；我想阐述的正是这种对抗、这种怀疑和这种传统，而且，它只会证明我是正确的。

我刚才在为维护贸易自由引述了费克斯先生的论点，他是一位十分含蓄、审慎和饶有分寸的作家，而且是萨伊学派中最明达的一位经济学家。他本人就在下面这段话里提出了一个与他先前的说法相反的观点。

“不怀偏见的进步经济学家出于自己深刻的信念，都全力以赴地争取尽快完全取消关税、垄断、海关人员和垄断者。可是，这样一种改革的后果将是什么呢?”

“当然,如果让外国的纺织品和加工的铁器及金属品自由输入,消费者将因此得益,至少在一定的时期内是这样,而且某些工业部门也将从中获得巨大的利润。但是,可以肯定地说:这样一种急遽与突然的变动,将在工业上造成巨大的灾难,因为大量的资本将变成非生产性,成千上万的工人将突然失去工作,没有面包。例如,英国和比利时可以毫无困难地供应法国所需的半数消费品,这样一来,法国本国的制造业便将缩减同样数量的生产,即使是能够继续生产铁器的厂主,也要遭受巨大的损失。在纺织业方面,也将看到同样的后果:如果英国、比利时和德国向法国大量倾销其产品,面对着这种反常的进口,我们的大部分制造厂就将迅速倒闭。任何国家从来也不敢实行这样的政策,连一个行业也不敢。哪怕是至今仍然热心拥护亚当·斯密理论的国务活动家,对这种性质的事情,也却步不前;至于我呢?我也承认这样做充满着危险。”

这一段话难道还不够明确有力吗?不过遗憾的是,作者只停留在事实的罗列上而没有从理论上归纳出他这种担忧的理由。像他这样一位第一流的经济学者、萨伊的学生和朋友,其言论理应比我要有威信,要是他出来主张贸易平衡,也许就会成为舆论的准绳,从而给各民族的联合打下基础。

可是,费克斯先生因为沉迷于经济学家的理论,深信这种理论是正确的,所以,对这种理论的矛盾并没有超出模糊地预感的限度。谁又能相信,他在发表了刚才那个惊人的见解之后,竟然有勇气作出一个奇怪的结论,就是:“这一点丝毫无损这一理论的正确性，也并不妨碍这一理论是可行的。”

至于我呢？我禁不住要再说一遍：我阅历愈多和对人们的主张研究得愈深入，就愈是发现，我们都是一批受着超自然的灵感启示的预言家，并且滔滔不绝地谈论使我们得以生存的上帝。可是，唉！寄寓在我们身上的不仅有上帝，而且还有兽性；后者总是不断以它的疯狂的或愚蠢的建议来干扰我们的理性，使我们热衷于胡言乱语。因此，除了人类有预言的天才使我不得不假定上帝的存在以外，为了使这个假定臻于完善，我还必须承认，人身上也生息着整个的兽性王国：也就是说，有神论把灵魂转生说当作必然结果。

什么！正是这种理论是与普遍和永恒的事实相矛盾的！是和人类的活动所自发产生的结果相矛盾的！可是这种理论又不能不产生；它本来应该先根据这些事实给我们提供一个哲理，可是它却无视事实，把事实置之度外，而人们竟然宣称它是什么真确无疑、完美无缺的理论。何况，连这种理论的拥护者也宣布它不适用于法国、英国、比利时、德国、整个欧洲以至世界五大洲。因为这个理论是不适用的，它就不可能被实施，因而就不会造成巨大的灾难，使大量的资本变成非生产性的，剥夺成千上万的工人的面包与工作，扼杀全国半数的制造业。我的意思就是说，不论各国政府的愿望如何，这种理论不仅不适用于19世纪、18世纪、17世纪以及此前的一切世纪，而且对明天、后天以至今后的一切世纪也不适用；因为，不论世界哪一个地方，由于国家和个人的活动，由于垄断的形成和气候的差别，总是要出现利益的分歧和争夺，因而为了免于死亡和受奴役，人们必然要互相联合和互相排斥。可是,有人却为了维护本学派的荣誉而始终坚持这种理论是可行的。

他们对我们说:请忍耐一下吧!交换自由所造成的弊害只是暂时的,它带来的好处却是永久的和不可估量的。这种给后代人许下的诺言,没有任何实现的保证,而且即使有一天实现了,也必然会带来另外一些灾难;这对我有什么用处呢?对我重要的是要知道,例如,国内制造的每100公斤的铁轨的卖价是395.5法郎,要是英国向我们供应同样质量的铁轨,每公斤只要150法郎,国家就可以从中节省2亿法郎;如果允许外国牲畜进入我国市场,我们每人食肉的开支就可以降低四分之一,从而增进公众的健康;如果输入外国羊毛,每条裤子便可以减价半个法郎,纳税人便能节省3千万法郎;征收食糖进口税实际上只有利于奸商;两国居民隔窗相望,可是两个国家用一道万里长城隔离开来,这是荒谬的。我是说,当我被寓禁性高额关税制造成的灾难弄得心惊肉跳,接着又被非保护政策所产生的无数弊病当头泼了一盆冷水的时候,人们慷慨激昂地给我说这么一大套,又有什么用处呢?我们要是买下英国的铁轨,虽然可以节省2亿法郎,可是,我们的铁轨厂却倒闭了,我们的冶金工业瓦解了,5万工人将失去工作,失去面包,好处究竟在哪里呢?人们也许会说,经过这样的牺牲以后,我们就永远有廉价的铁。我明白了,这意思就是说:

前人植树,后人乘凉。

可是我呀,我宁愿多干一点儿活,而不想饿死。我对子女的关心还不至于使我自投深渊,但求他们将来能够夸耀自己的祖先中

有那么一位葛西乌斯[①]。唉！要是我的立场改变一下，要是我能够接受这种有利的劝告而又无损于我的自由和生存，要是我至少相信人们给我的后代许下的那些诺言，你以为我还会拒绝这种劝告吗？……

贯穿着这场辩论和使保护关税的拥护者与自由贸易的拥护者壁垒分明的，是一个机缘问题，而且就像我们即将看到的，是一个永远解决不了的问题。在这个问题上，非常鄙视乌托邦设计者的经济学家，实际上和乌托邦设计者一样地行事。他们要求人们作出巨大的牺牲，忍受巨大的变动和前所未有的苦难，以换取一种他们自己也承认无法马上实现、只有将来也许才能实现的幸福；这对于社会来说，就等于永远不能实现。可是，他们却责骂别人不相信他们的计划。为什么他们不下决心解决一下人们的疑难呢？为什么他们不试图暴露由于取消某些垄断而可能出现的弊病呢？（就像他们在分工、机器、竞争和捐税等问题上所做的那样，那时他们不是做得颇为成功吗？）不然的话，就是采取一些补偿措施，至少采取一些缓和措施。来吧，先生们！请你们进入本题吧，因为直到现在，你们的提法还是十分模糊的。既然各国的政府和人民都厌弃自由贸易理论，既然这种理论有着普遍和持久的弊病，那么你们应当证明，为什么它是可行的，也就是说它是良好和合理的？照你们的看法，怎样才能既普遍实行这种理论而又不致出现你们刚才所说的那些**巨大灾难**，不致使垄断加于无产者身上的桎梏更为沉重

① 葛西乌斯，罗马传说中的英雄人物。在一次地震中，地裂深坑，预言家说需尽投罗马宝物方能填合；葛西乌斯为救罗马，全副武装骑马冲入坑内，地徐合。此处指自我牺牲者。——译者

并不致损害各民族的自由、平等和个性呢？各民族间应该订立一些什么新的法律呢？资本家和工人之间应该建立什么样的关系呢？政府又应该怎样干预劳动呢？这些问题应该由你们来探讨，你们有责任给我们作出解答。根据你们的理论倾向来看，也许你们自己没有意识到你们已经成了社会主义的一个新派别了。不过，你们也不必害怕人们会歧视你们，因为公众还是深信你们的保守主义倾向的，至于社会主义者，他们看到你们竟然由于作出这样的狡辩而站到他们的行列里去，当然会十分高兴。

可是我怎么办呢？如果我也像经济学家那样，进行同样天真可笑的论证，那就未免量度太小了。我宁可给他们指出一种对多数人来说还是陌生的现象，即每当他们自相矛盾时，他们就是正确的；具体到他们那个自由贸易理论，其可贵之处就在于它是主张自由垄断的理论。

如果取消了各国往来与交换的一切障碍，贸易完全自由，本身就给各种对抗开辟广阔的场所，扩大资本的统治，促使竞争普遍化，给各个国家制造贫困，而且把金融贵族统治变成一种世界性现象。金融贵族统治的庞大而严密的系统，将从此包括整个人类。这难道不是昭如日月的事实，就如圆周是圆的一样地确凿的定理吗？

因为，归根结底，如果劳动者都像塔西佗所说的日耳曼人，或者像诺曼底的鞑靼人、阿拉伯的游牧民和一切半野蛮民族那样，各有一份土地，必须自力生产所需的消费品，彼此没有交换往来，那就永远不会有富人，也不会有穷人，谁也不能多得，谁也无所谓破产。同样，如果各国都像它所由组成的家庭一样，各自在国内生产一切物品，而且一切都只为本国而生产，彼此没有任何贸易关系，那么，显然也就不存在那种我们可以恰当地称之为经济传染的现象，亦即通过交换渠道传播奢侈与贫困的现象。既创造财富又导致财产不平等的，正是贸易；财富与贫困不断发展的原因，也正是贸易。因此，什么地方贸易中止了，那里的经济活动就停止，那里就出现固定不变的人皆小康的局面。这一切本来是十分简单的道理、极其普通的常识和非常明显的事实，可是经济学家们却视而不见。因为他们从来不承认事物对立的必然性，因而注定始终要背离常识。



我们已经证明了自由贸易的必要性，现在我们来进一步补充这个理论，指出为什么这种自由的范围愈广，就愈成为贸易国出现压迫和掠夺现象的一个新的根源。如果要彻底阐明我的信念，就需要揭露我们海峡对岸的邻国如此喧嚣地进行的那种改革的真正含义，需要揭开这个经济上最神秘的现象的内幕。

在讨伐保护关税制的进军中扮演过皮埃尔·拉密特①的角色的萨伊，所持的主要论据是这样一个三段论式：

“大前提：产品只能以产品来偿付，商品只能以商品来购买。

“小前提：黄金、白银、白金以及其他一切金属价值，都是劳动的产品，都和煤、铁、丝绸、呢绒、棉纱、玻璃等一样，属于商品。

“结论：因此，一切进口的商品，都必须以相等的出口商品来抵偿；如果以为一部分商品是以货币来偿付会对一方有利，那是荒谬

① 皮埃尔·拉密特(？—约1115)，法国著名教士，曾协助教皇乌尔班二世组织第一次十字军东征。——译者

的。相反地，金银也是一种商品，它唯一的作用就是充当别的商品的流通手段和交换手段。因此，如果说真有一方得利的话，那就是从外国取得的商品比供应对方的商品更多的一方；而且，为了达到人们所说的劳动条件的均等，远不应该依靠征收关税，而应该依靠绝对的贸易自由。”

因此，J. B. 萨伊根据自己的那个“产品只能以产品来偿付”的著名原则得出了下列两个结论：

1. 一个国家的获利额等于它输入的产品总值超出于输出的产品总值之差。

2. 这个国家的商人的获利额等于他们所换回的商品价值超出于他们所输出的商品价值之差。

这个与重商主义拥护者的观点相反的论据，看来如此地明确和肯定，而且保护关税制的一些破坏性后果也从旁证实了它的正确性，所以，一切自诩为独立和进步的国务活动家，一切稍有名望的经济学家都加以采纳。人们甚至不屑再和持相反意见的人争论，而只是一笑置之。

“人们通常总是忘记了产品必须以产品来偿付……英国人完全能够供应我们廉价的产品；但是，我懂得，他们是不同意白白供应给我们的。谁也不会和一无所有的人做交易……如果法国战胜了这个忘恩负义的邻国，迫使它为法国劳动；如果英国为了纳贡，每年无偿地供应为我们制造的东西，可是其作价在我们看来还是太贵；那么，赞成寓禁性高额关税的人为了贯彻自己的主张，就理应叫喊这是叛卖。我承认，我们确实有充分的理由，可是我们的对手挥舞的却是双刃刀。要是英国人像1815年那样，从我们这里拿

走东西，他们还叫喊说自己受损失；要是像我们刚才假定的那样，他们给我们东西，他们还要叫喊得更厉害。”（《经济学家杂志》，1842 年 8 月号。）

同一杂志的 1844 年 11 月号和 1845 年 4 月号、6 月号和 7 月号等几期上，有一位才华出众的经济学家，怀着极其高尚的慈善心，深受各种更加平等思想的指引，这使他令人惊异，这个人如果不是由于他提出了一项人们无法接受的主张而享有突如其来的声誉，我也许会更加称赞他。他在经济学界的一片喝彩声中负责证明：

把劳动条件拉平，就是攻击交换的原则；

以为一个国家的劳动会由于更有利的国家的竞争而遭到扼杀，是不正确的；



即使这种说法符合实际，保护关税也不能使生产条件相等；

贸易自由能够使这些条件相等的程度，相当于这些条件能够使贸易相等的程度；

在交换中获利最大的是生产条件比较不利的国家；

反谷物法联盟和罗伯特·庇尔[①]因为给其他国家作出榜样而对人类作出了重大贡献；

任何主张和拥护相反意见的人，都是西斯弗[②]式的人物。

① 罗伯特·庇尔（1788—1850），英国政治活动家，托利党领袖，主张自由贸易，并首创所得税。——译者

② 西斯弗，希腊古诗中传说的柯林斯国王，因作恶多端，死后被罚在地狱里推石上山，又从山顶上把石推下来，如此劳苦无已。——译者

当然，来自兰德省[①]的巴师夏先生可以夸耀自己已经靠大胆而直率的论辩而使经济学家叹服，可能还使那些对贸易自由抱动摇态度的人思想坚定起来。可是，我必须承认，我从来还没有见过像巴师夏先生的**经济诡辩论**那样变化多端、那样精心炮制和那样的赤裸裸。

不过，我也敢说，如果当代的经济学家少来一点心血来潮而稍为多讲究一点逻辑，就不难发现这位比利牛斯山区的柯布顿[②]的论据的缺陷，从而他们也就不会竭力使法国这个尾随英国之后的工业国完全取消贸易屏障，而一定会高呼：小心！我们可别这样办！

**用产品来购买产品吧！**无疑，这是一个极好的、不容置辩的原则，就凭这个原则，我就希望人们能给让·巴·萨伊竖立一个塑像。从我这方面说，提出价值理论时我就已经揭示了这个原则的真正含义，而且还证明了这个原则是财产平等的基础，就如平衡原则是生产与交换的基础一样。

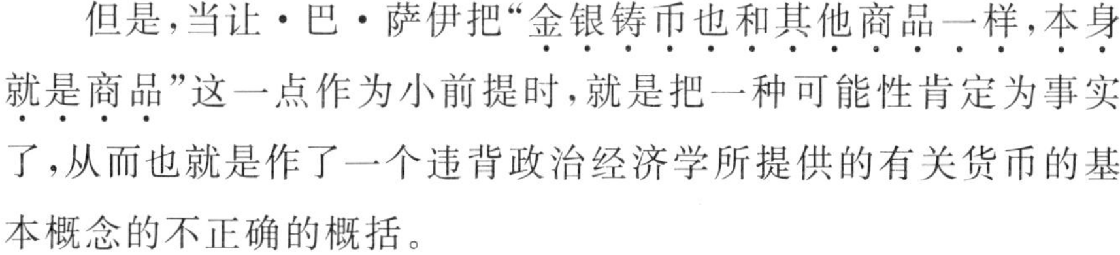

但是，当让·巴·萨伊把“**金银铸币也和其他商品一样，本身就是商品**”这一点作为小前提时，就是把一种可能性肯定为事实了，从而也就是作了一个违背政治经济学所提供的有关货币的基本概念的不正确的概括。

钱币是一种充当交换手段的商品，也就是说，像我们前面已经指出的，是商品之王，是至高无上的商品；它总是供不应求，凌驾于

① 兰德省，法国西南的滨海省份。——译者

② 柯布顿（1804—1865），英国经济学家和工业资本家，自由贸易的狂热鼓吹者。此处指巴师夏，因为他的家乡兰德省在比利牛斯山北麓。——译者

一切商品之上，在任何支付中都为人们所接受，因而成为一切价值、一切产品和一切可能的资本的代表物。实际上，拥有商品还不等于拥有财富，商品必须符合于交换条件，才成其为财富；如大家所知，这些条件是千变万化并受着种种偶然事故的影响的。可是，谁持有钱币，谁就拥有财富。因为他掌握的是最理想而又最现实的价值，是一切人都希望拥有的物品；只要他愿意，便可以用这种独特的商品按最优越的条件、在最有利的情况下取得任何其他商品。总而言之，他由于持有钱币而成了市场的主人。在贸易中，钱币持有人就像西班牙古牌戏中掌握着王牌的人。我们完全可以说，所有的牌都有它的底值和与其他牌相比较的相对值，我们甚至还可以再加上一句：只有当这些牌互相交换时，才成其为牌局；但是，这并不妨碍王牌可以吃掉别的牌，而且大王牌可以吃掉小王牌。



如果一切价值都像钱币那样，都是已经确定和构成的价值，如果每一种商品都可以毫不贬损地在贸易中被接受，立即换取到别的商品，那么，在国际贸易中进口是否超过出口，便完全无关紧要；只要一种商品的价值额不超过另一种商品的价值额，比方说，法国用一个20法郎的金币来换英国的一个英镑，或者以一头四千公斤重的公牛来换一头只有三千公斤重的公牛，那么这个问题就甚至毫无意义。在这里假定的第一项易货中，法国得利百分之二十，而在后一项易货中，它则亏损百分之二十五。如果是这种情况，那么让·巴·萨伊所说的“一个国家的获利等于它输入的商品价值超出于输出的商品价值之差”当然是正确的。但是，目前贸易的实际情况并非如此，所谓进口与出口的差额，只是表现为以一定数量的货币来代替商品。这样的差额当然不是无关紧要的。

重商主义的拥护者是十分了解这个道理的,因为他们无非就是钱币特权的拥护者。有人曾经说过,而且是再三地重复,甚至写成文章,认为重商主义者只把金属看作财富。这纯粹是歪曲。重商主义者和我们一样清楚地懂得金银并非财富,而是万能的交换手段,因而也就是构成人类福利的一切价值的代表物,是能够给人们带来幸福的护身符。他们的这种看法并不违背逻辑;同样,当人们用提喻法把比其他产品更能凝聚和体现财富的一类产品称为财富,也是符合逻辑的。

何况,经济学家也并没有否认占有黄金的好处。不过,从他们的所有著述中可以看出,他们从来不懂得如何从理论上说明金银这种商品为什么会被普遍接受,原因是他们抱着一种流行的成见;在他们心目中,铸成货币的物质只不过是一种普通的商品,它之所以被用作交换手段,只是因为它便于携带、比较稀少和不易变质。经济学家由于受自己错误理论的指导,或者直截了当地说,由于对货币的无知,竟然否认货币在贸易中的真正作用。他们反对关税,实质上就是反对货币。

我在论价值的那一章中曾经指出,钱币的特权从它一开始出现就有的,并且是流通于生产者手中的唯一确定了的价值。我想,这点我们已经作了透彻的说明,没有必要在这里再作重复。根据我已经说过的道理,我们不难理解,为什么拥有货币、从事放贷或买卖钱币的人,其地位明显优越于一切生产者,以及为什么银行归根结底是工业和商业的支配者。关于这一点,我们将在下一章专门加以论述。

一旦把这些以政治经济学中最基本最确凿的材料为依据的观点运用到萨伊的三段论式中，他那整个为其门徒所盲目信奉的关于自由贸易和出口自由的理论，看来就不过是他们所指斥的那种现象，即对消费者的掠夺、垄断的无限扩张。

让我们先从理论上证明一下这个反题，然后再把它运用到事实上。

萨伊认为钱币在国家之间的作用不同于在个人之间的作用。我断然否认这个命题。萨伊发表这种议论，无非是因为他对货币的真正性质无知。钱币在国家之间所起的作用虽然不太明显，尤其是不是马上显现出来，可是，与它在普通个人之间所起的作用是完全一样的。

假定一个国家不断地买进各类商品，而且只用自己的钱币来作交换。既然我上面引述的那位经济学家有权假定英国无偿供应我们产品，那些赞成寓禁性高额关税的人为了彻底坚持他们的主张，一定会大声疾呼地谴责这是叛国行为，当然我也就有权作另一种极端的假定。我这样做不过是为了更突出地说明相反的制度是行不通的而采用他们的论证方法罢了。我先假定一个国家购买一切东西，不卖任何东西。显然，不论经济理论怎么说，大家都懂得这个做法意味着什么。

结果将是怎样一种情况呢?

结果是，这个国家拥有的由贵金属组成的那部分资本外流了，而卖货的那些国家则以商品作为抵押吸收了这个国家的贵金属。这就意味着，这个国家将像古罗马被剥夺了财产的无产者一样，为了生存而把自身也出卖了。

对此，人们又会怎么回答呢？

人们只能用大家所害怕的事情来解释，其实这本身就是对自由贸易的谴责。人们一定会说，这时候，一方的钱币少了，另一方富裕起来了，卖货国的金属资本将回流到买货国，而后者将可以从钱币的贬值中得利；这一高一低的变化终将导致平衡。

可是，这种解释是可笑的。难道钱币会看在上帝的份上自愿无偿地回流吗？全部问题就在这里。无论贷款的利息如何千差万别，如何微不足道，只要是收取利息，就总是或快或慢地、持续或间歇地使那个一直只买货而不卖货以致堕落到不断向自己的商人借款的国家衰落下去。

马上我们还将看到，那个靠抵押过日子的国家又是什么样子。

萨伊认为入超唯一值得忧患的是本国资本的外流，这是一个正确的警告。这种外流是不可避免的：当然，它并不是资本设备的转移，而只是租金的转移和所有权的丧失，这反正都是一回事。

可是经济学家并不承认我们刚才所假定的那种明显证实他们错误的极端情况。他们并非完全没有理由地指出，任何国家都不会只用钱币来做交易，我们应该根据现实而不能凭假定来讨论问题。原来，他们把自己的原则类推到极端，使自己在辩论中占据上风以后，反过来却不容许对方使用同样的方法；这就表明，他们自己也供认，只要人们试图把这些原则贯彻到底，就连他们自己也不相信这些原则了。因此，就让我们坐下来和经济学家一道对现实来进行讨论，看看用公正的中间来看，他们的理论是否至少是正确的。

我认为，即使输入国不是全部用金钱来偿付获得的整个货物，而是部分地以自己的产品来支付，也还是会出现资本外流的现象，只是不那么严重罢了。对这样一个具有数学精确性的命题，怎么可以模棱两可呢？如果说，法国每年输入100万法郎的英国产品，而只卖给英国90万法郎的本国产品，那么，这90万法郎的法国货就只能支付90万法郎的英国货，余下的10万法郎英国货除非以别国的汇票来支付，否则就要用金钱来支付。可是，用外国汇票来支付的情况已不属于我们假定的范围了。由此可见，这时就等于法国转让了10万法郎的资本，而且是廉价转让，因为将来借回资本时，拿回来的显然要比抵押的巨资少得多。

经济学家还有另外一个错误。

反对保护关税制的人，除了错误地把货币与其他商品混同起来以外，还犯了另外一个严重性并不亚于此的错误，就是把币值涨落的后果与其他商品价格涨落的后果混为一谈。由于他们的自由贸易理论主要是建立在这个错误之上，所以，为了弄清问题，我们还有必要回过头来重新研究一下原则。

在第二章里我们已经说过，钱币是一种可变的但又是已构成的价值，而其他的商品，至少是绝大部分的商品，却不仅其价值可变，而且其价值是任由人们专断地决定的。这就意味着：一个地方的钱币，在数量上可能随时变动，也就是说，同样数额的钱币所换得的其他商品时多时少；但是，它在质量上却始终没有变化（请读者们原谅我这样经常地使用这些形而上学的术语）。这就是说，尽管货币这种商品的比例性是可变的，它在一切支付中仍然是唯一为人所接受的商品，是至高无上的商品；这种商品因为具有一种实际的特权，或者如果人们愿意的话也可以说它是暂时性的特权，其价值即使摆动，也仍然是在社会上有规律地确定了的，因此它就不可抗拒地凌驾于其他商品之上。

假定小麦的价格突然上涨到非常昂贵，而且还维持了一段时期，而钱币却下跌到只有原值的三分之一或四分之一，这时是不是说小麦就可以代替钱币，可以折成钱币来交纳捐税、支付贸易债务、购买公债或者清偿任何账目呢？当然不能！在工业组织获得根本改革，一切产品的价值都和货币一样地构成和确定以前（我们暂且假定这种构成有一天终于能够实现），钱币还将始终保持它的君王地位，只有拥有钱币，才能说是积累了财富和扩大了权力。

所以，当经济学家混淆一切概念，声称一个国家如果货币减少了，货币便会因为在这个国家中的价值增高而回流时，我的回答是：货币减少正好是这个国家衰落的证据，货币外流的后果就在于此。

当他们补充说，积聚在出超国中的金属资本，必然随后又会流出国外，重新回到缺少这种资本的国家以寻找出路，那么我的回答则是：资本的这种回流，恰恰是入超国衰落的标志，并且宣告着这个国家正在招徕金融统治。

此外，经济学家们之所以看不到这些国家由于贸易而变得依存于他国的严重现象，其原因还在于他们的目光只停留在事物的表面，而没有深入探究事物的规律和根源。他们并不是没有看到各种事件的实际状况，但是他们忽视这些事实的意义和后果。在这个问题上，就如在其他一切问题上一样，从他们的著作中可以发现，他们所搜集到的种种证据，恰恰推翻了他们自己的结论。

我在 1845 年 7 月 27 日的《论坛报》上看到过这样一个材料：

1844 年法国的出口额低于进口额 4000 万法郎，1843 年，这个差额为 1.6 亿万法郎。且不谈别的年份，就拿这两年的数字来说吧，请问这篇没有放过机会来攻击重商主义的文章的作者：究竟这 2 亿以货币计算的差额是怎样产生的呢？它是以什么来抵偿呢？法国究竟支付了些什么呢？按照萨伊的理论，作者理应回答说，我国资本的升值应该使这些资本流回本国。这笔资本看来也确实回流了，因为就拿铁路这个投机行业来说，各种政治刊物和产业刊物都告诉我们，我国铁路投资的三分之一属于瑞士、英国和德国的资本，而且这些铁路的董事会都有部分外国成员并由他们来主持；此外，几条赢利最大的铁路，例如北方铁路，则已经完全拍卖给外国人了。事情还不清楚吗？何况，全国各地都出现类似的情况，例如：阿尔萨斯的抵押贷款几乎全部来自巴塞尔[①]的资本家，通过这些人的手，原来外流的资本的确返回法国了，但是却已经盖上了外国印记，为这些新私有主服务了。



因此，金属资本尽管回流了，却并不是白白地回流的。这点人们还是承认的。可是，这些回流的资本，也就是说这些贷款，究竟是以什么代价换来的呢？是商品吗？不！因为我们的进口始终超过出口，因为为了维持原来的那点出口，我们不得不继续保持原来的进口。因此，作为代价的是利息，是钱币。对外国人来说，无论贷款利息多么低，反正把资本用于放贷总比购买他们所不需要的我国产品更为有利；而且，归根结底，他们只要持有我们的钱币，也就等于有了商品。这样一来，我们就是在转让家财，在自己国家里

---

① 巴塞尔，紧邻阿尔萨斯的一个瑞士大城市。——译者

充当外国的佃户。既然如此，怎么可以说我们进口愈多便愈富裕呢？

读者一定不难理解，问题的关键就在这里。由此可见，在类似这样的争论中，尽管事实颇有迷惑人的地方，终究还是要求助于分析。因此，请读者允许我再拿出一点时间来作纯理论的阐述。

巴师夏这位捍卫自由贸易的阿基利①的突然出现，曾经使他的同行感到震惊。可是，由于他否认货币在交换中的无上作用，而且和一切经济学家一样，把币值的有规律的摆动与商品价格的随意涨落混为一谈，所以他还是步萨伊的后尘，陷入一个诡辩的迷宫；对商业外行的人，也许会迷失其中，可是巴师夏自己却借助有关价值和交换的正确理论的引导而轻易地脱逃了。可是，这一点只能更加暴露经济学理论的贫乏无能。

巴师夏先生说："这里说的是甲乙两个国家，而甲国各方面条件都比乙国优越。可是你们却据此便得出结论，认为劳动一定集中到甲国，乙国则诸事无能。"

谁说过什么集中和无能呢？我们还是直截了当地谈问题吧！我们假设的是这样两个国家，它们都富有本身的才能，都依靠自己的能力生产着相同的或者起码是类似的物品，只不过一个生产得多，价格也便宜，另一个则生产数量少，价格昂贵。假使这两个国家从来不交往，那就永远说不上什么劳动集中于一个国家和另一个国家无能的问题；这时，它们的人口与工业的发展，显然将依各

① 阿基利，古希腊神话中围攻特洛伊城的一位最勇敢的英雄，荷马史诗《伊里亚特》中的主要人物之一。——译者

自能力的大小为转移。可是，我们现在讨论的问题是，如果这两个国家通过贸易发生交往，它们将变成什么样子。这就是我的假设；你说说，你承认这一点吗？

“甲国卖出的东西大大超过它买进的东西，而乙国买进的东西则远远超过卖出的东西，这点我本来是可以提出异议的，但是我还是根据你的假设来考虑问题。”

“提出异议吧，劳驾！别让步呀！这种虚假的度量是要不得的！你尽管怀疑吧！”

“根据这个假设，劳动在甲国的需求便很大，所以很快就会涨价；铁、煤、土地、食粮和资本在甲国需求也都增大，因而也很快涨价。”

“与此同时，劳动、铁、煤、土地、食粮和资本等等，在乙国都弃置了，所以很快就跌价。”



“既然甲国总是卖货，乙国则不停地买货，货币便从乙国流向甲国；于是，甲国货币充裕，乙国则感到货币短缺。”

问题的关键就在这里。一旦乙国因为购买甲国的廉价商品而耗尽自己所有的钱币时，情况将会怎样呢？

“可是，货币的充裕意味着必须用许多货币才能买其他一切物品。因此，在甲国，各种物品除了因为需求扩大而出现的实际的高价以外，还要加上一种由于贵金属过剩而引起的票面上的高价。”

“货币的短缺则意味着每购买一批货物所需的货币减少了。因此，在乙国，实际的廉价是和票面上的廉价结合在一起的。”

在讨论巴师夏先生的结论之前，我们先来说一点题外话。这位著作家的文体虽然明快，但还是经常需要人们作注释。乙国由于与甲国往来而出现的物价低廉，不论是票面上的还是实际上的廉价，都是甲国生产优越性所直接造成的结果，它任何时候也不可能压倒它的原因。换句话说，无论这两个国家国内的交换价值摆动情况如何，也就是说，不管劳动、煤、铁等等在甲国怎样涨价，在乙国如何降价，有一点总是确凿无疑的，就是乙国存在的所谓廉价，永远不能与甲国所表现的高价相竞争，因为前者是后者的结果，而且甲国的工业始终是市场价格的主宰者。

实际上，工资，也就是各种日用消费品，永远也不会使甲国企业主的需求增大到妨害本国输出的程度，也就是说，不会增大到妨害对乙国市场的控制的程度。另一方面，乙国所出现的廉价，也永远不可能成为这个国家的企业主与甲国竞争者作斗争的手段；因为这种廉价是进口的结果，而不是依靠土地的天然资源而取得的。在这方面，入超国的情况就像一个发条即将走完的时钟，需要有一股外力来重新上满发条，才能继续行走。巴师夏先生把钱币等同于其他种类的商品，便以为自己发现了什么永恒的运动；可是，由于这样混淆是不正确的，所以，他也就遭到人们的冷遇。

我们的这位著作家接着又写道："在这种情况下，工业便有各种理由，而且可以说是最充分的理由离开甲国到乙国去安身。或者说得具体一点，它不是等到哪一天突然地全部迁移过去，因为这样的迁移不合乎常情；它是从一开始便通过工业自由制，按照供求规律，也就是说按照公平和效用的规律，陆续地分别在甲乙两个国家中立足。"

这个结论看来是无可辩驳的，它只是我们略微谈及甲国的**票面上的高价**和乙国的**实际上的廉价**时的一种意见。巴师夏先生因为忽视了那种使甲国行情取决于乙国行情的因果关系，因而设想贵金属会像水流从高到低那样自然而然地从甲国流向乙国，或者从乙国流向甲国，既无目的也无后果，只是为了建立平衡，填满坑洼似的。不管他怎么说，有一点总是更为明显，更为真确，那就是：一旦乙国的工人看到甲国商品的输入使得自己的工资降低了，工作机会减少了，自然就会离开本国，到甲国去劳动，就像爱尔兰人跑到英格兰的情况一样。而且，由于他们与甲国工人在就业上的竞争，他们便加速使自己古老的祖国日益破产，同时也扩大了接受国的普遍贫困，于是就到处存在巨富与赤贫，这种平衡就得重建……文字的迷惑力真是强大无比啊！巴师夏先生刚才自己也承认乙国将衰落，但是，因为他思想上受价格涨落、补偿、平衡、均等化、公平以及代数等等的困扰，便黑白不分，把阿里曼尼当成奥斯穆特[①]，从而把这种明显的衰落当成复兴！



他说，当借助与乙国的贸易而致富的甲国工业家不知如何进一步使用自己的资本时，他们就把资本带到乙国去。这点非常正确。但是，这意味着他们将在乙国购买房屋、土地、森林、河流和牧场，在那里建立领地，挑选佃户和农奴，依靠金钱这种最受尊敬的权威而成为领主和王侯；原来外流而现在随同这些封建主一道返回本国的资本，便带来了外国统治和贫困。

至于这样一个衍变过程是快是慢，关系并不大。就像巴师夏先生所十分正确地指出的，突然的转移是不合乎常情的，商业征服的速度是以入侵国与被侵国之间成本之差的大小为转移的；同样，

① 阿里曼尼是波斯袄教所指的恶性，奥斯穆特是善性。——译者

这个新的贵族阶层究竟是由外国人组成还是由依靠高利贷和经营银行致富并充当本国同胞与外国人之间的中介人的本国人所组成，关系也不大。因此，我所说的这种衍变并不一定表现为外国人的迁入，更不是表现为土地的输出。这场衍变的实质是：在对外贸易的作用下，这个曾经是自由的，而且其居民除了某些其他原因而存在从属关系以外一般还是彼此平等的国家分裂为两个等级，兴起一个商业封建阶层。这是一个处于不利条件的国家实行自由贸易不可避免地招致的后果。

为什么这样说呢？因为我们不会看到法国的土地渡过英伦海峡，淹没在泰晤士河里；我们的政府、我们的法律和我们的风俗习惯将毫无改变；与我们贸易的国家也没有占领我们三千五百万居民的住地以建立什么殖民地；在我们看来，一切都依然故我。原来被掠夺而现在则以抵押贷款的形式返回本国的财富，将把我们民族分成贵族和农奴；可是，人们却说我们一无所失！自由贸易的结果将是加强和扩大机器、竞争、垄断和捐税的作用，被征服的劳动群众将由于外资的入侵而任凭资本的摆布；在这样的时候，人们却要我们保持沉默。当债务累累的国家除了卖身屈辱于人以外别无其他出路时，它应该在经济学家们的高超天才面前卑躬屈节！

我是不是偶然夸大了呢？我们难道不晓得，那个政治上自由、拥有自己的国王、自己的宗教信仰、自己的宪法和语言的葡萄牙，不就是由于梅修因条约[①]和自由贸易而变成英国的一块占领地

① 梅修因(1650—1706)，英国国务活动家，曾主持签订英葡条约，规定葡萄牙为英国工业品的特惠市场。——译者

吗？是不是英国的经济学家已经使我们失去了历史观念呢？为了装扮成国家劳动利益的捍卫者的样子，这位波尔多人[①]想重新使法国向英国开放，像他在居恩的艾利安娜[②]时期做的那样，这难道不是真的吗？为了把我们出卖给欧洲银行贵族，就像不久前得克萨斯州的商人把他们的国家出卖给美利坚合众国[③]那样，这个阴谋不是确实存在吗？

下面是从我国的一张消息最可靠而主张寓禁性高额关税的偏见的嫌疑较小的报纸上摘录下来的一段话："得克萨斯的问题实质上是一个金钱问题。得克萨斯负有一笔对这个资源缺乏的国家说来十分沉重的债务。几乎每一个有影响的公民都是国家的债权人。他们最大的希望就是收回债务，不管由谁来清偿都可以。因为没有别的东西可以出卖，他们便拿国家的独立做交易。在他们看来，美国总是比墨西哥更有能力偿还债务，因此要是美国从一开始就答应承担得克萨斯政府所负的债务，归并一事早就成为事实了。"（引自《宪法报》，1845年8月2日）

这正是基佐先生曾经企图阻止发生的事情，也是当反对派要求他报告有关得克萨斯的谈判情况时他不能在讲坛上说明的事情。如果这位部长着手阐述这个值得他的演说才能阐述的重大课题，那将会在追随他的那个小业主的多数派阵营中引起多么大的恐慌啊！商业势力只允许民族性虚有其表，因而商业势力就意味



① 指巴师夏，因其家乡兰德省属波尔多地区。——译者

② 居恩的艾利安娜（1122—1204），原为法王亨利七世王后，后被离黜，改嫁英王亨利二世，随带若干领地为嫁妆。——译者

③ 得克萨斯原为墨西哥领土，1845年为美国所吞并。——译者

着民族性的死亡！

巴师夏先生是精通最纯粹的社会主义理论的，他热爱自己的国家甚于一切，他大声疾呼地宣传平等学说；因此，请允许我在这里对他表示我的深切敬意。他之所以竭诚献身于争取自由贸易的事业，他之所以要充当反谷物法同盟的思想传道者，是因为他和许多其他人一样，被自由这个伟大字眼儿所迷惑；而实际上，这个字本身表达的只是一种模糊的和不确定的自发性，最适于代表多种作为真理与正义的永恒敌人的狂热性。自由无疑也包含着个人或国家之间的平等；但是，只有当自由具有明确的定义，而且从法律上获得了它的形式和力量，丝毫不是弃之不管，不是像野蛮人那里存在的缺乏限制，才有可能实现平等。自由如果被理解为野蛮人的自由，它就如经济学家们所主张的竞争一样，只能是一种矛盾的原则、一种不祥的双关语。关于这一点，我们在下文还要提出一个新的证据。

巴师夏先生认为："归根结底，我们在交换中所支付的并不是自然的无偿赠与，而是人的劳动。我请一位工人到我家里干活，他自备锯子为我锯二十五块板子，日工资是两个法郎。如果没有发明锯子，也许每天连一块也锯不了，可是我还得付那么些工资。因此，对我说来，锯子所产生的效用是自然的一种无偿赠与，或者更确切地说，是我和我的所有弟兄们共同承继自先人的一份智慧遗产……因此，报酬并不与生产者投入市场的效用成正比，而是与生产者的劳动成正比……所以，归根结底，自由贸易的目的在于使各民族都能享受自然所赐予的无偿效用，因而它永远不会损害任何人。"

巴师夏先生一下子把所有的垄断都撇开，无视它们的存在，而把劳动当成价值的唯一的和最高的支配因素。对这种学说，我不知道罗西、舍伐利埃、布朗基、杜诺瓦耶和费克斯等先生以及其他一些经济学纯正传统的捍卫者们是怎样看的。他们一定十分了解，攻击巴师夏先生的命题的并不是我，因为在我心目中，这种学说本身就是平等格言，因而也包含了对经济学家们所理解的那种自由贸易的谴责。

我们应该偿付的**不是自然赠与的无偿效用，而是劳动**。这是一个目前还很少人懂得的社会经济规律，因为它仍然包藏在分工、机器、竞争等等神秘事物之中，而这些事物只有通过其对立物的出现才逐渐显现其真相。斯密的真传弟子巴师夏先生卓越地发现和揭示了事物应该如何，从而也发现和揭示了事物究竟 quod fit［何由而来］；但是，他却完全忘记了事物现在如何。为了使劳动规律，亦即交换平等能够真正实现，就必须使所有的经济矛盾都得到解决；具体到我们现在研究的问题，这就意味着，如果没有联合，贸易自由将始终只能是强制力的暴政。

不错，巴师夏先生出色地解释了锯子的使用怎样变成一切人都享有的无偿赠与；但是，有一点可以肯定，就是：如果锯子到了今天才发明，那么，根据我们有关垄断的法律的规定，发明人将马上获得一项专利，从而这种工具所产生的利益，不论是多少，一概归他独占。其实，土地、机器、资本和一切劳动工具的情况，恰巧都是这样。可是，巴师夏先生却从一个完全错误的假定出发，或者如人们喜欢说的，他不恰当地把未来提前了，在把竞争与垄断、热带与温带作了对比以后对我们说："如果现在有幸出现一个奇迹，就是一切可耕地的肥力都将增高，那么，从这个现象中得益的将不是耕作者，而是消费者，因为这个现象的结果总是使产品丰足和价格便宜。每一公担小麦所包含的劳动将比以前减少，农民用它换取到的，只能是包含着较少劳动的其他产品。"

接着他又说：

"甲国是一个得天独厚的国家，乙国是一个受自然亏待的国家。我认为交换对两个国家都有好处，不过对乙国说来尤其有利；因为交换并不是效用对效用，而是价值对价值。在同等的价值中，甲国付出了更多的效用，因为它的产品的效用既包括劳动所创造的效用，也包括自然所提供的效用，这时价值就不相当于其中所包含的劳动。因此，乙国所做的交易于它有利。因为它偿付给甲国生产者的不过是自己的劳动，而在这项交易中取得的自然效用比付出的要多。"

是的，我要再次向你大声疾呼：创造价值的是劳动，而不是像此前你所说的以及那些不了解你便给你们喝彩的同行们所宣传的那样，是供给与需求；正是劳动可以互相偿付和互相交换，而不是土地提供的无偿效用。你根本拿不出什么依据来证明你的善意和你的观点前后不一致。在这种情况下，贸易的绝对自由始终是有益的，永远不致有害。可是，你取消了垄断，取消了工业特权，取消了资本家的优势，取消了领主的私有权了吗？你哪怕是提出了一个废除这些权利的办法了吗？你不是连取消这些权利的可能性和必要性也不承认吗？我要求你自己作出解释，因为这是关乎国家安危与自由的问题；在类似这样的问题上，模棱两可就意味着背叛祖国。只要你对国家领土和个人财产的特权含糊其辞，你嘴上的所谓交换规律就只是一派谎言；只要世界各国的生产者还没有同意联合和相互担负连带责任，也就是说，只要自然的赠与还没有成为公有，交换还不是只限于劳动的产品，那么，对外贸易便只能在各民族间重新引起奴役和依附现象，就像在个人之间的分工、雇佣劳动、竞争和其他一切经济代理人所造成的那样。如果你希望建立的是我所说的用暴力的掠夺，你的所谓贸易自由就只是一个欺骗。

大自然为了引导那些得天独厚的民族走向普遍联合而用自然屏障把它们与其他民族隔离开，以防止它们的进攻和征服；可是，你却在没有采取任何保证的情况下拆除这些屏障！你竟认为大自然的这些预防措施毫无意义！你为了满足背弃自己祖国的消费者的利己主义，竟然拿民族独立当游戏！你只懂得靠外国的垄断来反对本国的垄断，总之，垄断在你那矛盾的致命的恶性循环中转来转去！你向我们许诺说，劳动将与劳动相交换；可是，在实际贸易中却是垄断与垄断相交换，而劳动的敌人布雷纳斯[①]则悄悄把佩剑砍在秤台上。

混淆真理与现实，混淆权利与事实，把进步与传统对立起来，往往使最善良的人们陷入无尽的迷宫；看来，这些使巴师夏先生失去了对最普通的事实的理解力。下面是他用以证明自己观点的一件事实：

“有一位厂主曾在曼彻斯特商会里说，从前我们输出毛织品，

---

① 布雷纳斯为古高卢部族首领，公元前390年洗劫罗马。传说他在围困卡必图山七个月以后，以交纳千斤黄金为条件答应撤兵。当罗马人称黄金时，他拔剑砍在秤台上，高喊：“战败者该死！”尽掠黄金而去。——译者

后来这项出口让位给纺织原料——毛线,接着又让位于生产毛线的工具——机器,再往后,又让位于我们用以制造机器的资本,最后是让位于作为我们资本来源的工人和工业人才。所有这些劳动要素一个接着一个地出现在获利最大、生活费用最低、生活最方便的地方。结果,我们可以看到,今天在普鲁士、奥地利、萨克森、瑞士和意大利,都有英国资本建立的、雇用着英国工人并由英国工程师主持的大工厂。"

这难道不就是一个贸易自由的最好的证明吗?普鲁士、奥地利、萨克森和意大利由于实行保护关税制和本身金属财富不多,所以在购入方面有所限制,只能在有点折扣的条件下接受英国产品,只能购买自己有力偿付的商品。英国资本因为受到障碍而失去耐心,便索性离开本国,在商品无法进入的国家里落脚,变成奥地利的、普鲁士的和萨克森的资本,通过这种转移来改变不公平的命运。这些国家的海关原来拒它们于门外,现在却反过来保护起它们了;再加上可以使用并不在乎主人是谁的当地劳动,这些资本便霸占了市场,和自己原来的祖国竞争,逐步排挤了祖国的一切产品,先是毛织品,接着是毛线,然后是机器,最后,尤其危险的是高利贷。可是,在这种劳动条件走向等同化的交易中,在每个民族只有在平等交换条件下才能接受邻国产品,并且只能以投资名义而不是以贷款名义才能接受外资这样明确地显示了必要性的事实中,人们竟然去寻找为贸易自由作维护的依据!或者是我自己根本什么也不懂,或者是巴师夏先生又把联合与雇佣劳动、高利贷与合股这样彼此最不一致的事物混为一谈!

贸易平衡论的矛盾与一切其他理论的矛盾一样,使经济学家

们迷失了道路，可是却触动了巴师夏先生的理智。曾经有过一段时候，他似乎懂得了现象的两面性；可惜的是，法国懂得逻辑的人毕竟还是不多，以致巴师夏先生竟然从本来应该引导出一个合题的对立论式中得出一个只适用于数学的公理，就是：在两个命题中，只要证明其中一个是错误的，另一个就必然是正确的。

他说："人是为消费而生产，因为他同时是生产者，又是消费者……因此，如果我们考究一下我们的个人利益，我们必然会明确承认它具有两重性。作为卖者，我们的利益在于物价昂贵，也就是在于稀有性；作为买者，在于物价低廉，或者说在于同样目的——物品丰足。"

到此为止，他的观察和推论还是无可指摘的；但是，恰恰到了这里就出现难题了，正是在这个迷惑人的反题上巴师夏先生的才智陷入了穷途。应该赞成哪一方呢？其实，我不是指作为生产者的我和作为消费者的邻人之间，反之亦然。为了解决这个问题，不应该个别化，相反地应该一般化。因此，在一个国家中的生产者同时是消费者与同一国家的消费者同时是生产者之间，应该赞成哪一方呢？用不着什么逻辑，只要起码的常识就能告诉我们：偏重其中哪一个范畴都是荒谬的，因为这两个范畴指的已经不再是社会等级，而是相对的职能，所以一切人都同样地包括在这两个范畴之内。可是，政治经济学是一门关于纠纷的科学，它不懂得从整体来看待事物；对它说来，社会上从来就只存在对立利益和对立权利的个人。巴师夏先生实在可怜，他竟敢在两者之中作出抉择，结果也就迷失路途了！

"既然这两种利益是相矛盾的，其中一种就必然与普遍的社会利益相一致，而另一种则与社会利益相抵触……"；接着，巴师夏先生便长篇大论、旁征博引地证明：消费者的利益要比生产者的利益更具社会普遍性，因而政府应该着重保护消费者一方的利益。我现在向有专长的读者提出这个问题：这是否证明经济学家最缺乏的是正确的推理呢？

你自己曾经说过，社会上消费者的利益是与生产者的利益相一致的。在国际贸易问题上，当然也应该把社会当成个人一样地论证才对；可是，为什么你却把这两种利益分开呢？你既然不能设想一个消费者购买的是别人的东西而不是他自己的产品，那你为什么认为一个国家用自己的金钱或用自己的产品来购买别国的商品就没有区别呢？因为这种制度的结果只是消费而不是生产，就意味着灭亡啊！既然社会这个消费者是一定数量的包含有同等价值的产品来偿付购入的商品的，那它只能从购入商品的低廉价格中得到好处，为什么你把这点也忘记了呢？

我知道你是怎么考虑的。你把我们称之为生产的个人利益与我们称之为消费的社会利益对立起来，而且又把关心大多数人的利益甚于关心少数人的利益，所以便毫不犹豫地为了消费而牺牲生产。你的意图确实很好，这点我注意到了；但是，我想补充一句，就是你头脑有点糊涂了，把黑白给颠倒了，因为，你把社会当成利己主义者，反过来又把利己主义者当成社会了。

假设有一个贸易自由开放的国家，它的进口对出口的超额只来自一种商品；如果实行保护关税制，这种商品的生产本来可以养活它全部三千万人中的两万人。按照你的主张，这两万名生产者的特殊利益不能够也不应该高出于三千万消费者的利益，所以应该接受外国的这类商品。相反地，照我的意见，除非我们能够用本国的其他产品来偿付这种外国商品，我们便应该加以拒绝；这样做不是为了某一个行业的利益，而是为了社会本身的利益。理由我上面已经说过，这里只要再提醒几句就行，那就是：不管怎么说，货币的价值总是和别的物品的价值不一样，一个国家正是因为失去具有最理想和最牢固价值的硬币资本而失去它的生存能力、生命和自由。一个人被针刺而流血不止，固然不致在一小时内就死亡；但是，要是流上半个月，就可能死亡，至于是喉部还是小指头出血，反正都是一样。因此，尽管存在着垄断者的利己主义，尽管存在着保障每个人对自己的财产、劳动果实和工业利润的完全处置权的私有制法律，同一国家内的所有成员还是利害一致的。为什么你要回避这种公正的经济关系呢？为什么你对这种呈现在你眼前的二律背反熟视无睹呢？



这就是学派偏见的可悲后果！巴师夏先生从利己主义的狭隘观点来判断贸易自由问题时，还以为自己是站在辽阔的社会视野之下观察它，把那种实质在于保证以同等数额的本国产品来偿付外国产品的差额（我丝毫没有为海关的各种舞弊和刁难行为辩护）的理论称为贫乏论。没有本国产品，不论外国产品的价格如何，购买外国产品实际上只能使本国贫困化。反过来，巴师夏先生却把那种要求即使只能以货币来偿付也要从外国免税进口一切的理论称为致富论；好像这种自由归根结底只有利于食利者，只会鼓励人们游手好闲，这是一种没有交换的消费、坐吃山空的享受、资本的毁灭。巴师夏先生既然走上这条道路，就一发不可收拾，最后只好用西斯弗主义这样一个离奇古怪的名称来责备主张限制贸易的一方，以结束他那段冗长的谩骂。可是，这个名称只能用来讥笑他自己。

垄断自由论竟然成了一种致富论！唉！说真的，即使世界上没有哲学家，没有牧师，从经济学家那里就足以表现出不理智和人类盲从的能量。

经济学家说：只要同时取消全部关税，物价就会普遍下降，一切工业都会获利，局部的贫困将不存在，国民的劳动便将上升，大家也就可以出国周游。布朗基先生正是使用这种天真的理由，经过一番出色的论战以后，迫使那位唯一试图维护劳动民族化原则的政论家爱弥尔·日拉丹①先生沉默下来的。

无疑，如果一个国家的所有工业家都能保障获得廉价的原料，他们各自的条件当然不会有什么改变；但是，这和我们争论中的疑难又有什么关系呢？我们说的是国家之间的平衡，而不是每个国家中私人工业之间的平衡。这里我想重复一下我们在上文曾经提到的一个看法，即这种普遍的降价，这种表现为我们只用两个劳动日便能换来过去需要三个劳动日所创造的价值的利益，究竟应该归功于什么呢？是归功于我们自己的努力，还是归功于进口？答案无疑是：应该归功于进口。可是，既然价格低廉的首要原因来自外国，那么，经过在这些进口的原料上加进我们的劳动，再加上这些原料的运输费，我们还怎么能和外国竞争呢？既然这里存在着矛盾，就是外国让我们享受的低廉价格使我们有能力与外国作斗

① 日拉丹（1806—1881），法国资产阶级政论家和政治活动家，以无原则著称。——译者

争，也就是说，使我们能够以我们自己的产品来偿付他们的产品，那么试问，我们究竟将用什么商品来偿付他们的商品呢？无疑，还是用我们的钱币来偿付。因此你证明说钱币是和其他物品相同的商品，或者是证明一切商品都等同于钱币。要是你对此避不作声，你就是糊里糊涂和冒冒失失的人。

英国反谷物法同盟的成员向农民高喊道：让粮食免税进口吧！那样，劳务价格就会到处下降，英国的小麦生产成本就不致太贵，不论农民、私有主、短工，都会得益。可是，我再说一遍，这丝毫不是什么永恒的运动，它还大有讨论的余地。如果英国劳务价格的降低是由于输入美国和黑海的小麦而造成的，英国的小麦生产什么时候才能跟美国和俄国的小麦生产竞争呢？后果怎么能战胜原因呢？外国小麦的价格难道不会因为需求增大而提高吗？这种价格难道不会为了竞争又降低吗？随后，市价难道不会出现种种变动吗？如果英国每公担小麦的生产费用由于进口美国的小麦而降低了 3 个法郎，那么，美国所支持的英国生产就将迫使美国把它原先的小麦价格也降低 3 个法郎；可是，用这样的方法，英国是永远也得不到好处的。这样说是什么意思呢？就是说，如果英国什么都降价，那么，它的廉价商品只会有利于美国人，因为，他们的粮食的优越地位将会愈来愈有保证。我再说一遍，如果你不能作出相反的证明，就应该撤回你原来的说法。

布朗基先生说：让我们进口铁、煤、纺织品和我们劳动所需的一切原料吧！那样，我们工业的每一个行业将像甜菜糖生产在摆脱了保护法以后的情况一样，蓬勃兴旺起来。对布朗基先生的这个论断说来，不幸的是：甜菜糖的厂主们声称，他们这一行之所以获得发展，并不是得力于外国糖的竞争，而是凭借他们自己的努力、自己的智慧；总而言之，他们是依靠自己的资金来发展，而不是靠外国的帮助。照布朗基先生的说法，任何保护关税，哪怕是最温和的保护关税，也有害于本国的工业；事实正好相反，甜菜糖业是由于有了保护关税才兴旺起来的（这是经营这个行业的人自己说的）。因此，我们可以看到，法国的亚麻工业在几年之内便从九万锭增加到十五万锭，而根据贸易部长的报告，有六万锭是在实行保护关税期间定购的。事情怎能不是这样呢？除非法国的制糖厂和安的列斯群岛①的制糖厂合并起来，英国的纺织厂与比利时的纺织厂合并起来，外国工业品的廉价又怎么能促进我国工业的发展呢？确实也有一个糖厂主向我表示过相反的看法，可是我并不相信。布朗基先生是不是只听说过外国竞争起着刺激的作用，它会使我国工业更具创造性，因而工厂的产量也更高的意见呢？要是事情果真如这种意见所说的那样，进口外国产品便只是政府手中的一种高级商业警察措施。只要他承认这一点，那么原因也就清楚了，再也没有争论的必要了。

在保留国家垄断和个人垄断的条件下，贸易的绝对自由并不是富裕的原因，因为这样的自由只会破坏国家间的平衡，而没有这种平衡就不会有真正的富裕；不但如此，这种自由还是导致涨价和匮乏的原因。如果我这方面能够把这点证实，请问经济学家是否能帮助我解除这种新的忧虑呢？

法国的葡萄酒是世界闻名的，所以不怕任何竞争。在这方面，

① 安的列斯群岛在加勒比海，包括大小安的列斯群岛，盛产蔗糖。——译者

波尔多人、香槟人和勃艮第人都会获得贸易自由;我甚至同意,因为我国有五分之一的人从事酿酒业,所以完全取消贸易障碍对我们有很明显的益处。因此,葡萄园主一定会很满意,因为贸易自由并不影响使他们葡萄酒降价,相反,将使它涨价。但是,劳动者和工业家们对这种涨价会怎么看呢?巴黎每人葡萄酒的消费量本来就只有95公升,那时将下降到60公升;因为大家一定会像喝咖啡一样,用小咖啡杯或者小玻璃杯来喝葡萄酒。这对法国人来说可是件可怕的事情,因为我们的葡萄酒跟我们在同一块国土上生长,我们比哪个国家的人都更需要法国葡萄酒;可是,国外市场却从我们手中夺走了它。

然而,人们给我们提供的补偿是什么呢?当然不是英国和比利时的葡萄酒,不是味道比较浓郁、老百姓还照样尝过的波尔图、匈牙利、阿利坎特或马德拉群岛[①]的葡萄酒,也不是荷兰的啤酒或瑞士阿尔卑斯山民制造的乳浆酒。那么,我们喝什么呢?经济学家说,我们将有廉价的铁、煤、铜、布匹、玻璃和肉食。这就等于说,一方面我们没有葡萄酒了,另一方面劳动却增多了,因为正像我们已经指出的那样,我们不能靠外国产品来和外国产品竞争。

相反地,英国的工人将发现他们的面包、葡萄酒和其他食品的价格降低了;但是,与此同时,煤、铁和英国自己生产的东西却涨价了。面对着外国竞争,为了保持自己的职业,他们就只好忍受工资的一减再减,其境遇与法国工人完全一样,就是:既无力购买外国



① 波尔图是葡萄牙西北部近海省份,阿利坎特是西班牙东南临地中海的城市,马德拉群岛是南大西洋靠近西北非的一个群岛;均为著名葡萄酒产地。——译者

的产品，也无力购买本国的产品。那么，从这种自由中得利的是谁呢？只是垄断者、食利者，也就是一切靠增殖资本为生的人，总而言之，就是一切制造贫穷的人。这个等级的人数总是相当多，完全足以吞没上等土地留给农民的、丰富的矿藏留给矿工的以及获利最大的行业留给企业主的剩余产品，从而劳动除非甘愿减少自己的收入，便不可能转而开发次等土地或经营获利较少的行业。在这种所谓贸易自由的严密的垄断制度下，生产工具的占有者似乎在对工人说，只有当你的劳动能为我创造剩余产品时，你才能劳动；这是你逃不掉的。大自然本来希望的是，每一个地区的居民都首先依靠当地的自然产物为主，然后再利用多余的财富去换取本国所不能生产的物品；可是，相反地，在垄断制度下，劳动者不过是闲逸的环球旅游者的农奴：波兰的农民为英国的爵士们耕种，葡萄牙人和法国人为全世界的有闲者生产葡萄酒。如果我可以这样说的话，消费已转移到外国，劳动本身因为受地租的束缚，只能局限在一个狭隘和奴役性的专业范围内，它再也没有自己的祖国了。

这样，在我们发现了贸易的不平等长期地毁灭着买货国之后，又发现它对卖货国也有某些损害。平衡一旦破坏，就无论哪一方都感受到恶果。

贫困反过来也加害于它的制造者。正如战争中征服者的军队往往最后为胜利所毁灭一样，贸易中最强大的民族最终也总是变成最受压迫的民族。这是一种多么奇怪的颠倒现象啊！萨伊告诉我们说，在自由贸易中，全部好**处**都在进货最多的一方。诚然，如果把好处理解为受损失较少，他的说法倒是完全正确的，因为只消费而不生产总是比只生产而不消费好受些，更好的是，在一切都丧失以后,总还剩下劳动,可以靠它来重新获得一切。

英国长期以来就是巴师夏先生所说的那个甲国,是唯一能够供应世界以大量产品的国家,而且销售条件比任何其他国家都要优越。尽管由于各国对英国怀有戒心,到处都对英国货收取关税,但是英国还是收到它的优越条件的果实。它把一些国家搜刮净尽,攫取了它们土地里的黄金;但是,与此同时,贫困也从世界各地向它袭来。前所未闻的豪富的出现,一切小私有主的被剥夺,全国三分之二人口的沦为贫困等级——这就是英国进行工业征服所付出的代价。尽管人们力图用荒谬的理论来改变一些意愿和掩盖灾难的原因,尽管在自由主义的假面具下一个强大的阴谋企图把竞争对手国家拖进一场灾难性的混战中,全都是徒劳之举。因为事实已留下社会教训,只要对这些事实经常作些分析,便会令人相信:就是任何违背公正的行为,都会在打击受害人的同时打击作恶者。

我还要再说什么呢?垄断自由的拥护者甚至还没有满意地把自己的原则贯彻到底,他们的理论就自我否定了。

假使英国在废除谷物法以后,也走上我国大革命的道路,下令拍卖所有的贵族领地,而且把今天仍然集中在极少数人手里的土地,都分配给占全部农民人口相当大比重的四五百万居民手中,那么,某些经济学家曾经预见的这种行动肯定会使英国在一段时期里摆脱它那可怕的贫困,而且是对济贫习艺所的一个良好的补充。但是,即使采取了这种重大革命措施,如果英国市场仍然像过去一样,向外国的粮食和其他农产品开放,那么,这些不得不靠他们的土地、靠从土地上取得面包、大麦、肉类、乳品、鸡蛋和蔬菜的新私有主，显然就无法进行交换，或者只有亏本才能交换，因为他们的生产成本比外国进口的同类产品的成本昂贵。我的意思是说，这些私有主像我们过去的村民一样，设法靠自己生产自己所需的一切而不购买任何东西。贸易障碍虽然取消了，但是农村人口却克制不买了，这就跟没有取消是一样的。可是，用不着深入探究便可以看出，这恰恰正是产生保护关税制的首要原因。尽管经济学家拥有高明的口才和掌握大量的数字，他们能够给我们说明他们将如何摆脱这种循环吗？……

错误地理解货币的本质；把币值升降的后果无知地等同于商品价格涨落的后果；把垄断对产品价格的影响撇在一边；处处以利己主义来代替社会利益；在破坏劳动者团结的基础上建立有闲阶级的团结；提出自相矛盾的原则，特别是以民族利益作为祭祀特权的牺牲品；如果我没有记错，就是我们依据不容置辩的证据从贸易自由论作出的结论。

对于经济学家如此珍惜的这种乌托邦，难道还需要再作什么驳斥吗？要不就是我自己陷入了最奇异的幻觉；要不就是公正的读者现在应该完全清醒过来；这些对手的论据显得如此平庸、如此缺乏哲理科学的真实性，以致我几乎不敢提到他们的名字和援引他们的著作。我担心我的批评过于直截了当而不免不大礼貌；所以，与其通过公开辩论而伤害了人们可敬的自尊心，还不如让他们去独自反省为好。

不过，我的话还是没有完全说完：由于舆论还不大明朗，有的人的名字在我们当中又颇有威信，因此，请大家原谅我不得不以一种相当激烈的言辞来与一个学派论战。这个学派虽然我有幸与它认识，它的意图十分高尚，但是我认为它采取的方法却是矛盾和灾难性的。

我国优秀的农学家之一马蒂·德·唐巴斯莱[①]先生曾经十分正确地指出保护关税制的哲理，并且用一种独创的生气勃勃的思想反驳了萨伊的理论。他说：如果商品像在原始社会那样，只进行简单的交换，那么，萨伊的理论无疑是正确的；可是，现在却是一方出售，一方购买，存在着黄金和白银的差额，用货币来偿付差额。因此，廉价又有什么用处呢？只要我们不是用农业或工业价值来偿付买入的货物，而是以我们的贵金属来偿付，我们便是在逐步让出我们的领地，在事实上变成外国的附庸；因为我们为了经常拥有可供支付的手段，便必须换回一些黄金和白银，或者是让人拿走抵押品。可是，既然通过贸易做不到第一点，就只有采取第二种办法；而第二种办法老实说就是受奴役。

杜诺瓦耶先生在伦理与政治科学院的全体会议上忿然起来反对的，正是这个从政治经济学的基本概念推演出来的无可争辩的结论。

他激忿地说："我国最能干和最有智慧的，而且是具有虔信者特征的人物之一德·唐巴斯莱先生，竟然和阿尔古[②]先生一样，是一位寓禁性高额关税制的拥护者。不过，永不谬误的人是没有的，即使是最有天赋的人，有时也会犯错误。"

---

① 马蒂·德·唐巴斯莱(1777—1843)，法国著名农学家，对用石灰改造黏土有过贡献。——译者

② 阿尔古(1782—1858)，法国伯爵，是复辟王朝时期的议会、七月政府和帝国时期的政治家，多次担任过部长。——译者

为什么要这样拐弯抹角，这样缺乏议会辩论风度呢？销售论难道就那样地正确可靠，以致一切理性都必须拜倒在它脚下，否则就是精神错乱吗？

你们可能会说：这个理论的真确性，是伦理与政治科学院确认了的，它对此负责……那你们为什么不干脆加上一句：谁要是背离这个理论，他就是阴谋家、捣乱者和可恶的共产主义者，理应挨杜诺瓦耶先生的鼓鞭，并由雷巴德[①]先生来给他作传呢？

关于这一点，我没有必要作什么回答了，只是想请问一下那个在共产主义乌托邦的进攻面前充当工业自由的卫士的伦理科学院：为什么阿尔古先生和唐巴斯莱先生反对贸易自由呢？因为正是他们是反对共有制的。拆除贸易障碍，即使不是劳动者的共有制，至少也是剥削者的共有制，反正是平等的开端吧！但是，阿尔古先生和唐巴斯莱先生却异口同声地高呼：**各自回家，人人为自己**；我们极不公正的事已经够多的了，我们不想再参加任何人的掠夺性的共有社会了。此外，唐巴斯莱先生还说道："由于利益的不同，不同国家之间是不可能组成什么真正的社会的，只能由某些毗邻社会组成简单的集合体……如果撇开各国的特殊利益，又谈得上什么人类的普遍利益呢？……"

唐巴斯莱先生说，这是很清楚的：各民族间的海关是不能取消的，因为各民族不可能组成共有社会。因此，那个人像阿尔古和唐巴斯莱先生一样本能地敌视共有原则的伦理科学院，怎么可以在

①　雷巴德（1799—1879），法国经济学家和作家，写有不少社会讽刺小说。——译者

贸易自由问题上赞成共有制呢？

杜诺瓦耶先生说："这位著名的农学家并不限于实际考察这种制度，他还在理论上着手为它辩护。"

理论与实践，实践与理论，这就是杜诺瓦耶先生进行一切辩论时的主要据点，是他的武器之神（Deus ex machina）。什么时候经济原则为事实所推翻，他就求助于实践；一旦按照原则所做的事实招致灾难时，他又求救于理论。由于他总是拿实践来为理论开脱，反过来又用理论来为实践辩解，结果使一般常识不相关联，因而专横总是有它的理由。

那么，在寓禁性高额关税制问题上，杜诺瓦耶先生是利用什么理论来回避私有制实践而自称是共有制的拥护者呢？

他说："事实上，自从贸易关系开始活跃以来，到处就通过寓禁性高额关税制开始禁止外国商品的输入。"



让我们先把这个事实记录在案，并且注明：杜诺瓦耶先生为了维护一种违背事实的理论而开始利用乌托邦为共产主义辩解。怎么！伦理与政治科学院在它所发表的关于联合问题的征文活动的报告中抱怨应征人对历史太不了解，可是，这个报告的三十分之一篇幅的作者杜诺瓦耶先生却献身于维护一种违背历史的原则！可见，人们一当上院士，也就不在乎什么历史了！

"看来，没有比反对外国竞争更为天然合理的事情了；因为人类的贪婪本能、政府的国库利益、民族的投机、害怕、仇恨、嫉妒、报复心理以及各种不良的情感，本来就促使人们把聪明才智用于粉饰坏事，人类是最善于制造种种冠冕堂皇的理由来为最卑鄙的事业作辩护的。"

人类在这里是被当成唐巴斯莱先生来对待了。唐巴斯莱先生自称是主张寓禁性高额关税制的人，那他就是一个应受科学院遣责的堕落的天才，同样，人类既然对贸易自由的看法与杜诺瓦耶先生相左，自然也就成了一群骗子、扒手、伪造犯，活该遭受盐务局和海关所造成的各种灾难。

请允许我冒昧地说，杜诺瓦耶先生把我们的恶意看得太了不起了，同时对我们的才智又称誉太甚。我不相信我们有哪一种制度是产生于某种不良的思想，更不用说是产生于绝对的谬误；也不相信人类的最高才智在以社会决定的借口以后不发明什么。这就是揭示这些决定的真正动机是什么。难道普遍同意在各民族周围建立起保护圈是错误的吗？如果杜诺瓦耶先生在这些限度内提出问题，他的回答无疑就会比较慎重一点。

“因此，这种制度有它存在的理由，这是无可争辩的，因为重要的是它肯定没有妨碍进步，而且即使是重大的进步，尽管无止境地肯定放慢了，特别是它们很少恰到好处地导致使事物更正常更合理地发展，但这不是更加易于成为争论的焦点。”

杜诺瓦耶先生的推论简直与共产主义者和无神论者一样，我实在遗憾把他置于这样没有教养的人之中。这些人说：文明无疑一直在前进，宗教和私有权无疑都有它们存在的理由，但是，如果没有国王，没有神甫，没有作为家庭基础的私有权，没有那一整套关于原罪和必须战胜欲念的教义，我们的进步该是多么快啊！……这真是无聊的叹息，因为寓禁性高额关税制如同私有权、君主制和宗教一样，当时是各国治安不可分割的和必不可少的组成部分，是国家繁荣的条件之一。所以，问题不仅是讨论寓禁性高额关税制本身，而且是要了解这种制度是否已经完成了它的使命。如果连这样一个最普通的批判原则也不懂得，那么，当一名伦理、政治或历史科学院的成员，又干什么用呢？

杜诺瓦耶先生接着又责备保护贸易制度制造了利益分歧；这可是把事情本末倒置了。利益分歧并不是产生于保护贸易制度，而是根源于劳动条件的不平等和垄断。它是设立海关的原因，而不是它的结果。在各民族想出保护贸易制来互相防范之前，英国不是已经有自己的煤藏和铁矿，波兰不是已经有自己的麦田，波尔多和勃艮第不是已经有自己的葡萄园吗？

“可以对其他一些特权的例子作出假设，它们在一些方面和一定时期曾起过刺激作用，寓禁性高额关税制可能是一种鼓励措施，它们有助于克服资本家们的犹豫不决，促使他们投资于有益的，但又是碰运气的企业。”

我是不是也可以请问一下：这些与寓禁性高额关税制一样的、曾经作为工业的刺激因素、然而又与寓禁性高额关税制同样受理论谴责的其他特权究竟是什么呢？罗西先生告诉我们说，从一开始我们便到处碰到垄断；正是这种垄断改变了物品的自然价格，不过，这种垄断通过一种默示的协议而固定化和普遍化了，所以变成了私有权。私有权有其存在的理由，这是无可置疑的；何况，由于它不但不会妨碍进步，甚至还起着刺激的作用，它就更加不成争论的问题了。但是，私有权既然作为事实在一定程度上是可以理解的，那么，就应该肯定为一项原则，而且是绝对的原则；我在寓禁性高额关税制反对者面前一贯维护的正是这一点。所以，我可以第三次说，杜诺瓦耶先生是个共产主义者。

杜诺瓦耶先生然后又力图在他的论敌中制造分裂：

“在最近的一次事件中，有一批借口维护本国劳动的利益而激烈反对与比利时结成贸易同盟的工业家们，受到了许多人的抗议、指控和谴责。”

这又有什么可奇怪的呢？这不过是一场体现着贸易自由与保护贸易制的二律背反的戏剧罢了！因为双方都抱着不容忍的态度和维护自身利益的恶意走上舞台，当然就会发生争论、叫骂、污辱以至斗殴。在这样一类纠纷中，经济学家的作用本来应该是不偏袒任何一方，而是指出双方是怎样上了某种矛盾的当，怎样成为这种矛盾的受害者。这是一场垄断与垄断之争，盗贼与盗贼之战！如果他们不听科学的劝解，科学就只好袖手旁观。经济学家们一心只想利用他们的利益竞争论，所以，当问题涉及工人的权利时，经济学家就充当本国垄断的捍卫者；而当事情涉及有闲者的消费时，他们又成了外国垄断的辩护士。他们不但不讲公道话，反而火上添油，结果就只能招致主张寓禁性高额关税的人的咒骂，而且使他们更加固执己见。在这种情况下，经济学家的行为是和真正的学者不相称的；刊登他们抨击性的文章的那些杂志，就是他们这种令人难以置信的无知的证据。

杜诺瓦耶先生说：“政府总是力图为自己的国家谋利，仅仅因为这一点，它就一定对外国人表现出敌意。”

这是人道主义的沙文主义，因为这似乎是说，人人回家、人人为自己这个著名的格言是宣战书。正如你看到的，舆论尽管众说纷纭，但是社会上的一切总是相互联系的。正当内阁致力于与英国结盟并且不惜一切代价来维护这个联盟时，我们的经济学家对英国的自由表示亲近，这种自由在卸下我们脚镣的同时，又把我们的手砍断了……我们还是不要把国家利益诽谤得比个人利益还不如吧！特别是不要担心自己爱国太甚了！唐巴斯莱先生根据非常实际的理由说过，而我也感到奇怪的是，杜诺瓦耶先生对此竟然无动于衷，简单的情理是及早地使各国感到，对它们来说，自力生产自己消费的物品，要比从外国购买的好。因为拒绝外国的剩余商品实际上就是拒绝吃自己的资金和收入。至于那种今天无节制的自己生产一切的幻想，我们应该承认，它仍然是我们抗拒那种原先产生于英国而目前正像霍乱一样威胁着整个欧洲的商业封建制的传染病的唯一保证。

但是，贸易自由论既不承认差别，又不承认自卫。随着土地和生产工具的垄断，还要求市场公有，也就是说，它要求的是商业贵族结成联盟、劳动者普遍变成附庸，以及贫困遍及全世界。



杜诺瓦耶先生埋怨说，保护贸易制限制了各民族相互竞争所起的良好作用，因而妨碍了工业的普遍进步。

关于这一点，我已经作过回答，寓禁性高额关税制问题就是最高的商业安全问题；而且什么时候应该扩大关税制的范围，什么时候应该缩小，应该由政府来判定。此外，显而易见的是：寓禁性高额关税制虽然取消了各民族间的竞争，限制了文明发挥其良好作用，可是，它同时也防止了竞争的破坏性后果，因此，有失也有得。

杜诺瓦耶先生用自己的各种论据筑成堑壕，把保护贸易主义的堡垒团团围住以后，终于决定发起攻击了。首先，请看他是怎样理解他的论敌的理由的：

“在一国之内，并不是所有的矿藏都一样地容易开采；各个劳动者耕种的土地，其肥沃程度也很不一致；不同工厂坐落的地点也不是一样地合适，并非都能利用无偿的天然动力，所用的动力也强弱不等，使用的人员聪明才干也各有上下；即使这些条件完全相同，也会由于许多其他的原因而不时有所差别，比如，出现一种新的技术、新的操作方法或者其他的革新。”

说得好极了！既然是这样，理论上应该怎么解释呢？应该采取什么办法来补偿呢？既然占有条件不同的生产工具本身就构成垄断，理论上又怎样消除所有这些垄断所造成的不平等呢？又怎样像杜诺瓦耶先生的同事巴师夏先生所说的那样，使进行交换的生产者之间各自用在他们生产中的劳动只是他们为自己得到的产品中的劳动呢？每天只能生产一个橘子的巴黎人，怎么能够和在同样时间内能够生产一箱橘子的葡萄牙人一样地富有呢？这可是你们应该回答的常识问题啊！即使不谈为寓禁性高额关税制辩护，这至少也是这种制度的一个成因和存在理由。

理论上多么空虚！杜诺瓦耶先生只好退却。他不是竭力克服困难，而是想方设法把它说成并不存在。不过，应该承认，他举出的理由毕竟比任何经济学家所设想的都要有力！他说，法国、德国和美国等都已经取消了国内的关卡，而且日子都过得不错，为什么对外的海关，也就是各民族之间的关卡，就不能这样办呢？

唉！你是问为什么吗？这就可见，你不但看不到你所建议的这种做法的意义，而且对已有事实的意义也一无所知；你的全部理论都是建立在一种模糊的类推的基础上！你既没有看到，也没有听到，更谈不上理解已经发生的事情；却又以一个预言家的武断口吻来谈论将要发生的事情。你不是问为什么我们不能像在国内一样，对外也取消关卡吗？我想，只要几句话就可以回答你这个问题，就是各民族间既不存在垄断的共有，也不存在负担的共有，而且，彼此国内的垄断和捐税所造成的贫困，不待加上外国垄断和捐税的盘剥就已经够严重的了。

关于各国之间由于自己境内的垄断所造成的不平等，我已经说得够多了，所以这里我只想从捐税的角度来谈谈贸易自由问题。

在一个文明的社会里，所进行的一切有益的劳务，在到达消费阶段时，都已经负担了一定的国库税，这种捐税代表着这一产品对公共支出所负担的比例。因此，一吨煤从圣太田运到斯特拉斯堡时，如果把一切费用都计算在内，成本就达 30 法郎。在这 30 法郎中有 4 法郎是直接税，也就是每吨煤从圣太田运往斯特拉斯堡应纳的所谓航运税。

但是，这 4 个法郎并没有包括每吨煤所负担的全部捐税，还有我称之为煤炭间接税的其他费用，也要计算在成本之内。实际上，构成这吨运到斯特拉斯堡的煤炭的价值的其余那 26 法郎中，包括了从开发矿山的资本家的利息起一直到负责运输煤炭到目的地的轮换工和水手的工资为止的全部费用。这些工资如果加以分析，又可以划分为两部分：一部分是劳动力的价格，另一部分则代表着每一个劳动者所交纳的捐税。如果我们按这个办法一直分析下去，那么，一吨售价为 30 法郎的煤炭中，国库所收的捐税可能要达到三分之一左右，即 10 个法郎。

国家在给自己的生产者附加了各种额外费用以后，在他们的产品与没有向它交纳过任何捐税的外国产品之间优先购买前者，这种做法是否公道呢？我想谁也不会作否定的回答。

本来可以以25法郎的价格买到普鲁士煤的斯特拉斯堡消费者，必须购买法国的价格为30法郎的煤，如果想买普鲁士煤，就必须交纳一笔新的捐税，这做法是否公道呢？

这就要再问一下：斯特拉斯堡的消费者是否属于法国呢？他们是否享有法国国民固有的权利？他们是否在法国的保护下为法国而生产？……要知道，他们和自己所有同胞有着连带责任，他们既作为自己同胞的顾客而受法国社会的保护，同时其个人消费又是法国生产者市场的组成部分。这种连带责任是无可回避的；因为，要使这种责任消失，就必须首先取消政府，取消行政机关、军队、司法机关以及它们的一切附属机构，并且让工业家恢复其自然状态。这显然是不可能的。因此，如果我们不想在一种我们无法忍受的贸易中丧失我们的民族资本，就必须结成一体来对付外国；要求我们这样做的是负担的共有制和法国社会的经济条件。我再说一遍，我相信谁都不会反对这种公民之间负连带责任的原则。

因此，法国在取消了国内关卡以后，且不说作为国内垄断集中化主要后果之一的贫困进一步加剧，从而大大地减少八十六个省份之间实行贸易自由可能带来的好处，而且在这些省份之间还出现了捐税的比例分配和共同负担。因此，一些实有的省份多交纳一点捐税，贫困的省份少交纳一点儿，各省之间形成一定的补偿。情形仍然和以前一样，财富增长着，贫困也发展着；不过最少是两者并驾齐驱了。

可是，只要各国仍然有其政府，而且彼此不负连带责任，那么，它们之间便不可能出现上述这种情况。经济学家无疑是不敢妄想向各国君主们开战，推翻他们的王朝，使各国政府降为城防机构，并且以一个普天王国来取代分散的各国；特别是，他们并不懂得把各民族联合起来的秘诀，也就是不懂得怎样解决各种经济矛盾，怎样使资本从属于劳动。可是，除非这一切条件全都具备，贸易自由就始终只能是一个反对各民族和反对劳动者阶级的阴谋。谁要是能够用确凿的理由证明我在这个问题以及其他一切问题上是错误的，我将不胜荣幸。

因此，由于讨论了海关问题，以后我们就看到了保护贸易制的必要性，看到由斗争状态，也就是说，垄断的普遍神圣化使它合法化了，我们还发现它在政治经济学和法学上的根据。海关的存在是与捐税的征收和公民的连带责任密切联系着的，也与民族的独立和私有权的宪法保障密切联系着。

所以，为什么我只谴责那些要求实行保护贸易制的工业家们的利己主义和垄断呢？那些叫喊**自由**的人难道就那么纯洁吗？当一些人正在剥削和勒索我们国家的时候，我会把那些一心只想到销售的人当成救国者吗？在我这方面我就没有一点理由来指控亲英的主张废除海关者不忠吗？关于这个问题，我倒想起德·唐巴斯莱先生的一句肺腑之言，它一直像一块石头似的压在我心头，我始终无法理解此中的奥妙。

他伤感地写道："我简直不知道法国人究竟是否愿意说出，甚至是否希望弄清有关这方面任何一个问题的真相。"

只要是国与国之间，进行贸易的地方，便有海关。野蛮民族和文明民族一样地实行这种办法。海关在历史上是和工业同时出现的，它和劳动分工、机器、垄断、竞争、捐税和信用等一样，是社会的一个组成原则。我并不是说它应该永远存在下去，至少是它不会永远按目前的这种形式存在下去；但是，我敢肯定，促使它产生的那些原因却将始终存在。因此，这里存在着一个社会必须不断加以解决的二律背反。如果不加以解决，各个社会就只能互相欺骗和共同贫困。一国的政府完全可以以法令取消其海关线，可是，这和原则又有什么相干呢？这和我们不过是其代言人的命运又有什么关系呢？劳动与资本的对抗难道因此就缓和了吗？因为贵族与无产阶级之间的斗争将普遍化，因为豪富与贫穷的传染病将不会遇到阻拦，因为附庸的枷锁将像网一样撒遍世界和在统一论的庇护下的一切民族，谁又敢说工业联合的问题已经解决了呢？社会平衡的规律已经找到了呢？……

这段议论已经太长了，我再提几点看法就结束吧！

我国声名最著的经济学家、同时又是贸易绝对自由的最热情的推动者布朗基先生，在他那本《政治经济学史》中，有意要让后代人来咒骂西班牙国王查理五世①和腓力浦二世②，因为这两位国王最先把贸易平衡制和它不可缺少的附属物海关规定为政策规则。显然，如果他们因为这点过错便比提比略和多米提安③还要坏，那么，我们就应该承认，整个西班牙和整个欧洲都是他们的共犯；在后代人看来，这点应该成为减轻他们罪责的情节。作为他们那个时代的代表，这两位君主实行民族排他政策是否真的是什么大罪过呢？布朗基先生即将给我们作出解答。

他用了整整一章的篇幅来专门阐述西班牙由于发现新大陆而

① 查理五世，即查理大帝。——译者

② 腓力浦二世(1527—1598)，查理五世之子，西班牙国王。——译者

③ 多米提安，公元 81 年至 96 年在位的罗马皇帝。——译者

获得大量财富后，怎样满足于自己旧日的工业，先是排斥摩尔人[①]，接着是排斥犹太人，最后是骄奢淫逸，终于在很短时期内衰败了，变成所有国家中最匮乏的一个国家。它因为始终只购买而不出售，所以无法避免这样的命运。布朗基先生提到了这一点，而且也加以证实了，这要算是他这部著作最精彩的部分。倘若查理五世和腓力浦二世当初能够采取点什么办法迫使西班牙从事劳动，他们本来是可以成为这个国家真正的庇护神、真正的国父的；这样说难道不是很正确吗？不幸的是，他们两人都既不是社会主义者，也不是经济学家，没有掌握一大套组织制度和改革办法，也没有认识到有千万条理由必须使从西班牙外流的资本返回西班牙。

如同那个时代的一切人一样，他们也模糊地意识到货币的外逸等于国民财富的流失，意识到始终只购入而不卖出是自我毁灭最迅速的途径，多买少卖虽然毁灭稍慢，反正也肯定会毁灭。他们所实行的排斥外族人的制度，更确切地说就是强制劳动的制度并不见成效，这点我同意；我甚至承认这个制度不可能成功。但是我确信，他们不可能采取别的办法。我倒希望布朗基先生能运用全部发明天才想出点什么别的办法来。

这两位西班牙王缺少的是两件东西：首先是怎样使一个充斥着黄金的国家从事劳动的秘诀，这个秘诀也许比处理黄金的秘诀更难于掌握；其次是在一个宗教凌驾一切的国家中应有的宗教容

① 摩尔人，原北非一阿拉伯部族，中世纪时曾入侵西班牙，后为西班牙王朝所打败，其后裔受到西班牙的迫害。——译者

忍态度。富裕和信奉天主教的西班牙，事先就被宗教及其礼拜仪式判处了刑罚。查理五世和腓力浦二世所筑起的屏障，早就被自己臣民的怠惰所推倒，对外国的进攻只能起微弱的抵挡作用；因此，在不到两个世纪的时间里，一个英雄辈出的民族便变成了一个到处是拉萨里罗①的民族。

布朗基先生也许会说，西班牙之所以变穷，并不是因为它的贸易，而是因为它无所作为；不是因为取消了贸易屏障，而是因为建立了屏障。辩才过人和善于把无说成有的布朗基先生，是完全可能作出这样的反驳的。我理应提防这一点。

人们都承认：只消费而不生产，严格说来就是自我毁灭；因而，钱币花费于非生产性用途也是毁灭，以资产作抵押来贷款作非生产之用，也是毁灭；亏本卖货，也是毁灭。可是，买进的货物多于自己能够出售的货物，等于使劳动浪费了，等于吃家产，等于毁灭自己的财产；至于这财产究竟是通过走私外流的还是通过正式的买卖契约外流的，又有什么关系呢？这与海关和贸易屏障又有什么关系呢？问题在于弄清楚：放弃自己原来的用来主宰世界市场的某种商品，而只能通过劳动和交换去换回这种商品的做法，是否是丧失自己的自由？因此，我完全有理由拿西班牙在查理五世和腓力浦二世治下的做法来比喻我们今天的做法；稍为不同的只是，西班牙那时是只用自己的黄金来交换外国的产品，而我们今天则是拿价值 1.6 亿的产品加上 4 千万钱币来换取价值 2 亿的外国

① 拉萨里罗，西班牙作家门多萨（1503—1575）写的一部描写歹徒、流浪汉的讽刺小说《托姆斯的拉萨里罗》中的主角。——译者

产品。

当经济学家发现自己在原则问题上处境狼狈时，便转移到细节问题上，含糊地谈论消费者利益和个人自由，援引一些具体事例来迷惑我们。他们揭露海关的舞弊、骚扰和麻烦；他们老是利用一些本来与垄断分不开的弊病来证明需要给垄断以更大的自由。布朗基先生在回答一位著名记者时，用他那花样翻新的奇谈来哗众取宠。他告诉读者说，运进一只水蛭要收关税 5 生丁，一条蝮蛇收税 15 生丁，半公斤金鸡纳或一公斤甘草收税 25 生丁，等等。他大声叫嚷说：什么都收关税，连关乎穷人健康的药物也不能幸免……布朗基先生就是没有说到我们吃的肉、我们喝的酒和我们穿的纺织品！但是，既然有的东西需要纳税，为什么就不能所有的东西都纳税呢？所以，请他最好不要咒骂和嘲讽，还是给我们说说，如果一个国家不收捐税，一个民族不劳动，怎么样过日子呢？

关于海船上使用的铁皮和钢板，夏尔·迪潘①先生曾经在农业和商业总委员会上支持过奖金制度；1846 年 1 月号的《经济学家杂志》就此发表了这个意见："夏尔·迪潘先生提出，法国自己有足够的工厂可以满足航海的需要。**问题并不在这里**。问题是这些工厂能够而且愿意提供像比利时或者英国那样便宜的钢铁吗？"

**问题恰恰就在这里**。对一个国家说来，靠劳动来生存还是因借债而灭亡是不是有区别呢？如果凡是能够从外国以较低价格买到的东西，法国自己就应该放弃生产，那么，就没有理由不连那些

① 夏尔·迪潘(1784—1873)，法国造船工程师、经济学家和政治活动家，曾任路易·菲力浦王朝的海运大臣。——译者

它占据优势的工业也放弃掉，而且我们所做的一切吸引那些不大愿意买我们商品的顾客的努力便都是错误的。如果把寓禁性高额关税制的原则贯彻到底，其结果将像杜萨德[1]先生所说的，只是无目的地拒绝外国产品；但是，如果把反寓禁性高额关税制原则贯彻到底，也会走到另外一个极端，就是即使是本国生产起来很合算的产品，也要停止生产。可是，经济学家并不是超脱于这两者之上，而是选择和采纳了后一办法。这是多么贫乏的科学啊！

最使经济学家咆哮不满的政治行动，便是拿破仑实行的反英的大陆封锁[2]。撇开战争中各种大小因素不谈，无疑不可能使施展策略像布置近卫队方阵那样地准确，再说这种策略在原则上是设想得很完备的，而且在我看来，它是拿破仑惊人天才的一个证据。他在圣赫勒拿岛上说过：事实证明于我有利。尽管他对他的光荣的这个不可磨灭的称号付出了代价，尽管他在流放中喜欢用滑铁卢战败的思想来自慰，他毕竟曾经在敌人心脏上刺了一把致命的匕首。

《经济学家杂志》(1844 年 10 月号)在列举各种为拿破仑辩护的理由以后，竟然有办法从中作出一个结论，说事实证明拿破仑的做法是错误的。下面是他举出的理由；我一点也没有增删改动：

正是大陆封锁迫使欧洲摆脱了委靡不振的状态；拿破仑皇帝的统治标志着大陆工业运动的开端；随着这一新的事态发展，法

① 杜萨德(1798—1876)，法国经济学家，《经济学家杂志》主编，第二共和国时曾任省长。——译者

② 大陆封锁是拿破仑在 1806 年宣布的一项对付英国的措施，禁止欧洲大陆各国与英国进行贸易；又名大陆体系。——译者

国、西班牙、德国和俄国都学会了不靠英国的供应度日；这些国家开始时虽然反对拿破仑所设计的排外政策，但是自己后来却都采用了这种政策；这个出自拿破仑一个人的思想，就这样变成了一切政府的思想；它们不仅在工业方面效法英国，而且还仿效它的整套寓禁性高额关税制的办法，纷纷把国内市场保留给本国的制造商。结果，拿破仑所创始的全面封锁，便使英国遭受到前所未有的严重威胁，面临缺乏市场的危险；英国就起来大声疾呼，要求取消贸易壁垒，举行大规模集会要求贸易绝对自由，并通过这种策略上的变化，竭力把竞争国吸引到取消关税的运动中来。赫斯基森先生在下院说："保护贸易制对英国来说是一种已过期的发明专利权。"德·唐巴斯莱先生反驳说："是的，这种专利权已经转入公众手中；正是因为这样，所以英国不希望再有这种专利权。"我要补充的是：这正好证明英国比任何时候都更希望掌握这种专利权。



反谷物法同盟最使我们的经济学家感动的，就是它在要求废除外来产品的一切进口税的同时，并不要求别的国家采取对等措施。不要求对等措施！这对争取人类友好的神圣事业是多么忠诚啊！这倒使人想起探视权[①]来了。既然是不要求对等措施，我们法国人、德国人、葡萄牙人、西班牙人、比利时人和俄国人又哪能拒绝如此无私的建议呢？

反谷物法同盟的守护士巴师夏先生大声疾呼道："怎么可能想象这样顽强的努力、这样真诚的热情、这样充满生气的行动、这样

① 法国民法中规定有所谓探视权，指离婚后前往探视归对方抚养的子女的权利。——译者

一致的意见，只有一个目的：欺骗邻邦并使它们落入陷阱吗？我读过三百多篇同盟成员的演说，也看过这个强大组织出版的大量报刊和小册子；我敢肯定说，在他们的一切维护贸易自由的主张中，没有一句话可以从中推断出同盟的目的在于保障英国人对世界的剥削。”

看来，巴师夏先生读得太马虎了，要不就是读而不懂；因为这里有一位对同盟成员的浮夸辞藻的熟悉程度并不亚于巴师夏的经济学家从同盟的出版物中所发现的东西：

“这些报刊和小册子都充满着谎言和诡辩；它们往往出自同一个人的手笔，却又无耻地自相矛盾。

“同盟的这些成员对人民说话时，便援引亚当·斯密的理论，声称小麦进口将使面包的价格降低，同时，由于工业品需求的大幅度增长，劳动工资便将提高。

“对资本家他们则说：生活必需品价格的降低将使我们有可能随着销售的增长而降低工资和提高我们的利润……此外，如果工资劳动者要求过分，我们还可以借助于机器与蒸汽随时解雇他们。

“对土地私有主，他们又怎么说呢？这时他们就撇下斯密，引证起李嘉图来，竭力证明贸易自由不但不会使英国的小麦价格降低到国外的最低水平，而且相反只会使外国的小麦价格提高到英国小麦的水平……然后，大不列颠的岛国地位就将始终保证英国土地的主人享有巨大的特权和垄断。

“为了说服农民，他们便说：同盟的炮弹不是朝着农民发射的，垄断不会使农民得利，因为向饥饿者征收租税的是地主。一旦废除了谷物法，议会就将颁布法令按比例地降低建筑材料的价格……另一方面,机器即将出现比我们现在所看到的要奇妙得多的进步,因此,不用多久,田间操作便将依靠非生物的动力。在这样的情况下,粮食价格的降低将可以使工资降低,各种产品就会重新回到农民手里……”(引自维达尔[①]先生的文章,载于1846年1月25日的《独立评论》)

可是,这些说教有什么用呢?口头说的又哪里算数呢?应该据以判断的是事实,行动胜于言词(potius quod gestum,quam quod scriptum)。英国人已经不再是依靠与工业品的数量成正比地增长的自己土地上的自然产品为生,而是较多地依靠用本国产品换来的外国产品的新比例为生;可是依靠通过排他地销售金属制品和纺织品来剥削全世界,除了从顾客手中换回金钱是不买回其他东西的。正是这种畸形的剥削葬送了英国,因为这种做法过分发展了英国的**资本主义**和**雇佣制度**。而这正是英国在披上了难以穿透的资本盔甲以后,力图取消关税壁垒而向世界传播的灾难。

据莱昂·福歇[②]先生的引述,有一位英国工人曾经在一次宴会上说:“去年(1844年)我们出口了价值6.3亿法郎的毛线和纺织品,这是我们繁荣的主要源泉。可是,当国外市场向我们关闭时,工资便下降了……在六名纺线工中,**有五名是为国外劳动的**,只有**一名**是为国内劳动的;织布工所生产的布匹,七匹中有**六匹**是供应国外市场的,为国内生产的只有**一匹**。”

这个事例就表明了大不列颠的经济。假定大不列颠的人口是

① 维达尔,法国小资产阶级经济学家。——译者

② 莱昂·福歇(1803—1854),法国资产阶级政论家和政治活动家,马尔萨斯派经济学家,曾任内政部长。——译者

2 200 万，那就需要有 1.32 亿外国人来维持它全部织布工的就业，1.1 亿外国人来给它的全部纺线工提供工作；对英国的其他工业部门说来，比例也大致如此。这已经不是什么交换，而完全是极端的奴役，极端的专制。面对着这种明显违背比例性规律的现象，同盟成员的一切谬论都不攻自破，因为比例性规律不仅对于一个社会是真实的，而且对整个人类说来也是真实的，它是政治经济学的最高规律。

毫无疑问，如果英国工人制造的产品只用外国进口的商品来偿付，而且工人本身能够消费到这些进口品，如果不仅是英国商人与其他国家商人之间的交换，而且是英国商人与本国雇佣劳动者之间的交换，都能符合劳动的规律；那么，即使某一个工业部门的二律背反仍然存在，其规模也比较有限，上述弊病从商业上说也就不存在。但是，对有关英国情况所作的虚伪和错误的报道，谁会看不透呢？

英国工人并不是在为自己能消费到外国产品而劳动，而是在为老板发财而劳动。对英国说来，全用实物交换是不可能的，因为它绝对必需的是出口顺差，能够使流入的货币不断增加。英国不用期待任何国家供应它以毛线、纺织物、煤、铁、机器、金属制品或羊毛，甚至可以说，连谷物、啤酒、肉类也不需要，因为它所蒙受的饥馑是贵族垄断的结果，与其说是真正的饥馑，不如说是人为的匮乏。谷物法改革以后，英国在这方面的收入将减少，但是，另一方面的收入很快将增加；否则，现在那里所出现的现象便不可理解，便荒诞不经。至于它从国外取得的某些消费品，如茶叶、食糖、咖啡、葡萄酒和烟草等，比起它可能向外供应的大量工业品来，则只是微乎其微。英国为了能够继续按现在的状况生存下去，就必须使与它贸易的国家承担起不从事棉花、羊毛、苎麻、亚麻和蚕丝的纺织业的义务，而且还要这些国家让它享有金属制品的销售特权和海洋垄断权，要这些国家都像当代最著名而又最愚蠢的改革家傅立叶所劝告的那样，在一切方面不惜一切代价地接受英国的推销，让英国成为世界的制造商。这一切难道可能办到吗？既然这一切都办不到，那么，在贸易绝对自由的情况下与英国进行互惠的交换又怎么能成为现实呢？何况，如果没有别的国家作牺牲，英国的局面又怎么撑持下去呢？

英国人自从进入中国以后，便让中国人实行非寓禁性高额关税制原则。从前，这个天朝帝国是严禁货币外流的；可是，现在金条银锭却自由出境。关于这个问题，《经济学家杂志》(1844 年 1 月号和 2 月号)是这样说的："英国从中国手中得到自己所希望的一切以后，便不惜牺牲高傲的尊荣，放弃在北京派驻一位使节的权利；而且，为了不使别的国家埋怨，它故意疏远中国的一切可能令它担心其影响的政治人物；此外，它还同意在条约中加进一个补充条款，允许中国把英国原先独占的一些特权也给予别的国家。由于这些表面的让步，它就使欧洲各国，甚至连美国也在内，派驻中国的外交官和谈判代表失去作用。可是，它却把事情安排得几乎完全无损于它在中国市场的利益；因为决定关税率和控制着五个通商口岸的海关事务的，正是英国。用不着说，凡是英国不怕竞争的商品项目，税率当然特别低。"

好了，对这种无信义的忠实，经济学家又该说些什么呢？这难道还不足以证明，英国所要求的以及它的贸易自由论，并不是要交换者，而是要买主吗？

《1845 年政治经济学年鉴》也肯定了 1844 年《经济学家杂志》的不祥预见。年鉴中写道：

“对英国说来，与中国签订的条约还没有产生它原来预期的好处。英国人已经开始感到严重的不安，害怕由于天朝帝国的严重贸易逆差，经过一些年以后，这个国家的货币将极度短缺，以致英国再也不可能与这个国家进行任何交易。”

作为结论，费克斯先生最近发表意见说：“中国的命运将与印度一样。英国对这些辽阔地区的占领，从一开始就与这种曾经命令对大批不同民族进行奴役和剥削的卑鄙而可耻的政策密切联系在一起的。”

给我们叙述这些事实、告诉我们这些道理的经济学家们，难道不是在嘲弄主张寓禁性高额关税制的人和那些对狡猾的阿比戎人[①]的货物持不信任态度的人吗？至于我，我则要声明：我对德·唐巴斯莱先生的话深有感受，确实不知道法国人是否愿意说出，甚至是否希望弄清有关这方面的任何一个问题的真相，因此我急切地等待着经济学家们作出答复；因为尽管我是他们的论敌，尽管他们想象我是在不择手段地（per fas et nefas）贬毁他们的理论的信誉，但是，我还是认为，在科学界占有一席地位的，而且甚至可以说曾经给科学增添过荣誉的一个重大学派，竟然自找人们的讥笑，甘愿为了发动一场伪善的运动而在我们这个敏感的国家



① 狡猾的阿比戎人是拿破仑帝国时在法国人中流传的对英国人的谑称。阿比戎为音译，原指白肤病，因英国面临英法海峡的山崖呈白色，法国人便以此鄙称海峡对岸的英国人。——译者

里被人看成是我们长期的敌国派来的奸细，确实是科学界的一场灾难。

大家都知道，英国为了贸易自由而掀起的喧嚣，开始时只是针对谷物垄断。由于工业界在降低工资方面已经计穷力绌，过去作为工资补贴的济贫税又已废除，所以，工厂主便要求改革谷物进口税，希望这样能降低生活品的价格。开始时他们提出的要求并不高，只是后来土地领主起来反抗时，他们才明白，对于他们自己说来，也就是说对于整个英国工业说来，已经不需要保护贸易制了，工业本身完全可以接受农业的挑战。于是，厂主们想：我们不必再推动局部改革，而是要推动全面改革，因为这样做既于己有利，又显得行为高尚。原来暂时被转移了的财产，将要重新组合；英国的无产者又将由于一场持久的对抗世界的工业战争而再度抛弃他们追求平等的模糊希望。

不管反谷物法同盟本身是否承认，反正它是通过贸易自由来奴役各国的。如果人们想使我们相信同盟演说家的仁慈，就必须设法使我们忘记：虔诚的英国正是带着它的《圣经》和传教士到世界各地去开拓它巧取豪夺的事业的。经济学家对法国的报刊对大不列颠的反寓禁性高额关税制运动长期保持缄默感到奇怪。我呢？虽然也觉得奇怪，但是原因完全不同。我奇怪的是：人们竟然把我们邻国正在实行的较大规模和较全面的制度说成是庄严地放弃贸易平衡制，人们没有向欧洲警察揭发英国人的这场大闹剧，而且，在这场闹剧中，一些所谓的理论家、海峡此岸的受骗者、海峡彼岸的伙伴，居然竭力要使我们充当受害者的角色。

进口的民族是被剥削的民族，这个道理大不列颠的国务活动家是最清楚的。他们因为不能用武力把自己的产品强加于全世界，便着手通过贸易自由的阴谋来侵入五大洲。罗伯特·庇尔本人就在讲坛上供认了这一点，他说："我们改革谷物法，是为了开辟更好的市场。"自从法国政府在议会上引用了这句话以后，我们当中的海关取消派便马上沉寂下来。从法国绝大部分报刊的表态看来[①]，就是要肯定罗伯特·庇尔的改革还保留着相当浓厚的保护贸易制的性质，这个改革不过是英国企图在国外市场上建立绝对优势的又一件武器罢了！

贸易自由，亦即垄断自由，是资本和工业大封建主们的神圣同盟，是一门巨型的大炮，其使命是在地球的一切角落完成分工、机器、竞争、垄断和警察所启创的事业，彻底摧毁小工业和最终制服无产阶级。它是整个地面上掠夺与贫困制度的集中体现，是初期文明的自发产物，但是，一待文明意识到自己的规律，它就将马上灭亡；它正当盛年、是处于顶峰状态的私有制。千千万万劳动者蒙受饥饿，多少无辜生灵从襁褓时起便备受蹂躏，无数妻子少女沦为娼妓，多少人出卖自己的灵魂，多少人品质堕落，这一切都是为了给这种制度带来末日。我再说一遍：要是经济学家懂得如何摆脱这座迷宫，如何结束这种苦难，那该多好啊！可是这办不到，永远也办不到！什么时候也办不到！这种苦难就像地狱里无尽的时

① 唯一试图反驳内阁意见的，恰恰是那些由驰名的经济学家主编经济版的报刊，如《辩论报》、《世纪报》和《法兰西信使报》等。尽管它们称赞内阁的审慎，但是却仍然坚持自己的那套理论。至于民主派的报刊，却令人痛心地对发生的事情统统看不见，统统不了解，统统一言不发，简直像隐居在卡尔柏德深山中一样。（卡尔柏德山是欧洲中部波兰、斯洛文尼亚一带的山脉。——译者）

辰，是经济启示录中永远唱不完的叠歌！唉！要是囚徒们能一把火烧掉地狱，那就好了！……

## 第三节　贸易平衡的理论

贸易自由问题从我们时代起就具有这样的重要性，以致我在揭示了它所导致的两方面后果，即对人类有益的和有害的后果以后，责无旁贷地应该把解决办法告诉大家。在这样完成了我的全部论证以后，我希望能够，而且我想也理应能够使那些还不同意我的意见的读者相信进一步辩论这个问题将没有什么必要。

古代人是懂得贸易自由的正确原则的。但是，就我所知，他们并没有在这个问题上总结他们的观念，这和现代人在理论上的无能一样地不足为奇。所以，经济学家只要好像接近解决这个问题的时候，马上又被传统的真理弄糊涂了。具有讽刺意味的是：贸易平衡在被咒骂了一个世纪以后，居然又有一个人出来以自由与平等的名义、以历史和人权的名义加以论证和捍卫，这个人即使有一切现成的事实，辩护者还是慷慨地授予他乌托邦主义者的称号。我尽可能写得简短的这段论证，是我提供给我的论敌思考和诉诸他们良知的最后一个论据。

贸易平衡的原则是由下列两点综合而成的：一、萨伊的那个经巴师夏先生作了注释的公式：*产品只能以产品来购买*。尽管如此，其最初的荣誉应归于亚当·斯密，因为他早就指出：*报酬并不与生产者拿到市场上的效用成正比*，而是与这些效用中所*包含的劳动成正比*；二、李嘉图的地租理论。

第一点读者都很清楚，所以我只说说第二点。

大家都知道李嘉图是怎样解释地租起源的。

尽管他的理论在哲学方面还有待完善，这点我在下文第十一章中将要谈到，这个理论关于造成地租不平等的原因的论述，还是十分正确的。

李嘉图说，开始时，人们总是致力于开垦第一等级的土地，也就是用同样的开支能够提供最多产品的土地。当这类土地的产品不足供养全部人口时，才着手开垦第二等级土地，如此类推，陆续开垦到第三、第四、第五、第六等级的土地；但是始终有一个前提，就是土地的产品最低限度必须足够抵偿耕作费用。

与此同时，由于土地垄断开始确立，所有土地的所有主都要求代理人，让他们耕种他们的土地，还同样要求耕种土地可以产生的地租，这种地租是产品减去劳动者的工资，亦即减去耕作费用后的差额。因此，根据李嘉图的说法，所谓地租，严格地说就是最肥沃的土地所提供的高出于次等土地的那部分剩余产品。由此可见，地租并不适用于人们不得不去开垦的质次的土地，依此类推，一直到那种其产品不足抵偿耕作费用的土地为止。

这就是他的理论，它可能哲理不甚充分，但却最便于说明地租逐步形成的过程。

如果这点大家都同意，那么，假定像所有的社会主义著作家所说的那样，土地所有权变成集体所有，每个农业劳动者就不应该再按土地的肥沃程度来分配，而应该像巴师夏先生所确切地表述的，按照产品所包含的劳动的数量来分配。按照这个假定，如果每阿

尔潘[1]土地提供的总产值各为：

| | |
|---|---|
| 一等土地 | 100 法郎 |
| 二等土地 | 80 法郎 |
| 三等土地 | 70 法郎 |
| 四等土地 | 60 法郎 |
| 五等土地 | 50 法郎 |
| 共计 | 360 法郎 |

假定每阿尔潘耕作费用为 50 法郎，五阿尔潘土地的总耕作费用是 250 法郎

作为经营总和的净产值为 110 法郎

每一个参加共同耕作的人应得的净产值为 22 法郎。

即使是不同地块的耕作费用不相等，或者是作物的品种不一样，也同样可以适用这种计算法。而且，在联合制度下，由于耕作者之间存在着产品与劳务的连带关系，便有可能把耕作扩大到那些其产值不足抵偿耕作费用本身的土地；这一点在垄断制度下是办不到的。



我十分了解，这一切都不过是社会主义者的一种梦想，是与土地私有权的常规相违背的乌托邦。由于理性总是不如习惯有力，所以，按劳分配的制度恐怕在人类中尚长期无法建立。

但是，私有权和政治经济学以私有工业的同等热情拒绝的这个制度，恰恰是一切民族在交换各自领土上的产品时所一致企求实现的制度。所以，它们一方面把自己看作独立的和拥有主权的

① 阿尔潘，古法亩，相当于二十至五十公亩。——译者

个体，按照李嘉图的假定来逐步开垦不同质量的土地；另一方面，彼此之间又按照社会主义者的假定，组成一个巨大的公司来共同开发地球，其中每一个成员对于整个大地都享有不可分割的所有权。

请看它们是怎样推论出这一点的？

产品只能以产品来购买，这就是说，产品的价值不应取决于它的效用，而应该取决于它所包含的劳动。因此，如果由于土地的质量不相等，甲国用 50 个劳动便能生产 100 个毛重产品，而乙国用同样劳动却只能生产 80 个毛重产品；那么，甲国就应该把全部收获的百分之十补贴给乙国。

当然，只有在进行交换时，或者是像人们所说的在进口时，才能要求对方提供这种补贴；但是，这个原则确实是存在的，而且只要两个民族之间所交换的不同价值归到统一的表达方式上，就可以对比出来。让我们拿小麦做例子。

假定甲乙两国土地肥沃程度不同。在甲国，2 万工人就能生产 100 万公担小麦，而在乙国，同样数量的工人却只能生产这个数量的一半。这就是说，乙国小麦的生产成本比甲国多一倍。又假定，乙国的生产者要求以自己的小麦交换甲国的小麦。当然，这在实践上是不可能有的事，但是在理论上却是完全允许的，因为各种各样的贸易归根结底都不外是对类似价值的不同形式的交换。再说一遍，假定乙国的生产者要求以自己的小麦交换甲国的小麦，那么，很显然，乙国以一公担小麦交换甲国的一公担小麦就等于以两天的劳动换取一天的劳动。当然，就消费来说，这并不产生任何后果，因为任何一方都没有什么实际损失可言。但是，假使包含在这两批产品中的劳动可以分解出来，表现为某种其他效用；或者表现为货币；因为一方面由于乙国所生产的全部价值都与本国的谷物成比例，另一方面由于乙国发行了货币，在任何支付的情况下，以这种货币付给它时，乙国就不能拒绝，而原来以相同产品的交换不过是一种比较，并不现实，这种交换便变得实际了，乙国实际损失了用以与甲国交换的全部价值的百分之五十。这种可以说纯粹是形而上学和代数学上的交换，是一种运算，通过这种运算，把社会经济学的一种概念体现为一种形体、一种外形和所有物质财富，即虚无的创立。

这些结果可能变化无穷。假定甲国的生产者获得能力进入乙国的市场与乙国的生产者进行竞争，他们所销售的每一公担小麦便获利百分之五十，也就是乙国年度产品的一半；这样一来，只要二三十年时间，甲国便可以征服它的竞争国：先是攫取乙国的流通价值，接着又借助于这些流通价值而取得乙国的抵押价值，最后是它的土地资本。



但是，这是任何国家的常识所不愿意承受的事情。在实践中，只有那些因为自然条件较差而无权在地租方面要求许多剩余产品的国家才会接受这种状况。这个理由十分简单，任何人只要稍加思索就能理解，所以完全用不着在这里作说明。可是，现在问题牵涉的是贸易，每个国家都要计算自己的成本和对方的成本。正是经过这样的计算，彼此才把关税变成一种补贴；如果没有这种补贴，它们就不应该，也不可能同意进行交换。这就是关税的真正起源，就是关税的哲理所在，而且也正是经济学家所不愿说出来的道理。

为了不浪费读者的时间，我不打算向他们长篇论证这个一般称为贸易平衡的均衡规律的必然性。这是小孩子也懂得的简单而普通的道理。至于经济学家，我想象中他们都是优秀的会计家，当然不需要我来作多余的解释。

可见，关税制度虽然由于各国的需要及其政府的各种考虑，由于垄断的各种影响，由于各民族的利益分歧和互不信任而不停地摇摆于绝对寓禁性高额关税制与完全自由之间，然而它始终是趋向于一个均衡点，用技术术语说就是差别税制。如果这种税制得到严格而忠实的遵守，就可以体现真正的联合，体现各民族间 in re［实际上］的联合，而且彻底地实现萨伊的经济原则。这一点难道现在还不清楚吗？

如果我们是社会主义者，过于长期地受自己空想的支配，只顾按照我们自己的逻辑，把保护原则和连带责任的原则彻底普遍化，把这些原则从国家扩大适用到公民身上，而明天又同样简单地对待劳动的二律背反，只求助于自己的观念，靠一纸法令的威力，只是使用数字而没有采取任何强制和可行的办法就想使资本永远从属于劳动，那我们岂不是根本就没有对人民和经济学家也许正确、也许不正确地称之为劳动组织并且对之望而却步的当代的首要问题提出什么独特的解决办法来吗？

经济学家顽固地只把征收关税看成一种毫无道理的禁止措施，把保护贸易制视为一种特权，以及把差别税制当成走向无限制自由的第一个步骤。他们无例外地认为，从绝对寓禁性高额关税制转变到有保证的自由就是实现了一种能带来幸福果实的进步，如果再实现一次新的进步，把一切关税全部取消，这种幸福果实就更大，而且贸易，也就是垄断，便将摆脱任何束缚。我们的议员，我们的政论家，甚至连我们的部长本身，全部抱着这种有害的幻想。他们把从一种否定转变为另一种否定的逻辑运动、从自愿孤立过渡到自我抛弃的过程，看成是一种进步。他们不了解所谓进步是两个矛盾终结的结果。他们总是害怕因为中途停顿而被人视为折中，而并不懂得折中与综合距离之远有如双目失明与视力正常之别。

说到这里，我应该解释一下我所说的差别税制或贸易平衡制的那样一种垄断与自由的综合形式与合理折中的交易区别究竟何在。

我们假设在取消贸易壁垒以后，法国的出口额出乎一般意料之外，超越通常的各种可能性，恰巧与进口额相等；那么，按照经济学家的说法，贸易平衡的拥护者就应该满意了，再没有什么好埋怨的。我却认为这就是合理的折中，然而结果和我们原来的估计仍然差距很大。因为根据我刚才说的，什么也无法保证我们用自己商品换来外国商品，在国外按我国货币计算其价格要比我国流通的价格更为便宜。在这种情况下，我们就始终在亏损地从事劳动。我们还假设出口数字低于进口数字，政府因为意识到需要恢复均衡，便把某些外国商品排斥于我国市场之外，以利于我国的生产。可是，这仍然是一种合理的折中，是一种以错误的计算为依据的折中，因为这样做并不是使劳动条件拉平，而只是使两个完全随意决定的数字之间建立平衡。没有什么比平衡更近似于合理的折中，这点我知道；可是，实际上没有更多的区别。为了在这里避免长篇大论地钻牛角尖，我想仅限于最后指出一点：合理的折中就是否定两个极限，而对第三个极限，亦即真正的极限，却毫无所知，不作任何肯定，不下任何定义。然而综合认识、观念的真正协调，才是第三个极限的科学和对它的准确确定，才是不仅从反的方面，而且是从真理本身以及为了真理而对真理的理解。

今天仍然蒙蔽着经济学家眼睛的，正是这种合理的折中主义、中庸主义和教条主义的哲理谬误。他们看不到保护贸易制并不是暂时性的破坏反常事件的结果，而是一种现实的、不可摧毁的原因的结果，这种原因现在正迫使，而且将永远迫使各国政府采取保护贸易制。这种原因在于生产工具的不平等和货币对其他商品的优越地位，它早就为古人觉察到了：历史只是充满它所产生的种种革命和灾难。

在现代和中世纪，如果不是依靠在世界各地进行贸易所获得的巨大差额，荷兰人的财富、汉萨同盟[①]、伦巴第诸城市、佛罗伦萨、热那亚和威尼斯等地的繁荣，又从何而来？他们是懂得均衡规律的，因为破坏这个规律是他们梦寐以求的事情，是他们经营工业和从事各种活动的目的。这些共和国不正是依靠与一些民族交往，这些民族在购买他们的纺织品和香料时只付给它们货币和金子而富裕起来的吗？那些充当它们主顾的国家不正是由于这个原因而同时破产的吗？一些名门贵族不正是从这时起纷纷沦入贫困，而封建制度也开始宣告末日的吗？……

我们不妨追溯一下时代的进程。如果不是依靠贸易，也就是

① 汉萨同盟是14世纪德意志的一个最大规模的城市同盟，以联合维护贸易权益为主要目的，对中世纪欧洲的经济发展有过积极意义。——译者

说，如果不是依靠那种始终只有利于可恶的投机者的代理商行和交换制度，不是利用野蛮民族的无知与轻信来搜刮大量的金属，迦太基[①]和推罗[②]又怎样富裕起来呢？有一个时期，崛起于整个地中海沿岸的商业贵族阶层，曾经处于建立一个世界帝国的前夜；可是，正是从这个历史上最庄严的时刻起，开始了一个始自西庇阿[③]而终于路德[④]与莱昂十世[⑤]的漫长的倒退时期；原因是时候还没有到来，贵族阶层和罗马人所代表的土地封建制理应在这首次交锋中战胜工业；只有到了法国革命，它们才遭到致命的打击。

现在该轮到金融贵族了。他们似乎已经预感到即将临近的溃败，所以忙于互相修好，彼此结盟，根据才干和资产分等论辈，以确定各自在夺取劳动者的战利品中应得的份额，并致力于巩固一种以最终臣服无产阶级为唯一目标的和平局面。在这个神圣同盟中，彼此担负连带责任、以一种不可分离的情谊维系在一起的各国政府，都不过是垄断的卫士；不论是极权君主还是立宪君主、亲侯、公爵、宫廷重臣还是封疆大吏，不论是大地主、大工业家还是大资本家，也不论是行政机关、法院和教会的官员，总而言之是一切无所事事，只靠俸禄、租息、投机行为、警察措施和宗教狂热为生的

① 迦太基，北非古国，从事大规模的海上贸易，其势力曾扩及西地中海沿岸。——译者

② 推罗，西亚临地中海的古国，原为腓尼基城市。——译者

③ 西庇阿（公元前 234—前 183），罗马著名将领，在第二次布匿战争中击败迦太基的汉尼拔。——译者

④ 路德（1483—1546），德国新教创始人，宗教改革领袖之一，市民阶级思想家。——译者

⑤ 莱昂十世，公元 1513—1521 年在位的教皇，在他主持下，宗教会议把路德革出教门。——译者

人，都为着一种共同利益而联合起来，而且在革命风暴已在天边发出巨响时他们又马上集合起来，必然参与到这场资本反对劳动的大规模阴谋活动中。

无产者们，你们想过这些吗？

请不必追问我，各国政府和贵族们的秘密思考是否是这样的，①因为这是从形势得出的结论，是命定的事情。反正被经济学家仅仅看作给国内垄断提供贸易保护制的关税，绝不是均衡规律的一种尚欠完善的表现，从这时起关税已不足以制服世界了。

垄断需要一种更大范围的贸易保护制。它的到处一致的利益要求这种制度，而且声嘶力竭地鼓动撤除壁垒。当时由于罗伯特·庇尔实行的改革，由于德意志关税同盟②的不断扩大以及比利时与法国的关税联盟的建立被延期，海关保护圈将合并成两三个大地区，人们很快就感觉到需要完全的自由和更紧密的联合。尽管各国的劳动阶级仍然无知，而且分裂、涣散，可是，为了征服他们，一切警察、一切资产者和一切土地领主都要笼络他们。还有，分布在各个行业、按等级原则享有不同特权的中等阶级也参与同谋；那些变成管理人、工头、雇员和监工的比较聪明的工人，也替这个联盟效劳；还有，新闻界的背叛、教会的影响以及法庭和刺刀的威胁；还有，一方面是财富与权力，另一方面是分裂与贫困。这样

① 内阁成员在众议院有关与比利时订立的条约的发言，证明我们还不是抱这种制度的思想。贸易部长坎宁-格列戴恩因为拒绝取消派的诱惑，一开始就受到所有反对派报刊和部分官方报刊的好评。他对法国作出的这个贡献，恐怕是内阁自10月29日以来最大的一项政绩。但愿法国能够很好地利用这位可敬的谈判代表所争得的喘息时机，最终地弄懂什么才是各民族间真正的自由平等原则。

② 原字为Zollverein，指1833年建立的德意志各邦的关税同盟。——译者

多结合起来的原因就变为非生产的、克服的障碍，人类一个漫长的衰退时期便开始了。

我再问一遍：无产者们，你们想过这些吗？

加之，从这时起，企图在实践中建立一种比较良好、比较精确的差别税制，换句话说就是建立各民族的贸易平衡，几乎成了徒劳之举；因为，事情的发展将不出下列两种情况之一：

如果文明理应经历封建制度与奴役的第三个时期，那么，关税制度将绝不会像经济学家可笑地想象的那样，能为垄断服务，而反而成为垄断状态的一种障碍，成为它发展与存在的一种障碍。这样，关税制度便必须废除，也一定会废除。问题只在于给这种废除规定什么条件，以及如何协调垄断者之间的利益；但是，这些利益将在这种妥协中遭到破坏，而作为抵偿的则是无产者的劳动。

相反，如果社会主义在科学上成熟起来，抛弃了它的各种乌托邦，焚毁它的各种偶像，在劳动面前放下自己的哲学架子；如果迄今在贸易问题上只懂得为罗伯特·庇尔呐喊助威的社会主义，能够认真思考一下如何依靠理性和经验来建立社会秩序；那么，劳动条件的均等化就不需要通过世界上的商品交易来实现，而完全可以在各个工厂内部的生产者之间实现；工厂彼此担负连带责任这一事实，本身就使各国之间也存在连带责任；公司与公司之间建立了平衡，实际上就是为一切人建立了平衡；关税制度便变得没有用处，走私也没有可能了。各民族之间的平等问题，也和均衡问题或者价值比例性问题一样，不能指靠一次事后的（a posteriori）调查或计算来解决，而要通过劳动来解决。此外，如果说，在若干年的过渡时期中维持各国的海关线将是有益的，那么，其税率也应取决于商业行情;至于关税的征收方法,我则情愿信赖行政部门的经验。我的论述并不包括诸如此类的细节。我只需要揭示国际贸易的综合规律和指出这一规律今后运用的方式,以提醒读者防止绝对寓禁性高额关税制的危险和警惕那种无限制自由的谎言,就足够了。

下面我再就贸易平衡的形而上学特点说几句便结束这一章。

为了使贸易平衡符合我们在论述价值时所规定的明确条件,必须把贸易自由与保护劳动协调起来。但是,这一点只有实行差别税制才能做到。一方面,这种税制就其历史根源说与捐税一样实际上也不大光彩,而且人们倾向于把它看作一种滥加的通行税,因此,它只是使人们承认和限定了自由,给自由强制性规定平等作为条件。另一方面,这种税制如果像我所假定的那样能够始终有精确的规定,便完全足以保护劳动,因为它可以鼓励人们平等地进行竞争,而只要求人们交纳其所能交纳的税额,只此而已,别无其他。

但是,这种协调、这种平衡的本身,还获得了各种新的财富;而且,由于它的综合性质,它还能导致一些既不能产生完全的自由又不能产生绝对的寓禁性高额关税制的效果。换句话说,它的好处比这两种制度合起来的好处还要大,同时又能避免它们的各种害处。不均衡的自由固然能带来廉价,但是却使本来只能提供中等利润的经营无利可图;这种情况终将导致贫困:被推行绝对排他性程度的保护贸易制,尽管保障了独立,却会维持高价,因为只有高价才能以同样劳动量换得多样化的产品。通过贸易的互惠,一种摆脱人们专断的、有效而实际的(in re)连带责任就建立起来了。

不论住在地球哪一个地区的劳动人民，都平等地享受自然的财富，每个人的力量就好像增加了一倍，他们的福利也同时倍增了。劳动工具的联合使费用由一切人来平均负担，这就提供了一条途径，使那些垄断所不可能开发的土地也能够投入生产，从而，社会便可以得到丰富得多的产品。最后，各民族间建立正确的贸易平衡，将永远不会像保护关税制或自由放任政策那样退化为奴役和特权，这是我在探讨贸易平衡的真理及其良好作用后所得出的结论。

因此，贸易平衡完成了一切明显的条件，它把自由和保护贸易制这两个相反的观念包括在一个更高的观念之中，并且加以解决；它具有这两种观念所没有的一些优点，却又不包含它们的缺点。当然，目前运用这个综合公式所采取的方法还是有缺陷的，并使人感到它的野蛮的和捐税的起因；但是，这个原则毕竟是正确的，否定这个原则就是叛卖自己的国家。

现在，让我们从一个更高的角度来观察这个问题。

如果我们以为观念真的像我们在它的辩证发展过程中所看到的那样，是自我组合和自我分解，自我普遍化和自我简化的，那就是一种奇特的错觉。在绝对理性中，我们根据我们的对比能力和悟性需要而随意加以分门别类的所有概念，都是同等简单和普遍的。可以说，它们在地位与效能上都是平等的，都可以被至上的我（如果至上的我能够论证的话）当成推理的前提或结论、主轴或轮辐线。

事实上，我们只有依靠某种由我们观念的积累才能到达科学境地。但是，真理本身并不以这些辩证想象为转移，而且不受我们思想的种种组合的束缚，例如原子的运动、吸引和结合的规律，就不受我们理论上用以表示这些规律的计算公式的束缚。当然，由此不能得出结论说，我们的科学是谬误或不可信任的；我们只能说，真理本身要比我们的科学真确千万倍，因为它在我们所看不到的无数方面，都是真确的。例如，解剖学上比例用种种可能的办法来计算都是正确的。

在探讨真确性时，特别重要的是不能忽视人类认识在本质上的主观性，还不能像诡辩论者认为的那样，它会使怀疑合法化。忽略这种性质，就有陷入某种机械论的危险，就像一台不容许工人在操作上发挥任何创造性的机器一样，迟早总会把能思想的人引向迟钝。现在，我们就限于以贸易平衡为例来证明我们认识上的主观性；然后，我们再尝试在这一无限的逻辑发展中发现一些新的视野、新的领域。

在社会经济中，贸易理论问题在多数情况下可以说只是算术上通常的加减乘除演算法的一种特殊运用。但是，如果我要问，在**和**、**差**、**积**、**商**这四种概念中，哪一个是最简单或最普遍的概念，在作为因子的 3 或 4 以及作为积的 12 这几个数字中哪一个最先出现（不是指我现在计算的乘式，而是指永恒算术中前两个数字碰在一起就必然出现的那种乘法关系），以及减法的差和除法的商所表示的关系究竟比得出这两个数字的其他数字复杂还是简单；那么，我岂不是在提出一些违背常理的问题吗？

但是，如果类似的问题是荒谬的，那么，以为只要把这些算术上的比例译成形而上学或商业上的语言就可以改变它们各自的性质，也是荒谬的。把自然的无偿赠与平均地**分配**给每一个人，就与**交换**或**生产**的观念一样，是无限理性的一个基本观念。但是，如果我们信任我们的逻辑，那么上述第一个观念是在其余两个观念之后出现的，甚至只有通过周详的设计，才能从这种观念实现那种观念。

假设在英国，生产的劳动费用为产值的百分之六十，俄国为百分之八十；首先把两个产值加起来（100＋100＝200），然后把费用加起来（60＋80＝140），接着，把两个和中的大数减去小数（200－140＝60），再把余数除以 2，得商 30。这个数字表示的就是生产者通过贸易平衡联合起来以后每人应得的纯利。

我们首先看看这个计算。其中的 100、200、60、80、140、2、30 等数字，似乎彼此都是通过一定的计算繁衍出来的。但是，这种繁衍纯粹是我们的智能的成果；这些数字实际上只是一系列的项，其中每一个因素、每一个关系都必然按照人们研究的方式不同而或简或繁，同时又必然与其他因素和关系并存和一致。

现在我们再来看看事实。不论在英国或俄国，社会经济学上所谓的地租、开垦费用、交换、平衡等等，都是一些通过 100、200 等等数字表达出来的抽象比例在经济上的体现。可以说，这些数字是自然给我们准备的签条和奖金，我们则致力于通过劳动和贸易来从这个签桶中抽签取奖。由于所有这些数字的比例表示着一种必然的衡等，所以，我们同样也可以说，尽管英国人和俄国人的土地质量各异，生产工具的效率大小不同，可是光是他们共存于地球上这一事实，就足以说明他们是联合的。各民族的联合是一种精神规律的具体表现，是一种必然的事实。

但是，为了实现这个规律，为了使它成为事实，文明发展很缓慢，经历着漫长的道路；而我们在本节开始时用以代表土地的不同质量的100、80、70、60等等数字，给思想提供的只是一个有待演算的方程式。这是什么意思呢？就是一个已经演算了的方程式，对我们来说，是不言而喻的，而且所有预解方程都在这个方程式的结果、72这个数字上了；社会首先是对这五种质量不同的土地垄断让步，而开始建立五种范畴的特权者；只要平等还没有到来，这些特权者便形成一个凌驾于劳动者之上并由劳动者来供养的法定贵族。这些垄断者由于彼此不平等而互相嫉妒，很快就进行一场保护贸易制与贸易自由的斗争，其结局应该是统一与均衡。人类就像一个违抗催眠师嘱咐的被催眠者一样，不自觉地、缓慢地、忧虑重重和心烦意乱地执行着永恒理性的命令。可以这样违心地说，人类实现的神授公平，实际上就是我们本身的所谓进步。

因此，人间的科学只是人们对真理的内省。我们的智慧要认识真理，只有借助于机械论来把真理扩大、整理、定型、赋以它以躯体和形象；其情形就类似于通过寓言而看形象化和戏剧化了的道德原理一样。我甚至敢说，经过寓言化装的真理与经过逻辑打扮的真理之间，并没有什么本质的区别。实际上，诗歌与科学是同样性质的东西，宗教与哲学也没有什么区别；所以，我们的所有各种制度就像金箔饰物一样，不论其大小、色彩、图案和模型，都可以任凭艺术家的幻想来设计。

那么，为什么我还要醉心于追求那归根结底只能证明我软弱无能的学术的自尊呢？为什么我仍然心甘情愿地接受那种唯一作用只在于引导我作出错误判断的想象的欺骗，并且把这种想象夸大为似乎是照耀着我们智慧的一切黑暗角落的阳光呢？我所称之为科学的东西并不是别的，就是玩具的集锦，是反复不断地出现在我们思想上的种种既认真又幼稚的看法的荟萃。社会和自然的这些伟大的规律，在我看来就好像是上帝手中用以摇动宇宙的杠杠；这些规律也和无数我们没有谈到的其他规律一样，是淹没在现实的大汪洋中的事实，像对原子一样，是值得我们恰如其分地加以注意的。这些相继出现的、其光华与速度使我慑服的现象，这种使我时而欣喜时而恐惧的人间悲喜剧，绝不是什么脱离我的思想的东西，只有思想才能够使戏剧复杂化和把时间延长。

但是，如果人类理性的特点就是能在观察的基础上创造出它所设想的社会和自然的最佳作品，那么它并不能创造真理，它只能在存在的无数形式中选择它最喜爱的一种形式。由此可见，为了使人类理性的劳动成为可能，为了使它在开始比较和分析时便起作用，就必须提供全部真相和全部因果关系。因此，说某种事物突然发生了，或者说某种事物产生了，都是不确切的；文明世界与宇宙一样，一切都存在，一切都始终在活动。

因此，从两块相邻土地的所有主之间建立关系时起，均衡规律便表现出来了。如果通过我们关于限制、寓禁性高额关税制和滥用的幻想而未能发现这个规律，那是不能归罪于规律本身的。

整个社会经济也是这种情况。无论在哪一个问题上，综合概念总是和它所包含的各种对立因素同时起着作用；而我们却把人类的进步设想为一种永恒的变化过程。其实，这种进步并不是别的，不过是一种观念逐渐地战胜另一种观念的过程；这个逐渐分清胜负的过程，在我们看来，就好像是遮挡着我们视线的幕布不知不觉地逐层撤除的过程。

综上所述，我们应该作出结论了。这个结论既是本节的总结，又是一种更高级的解决方案的前奏：

通过劳动来组织社会的公式，应该和均衡规律一样地简单，一样地原始，富有智慧，易于实现。均衡规律虽然是自私心所发现，受到仇恨心的支持，而且遭到某种伪哲学的诽谤，但是，它能使各民族的劳动条件和福利条件平等化。

这个包括科学的过去与未来的最高公式，应该既符合社会利益，也满足个人自由；应该把竞争与连带责任协调起来，把劳动与垄断协调起来，总而言之是把一切经济矛盾协调起来。

这个公式存在于人类的普遍理性中，它从社会开始出现到今天，都一直与构成社会的每个否定概念一样在活动着、作用着。正是这个公式使文明得以存在；决定了自由，支配着进步；正是它以某种力量推动着我们冲过无数动荡与灾难，朝着秩序与平等前进。

劳动者与资本家之间进行殊死的斗争，完全是徒劳之举，作业分工、机器、竞争与垄断想扼杀无产阶级，也无济于事；各国政府违背公平的做法和捐税的谎话、特权的阴谋、信贷的欺骗、私有制的暴政和共产主义的幻想，这一切力求加强对各国人民的奴役和腐蚀、使他们绝望的企图，也都达不到目的。人类的车辆正在命运的轨道上前进，从来不曾停止，也永远不会后退；同盟、饥饿、破产在它巨大的车轮面前，就如阿尔卑斯山和柯迪耶拉山[①]与整个地球表面相比一样，完全微不足道。手握天平的上帝，正在宁静而威严地前进，一路上扬起的尘土，只能使那两个秤盘出现一点儿难以察觉的细微颤动。

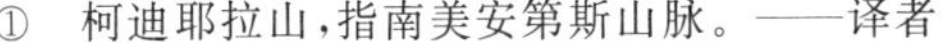

① 柯迪耶拉山，指南美安第斯山脉。——译者

# 第十章　第七个时期——信用

曾经允许我们的一个同时代人来回表达一些更加对立的思想，表达一些很不协调的倾向；可是，从来没有人敢于怀疑他的智慧与品格，甚至在反驳他的矛盾时，也只是谩骂几句，根本不是在回答他。这个人就是德·拉马丁[①]先生。



他既是基督徒，又是哲学家；既是君主派，又是民主派；既是大领主，又是人民；既是保守者，又是革命者；既是预言的传播者，又是忏悔的布道人；因此，他是19世纪的生动体现，是这个动摇于两个极端之间的社会的人格化。他唯一缺乏的、可是又是很容易做到的一点，就是对自己矛盾的认识。如果他的星宿没有注定他代表一切对立，而且无疑地一定成为普遍调和[②]的使徒的话，也许他在我心目中将始终是一位代表着虔诚传统和美好昔日的光华四射的诗人。德·拉马丁先生对自己的祖国负有那种他既充当其控告人又充当其代言人的庞大的二律背反体系的责任；可是，由于他所处的地位，他注定必须把自己的一切假定调和起来，否则就将在自

① 德·拉马丁(1790—1869)，法国诗人、历史学家和政治活动家；曾任外交部长，是临时政府的实际首脑。——译者

② "由普遍矛盾而引起普遍调和"，这是蒲鲁东给哲学确定的客观存在。我们已经指出过这个公式(参看前言)。

己的前后矛盾的重压下毁灭。对这个判决，他是不能上诉的，因为它来自比他所代表的对立舆论更高一级的审级。但愿他能像《圣经》雅歌中所赞颂的那样，摆脱他自己那种与成熟的天才不相称的无知；但愿他能意识到自己所担当的角色的全部重要性，满足那些将欢呼他转变的人们的愿望，因为只有他们才懂得他应如何转变的秘密；但愿这位正直的雄辩家，这位伟大的诗人，能够站到我们的阵营里来，那时，我们将告诉他我们究竟是什么人，我们且启发他懂得自己真正的思想：你要是不小心，迷失了方向，就会把羊群赶到荒野里去(Si ignoras te，egredere，et pasce hoedos tuos juxta tabernacula pastorum)。

社会主义者们！我们是为未来而献身的侦察兵，是投身于探寻一个神秘国度的先驱者；我们那被看不起的劳绩还只得到很少人的同情，在大多数人看来，我们的成果似乎是灾难的预兆。我们的使命是给世人重建信仰、重建规律和重建神明；但是，在进行这项工作时，我们自己却不抱任何信仰、企图和偏见。社会主义者们，我们最大的敌人就是乌托邦！我们迈着坚定的步伐，越过经验的火海，只知道一个命令，就是前进！我们之中有许多人已经倒下了，但是没有一个人为自己的命运而哭泣！我们为之开辟道路的后代人，将欢乐地走过我们那已经湮没的坟墓。我们被当代所摒弃，还将被未来所遗忘；我们将两大皆空，悄然隐没……

可是，我们的努力不会白费。科学将收获我们大无畏的怀疑精神所培育的果实，后人将享受我们不是为了自己的幸福而作的牺牲所换来的幸福。前进——这就是我们的上帝、我们的信仰和我们的热情所向。我们将前仆后继，直至最后一个人；后来者将掩埋先行者的尸体；我们的下场将有如同牲畜的下场，因为尽管我们是烈士，但是我们不是那种牧师来给他们唱挽歌、祈祷上帝保佑圣徒的躯体的人！我们既然从自己所属的人类中分离出来，自己也就成了整个人类，因为我们力量的起源就在于这种崇高的利己主义。学者们愿意怎样鄙视我们都可以，因为他们的思想就是他们的狠心肠；只要读过他们的文章，我们就能懂得，用不着他们的赞誉，我们能够照样地过日子！让我们还是来向这位对任何矛盾都不感到惊奇的诗人，向这位以古老的抒情诗作来歌颂被文明驱入地狱的人类的诗人致敬吧！诗人啊！请听听那些已被周围人们所忘记，但是却不害怕地狱与死亡的人们在向你致敬！

离黎明还有两小时，寒夜的冷风呼啸于灌木林间。我们已经穿越山岭的峡谷，在一片难得有作物和生命气息的荒原上行进。突然，我们听到一个隐约的声音，像是有人在自言自语，回顾他自己的思想：



劳动分工造成了劳动者的堕落，所以我把劳动概括到机器和作坊里。

机器只产生奴隶，作坊只产生雇佣劳动者，因此我挑起了竞争。

竞争产生了垄断，因此我建立起国家，对资本作了强行扣留。

国家变成对无产者的一种新奴役，所以我说：让各国劳动者互相帮助吧！

可是，到处出现的却是剥削者结盟来反对被剥削者，地球即将变成一座奴隶的牢房。于是，我希望劳动成为资本合股，使每一个劳动者都能成为企业主和特权者！……

听到这些话，我们停下步来，思量这一新的矛盾究竟意味着什么。那阴沉的声音在我们内心引起了共鸣，我们的耳朵听到的就好像是一个不可见的存在在我们当中高声地呼喊。我们的眼睛像野兽的一样炯炯发光，向黑夜投射出耀目的光芒，因为我们所有的感官都在一种神秘的热情和智慧的推动下活跃起来。一种既不是由于惊奇，也不是因为恐惧的微微颤抖传遍我们全身。我们似乎感到一种大气笼罩着我们，从每一个人到另一些人的光芒四射的生命起源把我们的存在连接在共同的联系中，我们彼此的灵魂并不结合，却相互协调和同情，形成一个巨大的灵魂。某种崇高的理性有如来自上天的光芒，照耀了我们的智慧。除了意识到自己的思想以外，现在又洞察到别人的思想；通过这样密切的交流，我们心中就产生出一种意志一致的，但是其表现形式和动机又多种多样的微妙情感。我们彼此感到更加团结了，更加不可分离了，然而却更加自由了。我们脑海中涌现的思想无不纯洁无瑕，心中产生的感情无不忠诚与慷慨。在这心驰神往的一瞬间，在这并不取消个性而是借助于友爱把个性提高到理想境地的绝对的一致状态中，我们意识到了社会可以成为什么样子和应该成为什么样子，我们终于感知了不朽生命的秘密所在。每天我们都不必说话，用不着什么信号，内心也不感受到任何类似于指挥或服从的关系，我们齐心协力地劳动，就好像我们大家既是运动的动力，又是运动的器官。接近黄昏，我们又逐渐恢复我们粗野的个性，回到愚昧的生活中，这时，一切思想都是勉强的，一切自由都是分裂的，一切爱情都归结为肉欲，整个社会充满着卑鄙的交往。我们觉得生命和智慧就如一股苦涩的洪流离我们而远去。

人类的生命是矛盾的织物。其中每一种矛盾本身都是社会结

构的一块基石，是公共秩序和家庭幸福的一个组成因素。社会秩序和家庭幸福只能通过这种种极端现象的神秘结合而产生。

但是，表现为一个总体的人类，在耗尽了它的一切二律背反以后，又产生了一种世上还没有一种事物能与它相适应的，而且迄今尚未解决的二律背反。正是因为如此，所以人们以为已经十分完美的现存社会秩序，将永远无法完全驱除痛苦与磨难；从而，此世的幸福也就始终是一种上天注定我们只能永远去追求，而自然与思想的不可克服的对立又使我们永远无法到达的理想。

人类的生命在未来世界中是否能够延续下去，或者说，这个最高方程式对我们说来是否只有回复到虚无才能实现，我还无法肯定，因为目前还没有任何证据足以使我回答这两个问题。我可以说的一切是：我们所想到的境界要比上天允许我们达到的境界更要遥远，同时，现存人类所能得出的最终公式，亦即包括了前此一切观点在内的公式，仍然是一个难以描述的全新的协和世界的第一项。

信用问题的例子可以帮助我们了解我们命运中没完没了的问题的再现。不过，在实际讨论这个问题以前，让我们先来谈谈关于信用问题普遍传播的一些偏见，并且设法正确地理解信用的目的和起源。

## 第一节　信用观念的起源与衍变——有关这个观念的一些相互矛盾的偏见

信用的出发点是货币。

我们在第二章里已经看到，黄金和白银的价值怎样由于各种有利的因素而成为最先构成的价值，货币又怎样成为一切不明确的和波动不定的价值，也就是还没有有利于交际地构成和正式地确定的价值的样本。此外，我们还顺便提到，如果一切产品的价值一旦确定，并且具有高度的交换能力，总而言之就像与货币一样，在一切支付中都为人们所接受，那么，单是这样一个事实，社会便将达到一种最高的经济发展阶段，从商业角度说，这是可能的。那时，社会经济将不再像今天这样，在交换上只处于简单状态，而是臻于完善状态。不仅生产将最终组织起来，而且交换与流通也将最终组织起来。工人们只要生产，只要不停地生产，有时致力于减少费用，有时又致力于更合理地分工、改进操作方法和发明新的消费品以进攻自己的竞争者或者抵御他们的进攻，那么，他们就可以获得财富和保障自己的福利。

在同一章里，我们还指出了社会主义对货币的无知；而且，在考察这一发明的起源时我们还指出，应该取消的不是贵金属的使用，而是它的特权。

事实上，在一切可能存在的社会里，甚至在共产主义社会里，都需要有一种交换尺度，否则，生产者或者消费者的权利便会受到损害，分配也将是不公平的。但是，在各种价值都通过某种联合方式普遍地构成之前，必须有某种其价值显得最真实、最确定和最少变化，而且又最便于保存和携带的产品作为各种产品的样本，也就是既作为流通手段，又充当其他价值的标准。因此，这种实际上已经特权化了的产品，不可避免地变成一切野心的对象、劳动者所向往的天堂和垄断者所崇敬的庇护神；而且，尽管有各种禁令，这种贵重的法宝必然要尽量避开嫉妒的政权的耳目在人们手中辗转流通;绝大部分贵金属就是这样作为价值尺度而脱离它原来的真正用途,并且不可避免地转变为一种表现为货币形式的不流通资本,一种脱离消费的财富;黄金由于具有这种交换手段的资格,本身就成为投机的对象,并且充当巨额贸易的基础;最后,由于受到舆论的保护和为公众所喜爱它便取得了权力,共有制随之也就消灭了。因此,取消这种可怕力量的途径,并不在于消灭其代表者,这意思就是说,不在于消灭它的保管者,而在于使这个原则普遍化。所有这些命题都互相密切地联系着,而且都和几何定理一样,已经得到确凿的证明。

黄金和白银,也就是构成最早价值的商品,既然成为其他价值的标准和普遍的交换手段,因而,一切贸易、一切消费和一切生产便都依赖于它。正因为黄金和白银具有最高度的社交性和公平性,所以就变成权力、王政甚至神明的同义语。黄金和白银代表着商业生命、商业智慧和商业道德。一箱硬币就是一艘神圣的方舟,一个魔术盒子;它给予有权使用它的人以健康、财富、欢乐和荣誉。如果所有的劳动产品都如货币那样具有高度可换的价值,那么,所有的劳动者就都能享受到与货币持有人相同的利益,每一个人在他的生产能力中掌握无穷的财富源泉。可是,金钱拜物教是取消不了的,或者更正确地说,产品价值的普遍构成必须通过人类的理性与正义的努力才能实现。在这以前,不可避免地存在一种情况,就是在一个变得文明的国家中,占有货币是富裕的可靠标志,丧失货币几乎就是贫困的标志。因此,货币是唯一带有社会戳记的价值,是唯一可以在贸易中流通的带有成色的商品;它就如普遍理性一样，是人类膜拜的偶像。有关金属的种种想象，其实是人们通过金属表现出来的集体意愿；大家都不从真正的根源上寻求幸福，也就是说，不是在一切价值的社会化上，不是在不断创造新的货币形态上来谋求福利，而是单纯致力于取得货币、货币，最后还是货币！

这种对货币的普遍需求，其实并不是别的，无非就是对生活资料的需求、对交换和销售市场的需求。为了满足这种对货币的普遍需求，人们不是直接朝目标走去，而是停留在序列的第一项；不是致力于逐步使各种产品变成一种新的货币，而只是想方设法尽量增加金属货币，先是改进铸造技术，然后是简化发行办法，最后是伪造。显然，这是错误地理解了财富的来源、货币的本质、劳动的目的和交换的条件；而且，因为这种做法是在多种价值中建立那种在社会上业已开始没落的君主制，所以它是文明的一种倒退。但是，这是孕育信用制度的根源观念，而且是我们最要对其谬误加以揭露的根本偏见，这种偏见在信用观念本身以其对立动摇了一切信用制度。

但是，正如我们已经在许多场合下多次指出的，人类即使在服从一种不完善的思想时，对它的目的也不会迷误。然而我们将看到一种奇怪的事情，就是人类在通过倒退来组织财富时，从它的进化生存的条件考虑，仍做得非常出色、非常有效，而且万无一失。信用倒退的组织与此前的经济表现一样，固然一方面加重了贫困，可是另一方面又给了工业发展以新的推动力；可是社会问题最终又会在新的日子里出现，而今天众所周知的那种二律背反就有望在近期获得彻底地解决。

因此，信用的长远目标是借助于货币并以货币为样本来构成一切尚在摆动中的价值，这一点目前人们还没有意识到。它的当前的和公认的目标，是通过更大规模地传播金属价值来补充这种构成作为社会秩序和劳动者福利的最高条件。这种新观念的倡导者认为，货币就是财富，所以，只要我们能够保证每个人都有货币，都有许多货币，大家便都富有了。正是以这种三段论式为依据，信用制度才在全世界发展起来。

但是，很显然，信用的长远目标代表着一种合乎逻辑的、明晰的和丰富的观念，总之是符合进步组织的规律的；同样，它的当前目标，也就是唯一追求和向往的目标，又是充满幻想的，而且由于它安于现状的倾向而充满着危险。因为货币与其他商品一样，也服从于比例性规律；如果在它的数量增加的同时，其他产品并没有按比例增加，货币就将丧失它的价值，归根结底，社会的财富将不会增加。退一步说，即使生产到处随着货币的增加而增长，如果人口也以同样的速度增长，那么，生产者的相对处境将仍然不会有任何变化。因此，无论上述哪一种情况，问题丝毫不能如人们所希望的那样得到解决。因此，可以事先(a priori)肯定地说，人们现在所建议的那种信用组织形式，是不能解决社会问题的。

在说明了信用的起源和它存在的理由以后，我们需要谈谈它的表现，也就是它在各种科学范畴中应占的地位。正是在这个问题上，我们要特别指出政治经济学的浅薄和缺乏条理。

信用既是销售理论的结果，又是销售理论的矛盾。正如我们看到的，它的获胜就是贸易的绝对自由。

我首先要说的是：信用是销售理论的结果，仅就这一点说，就已经是矛盾的。

从我们迄今所谈到的包括推想的和实际的社会历史中，我们可以看到，社会的各种组织方法和均衡手段，是一批接一批地出现的，而且都不断地产生比此前更为严重、更为致命的价值二律背反。社会天才在进入它的第六个进化时期后，服从于推动着它的扩张运动，力求从外部，即从对外贸易中寻求销路，也就是寻求它自己所缺乏的均衡力量。现在我们就会看到，社会天才的愿望未能实现，这种均衡力量，这种销路，这种交换保障，只能不惜代价地从内部，即国内贸易中寻求。社会通过信用以某种方式进行了反省；看来，它已经理解到，对它说来，生产和消费是完全相同的事情，应该在自己本身来寻求生产与消费的均衡，而不能靠无止境的出售。

现在大家都在为劳动要求建立各种信用制度。这是经济学界的泰斗布朗基、沃洛夫斯基、舍伐利埃等先生最喜欢的论题，也是德·拉马丁先生、大批的保守派和民主派以及几乎所有反对社会主义及其空想的劳动组织但又自称追求进步的人们的主张。这些思想广阔、目光远大的改革家们高喊道：来点信用！来点信用！似乎我们唯一需要的便是信用；而劳动在他们看来却如人口一样，早就组织得够完善的了；至于生产，则不管怎样说总是一无所缺呀！政府被这种喧嚣弄糊涂了，竟然愚钝地答应要为一套庞大规模的信用制度奠定基础，并且指派了一个委员会来修改抵押法。

因此，始终还是这个老调：来点金钱！来点金钱！似乎劳动者需要的就是金钱，没有金钱，劳动者就像没有面包的父亲养七个孩子一样，毫无希望了。

但是，既然劳动已经组织起来，为什么还需要信用呢？如果像赞颂信用制度的人所断言的那样，劳动组织还缺少信用制度，那么，又怎么可以说劳动组织已经完整了呢？

在我们现在的这种互相嫉妒的垄断、不负连带责任的生产和光凭运气的商业的制度下，只有金钱才是消费从一种产品转移到另一种产品的唯一中介物；同样，这种大规模地运用金钱私有权的信用，是帮助准备出卖产品的生产者销售其产品的工具。金钱是市场销售、财富、福利的*有效*实现；信用则是这些东西的*提前*实现。但是，不论在上述哪一种情况下，关键的环节始终在于销售；如果想从生产到达消费，就必须首先通过它，随之而来的是从组织信用到组织国内销售，结果在经济发展的秩序中，就立即引出贸易自由论或对外销售论。

声称信用的目的主要在于促进生产而不在于促进消费，就等于什么也没有说一样，因为这不过是使困难继续存在下去。其实，如果我们超过经济的第六站，即销售而往上追溯，我们便会陆续碰到生产所表示其总体的所有其他范畴，诸如管理、垄断、竞争等等。因此，归根结底我们不能只简单地说信用*提前*实现了销售及其一切后果，而应该加上一句，即信用*假定了*放贷人通过垄断、竞争、资本、机器、劳动分工和价值的重要性而具有这种压倒对手的力量。说明这一点绝不会减弱而只会加强我们的论据。

所以，我要向信用组织者们指出：如果对消费的需求缺乏精确的了解，从而没有对消费品提供比例：即没有工资尺度，没有价值比较的方法，没有对资本的权利的限制，没有市场的管理，一切事情都与你们的理论相抵触，你们怎么能认真考虑组织信用，也就是说组织市场、销售和分配呢？总而言之，怎样能组织福利呢？既然你们谈到及时组织抽签,可是组织信用,你们又不承认任何能够维护信用制度的条件。我看你们未必这样做。

如果你们为了维护或掩盖矛盾硬认为一切问题都已经解决,我的意思是说,如果对生产者说来到处都广泛敞开着销售市场,如果商品的销售已经有了保证,如果利润又可靠,如果工资和价值这样一些变化不定的因素又已经规律化,那么,结果就是生产者之间已经存在互惠、连带和联合的关系。在这种情况下,信用便只不过是一种无用的形式,一个毫无意义的词。既然劳动已经组织起来(因为我们刚才所说的这一切恰恰构成了劳动组织),信用无非就是从产品的最初设计加工一直到消费者消耗完这个产品为止的整个流通过程,也就是说,信用不过是产品在一种共同思想的激励下,摆脱一切障碍,逐步接近于价值的正常标准的流通过程。

因此,作为销售的补充或前奏的信用理论,是自相矛盾的。现在让我们从另一个角度来观察这个问题。

信用是金钱的神圣化,是支配任何一切产品的宣言。因此,信用是对反寓禁性高额税制的制度最正式的否定,是经济学家们为贸易平衡所作的公开辩护。因此,但愿经济学家学会把他们的观念普及化,并且告诉我们,如果一个国家是用金钱还是用自己的产品来购买商品并没有什么区别,那为什么它永远需要金钱呢?为什么一个从事劳动的国家竟会枯竭呢?为什么它偏偏始终需要金钱这种它并不消费的产品呢?为什么迄今人们所发明的一切补救金钱不足的妙丹灵药,如商业票据、银行证券、纸币等等,都只是反而造成和加剧金钱的短缺呢?说实在的,今天以反寓禁性高额税制的狂热著称的经济学派,与它拼命地宣传用金钱来进行贸易和扩大信用制度相比，是很难被理解的。

我们再说一遍，究竟什么是信用呢？理论的回答是：它是已投入的价值的一种解放，这种解放可以使这些原来（呆滞的）价值重新进入流通。用更简单的话说就是：信用是资本家用货币这种最易于交换、因而也是最宝贵的商品对某种难于交换的库存价值所作的投资。按照齐亚兹科夫斯基[①]先生的说法，金钱虽然使一切可交换的价值处于不确定状态，然而如果没有它，这些价值本身便受到禁止交换的打击；金钱衡量着、支配着其他一切产品，使它们处于从属地位；金钱是唯一可以用来清偿债务和摆脱责任的东西；金钱可以保障国家和个人的福利与独立；最后，金钱不仅是权力，而且是平等、自由和财产，是一切。

这点是大家都了解的，而且也是一致同意的，经济学家对此尤其清楚；可是，他们却为了维护某种与他们最热情献身的原则相矛盾的自由主义幻想而不断地反对这个原理。据他们说，信用是为了拯救劳动而发明的，因为它能够把金钱这种戕害劳动者的工具转入劳动者手中；据此出发，他们认为工业国家之间在贸易中形成的金钱顺差是没有意义的，它们究竟是用商品还是用金钱来结账并没有什么关系，唯一需要考虑的是买价是否低廉！

可是，如果在国际贸易中贵金属真的已经失去它的优越地位，那就等于说在国际贸易中一切价值都已经达到同样确定的程度，都已经和金钱一样地为人们所接受；换句话说，就是各民族之间交换的规律已经找到了，劳动也已经组织好了。既然是这样，那就请

① 齐亚兹科夫斯基，19世纪上半叶波兰哲学家和经济学家。——译者

他们提出这种规律，解释这种组织，不要再谈什么信用，不要再给劳动者阶级铸造新的锁链，而是用国际均衡原则来教会那些因为产品销售不了而破产的工业家和因为失业而陷于饥饿的工人，怎样把自己的产品和劳动力变成自己能够支配以满足自己消费的价值，变成银行券或者金钱。什么！按照经济学家的说法，支配着国际贸易的原则竟不能适用于私人工业！这是怎么一回事呢？为什么会这样呢？请看在上帝面上，拿出你们的理由和证据来。

信用观念本身的矛盾，组织信用的计划中的矛盾，信用论与贸易自由论之间的矛盾，难道这一切我们不该责问经济学家吗？

除了组织信用的主张以外，经济学家们还有一个同样违反逻辑的思想，就是企图让国家来充当信用的组织者和大王。著名的劳说过，为了给建立国家工场和工业国有化作准备，正是国家应该提供信贷，而不是接受信贷。这是用来取悦那些为金融封建制所激怒而希望以政府的万能来取代的人们而提出的一个堂而皇之的准则；可是，这又是一个模棱两可的准则，有两类人对它作了相反的解释：一类是掌管税务和财政的政治家，对他们说来，凡是能够使金钱从人民手中转入国库的办法都是好的，因为他们所干的就是这件事；另一类是那些赞成标新立异的人们，直截了当地说，就是那些拥护政府实行没收政策的人们，对他们说来，只有实行共有制才能从中得利。

但是，科学要研究的并不是使人们喜欢的东西，它要探索的是可能实现的东西。因此，我们的种种反银行的情绪，我们的绝对主义与共产主义的倾向，在科学看来都不能压倒事物内在的理性。然而这种由国家发放一切信贷，从而也就是由它来提供一切保障的思想，本身就产生这样一个问题：

国家是一个非生产性的机构，是一个既无财产又无资本的法人，它只能以它的预算作为抵押物，永远是个贷入者，永远是个破产户，永远是个债务人，如果不使包括出借人在内的一切人都来和它一道保证，它自己就不能作出保证。不过，没有国家，各种信用制度照样在自发地发展。国家以其资源、保证、主动性和它所强加于人的连带责任，难道就能够成为信贷的普遍股东和发放者吗？即使它做到这一点，社会能容忍吗？

如果对这个问题的答案是肯定的，那么，就等于国家拥有足够的手段来满足社会通过信用所表达出来的愿望，那时它通过贸易自由就放弃了解放无产阶级的乌托邦，并且在反省的同时，竭力通过使资本归还给创造它的劳动来重建生产与消费的均衡。国家在建立信用的同时，将取得价值构成的等同物：经济问题将得到解决，劳动得到解放，贫困也被抑制。

因此，尽管国家具有专制共产主义的倾向，这种使国家成为信贷的创立者与分配者的建议有着重大的意义，值得我们认真地注意。

由于我们已经到达经济问题再没有限制的程度，所以我们不能仅从广度上来看待这个问题，而应该从深度和普遍性方面来探讨它，只有这样，才能补充它的细节。我们将把它分成两个时期：一个是关于信用问题的国家整个过去时期，这点我们马上就要谈到；另一个是目的在于确定包含信用论的时期，也就是确定可以期待或者由国家或者由自由资本来组织信用的时期；这个问题我们将放到第二、第三两节中讨论。

经济学家在否认了国家在组织工业方面的能力以后，近来却又热衷于强调国家在组织信用方面的能力。为了正确判断国家的这种能力，只要引用一下先例就可以了。用实例最有利于对付我们的论敌，在论据上，我们只有用最能打中他们要害的东西来对付他们，这就是经验。

我要对他们说：经验业已证明，国家既没有财产，也没有资本，总而言之是没有什么可作为信用票据的基金的。它所占有的动产或不动产的价值，早就抵押出去了。法国政府通过签订契约所借的债务加上它的资产需要由国家支付的利息，已经超过40亿。因此，如果国家硬要充当信用组织者、银行经营者，那么，它就不可能是以自己的资源来作信用资金，而是以受统治者的财产来作信用基金；由此可以得出结论：在这种由国家来组织信用的制度下，原来属于公民的财产便根据某种虚构的或默示的连带责任关系而转移给国家，反过来，原来属于国家的，却并不转移给公民。要是这样，路易十五的摄政指着王国地图对这位幼王说的那句话“陛下，这全都是您的”，也就完全正确了！

如果国家对公民的财产和公共信用的实际基金具有最高领有权，那么，宪章上为什么不规定这个原则呢？为什么立法、语言和习惯都正巧与此相反呢？既然人们极力在兜售这种公共财产与个人财产负连带责任的理论，为什么又要保证公民除了享有国家主权之外还享有私有权呢？既然在政权居于优势地位并掌握主动权的制度下本来并不存在这种连带责任，而且根本就不可能存在，那么，国家的保证岂不只是一句空话吗？国家所提供的信用又是什么呢？

这些几乎是最简单和最确凿无疑的道理，支配着整个信用问题。因此，请大家不要奇怪我为什么要不时地重新加以强调。

国家不仅没有财产，而且它不掌握任何生产。它本身处于非生产者的地位，并不从事任何工业生产，其可预料的利润也不能为国家票据提供价值和保证。从此以后，大家都普遍公认，现在国家所生产的产品，不论是公用设施或者是家庭及个人消费品，成本都三倍于产品本身的价值。总而言之，国家不论是作为一个管理的非生产性机构，或者是如它自命的那样，是代表着劳动集体的生产者，它赖以生存的始终是补贴。因为不管依靠什么魔术力的天使，也不管什么神奇的变革，它怎么能突然变成它一个生丁也不掌握的资本的支配者呢？国家本身是非生产者，因而从本质上说积蓄对它是不相容的，它又怎么能成为全国性的银行家，成为囊括一切的股东呢？

因此，从生产和私有权的角度来看，就应该回到原来默示的连带责任关系的假定：国家在其中审慎地充当中介人，在情况允许承认它的全部最高地位并发布其条款以前，它一直开发于它有利的事业。因为，在亲眼看到这部庞大的机器运转以前，我只能想象问题在于简单地涉及一个借助于私人资本建立起来的银行企业，而且其管理权委托给公职人员来行使。这样一个企业，即使它为资本贸易谋得最好的市场，与其他一切类似的企业究竟有什么区别呢？它将是为国家而建立的一个新的收入来源，而国家自己却不必投入任何自有的本金；因此，除了造成大批金钱落入政权手中的危险以外，我看不出这种做法有什么进步之处，看不出社会从中能得到什么好处。对这种由国家来组织信用的办法，还应该进一步分析它的实质，因此，请允许我继续探讨下去……

是啊，有人说，国家拥有资本，因为它有最大、最可靠的收入，因为它征收捐税。如果它增加一些附加税，不就有大笔钱可以用来组织、经营和维持庞大的信用业务吗？即使不求助于妨碍国家的增税，就凭国民代表的一纸表决，在全国有限和无限的保证下，国家不是也可以建立一个工农业银行的完整体系吗？

当然，二者必居其一：要么就是以全体利益为借口把信用变为有利于国家的垄断对象；要么就是承认国家银行，甚至像今天的法兰西银行起着与全国的银行家相竞争的作用。

在第一种情况下，情况绝不是改善而是恶化了，社会将迅速走向瓦解；因为国家垄断信用的结果，不可避免地是在一切方面排斥私人资本，剥夺私人的最合法的权利，即投资生利的权利。如果把国家宣布为商业、工业和农业的唯一投资人和贴现者，那么，它就取代了成千上万以自己的资本为生的资本家和放贷人，这些人从此就只好以吃本代替食利。此外，由于它使资本失去效用，便妨碍了资本的形成；这一来就等于倒退到经济进化的第二个时期。我们完全可以大胆地反对任何政府、立法机构和国家采取类似这样的措施；因为这种做法等于在社会前进的路上筑起一道什么力量也无法推倒的铁墙。

我这里所说的是很关键的，它使温和社会主义者的全部希望都破灭了。这些人虽然没有走到共产主义那边，但是却总是想通过不断的专横建立有利于贫穷阶级的时而是补贴金，就是说要让穷人事实上分享富人的福利，时而是有特权的国家工场，就是说使自由工业毁灭，时而是组织国家信用，也就是说取消私人资本，使

储蓄枯竭。

至于没有停止这类考虑的那些人，那么，他们在接触信用问题之前，本来就有一大堆矛盾需要解决；我在这里没有必要再提醒他们了。我暂时只想给他们指出：如果对资本发动战争，禁止资本投放，那么，很快出现的将不是价值的解放及其连带责任的建立，而是流通资本的消灭，是交换的废除，劳动的禁止。金钱贸易，无非是使资本发挥其生产性的一种方式，它必然是最自由的，甚至可以说是最捉摸不定的，最违背专制主义的，与共产主义最不相容的，因而是最难纳入集中与垄断的轨道的。国家固然可以给银行强加一些规章制度，在某些情况下还可以用一些专门的法律来限制或者便利银行的活动；但是，它却不能为了自己的利益或者公共利益而取代银行家和夺取其工业。

使国家真正成为信用的君主和支配者的思想，是行不通的(我回避谈及的一些考虑证明这种思想是完全荒谬的)，因此，我们只好来谈谈第二种假定，就是竞争的假定，或者更确切地说，就是国家合作的假定，特别是对于要求有首创精神的、私人资本所无法使其增益的，甚至难以达到的信用的某些还很模糊部分的合作。

必须承认，我们与这种大事宣扬的由国家来组织信用相去很远。由国家来组织信用，正如由国家举办其他事业一样，由于事物本身的力量，归结起来只能是一种立法上的措施，如同一个管理部门。因为即使把中央银行归属于行政系统，它仍然必须保持自己业务上的全部独立性，其利益必须与国家完全分离，否则便会连累自己，与国家同样地不受人们信任。这样一个银行，顶多只能是王国境内的头号金融商号，而绝不是什么国家的信用组织。我要重复一遍:国家是什么也组织不了的,不论是劳动或信用,它都不可能组织。

因此,国家永远只能处于,而且理应处于它天然的那种贫困状态,本质上是非生产性的、习惯上的借款人,也就是说,保留着它的一切与创造能力完全相反的性质,这就使它只能成为缺乏信用的典型,而不是什么信用的君主。在一切时代的一切民族中,我们都能看到,国家不断从事的并不是使本身涌现出信用基金,而是组织借款。斯巴达因为没有一个国库来作借款基金,只好规定一次斋戒,以收集基金。雅典人是从米纳斯神①处借来金衣与珠宝。暴君们通常则是以没收、勒索和伪造货币作为收入来源。对金融的奥秘了如指掌的亚洲各城市,采取的办法则不这样野蛮,它们也和我们一样地举借,但却是用捐税来抵偿②。随着历史的推移,我们可以看到,国家举借的艺术愈来愈完善,可是由国家发放信贷的制度却始终只处于萌芽状态。国家往往发现,为了摆脱债务,必须强制勾销债务。奥基埃先生发现,光是法国,在短短的二百八十七年间,国家便宣布过九次破产;这位历史学家还补充说:"这个数字还没有把从1351年约翰王③发明这种赖账办法以后我国历代国王和同盟时期④经常采取的大大小小类似的措施,以及每次王位继承对定期采取的赖账行动全部计算在内。"

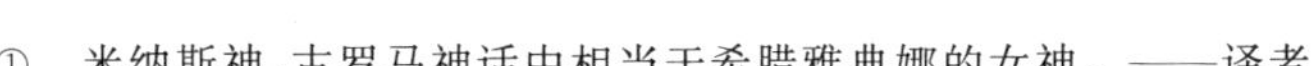

① 米纳斯神,古罗马神话中相当于希腊雅典娜的女神。——译者

② 参看奥基埃著《论公共信用》。

③ 约翰王,当指公元1350—1364年在位、后被俘囚死的法国国王约翰二世;在位时财政拮据,曾多方筹借。——译者

④ 同盟时期当指16世纪下半叶法国宗教战争中各王族四分五裂、结盟杀伐的时期。——译者

其实，事情又怎能不是这样呢？信用与国家这两种事物不可克服的对立，难道需要许多理由才能证实吗？无论怎么说，无论怎么做，国家与全体公民永远不是一回事，因此国家的财产绝不等于个人财产的总和；同样理由，国家的义务也不可能成为每一个纳税人的共同的连带义务。即使人们在一段时期里蒙骗住公共舆论，使国家的票据具有与金钱同等的信用，依靠巧妙的伪装维持了政府的这个骗局，但是，始终不外是给驴子披上狮皮；哪怕事情非常顺利，这种伪装也早晚要被揭穿，最终带来混乱与恐慌。其实，约翰·劳在二百多年前为人类制定预言性的设想时，提出的就是这个办法。他高喊道：由国家提供信贷，而不是接受信贷，这就是劳动人民的真正的联合；正是这种通过协调一切对立而形成的、以大规模的工业统一体来代替国家的经济连带关系，才能提供既满足消费者的需要又满足生产者的需要的信贷。他被一句含糊的空话弄错了，把面具当成真人，把国家当成社会，从而力图实现一种自相矛盾的假定：他必定遭到失败，这对法国来说是一大幸事，在这场大灾难中，这位精明的投机家便赶忙结束自己的试验。当我们谈到人们用以想象取得货币流通，也就是发展信用制度的各种假想时，我们有理由重新提出这个其发明人正是第一位上当者的骗局。

## 第二节　信用制度的发展

在整部政治经济学中，信用是最艰深的部分，但又是最引人入胜和最戏剧性的部分。因此，尽管已经出版了大量有关这方面的著作，而且其中有的颇有价值[①]，但是，我却敢说，人们还没有接触到这个庞大问题的一切方面，因而对它的研究还很不透彻。正是在信用问题上我们可以特别清楚地看到，作为永恒逻辑工具的人类是怎样通过一系列的运动逐步地把信用这个纯抽象的观念变为现实的，其过程就如此前我们所看到的分工、等级制、竞争、垄断、捐税和贸易自由等抽象思想的幻影如何神奇地变为事实一样。正是在研究了各种信用问题之后，人们将最终相信真正历史哲学就体现在经济阶段的发展中，并看到了价值构成是解决文明和人类问题的决定性基础。按照奥基埃先生中肯的表述，我们行将看到社会围绕着金锭旋转，正如宇宙之绕日而行一样。用这位著作家的话说，因为信用就如我们迄今所探讨过的其他阶段一样，“并不是人类意志的直接产物，而是人类社会的一种需要，是与饮食同样地绝对必要的东西。而且，它还是一种神授予命定的极其灵巧的天然力量，它能够创造未来的事物或者隐蔽的变迁……政权与君主在活动，而引导着他们的却是金钱；可以毫不夸大地说，这是天命使然。”

至于我呢？我可以毫不犹疑地说：历史哲学绝不体现在这种博絮埃的后继者们用那样多例子加以证实的半诗意的幻想之中，而是存在于社会经济的模糊不清的发展过程中。劳动与饮食虽然不是艺术家们所喜爱的题材，但却是人类唯一的明显目的；人类的一切奔忙不过是为了寻找职业和取得面包。普通人为了实现这个

① 这里可以举出其中的一两部：有关信用的概述和起源的，有奥基埃先生的行文简练、内容丰富的《公共信用史》，1842 年巴黎纪尧明书店版；有关信用的哲学的，有齐亚兹科夫斯基先生的《信用与流通》，1839 年巴黎退雷特尔和维尔兹书店版。

要求低微的纲领而花费的才智，较之所有哲学家、学者和诗人用以创造自己杰作的才智还要多！

关于信用这种奇特的事物，我们还没有举出足够实例来说明，所以它使不习惯于这类思想变化的读者感到惊诧。信用的最先进形式体现在已经综合了的公式中：这并不妨碍它仍然是一个二律背反，即经济进化序列中的第七个二律背反。正像齐亚兹科夫斯基先生在他的一本我理应推荐给喜爱应用形而上学的人们一读的著作中所指出的信用先后经过正题、反题和合题的发展而到达它的高级发展阶段，产生出一种正确和完整的观念。但是，正如我们已经证明的那样：这个有规律地形成的合题，应该说还只是三段论式中的第二项，它仍然是一个矛盾。因此，观念和实体一样，总是无止境地结合和分解，以致科学永远无法区别哪是实体，哪是简单的观念。任何观念与实体都同样地简单，只有拿它们与其他的实体和观念相比较或者联系起来观察时，它们才显得复杂起来。

信用就是这样。它本来一如开始出现时那样，只是一种简单的观念；在提出反题以后，它就分而为二；当它与反题结合时，便变得复杂化了。可是，在这种结合之后，它又显得很简单、很初级、很矛盾和无能，就像它最初产生时一样。现在是提出证据的时候了。信用是由制度的三个系列发展的，前两个系列彼此相反，第三个系列则把前两个序列结合成一个紧密的整体。

第一系列包括**汇票**和**存款银行**，应把存折归于后者；还有就是**放抵押贷款和抵押**，典当便是其中一例。

通过这一系列业务，人们希望使金钱最快地到达一切人的手里，首先是为他们取得金钱扫清道路和缩短距离，其次是使金钱本身更少作储存手段，不必害怕它的增殖。更明确地说，就是为了更好地进行金钱交易，人们想出了各种经营方式，一方面是通过汇票来转账，另一方面是通过存款银行来提供高利贷，如同交换一样；最后，是在给贷款人提供抵押贷款保证时，通过安全来吸收货币。

通过汇票，尽管我人在巴黎，仍然可以照样支配我在彼得堡拥有的或者是别人欠我的钱，其情况就如这钱全在我手边一样；反过来，如果我在巴黎拥有一笔钱，是我要还给彼得堡的，那么，这笔钱就等于在彼得堡。

这种办法是贸易的必然结果；它是随着生产与交换而产生的，正如结果随原因而产生一样。所以，我无法了解经济学家们的那样一种癖好，就是醉心于探索历史上发明汇票的确切日期，而且他们居然还确定这个日期大约在12至13世纪。其实，从两地发生关系，根据借款人的简单借据或者债主的要求，可能就有一笔款子从一个地方付给另一个地方的时候起，汇票就开始存在了，尽管这时汇票的形式还比较原始和不正规。因此，奥基埃先生把下述债据视为汇票是有理由的：托比的父亲加贝累给他签了一张债据，这张应该由加贝累偿付的债据到了年轻的托比手里，托比成了债据持有人，可是他完全不认识债权人。据传说，这是公元前五、六世纪时发生在亚洲的事情。它证明那时在拉格什[①]与尼尼微[②]之间，还没有开始汇兑与贴现的业务。但是，这个原则在当时已经为人们所理解，很容易发展成后来的形式。对我们的论述说来，说明这

① 拉格什，美索不达米亚平原靠近波斯湾的一个古城邦。——译者

② 尼尼微，古亚述王国的行政中心，在底格里斯河左岸。——译者

一点也就够了。

大家都懂得汇兑的好处，知道它能补充多么大量的货币。要是一位马赛商人欠一位里昂商人1000法郎，后者又欠一位波尔多商人1000法郎；那么，只要这位里昂商人在马赛商人签发给他的汇票上加署以后寄发给那位波尔多商人，他就既收回了债权，又清偿了债务。这张汇票在马赛商人和里昂商人的双重保证下代表着1000法郎的金额；而且，那位波尔多商人还可以用同一张汇票，以同样的方式向另一位图鲁兹商人清偿债务，就是说在汇票上再加署自己的名字，给它以三重保证。如果不断地使用下去，汇票上的签字保证，亦即它所表示的连带责任和商业价值，便不断提高，一直到它期限届满，正式出示兑现为止。因此，汇票是货币的一种真正补充物；而且，由于它通过背书的允诺而不断获得更大的保证，所以是一种十分可靠的补充物；从而在某些情况下，甲级的商业期票比金银更受人们欢迎。

随着存款银行的出现，人们又上升到高一级的抽象，就是把账面货币与流通货币区别开来。

钱币与一切原料和商品一样，可能磨损、变质、被盗或伪造。另一方面，钱币种类之繁多，是流通的一种障碍，因而也是造成新的麻烦的原因。人们便建立公共存款处来克服这个困难。它按各种钱币的本来价值加以接受，只收取往来手续费，而发给存款人以可以兑现金的支票，或者是载明存款总额的凭证。1609年开设的阿姆斯特丹银行，就是典型的存款银行。

这样一来，由一张本身并没有价值的纸张所代表的钱币，便可以没有损耗、没有磨损、没有差额地流通，总而言之，就是没有亏损、更加方便地流通。

但是，这样为货币铺平道路还不够，还必须寻找使它从钱箱里出来的方法；这方面人们还是有能力的。

钱币是最优越的商品，是价值最可靠和标价最好的产品，因此才成为交换的媒介和一切估价的标准。但是，尽管有这些突出的优点，钱币仍然不是财富，光是钱还不能给我们带来任何福利；如果我敢于这样说的话，它只是构成财富的诸种因素中居于首位和最得人喜爱的因素。

因此，由钱币构成其财产的资本家，需要投放资金，需要交换，需要尽可能使钱币带来收益；而钱币带来收益就是指能带来各种物品。他们这种想脱手自己埃居[①]的需要，就如那些拥有土地、房产和机器等等的资本家想通过经营获得埃居的需要同样的迫切。

为了使这两种资本家的资本都能增殖他们的资本，就应该使他们把资本联合起来。但是，人类既需要联合，又厌恶联合；所以，不论是工业家或者是拥有金钱的人，虽然竭力想达成协议，却又不同意联合。有一个办法可以既满足他们的愿望，又不必强迫他们接收他们所厌恶的东西，这就是拥有货币的人把资金借给工业家，而接收后者的动产或不动产资本作为抵押，并且加收一笔利润或利息。



总之，这就是信用最早的表现形式，或者如经院哲学所说的，这就是**正题**。

由此可见，银币虽然凌驾于其他商品之上，可是一旦出现作为交换手段，它又立即暴露出许多明显的缺点，如重量大、体积大、会

---

① 法国古钱币名，此处泛指金钱。——译者

磨损、会变质、数量稀少、运输又不方便,等等;这就是说:就其本身的原料和价值来说,银是信用的最完善的抵押品,因为人们借助于这种具有至高无上的标志、任何时候都为人所接受、可以换取各种产品的抵押品,就可以可靠地获得一切可能的财富;但是,作为价值体现物和流通手段,银币本身又有其有待补救的缺点;总而言之,它又是信用的一种不完善的标志。

正是在弥补硬币的这种固有缺陷方面,我们可以看到商业天才所作的一切努力。

到第二阶段,信用制度的反题系列,在某种意义上说,是第一系列的反面或否定。这个制度包括流通及贴现银行,以及与银行券有关的一切证券,如纸币、硬币、指券,等等,这是这一代的信用结构。

请读者们原谅我经常提到这些形而上学的公式。在论述信用以前的各个发展阶段时,我都归结到这些公式;现在谈到信用的各种形式时,我还是要回到这些公式上来。我想,人们只要稍为思索一下就会懂得:这套形而上学的公式,虽然乍看起来有点格格不入,与我们惯用的文体很不协调;可是,不管怎么说,它毕竟是社会的代数学,是我们思维的工具,只有它在给我们提供了解历史的钥匙时,给我们提供一种工具,去自觉地和精确地探究我们制度的一些本能的和折磨我们的产物。何况,如果我们的国家想避免那种十六年来[①]人们一直企图强加于我们国家而没有得逞、可是目前

① 十六年来当指1830年七月革命后金融贵族资产阶级建立七月王朝以后的统治。——译者

仍然威胁着我们的政治崩溃，那么，现在就应该摒弃堕落的文人学士和被人收买的报刊所使用的那种矫揉造作的庸俗文体和不着边际的空谈风气！

银行券有抵押品作支持，这就是有它所代表的硬币作支持，因而它并不是一种虚构，而无非是一种抽象，也就是说是一种和事实或物质分开的真理，这种事实或物质使真理得以实现和凝固，而真理的存在构成了银行券的保证。在这种情况下，银行券是硬币的一种适宜的和便利的补充物，不过，它并没有增加硬币的数量。然而，通过汇票和存款银行承认结合起来，它就开始具备后面的这种性能。

由于汇票是在支付中作为货币被接受的，换句话说，由于它可以用来交换一切产品，并且可以和硬币交换，所以就出现了流通银行，也就是说出现了在收取一定的佣金的条件下对商业票据进行贴现的行业。

这样一来，把手中持有的票据换成货币的批发商，便可以自由使用这些原来在没有上述行业时只能处于休眠状态、从而是非生产性的资本。随着手中汇票的增加，商人便取得新的价值，可以用以换取劳务，支付工资，清偿货价。贴现的效果是加速了生产、增加了产品和扩大了资本。

但是，本来全部本领就在于以埃居换取票据、然后又以票据换取埃居的银行家，也模仿工业家的做法，可以自行承担汇票的责任，以本银行的名义发行票据，也就是销售息票，或者是记名的，或者售给持票人，而且只要出示此项期票，便可以兑现。其实，一个只有 100 万商业资金的银行家，在把这 100 万变成平均时限为两周的期票以后，可能在第三周周末发现库里连半个生丁的现金也没有，因而在物质上无力再作新的兑现。不过，由于换出了货币，他手里持有的只是收回的期票，当然这些票据可以换回货币，他可以凭这些收回的票据开支票，就是说，发行我们通常所称的银行券。商人们把这些银行券当成真正的货币来接受，然而它们不过和一切汇票一样，只是一种兑现的承诺书。

因此，银行券仍然是信用第一阶段时所创造的那种汇票，不过可以说，它已经增加了一种职能，就是这种汇票的签发使它变成了可收回价值的汇票。从此便开始出现虚构。这种办法是再合逻辑不过的了；因为，不难看出，它是存款和贴现两项原则相结合的结果。然而，它要追求它的更为合法的结果，就会导致惊人的舞弊，甚至导致信用本身的破坏。

事实上，如果仅从理论上说，既然一切商业票据不论是见票即付的或有期限的，除非发生了银行家在业务上所不能预见的事故以外，都应该偿付；显然，没有任何原因足以阻止这位银行家在向他开清兑付多少支票他就发多少银行券，如同向他要求兑现价值一样。只是有时他需要注意自己的收项是否与凭银行券要求兑现的可能数额相适应，或者规定在总兑现额超过一定限度而导致周转不灵时可以缓期兑付。从数学上看，这种理论是无可指摘的；因为，用印刷业的行语来说，银行家签发的汇票不过是他所贴现的票据的翻版罢了。因此，我们可以得出一个极端的结论，就是银行没有货币时可以照常经营业务。就像西斯蒙第先生一针见血地指出的，商人并不是向银行家要求信贷，而是给银行家提供信贷。尤有甚者，如果银行家对前来要求贴现的商人，原则上不兑现货币而代之以一张由本银行签发的汇票。那么,结果就是直接否定了货币本身,把货币排斥于商业之外。大家设想一下,要是一个企业享有君主所授予的特权,不必拥有任何黄金便能使黄金失效,进而控制整个帝国的商业,进行一切价值的兑付,从中获取数十亿资本的利润,这个企业从长远来说将有多么巨大的利润啊!

根据我的看法,一系列推理就是这样来的,著名的约翰·劳正是通过这样一系列的推理而得出设立王国银行的思想的。这个银行开办时没有任何现金,而只是依靠对密西西比殖民区的大规模开发(这是为了赋予思想以实体);它应该对一切商业票据提供贴现,可是,由于它把自己发行的银行券投入流通,这种银行券逐渐代替了货币,同时,还用这些银行券作为投放的股金而换回货币,结果把王国的金属财富都吸收到国库里。约翰·劳按他自己的思想逻辑行事,并且由于国家的高度保证按照他的制度的道德观念而坚定起来。国家不必用实际抵押便能提供信贷,这是他每天思考的主题,他是否认真地看待他的愚蠢的设想,还是只应该把他看成一个胆大妄为的骗子呢?仅仅根据对这个令人惊叹的冒险行动的叙述,我是不敢下定论的。不过,有一点可以肯定,那就是在那个时代,不论是他本人或其他人,都没有深入掌握信用理论,他们的理解超不出今天的经济学家们对政治经济学哲理的认识。如果说一定要找出什么理由来为他辩解的话,那就是他的善意,就是他的那种可敬的莽撞;因为经济学家们在追求他们的贸易自由、无限制竞争、公正的累进税和信用组织等等的乌托邦理想时,也就是力图以肯定垄断来否定垄断时,往往是抱着这种态度的,然而并没有发现什么。

不管约翰·劳的制度如何，他仍然要相信科学，在信用理论中，银币的使用将导致银币的废弃。著名的经济学家李嘉图也正是运用这种理论创立了另一种根本排除货币的流通与贴现制度的。因此，我们可以看到，信用的最初形式是存款银行，在这种制度下，银行为了给批发商提供货币，反而先要求批发商把自己拥有的货币交给它，这就使得信用对不拥有货币的人失去意义，这当然是荒谬的。这种理论的另一方面我们指的是流通银行，这种制度归结起来就是只要有一堆不具任何价值的纸张，便可以生出货币。这当然也是荒谬的。

从货币的起源和价值构成的理论来看，如果把流通银行的原则普遍化，把它运用到一切商品上，这种荒谬就更加明显了。既然银行家可以任意签发汇票，把一种虚假的价值投入商业往来，而人们也就把它当成真实的价值；那么，所有的工业经营者和商人，也可以和银行家一样，采用欺骗的办法，签发一张代表他并没有发运，甚至并没有存货的产品的汇票。用这种办法，国家只要随着商业的需要而增发银行券，便可以不要任何产品、不要半个生丁的价值便可以从事数十亿法郎的经营活动。在商业上这样应用贴现银行的原则，是司空见惯的。人们把这叫做流通。尽管这个名称并不确切，但是，人们还是一致同意用它来表示这种以极端的虚构来创造货币的人们所处的地位。第一共和国时期多次发行的流通券，并不是别的，正是这种东西。

不过，将近一个世纪以来，人们已经多少意识到这种制度存在着矛盾；还不懂得解决矛盾的方法，就像对待政治经济学上的许多其他弊病一样，人们只懂得用调和两个极端的办法来加以补救。

人们兼用这两种经营方式，设法维持折中状态。于是，大家都公认，兼营存款和流通贴现业务的银行，完全可以发行超过它拥有的金属价值的四分之一以至三分之一的银行券而不致冒任何风险；经济学家们也没有提出异议。成规既然停留在这里，政治经济学也就不越雷池一步。

因此，剩下的办法便是试行第三种信用结构，也就是采取第三种方式来保证尚未构成的价值能够通过货币的中介而投入流通。因为既然前两种方式之间存在着经济学大杂烩所无法解决的对立，就意味着一定存在一个第三项，即既能协调前两项，又能加以补足和完善的第三项。齐亚兹科夫斯基先生从事的正是这样的工作。

他说，迄今为止，我们拥有的信用手段，是彼此分开的：

一、金属币，它是一种理想的抵押品，但却是一种不完善的信用标志；

二、银行券，它是一种不理想的抵押品，或者说根本算不上是什么抵押品，但却是一种完善的信用标志。

所以，问题在于找出一种新的结合，使流通手段同时而且在同等程度上既能如银币一样，是理想的抵押物，又能像银行券一样，是种完善的信用标志；此外，它还必须像土地和资本一样，从利息规律说来是具有生产性的，因而不致被人闲置不用。

齐亚兹科夫斯基先生回答说，这种结合是存在的；而且，他还用最出色的哲学语言和最完美的实验作了论证：两种优点使得经济学家和哲学家几乎都无法理解他的理论。在对他的观点所作的匆忙解释中，可能对这位作家产生误解，可是我还是试图结合自己的某些思想和他的思想，对他的体系作一概述。

我们再来追溯一下几个原则。

货币是一切商品中唯一其价值虽有某些变动，但是却已经最终构成而且标定了价格的商品；贵金属正是因为具有这种特点，所以能够用作一切产品的估值标准。

信用的今后目的是达到一切价值的最终构成，也就是说，使一切价值与铸成硬币的黄金和白银一样，在一切支付中被接受，因为，只要做到这一点，显然就可以解决分配问题，可以根据劳动规律建立起平等，而且可以使人类实现同等的个人自由和尽可能完善的联合。

我们曾经说过，为了达到这个目的，社会天才是通过类似方法着手进行的，也就是说，借助于逐步的抽象和虚构来使一切生产出来的价值像货币一样具有流通能力，不过，有一个条件，就是始终保持一个先行的估值标准。至于价值的实体是否实际上转手并无关系，因为对流通说来，只要私有权在名义上转移就够了。正因为这样，所以一张代表着一部分积累在银行里的财富的银行券，对持有人说来，就等于实际占有银行券上所载的财富数额；也正是因为这样，对已出售的商品以汇票形式偿付议定和接受的货价，也就可以成为货币。

因此，人们要问，除了货币、代表货币的票据、汇票以及其他代表着已出售并交付的价值的定期的和可以拒绝支付的债票参与流通利润的分配，并为信用服务以外，怎样使尚未出售的价值、用以生产这些价值的生产工具、土地和劳动本身，也参与流通并为信用服务呢？

齐亚兹科夫斯基先生回答的也正是这个问题：

在对全国一切作为资本与收益的动产及不动产财产估价以后，发行一批代表这些财产的、可供交换、纳税和作一切性质支付之用的证券，同时，从中扣除一定的份额（物品价值的二分之一、三分之一或四分之一），作为对持有人的保证；这样，我们在这种新的流通媒介中就会有：

一、一种理想的抵押品，因为它和银行里的金条银锭一样，是一种实际存在而非虚构的资本；

二、一种完善的信用标志，因为它非常便于携带，本身又没有任何固有价值；

三、一种生产性的货币，因为它可以以私有权的名义充当资本投入生产。



此外，这种证券并不取消货币的使用，而只是减少它的使用，使货币只起次要的作用。它也不妨碍银行券的虚构发展为货币；然而，尽管货币与信用证券对新证券的创造充当了范例，它们仍将依据它们的结构原则，从有机结合的整个高度支配着这些新证券，从而把新证券局限在一个合理的范围内。

接着，这位作者便详细地论述了负责大量发行这种价值证券的中央机构应该如何组织，应该设立哪些下级银行，需要采取哪些预防措施，工作步骤如何，以及有哪些范例可作为证明。他的方案不乏符合某些当权人士心愿之处，所以，这些人便凭自己的一知半解加以剽窃和篡改，借以盗取名声，而方案的原设计人却被人遗忘了！

最后，为了说明这部有趣著作的重要性，作者的一位朋友和同乡、国立工艺博物馆的比较法教授沃罗夫斯基先生，曾借鉴了他的土地信用组织方案，一个有重大意义的方案，这个方案深得这方面最重要最有能力的人士的赞赏。

因此，这就是各种可能实行的信用制度的正常发展的整个过程。因为这个理论涉及一切已生产的和可能生产的价值，涉及一切已投放的资本和土地，所以除了它就没有信用的理论可言：

第一个进化阶段：汇票，抵押贷款，存款银行；

第二个进化阶段：流通和贴现银行，信用券，纸币，流通券；

第三个进化阶段：附息证券所代表的一切资本的解除抵押。

齐亚兹科夫斯基先生所主张的这种作为前两个阶段发展的必然结果的制度，是否能够实现呢？如果只就推动着社会前进的经济运动本身来说，那么，我相信它是可能实现的。法国的各种思想都倾向于改革抵押制度和组织土地信用；这两种或多或少遭到人们指摘的办法，必然导致实行上述制度。齐亚兹科夫斯基先生像位地道的艺术家一样，描绘了这个方案所能达到的理想境界，阐述了社会今后一切改革所必须遵循的经济规律。自此以后，不论实际运用的形式如何多样，细节上有多少变化，这一思想一直是这位理论家的，它如果得以实现，也是属于这位预言家。总而言之，齐亚兹科夫斯基先生阐明了社会组织上的一个最奇妙的阶段；也许历史可能遗漏了这样一个阶段，可是科学上却再也不致留下这个空白了。社会主要靠精神而生存，而不是主要靠感觉而生存；正因为这样，所以实践上也可能出现某种跨越阶段的情况。

现在，让我们回溯一下信用的这种既是自发的又是合乎逻辑的奇迹般的运动，借以证明信用的出现是一种天定的必然性，因为从这以后，我们才能把我们每前进一步都要遇到的，而且人类看来是它们的非自觉的代言人的那两个项结合起来。我所说的这种使奥基埃先生非常惊奇的必然性，最明确地证实了人类是永不谬误的。

是否可以完全不要货币呢？这就等于问道：在人类的一切劳动产品中是否可以没有一种比别的产品更具商业性能的产品？关于这个问题，我们先顺便指出一点：如果社会采用小麦、铁、蚕丝或其他任何一种其价值可变性较大和更难于流通的商品来代替黄金与白银充当共同估价的标准，那么，社会进步就多少会被延缓。

货币一旦发明了，是否可以不变成普遍贪婪的对象，不变成无论穷富都最必需的东西呢？

既然发行更大量的货币不但不能解决问题，而且只会更延缓它的解决，那么，人们是否可以在以货币作为尺度来估价一切资本和一切产品的价值以后，不去努力使这些价值表现出来，并且不使它们能够像硬币一样进入流通呢？



我敢大胆地说：这一切都是不可避免的，这是铭刻在人们脑海中和命运的天书里的。自这以后，人类走的一直是正确的道路，他们的活动始终是正确的。有一段时期，通过教会之口表达出来的社会主义，曾经起来反对经济学思潮，似乎要通过禁止有息贷款来阻止社会的前进。这就等于以天命的本身来否定天命，等于以业已基督化了的普遍良知来对抗坚持按异端行事的普遍理性。一直作为天主教义的基础的社会主义，从那时起便预感到人类即使有了完善的信用组织，也并不比实行全面竞争来得先进，预感到那样只会加剧人类的贫富之分；因此，它就呼吁制定一种不要过分利己,特别是不要过分幻想的比较完善的法律。可惜的是,当罗马和历次宗教会议受到大众的某种错误思想的推动而苛待资本和禁绝利息时,自由就成了有待获得的东西;由于自由只有通过私有权,也就是通过利益才能获得,所以,教会最后不得不撤销它的禁令,暂时延缓把资本和利息革出教门。

我们时代的病害就在于渴求黄金,也就是需要信用,这值得奇怪吗?尽管那些伪善的道德家、穷愁潦倒的文人和复古倒退的民主派竞相反对银行的统治,反对对金牛犊的崇拜,可是,这种毫不明智的咒骂只会更有助于上述观念的胜利进军。从西奈[①]时期开始,金牛犊便是人类所崇拜的神明,是威力最大和不可战胜的神明,只有那些像摩西一样隐居在高山上不事饮食的人们才敢不忠于这位神明。以色列人跪在一堆黄金面前高声喊道:"以色列人啊,这就是拯救你们出苦海的上帝!"[②]这并没有说错;而摩西希望他的子民仍然承认黄金具有最高的威力,给他们指出,黄金与耶和华一样,具有创世之力。一句话就是劳动、自由和财富。这也是正确的。



但是,正像先知所罗门[③]说的那样,万物都有它的时辰:播种与收获各有其季节;玛芒[④]和耶和华各有其生卒的时刻;资本与平等也各有其存在的期限。在经济创世记中,对黄金的崇拜本来先

① 西奈,指埃及西奈半岛山脉,圣经上说上帝在此显灵于摩西。——译者

② 《圣经》上说摩西上山朝拜上帝,其兄亚伦组织以色列人铸造金牛,作为神明膜拜,触怒了上帝。故事见《旧约·出埃及记》。——译者

③ 先知所罗门,《圣经》所载以色列王。——译者

④ 玛芒,古西亚阿拉姆语所指主宰命运的女神。——译者

于对劳动的崇拜。因此，就如奥基埃先生十分正确地指出的那样，信用的每一个进步，都是对专制制度的胜利，其情形正如随着资本的出现，我们才逐渐取得自由。

汇票、存款银行、货币汇兑、有息借贷、公债、活期储蓄、虚构的货币、复利以及由此衍化而来的分期清偿，似乎都从远古时代起便已为人所知；至于通过背书使汇票转手、设立长期公债以及高级的信用结构，看来则属于较近代的发明[①]。信用的所有这些表现形式，从铁币一直到流通券和息票，都应该看作是一部庞大机器的部件，它们的作用都可以用一个远古就有的词汇来表示，即利息(fcenus)。出人意料但也不足为奇的是：有息借贷的发明并不归功于资本，而应归功于劳动本身，归功于奴隶劳动。无论何时何地，发现有息借贷可以成为一种比盾牌刀剑更为可怕的攻防武器的，总是受压迫的工业家；到处是特权的等级集团、贵族、王亲、僧侣，它们遭到高利贷剥削，期待着把中魔法的利刃剑掉转过来指向百姓，这把剑把人击伤，又把人治愈，它使人逝去，又使人再生。

“由于十字军东征，原来打击资本、土地和依附于土地的农奴

① 奥基埃先生对所有这些形式作了引人入胜的详尽描述。他认为，它们都起源于腓尼基，犹太人传统在保留它们几个世纪之后，到中世纪末期和文艺复兴时期才使它们突然重新出现。我承认，我并不太赞同这些关于各民族互相传播必然的观念以及这些观念是和它所代表的事实同时出现的假设。因为信用的组合犹如语言、宗教和工业一样，每个民族都是根据本身需要的性质和程度自发地加以发展，并不依靠邻族。凡是构成社会本质的一切事物，任何民族都不能自诩为优先发明者，不能要求对此享有嫡子继承权。不论是现实的或虚构的货币，不论是铜币、绢币、贝壳币、铁币等等，与金币或银行券的关系，都有如对阴茎、狗或洋葱的崇拜与对丘比特或耶和华的崇拜之间的关系一样，是拜物教与基督教的关系。它们都和各种宗教形式一样，是各民族自发创造的一些信用形式，都应该让位于一些更深邃的信仰和更高级的观念。

的停滞状态消失了。第一枚自由的埃居成了可供出借的第一枚埃居。可是，即使第一笔赎回的基金微不足道，生产却使它滋生出复利，运动也就从此开始。原来只靠劳动和才智获取财富的阶级，现在凭借行会制度而形成一支可怕的大军……商人们结成同盟；他们的集居之地和聚会之所变成了城市。这些城市一壮大起来，便成了一股力量；独立历来就是起义的果实……沿海城市开辟了市场……同业工会在英国、印度、瑞典、挪威、俄国和丹麦都设立了同业联盟。汉堡、不来梅、卢卑克、法兰克福和阿姆斯特丹等城市都因为参加汉萨同盟而驰名一时。为了取得君主们的让步，同盟借款给他们，从而获得城市权和其他特权……之后，只要发生不平，同盟便中止一切贸易，封锁港口，直到工人因此失业不满，人民困苦无奈，君主们终于被迫向同盟求饶，重新把这些外国主人请来，甚至授予他们以新的特权，也就是给他们提供新的压迫手段。在这种情况下，国王们都在汉萨同盟面前战栗不已……最后，又出现了一些对接受入盟必须遵守的秘密会社、货币的某种秘密联系、某些制度以及一些苛刻的条件。同盟是各城市内部的真正城堡，就像从前热那亚和威尼斯在地中海东岸一带设立的国外商行一样。”(引自奥基埃著:《公共信用史》。)



简而言之，各城市都建立起一支公共军队；为了维持这支军队，它们就强行摊派。这就是*公共收入*的起源。国王们也争先恐后地仿效这种新办法。但是，由于他们向来就是靠借债过日子的，所以，随着公共收入的出现，很快便由于不断举借而形成*公共债务*。于是，我们便看到信用在劳动和奴役过程中自发地产生和发展起来。随后，由于自由的发展，信用便进一步扩大，本身便变成了征服者和主宰者。正是到了这个时候，国家才开始采纳信用制度，先是由于提高非生产性消费，而使花费越来越多，以后是用它来扩大自己的占有，最后则借以建立新的封建制度。

奥基埃先生接着又说："不久，国王们便效法各自治城镇，开始以货币进行战争。路易十一[①]是第一位对货币有清醒看法的国王。他借给阿拉贡王约翰[②] 30 万金埃居，以塞尔达尼[③]和卢西耳安[④]两块伯爵国领地的安全作保证。他还贷给英王亨利六世[⑤] 2 万金埃居，取得加来城[⑥]作为抵押……这样一来，资本的战争便取代了杀人的战争。

"1509 年，国王路易十二[⑦]承担了当时属于马克西米利安[⑧]的韦罗那市的城防部队军饷；为了保证这笔贷款和以后可能继续贷给马克西米利安的全部款项的安全，他要求后者把韦罗那的两个要塞和瓦拉吉奥广场交给法国……要是这位好心的路易国王干脆要求以这座城市完全归属法国作为支付城防部队军饷的条件，试问，马克西米利安皇帝从这笔贷款中还能得到什么呢？他岂不是连自己的臣民也出卖了吗？"

---

① 路易十一，公元 1461 年至 1483 年在位的法国国王。——译者

② 指公元 1458 年至 1479 年在位的阿拉贡国王约翰二世；阿拉贡是伊比利亚半岛北部一王国，后与卡斯提王国合并成西班牙王国。——译者

③ 塞尔达尼，中世纪位于比利牛斯山两麓、地跨今法西两国的一块伯爵领地。——译者

④ 卢西耳安，法国西南部比利牛斯山北麓的伯爵领地。——译者

⑤ 亨利六世，公元 1422 年至 1471 年在位的英国国王。——译者

⑥ 加来，法国西北部滨海城市。——译者

⑦ 路易十二，公元 1498 年至 1515 年在位的法国国王。——译者

⑧ 指马克西米利安一世，公元 1493 年至 1519 年在位的德意志皇帝。——译者

正是这位被当时史学家起名为“叫花子皇帝”的马克西米利安，曾经在布雷治[①]被市民关押在一家小药店里达三天之久，直到他宣布放弃佛兰德的统治权才释放出来；原因是这位负债累累的君主不断对臣民穷征暴敛，使佛兰德全破产了。最后，我们还可以看到，教皇莱昂五世[②]和整个教界又是怎样效法马克西米利安的榜样，把教会的珠宝、神器、圣徒遗物抵押给犹太人以换取贷款，其规模尤甚于旧日伯里克利[③]与斯巴达人作战时用米纳斯女神的金斗篷和珠宝去抵押贷款的往事。

1789 年的革命是什么呢？是资本的解放。贵族和教会的特权曾经使绝大部分社会资本无法转让，不能分割。那个使土地廉价拍卖和动产化的法令，就是真正的土地法。此外，革命的目标，即它所承认的真正目标只是而且只能是这一点，以后发生的而且业已成为历史往事的共和派与帝国派的争吵，也完全证实了这一点。至于我们眼前已在进行的以政治经济学为代表的资本与以社会主义为代表的劳动之间的斗争，其结果将仍然是资本的解放。这里我只想指出一点，就是劳动在今天虽然表面上不甚得势，但是，局面已经比以前好得多了，不过说它有理的时刻还没有到来。

请不要忘记，有力地推动着普遍解放事业的，除了第三等级所实行的高利贷以外，还有其他的一些力量，包括：由于新大陆的发现而大批流入欧洲的黄金的作用、流通银行的作用和股份公司的



① 布雷治，比利时东部法兰德尔省省会，当时属德意志。——译者

② 莱昂五世，公元 903 年至 928 年在位的教皇。——译者

③ 伯里克利(公元前 499—前 429)，希腊奴隶主民主派的首领，曾统治国家十年之久，其间希腊处于极盛时期。——译者

开办。如果再考虑到各门科学、技术和工业的进步这样一些资产者所创建的业绩，那么，你们就会明白：为什么1789年西哀耶斯[①]向全世界宣布第三等级就是一切而教会和贵族却一钱不值时，法兰西的王室、贵族亲王和教会嫡系竟不得不赋予这位平民的宣言以法律的效力。

有一点是不容怀疑的：信用，也就是一种联合的整体，它能使劳动和波动不定的价值变为某种流通的和生产性的货币，从而也能在国内开辟一个即使是最彻底的自由也无法赢得的广阔市场，因此，它便是解放劳动、增长集体财富和提高个人福利的最有力的原则之一。

只要考虑到人类天才在生产、交换、分配和有效的连带责任方面创造的方法之多，我们就不会对那些抱乐观态度的人感到奇怪了，这些人认为，一切将很顺利，社会已为无产者做了不少事情，如果世界上还存在一些穷人，那也只能责怪穷人自己，而且我们自己也开始怀疑对社会主义的抱怨有一点点根据。

请读者们允许我扼要地解释一下这个观点。

个人自由得到保障。劳动者不用担心雇主克扣工资。每个人都能自由支配自己的劳动和生产了。大家都一样地公平。如果说，宪法出自保守的动机和为了维护私有权制度的不容置辩的秩序而把纳税额规定为选民资格之一，那么，这种条件也只是以物为准而不是因人而分，何况每一个人都有机会发财致富；所以，从这

① 西哀耶斯(1748—1836)，法国神父，资产阶级革命活动家，大资产阶级的代表人物；革命前夕发表小册子《什么是第三等级？》，表达了羽毛已丰的资产阶级的政治要求。——译者

个角度看,我们可以说,选举法和税法一样,是一种平等的法律,从而也是一种超脱于受益的人民之上的无可指摘的法律。加之,国家本身就鼓励和激发普通工人和无产者来效法资产者,因为资产者原来也曾经是无产者和普通劳动者,只是现在才挣得安逸与尊严。国家给劳动者举办储蓄,接着又规定退休制度,然后又吸收他们参加股份公司、联合会,等等。无产者只要善于运用提供给他们的各种手段,便完全有理由期望有一天能够拥有与他们所谴责的资本家同样多的资本,依靠自己的劳动来和最大规模的工业相抗衡,并且最终分享若干世纪以来一直在稳步地削弱政权作用的财富的统治权。因此,工人阶级的忧心与不满,难道不是应该归咎于低级下流的趣味、不守秩序和缺乏纪律的习惯吗?不是应该归咎于它们所沾染的、使它不接受联合和协调的一切思想的利己主义吗?不是应该归咎于人们灌输给他们的那些荒谬学说,而不是因为真的缺乏解决问题的办法吗?

我知道一个无产者的出生情况,因为正是从这时起,也就是说当他还在摇篮的时候,社会就开始关心他了。

为了保障他童年所需的照顾,社会首先给他开办托儿所。请允许我暂时把托儿所也比作一种为了穷人而举办的信用制度。因此,襁褓中的孩子便已经是某家银行的债务人,因为享受社会的这种恩惠的主要是他,而不是他母亲。

离开托儿所以后,他被接受进保育院;稍后,又进入专门为他们开设的学校,接受人类各种基本知识的教育,甚至包括音乐和美术的训练。

学徒时期到来了。如果仔细观察一下,这是工人一生中最艰苦的时期。但是，对天真愉快的少年说来，这一切痛苦似乎也不算大，在母亲的关照下和父亲的劝导下，他充满远大前程的一生才刚刚开始……

到十八岁，他就成了工人，他就自由了，开始成人了。这时他已经恋爱，过几年便结婚了。

假定这个工人到二十岁时只有自己的一双手和这些知识的总和，别无其他财产；这些知识可能是小学给他的，可能是学徒和阅读书籍得来的，比人们想象的要丰富得多。又假定，他受到有益的启发，考虑到要为自己的晚年积累一笔钱作养老之用，以及在自己去世时给妻子儿女作赡养费。

首先，社会为他开办了储蓄。每月存 5 法郎，年终就是 60 法郎。二十年以后，正当他身强力壮、精力充沛时，他的储蓄总额将达到 1200 法郎，再加上这些年的利息，就有将近 2000 法郎的可动用的资本。如果年利是 4 分，光是利息便可以收入 80 法郎。



现在再假定，这个年满四十岁的工人意识到做父亲的责任是要有远见，所以不花掉这 80 法郎收益，而是用来购买人寿保险。如果保险费是保险赔偿额的百分之三，那么，他一去世，遗孀和儿女可以拿到的人寿保险赔偿金就是 2666 法郎。假使这位有远见和明智的父亲是四十一岁死去，这笔赔偿金加上原来储蓄的 2000 法郎，总共便形成一笔 4666 法郎的可靠的资本。反过来，要是这个人再活二十年，而且继续与往常一样，每月储蓄 5 法郎，而且把可以提取的原来那笔储蓄的利息也全部存入储蓄银行，那么，到六十岁时，他名下就拥有一笔将近 7000 法郎的资本；这时，孩子也长大了，晚年无所匮乏，完全无忧无虑。

现在，让我们把这个有趣的假设扩展到更大的范围来看看。

假使在我们的一些大城市，如巴黎、里昂、鲁昂、南特等地，成千上万的工人决心利用储蓄和保险制度为自己谋福利，组织起互救会，主要宗旨是在生病或失业时互相帮助，保障每一个人的生活不受影响和储蓄不致中断。首先，这些工人可以用他们全部存款的利息作为资本，组成一个人寿保险协会，入会者享受某些优待；也就是说，他们交纳的保险费比别的保险公司要低得多，或者是，交纳同样的保险费，而将来可能领取的保险赔偿金将比别的公司多。

这样，一个工人经过四十年不间断的节约，除了积攒的4000法郎以外，还可以用储蓄利息为自己一家另外留下3000法郎的保险赔偿金。这就是说，要是他是在六十岁这样一个一般人还身体健康、能够劳动的年龄死去，他也已经给妻子留下了7000法郎，这可是未婚女子的一笔可观的嫁妆啊！



这个例子向我们表明的是一个最理想运用信用虚构的情况。显然，如果考虑到在契约期限内某个时间的信用，那么，这笔保险赔偿金实际上不过是一笔大部分没有兑现的虚构资本。但是，这笔资本虽然对社会来说是虚构的，对每一个投保人来说，却不减少其现实性，因为这笔资本是一笔一笔小额逐渐地偿付的，一直到投保人去世为止。人寿保险就类似于汇票和银行券，并不是以金条为依据，而是以账面的收项为依据。

最后，假定这样组织起来的劳动者团体在二三十年间继续维持、更新和发展下去，那么，有一天它就有可能集中起来一下动用几百万法郎。这样，一些勤劳和有节制的人，一些忍耐和节约了三十年的人，使用这样一笔庞大的资本，又有什么事情办不了呢？如果这样一种做法继续三四代人，而且到处像一门新宗教似的被传播，就能改革世界万无一失地导致平等；这难道不是显而易见的事情吗？人们可以无穷尽地改变和组合这类假设，而且总是可以得出这样的结论：如果无产阶级仍然贫困，那是因为它不愿意付出辛劳来致富。

但是，我的上帝！这实际上就等于说：如果我们是傻子，那是因为我们不聪明；如果我们受痛苦，那是因为我们健康不好。无疑，我们的公法、我们的民法和商法，我们的经济科学和我们的信用制度，确实包含着无产阶级可以用来摆脱贫困、摆脱资本的可恶奴役和摆脱作为精神堕落首要原因的可耻物欲的无数规定。但是，为了掌握这种摆脱束缚的规律，便必须借助于一种超验的概念，摆脱高利贷的圈子，而在我们所到达的这个时代，也就是这个奇妙的信用阶段，我们却比以往任何时候都更深陷于高利贷之中。我们马上就会看到无产者、资本家和上帝的错误所在。

在论述了迄今为止存在过的各种信用形式和指出它们可能的变化以后，我们还需要谈到它们共同的程式。这种程式与政治经济学的关系就如诉讼程序与司法工作的关系一样。所谓程式，我指的就是簿记。

信用是簿记学之父。簿记这门科学的全部秘密就在于这样一个原则：没有债权人就不可能有债务人，反之亦然。这是从以产品获得产品的格言演绎出来的原则，它以一种新的方式表达了政治经济学的基本对立。

读一读下面这段关于罗马人簿记学的详细记述，是很有意思的。

“古罗马人每人都有一个登记本，记载着他们的债务和债权、各类往来账户，在与有来往的账户的名下，他们登录着负债即借方(acceptum)和资产即贷方(expensum)项目。这些登记本就像我们的日记账一样，当时是法律规定的形式，不得涂改，在司法上具有证据效力。其中有一张账页叫做誊录账(nomen transcriptitium)，即总账。罗马人也和我们一样，在把每笔账誊入这最后一张账页以前，先记在日记账上；后者在西塞罗[①]的《为罗斯奥[②]辩护》中曾经提到过，名为备核账(adversaria)，意思就是供查核的账目。每月必须往总账上转登一次，把已付(贷方)和已收(借方)的账目分别誊录。最后，这些记载着借方和贷方的账目称为清结账(rationes)，因为它们必须把各部分之间发生的一切加以解释。这就是“清结账”或“总账”这一名称的来源，也是店号、克洛宾·克洛邦、阿巴贡先生和公司这一类名称的来历。当人们愿意承担义务想借一笔款子时，就应承担在自己的登记本上载明的债务，这笔债务是从他使其成为他的债权人那里收到的，而对方则在自己的登记本上载明已付给他愿意使其成为他的债务人以款项，于是便逐渐形成我们商业用语中的所谓贷方与借方。两个登记本相一致便构成合同。”(引自奥基埃著：《公共信用史》)

让我们看看这些词的对应关系：借方(debiter)引申出债务人，

---

① 西塞罗(公元前106—前43)，罗马杰出的演说家、作家和政治家，贵族共和国的思想家，折中主义哲学家。——译者

② 罗斯奥(?—公元前69)，古罗马著名演员，曾教授西塞罗朗诵术。——译者

贷方(crediter)引申出债权人；信任(现代法语中 croire 一词已失去原来拉丁字 credere 的词义)引申出信托。总而言之，在全部偿还之前，债权人仍拥有收益权和所有权。正是因为这样，我们曾指出服役(service)与使役(servere)、做奴隶或奴役他人两者的关联，这种关联有力地表达了主奴之间的关系。观念的对立是每天在建造的社会大厦的基础；这种对立从一开始就出现在语言中，其后，通过不断地发展，便体现在事实上。

除了借方与贷方、买与卖这一基本对立十分明确地表达了我们给信用规定的今后目标，就是建立生产与交换的均衡；所谓复式簿记又给我们揭示了另外一种对立，就是人与物的对立。

商人通过记载借方和贷方的办法为每一个与自己有业务往来的人建立账目以后，还按这种方式给他可能收受和发送的每一类价值设立另一种账目。这种账目分为四大类或五大类，即现金账、汇兑账、商品总账和商品分账。在结账或盘点时，这些账目都输入一个统一的账目，即用来表示这个商人所拥有的经济学家所称的总产值与净产值的盈亏账。



人们不是说命运在创造世界以前便修建好一道满布碉堡、炮台和要塞的巨大防线，用以禁锢我们试图发展的智慧和限制我们试图扩大的活动吗？无论自由向哪一个方向发展，都会立即不知不觉地被这些经济必然性所控制，而且后者还以救世方案的面目出现来压制和奴役自由；自由休想摆脱它的束缚，也无法冲破它的包围。在商业和农业、会计术和簿记术发明以前，自发地先于一切政治与经济制度而形成、从而避免了其后种种成见的影响的语言，早就表达了劳动、借贷、交换、债权与债务、我的与你的、价值与均衡等等一切观念。经济科学早就存在；如果康德[1]研究过政治经济学，他一定会和那些自诩只相信未经文饰的经验的经济学家们相反，把这门科学也列入纯粹科学之中，也就是说，视它为一门可以凭一套原则结构、不依赖事实而先验地形成的科学。

在我现在所探讨的这个课题中，一切都应该全是新颖的和人所意料不到的。我曾经长期探索过这样一个问题：为什么自亚当·斯密一直到舍伐利埃先生为止，在政治经济学教科书中，全然没有提到商业簿记。我终于发现：簿记，或者更通俗地说，记账，原来就是全部的政治经济学。那些编造了一大堆实际上不过是正确程度大小不等地解释记账法的所谓经济学的著作家们，是不可能认识到这一点的。当我发现很大一部分经济学家竟然是非常拙劣的会计，根本不懂得借方和贷方，简而言之就是不懂记账时，最初使我十分惊讶。是否如此，还是请读者自己来判断吧！



什么是政治经济学？它就是关于社会的计算科学（我们姑且使用科学这个词），就是关于财富的生产、分配和消费的普遍规律的科学。它不是关于种麦、酿酒、采煤、炼铁等技术的科学，不是生产工艺的百科全书。再说一遍，它是关于社会创造、增加、交换和消费财富所采取的普遍方式的知识。

个人的福利、国家的进步、财产的均衡、对内对外的和平，都取决于这些对一切可能存在的工业部门同样适用的普遍方式。

但是，在每一个工商企业内，除了从事生产、发货和进货的工

---

① 康德（1724—1804），德国古典哲学的创始人，唯心主义者，德国资产阶级思想家。——译者

人以外，总而言之，除了专业的劳动者以外，还有一名高级的职员，如果我可以这样说的话，还有一名普遍规律的代表，一个经济思考的机关，专门负责根据生产、流通和消费的普遍方式来记录企业的一切活动。这个职员就是会计师。正是他，也只有他，才能评定合适的劳动分工的效果，指出某种机器带来了多大的节约，企业是否能补偿支出，出售怎么能获利，最好的一种销售是什么，也就是哪一类主顾最有支付能力，对另外哪一些主顾不应信任，哪里可望找到顾客。他所处的地位最便于探索竞争策略，最便于预测垄断的后果和预告价格的涨落。最后，也正是他，最有可能从交易往来的账目中了解本地和外地商品价值与金属币价值的行情及资本的流通情况。归根结底，会计师才是真正的经济学家，只不过他的头衔被一批虚伪的著作家们窃取掉罢了！可是，这些著作家却从来没有想到自己以所谓政治经济学的名义发出的无数喧嚣，无非只是一堆关于如何记账的废话。

商业簿记是形而上学的一种最出色和最巧妙的运用，是一门科学，因为它应该得到这一名称。尽管它的对象和范围有一定的限制，但是它的精确程度和严密程度绝不亚于算术与代数。

假定人们向一位数学家提出这样一个题目：

为了一切商人所必须保存的有关其业务的书面账单，请找出一种记录办法，如任何一项销售、任何一项购买、任何一项收入、任何一项支出、任何一项赢利或任何亏损、任何协议、交易、货币流通或资本变动，都不能在账面上隐瞒、改变、伪造或增减，不能在书面上有任何不符实情的记载，以便第三者或法律上需要查核时可以绝对可靠地据以确定这个商人的责任。

如果这位数学家手边可供利用的只是一些数字，那么，他一定会感到很为难。可是，商法典第八条和第九条所解决的恰恰是这个问题。

“第八条：任何商人必须备有日记账，逐日记载其债权与债务、商业往来、买卖协议、票据的承兑与背书和一切项目的收入与支出；而且，必须按月结算本商号的开支总额。此项日记账应单独设立，不得与商业上通用的其他非必要的账册混同。

“必须把收到的书信集中捆扎起来，并把发出的书信誊录成册。

“第九条：任何商人必须每年制作本人签字的动产与不动产、债权与债务的财产清单，并逐年把它们誊在专册上。”

请看，这两个条文不是已经包括了政治经济学的所有纲目吗？这项成规如果只作为一种手段来说，那是不错的；但是，如果想从中找出公平原则和社会原则，那就会大失所望。有的人从自己的老师即商人那里抄袭了这个成规，在科学上加以认可，却又反过来以经济学家的身份教训商人，这难道不是十分可笑吗？因此，经济学家除了商法典给所有商人规定的这几行条文之外，又能懂得什么呢？

商法典不论对商品价格或工资率都没有预先作出什么规定，而是让商人们自己任意决定；它只是要求商人把现款和已支付的款子入账。仔细而积极的消费者、经济学家们不是也告诉我们说，价值本身是不可计量的东西，它完全取决于供求关系吗？

商法典以商业公司名义进一步发展了民法典第一千八百三十二条以下各条款所规定的原则：“公司是两人或两人以上协议把某

些物品共有，以获取可能产生的收益的契约关系……"因此，商法典假定了光是劳动本身是不能成为商业社团的对象的，不能成为商业经营的内容的；经济学家们不也是教导人们说资本具有生产性和社会秩序是以垄断为基础吗？

没有必要再进一步对照下去了。公共信用问题和捐税问题也不过是把商业簿记应用于国家的问题；所以，鉴于经济学家所理解的研究方法，它没有成为政治经济学的专门的一章。只要是政治经济学是一门商业哲学，是一门簿记哲学，情况就是这样！可是，它什么也不是。它只是商法典第八条和第九条的一些贫乏单调的注释；这两个条文本身就把成千上万卷政治经济学论著的内容包括无遗了。

因此，可以把我所说的总结为以下几点：

商法典运用了债权人必须以债务人为条件，反之亦然。这样一个形而上学原则，规定一切商人都有义务逐日记载自己的债权债务和一切交易往来，从而给信用奠定了真正的基础，并且为未来的平等创造了一种强有力的工具。



但是，簿记本身并不涉及价值尺度，它对借方和贷方项下所表示的数量的尺度并不关心，而且，它与它经常使用的算术一样，无所偏倚，不论是商人破产或暴发、工人受盘剥或主人较公平，它都如实地表示出来，可是，尽管如此，我们并不能由此得出结论，认为立法者意在制定一种导致财产不稳定的法律。经济学家把仅仅不是偏见的东西当成判断，对常规说一些它没有包含的，而且细加研究最终是错误的话；所以，他们既辜负了自己作为哲学家的使命，也丧失了作为批评家的资格。

商业账册是商人必须保持的廉洁的见证人,在花钱时就像催税员的结伴一样,如果他是一个无赖的话,随时准备对这个商人提出控告;如果他是一个诚实的商人,在他破产时就为他辩护。经济学家们却根据商业账册所起的完全被动的作用和所采取的毫不偏袒的态度得出结论说,账册反映不出交换规律;可是,真正的哲学对此的结论却正相反,认为只要交换规律本身被发现,用类似账册这样的工具就能拯救平等。

商业簿记应该包罗整个世界,社会的总账应该与个人的各别账目相同,与他为自己生产的各种商品的价值相同。

这样一个公平时期一旦到来,代议制政治、折中主义经济和共有制社会主义即使存在,也不值一顾;而且,君主政治、民主政治、贵族政治、神权政治这些暴政的同义语,在青年一代看来,都将如出身门第、倾斜原子、印记学和神学的术语一样,属于荒诞的事物了!



## 第三节　信用的欺骗性及其矛盾。它的破坏性后果,它制造贫困的能力

上帝之所以引导人类走上神奇的信用道路,看来目的是为了在社会内部建立一种使贫困普及化和永久化的普遍保险制度。

迄今我们可以看到,随着政治经济的每一次进化,主人与受雇者之间、资本家与劳动者之间的鸿沟,都变得愈来愈深刻。机器、垄断、国家组织、像特权似的寓禁性高额关税制,人类天才为拯救劳动阶级设想的这一切,却往往有利于特权,使劳动所受的压迫愈

来愈深重。现在的问题是巩固原来的成果,加强阵地以防止敌人的反击,保障占有人不受被剥夺者的侵犯。而这种保险只会使被掠夺者付出更大的代价;就像人们所写的:劳动者创造一切,而一切反对劳动者。

人们用讨好的口吻向工人、劳动者、劳动的人们和生产的人们强调说:我们开办这些储蓄银行,完全是为了你们,让你们能过舒适的晚年。来吧!把你们的节余存进来吧!我们将精心给你们保管,我们将付给你们利息,你们将是我们的息主,而我们却是你们的债户。——劳动者们!你们在借高利贷,可是因为你们一直还不起,人家将把你剥夺净尽。还是到我们的抵押银行来吧!我们不要你们立什么字据,也不催促你们偿还,只要你们交一点点利息,过上三十六年、四十五年,或者五十年,你们就完全自由了。——作坊主,商人们,工业家们!你们缺少货币,可是你们却不知道,你们的工厂、你们的工具、你们的房屋、你们的顾客、你们的才能和你们的信誉,就是金矿石。我们将把这些矿砂洗净,从中提炼出贵金属,然后全部归还给你们,只不过作一点小小的扣除!——做父亲的人们!你们不是想在自己死后给自己女儿留下一份嫁妆,给自己的遗孀留下一份养老金,给自己年幼的儿女留下一份抚育费吗?我们只要求你们从登记之日起定期交纳一份与你们的年龄成比例的和我们日后将偿还给你们的一定数目的利息。

这样,你们就可以无忧无虑地劳动和生活,黄金也将滚滚而来。你们将富裕起来,又有钱又幸福;因为你们将到处拥有劳动、市场、租息、年金、遗产和利润!

我用一句话就可以推倒这座脚手架和揭穿信用的秘密。

信用就其本质和使命来说，与彩票一样，总是要求所得高于所给，而且也不可能不是这样。不如此就不成其为信用。因此，信用总是要掠夺多数人；无论怎样伪装，它总是让资本剥削劳动，反过来，劳动则不能剥削资本。

首先，当信用提供给任何人时，它就是一种谎言。

一方面是能言善道、专事劝诱的经济学家们对我们说：

“只有那些诚实的、珍惜荣誉的、信守自己诺言和履行自己义务的人，才可望享受信贷。信用与信任是同义词；但是，究竟什么地方存在信任以及什么人可以信任呢？难道不是只有诚实得到尊重的地方才存在信任，只有品德受过考验的人才值得信任吗？同样，各种拥有丰足财源并且按正确思想来管理的信用制度所提供的慷慨帮助，谁能不为之感动呢？事实上，这些制度的使命就是把劳动工具、大小企业的必需物品、工业的命脉，换句话说就是资本，从不想加以利用或者没有能力或时间加以利用的持有者手中转移到能够并准备加以利用，而且一定会加以利用的人手里。因此，凡是存在着组织良好的信用的地方，那些既聪明又勤劳、既诚实又有工业才能的人，就可以得到保证：随着时间的推移，这种办法足以使他获得安适的生活，臻于古代诗人所形容的那种小康地位，也就是英国人所称的独立地位，从而使他们的幸福得到最可靠的保障。一旦到达这种境地，除了少数例外，人们一般就情愿退而修整自己的家园，别无奢求了。至于那些例外的人、超群的人，当他们到达这个水平时，就可以利用信用制度而轻易地上升到属于社会上层的高级工业家的地位，由此而从平民跃为国家高级官员。在我们的自由社会中，我们可以找到许多这样的光辉范例。先生们！最

近十五年来，你们就亲眼看到两位商人沿着商业途径晋升为国家的第一号显贵，担任内阁总理的职务！……”(引自舍伐利埃先生著：《政治经济学教程》——1845年公开讲演集)

现在，让我们来听听一位注重哲理和态度严谨的经济学家的说法，并且仔细品味一下他的教导：

“信用并不是对未来的预测，并不是一种以转移资本来冒充创造资本的货殖骗局。信用是一种把固定的、已投放的资本转变为流通的和解放了的资本的化身。因此，信用应该以现实而不应以愿望为依据；它需要的是抵押品，而不是假定……无米不能成炊(Exnihilo nihil fit)。所以，如果你想制造什么东西，就请拿出你的材料来，千万不要把准备制造的东西当成现成的制造工具，这样只会是一种恶性循环……毁灭信用的隐患就在于人们只考虑目的而不考虑手段。”(引自齐亚兹科夫斯基：《论信用与流通》)

这种说法尽管令人赞赏，可是却违背逻辑！因此，在一种良好和健康的经济中，信用并不是以人为依据，而是以抵押品为依据。如果把信用巧妙地定义为投放的资本转变为流通资本的化身，信用就是某些资本与货币的可撤回的交换，是一种典卖。因此，不论信用的词源如何，反正信用就是不信任，因为一无所有的人是永远享受不到信贷的。相反地，正是这种人迫于生计而不得不为了一点信贷而十天、半月甚至整月地把自己的劳动出卖给企业主。

可是，人们却和我们讨论什么组织信用，似乎信用并不是一种只有拥有可供抵押的资本的人才能利用的商品流通制度。请你们还是谈谈组织信用的担保吧！因为人们缺少的正是抵押品，是信用担保，你们明白吗？这就是说，需要占有土地、工业和劳动。信用从来就不忽视现实性，对物的信任是无止境的；可是对人的信任、对人格的信任却是到处阙如。因此，我再说一遍，这尤其重要的是信用担保，这是它对个人建立信任的原因；在支配劳动之前谈论出借劳动，这就等于修筑铁路的影子，来运输乘坐在车厢影子里的旅客的影子。

所以，就其主要的信任来说，信用是劳动者所无缘享受的，它对劳动者的命运并无直接影响；对他们说来，信用就像并不存在似的。信用就如埃斯培利特姊妹[①]的金苹果一样，由一条时常警惕的龙守卫着，只有在盔甲上挂着麦杜兹的首级[②]，亦即抵押品的勇士，才能采摘。信用与穷人、短工和无产者是毫不相干的；对他们说来，信用只是一种神话。因为信用只能够，也只应该以现实而不是以愿望为依据，正如法学家们所说的，信用是实物的信用，而不是人格的信用。为了推翻这个规则，采用相反的规则，必须依靠劳动对资本的反抗，把一切被霸占的财富重新变成集体的财富，使脱离社会的资本重新返回社会。总之，必须使二律背反得到解决。但是，到了那时，信用对进步说来就只是一种次要的工具，它将在普遍联合中消失。

既然信用是在欺骗，那么，它也就是在盗窃。这两个观念之间的关系，就如非生产性与贫困之间的关系一样，是一种必然的关

① 埃斯培利特姊妹是希腊神话中阿特拉斯神的三个女儿；她们的花园里种有金苹果树，由一条百首龙看守着。——译者

② 麦杜兹是希腊神话中的一位女神，原来长着一头美发，容貌绝世，但是因为得罪了米纳斯女神，遭受惩罚，头发变成魔鬼一样，目之所及尽成石头。宙斯神的儿子波西勇士砍下她的首级，带着它当武器四出征战，把敌人全变成石头。——译者

系。实际上,信用是一种规模最庞大的货币统治和资本生产性的组织;货币统治与资本生产性这两种虚构,以信用的名义彼此商讨,联合奴役劳动者。

我们还是不要厌烦回溯各种原则。

由于资本家对劳动者存在着支配与依赖的关系,换句话说,由于资本不可避免地要在社会上建立封建的统治,所以,货币对其他商品也存在着支配与从属的关系。物的等级制产生了人的等级制。因此,即使按照李嘉图或齐亚兹科夫斯基的体系,一切交换都是通过票据或易于收回的资本私有权的名义的中介物来进行的,金属币也仍然是隐蔽的神明,它在完全无所事事和极随意中支配着信用。因为正是按金属币的形象,流通价值才是**虚构**的,而不是**造出**的;也因为流通价值始终是以金属币作为尺度,或者可以说,任何票证都总是带有金属币的印记;还因为,这些票证之所以得到公众的信任,在商业上成其为信用,是由于只要人们愿意就可以随时把它兑现为货币;最后还因为,这种虚构即使普遍化了,各种价值的有效构成也并没有比以前前进半步。

这种由中央银行以国家的各种财产和全国的不动产作为担保、发行数十亿有息证券的办法,实际上使人们得到些什么呢?人们只要制作一份大型土地册,接着从这种土地册以**货币估价**的土地资本和劳动工具便动产化了,变成可转移的资本,简而言之,就是用不着采取金锭的形式,这些资本即可投入流通。在法国,流通资本的数量将不再像现在人们所说的是40亿,而是很快到达200亿至300亿;而且,为了这些原则的信誉,还必须加上一句,就是通过多种多样的担保,这笔流通中的巨额物资不会贬值。人们也许因此会对价值构成有一种幻想，以为它应该使一切商品将和金子一样在支付中为人所接受；然而，人们并不掌握价值构成的真实性，因为为了使这些货币化的资本进入商业流通，还要打一笔折扣，作为它的票面价值的担保。

因此，在我看来，这表明信用并没有完成政治经济学的目的，也就是说，并没有在确定社会价值比例关系的同时而使一切价值构成符合其天然和合法的比率。相反，信用在买回各种动产与不动产的价值时，仍然只是宣布它们从属于货币。信用确认了货币的统治和其他价值对货币的依赖。它建立的并不是自由流通，而是把折扣作为各种价值进入流通所必须交纳的通行税。总而言之，信用回避了围绕它的疑难问题，并没有加以解决。

这也是齐亚兹科夫斯基承认的。



他说："利用信用并使它进入流通，这就是利用一个国家中最理想化和最普遍化的价值。如果人们愿意的话，也可以说信用是一种工业；不过，它制造的并不是天然的和直接的价值，而是一切价值的普遍精华，一切有效财富中最高的产品。经过这种抽出之后，一切精华的剩余物就几乎只是尸体(caput mortuum)了。"

因此，信用的操作过程是这样的：它开始通过使财富普遍化和理想化(值6的估定为4)，把不完全能交换的价值(劳动工具和产品)，像矿藏中的片状金一样，恢复到统一的类型(货币)，然后把所有这些普遍化了的和理想化了的价值汇集到一个中央机构金库，在那里实现它们的奥妙用处。

让我们从各个角度的观察来最后一次分析它的操作过程。

首先，信用使金属币具有多种形式，就如已投放的资本一样地多种多样；可是，它并没有贬低任何金属的价值。黄金与白银保持着它们的价值与权威。信用证券尽管与金银等值，甚至尽管因为它附有利息而在某种意义上比金银的价值还要高，却并不剥夺金银的价值；相反，这些证券虽然使已投放的资本与金银一样地可以流通，其实也只是代表着已投放的资本与金银的比例。它并不是已增加了的商品货币，不等于使金属数量倍增或者一下子便发行成十亿的信用券，而是使多种多样的社会财富本身以无数的不同形式进入流通。当然，在走向政治经济学的最终目的，即价值的绝对构成的道路上，信用不失为一个新的进步，而且是很大的一个进步。其实，为了使这些价值最终地构成，问题在于如何在信用中以平等制代替等级制，如何使一切价值不仅在折扣和贴现的特惠情况下也能进入流通，而且在票面价值与市场价格相等的情况下也能进入流通，这就是货币的主要特征。

然而，正是存在这种距离，要越过这段距离，劳动者与资本家才能相互平等，彼此相似。但是，为了越过这段距离，信用必须不再是信用，也就是说，必须转变为互助、连带责任和联合的关系；总而言之，信用如果不取消利息的盘剥，就无法越过这一距离。

利息、高利贷、贡赋、什一税，或者如我在上文曾经提到的特殊收益权，是资本的基本属性和资本特权的表现，因而也是信用不可或缺(sine qua non)的条件。这种利息是否由于土地和动产资本的解放和有息证券的设立而取消了呢？远不是如此！它反而以更大的规模，更为普遍、正规和牢固地存在着。因此，不但社会结构没有任何的变化，而且作为社会结构的基础的对立反而进一步尖锐和剧烈起来。

那么，这种结构是什么呢？利息的特性是什么呢？

它就在于使社会的净产值超出它的毛产值（参看本书上卷第六章），不断地创造虚构的资本、一种名义上的财富、一种先行于收入的支出、一种不可见的资产，总而言之，是假定一种不可能实现的事情，就是使财富从进行生产并且根据虚构获得信贷的人的手里流入不从事生产，然而依据同样虚构提供信贷的人的手里，这是矛盾之上又加重重矛盾的做法。

因此，拥有唯一已构成的和在一切交换中唯一可接受的金属价值的资本家，由于想帮助劳动者，促进贸易与生产，尽其所有对公共财产作出贡献，便拿其顾客的产业作为担保，或者是给顾客以货币，或者是给他们以汇票，这种办法使资本家加倍地获利，因为一切以利息为报酬，就使贷出的货币源源不断地返回银行时，它仍然是应付款。而且，由于以贷利形式收回的贷款又不断地重新贷放出去，所以，全国所有的土地、房屋和动产很快便处于投放状态或成为银行家获利的抵押物。这种转手的速度之快，恐怕只有天体运行的速度才能相比。普莱士[①]博士曾经计算过，如果拿十分之一个法郎作本金收取复利，那么，从公元开始一直到1772年，所增殖的黄金，将比15 000万个地球的黄金含量还要多，也就是说，等于整个地球都是黄金。

货币总是在贷出后马上便收回来，而且总是有人更迫切地要求借贷；这样会不会造成短缺呢？银行家发行他的纸币，即信用

① 普莱士（1723—1791），英国激进派政论家、经济学家和道德论哲学家。——译者

券，这些东西虽然会出点小事故和计算上发生一些错误，但是，它们总是和货币一样，很快会回到他手里，而且对它们的需求愈来愈大。

用抵押品作帮助的银行券能否满足需要呢？人们发行了有息证券，把一切余下的资本全部投入流通，发明了新的分期偿还办法，减少贷款价格和合同费用；延长期限……但是，归根结底，由于资本不能无所得利而出借，由于贷款如数归还不可能，最后还由于资本利息无论怎样低，总是要再殖本金并加利息，所以，它必须高于劳动留给生产者的剩余。这样，可以说一个国家的劳动不断为了资本的利益而必然要丧失，从而使破产和贫困不断地重新建立起均衡。

普莱士博士和他的学生庇特在计算复利时，并没有意识到自己恰恰是从数学上证明了信用的矛盾。形式的多样、办法的巧妙、携带的方便、兑现的自由，这一切都无济于事，只有当信用恢复它本来应有的状态时，也就是说资本家和劳动者都成为同等的债权人和债务人时，真正的均衡才能存在；可是，在垄断制度下，这却是不可能的事情。

因此，这种资本的普遍解放和有息证券的统治过快地到来，货币这种衰朽的偶像将会退位。我们就会看到，被诗人们描绘为上帝的未婚妻和自然界的女王的人类，将活像一位嗜赌的宫廷贵妇一样，红着两眼、气喘吁吁地坐在赌桌前拼命下注，大做投机买卖，一切都为了赢钱。那时，生产工具将全部变成赌本和赌具，市场成了交易所，道路成了可能遭到抢劫或暗杀的危险场所，航海将成为海上抢劫，一切科学技术都成了制造行窃所需的万能匙、凿子、钳子和锉刀的工厂。然后就出现可怕的自杀、残酷的报复、离婚、洗劫和无政府状态。这样一来,失控而使我们吃饱饭的社会将开始它的地狱似的轮回。

面对着这种可怕的前景,奥基埃先生大声疾呼道:"由于习惯导致种种的丑行,人类的家庭集合体变成盗贼的巢穴或经常性破产者组织,法律嘲弄公平原则,伪善地结合出来反对正直人们所朝夕追求的正义,这难道不应该担忧吗?最后,即使在过去,风俗也绝无仅有地使人们在美国两昼夜所看到的一切常常突然发生变化,成百家银行顷刻倒闭,政府倒台,因而也有不少这种景象,所有公民在一天之内全部破产,这难道不值得担心吗?这是苦役犯监狱梦寐以求的好题材,是一种别开生面的土地法!"

这又有什么可怀疑呢?在垄断制度下,信用组织就是把社会拥有的资产变成彩票,各国都来孤注一掷,不断地亏损,不断地破产。当社会的毛产值与净产值不相一致这一贫穷化的唯一真正原因被科学的高谈阔论和多方粉饰所掩盖而不被人注意时,当公众的注意力被工业技术的进步、激烈的竞争、大公司的建立、议会的各种剧烈的辩论、教育问题、捐税问题、殖民问题和对外政策问题所吸引,完全忽视了关系到他们最大利益的问题时,信用正通过把价值普遍化,解放这些价值并把它们集中到一个统一的仓库里,准备揭露这个贫困制度,并且给我们证明我们现存的社会秩序绝对不能维持下去。

政治经济学引导社会运动朝着价值构成的方向发展,渴望解决机械师和经济学家们由于缺乏必要的解决资料而一致宣称为无法解决的一个问题,即关于社会的永恒运动问题。社会运动可能是永恒的，但是需要一个条件，就是它是自发的，是靠内在的力量，而不是依靠这部机器外在力量。宇宙之所以存在永恒的运动，就是因为它是依靠物质的内在力量，即万有引力；同样，动物生命活动之所以永恒，也是因为它是依靠机体的某种内在力量，即机体的创造力，并且能够运用这种力量来在一定程度上驾驭各个组成部分。然而，由于生命的本质是通过结构成长的，而这种结构又阻碍着它的成长，所以生命屈服于分子的引力、一种自发性屈服于另一种自发性的时刻来到了；但是，生命本身却和引力一样，是永恒的。

推动社会发展的力量也是这样，它是一种自发的、不灭的力量。可以说，我们的矛盾无非就是这种力量的击打。在信用的假定中，人们从特权中寻找生产力，而且只从特权中寻找，始终从特权中寻找，这是一种精神错乱的做法。生产力是劳动的内在力量，因而它是蕴藏在社会的深部的。因此，信用及其各种办法走到停滞和灭亡，这有什么可奇怪的呢？特权被认为是通过信用给劳动提供一种刺激；可是，只有当劳动者一面生产，一面又能供资本盘剥而不致毁灭时，特权才可能持续存在下去。正如复利理论所证明的，贷给劳动的资本每隔十四年便增长一倍；可见，在完善的信用组织下，劳动每隔十四年便完全丧失了它投入使用的资本。结果，对资本说来，只有靠破产才能建立起均衡；这就是说，社会发展的规律与信用的规律根本不是一回事，为了使我们与推动世界前进的原则相一致，我们应该先从剥夺占有者开始，因为在我们原先的一些矛盾还没有解决时，这一点就无法办到。

因此，尽管现在人们用一切设想的公式反复地强调说，信用应该以现实而不是以期望为依据，说信用要求的是抵押物而不是假

定，可是这一整套在那些墨守特权成规的人看来似乎无懈可击的理论，实际上，极其软弱无力，而且证明是完全错误的；因为，归根结底，社会资本就其整体说来只能自己充当抵押物，这种资本在贷出时只能以本身这一现实为依据。约翰·劳在一下子越过这种关于信用的幻想时，显然比我们时代的理论家们要坦率得多，他试图以神话作为信用的依据（因为必须借助某种事物才能形成想象），认为理论固然指出信用应该是实物的，但是，由于社会上利息的提高，借款人必然无力偿还，从而不可避免地实物开始的信用，最后变成是人格的，也就是说以海市蜃楼作担保。从这时起，人们就宁可要国家而不要个人来充当债务人，因为在作出道义担保时，国家最为可靠。既然这个债务人是万能的，就可以得出结论：它和其他债务人不同，并不是在接受信贷，反而是在提供信贷。

我们不妨设想一下，如果这是可能的话，这个处于一切矛盾之中备受折磨却又不解矛盾奥秘的人，在精神上该是多么痛苦；当他终于看到这一切信用结构都像米拉波先生所说的那样彻底崩溃、可悲地破产时，他后来又将陷入怎样的惊慌失措啊！只要哲学在历史上能有不到五十年时间的空前迅速的发展，人们就能认识到这位具有非凡智慧的约翰·劳究竟是位什么人物了！他是位勇敢的探索者，致力于创造一种不可能实现的结构，就是依靠信用来促使社会永恒地运动，而且也的确用充分的理由论证了这种结构；可是，他的逻辑本身却使他陷入了矛盾，陷入了虚无。请大家判断一下：这个人是否受到那些自以为了解他的人的赞扬！是否受到那些并不理解他的人的诽谤！约翰·劳无疑是隐约地感觉到了他从一个王国兜售到另一王国的这种有如点金石一样的讨厌的二律背反，因为我们总不能假设他自己对密士西比股份的价值真的抱有什么幻想。但是，他却不能理解任何对他的理论提出的怀疑，而且相信自己并没有背离一般的成规，所以，他在形势的驱使下决定为了一项形而上学的试验而冒搞乱帝国的危险，试行一项前途未卜的方案，而在这个方案遭到大家的厌弃时，又不得不撤回。这个人使我最佩服之处，使他在我心目中成为一位真正的历史伟人和富有理想的人，就是他坚信值得花费精力去进行这样一个试验，而且是毫不犹豫地进行了试验。总之，约翰·劳没有损害社会的资本，而只是把它转移了。劳动仍然是救生之道，人民并没有去冒险从事试验；至于贪婪、懒惰和腐化的绅贵们，则不屑为此而操心。在他这方面，只是排除了骗子和上当者。

约翰·劳的思想并没有为任何人所理解，甚至连他自己也并不理解；而经济学家则和历史学家一样，虽然一直在谈论这些思想，而且至今还在谈论，可是看来他们也没有洞悉这些思想的奥秘。因此，必须重新进行试验，而且这一次要妥善地全面安排，使试验的范围更普遍，任何财产都无法回避。齐亚兹科夫斯基先生和沃洛夫斯基先生是这场探险的主要领头人，负责修订抵押法和组织土地信用的委员会的委员们就是他们的队伍；奥基埃先生则是为未来的灾难哭泣的耶利米[①]。一旦政治经济学界、金融界、教育界的权威人士和行政当局依靠公众的厚意，以科学和利益为名来发言，使国家庞大的行政机构接受他们的主张，并且向立法者提

① 耶利米（约公元前650—前580），相传为犹太四大预言家之一，《圣经》中载有他关于耶路撒冷毁灭的预言和哀歌。——译者

出忠告，从而给我们的民主制、贵族制和君主制的陈旧包袱又加上了银行制，也就是破产的政府；那时，谁还敢发半点牢骚呢？

信用如捐税一样地伪善，像垄断一样地从事掠夺，是和机器一样的奴役的代理人。它像一种无孔不入的慢性传染病，把原先一些只集中于某些地区的疾病传播、扩散到广大人民中。但是，不论信用戴着什么假面具，诸如仁爱、劳动、进步、联合、慈善等等，反正它是盗贼和杀人犯，是工业封建制的原则、手段和目的。希伯来族的立法者是理解此中的全部奥秘的，所以他才建议自己的人民只向外国提供信贷而永远不要接受外国的信贷，而且向它们允诺了帝国统治的这种条件：

你必借给许多国民，
却不至向他们借贷。
你必管辖许多国民，
他们却不能管辖你。

《旧约·申命记》，第十五章，第六行。

犹太人一点也不执行这个箴言，经常不忠于耶和华，而始终忠于贪财之神。然而我们今天可以看到，摩西的诺言已经兑现了。

信用的实行不是直接打击生产者，而是以间接方式打击生产者，即把定率税转嫁到消费者身上。所以信用的作用尚未为一般人所察觉和未引起舆论的反对，因为从生产所分得的利益在这里如同在各种税收问题上一样，对消费的集体利益占了上风。如同人们所说，集中力量大(vis unita major)，同样，我们也可以说，负担由于分散而显得减轻了。信用的威信和持久力正是建立在这样的原则上。谁都决心在赌博中取胜，把使他负担的利益加到公众身上,因此都一致希望有信用制度,谁也不去考虑怎样消除信用的破坏性后果。人们没有想到,在这种彩局中,各种机会的组合结果总是银行家得利,归根结底,除了某些经常联合在银行中的幸运者以外,产品附加税是普遍和相互的,每一个生产者都要单独承担着他自己的信贷的负担,承担不良意识的重负。

但是,人们会说,难道不能通过信用的普遍化及其形式的多样化,使每一个人都成为有限责任股东和无限责任股东,既提供信贷,又接受信贷,作为前者是获得一笔收益,作为后者,则支付这笔收益,从而通过这种真正的流通使大家的条件均等化,彼此尽可能相互担保吗?

这种反建议虽然非常幼稚,但是,为了彻底暴露信用的恶性循环和证明这种所谓平等的流通绝对行不通,我还是要提到它;何况,受这种乌托邦之骗的有更多的金融家和信用的组织者,因此要原谅一般读者提出这个问题,因为我要回答的正是这点。



我们要记住,在目前这个时期,社会的二律背反,亦即我们叫作信用和人们要我们期待的最好的豪华生活,实际上是什么也还没有组织起来,因为劳动仍服从于细小的分工,作坊仍受作坊主和雇佣劳动制的支配,市场受竞争和垄断所控制,社会则受伪善的税制和议会的摆布。在这种情况下,为了使人们所假定的那种均衡能够建立,就必须使巨额的资本归属于低工资者,中等资本归属于工资较高者,而数量最小、因而利息最低的资本则归属待遇最高者。可是,这一切全是矛盾的、不可能实现的和荒谬的。收入最高的人必然是储蓄最多的人,也必然在人们主张建立的那种全体的两合公司中占有最大的股份。既然如此,如果让每一个人,不论是由于命途艰舛而每日只挣 1 法郎 25 生丁的工人，或者是年俸 1200 万法郎的国家元首，都列名为国家债权人的花名册和债利总账中，又有什么意义呢？这样做无非是在工资的不公平之外再加上收益的不公平，这就好比布朗基的分享方案（参看本书第三章）所规定的那样，每个合股人除了工资以外，平均分到 18 生丁的所谓红利。因此，还是应该回到我们在开始时提出的那个总的意见，即为了使信用能成为真正的均衡的手段，就必须事先在作坊、市场和国家政权中建立均衡，总之，必须把劳动组织起来。但是，这种组织现在还不存在，而且人们甚至反对它；因此，对信用是没有什么可指望的。

为了弄清这种矛盾的真相，我们不妨研究一下某些与其说为了图利、不如说是出自慈善意图的特殊信用情况。因为正如我们曾经指出过的，慈善事业也属于信用的体系，它也是信用的一种形式；它自从脱离了神秘的自发性而接受理性的指导时起，就服从于信用的一切规律。

先从托儿所说起。

我绝不想诋毁这些在耶稣儿女的祈求下安排的真正虔诚的事业，巴黎应该像自己最可敬的市民之一马尔波先生所阐明的那样，热情而积极地支持这项事业。贫困的根源纯粹是社会性的，它是一切人的罪过，而慈善事业却是个人的和无偿的；如果我否定这样多为贫苦阶级争取肉体与道德解放贡献一生的慈善家的崇高品德，那我就犯了不可饶恕的罪过。

因此，请原谅我在这本毫无保留的著作中尽量对此作些分析，而且希望大家不要因为我在理性上的刻板而断定我是个冷酷无情的人。我敢大胆地说，我的情感始终一如我的友人或敌人所期待的那样，至于我的著作，如果说看来比较阴郁，那也不过正是表达了我对一切人的同情心，而且是来自于人的情感。

下面的一段文字，是我从一本只有四页的向公众宣传托儿所的小册子里读到的：

“贫苦儿童托儿所，收托年龄不满两周岁的儿童，其母离家工作并且**品行端正**。

“本所早上五点半开门，晚上八点半关门。母亲每日接送儿童，自备婴儿当日必需的衣着零星用品，开饭时刻前来喂奶，每晚接回去。婴儿各有单独摇篮，与孤儿收容所设备相同。由经过挑选的贫苦妇女充当保姆照管儿童。每日有一位医师到所巡诊。母亲为每天送来的儿童付给保姆 20 生丁。有两名婴儿同时入托的母亲，只付给 30 生丁。”

下款是几名女监事、女理事，还有医师和董事的署名。

我承认，这样众多的出身、教育和财产地位十分显赫的女性，在社会还没有完善到容许她们的基督姊妹们成为他们的平等伙伴和合作者之前，肯于挺身出来救助这些姊妹们，这样的行动当然使我十分钦佩和感动；而且我还生怕在谈论这些高贵的妇女如此热情地主动承担的这项没有任何人强加给她们的职责时，出言不慎，带上个把讽刺或不敬的字眼儿。啊！圣洁无畏的夫人们！你们的心灵真可谓时代的先驱！你们这番努力之所以徒劳无功应该归咎于我们这些可怜的实践家、虚假的哲学家和谬误的学者啊！但愿你们有一天能够得到应有的酬报！但是，也但愿你们永远对地狱所启示的辩证观点不要介意；因为正是社会在我心灵中播下这些观点，迫使我不得不马上向你们说出自己的看法！

为什么在这样一项为被迫离家谋生的穷苦母亲的不满两岁的婴儿举办的慈善事业中，要规定品行端正这样一个严酷条件呢？无疑，人们是想鼓励劳动，促进经济，褒正抑邪；但是，究竟是谁遭到排斥呢？是品行不端的母亲还是她的儿童呢？而且，最需要从母亲的不端行为所造成的灾难中得到拯救、免于被遗弃和孤苦处境的，不正是那些穷苦的儿童吗？

可是，遗憾的是，如果不想使慈善事业成败莫卜、害多于弊，就应该和信用事业一样，选择对象；因为慈善事业本身也不过是一种投资，时而典卖，就像救济院和托儿所那样，时而亏本，就像医院那样。但是，这种投资在任何情况下都是更有效的，只要它找过的帮忙的人们能够大加赞扬它有益处，不论是他们本人或他们的子女，就总有一天会承认他们的义务。情感和理性都告诉我们，慈善事业对痼疾患者是冷漠无情的，就像信用对破产的商人来说没有资本一样。因此，一切论述慈善事业的著作，都充斥着这样一个准则：办慈善事业首先必须精明，也就是说，不能不要抵押品便投放资本，否则就有全部折本之虞，甚至可能流为非生产性消费和自我毁灭。

因此，慈善事业与它的样板信用制度一样，是欺骗性的和贪婪的！奇怪的是，道德学家竟看不到慈善与高利贷这两种表面上相对立而实际上却完全一致的事物的雷同之处；可是，这个命定的结论却没有逃过古代神学的耳目，那时的神学就认为：慈善是一种超人的德行，是一种反社会的、破坏性的和无政府状态的原则，是与人类相敌对的德行。应该说，奇怪的是，现在有一些像米什莱[①]先生那样鼎鼎大名的作家，居然还在向世界宣扬依靠博爱与牺牲精神的万能威力来复兴人类！

可不是吗？如果你们不运用自己的理性，也就是说，不把自己的慈善事业和牺牲行为变成一种简单的公平交易行为，变成一种信用业务，你们就不会作什么牺牲，不会办什么慈善事业。然而当我们谈论向你们组织信用、组织劳动、建立公正，使慈善事业不仅要精明，而且要使它为人所理解，你们就一会儿叫嚷说这是拜金主义，一会儿又说这是乌托邦！你们谴责我们冷酷无情，指责我们为利己主义而牺牲，因为我们对一切都要计算，不和你们一道提倡博爱与信仰！你们宁要虚伪的慈善而不要算术；而要使慈善事业不成为愚笨的行为，不可没有算术！但是，你们之所以维护慈善、牺牲和克己，无非是因为你们喜爱不平等，因为在你们外表的谦虚背后潜藏着使人却步的骄矜，因为你们本身就是私有主，这些谁不知道呢？算了，你们还是设法为你们的慈善事业进行辩护，去维护它吧！

托儿所要求以母亲的品行端正作为保证还不够，它还要求这些有子女负担的穷苦母亲交纳费用："母亲要为儿童日托每日交保育费为20生丁；如果她有两名儿童同时入托，每日交30生丁"。我们现在来计算一下：保育费30生丁，衣着零星用品及洗涤费10生丁，母亲往返托儿所的鞋子磨损费10生丁，总共每天从母亲的90生丁至1法郎的日工资中扣下了50生丁，再加上这位母亲照

① 米什莱(1798—1874)，法国历史学家。——译者

顾不了家务，无法料理丈夫和她自己的什么事情，由此你们就会发现，托儿所对这些贫苦主妇的好处等于零。

事情难道不能是另外一种情况吗？不能！因为如果保育、洗涤和其他对孩子的照料一律免费，如果母亲只负责喂奶，那么，托儿所马上就成了征收一笔巨额税款、一项真正的济贫税的借口和原由，成了对合法或不合法的孕妇增加生育的鼓励，而人口增加正是现代社会的斯芬克司。因此，慈善事业必须同时完成两个不相调和的任务，就是既要照顾穷人的孩子，又不要鼓励穷人生育。这正是马尔萨斯提出的问题：既要不断地增加生活资料，又不要因此增加人口。慈善事业的传道士们，你们就和经济学家们一样地荒谬！

而且，请你们注意这个对比：因为品行端正和有工可做而获准把婴儿送托的母亲，表面上似乎接受了什么恩惠，其实却给她的托管人提供了更大的恩惠；因为她从日工资里拿出了 20 个生丁来交纳保育费。我常常从报上读到关于济贫抽彩的报道，奖品一般都是一些行善的贵妇们的精细工艺品。这就是说，某位拥有 1 万金镑利息收入的名门贵妇，因为笃信基督和慈善为怀，深知富人的使命在于补偿穷人被掠夺的劳动果实，便从自己的财产中拿出应归穷人所有的财产的百分之五或百分之十[①]来还给他们，借此捞一个自我牺牲的好名声。难道这还不足以证明你们的所谓慈善不过

① 根据 1846 年 3 月 8 日的报告，被接收进托儿所的儿童有 191 名，加上 14 名婴儿，获得救助的儿童一共是 205 名。每名儿童的实际花费，除了母亲每天交纳的 20 生丁以外，所方每月只需补助 3 法郎 50 生丁。假定参加资助的行善者是 100 人，那么，每人每月只负担 7 法郎 47 个半生丁。

是一种伪善行为、一种高利贷吗？嘿！你们对穷人的殷勤，不过是一种用来诱惑穷人、吞没他们的财产的圈套，请你们还是各自在家，各自为己吧！但愿这些贵夫人去为自己操心，让穷人自己去照顾自己！但愿人们有一天能够懂得，对世人的幸福来说，公正不是比牺牲精神珍贵吗！

谁将把我们从慈善事业中、从这种人们不断用以欺诈天真幼稚的无产者的神秘骗局中、从这种反对劳动与自由的长期阴谋中拯救出来呢？

关于救济院、公共取暖房、免费学校（什么免费！原来就是当学徒……），我就不谈了；我只想说说当铺。在这个问题上，我也应当深怀敬意地对那些发明了这种有益制度的人提出异议；而且为了使人们不致责备我一贯冷酷，证明我所谴责的只是一些观念与理论，在当铺问题上我准备从最有利于这种理论的假定说起，即假定只以老百姓的金钱，也就是只以存入储蓄银行的金钱来贷给人们。

假设投入典当铺的资本的利息与付给储蓄人的利息相同，都是百分之三·五，即 …………………………………… 3.50 法郎

办公室、职员和铺面等的花费是百分之零点五，即 ………… …………………………………………………… 0.50 法郎

典当铺所得为典当物原值的百分之三十三

——假定全部典当物中只有百分之十是放弃和出卖掉，不论由当铺出卖，或者由典当人卖给当票承买商，价格都比实值低百分之十六；这项损失分摊到十

份典当物上，其数字即为 ……………… 1.60 法郎

共计 5.60 法郎

典当的道德含义：

按照信用理论，这里劳动者借出款项的利率是百分之三·五法郎，借入款项的利率是百分之五·六法郎，这百分之二·一的差额，便是他在利息上的损失。可是，有的当铺借口其收益用于教会圣事或者维持医院，所以以百分之十二的利率贷出款项；这就好比从一个人身上抽走二十盎司的鲜血，而只给他一杯糖水作报偿。有人甚至说，当铺利率能再高一点就好了，免得鼓励人们连衣着也拿去典当。这又是一种伪善的谬论。既然这样，为什么不根本取消典当业呢？或者说得更明白点，为什么不在这些神圣商号的大门上写上“*本店看在上帝圣爱份上，为了人类的幸福，专营杀人*”的招贴呢？



但是，我们这个时代最受人们赞许，而且我坦率地说，无论在哪一方面也值得人们赞许的制度，便是储蓄银行。有一些悲观的人，虽然也勉强承认这是政府办的一件好事，但是还是散布了一些愚蠢可笑的论调来反对它。他们说，储蓄会导致吝惜，会破坏家庭的和睦，因为它促使妻子背着丈夫积攒私房钱；他们还问道：挣不到生活的人怎么可能储蓄呢？还有许许多多其他的奇谈怪论，虽然表面上也有那么点理由，可就是牵涉不到储蓄原则的本身，只是暴露了制造这些说法的人本身不怀好意。

1843 年 12 月 31 日，王国主要的作坊城市的存款银行结存总额和储蓄银行储蓄总额共为：

圣康坦　　1255000　　法郎

| | | |
|---|---|---|
| 色　当 | 800000 | 法郎 |
| 特罗瓦 | 1881000 | 法郎 |
| 鲁维埃 | 680000 | 法郎 |
| 尼　姆 | 1675000 | 法郎 |
| 圣太田 | 2606000 | 法郎 |
| 里夫德基埃 | 130000 | 法郎 |
| 兰　斯 | 1813000 | 法郎 |
| 里　尔 | 4412000 | 法郎 |
| 米卢兹 | 1081000 | 法郎 |
| 里　昂 | 7589000 | 法郎 |
| 鲁　昂 | 6158000 | 法郎 |
| 亚　眠 | 4784000 | 法郎 |
| 阿布维尔 | 1386000 | 法郎 |
| 里摩日 | 467000 | 法郎 |
| 十五个城市共计 | 36217000 | 法郎 |

费克斯先生(我引用了他的上述统计资料)补充说:“这是从全国各地选择出来的一些城市,代表着国内各主要工业及其分支部门。在仔细查考各存款银行的报表后,发现各种类型的工人都参加了存款;这就证明,没有哪一个劳动者阶层不因受到贫困和丧失能力的特别打击不进行节约的。储蓄银行的报告所包含的细目也完全证实了这个论断。在存款人中,不仅包括各行各业的工人,而且包括社会上各种身份的人;有各种年龄的男女,有矿工,有单身汉和已婚者,等等。”

面对着这些答案,费克斯先生问道:

“这难道不足以证明我们的机构和经济制度对推动社会进步的有效性吗?”

接着,他真诚地回答说:

“这些事实虽然使人感到慰藉,但是还远不能据此得出结论,认为工人阶级处境已经够满意了,劳动者的状况已经很幸福了,不必有什么改善了。上帝是不许我们作这样的肯定的!世界上的贫困还不能单靠无限的慈善事业和优秀人物思索以及来自这些努力的实际措施来治疗。贫困仍然十分现实地存在着,人们永远也消灭不了它……”

可是,如果真像费克斯先生刚才所断言的,政治经济学可以有效地促进着财富的增长,那么,为什么他马上又说政治经济学无力消灭贫困呢?他怎么解释这个明显的矛盾呢?



费克斯先生往下又补充说,他立即得出这样的结论,地球上的幸福与我们未来的命运很不适应。这就等于说,对经济学家来说,政治经济是个难解之谜,连费克斯先生也猜不透这个谜。

读者们,我倒希望你们能比他前进一步。

正如费克斯先生十分正确地所看到的,各种类型的工人都参加了储蓄,而且在储户中,有不同性别、不同年龄和不同条件的人。这就证明,各种条件作为致富的工具是平等的,而且一个人不论年龄大小,不论在自己生命的任何时期,都可以成为生产者,都可以为自己创造福利;因此对于储蓄来说,再次表明它的作用相等和贫困的反常。这是我要指出的第一点。

但是,在各个工业部门中,劳动分工、机器、等级制组织、垄断利润、捐税负担的不均和信用的欺骗性,这一切都制造了无数受害者，使人类智慧的绝大部分成果、立法者的预见和一切公允平等的措施归于徒劳；由于生产上缺乏平衡，分配上也就必然出现弊病。因此，即使我们不去担心一旦实现了我们下面要谈到的幸福时，未来的命运与今天的命运可能存在着对立，最少我们也可以肯定，今天的命运本身就不协调，而这种不协调正是来源于政治经济学。

因此，虽然我们真心承认储蓄银行的报告对存款人的福利提供了证明，但是，与此同时，这些报告对非存款人的福利业也提供了证明，这种情况难道能为政治经济学辩护吗？居住在巴黎的40万工人和主妇中，只有12.4万人参加储蓄，其余的都是非储蓄者。那么，这些非储蓄者怎样使用他们的工资呢？下面两个例子可以帮助我们了解这个问题。

巴黎的印刷工人中，有一定数量的人每天挣5至10个法郎，而且全年就业，大多数人的工资却不到3法郎，而且有两个月要失业。里昂的丝绸工人中，只有几个人因为家里有几部缫丝机，靠着本人和雇来的工人的劳动，每天能有五六个法郎的收入；绝大部分丝绸工每天的平均收入，男的不超过2个法郎，女的不超过1个法郎。我们就以这两个行业为例。请问，住在巴黎而每天只挣3个法郎的成年人，或者是住在里昂而每天工资只有一两个法郎不等的工人，该怎么过日子呢？人们奇怪这些没有列入贫民册的工人为什么不储蓄；可是，老实说，这些工人不是比那些下决心低声下气领取一点官方慈善施与的人更有理由诉苦吗？

可是，你却说这种情况表明了活动增加、经济发展和人们的才智提高，证明了储蓄银行和其他专为收入低微的工人造福的有远见的制度是成功的！说什么储蓄银行是为穷人开设的存款银行，它和别的银行一样,能够为穷人开辟走向幸福的道路。

这样,储蓄银行就只是一种正式的宣言,是贫困的一种调查,可是人们却想使它成为根治贫困的手段!对那些无可储蓄的人来说,储蓄银行是冷漠无情的,可是,人们却说它是为这些人设立的!有的道德学家宣传了四十年道德,自己变得这样地愚蠢,却居然有勇气要求无产者要聪明、积极和具有一切高尚品德,这只能使我惊讶不置!好了,这个问题就谈到这里吧!

储蓄银行的破坏性后果有两类:一类是涉及社会的,一类是关乎个人的。

涉及社会的是:储蓄银行因为是建立在劳动具有生产性这种虚构之上,所以最明显地体现了这种虚构的灾难性后果。当所有储蓄银行的存款达到10亿法郎时,以百分之三·五利率计算,国家的预算上便需要增加3500万法郎的捐税,由纳税人分摊负担。而这笔捐税又是由谁来交纳呢?由国家交纳,也就是说,大部分是由没有一点储蓄的最穷苦阶级来负担,小部分由稍有节余因而能够拿到一点储蓄利息的阶级负担,而富裕阶级所纳却最少。因此,储蓄银行的出发点就是掠夺,因为没有这种掠夺,储蓄银行就不能存在。可是,尽管如此,人们却对被掠夺者说:参加储蓄吧!为什么你们不来储蓄银行存款呢?……



假设国家忠实于存款银行的传统,不触动这些传统,而是保管委托给它的资金,那么,按照复利计算,二十年后它应该偿还的本金就不是10亿,而是20亿。结果,银行就不可避免地因为占其中半数的债利而沦于破产,国家连一点儿好处也得不到。按照这个假设,安全就遭到破坏,制度的本身也不可能存在。

但是，很显然，国家不能让自己处于这样一种不利的地位，因此，为了不使这笔利息变成自己的负担，便把人民节约的这笔资金用于公务开支；这就等于把储蓄存款变成一种经常性的借款，不断地进出周转，永远不可能全部偿还。自从建立储蓄制度以来，好心的人们就曾多次表示担心哪一天要是人心恐慌，存款人都来挤兑现金，政府就无法应付。一位著名的写抨击文章的作家甚至为此写了一部著作来责难政府，似乎政府的目标应该是使自己随时处于有偿还能力的状态，似乎无力偿还的状态既不是这种制度的必然性，也不是事物秩序的最可贵的保证之一！（1845 年 12 月 30 日）《论坛报》刊载的一篇大概是舍伐利埃先生的文章，对这一点理解得十分透彻，而且公开作了承认。只要存款的总额达到我所假定的那个最大限额，即我所假定的 10 亿法郎时，政府就会事实上不经议会的赞同而借用和开支 10 亿法郎，而且它深信国民代表以后一定不会拒绝批准支付这笔贷款的利息。现在有的报刊因为自己关于修改利率以节约一笔不到 400 万法郎款项的建议遭到拒绝便大喊大叫，同时它又没有看到这 10 亿法郎早已未经任何表决、不受任何监督就在权力的实验室里蒸发掉了，而且还要支付六七千万的利息。看到这种情况，能够不伤心吗？

对于存款人来说，储蓄银行是造成贫困的一种有力的、无可怀疑的因素，因为它不但远不能消灭贫困，而且只会再出现贫困，而且由于这种再出现，使贫困现象更严重。这是一种带炎症的和局部性的疾病，它会变成长期性的和普遍的委靡。人们对穷人说：年轻人，再忍受一下吧！再克制点吧！就是说，再穷困一点，再勒紧一下肚皮，让人再多掠夺你们一点！千万不要成家，别谈恋爱，好让你们的主人得以安睡，将来你们快死的时候，救济院也才有能力来收容你们！

但是，谁能保证我会收到这种长期贫困的果实呢？随着生命岁月的流逝，生存的可能性也逐渐减少；可是，为了祈求这种正在逐渐消失的机会，人们却要求我牺牲当前的好处，牺牲现实的好处！生命是不能重新开始的，我的储蓄又不能变成来世的准备金。一个明智的人，一个务实的哲学家宁愿每周都能有所享受，而不去贪图那四十年孤独吝啬的生活积累起来的成千埃居；何况，在这种制度下，几乎可以肯定积蓄只是为了自己的继承人。你们说：享受只是一种过眼烟云，生活丰足虽然使人幸福健康，为时也非常短暂；简而言之，幸福并不在今世。相反，一些思想深邃的道德家却主张，生命的乐趣恰恰就存在于精神和肉体的欲望获得最大满足、灵魂与感官最为欢畅的短暂时刻中，一个人一生中只要经历过一回哪怕只是一分钟这样的欢乐，也算真正地生活过。可见，你们让我过非人的生活，不正是禁止我生活吗？难道还有别的什么生活吗？……

总起来说就是：

储蓄银行公开的慈善目的是帮助工人储蓄一笔款项以对付威胁他的意外事故：灾荒、疾病、失业和工资降低等。就这一方面说，它表现为一种值得称赞的远见和善良的感情。但是，它又是对商人的专断、资本家的压榨和普遍的混乱这样一些贫困的真正原因的公开承认，甚至可以说是对它们的正式批准。

储蓄银行的隐蔽的经济目的则是借助于储金来防止工人为了生存而骚动、结盟和罢工，把随时随刻可能使工人遭到打击并使之陷于绝望的苦难分散到他们的整个一生之中。从这个角度看,储蓄制度也是一种进步,因为它教会工人怎样战胜自然和各种不测事故;但是它对人又是一种极度的痛苦,是劳动者审美感的衰落。近来,人们常常在谈论把储蓄银行和强制性的反汇票归还给工人,从工人的工资中扣除一部分供作此用。制定这样的法律,避免突然而来的贫困和过度的贫乏;人们将使劳动阶级的低下地位变为社会的一种必要性,变成国家的根本法律。

最后,王朝的政治目的是要以储蓄银行通过向民众提供信贷来使他们安分守己。它虽然是走向稳定、公民平等和使政权从属于工业的一个新步骤,但是与此同时,它又激发人们的利己心和加强了信用的欺骗性,因为它不是保障每一个人对劳动产品和自然产品都有一份有效的和社会性的占有,而只是刺激人们的积累本能,但是又不给这种本能的实现提供保证。

可是,既然储蓄银行丝毫没有触动不平等的根源,既然它只是改变了贫困的性质,那它只是暂时减轻了穷困的强度,同时却又扩大了穷困的范围;既然它使贵族与无产阶级之间的鸿沟更为深刻,既然它是产生了后果而且理应加以消灭的垄断所给予的认可,那么我们还能说它是拯救劳动阶级的方舟,说它有一天能给人类带来巨大的革新吗?

继储蓄银行而出现的是退休金管理局、互助会、人寿保险公司和养老储金会等,因为所有这些组合的基本原则都可以归结为把坏运气分散到每个人的一生,或者是由一定数量的组织成员来分摊,可是却永远不触动苦难的根源,不提高到真正的互惠观念,甚至连简单的贴补也说不上。

根据罗德里格[①]先生关于退休金管理局的方案，任何工人只要同意从二十一岁到四十五岁向退休金管理局交纳一些钱，便可以从五十五岁直到六十五岁为止领取养老金。

这种养老金的最低额将是60法郎。

但是，在1000名从二十一岁开始参加退休金管理局的工人中，有一半以上未满五十五岁便去世了；因此，为了使500人免于过穷困的晚年，就像是让另外的500人按照天命没有什么可担忧地来支付这笔补助。结果，困苦的便不只是500人，而是1000人；这正是一切彩票的规律。当德·拉马丁先生责备人们用穷人的钱来布施穷人时，他是感觉到这种矛盾的，并且要求从国家预算中开支退休基金。遗憾的是，这个药方更坏，因为它等于征收济贫税！为了拯救人民和造福穷人，人们不应该纳税，也不愿意纳税。



人寿保险公司是另外一种剥削方式。通过这种方法，人寿公司经理每年预先收取利息，而答应在投保人死亡时向死者的继承人偿付一定数额的金钱……这不过是拿利息来抵偿早就亏折了的本金。

特别是，这种企业需要有大量投保人才能维持，所以，在人寿保险公司中，是短命者剥削了长命者，结果往往是以分摊现有的困苦作为保证来对付困苦，始终是暗中以扩大贫困范围来取代贫困的强度。这里我还撇开了一些其他情况没有说，比如：存在着保险公司破产的危险；要求赔偿时需要进行诉讼；以及投保人因为某些

① 罗德里格(1794—1851)，圣西门的学生和资助者；把圣西门主义引向宗教，并提倡举办慈善事业。——译者

不幸事故而无力交纳人寿保险费，以致白白失去以前长期交纳的保险费。

因此，从这种互助和预防性制度享受到利益的，必然只是特定的个人或者是为数很少的一部分人；不论是哪一种情况，反正都确凿地证明这种制度无法克服贫困。一切都凭偶然性的赌博方式行事，使*多数人*容忍*个别人*获得的利益；因此，如果真如理性所指出和普遍贫困所要求的，互救团体应该真正救助一切有需要的人，它们救助不了任何人，它们就理应解散。只要平等到来，互救也就没有什么必要。同样，经验也证明，互救团体只有当它们吸收的是那些生活较有保障的工人时，才能维持下去；一旦它们开始接纳那些最需要救助的人，也就是穷人时，它们就变得难以维持，甚至于根本就不可能存在。

储蓄银行、互助会、人寿保险公司这样一些机构，对于已经过着某种安定生活而希望寻求进一步保障的人说来，确实是好事情；可是，对穷苦阶级来说，即使不是完全无缘享受，起码也是毫无裨益。安定的生活也是一种商品，它和其他商品一样，需要付出代价来换取；而且，由于这种商品的价格并不是随着购买人贫困的严重而降低，而是随着投保金额的加大而降低；因此，保险最终便成了富人的一种新特权，对穷人则只是一种无情的嘲弄。

在结束这段论述时，我还要提到一个事例。它从另外一个角度突出地说明了信用所追求的目的是什么，这些目的不论是靠国家的干预或者是垄断的活动，都是无法实现的。

在第六章里我已经解释了资本收益的起源及其理论，换句话说就是有息借贷的起源及其理论。我也说明了为什么这种理论只在适用于个人往来时是正确的，以及利息只限于重构成扩大了的资本，不过稍加一点少量的奖励；一旦应用于社会，或者是把利息永恒化，这种理论就完全谬误了。我还补充说过，之所以这样，是因为这个理论离开了毛产值来计算净产值，这样的理论是与社会相矛盾的，因而是不可能实现的。

但是，信用制度不是别的，而是企图把净产值超过毛产值以及利息永恒化的原则应用于社会，以求得人们生活条件的平等。

假设国家修建一条运河，全部工程费是 3000 万法郎。显然，如果政府除了预算中开支了这 3000 万法郎以外，又规定征收航行税，以便收回运河的修建资金的利息，那就等于要纳税人为这条运河付双重的费用。运河的使用，除了维修费以外，本来应该免费，因为这是国家开支的经济原则。

可是，在实践中，情况并不是这样。首先，国家拥有它所需要的资本的情况是不多的，而且又不可能靠捐税一下子筹足这样多的钱，特别是当公用事业的开支所占的比重很大时，人们便认为依靠贷款来筹措资本比较便利和无可非议。采取贷款的办法，纳税人便不是付出 3000 万，而只是偿付利息；而且因为利息为数不大，在预算中便不大显目。可是，贷款就要受垄断规律的支配，而且必须按高利贷的法理来行事；简而言之，由于资本偿还放款人总要附上利息，所以或者是贷款将变成一种永久性的租税，也就是说运河总是要收钱，又总是要欠钱，或者是利息分别在四十至五十年，甚至九十九年里偿还，但是给剥削加点资金，这又等于说，在一定期限内两倍、三倍或四倍地清偿运河的价格。一般情况下放款人总是事先给自己扣下这份奖金，也就是说，国家立据借债 100，放款人实际只给 80、70 甚至 60，就像高利贷者贷款给国王时先扣除利息一样。

由此可见，国家只要一借款，便永远无法还清；因为为了清偿这笔债务，它就不得不或者是征收难以实施的新税，或者是借新的债款，而借新债又和借旧债一样，只拿到债额的一部分，将来却要偿还全数，其结果只能使债额不断增加。这一点大家现在都懂得，特别是放款人最清楚。那么，既然国家负债累累，为什么它总是能借债呢？原因恰恰就在于随着国家债务的加重，它不得不提供更优厚的利息，结果，在某种意义上可以说，随着国家清偿能力的减弱，而信贷却越是增加。下面的例子就足以说明这一点。

假定法国 1815 年借债 10 亿，而实际拿到的贷款只有百分之九十；到 1830 年，债务增加到 20 亿，可是国家仍然可以找到放款人，不过这时实际拿到的贷款便只是百分之八十了。在这种制度下，国家的举借便了无止境，除非是利息超过了国民生产总值；可是，一旦出现这种情况，国家就宣告破产来摆脱已经变成虚构的贷款，一切放款人的债权一律取消，国家的举借又重新兴旺起来。英国国债的利息超过 7 亿，约合国库收入的六分之一。如果英国也发生像法国 1789 年至 1815 年那样的一系列事件[①]，以致国债增加一倍，那么，英国每个家庭每年便要付出四个月的劳动来偿付利息。这无疑是行不通的，但却是英国所能希望的最好的局面。

有一段时期，人们曾经以为已经找到使国家摆脱债务的途径，就是分期偿还。关于这种发明，人们已经作过不少评论，我在这里

① 指 1789 年资产阶级革命至 1815 年拿破仑百日政变。——译者

说到它只是为了提醒一下。分期偿还不过是一种捉迷藏的游戏，国家同时玩弄着信用和失信的把戏，利用自己以低价取得的资本，以低于一般的利率出贷，借以偿还自己所承担的利息。采取这种分期偿还办法的结果是：国家一方面关心降低利率，从而自毁信用；另外一方面，为了保证获得新的贷款和恢复自己的信用，它又需要利用高利率，从而又使自己无力分期偿还。这种一度被人们吹捧上天的把戏，和许多其他做法一样，成了日理万机的国务活动家的一项重要工作内容。

可是，对国家来说存在的事情，对社会也同样存在。社会被信用划分为两个等级，一个不断地提供信贷，另一个则只接受信贷；不过，国家的信贷业务是集中统一的，而社会的信贷活动则是无止境地在借款人与资本家之间进行。尽管如此，两者的结果是完全一样的。法国在三百年中九次宣告破产；到塞纳省商事法庭申报破产的案件，每月有一百起。从这些确凿的数字中，可以想见信用对国民经济造成的后果之大！

无穷尽的倒闭，连绵不辍的破产，这就是信用制度给社会和国家带来的结局。不必寻求别的出路了，因为金融学既然设想出分期偿还的办法，也就在人们面前暴露了它的矛盾。从此就证明了人类的生活不是受制于各种经济范畴，而是服从于另外一些规律；因为，比方说，如果人类真的依靠信用来生存和发展，它就会灭亡，国家将每三十年灭亡一次，社会则不断地崩溃。

但是，人类的生命是永不止息的，而财富、福利、自由和智慧是不断地发展的。但是，如果现实的信用不断判处我们死刑，那么，随着每一次破产而重新恢复的人格信用，却又使我们进而争取到新的胜利。然而，如果我们不顾科学、理性与必然性，只相信我们的文明公式，只相信依靠某种不可思议的奇迹在死亡规律下总会得到振兴，那么，文明事业便始终处于灭亡的前夕。

# 第十一章　第八个时期——所有权

## 第一节　所有权一旦脱离经济系列便不可理解。——论常识的组织，或真确性问题

所有权是继人类命运问题之后理性所能提出的最重大的、同时也是它要解决的最后一个问题。其实，神学问题、宗教谜语问题，已经得到说明；以价值和认识的合理性为研究对象的哲学问题，也已经解决了，剩下的是与上述两个问题不过是一回事的社会问题；而且，大家都承认，这个问题的关键就在所有权。

在这一章里，我要论述的是**自在**的所有权的理论，也就是阐明所有权的起源、含义、趋势和它与其他经济范畴的关系；至于**自为**的所有权，也就是说，在各种矛盾得到全面解决以后，或者说在我们曾经说过的那个社会构成的最后阶段到来时，所有权应该是这样，即成为一部新著的对象。这部新著的目的就是给这个问题描绘一个轮廓并且提出一些基本原则。

为了更好地理解**自在**所有权的理论，必须从更高的角度来看待这个问题，而且要以一种新的观点来论述哲学与经济学的基本同一性。

从工业的角度说，文明的目的是构成产品价值和建立劳动组

织，而所谓社会不是别的，正是这种构成和这种组织。哲学的相同目的是为确定认识的价值和组织常识提供判断的基础，而所谓逻辑则不是别的，正是这种确定和这种组织。

逻辑和社会归根结底就是理性；因为从人类的生殖能力、活动和智慧来看，理性就是人类在世上的命运。因此，就其长远的表现看，人类是一种活的逻辑；正是因为这样，所以我们才在本书开始时便说：每一个经济事实都是某种思想规律的表现；而且，正如任何智力都是来自此前的经验，任何社会实践都是来自理性的抽象。

因此，社会与逻辑一样，最首要的规律是理性与经验的一致。协调理性与经验，进而使理论与实践相一致，这就是经济学家和哲学家共同提出的任务，也是强迫每一个行动着与思想着的人必须遵守的最后的命令。这个表面上非常简单的公式，乍看似乎是一个很容易做到的条件；可是，如果考虑到人类从盘古开天以来所做过的一切，那么，不论是规避或适应这个公式，都要付出不可思议的非凡努力。

但是，通过这种理性与经验的一致，或者像我给它起的那个名称，即通过不过是逻辑本身的常识的组织，我们了解了什么呢？

首先，我所说的常识，就是对各种不需要推理和探索、单凭直觉马上就能作出的对事物的判断。常识要比本能前进一步，因为本能对自己的决断并无意识，而常识则意识到它所希望的是什么以及为什么它有这样的希望。常识不再是一种信仰、天才或习惯，因为这三者都不自我判断和自我认识，而常识既能认识与判断周围的事物，又能自我认识和自我判断。

一切人都具有同等的常识。观念的高度明确性和完美的真确性正是来自常识。因此,引起哲学疑难的并不是常识。常识是综合地统一的理性与经验;但是,我再说一遍,常识是未经辩证分析和数学计算的判断。

可是,即使依靠常识看待直接明显的事物,常识总是与一般观念相抵触,与各种命题的连贯性相抵触,结果也与方法与科学相抵触。这样,一个人愈是醉心于投机,看来就愈是背离常识,离开真确性。那么,由于常识而平等的人们怎样才能通过与他们天然抵触的科学而成为平等的呢?

常识既不能增加,也不能减少,因为判断本身就总是相同,总是自我等同和自我同一。我再说一遍,它怎么能不仅维持常识以外的各种能力的均等,而且依靠这些能力使认识高出于常识呢?



乍一看来,这个困难是如此巨大,可是从我们仔细对它观察,困难就消失了。确切地说,所谓组织判断力,或者说组织常识,指的就是要发现一些一般的程序,借助这些程序,一种思想就能由于一些判断而从已知事物扩及于未知事物;而这些判断个别地说都有某种眼前直觉的证据作为依据,但是,当它们综合起来时,就能提供某种单凭个别判断而无法得出的公式,也就是说,提供某种超过常识普通意义的公式。

因此,尽管我们的整个认识体系是以常识为基础,但是,它又不断地超越于常识。局限于个别的和直觉的常识,只凭单纯的观察,是不可能包括总体认识的,而为了达到这一点,它需要分开来进行,就如一个人每次只能迈一步的距离,但是,只要多次地重复这一行动，便能绕遍全球[①]。

协调理性与经验，组织常识，发现一些能够把始终同一的判断提高到高级思维的一般程序，这是人类的巨大业绩，是使地球上实现的最宏大、最复杂和最戏剧性的变革出现了。科学、宗教和社会尽管耗费了很长的时间和巨大的努力，还远没有完成这一事业；三千年前便开始的这项伟大的工作，还难于确定。即使写上二十卷书，也难以满足描写它的历史；因此，我只准备用几页篇幅回顾一下它的一些主要发展阶段。为了说明所有权的起源，这样一段综述是必不可少的。

## 一

组织常识，必须预先以解决另外一个问题，即真确性问题为前提。这个问题有两个互相关联的方面，即主体的真确性和客体的真确性。换句话说，在探索思想规律之前，需要查明被思考的存在的真实情况，否则便有陷入探讨虚无规律的危险。

因此，这场重大论战的最初时刻是着手自我认识的时刻，也可以这样说，是摸索、探寻判断的出发点。人们要自问：我是什么人？或者更确切地说，我是不是一种事物？我是否可以肯定我存在？这是常识必须解答的第一个问题。

“我思故我在”，这个受人高度赞赏的论断正是对上述问题的有效的答复。

① 确切地说，辩证法就是思想从一个观念前进到另一观念，通过一种更高级的观念而形成系列。

我想，光是这一点也就够了。为了肯定我存在，我没有必要知道再多的事情；因为我在这一方面所能记住的一切，就是：凡是没有我的肯定，任何事物都是未经证实的，因而没有我的存在，任何事物也就不存在。所以自我就是常识的出发点，是常识对哲学的第一个问题的回答。

因此，所谓常识，或者更确切地说，那种不可知的和不可洞察的本性、从事思维和议论的本性，亦即自我，是未经证实的；它只是一种自我假定。常识的第一个判断就是对自身的信任；它宣布思维的现实是必要的基本事实，是定理，缺乏思维这一现实，便无法推理。

但是，有的思想家或者由于缺乏判断力，或则由于思想敏锐，竟然认为常识的这一肯定过分大胆。他们要求常识拿出证据来。他们说，谁能担保我们正在思维、我们确实存在呢？内省的权威是什么？这种其全部价值都来自自发性本身的肯定究竟是什么呢？

这个问题经历过长期的论战。最后，常识终于以这样一个著名的裁决结束了战斗，就是：对疑问的本身提出疑问，是荒谬的；把调查的合法性作为调查对象是矛盾的；这种怀疑论本身就是反怀疑主义的，而且它作了自我否定；我们能够思维并且希望认识事物，这是事实，是无可争议的包含了普遍性和永恒性的事实。因此，剩下需要做的唯一事情是探索思想可能引向何处。这样，皮浪[①]及其学派由于使他安心自我存在的荒谬哲学被得到承认，而且用这种哲学的术语说，他们的主张被确认是与常识相矛盾的，因

① 皮浪(约公元前 365—前 275)，希腊怀疑论哲学创始人。——译者

而应该被革除于常识之外。

尽管这个裁决的理由十分充分，但是有的人还是认为应该提出上诉，主张加以修改。他们声称，那些对自己怀疑的现实性表示怀疑的人，并不是真正的怀疑论者，说那样的怀疑论是可笑的；那些对怀疑内容的现实性表示怀疑，尤其是对证实这种内容的真实性的方法表示怀疑的人，才是怀疑论者。这两者是大有差别的……

因此，常识举例反驳说：这就好比你们说，你们并不怀疑宗教的存在，因为宗教是一种思维现象，是一种自我的意外之事。不过，你们怀疑的只是宗教目的的现实性，尤其是怀疑确定这种目的的可能性；或者好比是说，你们并不怀疑价值的波动，因为这种波动是普遍思维的现象，是一种集体的自我意外之事，而你们怀疑的是价值的现实性本身，更不必说怀疑它们的尺度了。可是，对于人类来说，事物的现实性是与事物的规律不可分的，例如，价值的现实性只能等于，也不能不等于价值的规律；既然你们也不得不承认，如果没有确定和创立事物规律的自我，事物规律便不成其为规律，因此，你们把怀疑的现实性和怀疑内容的现实性所作的区分，如同后面更加有理由（à fortiori）认为的那样，是荒谬的。宇宙和自我通过思维而变成同一的和完全一致的，因此，我再说一遍，我们的任务就其本身而言，在于探讨自我可能导致谬误，它在运用它的能力上容易陷入紊乱，导致这种紊乱的原因何在，我们观念的共同准绳是什么；而且，首先是要弄清非我这个每当自我进行活动时便利用自我，并且与自我不可分离的概念的含义何在。

因此，对常识判断说来，形而上学上有关真确性的理论就类似

于经济学上有关价值的理论，或者更确切地说，它们两者其实是同一个理论；从而那些虽然承认怀疑的现实性，但是又否认怀疑内容的现实性、否认确定这些内容的可能性的怀疑论者，与那些虽然肯定价值的波动，却又否认确定这种波动的可能性、从而连价值的现实性本身也加以否认的经济学家十分类似。我们曾经对经济学家们的这种矛盾作过公正的评价，现在我们又将看到，正如价值是通过供求的一系列波动而在社会上得到确定一样，真理也是通过理性的一系列肯定和经验的一系列证实而在我们的思想中逐步确立的；而真确性也是从怀疑本身而逐步形成的。

因此，在进而考察认识规律以前，已经弄清和确定的主体真确性，还需要确定那个作为我们与宇宙的一切关系的基础的客体真确性。这是常识的第二种战利品，是哲学工作中的第二个时期。



如果我们局限于我们自身，就无从感觉、爱憎、推论、行动和存在；因为必须是自我发挥其能力，显示其存在，以某种方式摆脱它的无能。必须在它自我假定之后，它又要自我反对，也就是说，必须与某种有别于自我的未知物、简言之就是非我发生关系。

稍后由我们的理性在双重的基础上加以肯定的上帝，是一种永恒的存在，是假定为不可战胜的。这意思是说，由于上帝的本质包罗一切，它不必脱离自身便能生存和认识；它的存在完全体现于它自身，它的思维是内省的；对它说来，自我无非就是非我，因为这两者都是无限的，而无限便必然是统一的；因此，对上帝说来，时间与永恒是同一的，运动与静止是同一的，行动与希望是同义语，爱的对象与爱的决定性原因就是它本身。上帝，这是一个彻底的利己主义者，是绝对的孤立主义者，是高度的集中主义者。无论从哪一方面说，上帝的本性都与人类相反，它靠自身而存在，没有对立面，或者更确切地说，它产生于它自己，非我不需要到它外部去寻找，也在它的自身；上帝虽然显现出来，但它始终是个自我。上帝的存在不依赖于任何其他事物；从它意识到自己，它就存在，而且万物都是为它而存在，都是因它而得以证实。它说：我寓于万物(Ego sum qui sum)。上帝确实是一种不可思议和无法形容的存在，但又是不可缺少的存在；理性尽管不想说出这一点，仍然不得不承认这一点。

人的情况就不一样了，因为他是有限的存在。他既不是靠自身而存在，其存在也不是体现于自身。他个人需要有周围的环境，在这个环境里，他的理性进行思考，他的生命觉醒起来，而且他的灵魂和他的各种器官一样得以生存。这就是我们所设想的我们的存在最起码的发展方式，凡是不顽固地坚守皮浪派的矛盾的人，都会承认这一点。

因此，问题在于认识这种现象的意义和确定这个非我的特点。意识向我们展示的这个作为外界的现实的非我，是我们的存在所必需的，但是又独立于我们的存在之外。

可是，怀疑论者却说，自我不可能合理地怀疑它的存在，因为它能否以什么权利来肯定外界的现实呢？即能否肯定一种并非自我的现实、一种对自我说来还是不可知的现实、一种自我名之曰非我的现实呢？我们所看到的在我们身外的物体，它们真的就存在于我们身外吗？如果它们确实存在于我们身外，它们是否真如我们所看到的那个样子呢？感觉所告诉我们的那些自然规律，是否真的源自自然，还是仅仅是我们思维活动的产物？也就是说，思维向我们显示的它自身之外的事物，就是它从其内部设想出来的吗？究竟是经验给理性增加了某种东西，还是经验无非是理性本身的一种表现呢？最后，究竟用什么办法来证明这个非我是现实的或非现实的呢？……

这个奇特的问题只凭常识是永远不会提出来的，它是由曾经给人类带来荣誉的非凡天才提出来的，而且经他们以雄辩术、洞察力和多种奇妙的方式加以发挥，这个问题便引起了无数的体系和设想，这些在他们卷帙浩繁的著述中是晦涩难懂的。可是，我们还是可以从各人的著作中归纳出一些用几行字就能表达的观念。

首先，有的人断言非我并不存在。这是很自然的，而且是可以料想到的。非我起来反对自我，这就好比一个人要打乱别人的控制；它的第一个行动便是否定这个邻居。他们说：除了自我，不存在其他实体，不存在自然界，不存在自我以外的任何灵魂，不存在自我以外的任何本质。一切都存在于精神中，物质只是一种抽象，而我们所看到的和加以肯定的事物，就如同我们所不知道的某种经验的支持者一样，不过是我们的纯精神活动的产物。这种纯精神活动在肯定本身的同时，设想从外界感受到某种由它的本质所产生的，或者更确切地说是由它的本质变化而来的东西；因为，与灵魂比较而言，存在、产生和变化都是同义词。

但是，常识所注意的是，不管愿意不愿意，我们在认识中总是识别两种不同的方式，就是演绎和获得。采用第一种方式时，精神就好像创造了它所理解的一切事物，数学方法就是这样；相反，采用第二种方式时，精神在科学进步中总是不断地停顿下来，必须借助某种经常性的鼓励才能继续前进，而这种鼓励的原因是完全不由自主的、非自我所能支配的。那么，唯灵论是如何解释这种它无法否认的现象的呢？如果一切认识都来自自我，为什么它又不是自发的，不是从一开始就完整的呢？为什么不是所有人以及同一个人在他一生的任何时刻都具有同样的知识呢？最后，又怎样解释谬误与进步呢？唯灵论不去解决这些问题，而是加以回避；它否认最可靠和最无可置疑的事实，即自我通过试验所获得的知识；它折磨理性；为了维护自己，它不得不怀疑自己的原则，否认精神的反证。因此，唯灵论是矛盾的，不可接受的。

于是，又出现了另外一种人，他们主张只有物质是存在的，精神才是一种抽象。他们说，离开自然界，没有什么是真的，没有什么是真实的；除了我们可以看到、可以接触到、可以计算、可以称衡、可以量度、可以改变的东西以外，没有什么东西存在；除了实体及其无数变异物，没有什么东西存在。我们本身就是实体，是有机的活的实体；而我们所谓的灵魂、精神、意识或者自我，无非都是用来体现这个有机的和谐的实体。主体是客体通过物质固有的运动而产生的，所以，思想是物质的一种变异物，智慧、意志、品德、进步，都只是物质的某种顺序、属性的确定性，而物质的本性对我们来说仍然是不可知的。

可是，常识反驳说，如果撒旦被切成七块，又怎样把它还原呢？(Si Satanas in seipsum divisus est，quomodo stabit?)唯物论者的假定说明了双重的不可能性。如果自我不过是非我有机体的产物，如果人类是自然发展的顶峰，是自然的首领，如果人类是达到高度威力的自然界本身，那么，为什么它又具有反驳自然、动摇自然和改造自然的能力呢？怎样解释自然的这种对自身的反作用，亦即这种能够创造出脱离自然的工业、科学、技术和整个世界的、唯一目的在于战胜自然的反作用呢？最后，根据唯物论者所唯一相信的我们感觉的证据，又怎么能把产生于物质规律之外的东西归于物质变化呢？

另一方面，如果人类不过是有机的物质，它的思想不过是自然的反映，那么，为什么物质、自然对自己认识那样不足呢？宗教、哲学和怀疑是从何产生的？怎么!？物质就是一切，精神什么也不是！可是，当这物质发展到它的最高形式，进化到它的顶峰，最后转化为人时，倒反而不再认识自己，完全忘记了自己，迷失了道路，以致非借助于经验便不能前进，似乎它本身已经不再是物质，也就是说不再是经验本身了！那么，这个忘记了自己的自然，这个在到达自己生存的顶峰时期竟需要通过学习才能认识自己的自然，这个因为有了智慧而反而无知的自然，这个恰恰在获得理性时反而丧失了自己的永无错误的自然，究竟是什么东西呢？

唯灵论由于否认事实而被自己的无能为力所压倒；事实则以自己的证据压垮了唯物论。因此，这两种体系愈是想确立起来，便愈是暴露出自己的矛盾。

于是，神秘论者装出一副虔诚的样子和沉思的姿态跑出来了。他们说：精神与物质，思想与空间，统统都存在；不过，我们靠自己是无法了解它们的，是上帝用它的启示给我们证明了它们的现实性。而且，由于万物都是上帝创造的，所以万物都存在上帝身上；我们的智慧之所以能够看到万物，正是因为我们的智慧来自于上帝的无限精神。这样，从自我到非我的过渡便得到了解释，精神与物质的关系也变得可以理解了。

这是我们初次谈到上帝问题，请听众加倍注意。

常识说：毫无疑问，精神只能与精神相沟通，它善于使我们本身在不过是精神的上帝身上看到它所创造的有形物体。可惜的是，这种体系是以恶性循环为基础的，而且是一种预期理由。一方面，我们在相信上帝之前必须先相信自己；可是，除非有一种外界的反作用来使我们感到存在，也就是说，除非我们承认非我，我们便无法感觉到我们的自我，无法肯定我们自己的存在。这正是问题的关键所在。至于上帝的启示，按照神秘论拥护者的说法，是通过奇迹、通过在自然界中发现其手段的征兆来显示其存在的，可是，如果我们不事先肯定世界的存在，不肯定规律的永恒性，不肯定各种现象的现实性，又怎么判断这些奇迹和相信这些启示呢？

因此，神秘论是一种狂妄自大的理论；它在承认了主体与客体的必要性以后，便企图以这两者的**起源**来解释它们。但是，照神秘论者的说法，这个起源就是上帝，也就是说，是一种与自我一样的第三个智慧的极限，而其现实程度又与非我相同，因而人们无法加以确定和证实，也无法加以解释；相反，由于他们把上帝与世界及人类分离开来，便使人们的智慧无从认识上帝。神秘论本身就是一种神秘。

争论的焦点恰恰在这里。既然有神论者和无神论者、唯灵论者与唯物论者、怀疑论者与神秘论者，都无法达成一致，人们也就不知道该相信什么了。人们面面相觑，无言以对；于是一位历来最狡黠、最巧妙的哲学家便装出一副严正而谦虚的神态煞有介事地出来说话了。

他先承认自我和非我的现实性，也承认上帝的存在；但是，他又认为，要通过推理或实验、通过自我以外的东西来确认自我，是根本不可能的，然而这并不妨碍承认自我。他说，是的，实体是存在的，因为形成我们认识的方式证实了它。但是，这些实体，这个非我，我们并不是直接从它们身上认识的，经验在这方面给我们提供的一切，都是完全来自我们的内心。这是我们的精神本身的产物。我们的精神通过外部统觉的促使，把自己固有的各种规律和范畴应用于各种事物，然后把自己赋予自然的这种形式设想为就是自然的形式。是的，我们也应该相信上帝的存在，相信一种至高无上的本质，其作用是认可我们的道德和完善我们的生命。但是，对最高存在的这种相信，不过是我们理性的一种公设，是为了弥补我们的无知而设想出来的纯粹主观的假设，除了满足我们辩证法的需要，没有任何证据足以证实它是真确的。

这段话引起人们长期的议论。有一部分人情愿相信，他们注定永远证实不了；另外一部分人则认为，相信理性的理由更为充分。前者公开谴责批判主义哲学前后矛盾；后者则拒绝那种认为一切都纯粹出于自发、只是要求理性加以简单认可的信仰。结果几乎所有的人都回到老路上，有的重新陷入唯灵论，有的重新陷入唯物主义，有的重新陷入神秘主义，每一个人都从这位哲学家的证言中吸取好处，来为自己最喜爱的学说辩护。最后，有一位心胸宽阔、热情洋溢的人出来左右了这场争论，吸引着大家的注意。

他无情地指出：谁自命为已经找到了我们进行判断的钥匙和乞灵于纯粹理性，谁就是完全缺乏统一性，并且由于其不一致而闻名。这些人说，上帝是什么？什么也没有显示出来，可是它又出来收场。这个客观性是什么呢？它没有别的作用，只是刺激思想，而并不给思想提供任何材料。如果自我、自然和上帝果真如像这种哲学所相信的那样存在，那么，它们之间必然存在着直接的和相互的关系，而且在这种情况下，我们也就能够认识它们了；可是，这些关系又是怎样的呢？相反，如果这些关系并不存在，或者如他们所断言的那样，这样的关系纯属主观臆想出来的，那么，他们为什么又敢肯定非我的现实性和上帝的存在呢？

自我在本质上是主动的，因此它不需要任何刺激。它掌握着科学原则，它拥有知识，能够行动；它具有创造力，而你们所说的自我的经验，就是这种创造力的实际发挥。一个工人要是按照一种新观念进行试验，通过这个试验创造了物品，他就生产出与自己观念相一致的价值；同样道理，在宇宙中，自我是非我的创造者，因而，它本身就可以认可这个非我，而无须自然的证实，也不用神明的干预。自然并不是一种空想，它体现着工人的劳作；非我与自我一样地现实，它是自我的产物和表现；至于上帝，那不过是把自我与非我联合成一种统一现象的抽象关系；因此，万物都相互依存、相互联系和相互解释。经验是主体所重新发现的成文科学，是主体的外化了的思想。

从此，哲学便依靠一个体系。在此以前，它只是借助否定与排斥，也就是说，消灭它所不能协调的事物，而从一个矛盾摇摆到另一个矛盾，最多也只是试图同时肯定不同的命题，而并不希望，而且也不可能解决这些命题。现在，已经超越这一步，因而一个新的研究时期即将开始。

有人又出来反驳说：我们刚才听到的这些结论，看来是无可非议的，它们所概括出来的体系如果得到证实，便是无懈可击的；但是，问题始终在于人是否早就知道一点什么东西，是否有一个先行于经验的观点。如果是这样，那么，人们的设想就是：他要学习的东西就是根据这个观点作出演绎，从事实验也无非为了重新发现它。可是，认为自我本身就拥有某种观念，认为自我能够先验地创造科学，这是不真实的；所以，我不相信一种能够为科学大厦奠定基础的先验之见。

他带着深有感悟的声调补充说，这就是理性与经验教给我们的东西。联系自我与非我的关系，并不是人们所说的那种血缘关系或因果关系，而是一种共存关系。自我与非我面对面地并存，彼此平等，不可分离；而且，即使不说它们是共存于它们所由产生的那个既是主体又是客体的最高本原之中，简而言之即存在于绝对物之中，最少也要说它们是不可再缩简的。这个绝对物就是自我与非我的创造者上帝，或者如《尼西亚信条》[①]所说的那位既可见又不可见的万物创造主。这位上帝，这个绝对物，其本质就包含了人类和自然、思想和广延性；因为，只有它代表着一切存在，它就是万物。因此，理性的规律与自然的形式是同一的，任何思想只有借助于现实性才能显示出来，反过来，任何现实性又必须通过智慧才能得到证实。正是因为这样，经验与理性才能达到如此奇妙的一致，使你们可以相继把精神当做自然的变异物，而把自然当做精神的变异物。自我和非我，人类和自然，都同样地存在，都是现实的；人类和自然同时存在于绝对物之中，使两者区别开来的唯一东西

① 《尼西亚信条》是公元 325 年在小亚细亚古城尼西亚举行的宗教和解会议上制定的教章。——译者

是：在人类身上，绝对物是自觉地发展的，而在自然界中，绝对物则是不自觉地发展的。因此，思想与物质是不可分离和不可缩简的；它们尾随存在物以不同的比例表现出来；绝对物的每一种主要构成在各种创造物中时而属于主要地位时而居于次要地位。这是一个无限的进化过程，是各种形式、本质、生命、意志、力量和品德等等不断解除约束的过程。

这个体系，有一段时期似乎深得人们的赞许。自我与非我融合于绝对物之中，构成天地万物的思想与存在，彼此既有区别又不可分离，精神不断地解除约束，存在物沿着阶梯无限地发展，这些都使人人欣喜欲狂。可是，这种热潮瞬息即逝，一位新的辩证法家又突然出现了。他说：这种体系只缺少一件东西，就是证据。自我与非我是混合在绝对物之中的，那么，这绝对物究竟是什么呢？它的性质是怎样的呢？既然它无任何表现，甚至连它的绝对性都不能有所表现，那我们又对它的存在有什么证明呢？……有人补充说，思想与存在虽然不可分离和相互对立，但是在绝对物中却是同一的，在一切创造物中又是不可缩简的；这一点我们从何而知呢？既然人们承认，对我们说来规律是唯一现实的东西，那么，规律的同一为什么不意味着本质的同一和现实性的同一呢？为了使这两个由于承认其规律的一致而已经完全一致的方面协调起来，为什么还需要求助于某种神秘的、不可洞察的绝对物？为什么要再提出上帝的这种古老幻想呢？……既然如果自然界与人类都是绝对物的发展，为什么绝对物自身还要发展呢？它是根据什么原则、按照什么规律在发展呢？有关这种发展的科学在哪里呢？你们的本体论、你们的逻辑学究竟是什么呢？还有，如果物质与思想受着同

样规律的制约，那就只要研究其一便知其二，也就是说，在你们看来，科学无论怎么说都是可以先验的；那么，为什么你们又要否定科学，而且要把那种并非科学因而不能解释任何事物的所谓经验给予我们呢？

这位新的辩证法家还补充说：算了吧！创立这种关于发展的科学的任务还是让我来承担吧！我并不需要求助于什么绝对物，而且我照样可以维护思想与物质的同一性。这种科学之所以回避你们，而且你们不可能发现这种科学，是因为你们把观念的不能截然分开的两个方面、即思想与物质，硬给割裂开了。

可是，我们看到，这位哲学上的狄旦[①]只不过是以二元论来推翻原来的永恒的二元论，在矛盾之上建立同一，从虚无中引出存在，并且用他自己独特的逻辑来解释和预言自然与人类，我说的是什么意思呢？他甚至用这种独特的逻辑来创造自然与人类。在他以前，从来没有人这样深刻地理解存在的内在规律，也从来没有人这样生动地解释过理性的奥秘。他终于成功地提出一个公式，这个公式虽然不等于全部的科学，甚至也不等于全部的逻辑，可是起码可以说是科学和逻辑的关键所在。不过，人们很快就发现：这套逻辑的创造者始终只是步经验的后尘，并借用经验所提供的材料来创立逻辑的；它的一切公式都是随着观察而来的，而从来不是先行于观察。而且，在思想与存在同一的体系之后，他对哲学就没有什么期待的了，循环已经结束，它永久证实：没有经验便不可能有



① 狄旦，古罗马神话中天神与地神之子，其后裔是企图叠山通向天国的狄旦诸神。这里指志大才疏者。——译者

科学；自我与非我虽然互相关联，彼此需要，缺少一方他方便不可思议，但它们并非同一；把它们视为同一，以及把它们归结为一种不可捉摸的绝对物，只不过是我们智慧的一种观点，我们理性的一种假定，它在一定情况下对推理是有用处的，但是却丝毫不是现实。最后，它证实关于对立物的理论、关于存在着一种能够支配我们意见、发现我们错误和确定真理的本质特点的无比强大的力量的理论，并不是自然的唯一形式，经验的唯一启示，因而也不是思想的唯一规律。

这样，我们从笛卡儿的我思(cogito)[①]出发，经过一系列不间断的体系，重又回到黑格尔的我思(cogito)[②]。哲学革命就此完成，一种新的运动重新开始，这就要由常识来作出结论和发布裁决了。

可是，常识又说了什么呢？

关于认识，常识认为：既然存在只有通过我们称之为自我意识和非我启示这两种不可分离地联系着的因素才能显现出来，那么，其后认识中的每一步就必然包含着这两种汇集在一起的因素；这种二元论是永恒的、不可缩简的，离开它就既不存在主体，也不存在客体；其中一个因素的现实主要取决于另一因素的存在；企图把它们隔离开或者把它们简化，都是同样荒谬的，因为这两种做法都是否定整个真理和取消科学。所以，我们首先一个结论就是：科学的不容置辩的特征是理性与经验的一致。

① 指笛卡儿的著名的哲学公式 Cogito，ergo sum〔我思故我在〕。——译者

② 指黑格尔哲学中的所谓绝对观念。——译者

关于真确性，常识认为：尽管认识的来源具有二元性，客体的真确性实质上就是主体的真确性；毫无疑问，这一点便可以驳倒皮浪派的怀疑；业经判定的事物就具有力量；经验既是对自我的确定，也是对非我的评价，因而它完全足以满足理性的要求。这样，我们还有什么比以实体的存在，即以我们的实体说明我们存在来得到肯定更值得称贺的呢？究竟主体与客体是同一的还是甚至是完全一致的，究竟在科学中是我们给自然提供了观念，还是自然给我们提供了观念，这有什么必要去研究呢？因为在作这种区别时，我们总是可以假定，自我与非我可以单独存在，这是不真实的；或者它们可以分解，这是包含着矛盾的。

最后，关于上帝，常识告诉我们说：既然这是我们的灵魂与自然界的规律，或者为了把这两个观念限制为一个观念，这就是创造物的规律，这个规律按照从存在到意识，从自发到思维，从本能到分析，从永不谬误到发生谬误，从种到类，从永恒到时间，从无限到有限，从理想到现实等等循序渐进的方式，有条不紊；由此可见，从逻辑的必然性上说，存在的系列总是不变地、按不同比例地由自我与非我所构成，它都可在两个对立项之间包含了：一个是一般所称的创造主，或曰上帝，它集中了一切属于无限、自发、永恒或永不谬误等等的一切特征；另一个是人类，它集中了某种进化的、思考的、暂时的、可能陷入错乱与错误的存在的一切相反的特征，而人类的预见力是人类的主要属性，它犹如绝对的知识，也就是说，人类具有最高度能力的本能，就是上帝的主要属性。

但是，我们同时依靠理性和经验可以认识人类；相反地，上帝却对我们来说仍然像理性上的一种假设，没有被揭出来。总而言之，人类是存在的，上帝却只是可能存在。

这是根据哲学著作常识所作的第二个判断，这个判断的理由来自哲学本身所提供的材料，判断是不可改变的，而且从哲学承认理性没有经验便不能存在时起，这个判断就产生了。至于上帝，我们所缺乏的是事实证据，是实验证据，而且它以其大衣掩盖它的面容，向人世道别，宣称人世已经无比完善了（comsummatum est）。

我们到处看到显出的二元论，能否加以否定呢？不能！

存在的循序渐进是不是可以否定呢？不能！

但是，既然这种循序渐进的规律已经被认识，而且末项也已找到，那么，合理的结论必然是：存在着一个作为末项的对立物的首项。因此，我们赖以活动和生存（in quo vivimus, movemur et summus）的那个无限存在，那位伟大的万能之主，人类不断企图摆脱其支配并把它视为敌人来反抗的那位至高无上的主宰者，亦即那位永恒的上帝，便不是哲学家所说的绝对物了；因为如同人类一样，它的反对者也分为自我与非我、主体与客体、灵魂与形体、精神与物质而存在，也就是说，它也和通常的事物一样，包含直接相对立的两个方面。此外，上帝的属性、能力和表现形式与人类的属性、能力和确定性相反，就像逻辑必然使人们相信它那样，而且因为它适应于无限，所以，从此以后，这一假设的真确性就缺乏现实性，也就是缺少事实证据。但是，这整个推演本身却是不容置辩的，因为如果通过论据可以证明它是谬误的话，那最初的二元论便会消失了，人类将不再成其为人类，理性也不再成其为理性，皮浪主义便变成明智之说，谬论也成了真理了！

可是，这正是使人本主义哲学感到战栗之处。这种哲学对绝

对物就如对自己的全部泛神论幻想一样，理解十分肤浅；它自以为已经发现了人类既是上帝又是绝对物而无比喜悦；在提出那样多的体系以后，它已经感到如此筋疲力尽，气喘吁吁，以致再也没有勇气提出自己学说的结论来反对上帝和反对人类了。这种梦呓般的哲学不敢承认，折中必须以两极为前提，末项引起首项，有限引起无限，类属引起种属；它也不敢承认，这个无限和那个区别于无限的有限是同样地现实的，这个最高种属如果与源出于它的渐进的创造物相对比时，本身便降为类属；最后，这个与人类对立的上帝，不可能是什么绝对物；它也不敢承认，正是因为这样，上帝的存在才成为可能，而且，既然上帝可能存在，那么就必须拿出相应的事实来加以证明，可是，如果借口上帝已经融化在人类身上而否认上帝的存在，那就是否认我们的战斗性，就是在人类的上下左右制造一个充斥着哲学的不可理解的真空，结果就有取消人类本身和毁灭人类的偶像的危险。



对我来说，被迫指出这一点是遗憾的事情，因为我觉得，这样一个声明将使我与社会主义派别中最有才智的那部分人决裂。我愈是深入地思考，愈是感到无法赞同这种神化人类的说法。在新派无神论者那里，这种说法实质上不过是对宗教恐怖的最后一次反抗，它在人本主义的名义下，由于为神秘论恢复名誉和加以认可，从而就把偏见带进了科学，把陋习带进了道德，把共有制，也就是说把怠惰和贫困带进了社会经济，把绝对化和荒谬带进了逻辑学。人们为了引起我对这种新宗教的兴趣而告诉我说，我就是这种新宗教的上帝，可是我却要说，我不能接受这种新宗教。而且，正是因为我不得不以逻辑和经验的名义来反对这种新宗教及其先驱者，所以我就更需要承认的，无限存在但不是绝对存在的假设是说得过去的，因为在这种存在身上，自由与智慧、自我与非我以一种特殊的和不可思议的，但又是必然的形式存在着。我的使命就是和以色列人反对耶和华一样，终生与这个无限的存在作斗争。

## 二

科学的主体与客体已被发现，思想与存在的真理已得到正确的证明，剩下的就是发现方法了。

哲学在它的多少受责备的关于认识的对象和合法性的研究中，很快便发现它不自觉地遵循着某种反复地使用的辩证形式；而且，如果细加考察，这些形式应被承认为常识进行调查时所采取的自然方法。在科学与技术的历史中，再没有什么比想到发明这些机器、发明我们各种认识的真正工具、发明科学器官更有意义的了。这里我们只谈谈其中若干主要的方法。

所有方法中的第一种方法是三段论。

三段论法就其性质和精神说是唯灵论的。它是属于哲学研究时期出现的，其时对精神的肯定压倒对物质的肯定，对自我的崇拜导致无视非我，甚至可以说拒绝接受任何经验。它是神学最喜爱的论证方法，是**先验**的器官，是权威的公式。

三段论本质上是假设性的。只要具备一个一般命题和一个辅助命题，或一种个别情况，三段论法便能帮助精确地推导出结论，可是它并不保证这个结论的外在的真实性，因为就它本身而言，三段论并不保证前提的真实性。因此，三段论法的作用只是把一个命题与另一个命题联系起来，而并不能证明这两个命题的真实性。

正如数学一样，它可以精确地回答人们向它要求的数字，却一点不能指导人们提出问题。亚里士多德虽然拟定了三段论的规则，但是他自己也没有受这种方法之骗；他既分析了三段论的机械论，也指出了它的不足。

所以，三段论法总是以先验和偏见作为起源，而并不知道它是从何而来。因为它不着重观察，因而它提出的原则，它并不能阐释。总而言之，它主要是创造科学而不是发现科学。

辩证法的第二种方法是归纳法。

归纳法是三段论的反面或对它的否定，正如对非我排除了肯定的唯物论是唯灵论的反面或对它的否定一样。培根所宣传和倡导的推理方法是人所熟悉的；而且，照他的说法，这种方法将革新一切科学。它是从个别到一般，与三段论法之由一般到个别正好相反。但是，由于个别事物可以按其侧面的无限变化而归入无数的范畴，而归纳原则除了事前已经确定的事物以外不得假定任何新的事物，所以可以说，它与不知前提从何而来的三段论相反，是不知事物将走向何方，这样它就停留在原地，既不能提高，也不能前进。因此，它和三段论法一样，只能论证已知事物的真实性，而无力发现真实性。在今天的法国，我们就可以看到这种情况。法国因为缺乏我们所说的哲学精神，也就是说，缺乏更高一级的辩证方法，所以即使到了目前这样一个观察已以惊人的速度积累起丰富材料的时代，科学仍然处于停滞状态。由此可见，人们反复提出的一个论点是正确的，那就是自培根以来科学上的一切进步不能归功于归纳法，而只应归功于对古代哲学留传给我们的为数不多的一般偏见所作的持久的观察，而这种观察所起的作用也不外是

肯定、改变或者推翻原来的这些偏见。现在的情况就像是我们的计穷力绌，归纳业已停止，科学也不再前进了。

简而言之，由于归纳法给经验论提供了一切，三段论给先验论提供了一切，认识就摇摆于这两种虚无之间。当事实材料增多时，哲学便莫知所从，但是，更多的情况下是忽视了经验。

因此，当前需要做的是找出一种能够集三段论和归纳法特点之大成、能够同时从个别与一般出发和对理性与经验同样重视的新的方法，简而言之，就是模仿那种构成宇宙和从虚无中创造一切存在、能够万无一失地导向实证现实性的二元论。

二律背反就是这样一种新方法。

只有运用这种方法，一种观念，一个事实就会显示出矛盾关系，并显示出两个对立系列的结果，从而得出一个预期中的新的综合观念。这就是由三段论和归纳法的既对立又相结合而形成的新工具所遵循的普遍而变化无穷的原则。这种工具，古人只是有所预见，真正创造它的是康德，而使它发挥巨大威力和大放光彩的，则是他的后继者黑格尔。

二律背反了解自己从何而来、去向如何和带来了什么。它所提供的结论，即使没有事前的证据和事后的证实，都始终是正确的，本身就是正确的，是自在和自为地正确的。

二律背反如实地反映了事物的必然性、存在的内在规律和思想波动与发展的起因，因而也如实地反映了社会与个人生存的必要条件。在上文各章中，我们已经充分介绍了这种最好工具的机械论，余下的一些问题，将在以后各章中陆续加以说明。

但是，二律背反虽然不歪曲真相，不入人于误，却并不等于全部的真实性；如果局限于这种方法，组织常识将是不完善的，因为它是任凭想象整理二律背反所确定的个别观念，它本身并不解释观念的种属、类属、发展和进化，也就是说，它并不准确说明构成科学的关键所在，即体系。二律背反可以修琢出大量的石头，但是这些石头一片散乱，还没有修建大厦。

正因为这样，一种最表面的观察就是证实人体器官成双成对的布局，但是它只懂得这种二分法，只懂得伟大的对立规律的真实体现，而远远没有我们的既复杂而又单一的机体的观念。再举一个例子：线条是由一连串互相对立的点形成的，平面是由线条的类似移动构成的，立体是由平面的类似移动构成的，数学上充满着这样一些二元论的定理；但是，仅仅使用二元论对于数学的理解是效果不大的。运用二元论难道能从线条观念演绎出三角形的观念吗？能够求出数量与质量的对立观念吗？能够引申出七色光谱和七步音阶的观念吗？……因此，通过事物的矛盾关系分别确定的一些观念，还需要有一个规律把它们加以归类、表示和系统化，否则它们就始终是孤立的，就如天上的星球，虽然早期的天文学家曾经随意把它们划归这一个或那一个星座，但是，在牛顿[①]和赫舍尔[②]提出比较深刻的科学见解，发现这些星球在宇宙中的相应关系以前，它们彼此间始终是互不相干的。

从二律背反中得出的科学，仍然不足以认识人类和自然；因

① 牛顿(1642—1727)，英国伟大的物理学家、天文学家和数学家，经典力学的创始人；曾根据机械力学体系提出经典宇宙学说。——译者

② 赫舍尔(1738—1822)，英国著名天文学家，曾以统计方法研究恒星在空间的分布和运动，描绘出第一个银河系结构图，创立了恒星天文学。——译者

此，需要有最后一种辩证工具。可是，这种工具除了关于发展、分类和系列化的规律之外，还能是别的什么吗？这就是说，它是一种把三段论、归纳法和二律背反综合在内的规律，它与二律背反的关系就如音乐上乐曲与和音的关系一样……

一切时代都认识到这个规律。如果我们重读《创世记》第一章，便可以发现上帝是按种属和类属来创造动植物的。现代的博物学家尤其了解这个规律；在数学上，它是支配一切的规律；哲学家则和艺术家一样，宣称这是真善美的纯正本质。但是，就我所知，迄今还没有人从理论上阐述过这个规律；关于这个问题，请读者参阅我的另一部著作，[①]在那部著作中，读者一定会发现，与其说是表现了我的才能，不如说只是证明了我的良好愿望。

在组织常识的过程中，哲学的最后一个步骤就是按天然类别把各种观念排列成序，组成系列，把它们组合起来。其他的辩证工具都是为这个步骤服务的；三段论和归纳法得出的结果，都只是从高一级系列中分解出来并在各种意义上被看成一些片段；二律背反犹如一个小天地的两个天极的理论，是各个折中点和内部运动的抽象。系列包括了观念的一切可能的分类方式，它是统一的，又是多样的，是自然的真实体现，因此，它是理性的最高形式。对精神说来，只有可以归入某一系列的事物，或者是可以划分为若干系列的事物，才是可以理解的；而任何在我们看来似乎都是孤立的一切创造物、现象和原则，对我们说来都是不可理解的。任何事物，即使经过感官的证实，即使是具有真确性的事实，在理性重新找到

① 《人类秩序的创立》，第1卷。

这事物的前项、后项和综合项以前,也就是说,找到它所属的系列和族类以前,理性是始终拒绝承认并且加以否定的。

为了使这一切道理更为明确,我们不妨把它运用到作为本章内容的所有权问题上。

在本章的概述部分我们曾经提到:所有权如果脱离了经济系列便不可理解。这意思就是说,以道德学、形而上学或心理学的先验推理(三段论公式),或者是以立法上或历史的后验(归纳法公式),甚至是以我在自己的那本《论所有权》[①]中对所有权矛盾性质的叙述(二律背反公式),都不可能理解和说明所有权。必须在表现的顺序中,认识相似顺序、相同顺序或相应顺序,排列所有权,总之,必须重新找出所有权的系列。因为凡是孤立的事物,凡是只是自在和自为地自我肯定的事物,都不享有充分的存在,都不具备为人所理解和持续存在的全部条件。因为存在必须富于万物、依靠万物和为了万物;总而言之,必须使内在联系和外在联系结合起来。

什么是所有权呢?所有权从何而来?所有权的目的安在?这是哲学所最关心的问题。这是一个特别的逻辑问题,它的解决关系到人类、社会和世界的命运。因为所有权问题是真确性问题的另一种形式,所有权就是人类,所有权就是上帝,所有权就是一切。

但是,对于这样一个重大问题,法学家却用他们的先验之见含糊地回答说:所有权就是使用与滥用之权,是一种表现为占有和掠夺的意志行为所产生的权利。显然,这类说法没有告诉我们任何

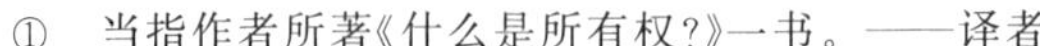

① 当指作者所著《什么是所有权?》一书。——译者

东西。因为如果承认掠夺是人类完成其使命和发挥其技巧所必需的，那么人们所能得出的一切结论就是：掠夺是所有的人所必需的，占有应该是平等的，到处时常处于变化和动荡之中，不管占有人同意与否，其占有将随时可能增加或减少。这样就等于否定了所有权。按照法学家们的体系，按照先验论者的体系，所有权要想符合自己的原来含义，就应该像自由一样，是相互的和不可让与的；因此，一切获得物，也就是以后行使掠夺权所得的一切，从获得者方面来说，就碰巧是一种天然权利的享受，而且就他的类似行为来说，也是一种侵占行为，因而这是矛盾的，也是行不通的。

经济学家则依仗他们的那种功利主义的归纳法，跑出来对我们说：所有权的来源是劳动，所有权就是以劳动为生、自由自主地处置自己的积蓄、资本、智力成就和生产成果的权利。他们的体系是站不住脚的。如果作为最有效和最丰富的占有劳动是所有权的来源，那么，怎样解释不劳而获的人所拥有的所有权呢？怎样为地租辩解呢？怎样从这种由劳动形成的所有权形式中引申出不劳动而能占有的权利呢？怎样设想三十年劳动竟能产生出永恒的所有权呢？如果劳动是所有权的来源，那就等于说所有权是劳动的报酬；可是，劳动的价值又是多少呢？什么是产品的共同尺度呢？产品的交换为什么造成所有权如此惊人的不平等呢？是不是说所有权的享有应该仅限于实际占有的期限，仅限于劳动的期限内呢？如果是这样，所有权就不再是个人的、不可侵犯的和可以转移的，从而也就不再成其为所有权了！如果说法学家的理论纯属武断，经济学家的理论纯属陈规，这不是显而易见的吗？此外，这种理论就其后果说是如此危险，以致它一出现就像生出的孩子很快被抛

弃。其中,外莱茵地区的法学家甚至全都回到最初占有的制度。在一个崇尚辩证法的国度里,出现这种现象几乎令人难以置信。

至于那些害怕理性、认为只要是事实便由于它的存在总是得到充分解释和证明的神秘论者,又胡说了些什么呢?他们说:所有权是社会自发性的一种创造,是天命规律的产物,我们只能像对待一切来自上帝的事物一样,对它卑躬屈膝。啊!我们还能找到什么比人类自发希望和经过上帝允诺而完成的事情更为可敬、更为真确和更为必要的事情呢?

因此,宗教也跑出来认可所有权了,根据这一点,我们就可以判定这个原则是不大可靠的。但是,社会,换个说法就是上帝,无非是为了普遍幸福着想才赞同所有权的;那么,我们在务必崇敬天命时,是否允许我们询问:为什么有的人被排斥于所有权之外呢?……即使说,普遍幸福并不要求所有权的绝对平等,那么,它最少也意味着所有主应负一定的责任;当穷人要求救济时,这和君主征收什一税是一样的正当。可是,为什么所有主却可长期不考虑、无论如何也不同意分一些给穷人,甚至哪怕很少一点也不肯拿出来呢?

无论从上述哪一方面看,所有权仍然是不可理解的;攻击所有权的人可以事先肯定,他们是得不到什么回答的,因为能够指望的是他们所作的批判不会产生什么效果。所有权在事实上存在着,可是理性却谴责它,这怎么协调现实与观念呢?怎么使理性站到事实一方面呢?这就是我们要做而看来还没有人明确地理解的事情。但是,只要人们还是以同样可怜的办法来维护所有权,那么,所有权便始终处于危殆之中;反之,只要拿不出一个更有力的新的事实来反对所有权，那么，对所有权的攻击就只能是一些毫无意义的抗议，无非是起到煽动乞讨和激怒所有主的作用罢了！

最后，终于出现一位新的批评家，他借助一种新的论证方法宣称：

所有权不论在事实上或法律上，本质都是矛盾的；正是因为这样，它才成其为一种事物。结果：

所有权是占有权，同时又是排他权；

所有权是劳动的代价，又是对劳动的否定；

所有权是社会的自发产物，又是社会的解体；

所有权是一种公平制度，同时又是盗窃。

根据这一切，可以得出结论：所有权一旦经过改造，将变成一种积极的、完善的、社会性的和真正的观念，将是一种废弃了旧所有权的所有权，成为一切人都同样可以享有和能够给他们带来幸福的权利。这就再次证明，所有权是一种矛盾。

从所有权开始被认识的时候起，它的内在性质就被揭露，它的未来已被预见。不过，我们可以说，这位批判家还只完成了他一半的任务，因为为了最终构成所有权，为了去除它的排他性，赋予它以综合力量，仅仅就它本身进行分析是不够的，还必须重新发现它作为其中一个个别因素的观念顺序，找出掩盖它的系列，而离开这个系列就无从理解和剖析所有权。没有这个前提，所有权就只能保持现状，也就是说，作为一个事实，是无可非议的，作为一个观念，是不可理解的；而且任何对这种现状的改革，对于社会来说，就只能意味着倒退，甚至也许是谋反者。

实际上，只要人们肯于思索一下，就会承认：直到我写这本书的时候，在我们的立法科学和经济习惯中，所有权就是一切；离开了所有权，尽管社会主义最近以来花费了不少气力来作尝试，人们就不能设想，也想象不出任何方案来；不论在法学方面，还是在工商业方面，都找不到任何出路；只要所有权遭到破坏，社会就会无限地解体下去；而且，为了学会从它的二律背反性质来认识所有权，我们仍然不能很好懂得它将如何实现其最终的公式，如何从旧秩序中创造出一种目前世界上还没有人给我们提供任何观念的新秩序。我的意思是说，我们思考一下这一切事物，然后询问一下，怎样运用二律背反的唯一功效从现在这种已经耗尽我们的经验和理性的组织出发，来确立一种我们现在还缺乏观念和事实的社会形式？

应该承认：二律背反虽然能证明所有权本身的状况，但是已经穷尽其力，再也无法前进了；需要有另外一种逻辑结构，需要找出所有权只作为其中一个项的那种发展序列，建立这样一种系列：离开了它所有权便只表现为一种孤立的事实、一种单独的观念，始终难于理解和贫乏无力；但是，所有权如果处于这个系列中，便恢复了它的地位，从而具备它的真正形式，变为整个和谐和真实的系列中的一个主要的部分，而且，由于失去了消极性，它的平等、互助、责任心和秩序的积极属性则重新复活。

这样，在我们需要揭示货币的作用及其哲学意义时，我们就可以从这种事实中，即从货币在经济学家的著述中看来似乎是孤立的、不是无关紧要的，而且由于这个原因至今仍未得到解释的事实中，探索我们假定货币只是从中脱落的一个环节的那个链条。通过这样一个简单的假设，我们就会毫无困难地发现，货币是我们的一切产品中其价值社会构成最早的产品，因而它成为其他一切产品的样本。同样，当我们需要认识捐税这种在政治经济学中被当作另一种孤立的事实、如此热烈讨论的对象的性质并创立一种捐税理论时，我们所做的不过是补充劳动者的大家族，把非生产性的劳动者作为一个类属加进这一族里，也就是说，把那些不是通过交换来获取报酬，而且当其他劳动者的雇用人数不断增加时，其雇用数目却不断减少的那类人员也划入劳动者。

同样，为了充分理解所有权，为了取得社会序列的观念，我们需要做两件事：一、确定所有权成为其一部分的矛盾的系列；二、运用一个普遍的方程式求出这个系列的正确公式。

如果我们的希望没有落空，我们就可以马上完成这个任务的前一部分。所有权是决定着价值波动的普遍事实之一，是始自分工、终于共有制的各种自发制度的漫长系列中的一个必要组成部分；必须在一切价值构成的基础上才能解决所有权问题。像在挂毯的背面一样，在《经济矛盾的体系》中我们将会证明我们未来组织的颠倒的图像。为了最后完成我们的工作，解决上述问题的后半部分，我们所需要做的，可以说只是加以矫正罢了。



因此，从原则上说，凡是孤立的存在，也就是说一切没有分开和没有配角的存在，本身都是不可理解的；这样的存在，就如精神与物质以及一切尚未显现的本质一样，或者说，就如一切未进入系列的事物一样，是我们悟性所不能及的，它对于精神来说只能是一种感觉，是一种神秘的事物。正是因为这样，所以逻辑迫使我们相信的那个无限上帝，对于人类来说将永远是那个样子，即使在观察确认了其存在,它似乎又并不存在。它本身或者它身外的任何事物都无法终止它的集结和孤立的状态;尽管这样一个存在是永恒的、万能的、无所不在和无所不知的,尽管它是造物主,是进步的人类的起源和维护者,但它与人类又有本质上的区别,类似的存在仍然是永远不可知的,而理性在这方面给我们指示的一切,就是否定它,或者是一样的,信仰它。

因此,三段论、归纳法、二律背反和系列共同组成智慧的完整武库。不难看出,除此以外,我们再也找不到其他的辩证工具。

可以说,三段论就是自上而下地展开观念;

归纳法则是自下而上地再现观念;

二律背反是从正面和横剖面理解观念;

系列是牢固地和深入地使观念持续下去并渗入观念。

认识领域由于没有别的措施,因而也不需要有别的方法。到此我们就可以说,逻辑已经完成,常识已经组织起来。而且因为劳动组织是常识组织的必然的结果,因而这时社会就会立即进入它的某种终极的构成状态。

## 第二节 所有权建立的原因

所有权是经济矛盾链条中的第八个环节,这是我们首先要确定的一点。

我们已经证明,所有权的起源不能归于最初占有,也不能归于劳动。第一种意见是一种恶性循环,它是以现象来解释现象的;第二种意见完全等于取消所有权,因为如果以劳动作为首要条件,所有权就根本不可能建立。至于那种把所有权追溯为集体意志的行为的理论，其错误则在于避而不谈这种意志的动机，而我们最需要了解的恰恰就是这些动机。

不过，尽管这些分别受到重视的理论往往只是导致矛盾，但是，可以肯定，它们又都各自包含着部分的真理，甚至可以断定，只要不把这三种理论孤立开来，而是把它们整个地综合地加以研究，我们就可以得出真正的理论，也就是说，找出所有权存在的原因。

是的，所有权的开始，或者确切地说，它是以一种自主的、有效的、排斥任何分享或共有观念的占有表现出来的；更对的是，这种占有就其合法的和正式的形式说，不是别的，只能是劳动；否则，社会又怎么可能同意对所有权作出让步并使它受到尊重呢？还有一点也是对的，那就是社会希望存在所有权，而且世界上的一切立法都是为所有权而制订的。

所有权是通过占有，也就是通过劳动建立起来的。这一点必须经常提到，目的倒不是为了维护所有权，而是为了教育劳动者。劳动含有一种力量，它凭借自身规律的衍化，理所当然地要产生出所有权，就如它必然先后导致工业的生产分工、劳动者的等级划分、竞争、垄断、警察等等。所有这些二律背反，同样地都是劳动连续的阵地，都是劳动在自己永恒发展道路上先后竖立的路标，而且都注定要通过它们综合性的联合而形成真正的人权。但是，事实并不就是权利，所以，作为占有与劳动的当然产物的所有权，是侵占与掠夺的起因，因此它需要社会的承认和加以合法化。凭劳动而占有和在立法上得到认可，这样两个因素结合起来，才构成所有权，而法学家的论述却不适当地把这两种因素分离开了。可是，对我们来说，问题是认识天命作出这种让步的用意，这种让步在经济体系中起着什么作用。这就是本节研讨的对象。

首先我们可以说，为了确立所有权，社会的同意是必不可少的。

当所有权还没有为国家承认和合法化时，它就仍然是一种非社会性的事实；所有权的地位就如一个小孩，只有得到父亲的承认、登记了户籍和经过了洗礼才成其为家庭成员、城市公民和教徒。欠缺这些程式，儿童就像一只幼畜，本身只是一个无用的成员，一个卑下的和农奴的生灵，不值一顾；他只是一个私生子。因此，社会的承认是所有权必不可少的，而一切所有权意味着一种原始的共有制。不承认这一点，所有权便仍然是一种简单的占有，先来的人可能提出争议。

康德说："我对某件物品的权利，就是我对某件与其他一切人共同占有(包括原始占有和后来占有)的物品的私人享用的权利。因为，这种共同占有是我得以禁止任何其他占有人私自享用这一物品的唯一条件；因为如果不作这种占有的假设，就不可能理解为什么我就不是这物品的现在占有人，仍然可能受到那些占有和使用这物品的人的损害。如果其他人没有承担不使用这物品的义务，那么，我个人的自由意志，或者说单方面的自由意志是不能强制别人不使用这一物品的。因此，他只有通过共同占有某物的联合意志，才会承担这一义务。如果事情不是这样，我们就不得不设想物品本身就包含着权利，似乎这物品本身就对我负有义务，并且归根结底，将从中产生出反对这物品的一切占有者的权利；这无疑是一种荒谬之谈。”[①]

因此，按照康德的意见，所有权，也就是占有的合法性，是来自国家的同意，而所谓国家，从根本上说就意味着公共占有。康德说，事情只能如此，而不可能是另外的样子。因此，每当所有权人敢于以自己的权利来对抗国家时，国家可以提请所有权人注意原来的协约，可以以这种最后通牒来终止争议：或者是你承认我的最高权力，服从公共利益的要求；或者，我就宣布你的所有权不受法律保护，我将撤回对这个所有权的保护。

由此可见，在立法者的心目中，所有权制度与信用、贸易和垄断等制度一样，目的都在建立均衡；这首先就意味着把所有权列入组织的诸因素中，把它视为价值构成的普遍性工具之一。康德说：“我对某件物品的权利，就是我对某件与其他一切人共同占有的物品的私人享用的权利。”根据这一原则，任何被剥夺了所有权的人都可以而且应该就此诉诸作为一切人的权利的维护者的共有制。由此可以得出结论：我们可以这样说，在上帝看来，一切人的生存条件应该一律平等。

康德和里德[②]一样，对这一点有明确的了解，并且用如下的一段话来表达这个意思：“现在有人问道，土地占有的能力究竟扩展到多大的范围？回答是，这种能力扩展的力量很广，也就是说，扩展到占有人有能够对他想为已有的土地加以保护的程度。其情形就好像土地本身在说：如果你不能保护我，你就不能指挥我。”

---

① 见康德著（梯索尔法译本）：《权利的形而上学渊源》。

② 里德（1710—1796），苏格兰唯心主义哲学家，强调内省与常识，与贝克莱的主观唯心主义和休谟的不可知论稍有区别。——译者

不过，我不敢肯定他这段话是否适用于所有权出现以前的那种占有，因为康德补充说，获取物品只有在社会状态下才是无可置辩的；在自然状态下，它只是暂时性的。由此可以得出结论：在康德思想中，获取物品一旦得到社会的同意就成为无可置辩的事实，就可以在社会的保护下无限地扩大，这在自然状态下却是不可能的，因为那时只有个人来单独保护他的财产。

不管怎样，从康德的原理中最少可以得出这样一点，就是在自然状态下，每个家庭获取物品所扩及的范围就是它能保护的一切，也就是说，扩及它所能耕种的范围，或者更确切地说，相当于这个家庭的成员所分得的可耕作面积的部分；因为，如果获得的土地超过这个商数，这个家庭就会立即遇到数量多于它所拥有的保护者的敌人。但是，即使是自然状态下受着这种限制的占有地，也只是暂时性的。国家之所以要终止这种暂时性，使这类占有永久化，是为了结束占有人互相间的敌对。因此，建立平等是立法者在所有权的制度中秘而不宣的思想和首要的目的。在这种唯一合理和唯一可取的制度下，邻居的所有权正是我的所有权的保障。所以，我和哲学家们一样地主张：因为你占有，我才能占有(possideo quia possides)；而不像牧师那样主张：因为我占有，所以我占有(possideo quia possideo)。

因此，我们将会看到，通过所有权来建立平等，就像通过信用、垄断、竞争或其他种种经济范畴来建立平等一样，是一种空想；在这方面，天命的才智虽然从所有权中收获到一些意想不到的宝贵果实，却仍然希望落空，此路不通。所有权所包含的真理，比起经济进化过程中所有一切因素发展的真理，既不多也不少；它和这些

因素一样，对福利的增长和贫困的加重，都起着同等的促进作用；它不是顺序的形式，将与顺序一同变化和消失。哲学家提出的种种关于真确性的体系，全都是这样，这些体系尽管充实了他们概述的逻辑性，但是还是融化和消失在常识的结论中。

不过，建立所有权的主导思想毕竟是好的，因此我们需要探索论证这种建立的理由，不管怎样，所有权是服务于财富的，那么导致这种建立的决定性的和正面的理由是什么。

让我们先回顾一下经济运动的一般特点。

第一个时期的目标是通过划分生产部门在地球上开始劳动，结束自然的吝惜状态，使人类摆脱它原始的贫困，把人类原来沉睡着的能力转变为积极活跃的能力，变为为人类争取幸福的工具。正如那个无限的力量在创造宇宙的过程中进行分解一样，为了创造社会，天命的天才把劳动划分开。经过这一划分，平等便开始显现出来，在多样性中不再是同一的，而是表现为多种事物的均衡。于是，社会机体便在原则上形成了，胚胎获得了巨大的催生力，集体的人便存在了。

但是，劳动分工必须以全面性职能和局部性职能为前提：由此就在劳动者中间出现条件的不平等，有的人下降了，有的人上升了；因而从第一个时期起，工业对抗便取代了原始共有社会。

其后的一切进化，一方面是趋向能力的均衡，另一方面是始终促进着工业的发展和福利的增长。但是，相反地，人们看到了天命努力总是导致富裕与贫困、无能与才能同样的和不一致的发展。到了第二个时期，出现了资本与雇佣制，出现了自私与凌辱性的分配制度。到了第三个时期，由于商业战的发展，贫困加重了。到了第四个时期，由于垄断的出现，贫困更为集中和普遍。到了第五个时期，垄断便得到国家的确认。接着，国际贸易和信用制度又相继发展了新的对抗。稍后，关于资本生产性的虚构，由于舆论的力量而几乎变成一种现实，于是一种新的危险便威胁着社会，这就是资本的泛滥可能否定劳动本身。正是在这样一个时刻和这样一种极端状态下，所有权在理论上诞生了。这就是我们需要很好地认识的变迁过程。

迄今为止，如果我们对经济进化的今后目标作了抽象概述，而且只是就经济进化的本身来考虑，那么社会所做的一切只是交替地支持和反对垄断。垄断是一根轴心，各种不同的经济因素都是围绕着它在活动和旋转。但是，尽管垄断有其存在的必然性，尽管垄断为了自己的发展作了无数的努力，尽管普遍对它的认可使它具有权威，垄断仍然只是暂时性的，就如康德所说的，垄断只是在拥有人能够加以运用和维护它的期间内才有效。正是因为这样，所以它有时因为拥有人的死亡而不再成为充分的权利，例如不得罢免的但不可贿买的职务；有时它只在一个有限期间内有效，例如专利权；有时因为它未被行使而失效，由此而产生时效理论以及目前在阿拉伯人中仍然采用的所谓年度占有权。在别的情况下，垄断还可以根据主人的意志而取消，例如在军事阵地上允许搞建筑，等等。因此，垄断还只是一种未成为现实的形式，它取决于人，而不是从属于物；就是说，它只是一种从事某项生产和买卖的排他性特权，而仍然不是劳动工具或土地的让渡。垄断也是一种地租，人们之所以对它感兴趣是着眼于利润。垄断者并不死守着哪一种行业、哪一项劳动工具或哪一个地点；他是世界性的和多能的，只要

能赚钱，什么地方什么行业他都不在乎；他的心灵不受地域的束缚，也不局限于部分物品。只要社会是把垄断作为一种致富的手段赋予垄断者，而没有把垄断变成垄断者的一种生活必需，垄断者的存在就始终是流徙不定的。

但是，尽管垄断本身这样变化无常，经受着种种的干扰，受到竞争的侮辱、国家的折磨和信用的压榨，可是，这并没有挂在垄断者的心上。在投机的影响下，垄断总是不断趋向于非人身化；因此，人类便不断地受到资本普遍解放所造成的金融风暴的袭击，从而面临脱离劳动和走向倒退的危险。

那么，在信用制度和银行统治确立以前，垄断在实际上是怎样一种情况呢？它是一种图利的特权，而不是主宰一切的权利；它是对产品的一种特权，更有甚者，它是对工具的一种特权。垄断者对于他所居住的土地，还是个局外人，当然他并没有实际占有什么东西；他大大增添了自己的经营项目，扩大了自己的工厂，把土地连成了一片，这与其说他是位主人，还不如说他始终只是个代管人。他并没有给这些东西盖上自己的记号，也没有给这些东西刻上自己的形象；他喜爱的不是这些东西本身，而只是这些东西可能给他提供的价值。总而言之，他并不想把垄断作为自己的目的，而只是把它作为一种手段。

在信用制度发展以后，垄断的处境就更坏了。

需要联合的生产者，变得完全无法联合了；他们已经丧失了劳动兴趣，抛弃了劳动精神，成了一批赌棍。他们对竞争的狂热又加上了赌博的疯狂。银行统治已经改变了生产者的性格与观念。从前，他们彼此之间是主人与雇工、君主与附庸的关系，现在他们却是以借款人和高利贷者、赢家与输家的身份相认了。劳动被信用的风暴刮跑了;真正的价值消失于虚构的价值之中,生产湮没在投机活动里。土地、资本、才能、劳动本身,即使在什么地方还能从劳动中看到,但全都用于赌博。人们关心的已经不是特权、垄断、公共职务、工业,而且也不再从劳动中寻求财富了,而是巴望着运气来临。理论告诉我们,信用需要有固定的基础;可是,恰恰是信用使得一切都动摇了。理论又说,信用是靠抵押物的,并使抵押物流通起来;它谋求担保,虽然理论只主张以实物担保,它要求的总是人保,因为正是人使得担保具有价值,如果没有人,担保就根本无效,完全等于零。有时发生这样的情况,人们并不坚持要实物,有了人的保证,抵押物就消失了,因而信用所留下的只是它自以为并非虚构,实际上是徒劳的。

总而言之,信用因为解放了资本,最终也把人本身从社会和自然中解放出来。在这种普遍的唯心主义中,人们也就不再依恋土地,他们被一种隐蔽的力量悬挂在半空中。地球上住满了人,其中一部分人生活在富裕之中,另一部分人则处于极端的贫困;谁也不占有土地,有的只是轻视土地的主人和憎恨土地的奴隶,因为他们都不是在为自己而耕作,而是为一位谁也不认识、谁也没有见过的息票持有人而耕作,而这位息票持有人则可能走经这块土地而不注一目,根本就没有想到这块土地是属于他自己的。这块土地的占有人,也就是说,具名收租的占有人,就和旧货摊的商人一样,公事包里满是分成制租田、牧场、收获物或者上等的葡萄园的地契,这对他都不重要!只要价钱高上十个生丁,他就随时准备出让;所以,他上午得来的地产,也许晚上就脱手,丝毫不顾惜,一点不后悔。

这样一来，通过资本生产性的虚构，信用变成了财富的虚构。土地不再是人类的作坊，而是一个银行。如果可能的话，这个银行就不持续地制造出一些新的受害者，迫使他们向劳动索还自己在赌博中输掉的收入，以此来维持资本的现实性；如果可能的话，破产就不经常出来中断这场地狱般的盛宴，随着虚构增加它的票证，抵押物的价值便不断地贬低，实际财富就化为乌有，而名义财富却无限增加。

但是，社会是不能倒退的。因此，必须拯救濒于毁灭的垄断，拯救行将沉溺于理想的享受的人类个性，总而言之，必须巩固和加强垄断。可以说，垄断本来是个独身者，社会说道，我希望它能成家。它原来是土地的侍臣、资本的经营者，我希望它变成领主和配偶。垄断迄今只限于个人，今后将扩展到整个种族。过去，人类通过垄断只是制造出英雄与贵族，将来则将组成整个王朝。垄断一旦成家，人类就将如父亲钟爱自己的妻子儿女一样地眷恋自己的土地和工业；人类与自然将在一种永恒爱情的基础上结合起来。

信用给社会造成的状况，实际上是我们可能设想的状况中最恶劣的一种，这就是人们占有的很少，滥用的很多。不过，从天命的观点看来，从人类和地球的使命看来，人类本来总是对自己的劳动工具抱有某种保守和爱恋的情感，而代表着这类工具的一般就是土地。因为对人类来说，问题不仅在于开垦土地，而且在于耕种、美化和热爱土地。可是，如果不把垄断变为所有权，不把主婢关系变成夫妇关系，确切地说(propriamaque dicabo)，不用日益强大和声誉日隆的现实来对抗业已虚弱疲惫和声名狼藉的虚构，又怎么达成这一目标呢?

因此,垄断本身所孕育的革命便特别着眼于土地垄断,因为这是以垄断为榜样的,是因为一切所有权都是按土地所有权的范例建立起来的。因此,掠夺便从有条件的、暂时的和止于终身的变成绝对的、永久的和可以继承的。而且,为了更好地维护所有权的不可侵犯性,其后财产便划分为动产与不动产,并且制定了一些法律来调整动产与不动产的继承、转让和征用。

总之,通过地产,也就是通过人与土地的更密切的结合来建立抵押制度,通过垄断的永久性和继承性来确立家庭制度,最后是建立地租制作为财产平等的原则,这些就是集体理性决定要建立所有权的动机。

一、信用要求实物担保,这一点是所有经济学家都一致承认的。因此,为了组织信用,便必须建立抵押。

但是,实物担保如果不同时又是人身担保,它就等于零;这一点我认为已经得到充分的说明。因此,为了发展信用,又需要把垄断变为所有权。在经济进化的顺序中,所有权虽然是信用的前提,但是它产生于信用,正如抵押虽然是借贷的前提,可是它又是接着借贷而来的。我觉得,奥基埃先生在他那本书的结论里要说的正是这一点,可惜的是,这个结论太简短了。他是用这样一段话来表达这个意思的:

“没有自由的所有权便没有抵押;没有所有权就必然没有真正的信用……依靠信用而劳动的民族为了建立自己的抵押和创造作为抵押基金的收入而经受着种种考验……”

事实上,在特权者开始为了贷款而加重剥削以前,我们只能把特权者看作他指挥下的劳动者的监护人、公司的代理人;他既以自己的名义,又以自己的合伙人的名义,既为自己的利益,也为合伙人的利益而进行活动。垄断以及对资本的利息和与收益的特权是从属于他本人的,但是并没有永久性和继承性的保证,而是附有条件的,就是必须始终积极地亲自参与经营。他对物的权利并不完整,因为企业的经理如果拿仍然具有一定共有性质的物品来冒风险或者造成亏损,便是一种犯罪,最少他内心应该这样认为;这是因为他享有的还只是一种经营特权,而并不是所有权。垄断者毕竟还只是某种受委托人,只是到了后来,由于信用的必要,他才变成为主宰者。

那么,如果以生产工具作为抵押时,特权者是否可能实际上只以工头的身份、以一个小共和国的全权代表的身份行事呢?当然不能!因为给借贷人强加这样的条件,就会降低他的收益,因为这种条件使他必须服从自己的下级,这就等于减少了社会契约,等于倒退到第二个时期。



因此,仅仅这一点,为信用所强制的社会就得承认垄断者以不必征得其劳动合伙人的同意便以其垄断的抵押品进行借贷的权利,社会把他变成了所有主。所有权是信用的公设,正如信用是商业的公设,垄断是竞争的公设一样。在实践中,这一切事物都是不可分离和同时发生的,但是,在理论上却是互相区别和先后出现的;所以,虽然垄断几乎总是伴随或者说几乎必然伴随着所有权,正如同分工几乎总是假设或者说几乎必然假设使用机器一样,所有权却并不就是垄断,机器并不就是分工。

不论对于社会还是对于个人来说,这种新的安排,都不可避免地产生重大的后果。

首先，社会之所以把一种变化无常的身份改变为一种永久性的权利，本来是指望，而且事实上也是指望所有主能够更严肃和更符合道义地热爱自己的行业，更认真和更理智地珍惜自己的幸福，从而不致过分热衷于图利；有更深的人类感情，能有一种乡土意识，珍重自己的祖业。这种祖业虽然留传给少数劳动者，但是将会团结各代的人，并创立祖国。祖国的起源就在于所有权。所以，彻底的共产主义者在破坏所有权的同时，竭尽全力进行劳动，正如经济学家通过自由贸易来破坏种族、语言与地区上的差别一样。他们双方都不希望有什么民族性和祖国观念。正是因为这样，所以这两个彼此排斥的派别，尽管彼此敌视和仇恨，实质上却是始终一致的；它们之间的意见对立，不过是一场闹剧。

因此我说，社会在保障所有者的垄断的永久性的同时，也在为无产者的安全而努力。它使资本成为占有者的实体，就决心使所有的人与占有者一道劳动和为他劳动，而他把他们将视为自己的儿女，而不是看成合伙人。儿女！在通俗语言中，这是首领对自己指挥下的人们的称呼；而在原始语言中，它是每个民族的统称，例如，以色列儿女、穆斯林儿女、亚述儿女。因此，所有者以慈父身份管理家庭，就是在为一切人的幸福而进行管理。这样一来，私人利益与社会利益便混同起来。总而言之，社会由于宣布了所有权，就等于组织并使宗法关系高尚起来。凡是通过出售和交换能力而被改变了的世袭制，就是稳定的新的保证；作为所有权的最高表现的世袭君主制就是这样；由于它排除了选举斗争，所以对内可以阻止内战的发生，对外则使本民族人身化。

从个人方面看，好处也同样十分明显。

由于有了所有权，个人便最终占有了自己地产，宣布自己是土地的主人。就如我们在关于真确性的理论中所看到的意识的深处，自我变得瘦长了而且包括了整个世界；而在这个人类与自然的一致之中，在这种自我异化中，人的个性不是削弱，而是大大地加强了。没有比私有主的性格更为顽强、目光更为远大、意志更为坚定的了。犹如爱情一样，我们可以给它下一个定义，说它是灵魂的扩散，它由于占有而自我扩大了，于是它愈是流露，就愈是炽烈。所有权也和爱情一样，它丰富了人的存在，增强了人的力量，提高了人的尊严。富人、王公、贵族、所有主、领主、老爷，诸如此类的名称，其实都是同义词。在所有权中就像在爱情中一样，占有与被占有、主动与被动，表达的始终是同一个事物，必有他方，始有此方。原来只担负单方面义务的人，现在受着一种与自然签订的双边契约的约束；正是因为有了这种对等性，他才开始感觉到自己的存在，感觉到自己的全部价值，从而享受着生存的丰富生活。这就是所有权在人们心灵中引起的革命，它远不是把人类的情感物质化，而是把这种情感精神化。只是到了这时，人类才学会了区别空洞的所有权与用益权，区别高尚、先验的所有权与简单的占有。这种区别是垄断不能做到的，是走向人类解放和走向要求人们在意志上统一和原则上一致的联合的一步，不仅如此，在财富贫乏的共有制度下，这种联合既压迫人们的肉体，又压迫人们的灵魂。

所有权已经经历了考验，要否定它便必须把全部历史推翻。我们在论述信用制度时曾经说过，法国革命不过是一次争取土地法的暴动；那么，土地法实质上是什么呢？它难道不正是所有权的一种合作吗？国家既然把人民都变成土地所有者，便是以自己来取代那两个业已声名狼藉和软弱无能的等级，从而取得巨大的财源，用以支援战争的胜利或者应付败北时的急需。今天维护着我们的社会道德和不断地防止社会为投机活动所瓦解的，仍然是所有权。商人、工业家和资本家本身，时刻着眼的也是所有权，大家渴望赖以摆脱竞争与垄断的疲劳的，也是所有权……

二、不过，所有权的重大作用在家庭中表现尤为明显。家庭与所有权并驾而前，相互依靠，两者只有结合在一起，才具有意义与价值。

妇女的作用是随着所有权的出现才开始显现的。家政是一种最富理想的事情，也是人们徒劳地力图使之成为微不足道的事情。它是妇女的王国，家庭的丰碑。取消家务，抽掉这块基石和夫妇吸引力的中心，便只剩下一对夫妻，就不再存在家庭。请大家看看大城市里的工人阶级，他们因为流徙不定，家政无着，没有财产，便逐渐沦于私通淫乱。他们一无所有，无所眷恋，过一天是一天，生活毫无保障，没有结婚的凭借；两手空空而结婚，还不如独身为好。所以，工人阶级不得不忍受耻辱。中世纪领主的初夜权和罗马人对无产者结婚的禁令，就说明了这一点。



但是，家政与周围的社会又是一种什么关系呢？难道它不同时是所有权的雏形和堡垒吗？年轻姑娘梦想的第一件事情就是家政；因此，那些侈谈男女吸引力和取消家政的人，应该给我们好好解释一下这种性本能的败坏。至于我呢，我对这个问题想得愈多就愈是觉得，撇开家庭和家政，就无法理解妇女的使命。侍女或女仆(我说的是女管家，而不是男仆)，我看不出有什么地位，这种令人感到羞耻的抉择有什么可说的呢？负责操持家政、处理一切开支和节余的妻子的作用，难道比本职在于指挥作坊，也就是管理生产与交换的丈夫的作用来得小吗？

男女双方就像劳动的两个组成要素，彼此相互需要。婚姻的不可分离的二元性，是经济二元性的体现；众所周知，经济二元性是用消费和生产的普通术语来表达的。两性的天分正是受这一观念的制约，一方从事劳动，一方负责开支；只要有一方不履行自己的职责，整个结合就会不幸，夫妇双方彼此期许的幸福便会变成痛苦与悲伤，这样，他们自己就要彼此埋怨！……

如果世界上只有女人，她们就只会像斑鸠一样，集群而居；如果只有男人，他们就没有任何理由高升到驾驭垄断和放弃投机的境地。人们将会看到他们全都将成为主人或奴仆，坐在桌旁赌博，或者屈服于压迫之下。但是，人类毕竟被创造出男人和女人，因而需要家政和所有权。只要两性一结合，所有权就立即像不可思议的奇迹一样，从这种神秘的结合中，从这种最奇妙的人间制度中产生出来，共有财产便马上分配给个体的主权者。

因此，对于所有妇女来说，家政是经济方面最为向往的幸福；而一切男子最渴望得到的则是所有权、作坊、劳动收益，还有就是妻子。爱情和婚姻、劳动和家政、所有权和全体仆役，为了使意思更为完整，请读者允许我在这里对文字说明作一点补充：所有这些术语都是同义词，所有这些概念都可以自称，对未来的成家者来说，就是要创造一个长远的幸福前景，这种前景对于哲学家来说，犹如显示出整个的体系。

关于这一切，人类的看法是一致的，然而在社会主义中，唯有它在它的模糊观念里反对人类的一致意见。社会主义企图取消家政，据说是因为家政的代价太大；它企图取消家庭，据说因为家庭不利于祖国；它企图取消所有权，据说是因为它有害于国家。社会主义企图改变妇女的作用，打算把她们从原来社会赋予她们的那种女王身份贬为柯迪佗[①]手下的女巫。我不准备直接评论社会主义在这方面的观念。社会主义对待婚姻问题就如对待联合问题一样，根本没有什么观念可言；它的全部批判归结起来只是一些毫无意义、不值一顾的空论，最明显地暴露了他们的无知。

其实，如果社会主义者认为借助已知的方法可以给每一个家庭提供舒适的甚至奢侈的生活，那么他们就可以不起来反对家政，这难道还不明显吗？如果他们能够使公民感情与家庭爱情一致起来，那他们就不会谴责家庭吗？既然他们不但掌握使财富共有这种并没有什么了不起的秘诀，而且掌握使财富普遍化这样一种完全是另外一回事的秘诀，也就是说，既然他们容许公民不但过公共生活而且也让公民过个人生活，那么，那他们就不会使公众对他们的家政争论感到厌倦吗？据社会主义者承认，婚姻、家庭和所有权都大大有助于促进幸福；他们所作的唯责难是：他们不懂得怎样把这些事物与普遍幸福协调起来。我倒要问一问他们，这难道是一个严肃的论证吗？好像他们能从他们惊人的无知中便作出对人类各种制度今后发展的结论！好像立法者的目的不是使每个人都能结婚、成家、有所有权，而是要废除它们！

为了节省篇幅，我想只从问题的一个主要方面，即从继承的角

① 柯迪佗，希腊神话中色雷斯主淫乱的女神。——译者

度开始论述，然后再引申到整个问题，就如一位诗人所说的举一概全（Ab uno disce omnis）。

继承是家政的希望、家庭的支柱和所有权的最终理由。没有继承，所有权就只是一句空话，妇女的作用也成了一个谜。共有工场中又何必要有男工和女工呢？为什么柏拉图在纠正人的本性时要力图从他的理想国中取消这种性差异呢？究竟怎样解释作为经济二元性的象征、离开了家政和家庭便成了真正累赘的人类的二重性呢？……如果没有继承，就不仅不再存在丈夫和妻子，而且也不再存在祖先和后裔。这是什么意思呢？就是说，那时，甚至连亲属关系也不存在了；因为，尽管公民之间的关系被崇高地比喻为兄弟关系，可是，很显然，如果谁都是我的兄弟，我也就再也没有什么兄弟了。那时，人们因为在同伴中间举目无亲，便会感到孤独凄凉；而社会由于家庭的瓦解和作坊的合并而失去韧带与内脏，犹如一具枯萎的尸体，逐渐化为尘土……

可是，社会主义却勇气十足，毫不以此为奇。半社会主义者路易·勃朗先生，就像纯社会主义者要求人类没有祖国、没有家庭一样，要求家庭没有继承。他在《劳动组织》一书中大声疾呼道：

“家庭源自上帝，继承制度则来自人间！”

这个说法当然证明不了家庭是比较好的，继承制度是比较坏的。但是，布朗基先生的文风是大家所熟悉的，他为了上帝而做的经常性的广告只是他的一种高度诗意的表达方式，就像希伯来语中把细粉面包称为**神的面包**一样。何况，勃朗先生还明确暗示：

“家庭和上帝一样，是神圣的和不朽的；继承制度则和变化的社会一样，和早晚一定要死亡的人一样，注定要走下坡路。”

在这段话里，比较、对比、明确的复合句、措辞的优美，样样俱全，可就是，我要替布朗基先生抱憾的是，这个思想直接违背了常识。正是因为人会死亡和社会会变化，才需要继承制度；也正是因为家庭永远不应该消失，所以必须使支持它的不朽原理与不断带来新一代人的活动相对照。如果因为没有任何东西来维系父子关系，以致家庭由于成员死亡而不断地分裂，每天早晨都要重建，那么，家庭又成了什么样子呢？继承制度使你们不高兴的地方，我也看到了，那就是在你们看来，继承只有助于维护不平等。但是，不平等并不是来自继承制度，而是源自经济冲突，继承制度只是维持事物的原来状况：只要你建立起平等，它就使你平等。

圣西门主义也看到了继承与家庭的联系，所以它是两者都摈弃。既不愿意承认自己是社会主义者，也不敢承认自己是共产主义者的激进民主派，以为自己主张让家庭和继承制分开、使目的和手段分开，就是天才的证明，其实是陷入一种与他们所讥笑的政府同样地幼稚的折中主义立场。勃朗先生居然也拿这样一个美妙的发现来招摇撞骗，实在令人惊奇。



“人们对圣西门主义者说：‘没有继承就没有家庭。’他们回答说：‘那好吧！我们就消灭家庭和继承制度。’其实，圣西门主义者和他们的对手都错了，不过是在不同的方向上错了。真理是：家庭是自然的事实，不论你作什么假设，总是无法消灭它；至于继承制度则不同，它是一种社会协定，社会的进步就会使它消失。”

不论是把家庭和维护家庭的继承制度看作联合的障碍，或者是认为与继承同属普遍的自发现象的社会协定并不是自然事实，那些人都同时是错误的。民主派是对圣物的高谈阔论者，是追思祷文的爱好者，他们似乎没有猜想到，凡是人类意识的产物，都和男女同居及生育后代一样来自自然。对民主派说来，自然就是物质。要是相信他们的说法，那么，人类屈服于它的爱好的自发倾向又便是偏离自然了，必须把人类拉回自然的轨道。可是，怎样做到这一点呢？依靠自然的事实吗？不！民主派也不敢自夸能够这样贯彻始终，他们还是主张通过协定，因为他们主张用永久管业制度来代替继承权；试问，还有什么比这种制度具协定性质呢？

“人们是否很好地分析了至今使人们把家庭问题和继承问题看作密切联系的原因呢？在现存的社会制度下，继承与家庭不可分开，这点恐怕没有人怀疑。其原因恰恰在于我们所反对的社会制度的弊病上。因为，如果一个青年人离开家庭走上社会时，没有财产，也没有他人的推荐，全靠他的价值，那么，他就会面临无尽的危险，因为他每走一步都要碰到难关；他一生将疲于奔命，不断处于可怕的斗争中。在这些斗争里，他也许能够获胜，但是却要冒九死一生的风险。这一点是父母之情必须考虑的……”

唉！要是爱子的父母也无力给子女提供财产，谁还能做到这一点呢？民主派说：那就由那个人们见不着和摸不到的，不朽、全能、善良和明智的存在，那个能够洞察一切、做到一切、负责一切的存在，也就是国家来解决吧！

“改变我们的生活处境吧！让所有来到社会上为社会服务的个人都能肯定找到自由发挥其才能，并能找到参与集体劳动的手段；这样一来，父母的预见便可以代之以社会的预见！事情应该是这样：儿童由家庭来保护，成人则由社会来保护。”

是啊！改变……吧！让……社会的预见代替父母的预见！如

果我没有读过你这本书,我还真指望你能干出点事业来。多么不幸的是,你无法以国家的劳动来代替个人的劳动!不幸的是,国家不能代替个人结婚和生孩子,不能抚养和支持儿女们走上社会!可是,我讲这些干什么呢?自由劳动和夫妇生育不是自然的事吗!继承不是协定的事吗!

"可是,你会对刚才跟你说话的这位父亲回答说:当我立遗嘱时,不仅是为了我所指定的继承人,而且是为了我自己。这份表达我最后意志的文件,是我在死后继续享用自己财产的一种形式,是我仍然留在我已离去的社会的一种方式,是我继续存在于人间的一种延长。把我与子女联系起来、使我们之间产生共同的感情和义务的,正是这样一种连带关系。你向我夸耀你的预见力,要求我用财产来交换你的这种预见力,我却宁愿指靠自己而不依靠代理人。你很关心想着这一切和它的有效期,何况我又不认识你。那么,你是谁?你是国家吗?谁见过你呢?你究竟在哪里?你拿什么做担保?唉!你就像你的教士的那位上帝,你答应赐予人们以天国的幸福,条件是人们必须把土地交给你。那你就显示一下吧!显示一次你的智慧和你的至上的威力吧!……"

废除继承的主张,就如共和派的一切幻想一样,来自一种谬误的意识形态,这种意识形态在于以政权的首创精神来到处代替人的自由行动,以理性的事物来代替现实的事物,以空想来代替生命与自由;这种空想的可悲影响正是一切社会灾难的根源所在。

勃朗先生接着又说:"旁系继承的弊病是人所公认的,因此,这种继承制度应该废除,其遗产价值应该宣布为公共财产。"

可是,为了废除旁系继承,必须从废除所有权开始;如果不废除所有权，我就不相信你触动旁系继承制度。你能禁止转分继承[①]、终身扶养金、回赎和遗赠吗？什么！我有能力把财产留给所有的人，亦即国家，我不能把它交给某一个个人！容许我劳动，容许我积蓄，容许我积累资本，容许我购置财产，容许我排他地享用这些财产，可就是一说到我对这些财产的处置，一说到我由于没有自然的家庭而想建立一个收养的家庭来增进自己的幸福，就一点也不让我做主！当这样的所有主又有什么意思呢？你难道是共产主义者吗？你大胆地说啊！别躲躲闪闪啊！不要再拿你那套关于神明、关于共和国和关于政府等等的虚构来折磨我们了，这些吓人的字眼儿不过是你那诗词般的论文里的一些浮文赘语，是你用来欺骗傻瓜们的诱饵。

“今天那些没有什么东西留给子女的穷人究竟算不算有家庭呢？要是算，那就说明在我们这种龌龊的环境里，家庭可以在没有继承权的条件下在某种程度上存在；要是不算，那就请你解释你们的制度。你快说啊……家庭不会成为一种特权……”



好一段哗众取宠之词！穷人家庭与富人家庭一样，都存在着继承权，因为这是一种神圣的不可转让的权利。经过我国的大革命，无产者已经最终赢得了这种权利，而且运用它来作为防止贵族掠夺的一种不可逾越的屏障；其情形就如同过去罗马平民挣脱贵族理论的束缚，赢得了长期以来只有贵族才享有的结婚权(jus connubii)一样。穷人所缺乏的并不是继承权，而是遗产。与其要

① 转分继承(fideicommis)，或译委托继承，是罗马法中的一种继承方式，由遗嘱人指定两个遗产受益人，第一受益人(即合法继承人)应在一定期限届满时把财产转移给另一受益人。——译者

废除继承权，不如想想如何结束无人继承[①]的状态。因为你自己说过：家庭不会是一种特权。

正因为这样，成家的权利是普遍享有的，但不是共有的；继承权是家庭必不可少的，因而遗产亦是如此。如果因为继承制度并不是对任何人都有效而加以废除，那就是只从物质意义上和反对革命的角度来推论，这就好比由于同情不幸的爱尔兰而判处法国也必须只吃土豆和喝清水。

"你把家庭引申到继承权，你马上就会看到在社会利益与家庭利益之间挖了一道鸿沟……"

可是，我再问一遍，这种对立究竟从哪里来的呢？是来自继承权本身还是来自遗产不均呢？你说：遗产和继承权都不可能长期存在，更何况它们对一切人都不能成为现实。这是谁告诉你的？你怎么知道这种制度就不能像所有权、垄断和竞争一样，在长期为资本反对劳动而效劳以后转而被劳动用来反对资本呢？但是你对经济矛盾的了解十分贫乏，所以你根本就不会想到利用其中一种矛盾来克服另外一种矛盾便可以获得与今天完全相反的结果；不但如此，你的整个意识形态只是倾向于抹杀这些矛盾。你的哲学就是从社会科学中排除社会原则，从文明中取消文明手段！再说，民主派也不会看清这一点一样，社会主义者将十分欢迎你所做的这些让步，爱国派的报刊则吹捧你的高谈阔论，他们都会认为这是最明智可行的民主制度！

温和的社会主义者之所以抨击继承权，是因为他们不懂怎样

① 指无力成家，因而即使有财产也只好依法交给国家。——译者

把它变成一种维护平等的工具；傅立叶主义者和圣西门主义者之所以抨击家庭，是因为他们的体系与私人工业、家庭生活和自由交换不相容；共产主义者之所以抨击所有权，是因为他们不知道如何通过劳动互助使所有权免于被滥用。这是无知的自供状！这就是一切所谓改革派的论据，这种论据本身就驳斥他们自己，它只会使我们对这类人道主义说教更为厌恶！

三、在信用得到保障，家庭得以确立，人人都享有继承权以后，剩下的问题就是如何分配财产，使每个人都能成为一家之长，都不致没有遗产。但是，怎样分配土地呢？怎样划分地块呢？怎样保持遗产的平等呢？土地是否足够分成这样多份呢？或者说，是否应该把土地只保留给耕作者，而工业家、非生产性人员和商人等等则应排除在外呢？怎样办理转移、进行补偿和清理债务呢？怎样对劳动作出规定呢？怎样分配劳动果实呢？如此等等。我们可以看到，在所有权中，一切经济问题都重新出现了。

对所有这些大量的、深奥的、困难的和无限具体的因而也令人惊讶的问题，社会只用一个词来回答，就是地租。

为了不在读者思想上留下任何疑窦，我将按照我在上卷中论述捐税时所采取的方法来讨论地租问题。大家将看到，地租构成所包含的基本观念是分三个阶段发展而成的，其中的最后一个阶段，即均衡化阶段，是和前两个阶段有着必然联系的。

首先说说，什么是地租呢？

就像我们在第六章里说过的，地租与利息极为相似。但是，两者又有本质上的区别，这就是：利息只是表现为产生于劳动并且由于节约而积累起来的资本，而地租则是从作为劳动的普遍材料、一切价值的原始基础(substratum)的土地上所提供的。

资本的特性只是使利息经过一段足够的时间以重新构成带有利润的资本;除了理论上一切论证以外,足以证明这一点的是逐渐下降的级数。因此,当资本缺乏或者抵押品没有价值和没有保证时,利息就是永恒的,而且有时甚至带来很高的利率。随着资本的增多,利息便减少;可是,由于利息永远不会消失,由于出借金钱不可能变成一种由资本家承担一切风险而借款人则获取一切利润的简单交换,所以,利息降低到一定程度后便会停止下降而维持不变。它可能从原来的那种固定的收益变成偿付奖金和按年偿还本息的债款,这时,利息便重新发挥理论原来赋予它的作用。

因此,如果贷出的资本或者物品由于使用而消耗或毁失,例如小麦、酒类或金钱等,利息便随着最后一次偿还本利息而消失;反之,如果资本没有消失,利息便变成经常性的。



地租是付给土地这样一种永不消失的资本的利息;而且,由于这种资本在物质上是不可能有任何增加,而在使用上却可以无限完善,这就产生以下情况:当利息或贷款利润(mutuum)随着资本的增多而降低时,地租则由于使用土地工艺的完善而不断地增高。由此可见,归根结底,利息的高低取决于资本的供求量,至于土地,其价格是按地租的高低而定。

地租的实质就是如此,问题是要探讨它的用途和原因。

地租在建立的初期,是对所有权的一种酬金,也就是说,是对他依据其新的权利对土地进行管理所付的合法收益。我不准备再重复我在本节第一段里所说过的那个问题,即社会为了劳动和信用的利益,感到有必要改变特权的条件。我只想提醒一点,就是在经济进化的第七个时期里，当虚构已经使现实消失，人类的活动有陷入虚无的危险时，便有必要使人类与自然更紧密地联系起来，而地租就是这种新契约的代价。没有地租，所有权就只能是一种名义上的权利，一种纯粹荣誉性的资格；但是，引导着文明前进的无上理性，是不愿意使用这种只能满足自尊心的权限的，因为理性不能凭空话而只能凭现实来履行自己的诺言。在预见命运方面，所有主在整个社会机体中起着最重要的作用；他是一个活动中心，他招来利用他的地产的那些人都围绕他这个中心进行活动、聚集并受到保护，这些无礼和嫉妒的雇工就成了他的人。

此外，尽管我们感到不快，还是必须指出，人们一般都对地租收益者的幸福和安全抱着很大的幻想，较之对劳动者所享受的福利要羡慕得多。每天挣 30 个苏的工人，看见每年有 10 万古银币地租收入的富裕的所有主乘车经过时，心里一定会想，这个人要比他幸福一百倍。人们是把收取地租当成一种不用劳动便能保证生活和各种享受的方法；而且，要是所有主把花尽自己的全部收益视为自己的一种社会职责，人们就会颂扬他功德无量。因此，所有权是在普通民众中形成既不正义也不道德的嫉妒和憎恨心理的根源之一，是堕落和颓废的主要原因之一。

但是，在那些高高在上、死抱着自己的不变真理来观察事物的人看来，地租收益者在一个处于组织过程的社会里，无非就是社会经济的卫士和由地租形成的资本的监护者。根据一切劳动必然生产出部分用于增长生产者的福利和部分用于改善生产基金的剩余产品的理论，我们可以给资本下一个这样的定义，就是：通过劳动资本扩大了自然赋予我们的地产。可耕地的面积限制在有限的狭窄范围内;在我们看来,整个地球就已经像一个禁锢着我们的牢笼,谁也不懂得为什么会这样;可是,自然毕竟赋予我们以一定数量的粮食和原料,我们可以用它们来美化、扩大、加暖和洁净我们狭小的生活场所。因此,任何资本的形成,对我们说来都等于征服一块土地;但是,作为开发土地的带头人的所有主,是第一个从这种冒险中得益的人。结果,尽管由于土地所有主缺乏远见、胆小怕事或者奢侈浪费而大量浪费了资本,就整个社会来说,绝大部分地租还是被投入新的开发。法国将动用20亿法郎来修筑运河和铁路,这就等于给它的领土增加了半个省。这种奇妙的扩展从何而来呢?来自集体储蓄,来自地租。

企图援引一些事例来证明拥有人把大量财富的收益用于非生产性用途,是没有什么根据的,况且这些收益在平均财富的总量之前就消失了。这类事例中所包含的丑闻正激起劳动者的反感,使穷人牢骚不满,但是却很少受到应得的惩罚,这就完全证实了理论。其实,凡是因为不了解自己的使命而完全不参与管理地产、只是从事挥霍的所有主,不用多久便不得不后悔采取那种漠不关心的做法;因为他们毫不储蓄,很快就需要借款、负债,进而丧失地产,陷入贫困。遭到蔑视的天命,最终总是要以某种无情的方式进行报复的。我见过一些人发财,也见过另一些人破产,从中总是发现:守业几乎和创业同样地困难。这种守业牵涉到克勤克俭,而且所有主的命运,即精通业务的管理人和节俭的能人的命运,理财最终并不胜过有同等收入而以同样的远见和计划精神从事经营的劳动者的命运。把地租全部消费掉,是和守业相排斥的;因为为了守业,所有主必须进行积蓄,使收益资本化和扩大经营,也就是说,必须不断地给劳动提供广度和范围，或者再换句话说，必须把他所获的劳动产品变成资本。从立法者的角度看，所有主的地位是既不值得羡慕，也不值得怜悯。一个人要是成为一个有用的人，就要懂得劳动是我们的幸福的不可缺少的组成部分，任何过分和胡乱的消费都只会招致痛苦与烦恼。他还要认识到地产的转手是不依所有主的意志为转移地实现它的规律，谁违背了这个规律就等于自杀；我说，这样一个人就总是只把自己看作一个消费者，只向往公平，既不会想望私有权，也不会吝啬私有权。

罗马社会衰落和意大利荒芜的原因，与其说是蛮族的入侵，不如说是地租的使用不当。正是地租的滥用，为中世纪贵族的破产准备了条件，其后，他们就只好以信用作为工具了。也正是这种对所有权的无知，使得每天出现大批的破产事件和地产的不断转移。因此，地租理论从它开始衍化时起，便具有一种严密的、不可抗拒的真确性：规律是威严的，谁不承认它，谁就倒霉！和继承权一样，地租是以理性和法律为依据，它不是一种必须考虑加以消灭的特权，而是一种需要普遍化的功用。人们谴责消费，而地租只是浪费的一种手段，因此不能把浪费归罪于它；浪费是出于人的自由意志，应该由道德学家来谴责，社会经济学犯不着关心这个问题。这方面的混乱应该归责于人，制度是无可指摘的。

现在我们来谈谈问题的另一方面。

如果说地租是对所有权的一种酬金，那么，它也是对耕作的一种盘剥；因为地租既然是付给不劳动者的报酬，便违背了社会经济学关于生产、分配和交换的一切原则。可以说，地租的起源与所有权一样，是超经济的，因为它依据的是一些与财富生产毫不相干、甚至与财富理论正相违背的心理上和道德上的考虑;它是为土地所有主架设的一条通向天国的桥梁,佃户是禁止通行的。所有主是半神半人,而佃户则始终只是人。

所有权的真正弊病,它的固有矛盾恰恰就在这种逻辑上的对立,这一点我们稍后还要加以说明。不过,正如我们曾经说过的,这种矛盾是它将获得协调的预兆;这一点我准备提前一两个历史时期加以论证,以便读者能够马上了解地租今后的用途。

由于社会裁决给予所有主以永久性的收益,所以所有主的利益与佃户的利益是相反的,其情形正如交换价值与使用价值是相反的一样;由此可以得出结论:应付给所有主的地租要经过一系列的波动才能确定下来,它最终应该按一个平衡公式来解决。那么,要是超越制度的本身,从更高的角度来考虑,佃户应该付给所有主的地租是多少呢?地租数额应是多少?因为很显然,地租问题始终不过是另一种形式的价值问题。

李嘉图的学说回答了这个问题。

在社会形成初期,人类还是地球的新来者,展现在他们面前的只是大片的森林,辽阔的土地,生产才刚刚出现,这时没有什么地租可言。

未经劳动加工的土地,本身就具有效用,但是它并不是一种交换价值。它是共有的,不是社会的。其后,由于家庭的增多和农业的发展,土地才逐渐显示出它的价值。劳动又给土地增加了价值,由此便产生了地租。一块土地用同样的劳务能提供的果实愈多,价值就愈高;同样,所有主的意向总是设法攫取全部的产品,尽量降低农工的工资,也就是说,尽量少花一些生产费用。

于是，所有权便随劳动之后，前来拿走产品中超过实际费用的部分。所有主履行着一项神秘的职责，而且对于佃户来说，他代表着共有制；而佃户呢？按照天命的规定，只不过是负有责任的劳动者，除了合法的工资以外，他要把获得的一切交纳给社会。因此，不论是租佃制、分成制、牲畜租赁制或长期租佃制[①]等等，都是所有主代表着社会与佃户签订的体现着价值摆动的不同的契约形式。地租与一切价值一样，其涨落取决于供求；但是，它也和一切价值一样，有它精确的尺度，就是在扣除生产费用以后，通过全部产值体现着所有主的利润和耕作者所受到的损害。

因此，地租就其本质和目的来说，是一种公平分配的工具，是经济天才用以达致平等的无数手段之一。这是所有主与佃户之间，在不可能串通的情形下，为了一种更高的利益而从相反方面执行的一种大型的土地测定与估价，其最终结果是使土地经营者与工业家平等地占有土地。总而言之，地租是一种十分想望的农业规律，它可以使一切劳动者和一切的人们都成为土地和土地产品的平等占有者。

无须讳言的是，所有权的这种魔术是为了向佃户夺取超额的产品，而佃户可能不把这些产品看作他自己的，因为他认为自己是这些产品的唯一创造者。地租，或者更确切地说所有权，摧毁了农业上的利己主义，创造了一种任何其他力量和任何土地分配措施都无法造成的连带责任。

① 长期租佃制(bail emphy téotique)，法国民法典中原规定的期限为 18 年至 99 年的租佃契约。——译者

通过土地所有权，人人之间的平等最终成为可能了。地租在个人之间所起的作用，就如关税在各国之间的作用一样，能够使产生不平等的一切原因、一切借口统统消失，而社会不过是推动这个运动前进的杠杆。究竟怎样做到以真正的所有主来代替神话式的所有主呢？怎样在消灭了土地所有权以后使一切人都变成所有主呢？这就是我们今后需要解决的问题，但是，这是一个离开了地租就无法解决的问题。

社会天才绝不是按照观念学的方式和依靠空洞的抽象来行事的；不论是王朝的利益、国家的理性、选举法、代议制理论、是人道主义或爱国主义情感，他都一概不关心。他总是把自己的观念人格化或现实化，因为，他的体系总是通过一系列的具体表现和事实而不断地发展，而且为了建立社会，它总是求助于个人。经过伟大的信用时期以后，必须使人类眷恋土地，于是社会天才建立起土地所有权。后来，问题就在于执行全球的土地测定与代价了；它并不是吹起号角宣传集体行动，而是任由个人利益来决定，通过佃户与地租收益者的斗争来给社会作出公正不倚的裁断。现在，所有权已经拥有道义的力量，剩下的问题是怎样分配地租。你千万不要召开基层大会、不要设置论坛和招请演说家、不要加强警察，更不要通过这种专横措施来恐吓人们。需要的只是简单的交换互助，再辅以某些银行措施……用最简单的手段来达到最大的效果，这就是社会和自然的最高规律。

所有权是上升到第二种权力的垄断；正如垄断一样，它是一种自发的、必然的和普遍的事实。但是，所有权深受舆论的欢迎，垄断却遭到蔑视；从这个新的事例中，我们就可以断定，就如社会是

通过斗争而确立起来一样，科学也只有在争论的推动下才能前进。竞争也是这样，它分别受到人们的颂扬和摈斥；捐税被有的经济学家承认有必要，却被另外一些经济学家所鄙弃；有息借贷也先后为人所谴责和欢呼；贸易平衡、机器和劳动分工都反复遭到公众的赞许和咒骂。所有权是神圣的，垄断却臭名昭著；试问，我们的偏见和前后矛盾到何日才能终了呢？

## 第三节　所有权是如何变质的

通过所有权，社会实现了一种有益的、可取的，然而又是致命的思想；所以，我将着手证明一点，就是社会在遵从着一种不可违抗的必然性时，却陷入一种难以实现的假设之中。我自信并没有遗漏或者轻视所有权建立的任何一点理由；我甚至敢于说，我已经把迄今人所未知的一切事情和明显事实都归于这些理由。此外，读者可以补充一些我可能无意忽略掉的理由，我都事先表示接受而不打算作任何的反驳。不过，希望大家在这样做以后能够凭良心告诉我，对我在下面将要提出的反证，你们能找出什么来辩驳。

集体理性遵从命运给它发布的命令，通过一系列命定的制度来加强垄断，无疑是在履行它的职责；因此，它的行为是无可非议的，我也不加以指责。人类懂得自己本身存在着命定，以及它的美德还要作更大努力来服这种命运，这是一个胜利；因此，既然集体理性在建立所有权时是在执行命运的指示，就不应该受任何的谴责，因为它的职责是受到庇护的。

但是，这种可以说是社会在不得已的情况下被迫建立的所有权，从问世以来，谁能保证它能一直存在下去呢？这种所有权不是社会，社会是从上天接受了这种制度，它对这个制度不能作补充、削减或改变。它既然把所有权赋予个人，就是让这个制度保留本身的优缺点。它没有采取任何措施来防止这种制度所固有的弊病和防御可能破坏这种制度的更高的力量。如果所有权本身变质，那么，社会对此是一无所知的，也是无力加以阻止的。如果所有权将受到一些更强有力的原则的打击，社会同样是无可奈何的。事实上，既然所有权是命运的产物，社会本身怎么能医治它固有的弊病呢？既然社会本身只有依靠所有权才能存在，不能获得什么超越所有权的东西，它又怎么能在某种更为高级的观念面前保护住所有权呢？

因此，所有权的理论可以归结如下：

所有权是一种命定的必然性；集体理性从上帝那里接受了所有权，又把它赋予个人。现在如果所有权的本质变坏，或者受到强大力量的打击，社会对此是没有责任的；任何人只要用这种力量出来与所有权作斗争，社会就只好屈从。



因此，问题首先在于弄清楚，所有权本身是否变质和引起破坏；其次在于弄清经济武库中是否存在某种可能战胜私有权的武器。

在这一节里，我将论述第一个问题；然后，我们再来探索吞没所有权的敌对力量是什么。

所有权是**使用**与**滥用**的权利，简而言之就是**专制权**。专制者并不是被推想某个时候有破坏事物的意图，所以也不应该从使用和滥用的权利的角度来理解。为了破坏而破坏并不是对所有主的预测；我们经常设想的是，所有主总要以某种方式来使用自己的财产，而且对他有适当的和使用的理由。至于滥用，立法者想说的意思是，所有主有权错误地使用自己的财产，他可以不为这种错误使用而受到追究，而且不必对他的错误向任何人负责。所有主被认为有权为了自己的最大利益而行动；而且，正是为了使他有更大的自由来追求这种利益，社会才赋予他以使用和滥用自己的垄断的权利。因此，直到那时，所有权的范围是没有限制的。

但是，我们应该记住，这种范围并不仅仅是承认对个人的尊重，因为这种范围的存在是出于各种社会考虑的让步的原因。这是社会与个人之间的一种互惠契约。这一点是十分真确的，连所有主本人也这样承认，每次有人侵犯了所有主的特权，他们总是以社会的名义，而且只是以社会的名义来捍卫自己的特权。

但是，所有主的专横是否能给社会以满足呢？因为如果它不能使社会满足，所谓互惠便成了幻想，契约就等于虚无，或是所有权，或是社会，迟早总有一方要毁灭。因此，我要再度提出我的要求。所有主的专横是否履行了它对社会的义务呢？所有主的专横是不是善良家长的举动呢？这种专横本质上是否公正和符合社会与人类的需要呢？这就是问题所在。

对这个问题，我将不怕失败之耻地作如下的回答：

显然，从个人自由的角度说，所有权问题上的所谓让步是根本不存在的，因为它所涉及让步人的某些义务是非强制性的，履行与否均可。但是，任何以非强制性的条件作为履行基础的协定，都是没有约束力的，根据这个原则，特权者与国家之间订立的关于所有权的默示契约要达到我们在上面确定的那些目的，显然只是一种幻想；因为这样的契约只要没有对等的行为，或者有任何一方违反，便会自行失效。而且，就所有权来说，没有让步本身的废除，要求履行义务就不可能。由此可见，不仅存在定义上的矛盾，而且存在条约上的前后不一致。即使缔约双方无视这一点，仍然坚持要维持这项契约，事物本身的力量也将向他们证明，他们的努力是徒然的，因为尽管他们想使契约存在下去，他们之间对立的命运，也必然要导致分裂。

所有的经济学家都提醒人们说，土地分割成小块将不利于农业生产。在这一点上，他们与社会主义者的意见是一致的，就是喜欢看到共同开发，在大面积上使用先进的工艺，大量节约物资，使产量增加一倍、两倍甚至三倍。但是，所有主却不同意，他说：我不干！由于这是他的权利，世界上任何人除了采取剥夺所有权以外，没有别的办法可以改变这种权利，而剥夺所有权就是没有价值的，所以，不论是立法者、经济学家，还是无产阶级，都对这种前途未卜的做法尽力退缩，宁可站在远处来祝贺那许诺的成功。所有主就其本性说，总是对公共财富垂涎欲滴，所以，他绝不会为了摆脱所有权的弊病而放弃自己的私有权。



因此，所有权对劳动、财富和社会经济的发展都是一个障碍。这一点恐怕只有经济学家和法律界人士才会对此感到惊奇。我将设法用简短的篇幅使他们一下子就明白此中的奥秘……

我们都是穷人，每天只有 56.5 生丁可花费，这难道不是事实吗？——是的，这是舍伐利埃先生的回答。

采用一种较优越的农业制度便可以既节约百分之九十的物资

消耗，又增加三倍的产量，这难道不是事实吗？——是的，这是阿瑟·杨格[①]先生的回答。

法国一共有600万所有主、1100万小农和12300万小地块，这难道不是事实吗？——是的，这是杜诺瓦耶先生的回答。

因此，要是没有这600万无产者、1100万小农和12300万小地块，农业就有秩序得多，我们每人每天的收入就不是56.5生丁，而是2.25法郎；那样，大家便都富裕起来了。

那么，为什么会有这14000万与公共财富对立的东西呢？因为劳动中的协调破坏了所有权的魅力；因为在所有权之外，我们便别无所见，别无所闻，别无所思，最后还因为我们都是所有者。

假使所有主以骑士般的慷慨度量，顺从科学的劝说，答应改善劳动和增加劳动产品，那就会由此为自己和乡下人带来巨大利益，其中把他们的劳动量减少一半，同时通过降低食物价格来使他们获得加倍的收入。



但是，所有主却说：要是我放弃掉这样明显的收益，岂不是太愚蠢了吗？不是一百天劳动，那我只需要发五十多天工资，因为将得益的应该是我，而不应该是无产者。那时你们就会看到，无产者将比过去更为悲惨，因为他们又得再度失业。私有主还说：这可与我无关！我不过是在使用我的权利。至于别人，要是有可能，就请购置田产吧！或者是有什么其他发财的门道，能够赚上几十万几百万，那就让他们赚去吧！

一切所有主内心都是抱着这种杀人意念的。由于对劳动者的

---

① 阿瑟·杨格(1741—1820)，英国农业经济学家。——译者

进攻是通过竞争、垄断和信用而经常展开的，劳动者便不断地被剥夺了土地，结果所有权就成了使土地荒芜的手段。

因此，所有主的地租，加上工业的进步，使垄断在劳动者脚下挖掘的小坑变成了深渊；苦难随着特权的发展而加重。所有主的地租已经不再是穷人的家产，我的意思是指在扣除了耕作费用以后余下的并且理应用来作为新的劳动开发物资的这部分农产品。按照这种卓越的理论，积累起来的资本和土地一样应该不断投入生产，而且人们劳动愈多，这部分产品似乎愈是增多；可是，地租已经变成所有主奢侈生活的一种保证，变成他们满足个人享受的工具。而且需要注意的是：滥用权利的所有主尽管在伦理和道德上是有罪的，可是在法律上却不受惩罚，在政治经济学上不受谴责。把收益花光吃尽，有什么事情比这更好、更高尚和更合法的呢?!百姓的舆论与大人物们的意见一样，认为从事非生产性的消费乃是所有主的最高德行。社会上的一切麻烦都是来自这种无法消灭的利己主义思想。

为了便利土地的开发和把不同的地区连接起来，需要有一条道路、一条运河。线路已经画好了，只要这边牺牲点田边，那边拿出点地角，凑上几公顷次等地，道路就可以修起来。可是所有主说话了，他高声喊道：我不想干！在这种可怕的否决声面前，行省长官从前就不敢这样做；最后还是国家敢于出来解释：我要修这道路！可是，在作出这个勇敢的决定以前，需要经过多少的犹豫、担心和麻烦，进行多少调解，打过多少官司啊！人民为了这个权威性的行动付出了昂贵的代价，率先采取这一行动的人比起所有主来要冒失得多，因为这一来，就开了一个看来后果难以估量的先例……他们答应渡过鲁比肯河[①]以后，便炸毁桥梁，将永远留在对岸。对所有主施加暴力，这个是什么预兆！斯巴达克的幽灵看来还不如这种做法来得可怕！

在自然条件不很肥沃的土地的深部，偶然性、其后也是偶然产生的科学发现了燃料矿藏。这是自然界无偿赠与的礼物，它分布在人类共同居住的土地之下，所以每个人都有权要求占有一份。可是，所有主来了，只是从耕作的角度把土地让给他的。这时他说：你们不得走过我的土地，你们不得侵犯我的所有权！在这种突如其来的警告下，学者们中间便展开了一场大辩论。有的人说：矿藏与可耕地并不是一回事，应该归属于国家；另外一些人则主张：不管是地面或地下，都属于私有主所有，土地归谁，地下即归谁(cujus est solum，ejus est usque ad inferos)。既然所有主可以像负责把守阴曹的赛贝拉[②]一样，禁止人们进出他的土地，国家的权力不过是一种虚构。必须重新采取剥夺所有权，可是这会造成什么情况呢？于是国家作出让步：它通过靠特洛博隆先生支持的杜诺瓦耶先生的口说："我们还是大胆地肯定，那种认为矿藏是国家财产的意见是不公平和没有根据的，因为过去也没有宣布矿藏归国王所有。矿藏本质上是土地的一部分。这是一般法律所说的一个完美的意思：地面的所有权包括了地下的所有权。地面与地下

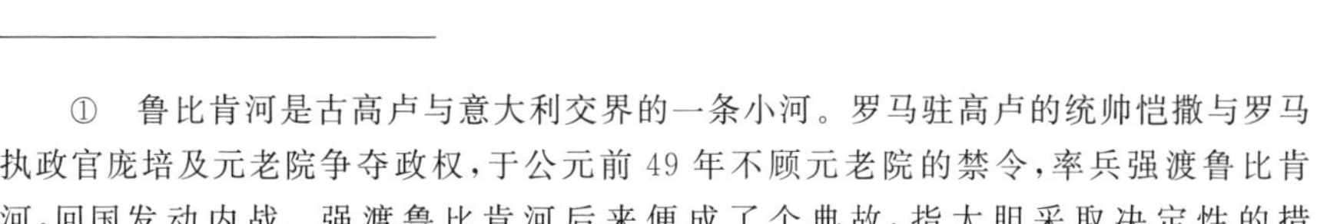

① 鲁比肯河是古高卢与意大利交界的一条小河。罗马驻高卢的统帅恺撒与罗马执政官庞培及元老院争夺政权，于公元前 49 年不顾元老院的禁令，率兵强渡鲁比肯河，回国发动内战。强渡鲁比肯河后来便成了个典故，指大胆采取决定性的措施。——译者

② 赛贝拉，古多神教中的三头狗神，负责守卫地狱。——译者

又从哪里进行实际划分呢?”

杜诺瓦耶先生是在为少量的事情担心。那么,是谁在阻碍把矿藏与地面分开呢?同样,在继承遗产时,人们不是有时也把地下室与一层分开吗?卢瓦尔煤矿区的所有主们在这方面就做得很好,那里地底的所有权几乎全都和地面的所有权分开,而且像有限股份公司的股票一样,变成一种流通价值。又是谁妨碍把矿藏看作一种需要通过另一种方式来开发的新土地呢?……可是,有什么办法呢?中庸之道的发明者、空论家的君主拿破仑[①],却喜欢另一种做法;国务会议、特洛博隆先生和杜诺瓦耶先生便鼓掌欢呼:已经定了。于是,在某种微不足道的保留条件下完成了一项交易,所有主们从帝国的慷慨行动中获得了利益保障,他们该怎么报答这一恩惠呢?

我有过多次机会谈到卢瓦尔煤矿的联营问题,我再最后一次谈谈它。在这个全王国煤藏最富饶的省份里,最初是用最费钱和最愚蠢的方法来开采。矿藏本身、消费者与所有主的利益,都要求联合开采;可是,也不知是多少年了,所有主一直在说:“我们不干!”结果,他们之间进行了可怕的竞争,首先的代价就是矿藏遭到破坏。这是否属于他们权利范围内的事情呢?当然是。所以我们才看到,国家认为不便于强制他们放弃原先的做法。

最后,所有主们、起码是大部分的所有主们,终于达成了协议,决定联合起来。无疑,他们是为了保护矿藏、维护开采秩序和遵从公众及他们个人的利益而对理性作出了让步。今后,消费者将获



---

① 指拿破仑第三。——译者

得廉价的燃料，矿工将有正常的工作，工资也获得保障。公众中欢声雷动，科学院里是一片赞扬；这种高尚的牺牲精神受到多么热烈的称颂啊！人们并不去调查这种联营究竟是否符合禁止将租让权合并的法律条文和精神，而只看到联营的好处；而且他们还振振有词地证明立法者应该追求而且唯一应该追求的是人民的幸福，因为人民幸福是最高的法律（Salus populi suprema lex esto）。

这是欺骗！首先，这并不是所有主在进行联营时所遵循的理性，因为他们是屈从于威力。在竞争把他们分裂成不同壁垒以后，他们就投靠获胜的一方，用他们不断增长的财力来加速违命者的溃败；然后，联营便形成集体垄断：对消费者提高了商品的价格，对劳动则降低了工资。于是，民怨沸腾，立法者考虑进行干预，天空即将响起雷声。检察机关援引的是《刑法典》第 419 条，这个条文虽然禁止结成同盟，却又允许一切垄断者联营，而且对商品价格没有规定任何制裁措施；行政部门则诉诸 1810 年的法律，这部法律原意在于便利开发，所以规定把矿区分开租让，可是，这一规定与其说是禁止联营，不如说反而促进了联营；律师们则通过诉状、判例和论据来论证，一些人主张所有主有权结盟，另一些人主张无权结盟。可是，消费者想的却是：让我为投机和竞争付出代价难道公正吗？本来是从我的最大的利益中拿出来无偿给了私有主的东西，现在要我用这样高的价钱买回来，这难道公正吗？最好还是规定一个限价！私有主便回答说：我们不干！我不相信国家能克服所有主的反抗，它除了采取强制措施以外，这个问题是根本解决不了的，它或者通过赔偿来解决，这就等于放弃一切。

所有权是非社会性的，不仅在占有上是这样，而且在生产上也

是如此。作为生产工具的绝对支配者，所有权只会提供低质、掺假和粗劣的产品。消费者用金钱换来的不是享受，而是遭掠夺。要是你对农村的所有主说：难道你们不能等几天采摘这些水果，收割小麦，把牧草晒干一点？难道你们不能不往奶里掺水，把奶桶洗刷干净一点吗？难道你们不能把收获物进一步照管好，宁可经营少点但要做得好点吗？你们工作负担过重，可以把积累遗产推迟一点。所有主马上以讥笑的口吻回答你说：我才不那么傻呢！20阿尔邦粗放的土地，比花同样时间和双倍的费用来耕作的10阿尔邦土地，收入总是要多。照你的方法，一块地的收成固然可以多养一倍人，但是，有更多的人对我有什么相干呢？要紧的是我的收入。至于我那产品的质量，那么，它们对于食用的人还是相当好的。亲爱的顾问先生，你以为自己很高明，其实你不过是个毛孩！如果我们只拿值得出售而且价格还要公道的东西去出售，做这样的所有主还有什么意思呢？……所以，我不想按您的劝告去办。

好了，你也许会说，那就让警察履行职责吧！……警察?！你忘记了警察总是在坏事发生后才开始行动主持公正的。他们不是监督生产，而是检验产品，因为他们在纵容所有主昧着良心地耕作、收获和加工以后，顶多不过是抢走不成熟的果实，倒掉几罐掺假的牛奶、几桶啤酒和掺假的葡萄酒，或者把一些违禁的肉类扔到垃圾堆里。这一切做法都得到那些希望所有权得到尊重，却又容忍不了交易自由的经济学家和庸夫俗子们的赞赏。唉！多么野蛮啊！正是消费者的贫困导致赝品流行。既然你阻止不了所有主作弊，你又怎么能防止穷人生活困苦呢？再说，这不是比他们害怕饿死要强一点吗？

如果你对一位企业家说：利用穷人的贫困和少年男女缺乏经验来进行投机是卑鄙不道德的行为，那他一定不会理解你。要是你给他证明说：胡乱地大量生产，经营上不精打细算，就不但影响他自己发财，而且会损害工人的生存；即使不涉及他自己的利益，他周围那么多家庭的利益也总该考虑。如果他任意胡为，就会在自己周围造成一股失望、压抑和仇恨的气氛。所有主会为此大发脾气，滑稽地模仿传说里某些人物的腔调说：难道我不是主人吗？因为我给有的人做了好事，难道你们就以为人人都有权要求我行善吗？难道我应该听命于那些本来应该服从我的人吗？这房子是我的，怎么处理它更为合适，只能由我能决定；我的工人难道不就是我的奴隶吗？如果他们不喜欢我提出的条件，那就任从他们尊便，找别的地方去好了！我一定头一个给他们祝贺。高尚的慈善家们！有谁妨碍你们开办工场呢？你们不妨做个榜样呀！放弃你们那高谈德行可又精衣美食的舒适生活，修个工厂，动手做点事情吧！但愿人们最终能够在地球上看到你们所想建立的那种联合！至于我，我可根本不接受这种奴役制。一大帮人合伙，还不如破产，还不如死亡来得痛快！

因此，所有权比垄断严重百倍地制造着人与人的分裂。立法者原来从一种崇高的社会观点出发，认为其职责是给占有提供更有力的保障，然而却发现由于自己永久保障了垄断者的每天掠夺所得，也就剥夺了劳动者的最后一点希望。有哪一位大所有主不滥用自己的势力来压制小所有主呢？有哪一位地位显赫的学者不在大所有主的影响和庇护下捞点利润呢？又有哪一位跻身参政院的哲学家不在诠述、修订和注释等等幌子下想方设法向哲学课征一点捐税呢？还有哪一位督学不是入门的商贾呢？难道政治经济学能摆脱一切商业影响，宗教能摆脱买卖圣物吗？我曾有幸主持过一个印刷所，经售过成打教理答问课本；那是十二开本五印张的本子，每打批发价是30个苏。自从宗教典籍统归教区的主教垄断以后，教理答问课本的价格便从15生丁提高到45生丁。光是这一项，主教阁下每年便可以净得5万法郎。科学院就某个题目悬赏征文，无非是为了给某位先生提供一个获奖的机会；某篇论文之所以获奖，也只是因为它出自某某先生之笔和宣扬了某个可敬的学说，也就是说，巧妙地奉承了某某、某某或某某大人。科学的使命就在堵塞平民通向科学之路；橡树总要芦苇向它弯腰[①]，特权运用宗教与道德，就如使用石膏和煤炭一样地随便。特权勉力获得道德价值，而在马扎然剧院为鼓励青年和科学的进步颁发的奖金，实际上不过是学阀封建统治的象征。



所有这些滥用权威、盗用公款和卑鄙行为，都不是以非法滥用的形式出现的，而是表现为所有权的合法行使，甚至是非常合法的行使。毫无疑问，官吏的监督权利，本来是为了使某项商品能够自由地销售，或者说使社会获得某项商品的充分供应，因此官吏是无权以自己的监督权来做交易的。可是，他们难道不正是干着这种勾当吗？这样的行为与政权代理人应有的品德毫不相容，应该按照刑法典的规定加以追究；不过，我关心的倒不是这一点。但是，人们将会同意，最适于做审批的人，莫过于内行人，因为他的赞同必然是以他的才能为依据的。可是，由于没有禁止权力机关检查

① 典出法国著名诗人拉芳亭(1621—1695)的寓言诗《橡树与芦苇》。——译者

员和监督员经营他们负责批准的行业，更不用说他们参加和关心必须受他们审批的行业，而且，一切行业的工资与利润都是合法的，所以，完全可以得出这样一个结论：诸如授予大学和主教来批准或否定某种著作的任务，本身就是为了他们利益的一种垄断。如果法律是自相矛盾的，它自以为在阻止垄断，其实比法律更为强大的事物的力量，却在不断地导致垄断，因而我们看到的不是管理，而是唯利是图和虚构……

要是一个穷苦工人的妻子分娩阵痛，这位明智的妇女在绝望之余还是巴望请位大夫助产。医生说：给我200法郎，不然我就不来。工人回答他说：我的上帝！我全部家当还不够200法郎；这么说，我妻子只好死了，要不我们的孩子连同我们俩就全得光着屁股过日子！

可是，这位得到上帝青睐的产科医生其实也是个善良、宽厚和富有同情心的人，而且是许多学术和慈善团体的成员；他的壁炉上还放着一尊拒绝阿赫塔萨斯礼物的希普克拉特医生[①]的铜像。他连惹小孩不高兴也不愿意，甚至可以为救个小猫而作出牺牲。他之所以拒绝前往接生，并不是因为他冷酷，而只是他的一种策略。对通晓世故的医生说来，献身精神只能是暂时的；只要闯出名声，有了主顾，便只为花得起钱的富人治病，不是讲排场的场面，是不轻易说出真正病因的。如果随便给人治病，还算什么名大夫呢？才能和声誉都是宝贵的财产，应该很好利用，而不能浪费。

---

① 希普克拉特传说是公元前460年至前375年科斯岛（今爱琴海东南多德卡尼斯群岛）上的名医，波斯王阿赫塔萨斯曾以厚礼延请其为波斯军治瘟疫，他宣称不为敌军治病，拒绝前往。——译者

我刚才举的这种行为是比较轻的；如果再深入地探究一下医疗方面的情况，那就更要可怕了！要是人们不对我说，这是一种例外情况，我就会把所有的医生都算作例外了。当然，我这里批判的是所有权，而不是人。不论是在温逊·德·保罗[①]那里，还是在阿巴贡[②]那里，所有权都是同样冷酷的；因此，在医疗服务变成有组织的事业以前，医生与学者、律师和艺术家并没有两样，他们都因为自己的身份，因为自己那所有主的资格而成为堕落者了。

有那么一位对他的时代说来过分地善良的法官，正是因为不理解这一点，才出于良心的义愤而公开地谴责律师公会。在他看来，律师先生们什么案件都轻易受理，是不道德和可耻的行为。如果这个出发点十分崇高的责备能得到报刊的支持和阐发，也可能会给律师界造成一些麻烦；可是，可敬的律师公会不可能因为这番谴责而垮台，所有权更不可能因为这一抨击而消灭，而报刊也不可能对自己的卖身行为感到任何内疚。何况，法官们难道不是和律师公会互相联系吗？他们自己不也是和律师公会一样，是由所有权设置的并且是为所有权服务的吗？如果禁止培林·丹当[③]判案，他该成了什么人呢？要是没有所有权，人们又何必打官司呢？因此，律师同业公会激怒了，充当笔头讼棍的报刊也赶忙出来帮忙口头讼棍，而且叫骂愈来愈凶，事情愈闹愈大，以致那位有欠谨慎、



① 温逊·德·保罗（1576—1660），法国教士，曾致力于救济孤儿等慈善事业。——译者

② 阿巴贡，法国批判现实主义作家莫里哀的著名喜剧《悭吝人》中的主角，是个典型的守财奴，嗜财如命。——译者

③ 培林·丹当，法国著名作家拉伯雷（约1483—1553）塑造的一个法官形象，既贪婪又武断。——译者

无意中表达了公众良知的法官只好当众向诡辩认罪，并收回那本身正在自发地大白于世的真理。

有一天，一位部长宣称他准备改革公证制度。公证人就叫喊道：我们不希望人家来改革我们，我们又不是讼棍；你向律师们去说吧！公证人是最公正正直、最无可指摘的。和高利贷主不同，我们是保管物的卫士，是临终者意志的忠实代言人，是一切契约的公正无私的仲裁者；我们的事务所是所有权的殿堂。在这座圣殿里，所有权会被侵犯吗？不，不会的……于是以那位部长为代表的政府就对改革感到失望。

另外有一个人胆怯地说：我想偿还我要付百分之五利息的债务，另向别的债权人举借利息只有百分之四的债款。你能想象到那些利息收取人的可怕叫喊吗？你所说的利息就是地租，它们是作为地租规定下来的；你建议减少地租，就等于建议无偿地剥夺它。你要剥夺它，这可能会使你高兴，但是必须有一个法律，还要事先作出赔偿。怎么！在众所周知货币正在不断贬值时，在10000法郎的地租今天只相当于当初登记时的8000法郎时，在由于无可辩驳的结果，利息收取人的财产在天天减少，这对他们来说就要求增加收入，保持地租，因为这种地租并不代表金属资本，而是代表不动产时，你们还谈什么减息呢！减息，这意味着破产！政府一方面以为自己和一切债务人一样，有权通过清偿来摆脱债务，但是一方面又不了解债务的性质，加上被所有主的叫嚣所吓倒，便不知如何解决了。

因此，随着所有权分配到更多的人手里，它就更加变得非社会性的。那种似乎应该使所有权、集体的特权变得比较温情、人道的

东西，正好证明了它们的可憎：因为被分开的所有权，非个人的所有权是最坏的私有权。今天谁都能看到，充斥着法国的那些大公司，较之旧日法国依仗英勇的杜加克伦[1]才得以摆脱其蹂躏的著名匪帮还要可怕，还要贪婪！

我们千万不要把财产共有当成联合。个人所有者还可能表现出某种怜悯心、正义感和羞耻心，公司所有者就是铁石心肠、毫无良心的了。这是一种古怪的、不可改变的、没有任何热情和情感的人，他的活动是在他的观念圈子里转，就像磨盘在碾谷时绕着转一样。所有权并不因为变成共有便具有社会性，因为它在使一切人感到痛苦时，并不能医治这种痛苦。所有权最终是通过改变它的起因而不是通过无限的联营而消失的。正是因为这样，所以社会是无法建立在某些既盲目又固执的人士坚持向人民宣传的那种民主制或普遍所有权的体系的基础上的。



在一切所有权中，最可恨的是那种以才能为借口的所有权。

如果你通过对比各个时代和不同的人物向一位艺术家证明说：不同时代艺术作品之所以高下不等，主要起因于社会的动荡、人们信仰和精神状态的变化；社会珍视什么，艺术家也就看重什么；艺术家与其同时代人，在需求和思想上有着一种共同性，由此产生出他们之间的一系列义务与关系；艺术作品的价值和艺术家的工资总是可以依据这些关系来严格确定的；只要有一天鉴赏的标准以及发明、创作和演出的规律被发现，艺术就会失去它的神奇

① 杜加克伦(1320—1380)，法国王室著名骑士首领，为法国的统一立过不少战功。——译者

性，不再成为某些超凡人物的特权。对这一切论点，艺术家一定会觉得十分可笑。

如果你对他说：你完成了一件雕塑品，并且建议我买下它。我倒很想买它。但是，要使这件作品真正成其为雕塑品并且使我愿意付出这笔钱，这件作品就必须具有我能发现的诗意和雕塑艺术的某些条件，尽管我根本不能雕塑，甚至从来没有见过雕塑品。如果这些条件没有完成，不论你为这作品克服了多少困难，也不管你的本领比我高超多少，你制作的仍是一件无用的作品，你的辛劳一文不值，就是说，它没有达成目的，而只是使我对你的无能感到遗憾。因为这里的问题不是我们两人之间创办能力的比较，而是你的劳动与你的理想之间的比较。在这之后，你问我：假使你认为这作品是成功的话，我愿意出多少价钱？我会回答说，这价格必须和我的财力相称，并且作为我的开支的整除部分来确定。那么，这种比例究竟是多少呢？正好相当于你为雕塑所付出的成本。

如果这是可能的话，这位艺术家在感到人们对他使用的语言的力量和正确性，那他的想象力便让位于理性，他也就不再成其为艺术家了！

特别冒犯了这一阶层的人的是人们竟敢给他们的才能开出价格。照他们的说法，重量和尺度是和艺术的尊严不相容的，因为什么东西都拿来买卖，乃是社会衰落的标志；在这样的社会里，是产生不了什么杰作的，因为人们根本识别不了它们。我正是想在这一点上启发一下艺术家们的思想，而且不是用一些他们所无法理解的推理和理论，而是援引一件事实来说明。

在最近举行的一次展览会上，大约有1800位艺术家送来了4200件艺术品（包括雕塑、绘画、人物像和木刻等），每件的平均商业价值是300法郎，这个数字肯定不致过分低于实际价值，这就是说，这1800位艺术家的作品的总值是126万法郎。假定每件作品用于石料、画布、金箔、框架、模特儿、研究、练习、构思等等的支出平均为100法郎，制作时间平均为三个月，那么，全部作品卖出后的净得是84万法郎，也就是说，每位艺术家九十天的收入为466.65法郎。

可是，如果我们考虑一下，这4200件送到展览会上的作品，是作者自己认为这一年里最好的或者比较好的作品，其中有近一半被评选委员会所淘汰，而且大部分作品是人物像，其完全免费的报酬要远远超过一些艺术品的市价；再考虑到大量的展品卖不出去；又再考虑到在展览会之外还有大批工匠正在以大大低于展览品卖价的价格出售艺术品；又再考虑到类似的情况也存在于音乐界、舞蹈界和艺术的其他一切领域，那么，我们就可以发现：每个艺术家的平均工资不到1200法郎，对于艺术家来说与对于手艺人一样，其福利水平可以以舍伐利埃先生所说的那个不容置辩的公式来表示，即每人每日56生丁。

由于贫困经过对比便特别明显，而且艺术家的职能是完全为奢侈服务的；所以，流行着一句谚语：没有贫困不等同于其自身，没有比我更悲惨的了（Si est dolor，sicut dolor meus）。

为什么艺术劳动与工业劳动在社会经济面前是平等的呢？这是因为离开了产品的比例，它就不是财富，而艺术在本质上正是平等与比例的财富的最高表现形式，因而它就成为人类平等与博爱的象征。骄傲虽然产生愤慨，并到处树立自己的荣誉和特权，无非是徒劳之举，比例还是不可改变的。劳动者之间仍然存在连带关系，自然则负责惩罚他们违法的行为。如果社会把自己产品的百分之五用于奢侈品，那么，它就使二十分之一的劳动者忙于这种生产。因为，艺术家在社会上所得的份额必然与技巧的份额相等。至于个人的分配，社会是交由行会去处理的，因为社会虽然一切都按个人来安排，但是在没有得到行会的同意以前，是不会为个人做什么事情的。因此，如果有位艺术家从总的份额中预先取走了100个份额，那么，他的同行中便有九十九位要为他而沦落或者死于困厄。这个计算就和清结账目一样，一点不含糊。

所以，艺术家们懂得：确定物品价格的，正如他们所说的那样，并不是卖货的杂货商，而是必然性。如果说，在某些时代里艺术品的价格比较高，例如在列昂十世[①]、罗马诸帝王和伯里克利[②]的时代，这是由于特别宠爱艺术的原因，这些原因现在已经不存在了。意大利的艺术家是靠基督教徒的黄金和教廷出售赎罪券[③]所得来供养的；在罗马皇帝治下，希腊的艺术家是靠被征服民族的黄金供养的；在伯里克利时期，则是奴隶的劳动供养了他们。现在，平等已经到来了，难道自由艺术想复辟奴隶制，践踏自己的称号吗？

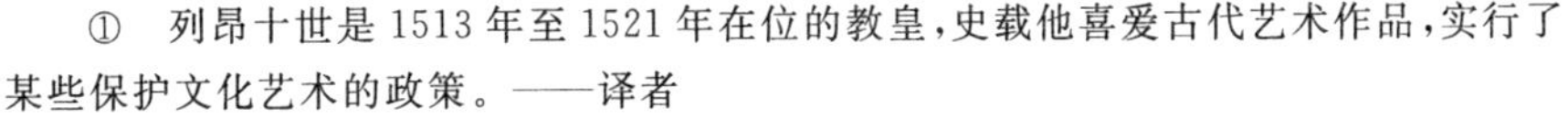

① 列昂十世是1513年至1521年在位的教皇，史载他喜爱古代艺术作品，实行了某些保护文化艺术的政策。——译者

② 伯里克利（公元前499—前429），雅典民主政治领导人，代表工商业奴隶主的利益；治下为希腊极盛时期，推行扶植工商业和文化艺术的政策。——译者

③ 出售赎罪券是列昂十世用以聚敛财富的一种手段。——译者

才能一般是长得难看的人的属性，这种人因为官能的不协调而产生一种反常和惊人的特长。缺手的人用腹部来写字，这就是才能的写照。我们的一切艺术家都是这样产生的，因为我们的灵魂和我们的形象一样，总是多少有点不合理想；我们的学校便是整形院，在指导天性成长的同时，也在纠正它的畸形。正是因为这样，所以教育愈来愈趋向于普遍化，也就是说愈来愈趋向于使能力和知识均等化；所以艺术家只有当他周围的社会能共同享受到艺术的奢侈时才可能存在。在艺术方面，社会几乎包办了一切；所以，艺术家存在于艺术爱好者的脑海中，要远远超过他引起爱好者赞赏的身为残疾人艺术家。

在所有权的影响下，丧失了理性的艺术家，行为放荡，傲视同行，只靠宣传来抬高身价，卖身投靠，没有尊严，是利己主义的不道德的形象。对他们说来，良好的道德不过是一种俗套、一种塑造外形的东西。公正与诚实的观念在他们的脑海中只是一闪而过，不能在那里植根；社会上的一切阶层中，艺术家阶层最欠缺高尚灵魂和优秀品质。如果我们根据人们在顽强意志、高尚情操、炽热情感和对真理正义的热爱方面对文明所作贡献的大小，以及他们的学理抽象的价值高下来排列各种社会职业，那么，教士和哲学家看来理应居于首位，其次是国务活动家和军事将领，接下去是商人、工业家、劳动者，最末才是学者和艺术家。当教士们以充满诗意的语言自视为上帝的活化身的时候，当哲学家们暗自思量着如何使自己的每一言行都成为人们的典范和楷模的时候，艺术家却对自己作品的意义漠不关心。他并不体现自己所塑造的那些典型，而是专心思索；他利用善良和优美，而并不崇敬它们；他们在画布上描绘基督，却又和圣伊格纳斯[①]一样，从来不在自己胸前佩戴十字架。

人民的本能始终是最可信赖的，他们怀念自己的立法者和英雄人物，却很少关心艺术家的名字。甚至，当他们还处于那段天真幼稚的长时期里，他们对艺术也一直抱着厌恶与鄙视的态度，似乎认定了这些美化人类生活的人都是一些人类罪恶的挑唆者、人类压迫的同谋者。哲学家在他们的著作中就记述过人民对奢侈艺术的蔑视；立法者规定法官必须取缔这类艺术；宗教也屈从于这种情感，以诅咒来惩罚它。艺术就等于奢侈、逸乐、肉欲，它是魔鬼撒旦的事业和浮夸，它只会使基督徒万劫不复。我敢说，基督教的这段神话是颇有道理的；不过，我并不想指责这个阶层的人，因为普遍的堕落使他们和其他阶层的人一样地可敬，何况，他们毕竟是在行使自己的权利。今天，艺术比过去任何时候都成了社会贫困的一种永久的侮辱，成为骄奢淫逸的一种遮羞布。由于所有权的存在，人类身上的优良品质正不断蜕变为恶劣品质，良者变恶，每下愈况(corruptio optimi pessima)。

经济学家们喋喋不休地对人民说：你们劳动吧！劳动，节约，积累资本，那样就轮到你们来当所有主了！这就好比他们所说的：工人们，你们是所有主的候补人，你们每个人背包里应该带上一根细棒用来律己，将来有一天可以用来惩罚别人。你们依靠劳动上升为所有主；你们一旦亲口尝到人肉，就不屑再吃别的肉了，那时

① 圣伊格纳斯(公元797—878)，早期基督教父，曾任君士坦丁堡主教，与另一主教福胥斯(公元820—891)分裂，两人分别代表罗马教派和希腊教派。——译者

也就可以补偿你们长期的节制饮食了。

这就是从无产者堕落为所有主！照柏拉图的说法，从奴隶制变为暴政，始终还是奴隶制！这有什么前途啊！但是，必须这样做，因为奴隶的处境不能再忍受了！必须前进，从雇佣制下解放出来，变成资本家，变成暴君！无产者们，必须这样做，你们听明白了吗？所有权不是人类选择的东西，它是命运的绝对命令。你们只有经过你们主人的奴役在摆脱他们加给你们的奴役之后，才能获得自由！

夏日晴朗的礼拜天，大城市的百姓都想离开他们阴暗潮湿的住房，到农村去呼吸一下新鲜的空气。可是，你说什么？再也没有农村了！土地已经分成无数小块，中间隔着狭长的小道，再也找不到空地了！城里人只能在剧院或博物馆里才能看到田野的景色，只有翱翔在高空的小鸟才能欣赏到真正的大地风光。在这个分割成块的土地上付出高价换得一块安身之地的所有主，怀着自私和孤独的心情，享用着那块他称之为农村的一小块草坪：除了这小块土地之外，他就和穷人一样无立锥之地。人们可以自诩从来没有见过自己故乡的土地！只有到辽远的荒漠，才能重新找到这种贫瘠的自然，可是我们正在以一种野蛮的方式破坏这种自然，不是让穷人和土地这对纯洁的夫妻纵情地享受他们神圣的拥抱。

因此，本来应该给我们带来自由的所有权，反而把我们变成囚徒。这是什么意思呢？就是说，它使我们堕落，把我们变成暴君或者附庸。

人们懂得什么叫做雇佣劳动吗？就是在主人的支配下劳动，猜疑主人的偏见，更猜疑他的指挥权；这种指挥权的尊严尤其表现在想怎样就怎样，我怎么想就怎么下令（sic volo，sic jubeo），从来不作解释；雇主时常歧视雇佣劳动者，嘲笑他们；雇主没有任何思想，而是不断地领受别人的思想，只懂得用每天糊口的面包和失业的威胁来刺激生产。

雇佣劳动者是这样一种人，所有主雇佣他服务并对他说：需要你做的事情，与你完全无关，所以你既无权检查它，也不必对它负责。你不得发表任何意见；除了工资以外，你不必指望有什么其他的益处；你没有什么运气可碰，也不用担心被人归罪。

对新闻记者，人们也是这样说：把你负责的几栏让给我们，如果你方便的话，给我们以协助。这就是要对你说的，这就是需要你做的。不管你对我们的主张、我们的目的和方法有什么看法，反正必须维护我们这个党，赞扬我们的意见。这样对你没有什么损害，你不必为此担心，因为新闻记者的特点就是隐姓埋名。这是给你的酬金1万法郎和100法郎预付金。这对你合意吗？而新闻记者像个伪善者，一面叹息一面答道：我总得活下去啊！

人们对律师说：这件案件可这么判也可那么判；这是我决定去碰碰运气的这一方；为了打赢这场官司，我需要你们这个行里的一个人。如果你不干，我就从你的同行，也就是你的竞争者里另找一位。要是我胜诉，我将给我的辩护律师1000埃居，败诉也给500法郎。于是，这位律师便毕恭毕敬地接受了，因为他内心揣摸着：我总得活下去呀！

人们对教士说：这儿是做三百次弥撒的钱。死者的道德如何，你就不必操心了；也许他永远见不到上帝，因为他一生都是个伪善者，手中尽是别人的财富，受尽人民的咒骂。这都与你无关，你只管替他祈祷，我们来付钱。于是教士便眼望着上天祷告说：阿门，我总得活下去呀！

人们对供应商说：我们需要3万条枪、1万把军刀、10万公斤子弹和100桶炸药。我们拿这些做什么用，这就与你无关了；这些东西也许全都转到敌人手里，不过，你会得到20万法郎的利润。于是，供应商答道：好吧，各人有各人的职生，谁都得活下去啊！……如果环顾整个社会，看到普遍的专制主义，你就会明白普遍的卑鄙。这种仆从制度是多么不道德啊！在这种机械工业社会里是多么耻辱啊！

一个人愈是接近死亡，所有主就愈是顽固。基督教义中关于死不忏悔的可怕神话，正是这种情况的写照。

要是你对一个老色徒或者假信徒说：你打算损害自己的亲人，由女管家来照料实在不值得；教会已经够富了，而一个诚实的人是需要祈祷的；你的亲戚很穷、很勤劳、很诚实，那里有几个正直的小伙子需要安排，有几个姑娘需要办嫁妆；要是你把财产留给他们，他们一定会对你感激不尽，而且后世好多代子孙都会因此得福；法律的精神是使遗嘱能有利于家庭和睦和兴旺。所有主冷漠地回答说：我不愿意！因而遗嘱的丑闻超过了财产的不道德。可是，如果你试图改变这种分散最高权力的封邑权和转让权，那你就马上重新陷入垄断之中。如果你把所有权变为领取终身年金的收益权，那你就是用国家的专制主义取代所有主的专断；结果就是二者必居其一：或者是恢复不可割让的封建所有权，你使资本流通停止，并使社会倒退；或者是陷入共有制，流于虚无……

对一个人来说，制作了遗嘱并不等于就结束了所有主的矛盾，这种矛盾还延续在遗产上。死人管着活人，法律就是这样规定的；因此，所有权的灾难性后果还从遗嘱人过渡到继承人身上。

一位家长在临终时留下七个儿子，他们都是他在古老的庄园里抚养大的；这时，怎样转让他的财产呢？人类交替地试行过两种制度，尽管一再经过修正和改变，始终都不成功。这是一个仍然有待解决的惊人的难题。

按照长子继承权，所有权归属于长子，其他六个弟弟仅得随身的铺盖，并被逐出父亲的田产。父亲一死，他们就成了这块土地上的外人，一无所有，也毫无信用。他们一下子从安逸沦入贫穷；因为他们当儿子时，有父亲做他们的抚养者；作为弟幼，他们看到兄长只是他们的敌人……所以，大家都反对长子继承权。我们再来看看相反的制度。

按照遗产平分制，每个儿子都要维护遗产，保持家庭的延续性。可是，只够一个人享用的财产怎么让七个人来占有呢？结果只好拍卖。于是，这一家子继承人便放弃了土地，由一个外人用金钱来换得继承人的地位。这样，每个儿子所得的便不是遗产，而是金钱，而且为数并不多，百分之九十九对一的机会很快就变得分文不名。父亲活着的时候，他们有一个家庭；现在却只是一些冒险者。长子继承权起码还在名义上保留着家庭的延续性，这对于老人来说是一种保证，即他的祖辈创立和他亲手保存的遗产可以留传给后代。遗产平分制却毁灭了祖宗庙宇，再也没有家神的牌位了。在定居的所有制下，有教养的人曾发现了过游牧生活的秘诀：这样的继承制有什么用处呢？

假使继承人不把遗产卖掉，而是把它平分。土地被分成小块，歪七扭八，参差不齐。各自竖起界标，挖上壕沟，修上栅栏，从此播下争讼与仇恨的种子。所有权被分成许多小份，团结遭到破坏；不管从哪一方面看，所有权导致了对社会的否定，对所有权的目的的否定。

这样，应该使人类与自然神圣结合起来的所有权，只是导致了可耻的滥用。苏丹王使役和滥用他的奴隶，土地成了他的一种奢侈享受的工具……我这里发现的远不是一个隐喻，而是深刻的相似之处。

在性关系上，婚姻与姘居的区别何在呢？谁都觉得这是两件不同的事情，但是，很少人能够说出它们有什么区别，因为风俗上的默许和小说里厚颜的描述把这个问题完全搞乱了。

区别在于有无子女吗？我们可以看到，非法同居的生育与最多产的合法婚姻不相上下。在于时间长短吗？有不少独身汉供养一个情妇达十年二十年之久，开始是女的受屈辱和鄙视，后来她使卑鄙的情夫受鄙视。何况，婚姻的永久性很容易因为离婚而由强制性变成非强制性的，而且原来的婚姻并不失去什么特征。毫无疑问，永久性是爱情的心愿和家庭的希望，但是它并不是婚姻的本质特点；它可以随时由于某种原因而中断，却又丝毫无损婚姻的神圣性。最后，区别是否在于有无举行婚礼，曾否在司仪和神父面前举誓呢？对忠实和永恒的爱情说来，这种仪式究竟有什么效力呢？马拉[①]和卢梭一样，是在阳光照耀的树林里与他的女管家结合的。



---

① 马拉（1743—1793），法国政论家，资产阶级革命的著名活动家，雅各宾派领袖之一。——译者

卢梭这位圣人完全是凭良心结婚，根本不认为这样结婚就不如在市政所登记的婚姻来得正式和庄严；马拉则认为一个人的终身大事完全不必共和国来干预，因为他遵循的是路易·勃朗先生的主张，认为自然事实高于协议。那么，是谁在妨碍我们不按马拉的办法行事呢？婚姻这个字究竟含义何在呢？

婚姻的构成要件就是社会存在，这指的不仅是订婚的当时，而且指夫妇同居的整个时期。我的意思是说，只有社会才能替夫妇双方接受对方的婚誓，只有社会才能赋予男女以夫妇权利，因为只有社会才能使这些权利成为真正的权利；而从表面上看来，似乎社会只是给缔约双方规定相互的义务，实际上，社会也为自己规定了义务。托比对萨拉[①]说："我们在结成夫妻以前，本来就在上帝身上结合了；圣者的子女是不能像禽兽和野人一样地苟合的。"在这种由一位看得见的社会代理人官员出面认可，并有代表着社会的见证人在场的结合中，夫妇爱情假定是自由和相互的，然而可预料到的后代却似乎是在偶然中结合的；爱情的永恒性尽管受到祝愿和鼓励，却并没有保证，享乐本身是被允许的。因为，姘居与婚姻整个区别就是：前者是利己主义支配着结合，后者则是通过社会的干预使利己主义纯洁化了。这个区别是很大的。

请看看这一区别的后果：社会对通奸进行报复，惩处违犯誓约者，不受理姘居者相互的控诉，因为这种爱情被视为只是野狗的交配（foris canes et impudici）！社会厌恶地转过头去，它摈弃姘夫留下的孀妇和孤儿，而且不准他们继承遗产；在社会心目中，这位母

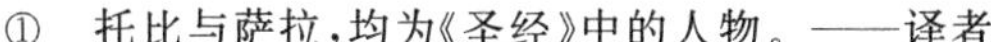

① 托比与萨拉，均为《圣经》中的人物。——译者

亲是个淫妇,孩子是个私生子。社会似乎在对淫妇说:你不经我的允许便委身于人,那么你就只好自己来保护自己和供养自己,我可管不着!它对孩子说:你父亲是因为贪图淫乐才生下你的,所以我不愿意收养你。谁辱没了婚姻,谁就无权要求婚姻保障,这就是社会的法律,就是社会的严厉而公正的法律;只有那些既提倡纯洁爱情又赞同放纵淫欲的伪善的社会主义者才会毁谤这样的法律。

这种对纯属个人的自愿行动进行干预的社会感情,这种对那位在场的既能使爱情纯洁又能使爱情增加的上帝所抱的无限崇敬,对于夫妇说来,是某种神秘的爱情的根源,离开了这个根源,就无法理解爱情。在结婚中,男人是对一切妇女的热恋者,因为在婚姻中,唯有他感受到那种使两性愉快地结合的真正的爱情;但是他只了解自己的妻子,除她之外,他并了解,所以他爱她更甚。因为要不存在这种肉欲上的排他性关系,婚姻也就不存在,爱情也随之消失。现代革新家们以更巧妙的形式重新提出柏拉图式的夫妻共有财产制,并不产生爱情,它只是一具僵尸(caput mortuum);因为在这种肉体与灵魂的共产主义社会里,爱情并不自行确立,而是处于抽象的、梦幻的状态之中。

婚姻是爱情的真正共同体和一切个人占有的典型。在人与物的各种关系中,人只是与社会真正订立了契约,这就是说归根结底是与自己订立了契约,与寓于自己身上的那个理想和神圣的存在订立了契约。就像《圣经》里所说的,如果你破坏了这种体现在我们的一切行动和思维中的对自己、对社会的尊重和对上帝的敬畏,人就会滥用自己的灵魂、精神和能力,滥用自然,这个被辱没和玷污的人就会由于无可抗拒的堕落而变成浪荡者、暴君和卑鄙者。

可是，由于社会的神秘干预，不纯洁的爱情却变成了圣洁的爱情，而混乱的私通则变成了宁静神圣的婚姻；同样，在经济秩序和社会预测方面，所有权与资本的淫乱，不过是合法的社会性占有的第一个时期。在此以前，与其说所有主是在享受不如说是在滥用所有权和资本；他的最大幸福就是沉溺于淫邪的梦幻，因为他们只是抓住了所有权和资本，而并不占有它们。所有权始终是领主所享有的一种可恶的权利，它曾经激起过去受凌辱的农奴的反抗，而法国革命也没有能取消它。在这种权利的支配下，一切劳动产品都是肮脏的，因为竞争是对销售市场的相互激励，有才能者获得特权，拿工资受到凌辱。国家虽然想依靠警察来迫使做父亲的承认自己的儿女和承受自己的行为所产生的可耻的结果，可是仍然徒劳无益。污点是消灭不了的：私生子虽然被收养了，但是受到不公平的待遇，这就说明了私生子制造者的卑鄙无耻。商业不过是以命定的奴隶作交易，这些奴隶有的供富人享乐，有的则作人民的维纳斯神[①]的供品。社会是一个巨型的卖淫体系，每个人都失意于爱情，正直者是因为爱情遭到背弃，幸运者则以各种各样的私通作为爱情的补充，争相参与淫乱的狂欢。

法学家们叫喊道：这是胡来，是人类的堕落！使我们嫉妒和贪婪，使我们情欲横流并且以其诡辩武装我们错误信仰的，并不是所有权；相反，是我们的堕落玷污和败坏了所有权。

我倒喜欢事情能真如人们所说的这样，不是姘居玷污了人，而是人的情欲和堕落玷污和败坏了姘居。但是，博士先生们，我所揭

① 维纳斯，古罗马神话中的爱神与美神。——译者

露的那些事实究竟是不是所有权的本质呢？从法学观点来看，这些行为难道是无可指责并且受到一切司法措施的庇护吗？我难道可以向法官告发，请他传讯那个为了一点金钱而出卖自己笔杆的记者吗？能传讯那个为极不公正的事进行辩护的律师或为它祈祷的教士吗？能传讯那个穷人如果付不起酬金要求，便让病人活活死去的医师吗？能传讯那个为了一个宠妓便遗弃自己子女的老色鬼吗？我难道能够阻止那种使人数典忘祖并使他们没有祖先的后代好像是乱伦或通奸所生的大拍卖吗？我难道能迫使所有主在他的占有物之外不补偿他吗？也就是在不损害社会的情况下迫使他对社会的需求作出贡献吗？……

你说：所有权对所有主的罪行是没有责任的，所有权是好的和有益的，因为使它堕落的是我们的情欲和罪恶。

你这样说是为了拯救所有权，是要把它与道德分开。那为什么不干脆把它与社会分开呢？你所说的完全是经济学家们的论据。罗西先生说：政治经济学本身是好的和有益的，但是它不是道德，它是从全部道德中抽象出来的；我们的责任在于不滥用政治经济学理论，而是根据道德的最高规范来运用它的教诲。这就等于说，政治经济学、社会经济学并不是社会，它是从整个社会中抽象出来的，我们的责任是不要滥用社会经济学的理论，而要根据社会的最高规律来运用它的教诲。这是多么混乱的说法！

我不仅赞同经济学家们关于所有权并非道德，亦非社会的见解，而且也赞同他们所说的所有权就其原则说是与道德和社会直接对立的，就像政治经济学之由于其理论直接违背社会利益而成为反社会的一样。

按其定义，所有权是使用和滥用的权利，也就是一个人对自己的人身和财产的不向任何人负责的绝对支配权。如果所有权不是滥用之权，就不成其为所有权。在允许所有主滥用行为的范围内，我们可以举出一些例子。如果它不是一种合法之权，又怎么能成为一种不受谴责的权利呢？所有主难道不是有权把自己的财产赠与自己所喜欢的任何人吗？他不是可以焚烧邻舍而不喊遭火灾的人吗？他不是可以反对公共利益，浪费自己的财产，剥削和勒索工人，生产和销售劣质物品吗？所有主能在司法上被迫善意地使用他的所有权吗？他在滥用这种权利时会局促不安吗？我说什么呢？所有权不正是因为它是被滥用的才被立法者认为是最神圣不过的权利吗？人们设想出一种警察可以确定其使用方式和禁止其滥用的所有权吗？最后，如果人们想把公正引进所有权，那就会毁灭所有权；正如法律要把诚实引进姘居，那就等于破坏姘居一样；这难道不是很明显的吗？

因此，所有权就其原则和本质来说，是不道德的；这个命题在我们的批判中从此便可以确定下来。因此，民法典在确认所有权的同时并没有规定道德权，也是一部不道德的法典；而法学这门被认为是法律的科学，也不外是所有主的策略的汇总，本身也是不道德的。至于那个为了维护所有权的自由的和任意的滥用而建立的司法权，既然是在保障所有权能够处于优势地位以压制敢于反抗这种滥用的人们，既然是在**惩治**和**凌辱**任何敢于违抗或者企图缓和所有权的暴虐的人们当然也是卑鄙无耻的。要是一个因为父亲有了可耻的外遇而被剥夺了父爱的儿子，撕毁了使他丧失继承权和蒙受耻辱的遗嘱，便要受法律追究。他将被起诉，被定罪，被判刑，只好到苦役犯监狱里向所有权认错，而那个卖淫妇却反而占有了遗产。那么，这里究竟是谁违反道德？是谁无耻？难道不正是司法权吗？如果把这一系列事实继续揭露出来，我们很快就能了解我们所要探索的全部真理。不仅是这种为了保护滥用的，甚至是不道德的所有权而建立的司法权是可耻的，而且刑罚、警察、刽子手和绞刑架，统统都是卑鄙可耻的。这一系列可恶的事物既然都包括在所有权之中，既然都是产生于所有权，所有权当然是卑鄙可耻的了。

武装起来专事保护所有权的法官们，热衷于对敢于谴责所有权的人们施加经常性威胁的行政官吏们，我要质问你们：你们是怎样看待支配着你们的良知和败坏着你们的判断力的所有权呢？什么原则是无疑比你们所珍爱的所有权更为崇高，更值得你们尊重的呢？既然所有权的事业表明是卑鄙可耻的，为什么你们还要宣布所有权是神圣不可侵犯呢？你们究竟抱着什么意图，怀着什么偏见呢？

难道这就是你们并不懂得，然而却假定所有权是其不可动摇的基础的人类社会的崇高秩序吗？不，法学以司法与契约等外在形式表现出来的神话和信条，统统都是强词夺理的。在你们看来，这种所有权的历史起源像整个所有权的起源一样，就是秩序的本身；可是，事实却证明，所有权就其本性来说是滥用的，也就是说是无秩序的和反社会的。

难道这就是你们并不了解其规律，然而却要崇拜其意图的必然性或天命吗？不，按照我们的分析，所有权是自我矛盾的，是会蜕变的；光是因为这一点，所有权就是对必然性的否定和对天命的辱没。

难道这就是所谓从高尚的观念出发来看待人类苦难并且力图探索至善的高级哲学吗？不？因为哲学必须与理性和经验相一致，并且受到它们的判断，所有权是应该受谴责的。

这是不是宗教呢？也许是！……

## 第四节　所有权对上帝存在的假设的证实

如果不存在上帝，就绝不存在所有主；这是政治经济学的结论。

社会科学的结论是：所有权是上帝的罪恶；人类唯一的职责和唯一的宗教，就是否定上帝。这是首要的和最高的命令（Hoc est primum et maximum mandatum）。



我们已经证明，人间的所有权制度绝不是一种选择性和哲学性的事物，因为它的起源与王政、语言及迷信的起源一样，都是自发的、神秘的，一句话，是神化的。所有权属于本能的信仰的大家族，这种信仰目前仍然在宗教和权威的外衣下，到处支配着我们自认不凡的人类。总而言之，所有权本身就是一种宗教，因为它有自己的神学，即政治经济学，它躲藏在黑暗中。它以自己的存在这一事实来回答对它的问难，以传奇来自我解释，以比喻作为证据。最后，所有权还和一切宗教一样，遵循着一定的发展规律。因此，我们可以看到，它先后表现为日耳曼人和阿拉伯人的单纯的使用权和居住权，犹太人的祖传的不可转让的和永久性的占有权，中世纪封建制的承佃权，最后又表现为我们今天的这种与古罗马人所曾经实行过的制度大致相类似的所有主的绝对占有和可以任意转移的所有权。但是,所有权一旦到达它的顶峰,便马上会走下坡路;因为它开始受到股份公司、新抵押法、公益征用、农业信贷改革和租佃新理论[①]等等的攻击,从而它只成了一个幽灵的时刻正在临近。

根据这些总的特点,我们无法否认所有权具有宗教性。

这种神秘的和渐进的性质尤其体现在所有权给它的理论家们造成的一种奇特的幻觉上,就是人们愈是发展、改革和完善所有权,就愈是加快它的灭亡,人们愈是以为自己相信所有权,实际上就愈是不信任它。此外,对一切宗教来说,幻觉是共同的。

正因为这样,所以十二使徒中最近似于哲学家的圣保罗所规定的基督教义,就与圣约翰的基督教义不同;托马斯·阿奎那的神学与圣奥古斯丁和阿泰那斯[②]的神学不一样;博丹[③]、毕舍和拉科戴尔的天主教义与布达卢[④]和博胥埃的天主教义又不相同。现代的神秘主义者在扼杀各种古老观念时,自以为是在把它们发扬光大;对他们说来,宗教似乎只是人类的博爱、各民族的联合、世界治理中的团结与和谐。宗教,这就是爱,而且始终只是爱。巴斯卡尔被我们时代的虔诚之辈诬蔑为向往色情。对19世纪说来,上帝就是最纯洁的爱,宗教就是爱,道德也仍然是爱。在博胥埃看来,教



① 参阅特洛勃隆著:《租佃契约》,第1卷。他在书中独排众议,反对他以前和同时代一切法学家的意见,认为承佃人在租佃中,取得的是一种对物的权利,而一般租赁契约的影响则既及于物,也及于人。在我看来,这个意见是正确的。

② 阿泰那斯(约公元295—373),北非亚历山大里亚主教。——译者

③ 博丹(1796—1867),法国哲学家和神学家,其学说被罗马教廷所谴责。——译者

④ 布达卢(1632—1704),法国传教士,宣扬严峻的道德。——译者

义就是一切，因为慈善和慈善行为都产生于教义；而对现代人说来，居首位的却是慈善，教义本身不过是一种没有意义的公式，它的全部价值均来自它的内容，也就是爱，或者更确切地说是来自道德。

这就是为什么宗教的真正敌人、各个时代损害宗教最甚的人，往往是那些最热狂地诠释宗教、力图赋予宗教以某种哲学意义，并且致力于按照最早献身于协调理性与信仰这样一项不可能完成的事业的圣保罗的意愿来使宗教理性化的人。我的意思是说，宗教的真正敌人是这些准理性主义者，他们企图把宗教引向他们所称的原则而没有意识到他们是在把宗教推向坟墓，他们借口要把宗教从扼杀它的经文中解放出来，也就是说从作为宗教本质的象征主义中解放出来，并根据复活宗教生机的精神来指点教义，换句话说，就是根据怀疑提出的理性和作出证明的科学来诠释教义，因而不断修改传统，曲解信仰，歪曲经文的含义，通过悄悄贬毁教义而达到正式否定教义。这些对信仰虚伪的逻辑家用西塞罗的一个词汇说，宗教为人类的联系；而他们本来应该说，宗教是社会规律的标志和象征。可是这种象征每天由于批判的冲击而逐渐消失，只成了现实的一种期望，唯有实证科学才能加以确定和获得它。

所有权的情况也是如此，只要人们不再维护它开始出现时的那种粗野状态，只要人们谈论使它纪律化，使它遵循道德，使它从属于国家，总而言之就是使它社会化，它就要衰败，就要灭亡。我之所以说它要灭亡，是因为它是渐进的，因为它的观念是不完善的，它的本性毫不确定；还因为它只是某个系列中的一个主要环节，只有这个系列的总体才能提供一个真正的观念；一句话，就是

因为它是一种宗教。人们在所有权的名义下似乎在维持的，而实际上是在追求的，已不再是所有权，而是一种过去并无先例的新的占有形式；他们在逻辑的错觉后面竭力推断所有权的起因和被假定的理由，这种逻辑错觉往往使我们按照事物的起源和目的去假设必须在事物本身探寻的东西，即假设事物的意义和影响。

但是，如果所有权是一种宗教，如果它和一切宗教一样都是渐进的，那么，它也就和一切宗教一样，有它自己的特殊的目的。基督教和佛教是忏悔的宗教，或者说是教育人类的宗教；伊斯兰教是宿命的宗教；君主制与民主制是同一种宗教，即权力的宗教；哲学本身则是理性的宗教。那么，所有权这种最为奇特和顽固的宗教，这种本来应该导致其他一切宗教的崩溃而自身最后也将覆亡的宗教，这种连它的倡导者也已经不再信仰的宗教，究竟是什么呢？



既然所有权通过占有和经营表明，它的目的是依靠领有权和世袭权来加强和扩大垄断，依仗地租不劳而获，依仗抵押而无偿地损害他人，那它就是不服从社会的，它的标准是随心所欲，任意而为，应该通过司法措施来消灭它，因为它是有实力的宗教。

宗教寓言给这一点提供了证据。《创世记》上说，所有主该隐[①]用矛夺得土地，围以界桩，据为所有，并且杀死穷人、无产者亚伯；亚伯虽然为亚当之子，但是是属于低下等级、奴隶状态的人。这段故事所用的一些词汇都很有教育意义，所以它们用朴实的事

① 该隐（Caïn）、亚伯（Habel）都是《圣经》中的人物，为亚当与夏娃之子。该隐是耕者，亚伯是牧羊人，因为上帝赏识亚伯的贡物，该隐怨恨，杀死亚伯，上帝处该隐终身流浪。故事见《圣经：创世记》，第4章。——译者

更能说明各种注释[①]。人类往往说同一种语言，语言的统一问题为思想的一致性所证明，这说明关于语音和文字的差异的争论是很可笑的。

因此，根据语法、根据寓言和根据分析，所有权这种有实力的宗教，同时也是带奴役性的宗教。按照它是依靠武力占有还是通过排他和垄断而取得，所有权产生两种奴隶：一种是古代的无产阶级，一种是现代的无产阶级。前者来源于征服这一原始事实，或者来源于亚当的强制划分，即把人类分为该隐与亚伯、贵族与平民；后者就是经济学家所称的工人阶级，它是经历各个经济发展阶段而最后形成的；正如我们所看到的，它归根结底是来源于通过地产、世袭和地租使垄断神圣化这一主要事实。

但是，所有权，亦即在最简单的表述中的强制力的权利，不可能长期地保持它最初的那种赤裸裸的状态；它从出现之日起，便开始粉饰它的面貌，梳洗打扮，用大量的化装掩饰自己。其结果是，在起源上与强盗、窃贼同义的所有主这一名称，长期以来由于所有权的悄悄的改变，又通过宗教典籍连篇累牍的关于未来的预测，其含义竟然变成与强盗、窃贼完全相反。我在另一部著作中曾经叙述了所有权的这种渐变的过程；这里我准备再作一些阐发。

---

① 希伯来语 qaïn，意为“桩”、“长矛”、“梭镖”；qaneh 相当于拉丁语的 canah，意为“棍棒”、“芦苇秆”、“标枪用材”；qanah 又意为“围以界桩”、“夺得”；qiné，意为“像围地耕作的所有主一样地嫉妒成性”；bal 是否定副词；bélimah，意为“毫无”、“虚无”；bala，意为“使用”、“老朽”、“一无所成”；habal，意为“消失”；habel，意为“卑微者”、“一无所有者”。

夺取他人财富是通过多不胜数的方法实现的，立法者按照这些方法的粗野或精巧的程度不同精心地加以分类，似乎是既想惩罚又想鼓励盗窃。结果，人们便结伙或单独地在通衢大道谋财害命，破门抢劫，进屋盗窃，进行简单的诈骗，或者伪造公私文书、伪造货币进行诈骗，等等，等等。

这一类人包括所有不用其他方法只用暴力或公开诈骗的手段作案的盗贼，如土匪、劫贼、海盗，陆海大盗。古代英雄都以这样光荣的称号受到颂扬，并把这视为有利可图的高贵职业。尼姆洛[①]、狄西[②]、雅逊及其阿哥诺弟兄[③]、耶伏蒂[④]、大卫[⑤]、卡古斯[⑥]、罗慕洛[⑦]、克洛维及其墨洛温王朝继承者们[⑧]、罗伯特·吉斯卡尔[⑨]、高城的唐克莱特[⑩]、博埃蒙德[⑪]和绝大部分诺曼冒险家们，都曾经是匪帮和盗贼。中世纪贵族的整个职业和生存的唯一手段就是结伙抢劫；英国的全部殖民地都是靠这个方法取得的。众所周知，野蛮

① 尼姆洛，见上卷第 70 页译注。——译者

② 狄西，希腊半神话半史实的英雄。——译者

③ 雅逊及其阿哥诺弟兄是古希腊神话中的英雄，乘阿哥诺号海船征战各地。——译者

④ 耶伏蒂，传说为公元前 7 世纪犹太法官之一。——译者

⑤ 大卫，当指传说中犹太的第二位国王(公元前 1010—前 970)。——译者

⑥ 卡古斯，传奇中的大盗，身材魁伟，力大无朋。——译者

⑦ 罗慕洛，传说中的古罗马开国者，第一位国王。——译者

⑧ 克洛维(约公元 465—511)，法兰克王国开国者，第一位国王，建立了墨洛温王朝，统治高卢约 200 年。——译者

⑨ 罗伯特·吉斯卡尔(1015—1085)，那不勒斯王国开国者。——译者

⑩ 高城的唐克莱特，中世纪西西里岛国王。——译者

⑪ 博埃蒙德，罗伯特·吉斯卡尔之子，曾为法兰克国王，第一次十字军东征的首领之一。——译者

民族都是厌恶劳动的，在他们看来，光荣的并不是生产，而是抢掠。他们彼此咒骂时常用的一句话是“你就会种地！”贺拉斯的一首长诗在说到阿基利①时是这样描述这位盗贼的英雄性格的：他不承认法律是为他而制定的，他只想用武力霸占一切（Jura neget sibi nata，nihil non arroget armis）；犹太人对大卫使用的以及基督徒们神秘地对基督使用的则是雅各②遗嘱中的一句话：力能服众（Manus ejus contra omnes）。这种劫掠倾向是一切时代的军事行动所固有的；拿破仑虽然大败于滑铁卢，但是人们还是可以说他手下的英雄们的劫掠行为是正当的。布罗萨德将军不久以前还说过：我是依靠自己的长枪和盔甲夺得黄金、美酒和女人的。

今天，盗贼这种用《圣经》武装起来的强者，已经像野狼和鬣狗一样被人所追捕。警察扼杀他们高贵的技能；根据刑法典的规定，应该按照他们行为的特点和性质，分别处以各种人身或耻辱性的刑罚，从徒刑一直到绞刑。伏尔泰所歌颂的征服权，已经不再被容忍了，因为国家栉比相邻，在这方面极为敏感。至于个人不经国家的转让或协助而擅自夺占，也已经少有其例了。

人们现在是靠欺诈、背信、彩票和赌博来盗窃。

为了锻炼人们的机智和激发青年人的发明天才，斯巴达人高度评价这第二类的盗窃行为，吕库古斯③也加以赞扬。多伦、西



① 阿基利，古希腊神话中围攻特洛伊的一位最勇敢的英雄。——译者

② 雅各，《圣经》中的人物，犹太族祖先；他临终遗训的故事见《圣经：创世记》，第49章。——译者

③ 吕库古斯，传说中公元前9世纪古斯巴达的立法家；他在周游列国之后为斯巴达创立了许多改革国家的法律。——译者

农[①]、乌里西[②]，以及从古代的雅各到现代的多伊兹[③]等犹太人、波希米亚人、阿拉伯人和一切野蛮人，都属于这类人物。野蛮人心安理得地盗窃，不以为耻；这并不是因为他们道德败坏，而是因为他们天真幼稚。在路易十三和路易十四时期，赌博时作弊并不算不光彩的事情，而且还是赌博常规，诚实的人对这种用巧妙的技巧来改变对运气的凌辱一点也不感到不安。时至今日，在一切国家中，在农民做大小买卖中，这类长处被看作是懂得做买卖，也就是说懂得骗人。家庭主妇的第一美德就是要善于盗窃卖给她东西的人或者从她掌管的东西里盗窃，怎样不断克扣工资，压低价格。正像保罗—路易所说的，如果我们不全是卖弄风情的妇女之子，最少也都是荡妇之子。



大家都知道，政府取消彩票是多么地痛心，因为这使它失去了一项巨大的财富来源。玷污我们法律的关于没收的规定，废除还不到六十年，历来负责这项惩处的官员，就和谋财害命的匪帮一样，首先想到的就是掠夺受害人的财产。我们的一切捐税、一切关税法，都是以盗窃作为出发点。

一切假借上帝名义或者自命代表社会的赌棍、骗子、流氓，都和出卖护身符的人一样，手腕高明，心计狡猾，能言善道，而且极富想象力。他们的才能就是善于适时地激起人们的贪欲。而立法者

① 西农，古希腊战士，机智狡诈，攻占特洛伊城时实际执行木马计。——译者

② 乌里西，传说中希腊伊塔克邦国王，足智多谋，以木马计攻取特洛伊城。——译者

③ 多伊兹是一个改宗的犹太人，原受恩于法国皇族贝利公爵夫人，1832 年向梯也尔政府告密，使在逃的贝利公爵夫人被捕。此处指为私利而出卖他人者。——译者

呢，为了证明对这种才能和盛情的敬重，便在所谓重罪之外另行规定一类所谓轻罪；前者是指使用大力威逼和阴谋诡计的行为，刑罚特别恐怖，后者是只受轻罪的、非侮辱性的惩罚。唯灵论是多么荒唐可笑啊！

人们还通过高利贷来盗窃。

这类行为虽然过去为教会所不耻，而且到了我们时代也仍然受着严厉的处罚，但是实际上和作为推动生产的最强有力因素之一的附息借贷并无区别，而且是受查禁的盗窃与被允许的盗窃之间的一种过渡形式。由于本身的这种两可的性质，它在法律上和道德上引起了大量矛盾，而宫廷显宦、金融界和商业界人士也就极其巧妙地利用这些矛盾来图利。

因此，高利贷者凭抵押品以百分之十的利率出借款项，如果被发现，就要交纳大笔罚金；而银行家收取同样高额的利息，却受到王家特权的保护，当然，这利息不以贷利为名，而是改称佣金。很久以来，金融界使用的各种盗窃方式实在不胜枚举，只要看看在古代各民族中，货币交换商、钱庄主、金库受理人或税吏一类人物的不体面的声誉，也就足够了。今天投放资金的资本家，不论是向国家投资或者是向商业投资，要是只拿百分之三至五的固定利息，也就是说，除了收取合法借贷的代价以外，只收低于银行家和高利贷者的利息，他们就大受社会的赞誉。可见，制度始终一样，盗窃稍为温和一点便算是我们的品德。



人们还通过地租、租金、租费、佃金来盗窃。

就地租的起源和目的来说，是一种使一切人都能成为有保障的和终身的土地所有主的土地法；就其内容说，地租代表着超过生产者的工资而属于公共所有的那部分产品。在形成过程中，如事实所表明的，这种租金总是通过个体化而表现出来的社会的名义付给所有主的。但是，所有主并不仅是分沾到地租，而且是单独享有地租，丝毫不留给共同体。他并不和他的共同所有人①分享地租；他本人不参与劳动，却吞没了集体劳动的产品。所以，这是一种盗窃，虽然可以说是合法的盗窃，但毕竟是一种地道的盗窃。

在商业和工业上，经营者只要从工人的工资中克扣一点什么，或者是除了自己应得的报酬以外多得某种收益，就是盗窃。

我在论述价值时曾经证明，任何劳动必然留下剩余；因此，假定劳动者的消费始终相同，他的劳动除了创造出自己生存所需的价值外，必然创造更多的资本。在所有权制度下，本质上是集体的劳动剩余，和地租一样，完全转入所有主手里，这种对公众财富的隐蔽的侵占和诈骗性的掠夺有什么区别呢？



这种掠夺的结果是：劳动者在集体产品中应得的份额不断被企业主所占有，因而始终处于贫乏之中，而资本家则始终受益；商业，即本质上平等的价值交换，只是一种用3法郎买到6法郎的东西和把价值3法郎的东西卖到6法郎的艺术。因此，拥护和宣扬这种制度的政治经济学，就是盗窃的理论，正如维护事物的这种状态的所有权只是一种宗教和实力一样。布朗基最近在伦理科学院所作的一个关于同盟问题的讲演中说，劳动应分享它所生产的财富，这是公正的。这就是说，如果劳动分享不到这种财富，就是不

① 共同所有人（comparsonnier）本为封建习惯法上用语，指合伙租用领主土地、每年共同纳租的所有者。——译者

公正的；既然这是不公正的，这就是盗窃，盗窃者就是所有主。因此，经济学家们，你们说明确点吧！……

因此，在古代诗人称之为**黄金时代**的消极公有的时期结束以后，所谓公正就是强权。在一个正在开始组织的社会里，能力的不平等孕育了价值观念，而价值观念又导致才能与财产成正比的观念；由于那时暴力被认为是首要的和唯一的才能，最强者（aristos）（专门用以称呼玛尔斯神[1]的强者（arês）一词的最高级）才能最大，也最优越，因而有权获得最大的份额；如果拒绝给他以最大份额，他当然就要霸占，这样，由此就窃取了对一切东西的所有权的权利，他只有走这一步。

希腊人和罗马人直到共和制的最后时期，仍然把这作为一种英雄的权利保留下来，至少是在记忆中保留下来。柏拉图在《哥吉亚篇》中介绍了一位名叫加里克勒的人以一些似是而非的理由来支持强权；而平等制度的捍卫者苏格拉底则更多地是靠辩才而不是逻辑加以反驳。人们谈到庞培[2]时说，他容易脸红，但是有一次他脱口而出："**我手里有武器，为什么要尊重法律**？"这句话刻画了这个野心与良知作斗争的人，以及他竭力以英雄的公理、盗贼的格言来为自己的感情作辩护。



继强权而来的是诈骗权，它不过是前者的蜕变，是公正的一种新的表现形式。英雄们都厌恶这种权利，认为它并不光彩，而且损

---

① 玛尔斯是古罗马神话中的战神，相当于希腊神话中的战神亚力司（Arês），常被混为一谈，不加区别。——译者

② 伟人庞培（公元前107—前48），古罗马共和国"前三头"执政之一，曾任西班牙总督，后被恺撒击败。——译者

失太大。人们熟知的艾迪普和斯芬克司的故事①，就是对这种诈骗权的讽喻。依据这种权利，计谋居上者便如战争中的战胜者一样，成为战败者生命的主宰者。善于用诡诈的建议欺骗对手，似乎就应该获得奖赏；不过，当善谋者蔑视强者，称之为畜牲和野蛮人时，强者的反应则始终是吹嘘自己的善意和坦率，表白自己是抱着真正公正的感情的，当然，这和事实是相矛盾的。

那时候，尊重诺言和遵守誓约与其说是着眼于逻辑的严密性，不如说更多地是着眼于词句的严密性；《十二表法》上规定，权利依承诺为准(Uti lingua nuncupâssit，ita jus esto)。正在萌芽的理性更多地致力于形式而较少致力于内容；它本能地认为，正是这种形式和方法产生了它的真确性。阴谋诡计，更确切地说，背信弃义几乎是古罗马全部政治的内容。在其他事例中，维科曾经提到，孟德斯鸠也援引了这样的一个事实：罗马人曾经保证迦太基人可以保留其财产和城市，同时又别有用心地使用了意即社会、国家(civitas)的一词。相反，迦太基人把它理解为有形的城市(urbs)，所以便着手重建城堡。结果，罗马人就以违约为由进攻迦太基。在这件事情上，罗马人先是使用一个暧昧的字眼儿来蒙骗自己的敌人，然后又依据所谓英雄权而认定发动一场不正义的战争是完全公正的。这种古代习惯，在现代外交中丝毫没有改变。

在法律所禁止的盗窃中，唯一使用的手段是暴力和诈骗，不依

① 艾迪普和斯芬克司的故事出自希腊神话。斯芬克司是人面狮身的怪兽，在大道上拦截路人，凡不能猜中它所出的谜语的，一律遭杀害；艾迪普是底比斯国王之子，因受迫害逃亡在外，归国途中遇斯芬克司，机智地猜中这个怪兽所出之谜，得以脱身。——译者

靠任何辅助手段；而在法律所允许的盗窃中，则是以某种益处来掩盖暴力与诈骗，而且把这种益处作为掠夺受害者的一种武器。

直接诉诸暴力和诈骗是老早就采用的办法，业已遭到人们一致的反对。各民族同意放弃暴力，正是文明得以建立的原因，也是文明的特点。但是，时至今日还没有一个国家能够摆脱在劳动、才能和占有掩盖下的盗窃。

《伊利亚特》和《奥德赛》史诗中所歌颂的那种强权和诈骗权，鼓舞着希腊各城邦，使其精神充满罗马法，它们又通过罗马法进入我们的风俗和法典。基督教没有作任何改变，因为它一开始作为一种宗教出现时，便敌视哲学和轻蔑科学，不可能不集中所有充当宗教本质的东西。正是因为这样，圣马修斯和圣保罗的福音书中尽管主张平等和常识，基督教仍然逐渐把它原来禁止的种种迷信汇聚在自己周围，如多神论、两神论、三位一体论、魔法、巫术、等级制、君主制、所有制以及人间的一切宗教和可恶的事物。

主教们和各次宗教会议在有关道德的一切问题上的无知，与群众集会和传教士不相上下；这种对社会和对权利的极大无知使教会声名狼藉并使它的教育永远名誉败坏。此外，不信基督教成了一种普遍现象，一切基督教派都背离耶稣的条规，在道德上犯错误，因为它们在学说上便迷误了，这就是说，它们都提出一些偏颇和害人的荒谬命题。自命永不谬误的教会，已无藏身之所的教会，还是向社会请求饶恕吧！那些所谓经过改造的修女们，还是低头认罪吧！……，觉醒过来但是仁慈宽大的人民是会谅解这一切的。

因此，作为一种约定权利的所有权，与公正的区别正如折中主义之区别于真理，价值之区别于食品市场价目表；所有权是通过在赤裸裸的暴力与卑鄙的诈骗这两个不公正的极端之间的一系列摆动而形成的,争议双方在这种摆动过程中总是能达成一个协议。然而公正是随妥协之后而来的,协议迟早总将反映现实;真正的权利不断地摆脱诡辩和专断的权利的羁绊;改革通过智慧与暴力的斗争而实现。正是在这种其起点始于自野蛮的黑暗时期、终于社会上升到占有和价值的综合概念时期的大规模运动中,正是这种本能地完成的并且探索最终的科学解决方案的全部转变与改革,就是我所称作的所有权宗教。

但是,如果说自发和渐进的所有权是一种宗教,那么,它就和君主权及祭司权一样,是一种神授的权利。同样,生活条件和财产状况的不平等,也就是说贫困,也是一种神授的权利;背约和盗窃也是神授的制度;人对人的剥削也是一种肯定。这是什么意思呢?就是说,它们都是上帝的意旨。



所有主是真正的有神论者;所有权的捍卫者都是害怕上帝的人;一切由于不理解所有权而被判定死亡和酷刑的人,他们彼此执行刑罚,都是奉献给暴力之神的人类供品。反之,凡是宣称所有权即将消灭的人,凡是援引耶稣基督和圣保罗而主张废除所有权的人,凡是论证财富的生产、消费和分配的人,都是无政府主义者和无神论者;而明显地朝着平等与科学前进的社会,则是对上帝的不断否定。

通过所有权来证实关于上帝存在的假设,而无神论则是人的体质、道德和智慧的完善所必需的,这是我们还有待解决的奇特的问题。只要用几句话也就够了,因为事实众所周知,我的证据也提出来了。

长期占支配地位的思潮，今天最普遍和最真实的思潮，是进步的思潮。自从莱辛[①]出现以来，进步便成了社会信仰的基础，它在人们精神上所起的作用，就和从前的启示相同；有人说，它否定启示，然而它实际上只是表达了启示。拉丁文里的 revelatio，就如希腊文的 apokalupsis 一样，字对字的意思即进步；不过，古代的宗教认为这种发展是上帝本身在事件发生之前便讲述了的，而现代人的哲学理性却认定这是既成事实的陆续更替。预言并不反对这点，因为它是历史哲学的神话。

因此，人类的发展就是我们的最深刻和含义最广的观念的发展，不过带有愈来愈大的自觉性。发展包括语言和法律的发展、宗教和哲学的发展、经济和工业的发展，也包括通过暴力、诈骗和协议而实现的公正的发展，科学与艺术的发展。基督教包罗了一切宗教，反对一切哲学，它一方面依靠启示，另一方面依靠忏悔，也就是说，它相信可以靠理性和经验来教育人类，因此基督教整个说来是进步的象征。

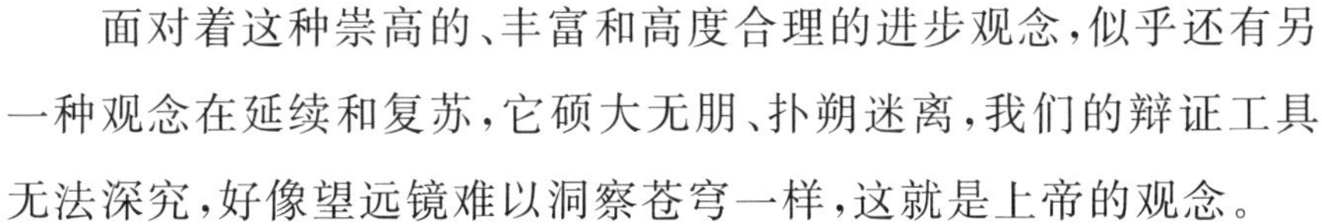

面对着这种崇高的、丰富和高度合理的进步观念，似乎还有另一种观念在延续和复苏，它硕大无朋、扑朔迷离，我们的辩证工具无法深究，好像望远镜难以洞察苍穹一样，这就是上帝的观念。

什么是上帝呢？

按照人们的假设，上帝是永恒的、万能的、永不谬误的、不变的和自发的，总而言之，它的一切能力、属性和表现形式都是无限的。

① 莱辛（1729—1781），伟大的德国作家、批评家和哲学家，18 世纪资产阶级启蒙运动的著名代表人之一。——译者

上帝是这样一种存在,它的智慧与活动都具有一种无限的威力,简直与宿命相一致、相等同,是法律的顶峰、自由的顶峰、必然性的顶峰(Summa lex,summa libertas,summa necessitas)。因此,上帝本质上是反进步和反天命的;事实就是命令(dictum factum),这就是它的座右铭,就是它唯一的法律。而且,正如它身上的永恒性排斥天命一样,它的永不谬误性排斥对谬误的觉察,从而排斥对恶行的发现:在万物中我是神圣不可侵犯的(Sanctus in omnibus operibus suis)。但是,由于上帝在一切方面无限的特性,所以它具有一种固有特点,就是:它只是由于与渐进的、天命的、与上帝敌对的有限存在相对立才可能存在。总而言之,因为在自己的概念中不存在任何矛盾,上帝才是可能的,我们需要的是证实我们理性的这种不自觉的假设。



这一切概念都是我们通过对人类的道德与智慧构成的分析而得出来的,是经过某种不可抗拒的辩证过程,作为我们的共同本性和我们在地球上的职责的必要公设而出现的。

稍后,我们原来只是设想为简单存在的可能性的东西,又通过不可再分的二元论和存在的进步理论而提高为可能性的重要性。我们已经证明,而且从此科学也得到认定,凡是一项在二元实体的基础上发展的,并且已经给我们提供了理性和末项的渐进创造的事实,在其起源中也包含另一项事实,即在自发性、有效性和真确性上无限本质的事实,因此,这一事实的一切属性必然与人类的属性相反。

因此,现在需要做的就是揭示这一可能存在的事实,揭示这种理性所要求、观察所启示的,但是还丝毫没有得到证实的不可或缺的存在，这种因其无限性和孤立性而使我们在任何情况下都无望加以理解的存在。需要做的是证实这种无法证实的事物，洞察这种难以洞察的事物；总而言之是从必死的人类的角度来观察无限。

其实，只要人们不惮烦地思考一下，这个乍看似乎无法解决，而其各项又相互矛盾的问题，归结起来不过是这样一个一切矛盾都消失了的定理：在宿命与进步之间求得均衡，并以这种方式使无限的存在与进步的存在互相一致，但是又不是彼此同一，相反地而是彼此对立，互相浸透，而又不相混合；使它们在我们看来是彼此互为表现形式和规律，就如构成这种存在的精神与物质是不可分离、不可简约的两个方面，不过是范围更为广阔。

人们都已看到，而且我也注意不止一次地指出，社会科学上的一切观念，都同样既是永恒的，又是进化的，既是简单的，又是复杂的，既是箴言式的，又是从属的。对超验的智慧来说，在经济制度中，既没有起源，也没有结果，既不用证明，也不用推论，就是说，真理只有一个，而且是同一的，没有连接的条件，因为在无限的空间和无限的理论与体系中，真理始终是真理。这只是通过专业用语的阐述，一系列的命题才表现出来。社会犹如一位学者，这位学者脑海中完全掌握了科学，把科学包括在它的整体知识中，无始又无终地构想科学，对科学的各个部分既是同时地又是分别地加以掌握，并在每个明显的事实中发现它们，使它们居于同等优先地位。但是，这样一个人是否想创立科学呢？他不得不在口头上提出命题，发表讲话，也就是说，他不得不把他认为是不可分的整体的东西作为某个进步过程提了出来。

因此，自由、平等、你的与我的、功与过、借与贷、主与仆、比例、价值、竞争、垄断、捐税、交换、分工、机器、关税、地租、遗产等等观念，自有世界以来经济词汇中出现的一切范畴，一切反题、一切合题，在理性上都是同时产生的。但是，为了构成一种我们能够理解的科学，这些观念就需要按照某种理论来排列，向我们表明它们彼此产生的次序，而且各有其起源、过程和结局。为了进入人类的实践和有效地变成现实，这些观念又必须呈现为伴随有无数难以预见的事件和长期的动乱而动摇不定的制度的系列。总而言之，就如在科学上既有绝对的和先验的真理，又有理论上的真理一样，在社会上也存在宿命和天命、自发性和思考性；其中的第二种力量总是不断地企图取代第一种力量，但是实际上始终只完成着同样的任务。



因此，宿命是存在和观念的一种形式，而衍化和进步则是存在与观念另一种形式。

不过，宿命和进步都是自然所不理解的语言上的抽象；在自然界，一切事物被认识清楚了，或者没有被认识清楚。而在人类世界中，命定的存在与渐进的存在是不可分开的，但是又有区别，既有对立、对抗，又是永远无法克服的。

既然创造物都具有某种未经思考和非本意的自发性，都遵循着物质的与社会的规律，始终受整个永恒性的支配，这种永恒性虽然从其整体说是不可抗拒的和从其各项说是不可变易的，但是，却是通过发展与增长而实现和完成的；既然我们都在生存、成长和死亡，既然我们都在劳动、交换和恋爱等等，我们也就是命定的存在，我们在这里生活、活动和存在（in quo vivimus, movemur et sumus）。我们与动物、植物和石头完全一样，有本质、灵魂、躯体和形象。

但是，由于我们会观察、思考和学习，从而也就会活动，由于我们征服了自然，而且变成自己的主人，我们便是渐进的存在，便是人。作为天生的本性（natura naturans）的上帝是社会的基础和永恒本质，而作为后天的本性（natura naturata）的社会是命定存在本身的不断扩散。生理学由于在其人所熟知的区别有机生命与联系生命中，表现出二重性，尽管表现得不很完全。上帝不仅存在于社会，而且存在于整个自然界；不过，只有在社会中，上帝才因为它与渐进的存在的对立而被感知。正是人类的进化，社会才结束了原始的泛神论。所以，专心于和全神贯注于生理学和物质的研究而从来不研究社会和人类的自然科学家，就逐渐失去对神明的感情；对他们说来，一切都是上帝，也就是说，根本不存在上帝。

因此，上帝与人类既区别于自然，它们彼此又由于观念和行动的不同，总而言之，由于语言不同而相互区别。

世界是上帝的意识。观念或上帝本身意识的事实是吸力、运动、生命、数目、尺度、统一、对立、进步、系列和平衡。所有这些观念都是永恒地孕育和产生着的，因而它们不分先后，无从预见，也永无谬误。上帝的语言、上帝观念的标志，就是一切存在及其现象。

观念或人类意识的事实则是注意、比较、记忆、判断、论证、想象、时间、空间、因果关系、美好与高尚、爱情与仇恨、痛苦与欢乐。人类是通过下列一些特殊的标志来外化这些观念，即：语言、工业、农业、科学、艺术、宗教、哲学、法律、政府、战争、征服、庆典、葬仪、革命、进步。

上帝的观念是人类所共有的，人类既源自上帝也源自自然，它甚至只是自然的意识，它把上帝的观念作为自己一切观念的原则和材料，从而转变为上帝的存在，并且不断地模仿神明的本质。但是，人类的观念又与上帝格格不入，上帝并不了解我们的进步，对它来说，我们想象的一切东西都是怪物，都是虚无。这就是为什么人类把上帝的语言当成自己的语言来使用，而上帝却不能使用人类的语言；从而，在人类与上帝之间不可能有任何对话、任何协议。这就是为什么人类身上来自上帝的一切，停留于上帝或者返回上帝，都与人类相敌对，都有害于人类的发展与完善。

上帝创造了世界，或者可以说，人类来自上帝，因为它是无限的威力，他的本质就是永恒地自生，正如天主教神学所说的：天父按自己的样子创造了人类（Pater ab aevo se videns parem sibi gignit natum）。因此，上帝与人类彼此互相需要，只要否定任何一方，其他一方便同时消失。如果没有某种绝对不变的规律，又何来进步呢？如果必然性不表现在外，又谈得上什么必然性呢？如果我们作一个不可能出现的假定，即：上帝的活动突然停止了，那么，万物就将陷入混乱，它们将回复为不成形式的物质状态、没有观念的精神状态和不可理解的必然性状态。上帝一停止活动，它也就不再存在了。

但是，上帝和人类虽然是需要把它们连接起来，却是无法简约的。其无可置辩的证据是：道德学家用虔诚的诬蔑口吻叫作人类自我战争的现象，实质上不过是人类反对上帝的战争，思考反对本能的战争，能够制造、选择和推迟时机的理性反对急躁的、命定的欲念的斗争。上帝与人类的存在是借助它们之间的对立而获得证实的；这一点正足以解释宗教信仰的矛盾，这种信仰有时是央求上帝爱惜人类，不要把人类委弃给各种诱惑，就如菲德娴祈求维纳斯女神使自己摆脱对希波里特的爱情[①]；有时又像大卫王[②]之子登基时那样，或者像我们今天对圣灵[③]作弥撒时一样，恳求上帝赋予自己以聪明与智慧。最后，这一点也可以解释绝大部分的内战和宗教战争、思想迫害、狂热的习俗、对科学的仇恨和对进步的恐惧等等一切折磨着人类的苦难。

人类既然是人类，就永远不可能与自己相矛盾，它只有通过寓于自己身上的上帝的反抗才能感到烦恼和痛苦。人类身上集中了自然的一切自发性、上帝的一切煽惑、宇宙的一切神灵与鬼怪。为了战胜这些力量，克服这种无政府状态，人类只能依靠自己的理性和进步的思想，而正是这种情况构成了高尚的戏剧，它的情节总合起来形成了一切存在的最终理性。自然和人类的使命就是上帝的化身，由于上帝是永不疲竭的，我们的斗争也就无穷尽。

因此，如果一切以问卜和宗教为业者，一切颂扬或求助于上帝者，一切力图倒退到原始无知状态者，一切满足于肉欲和崇拜欲念者，都表现为所有权的拥护者，表现为平等与公正之敌，那我们就不会惊讶了。我们正处于一场战斗的前夕，在这场战斗中，人类的一切敌人，包括感觉、心志、想象力、自大感、惰性和猜疑等等，都串通起来反对人类，基督的敌人称王于人间(Astiturunt reges terrae

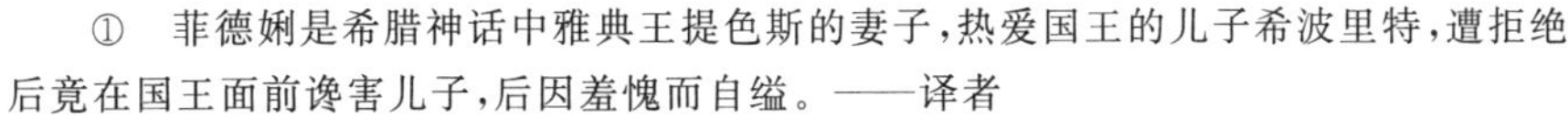

① 菲德娴是希腊神话中雅典王提色斯的妻子，热爱国王的儿子希波里特，遭拒绝后竟在国王面前谗害儿子，后因羞愧而自缢。——译者

② 大卫王，指传说中创建耶路撒冷城的犹太国王。——译者

③ 圣灵是天主教义中三位一体中的第三位。——译者

adversus Christum!...)……所有权的起因就是王朝和僧侣的起因,就是权谋与诡辩、非生产者与寄生者的起因。为了维护所有权,人们是不惜使用任何伪善与诱惑的。为了禁锢百姓,人们先是怜悯他们的贫困,激起他们的爱感和温情,以及一切足以挫折其勇气和败坏其意志的情感,使他们的善良本能凌驾于哲学思考和科学之上;然后,人们又向他们宣扬民族的光荣,点燃起他们的爱国主义感情,给他们介绍伟大的人物,逐渐地以对剥削者的膜拜和对贵族的尊崇来取代对始终遭到禁抑的理性的崇拜。

因为人民和自然一样,总是切望使自己的观念变为现实,所以,他们对切身的问题比对理论问题更感兴趣。他们之所以起义反对斐迪南[①],是为了服从于马赞尼洛[②];他们需要一位像拉斐特[③]、米拉波[④]、拿破仑那样的半神的人物。他们将不接受任何官吏的拯救,除非这个人一般不虐待他们。请看看,偶像崇拜又是多么时兴啊!再看看伟大人物傅立叶和善良的伊加尔[⑤]的狂热者,他们想组织社会,可是从来没有建起一个厨房;再请看看那些把崇高和美德放在讲坛的胜利上,随时跑到莱茵[⑥]的民主派,他们如同当年雅典人根据某个守卫喀罗尼亚的德谟斯梯尼的声音跑到喀罗



① 当指17世纪统治那不勒斯的西班牙斐迪南王朝。——译者

② 马赞尼洛(1620—1647),渔民,1647年那不勒斯反对西班牙统治的人民起义领袖。——译者

③ 拉斐特(1757—1834),法国军人、国务活动家。——译者

④ 米拉波(1749—1791),18世纪法国资产阶级革命著名活动家,大资产阶级和资产阶级化贵族利益的代表人。——译者

⑤ 善良的伊加尔是法国空想共产主义者卡贝(1788—1856)所著《伊加利亚旅行记》一书中虚构的人民领袖。——译者

⑥ 当指普鲁士。——译者

尼亚一样，后者将获得腓力普[①]的黄金，而且将在战场上抛弃自己的盾牌。

没有人关心既成事实的观念、原则和智慧，好像我们的古圣贤实在太多了。民主派援引的是卢梭，王权派和合法主义者向往的是路易十四[②]，资产阶级追忆的是路易胖帝[③]，教士们谈论的是格列高利七世[④]，社会主义者则颂扬耶稣；此中倒退最甚的正是社会主义者。在这种普遍消沉的形势下，研究工作无非就像劳动分工一样，是一种使人愚钝的方式；批判工作则成了一出单调乏味的闹剧；全部哲学正濒于溃灭。

我们在那里所看到的不就是这种情况吗？仅举一个例子：几个月前，有那么一位职司教授历史与进步、号称人民之友的学者，竟然使用大堆挽歌和赞词式的词句，就社会问题滔滔不绝地发表议论，说了半天原来是这样一个可怜的意见：

"至于共产主义，只要说一句话就够了。最后一个废除所有权的国家恰巧将是法国。如果真像这个学派的某位先生所说的，财产就是盗窃，那么，我们法国还存在着 2500 万并不愿意明天就放弃所有权的所有主。"

说这段挖苦话的是法兰西学院的教授、伦理与政治科学院的

① 腓力普二世(约公元前 382—前 336)是马其顿王，德谟斯梯尼(公元前 384—前 322)是雅典反马其顿派的奴隶主政治家和雄辩家。——译者

② 路易十四(1638—1715)，法国国王，在位期间极力加强王权专制，推行"朕即国家"的政策。——译者

③ 路易胖帝(约 1081—1137)，1108 年至 1137 年在位的法兰克国王，曾执行支持城镇及教会、削弱封建附庸的政策。——译者

④ 格列高利七世，1073 年至 1085 年在位的教皇。——译者

院士米什莱先生，而他所讽喻的某位先生就是指的我。米什莱先生其实可以点出我的名字，我不会感到羞愧。财产的这个定义是我下的，而我的全部抱负就是要证明我是了解这个定义的意义和范围的。财产就是盗窃！几千年来还没有人使用过这样两个字。除了这个关于财产的定义以外，我在世间别无其他的财产；不过，我把它看得比罗斯采尔德[①]的几百万家产还要宝贵，而且我敢说，这个定义的提出将是路易·菲力浦[②]治下意义最重大的事件。

那么，谁告诉米什莱先生说否定所有权就必然意味着共产主义呢？他怎么知道法国将是世界上最后一个废除所有权的国家呢？为什么他不说法国有3400万所有主，而只说2500万呢？他从什么地方看到我像谴责制度一样地谴责个人呢？既然他加上一句，说占有法国土地的2500万所有主并不愿意明天就放弃所有权，我就要问问他，究竟是谁授权他假定废除所有权必须得到所有主的同意呢？米什莱先生虽然只写了五行字，却暴露出他制造谬论的才能甚至五倍于人；因为他显然是决心要实现我过去曾经作过的一个预言，就是：将来总会有人出来捍卫所有权的。他研究了四十年历史，结果却向19世纪宣传一切科学应该依靠本能来争取解放；对于这样一个人，你该怎么答复他呢？……还是让别人去和米什莱先生讨论吧！至于我，我只好把他的主张送进历史档案！



① 罗斯采尔德(1743—1812)，犹太大银行家。——译者

② 路易·菲力浦，法国1830年七月革命后篡夺胜利果实登上王位的国王，即本书出版时的法国统治者。——译者

# 第十二章　第九个时期——共有制

## 致我的朋友、共产主义者维尔格德[①]

亲爱的维尔格德：

先后收到了您最近的两本出版物，谢谢您。

我怀着极大兴趣拜读了《**利益协调和党派妥协**》一书，深感您考虑周密，思路宽阔，立论大胆，而且行文隽永，发人深省。说实在的，从共产主义的著作中，除了作者的想象力与才智以外，又能希望看到什么呢？……

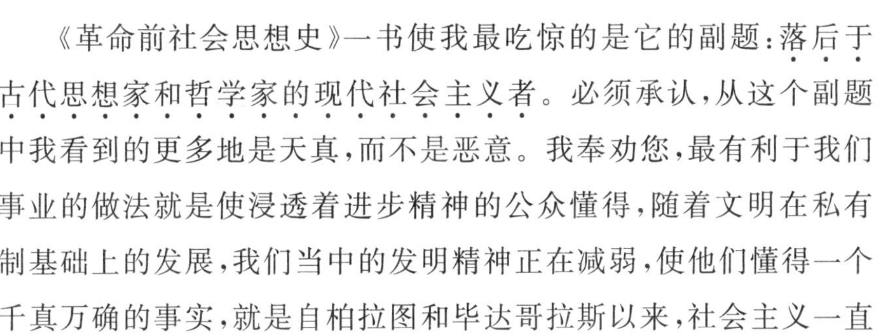

《革命前社会思想史》一书使我最吃惊的是它的副题：**落后于古代思想家和哲学家的现代社会主义者**。必须承认，从这个副题中我看到的更多地是天真，而不是恶意。我奉劝您，最有利于我们事业的做法就是使浸透着进步精神的公众懂得，随着文明在私有制基础上的发展，我们当中的发明精神正在减弱，使他们懂得一个千真万确的事实，就是自柏拉图和毕达哥拉斯以来，社会主义一直在衰落。在一本共产主义出版物上劈头写上上面那句话，对读者

---

① 维尔格德(1810—1856)，法国政论家和出版商，傅立叶主义者，后为空想共产主义者。曾出版傅立叶主义者的宣传小册子《利益协调和党派妥协》、摩莱里的《自然法典》和他本人的《革命前社会思想史》等书。——译者

是一个多么率直的警告啊！亲爱的维尔格德，您经常出入于法伦斯泰尔，竟然也这样地笨拙！

但是，我对您在您的一切改革方案中一般地作为私有制的反义词使用的乌托邦一词十分欣赏。社会主义因为在事实上和法律上始终反对理性与社会实践，所以成不了什么名堂，而且也确实一无所成。经济学家希望通过贸易自由最终取胜，而且也的确不断取得优势；社会主义则由于阻挠贸易自由而从来没有获得成功。对社会主义说来，将没有获胜的日子，这一天肯定永远不会到来。亲爱的维尔格德，我庆贺您有幸发现了这一点。

您还提出一个在我看来十分正确的见解：公众把社会主义的一切分支与古代的共有制躯干联系起来。这就是为什么您在依次分析了圣西门和傅立叶的乌托邦以后，认定他们或则并非出自善意，或则中途而废，只有您自己才是共产主义者了。事实上，各个时代的改革家反对的究竟是什么呢？就是所有权。但是，否定所有权便是共产主义。连最无知的伊加利亚人也会像亚里士多德一样得出这样的结论；您所表白的您现在的信仰完全是这个推论的必然结果。

毫无疑问，您一定会想，像我这样一个高声反对所有权的人，为什么不效法您的榜样呢？我这样坚决地否定所有权，为什么竟不及那些连古人也不如的现代社会主义者那样先进呢？推翻私有制，这是好事，是崇高的事业；可是随后又以某种形而上学的名义来反对共产制，岂不是前后太矛盾了吗？六年来我一直坚持这个模棱两可的观点，究竟我对我所反对和蔑视的社会主义究竟准备作何回答呢？

亲爱的维尔格德，我感谢您公开地承认我与共产主义存在分歧。由于从您的著作里可以找到许多我想提出的理由，所以，我解释起来也就容易得多了。您自己说：社会主义，或者说共有制正不断在衰微，因为它是乌托邦，它是子虚乌有的制度。社会愈是发展，它的潜在观念愈是得到肯定和实现，愈是在实践中确立其地位，社会主义就愈是走向没落。正如随着公平规律逐渐为立法者所发现，随着人类的纯洁本质逐渐显露出来，所有权也逐渐在变化。这一点是社会主义或者政治经济学都先后证明了的，而且也是您我两人分别从前者和后者的立场出发所一致承认的。

因此，亲爱的维尔格德，我也和您一样，是个共产主义者，不过我只是个假定的共产主义者，因为我否定所有权。一旦私有制被打倒，问题就在如何证实共产主义的假定。我发现共产主义与私有制一样，处于不断的衰落过程；它是空想的，也就是说什么也不是；每当它企图复活，总是表现为一种可笑的私有制变形。因此，为了使自己不致前后矛盾，我不得不忠实于理性和经验，作出反对共有制的结论，就如我过去作出反对私有制的结论一样。如果说我今天是一名最落后的社会主义者，那么，这是因为我跳出了乌托邦，而他们则仍然停留在乌托邦里。

这种两方面的否定是否出于谬误或者在于狡辩呢？亲爱的维尔格德，我坚定地相信，这是社会的本性所决定的；而且有一点我并不绝望，就是我至少能够说服您从社会主义神谕解释者的崇高殿堂走下来，和我一道研究一下事物的实际。不过，有一点要请您记住：当我申述我的理由时，并不是在维护我自己的主张，而只是在解释您的观点，在为您的书题辩护，使您的讽喻和诽谤能够与您所宣布的信念相协调。我们正依靠着两种谎言在生活！……奇怪的是，我一生都在证明我们天性上的这种矛盾，却被谴责为自相矛盾！

## 第一节　共有制源自政治经济学

使我对共产主义乌托邦保持戒心的第一件事情是，或轻或重地被指责为这种乌托邦的拥护者的人们没有想到共有制是政治经济学的范畴之一，是这门我称之为私有惯例的描述，而且社会主义有责任加以推翻的所谓科学的范畴之一。所有权是提高到第二个阶段的垄断；同样，共有制无非是对国家的礼赞，对警察的颂扬。国家是在第五个时期作为垄断的反动而出现的；同样，共产主义则是我们目前所到达的阶段中为了挫败私有制而出现的。

因此，共产主义是在相反的背景下复活政治经济学的一切矛盾。共产主义的秘密就在于它在生产、交换、消费、教育和家庭等等一切社会职能方面以集体的人取代个人。由于这种新的进化始终不能协调或解决任何矛盾，因而命定地必然与以前的各种进化一样，只能导致不公正和贫困。

由于社会主义的使命是否定一切，所以在国家经济财富的基础上建立的共产主义乌托邦，便成为利己思想和私有成习的对立面。从这点看它确实有某种用途，因为它可以在社会科学和哲学上作为一种对立面，**从无中对比出稍有**。社会主义是一种文字游戏，而奇怪的是，经济学家们竟没有觉察到这一点。共有制和竞争、捐税、海关、银行一样，是政治经济学的一种手段，它是劳动分工、集体权力、公共开支、无限和有限公司、储蓄和保险、流通银行与信贷银行等等理论的基础。总之，共有制就如空间一样，无所不在，但又不可捉摸。

从柏拉图的大洋国[①]到卡贝的伊加利亚，就其根本内容说，都可以归结为以一种二律背反来代替另一种二律背反。所有这些乌托邦价值都等于零，说不上有什么创新，而只是作了一些微不足道的次要修饰；至于你所提到的这些乌托邦作者的空想能力的减弱，那是实践迫使他们变化；对他们说来，这等于是一种背叛。此外，尽管我极力避免误解这些作者的意愿，但是，他们毕竟都是一些只从事抄袭的经济学家，是改头换面的私有者；当人类正艰苦地攀登高峰以求改造时，他们却别出心裁地大谈其如何下山。

正是因为这样，我才自认为共产主义者！正是为了避免不可能的事，我才投入空想；正是由于害怕罗耀拉[②]，我才拥抱卡基利奥斯托罗[③]。



## 第二节　自有和公有的定义

如果说有谁为共产主义立下重大功勋，那肯定是1840年出版的题为《什么是所有权?》一书的作者。由于我是所有权最大的敌人，所以我比谁都更有权利就共产主义制度是否可能实现的问题

① 原文如此，当指《理想国》。——译者

② 罗耀拉(1491—1556)，西班牙天主教的反动团体耶稣会的发起人。——译者

③ 卡基利奥斯托罗(1743—1795)，意大利医师，秘密共济会的组织人，后被处无期徒刑，死于狱中。——译者

发表意见。现在就让我们来循序讨论一下各种事实和理论。

亲爱的维尔格德，请您原谅我总是联系形而上学上的一些艰深的公式来谈论社会的一些最微妙的问题。这种使人想起莫里哀①所描述的某一个人物的沉闷和经院式的文风，我和您一样地觉得可笑。但是，这有什么办法呢？您的智力敏锐，对任何转瞬即逝的观念，您都一下子就能抓住；可是，我却不幸悟性十分迟钝，缺乏直觉力和自发性，完全没有即兴急就的能力，因此，不依靠论证的拐棍，我的思维便寸步难行。

阳光、空气和海水都是**共有**的，因而对这些东西的享用，具有最高的共产主义可能性，任何人也不能设置界桩，不能加以划分和限制。有人曾经不无理由地指出，这些东西之所以免于被霸占，是因为范围广袤、远不可及以及经常流动。推动我们去划分这些东西和为此而争战的本能，需要多么巨大的力量啊！这一点是科学上十分宝贵的看法，根据它可以得出一个结论，即所有权适用于一切可以确定界限的东西，共有制适用于一切不能确定界限的东西……既然如此，共产主义能够拿什么作依据呢？

人类的伟大劳动也具有自然力的这种经济性质。道路、公共广场、教堂、博物馆、图书馆等等都是公共使用的。它们的建筑费用也是共同支付的，尽管这些费用的分担远非平等，每个人交纳的数目恰恰与他的财产状况成反比。无论在哪里，我们都看到平等与共有并不是一回事情！……有的经济学家甚至主张，公共工程应该由私人企业承造；照他们的说法，私人经营更为积极、更为勤

① 莫里哀(1622—1673)，法国伟大的批判现实主义喜剧作家。——译者

奋，费用也较低；当然，对这一点人们的看法并不一致。至于这些公共工程的使用却始终是公共的，从来没有人认为这类东西应该归某人所有。

士兵共同开伙，面包和肉食是按份发给的，此外，每人还领到一套由自己负责保存的装备；警察的驻所和宿舍是公有的，他们操练和演习也是共同的。但是，如果他们之中有人收到家里送来的什么东西，或者从商贩手里得点贿礼，却不一定要和同伴瓜分。这种明显属于共产主义的军队生活方式，也到处掺杂着私人占有的某些特点。住有成百人的饭店，情况也是如此；一道用膳的住客虽然经常接触，彼此仍然各善其身。由此可以推断出另外一个原则，即仅仅是对物质的共有，并不是共有制。为了战胜共产主义，我只要在精神上脱离周围的一切；这是一个意义重大的事实，它给乌托邦的未来带来严重的威胁！

修道院的生活更加具有共产主义性质。在那里，寝室和饭厅是共有的，祷告和劳动是共同进行的，一切财产，不论是原来的或者是新取得的，都属于共有。根据人们经常援引的《使徒行传》中的一段话和修行制度的一般精神，超凡入圣的顶峰就是摒除一切欲念，完全摆脱私有。从《荒原教父列传》中，我们可以看到这些教父怎样自我修行以求达到这种理想境界。但是，有一个矛盾需要指出：有一些共有制的创始者，如圣巴科姆和圣安托万[①]，为了修炼静念，竟然离弃自己的弟兄，也就是说通过共产主义式的自我牺

① 圣巴科姆（约公元290—346）和圣安托万（公元251—356）都是古代埃及西部的隐士，修道院的创始人。——译者

牲来复活个人主义。正是因为这样，所以他们才给从事这种修炼的弟兄们起个名字叫修道士，或者说隐士。这一点就更令人不安了，原来共有制是在走向利己主义！

婚姻状态具有导致共有制的最大可能性。但是，婚姻的这种性质主要来自性的区别，这种特殊情况使得家庭组织的完全同一性对整个社会制度没有多大有利的影响。足以证明这一点的是：婚姻所形成的那种名曰家庭的共有制，对局外人来说本质上是排他性的，它只勉强存在于夫妻儿女以及夫妇的双亲之间，所以俗话说：爱情只会下降而不会上升。因此，这种共有制只能适用于一定的范围，远不能作为社会的组成原则，它在社会上只能起次要的作用，起码婚姻制度的理论与实践是这样证实了的。正是根据这样的观点，所以立法者才在婚姻契约中区别所谓嫁妆制[①]和共有财产制，在后者中又按照共有程度的不同而再划分若干种财产制。那么，共产主义原则适用的范围是什么呢？这是我们必须弄清而目前谁也说不上来的问题。

最后，婚姻也存在共有与联合的区别。例如，夫妇双方在心灵与智慧上完美地结合，可是同时在财产上可能是分开的；在居住和家务上是共产主义的，在商业上却是合伙的。这种情况究竟在多大程度上是正常的或反常的，与我们现在讨论的问题无关；对我们说来重要的是深入地观察一下社会生活是如何摇摆于私有制和共有制这两个极端之间，探索某种看来与社会主义和政治经济学相去很远的第三项。

---

① 原文为 regime dotal，指丈夫不能处置女方带来的嫁妆。——译者

在男女同校的教育机构中，吃饭、上课和娱乐全都共同进行；但是，有一点比我们这里提到的情况更为重要，就是学习是个人化的，否则教学就无法进行。

讲道就是在教堂里讲课，大家都知道它是怎样进行的。为了完成这项任务，只要有一本书和一位讲道的人就够了。按照天启理论，信仰来自听觉，聆道而信（fides ex auditu），智慧是被动的；训喻的共有程度是最高的，它悄悄地体现着共产主义。修道院长作为上天思想的代言人在讲道，皈道者只是聆听和服从。宗教机构的完善就在它不断地灌输某种千篇一律的教义，始终用同样的词句和同样的公式来解释这些教义，指导人们的思想；如果听众偶然出现什么疑难，它也总是有办法把这些疑难最终纳入预定的结论。人们往往幼稚地谴责耶稣会员，正是遵循这种共产主义的纪律精神；其实，正是在这点上，耶稣会员表现为天主教传统的忠实继承者，表现为一切共有制和一切宗教必不可少的教规的严格遵守者。

在我们的学校里，情况就大不一样了！从小学一直到师范，都是不停地训练学生单独地学习。即使有时给大家布置同样的作文题目，也是要求每个学生分别写作，互相竞争。我们总是致力于使年轻人自己思考，只教给他们某门学科的基本常识，要求他们自己来掌握这门科学；我们启发学生的发明能力，也可以说，我们激发他们用利己的态度对待天资，引导他们把见解当成私产。他们的幼稚见解愈是新颖、独特和具有反叛性，便愈受到赞赏，我们便庆幸培养出人才来，父母和教师便高兴没有白费了预付的费用。于是，他们便对这个学生说，是他供应他年轻时期的费用的；可是，这学生的莽撞思想也许有一天竟推翻了这个共有制。由于不论是文科或理工科的教育都愈来愈专业化，用这种办法培养的青年人都具有独创性，能够从事发明创造，我们就显然愈来愈背离共产主义原则；结果，我们看到的不是一些友好的和联合的劳动者，而是一批野心勃勃和桀骜难驯的人。我提醒共产主义的思想家们应该仔细地思考一下这个可怕的问题。

经过这样概略的考察，我们可以看到，人类的政治、宗教、工业、军事和教育制度中都掺杂着私有制与共有制的原则，不过比重各有不同；而且，这一切都是自发地形成的，有时是出于必然性，有时则由于利己主义，有时甚至完全是偶然的，最少也可以说并不出自什么明显的意向。

因此，国家的雇员从雇用他的共有制领取薪金后，便分别独立地生活，尽管过共同生活可能对他们更有利。独自操持家务虽然费用高昂，麻烦很多，可是非生产者却情愿过这样的生活；因为他们有固定的薪给，更易于安排各项开支，而生产者的收入则并不可靠，而且多少不等。也许将来会有那么一天，国家雇员能够商定把他们的消费集中起来；但是，在此以前他们肯定和其他一切人一样，厌恶共有制，认为一家一户的生活是最合心意的。这可能是由于某种变态的或野蛮的性格使然，也可能是出自某种自尊和高贵的感情；关于这个问题，我在找到充分的根据来发表自己的见解之前，准备接受各种不同的揣测。

我们刚才看到，人们在接受教育、在履行自己的公民义务和宗教义务以及担当半共产主义性质的公共职务时，在工业、商业和农业经营中都变成了彻底的所有主。他们是以一种私有的排他方式来进行生产、交换和消费，与共有制只保持着微弱的联系。出于某种来源于远古的不可抗拒的本能，或者说诱人的偏见，所有工人都向往经营企业，所有合伙人都想变成主人，所有短工都希望过舒适的日子，就如过去所有平民都盼望成为贵族一样。而且请大家注意一种使我感到惊奇、也一定会使你们感到难以忍受的现象，那就是谁也不顾财富分散所带来的害处，谁也不在乎家务的负担、小企业的不完善和彼此孤立的危险。个人考虑高于一切；利己主义使人鄙视政治经济学的原理，宁可碰点运气，担点风险而不愿从属于共有制。

总而言之，我们从一开始就受共有制的支配，而且在与强大的自然力打交道时，命定地不得不求助于共有制。至于共有制的实质内容，则与它的定义并不相符；它和平等制并不是一回事；它丝毫不取决于物质，而完全取决于自由专断；它有别于联合，而接近于利己主义。当工业刚刚出现，劳动产生出它的第一批成果时，个性便与共有制展开斗争；从这时起，家庭从门槛直到夫妇的床榻，共有制便显得残缺和逐步衰微了。其后，我们又可以看到它与自由的和高效率的教育不相容。最后它就迅速崩溃，只存在于受雇的公务人员之间，而在自由劳动中则完全消失了。这一切是事物的必然性和我们天生的自发性所造成的；这一点是经济学家们早就承认了的。

杜诺瓦耶先生完全正确地大声疾呼："难道人类社会的精神是消灭一切个性，消灭一切过渡性的集体存在，只容许有一个巨大的公共存在，一切其他存在都必须融合在这个公共存在之中吗？怎样使人们声称要加以捍卫的自由与强制的集中相协调

呢？甚至于怎样使人们企图争取的进步和团结与这种集中相协调呢？让我们毫不迟疑地宣布，如果确实存在着某些应该依靠社会和民族的大规模统一才能完成的事情，那么，也存在着为数大得多的事情需要由低一级的集体单位，包括省级单位、市镇单位、工商企业单位和更大量的家庭单位，特别是由孤立的单位，由不计其数的个人单位来完成。为了形成一个真正庞大而团结的民族统一体，不仅要有一个能够代表整个国家进行活动的单位，而且首先需要组成这个国家的一切人都作为个人、家庭、合伙企业、居民共同体和省份积极地和富有经验地进行活动。他们愈是在各方面发挥作用，就愈成其为国家机体的组成部分。”

我认为社会主义者必须认真考虑这一段话，因为其中包含的哲理和真正的社会科学原理，要比一切乌托邦主义者的著作还要丰富。

至于共有生活特有的优点，看来一般的意见是：

在福利平等的前提下，如果劳动、交换和消费都完全独立进行，大家的生活条件肯定最好；

如果劳动共同进行，而消费仍然私人化，生活条件就显得稍差，但仍然是可以忍受的；这指的是大部分的工人和低级公务人员。

如果不论劳动、家务、收入和支出，一切都实行共有，生活便变得枯燥无味、疲惫不堪和令人厌恶。

这是反共产主义者的成见，是任何教育也无法加以动摇的成见，甚至只会使它更为牢固。因为用不着说，谁也发明不了能够改变原则的教育。最后，看来这不但是所有主，而且也是共产主义者浸透着的一种成见；否则，又怎么解释共产主义者的犹疑不决呢？究竟有谁阻挠共产主义者在他们当中实行自己的主张呢？他们究竟还等待什么呢？要想使我的理性遵从共产主义原则，不妨给我举出一个证据来，说明究竟有哪两个家庭的夫妇子女能够在彻底的共有制下和睦无间地生活。

其实，共产主义者本身也并不真正懂得共产主义，共产主义在世界上应该起什么作用，还有待人们去探索。人类就像一个醉汉，犹豫踟蹰于两个深渊之间，一边是私有制，一边是共有制；问题在于它怎样走过这段使它头晕脚颤的险道。共产主义著作家们对此将何以作答呢？

## 第三节　共产主义问题的地位

卡贝先生有几名学生因为听说存在着或者说可能存在着某种真正的社会科学，便给他们的老师写信，请求他科学地阐述一下**共有制**学说。他们发现不论是小说《**伊加利亚**》、《**太阳城**》[①]，还是《**法伦斯泰尔**》，都没有什么科学内容。卡贝先生在 1844 年 11 月号的《**人民报**》上作了如下答复：

“我的原则就是博爱主义。

我的理论就是博爱主义。

① 《太阳城》是 16 世纪末 17 世纪初意大利早期著名空想社会主义者康帕内拉的代表作。——译者

我的体系就是博爱主义。

我的科学就是博爱主义。”

然后，卡贝先生就把这段重复的语句阐发一番，说它如何美好，如何崇高。

博爱主义！照卡贝先生的说法，这就是共产主义学说的基础、形式和实质。平心而论，应该承认卡贝先生与圣西门和傅立叶一样，是一个学派的领袖。当犹太的非教徒询问圣保罗他的学说是什么时，圣保罗开了个高雅的玩笑，回答他们说：“我只知道一件事情，就是耶稣被钉死在十字架上。”卡贝先生就像圣保罗一样，他对自己的新门徒说：“我只懂得一件事情，就是博爱主义。”

我不晓得这些得到特许如此开门见山地质问老师的公民们是否满足于这个回答，反正我可以说，他们的问题起码是提得十分合理的。他们感觉到一点，而且无疑是从您、亲爱的维尔格德这里学到的，就是“在任何社会里，行使个人占有权总是多少受到限制，至于消费品或者纯粹与个人生活有关的物品的使用权，甚至滥用权，则总是可以容忍的”；因此，看来他们这样提问是颇有理由的：划分公共物品与私人物品或个人物品的界线究竟何在，以及面对着这种区别人们应该如何行事。因为，如果像您在自己书中的某处说过的那样，“排他的占有有它的界限；而且像一般所公认的，为了不妨害其他人的自由，或者更确切地说，为了保障大多数人的自由，这种排他占有还可以进一步缩小”，那么，同样，共同占有也有它的界限，为了不妨害大多数人的自由，或者更确切地说，为了保障每一个人的自由，这种占有也可以受到进一步的限制。那么，什么是公共占有和个人占有的界限呢？这就是卡贝先生的学生要求他解答的问题。

但是，这也正是卡贝先生如果不背离自己的原则和抛弃自己的旗帜便无法回答的问题。因为，如果共有制掺杂着或者渗透着个人占有，如果它受所有权的限制，它就不成其为共有制；而且人们就要问，这种混杂或渗透究竟是以什么原则为依据呢？所有权在其中所占的比重和分量又是以什么理论为准来确定的呢。所以，卡贝先生才以一位老练外交家的面目出现，用“拒绝接受”来对付这些好奇者，宣称自己的原则、理论、体系、科学、方法和学说等等全都是博爱主义。卡贝先生也只能这样作答；而我呢？实在钦佩他敏锐的观察力和卓越的文采，居然能一下子就找到这样一个高明的字眼儿。

但是，这里的博爱主义一词，含义非常广泛，如果换上柏拉图的“共和国”一词，内容也不见得减少；要是换上傅立叶的“吸引力”一词，含义就更广了；倘若换上米什莱先生的“爱”与“本能”，那就更是包罗万象了；或者代之以其他人的什么“连带关系”，那也是包括一切；最后，如果换上路易·勃朗先生的“国家的伟大创造力”，那就与上帝的万能完全同义了。可见，所有这些词汇表达的内容是完全等同的；所以，当卡贝从《人民报》上居高临下地回答向他提出的问题，声称“我的科学就是博爱主义”时，实际上就是在代表整个社会主义说话。

我在下面即将证明：一切社会主义乌托邦，实际上毫无例外地都可以用卡贝先生的这种非常简单、断然和明确的方式来表述，即“我的科学等等就是博爱主义”，谁要是敢给它加上一个字的注释，便会马上流为叛道和异端。这意思就是说，无论是柏拉图、诺斯提派[①]、早期教父、华尔多派[②]、莫尔、康帕内拉、巴贝夫[③]、欧文、圣西门、傅立叶，或者是他们的继承者卡贝先生，都无法借助自己的原则来解释社会，更谈不上说明社会规律了。

但是，在博爱、爱、吸引力等等这样一些我们认为具有相同意义的词汇中，卡贝为什么偏偏选中第一个词呢？

这点需要说明一下。

## 第四节　共有制的本末倒置

共有制和宗教一样，必须做的第一件事情便是扼杀争论，因为如果存在争论，任何制度便都不安全和不稳定。因此，我奉劝卡贝，一旦他从人民手中接过国家政权，应该把一切党派都置于他的家长式独裁下，并且彻底改变大学教育制度，因为在原来那种可恶的教育制度下，年轻人只会变成不留情面、毫不妥协的怀疑家、问难家和论辩家。



人们要问，卡贝先生向南特[④]的共产主义者解释社会原则时为什么不说他的原则是吸引力，他的理论是吸引力或者说他的体系是爱等等呢？总而言之，为什么他选中了博爱一词呢？

---

① 诺斯提派是古代一种用波斯和希腊哲学来解释上帝的宗教哲学派别。——译者

② 华尔多派，法国中世纪的一个以其首领华尔多为名的新教派。——译者

③ 巴贝夫(1760—1797)，法国革命家，空想平均共产主义的代表人物，组织过“平等派”密谋，起义失败后被杀害。——译者

④ 南特，法国西部滨海工业城市。——译者

为了使卡贝先生不致认为我在搞突然袭击，免得他被迫拿出混合主义[①]来反驳，说什么他的体系是什么东西都有，包括了吸引力、本能、博爱等等，我想证明1844年11月号《人民报》上所下的那个定义是来源于一种真正超凡的观念。这个定义不但包含了共有制科学，而且还包含了整个社会科学；因此卡贝先生说他的原则、他的体系和他的科学就是博爱主义是极其正确的。

亲爱的维尔格德，就像您十分清楚地看到的，如果说从传说的远古以来，共有制便从人类制度中逐渐消失，那么，这一事实本身便表明，不论是柏拉图著作中所研讨的那种共有制，或者是莫尔所喜爱的那种共有制，或者是"巴齐里亚德"[②]或"伊加利亚"的共有制，都是一种依靠本身就无法建立和保存下去的形式，它需要某种东西，即所谓原则的支持才能存在。按照卡贝先生的说法，这种生存成分、这种成活因素就是博爱精神。但是，博爱精神又怎么产生共有制呢？社会主义科学的深奥之处就表现在这里。

如果我质问各种从事改革的人，他们打算用什么办法来实现他们的乌托邦，那么，他们一定会不约而同地拿这样一个合题来回答我：为了革新社会和组织劳动，必须把公共财富和公共权力委托给那些懂得这种组织科学的人来掌握。这个基本原则他们是一致的。各个社会主义派别不停地向顾主们叫卖的货色，都是以这个观念作为出发点。不过，为了使这些改革家们能够真正主宰其事，能够有效地运用其权威，就应该赋予这个政权以巨大的创造

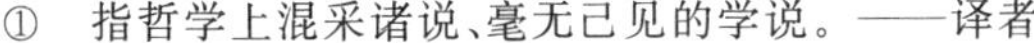

① 指哲学上混采诸说、毫无己见的学说。——译者

② 巴齐里亚德，法国18世纪伟大的空想共产主义者摩莱里所设想的没有私有制的理想社会。——译者

力，——这就是路易·勃朗的体系。那么，在什么条件下这个政权能够获得最大的力量呢？就是它必须是民主地建立起来，或者说，它必须是共和国——这就是柏拉图、卢梭和《国民报》[①]等等的体系。政治改革是社会改革不可缺少的前提。但是，为什么民主制就一定优越于君主立宪制或贵族议会制呢？因为人们都是连带责任者，应该使他们彼此在政治上和法律上平等，——这就是所谓联合的连带责任制。就我所知，这是舍布利埃[②]先生提出来的。为什么人都是连带责任者呢？因为他们是生活在一个具有共同规律即吸引力的国家里，他们的一切活动都是由于这种吸引力而相互联系着的，——这乃是傅立叶的体系。我们新近才听说的这种吸引力，究竟是什么东西呢？原来就是爱，就是我们长期以来所理解的仁慈，——这是米什莱先生的体系。人们为什么会像磁铁的两极一样，彼此相爱又相恨、相吸引又相排斥呢？那是因为人皆兄弟，——这是卡贝先生的体系。

因此，共有制来源于博爱这一自然界与宇宙间、生理上与病理上、政治上与经济上最首要和最伟大的事实，就如结果产生自原因一样。类推词义，这就是社会主义的方法、理论与论证手段。亲爱的维尔格德，您不妨说说，那十二种基本情欲和一系列成对的概念难道包含着比博爱更多的意义吗？也许人们可以在这一系列空洞的词汇之间再增添大量的中间项，可是有一点是肯定的：它们归根结底指的还是博爱。人类的种族、起源和团结的基础无论怎样不



① 《国民报》，法国政客梯也尔等主办的代表大资产阶级利益的政论杂志。——译者

② 舍布利埃(1797—1869)，瑞士资产阶级庸俗经济学家。——译者

同，总是明显地表现出这一点。要不是国民公会里的所有主进行阻挠，罗伯斯庇尔一定会向法国宣布："不是博爱就是死亡！"作为这位伟大人物的后继者的卡贝先生从命运之书[①]中读到的，也正是这个光芒四射的语句。无论您怎么说，反正古今的一切乌托邦主义者对科学奥秘的探索，从来没有超出这一点。

那么，对首要、次要和最终的原因了解如此清楚、编造词句又如此高明的社会主义，为什么一直只能使世界担忧而始终未能使人们更为美好或者幸福一些呢？归根结底是因为，如果说政治经济学还有一些工作成果可供人们评价，那么，社会主义却面临一种巨大的危险，就是它可供人们评价的只是它的无能；因此，对于我们说来重要的是要像我们原来分析成规的二律背反那样仔细地分析一下乌托邦的贫乏无力。

对于任何认真思考过人类社会性的发展经过的人来说，这种唯一值得立法者关心和道德学家关注的出自心灵和理性的实际博爱精神，这种血统上的博爱只是其肉体上表现的博爱精神，绝不像社会主义者所认为的那样，是社会完善化的原则和社会进化的规律，而只是社会完善化和社会进化的目的和成果。问题并不在于怎样使我们作为精神上和心灵上的兄弟共同地生活而不互相征战和彼此吞噬，因为这只是问题的一个方面；问题在于怎样使我们从天性上的兄弟变为情感上的兄弟，使我们的利益不把我们分裂开来，而是把我们联合起来。这是任何人都懂得而乌托邦却因为近视而无法理解的简单常识。因为正如我们曾经用经济矛盾的图表

① 指《圣经》。——译者

所证明的，文明制度发展的一个不可避免的结果就是煽动人类的欲念，燃起人们肉欲和贪欲，把这些上帝的天使变成凶恶的野兽，从而使这些命定贪图舒适与逸乐的可怜众生自甘狂暴地争战，导致惊人的死伤，要想给他们提出一些原则作为和平条约的基础并不是容易的事情。那么，劳动应该怎样分配呢？交换的规律应该如何呢？怎样实现公正呢？排他性占有应该从哪里开始和以什么为限度呢？共有制应该扩及多大的范围呢？这种成分在集体组织中应该占多大的比重，应该采取什么形式和遵循什么样的规律呢？总之就是怎样使我们变成兄弟呢？这一点既是共有制的前提条件，也是它的最终目标。

因此，博爱、团结、爱情、平等等等，都只能是利益协调的结果，亦即劳动组织起来以后的产物，是交换理论的体现。博爱与一切联合形式及管理形式一样，都只能是共有制的目的，而不是它的起源。可是，柏拉图、卡贝以及那些追随这两位社会主义泰斗的人们，却不是给我们讲授生产和交换的规律，而是向我们要求政权和金钱；我的意思就是说，这些人从博爱、团结和爱情等等出发来建造乌托邦；从而就把结果当成了原因，把结论当成了原则，就像俗语所说的，从修建天窗开始盖房。因此，我要再问一遍，如果光是只要博爱就够了，又有什么可以妨碍社会主义者彼此联合起来呢？为了做到这一点，难道需要哪位部长的批准或者哪个议会通过法律来认可吗？这样一种十分动人的情景只会使世界繁荣起来，而毁灭的只是乌托邦；共产主义者为什么就缺乏这种献身的勇气呢？

这正是那些敢于质问卡贝先生的人内心感觉到但是又无法理解的问题。但是，他们的老师却给了他们一个高度巧妙的回答：

“我的原则就是博爱主义。”因为如果不是这样地本末倒置，共产主义学说就无法再存在下去了。卡贝先生确有把握地认为经过这种中肯的回击，人们就不会再追问他博爱原则究竟是什么，因为要是让人们这样追问下去，问题将无穷尽，事情应该就此结束才行。

## 第五节　共有制与作为它的形象和样板的家庭是不相容的

我们已经谈了共有制的起源，它在文明中的表现，它需要解决的是哪些问题，以及它所能运用的是哪些论证方法；现在，我们来看看共有制的效果和它的乌托邦性质。

一方面，我们已经证明，某些物品的共有制是有事实上的必要的，而在另外一些物品上，共有制却是事实上行不通的。

另一方面，我们也证明，原始野蛮时期出现的那种为数不多的攻击私有制和维护共有制的现象，既是出于某种精神与感情上的考虑，也是来源于某些绝非个人考虑所能左右的经济必然性。只是经过许多世纪的实践和反复的思考以后，私有制与共有制的对立才以某种精确的方式确定下来，我们才看到有的人超脱于各种庸俗的考虑，鄙弃那种曾经激发新制度的精神，或者抛弃对黄金时代的回忆，开始系统地与上述两种趋势作斗争，首先出来主张一切可能被占有的东西都应该共有。由此便出现两种相矛盾的乌托邦，即共有制和私有制；前者一直在缩小，后者却在不断扩大。私有制始终没有成为自己所希望的那个样子，即完全和绝对的私有制，共有制也从来不是完整的共有；所以，真正的共产主义者就如真正的所有主一样，只是一种理性的存在。

假定共产主义只是希望在可能的限度内推行其原则，那我当然倾向于共产主义；但是，对严肃的理性说来，光是这一点是不够的。所谓可能的限度究竟是什么呢？当共有制和私有制同样有必要时，究竟由谁来确定这个限度呢？谁能给我证明在不同情况下应该向共有制还是向私有制让步呢？他又怎么证明这一点呢？即使我是一个共产主义者，我不是也经常需要有一个原则来确定哪些事物不应该私有或者不应该共有吗？既然共有制也需要一个原则来建立和确定所有权，它本身岂不是什么也不是，无非就是私有制吗？

现在来谈谈事实。我想从人们公认为共有制障碍的家庭说起。

一本名叫《人道杂志》[①]的共产主义刊物明确地主张公妻制。卡贝先生宣称他赞成暂时维持婚姻与家庭制度，对妇女公有问题采取保留态度，既不反对，也不接受。佩居赫[②]先生无保留地拥护一夫一妻制；而您，亲爱的维尔格德，由于我相信您只是他们的一位平庸伙伴，并不急于结束战斗(in venerem segnis nosturnacque bella)，所以估计您不会提出比此更新的主张。难道我无权对你们的这种分歧感到奇怪吗？佩居赫先生在婚姻条款上不如卡贝先生那样共产主义化，而卡贝先生又逊于《人道杂志》，显然，这当中最

① 《人道杂志》是从卡贝门徒中分裂出来的一个派别主办的杂志，主张公妻制，受到卡贝的严厉驳斥。——译者

② 佩居赫(？—1887)，法国政论家，议员，写有若干关于社会经济问题的著作。——译者

合乎共产主义逻辑的要算是《人道杂志》了。我应该相信谁好呢？如果只是以论证为依据，而且考虑到社会主义者所公开表现出来的贪馋欲望，我一定会和《人道杂志》一齐反对家庭婚姻。如果考虑到男女的性的混乱将毁灭爱情，我又不得不承认应该存一种例外，需要有家庭婚姻，而且随着这一例外而来的将是无数其他的例外。这样一来，我就莫知所从，只好毫无防御地听任人们自由专断了。这是怎么一回事呢？共产主义者竟然连一个共同的主张也提不出来！他们就像我们的政治代表一样，分成温和派和极端派。他们当中既有左翼，也有右翼，还有一些教条主义者。这么说，究竟谁是共有制的基佐[①]呢？

最为合理、最讲实际，从而也最为落后的共产主义者以为，只要指出共有只是就物而言而不是就人而言，便可以摆脱他们在婚姻问题上的困境；而您，亲爱的维尔格德，就是他们中的一位，您的说法和卡波克拉特[②]一样：对一切物品共有，而不是对一切人共有（Omnia communia，non omnes communes）。

您的伟大启示者柏拉图，还有混合主义者、摩尼教徒[③]、圣西门主义者以及傅立叶，都以为可以对一夫一妻制稍作修改。必须承认，他们如果在这个问题上忘记了“我”的不可侵犯性，就是可怜的论证者。他们认为，爱情是一种财富，是大数人的最宝贵的财富，这恰恰是困难所在。因为，虽然我应该尊重妻子的人身，但是，

① 当指首领、代言人。——译者

② 卡波克拉特，公元 2 世纪时柏拉图派哲学家。——译者

③ 摩尼教是公元 3 世纪时波斯的一个兼采基督教义和古代多神教义的教派。——译者

她又怎么可以拒绝我对物品的共有呢？难道我不是她的弟兄吗？难道她再也不是我的姊妹了吗？……

请您想一想，这个问题的解决对我来说是多么重要；请您思考一下后果，我敢向您担保这种后果一定是肯定无疑的。共有制究竟怎样应用于爱情问题上呢？在性关系上怎样的法律最为适宜呢？是否在任何情况下都必须规定重罪或轻罪？如果是这样，那是为什么呢？在早期基督徒中，如果一个男子与一位漂亮妇女结婚而没有把她引领入教，便会被谴责为自私。他必须道歉并且与告发的人们同住，把自己妻子归为共有。既然共有制可以强制丈夫，便也可以强制妻子；就是说，任何一个外人，即使没有参加共有制，也可以要求这个妇女完成其……博爱义务，要是她拒绝，还可以动手惩罚她。在共产主义下就永远可以强奸、诱奸、乱伦或通奸吗？请您再三考虑考虑这一切吧！我需要的是证据，而且是最有力的证据。

如果您完全赞同柏拉图的原则，并且主张两性完全共有，那您就不得不把爱情这样一件世界上最自由的事情变成强制的事情，用强奸取代卖淫；那样，还有什么博爱、礼节和相互的爱情可言呢？

如果您作出保留，认为在淫欲之前必须得到对方的同意，那么，这种共有便成了非强制性的，结果我们便又回到自由选择、卖淫和独占的制度。一些人实行多妻制，另外一些人实行无妻制，而且大家都实行私通制——这就是傅立叶用一个新的名词加以神圣化的现行的制度。在性关系上承认非强制性共有制的社会主义派别，其实与那些模仿文明、维护才能与资本的特权的派别是一回事，归根结底与维护强权的派别是一回事。财富分配上的不平等，爱情分配上的不平等，这就是这些伪善的改革家们所向往的制度。对他们来说，公正、理性和科学都算不了什么，只要他们能支配别人，能够享乐就行。无论从哪一方面说，他们都是伪装起来的私有制拥护者，因为他们是从宣传共产主义开始，然后没收共有物供自己享用。

最后，如果您维护婚姻的不可侵犯性，那么，光是这一点您就是在大共有制里制造新的共有制，制造国中之国(imperium in imperio)；就是让家庭登上王位，把家务、私有权、世袭制等一系列与共有制不相容和相矛盾的事物变成家庭的不可分离的属性。

您说，共有制适用于物品而不适用于人身。请原谅我直言不讳，这不过是在变戏法。人身的共有制或公有制是通过物的中介而存在的，因为除非人不吃饭，否则他们之间的共有制总是通过享用同样的物品而确立的。因此，不依我的意志为转移而形成的我的寝室、床榻和衣服的共有，使我的人身也成为共有，用《圣经》里的话说就是使我的人身受玷污和受压迫。一切有关我的劳动、爱情和欢乐的事情，都是如此。我与共有人(例如对太阳的共有、国土的共有或者语言的共有)离得愈远，我就愈是纯洁，愈是自由，愈是不受侵犯。相反地，和我处于共有地位的人离我愈近，就像柏拉图所提倡的那种方式，我就感到愈是庸俗和卑贱。您说，在情爱上必须双方同意。不错，夫妇的共有确实是以这一原则为基础；但是，如果这个属我的妇女与别人通奸，甚至还是出自自愿，如果在她卖身于人的期间，仍然分享着我的床榻，仍然睡在我的怀抱中，难道不是连我也被出卖、也被玷污了吗？肮脏的妓院有渎神灵(Foeda lupanaris tulit ad pulvinar odorem)！即使这个罪人死亡，

也不能洗刷掉我蒙受的耻辱；如果共有制一定要强加这种耻辱给我，我就坚决反对共有制。迈伊斯特勒伯爵[①]说，人的气味会在肉体和精神上致其亲人于死命；妇女共有制是一种瘟疫制度。给我滚开，共产主义者们！你们在这里对我说来是一股臭气，你们的观点使我作呕！

让我们转到简要谈谈圣西门主义者、傅立叶主义者和其他贩淫者的观点吧！他们力图使自由的爱情与廉耻、温存和最纯洁的精神协调在一起。这是卑鄙的社会主义的一种可悲的幻想，是狂热的淫棍们的最后一个梦想。只要人们朝秦暮楚地放纵情欲，肉体马上就支配了精神，情人彼此就只是玩乐的工具；结果，性感的冲动取代了心灵的结合，淫欲过后便是决裂。为了判断这是些什么货色，完全用不着像圣西门那样靠人所共知的维纳斯神来加以检验。



或者是不要共有制，或者是不要家庭，也就是不要爱情。事情只能是这样。

家庭虽然在我们看来是社会的有机组成因素；但是，有了家庭，个性便最终显现出来，发挥它的力量，而且愈来愈走向自私。像勒古鲁[②]或者那几个自封为基督使徒的狂人那样，完全蔑视事实的权威，把自己的妻子儿女遗弃给公众来救济，其实并不是个别的例子。人一有了后嗣，马上就由于自己做父亲的身份而变得孤

① 迈伊斯特勒(1753—1821)，法国作家和哲学家，仇视法国革命，维护王政与教权。——译者

② 勒古鲁，古罗马将军，为迦太基人所俘，被派回罗马游说换俘。他说服了元老院拒绝这个建议，并不顾国人劝阻，只身回迦太基，受酷刑而死。——译者

僻和残暴，因为他成了世人之敌，任何同胞在他看来都是外人，都是仇人(hostes)。婚姻和父伦本来应该增强他对亲人的感情，实际上反而激发了他们的嫉妒、猜疑和仇恨。一家之父比独身汉更为贪婪无情和仇视社会，其情形就如虔诚的教徒由于热爱上帝而走到厌恶世人一样。这是因为一家之父的意志和自私心主要用来保护他的那些有一天将继承他并为他延续后代的儿女的童年。抚育一个人成长不是一天的事，需要许多年，需要艰苦的劳动，需要长期的节约。人为了自己的生存而与自然作斗争，而为了儿女的未来则需要与整个社会作斗争。

您说，共有制将消灭这种对抗。可是，既然共有制要不就毁灭家庭，从而毁灭人类，要不就容忍家庭存在，从而瓦解共有制，它又何从消灭这种对抗呢？

从儿童与妇女的幼稚无知中，也可以看出家庭的反共产主义的性质，甚至可以说，看出家庭的反社会的性质。

我经常看到一些所有主的孩子不屑与年龄相仿的儿童一起游戏，宁愿关在家里，以免和工人子弟交往，好像照射过下等人的阳光会使自己的高贵血统失去光泽似的。至于妇女，有一个人所共知的真理，就是她们渴望结婚，无非是想充当她们称之为家政的那个小王国里的女王。剥夺了她们的家政，剥夺了她们进行和平治理的对象、她出发征战的据点，她们就再也没有理由忠实于丈夫，再也不从属于丈夫。婚姻如果失去其外在属性，对妇女说来便变成一种抽象的事物，一种偶然的联系；既然缺乏任何实际事物作为支柱，只要夫妇稍一不欢，婚姻也就瓦解。共有制充其量只对卖淫者和修道女有利，对家庭母亲说来却是可憎的事物。共有主妇与妓女之间，只有表面上的区别；因此，这两者在古代用同一个词来表示[①]。

在伊加利亚(我每次想到卡贝先生时，总是好笑)，每栋房子都有庭院和花园，由一个家庭住用。就这一句话便包含了三种背离共有制的例外情况：1. 家庭分开；2. 住所分开；3. 家政分开。事情还不止于此，卡贝先生给伊加利亚人规定的那四顿饭(傅立叶答应的是七顿)中，有两顿在工厂里吃，就是早点和早饭，第三顿是在共和国餐厅里共餐，第四顿，即晚饭，则是在家里吃。为什么要这样区别呢？为什么要有同事共餐、邻里共餐和一家共餐之分呢？为什么不四顿都在外吃，或者都在家吃呢？

您不是赞成消费私人化吗？由于家政料理是否高明取决于妇女的才能，而且享用的艺术并不比生产容易，因此，家里要有一位能干的主妇，同样的收入便可以过双倍幸福和舒适的生活。结果，各家的生活境况就不再平等，这难道公正吗？如果您认为这是公正的，我便要问您：既然消费与生产归根结底是一回事，那么，为什么您不把适用于消费的原则也应用到劳动上呢？一句话，每个人的福利水平为什么只能与他的享用艺术的高下成正比，而不能同时与他的生产技艺的高下成正比？

卡贝先生如此粗心地提出的这种例外情况，其后果将是取消共有制的本身。难道为了坚持共有制原则，为了保持共有生活便应该禁止私人生活吗？……要是那样，我可要提醒你：共有制便将从物品过渡到人身；实行了这种平均化的制度，所有的人都将变成



① 即希伯来语和迦勒底语的 Zonah，指酒馆老板娘和妓女。

奴隶和卑下者；那时，我敢肯定，一个可怕的敌人，即自由，定将起来反对您！岂有此理，我们竟不得不取消一切海关、关卡和一切屏障，焚毁一切所有权凭证，推倒一切围墙，拔掉一切界桩，摧毁一切妨碍自由的东西；我们必须20个人以上在一起才能劳动、谈话和喝上一杯，而且必须是在共和国的饭店里在共和国城市宪兵的监视下喝。唉！我祝贺您一定会很快看到出现一位独裁者，要是您愿意的话，也可以称他为族长；不过，我相信您的这个理论是实行不了的。

您可能会说，共有制或社会主义不能为卡贝先生的错误负责。我们已经证明，一切社会主义者虽然说法与卡贝先生不同，但是论据却和他一样，那么上面那句话又有什么意义呢？例如，在法伦斯泰尔中，劳动是共同进行的，完全无视个人的主动性，因为那里只有合股人而没有所有主，只有单纯的执行者而没有经营主，只有合唱队员而没有独唱演员。尽管允许有个人的房间，居住却是共同的，收支是共同的，吃饭是共同的；婚姻照样是随意分合的，随时可以背弃和破裂。另外一些乌托邦主义者主张取消城市，各家散居在大地上，就像提尔巴德[①]的修行者一样，分别耕作一小块土地，自力营生。还有一些乌托邦主义者提倡把人口集中到一些大首府里，劳动者分成班组，用火车分送到国土的各地去。所有这一切多少有点理由、多少有点共产主义和社会主义性质的主张，都不值我们一顾，因为它们显然连点方法、连点科学也没有。

① 提尔巴德，指古代上埃及，首府为底比斯。其西部沙漠地区住有不少修行僧侣。——译者

迄至1846年,我们的批评界竟然还在重新翻动这一类粪土,也可见我们的智能水平低下到了什么程度!但是,请不要急!在争论的烈焰中,社会将清除掉这些污垢。既然樟脑、菝葜[①]和水银经过药剂师的制作能变成公共卫生上最宝贵的药物之一,永远为人类的医药天才增光;那么,不论人类偏见如何荒谬,乌托邦如何令人厌恶,对这类错误的批判以及对这类智慧痘痈的治疗,也是有它的价值的。

## 第六节　没有分配规律,共有制就无从实现;但是共有制将随着分配的实行而崩溃



随着共有制的实行,家庭便将毁灭;即使存在家庭,丈夫和妻子、儿女和女儿、兄弟和姊妹等等称谓也将消失。也就是说,亲族和婚姻的观念,社会和家庭的观念,公共生活和私人生活的观念全都消失,一系列的关系和事实全都消失。社会主义不论表现为何种形式,最终都必然导致这样一个简单的结论!不去解释这些观念,确定它们的相互关系,不去规定权利和义务的原则,却一律加以革除,这真是奇怪的理论!可见,共产主义并不是科学,而是虚无主义!

那位渊博的《伊加利亚》作者也同意在某些情况下允许人们在家里吃饭,就是由共和国餐厅烹制和供应到户的那顿晚餐。

我又要问了,为什么不允许每家自己做饭,而一定要由公共餐

① 菝葜是美洲热带地方的植物,可作净化剂原料,其根是草药。——译者

厅把现成的饭菜送到各户呢？共有制难道取决于供应的是熟肉还是生肉、是热馅饼还是凉馅饼吗？或者说，这样做难道有什么经济上的理由吗？关于这一点，我要对这位立法者说："给我算个明细账吧！请按我的餐费供应我所选定的生食吧！"对此，他有什么可非难我的呢？

这样一来，我又回到了流水账上，又需要一个产品的估价和分配办法了。这样做意味着共有制的瓦解，因为任何流水账都通过**借方**和**贷方**来平衡，换言之就是通过"**你的**"和"**我的**"来平衡，任何分配都与个人主义同义。萨伊正确地指出：仍属公有的自然财富，在经济术语上就是未经**分配**的财富；如果所有的自然产物和劳动产品都处于这种状态，交换价值就等于乌有，而交换价值所带来的一切后果也随之消失，从而政治经济学也将不存在。因此，社会主义经济学家并不主张分配，他们的科学并没有走到这一步；他们只是主张**配给**。他们所取消的是社会科学中的一个新范畴，即**价值**，也就是交换、平等、公平、买卖、商业、流通、信贷，等等，等等。共产主义为了自己的存在而取消了这样多的词汇、这样多的概念、这样多的事实，使在它关怀下成长的臣民不必再谈论、考虑和使用它们。这些臣民将是一些蛰伏在博爱的岩层上的牡蛎，既不活动，又无情感……共产主义是一种多么高明和进步的哲学啊！

但是，在一个井然有序的共有制中，人们应该精确地掌握一切产品的消费需要和生产的限度。不论是对共产主义社会或者是对建立在私有制基础上的社会来说，价值的比例都是财富的首要条件。如果哪一个人拒绝记账，命运也将为他记账，而且绝不会出任何差错。因此，每一个生产企业都必须按其人力和生产手段在扣除灾难的损失和其他损耗之后，提供合乎比例的产品；反过来，每一个企业和国家机构又按照自己需要的比例从其他生产企业获得各种供应品。这是劳动和平衡必不可少的条件；如果是康德，一定会说它是价值的“无条件的要求”和“绝对命令”。

因此，我们必须建立簿记，起码应该建立如各车间、各企业、各城市和各省份的簿记。既然簿记是公平的纯粹表现，为什么它不能像适用于集团一样地适用于个人呢？为什么始自国家机构的分配不能一直应用到个人呢？难道劳动者之间就不如社会那样需要公平吗？既然为了完整地确定权利只需要作一点进一步的划分，为什么要中途而废呢？这样专断行事的理由何在，请说说吧！如果您不敢承认，还是我来替您回答：因为有了这样的簿记，一切人就都自由了，共有制也就不再存在了。实际上，要是在一个共有社会里个人劳动需要估值，消费又按人记账，那还算什么共有社会呢？

因此，共有社会与一切商业社团一样，没有簿记账册是不行的，只不过它是按企业单位建账，而不是按个人建账。它也需要一点公平，但是，过多的公平对它说来就成了灾难。共和国将编制其财产清册，但是要是按个人来计算收支平衡，就成了一种破坏国家安全的罪行。国家与各省都将按照价值的绝对规律进行交换，但是谁要是试图对自己或别人适用这一原则，就将被视为破坏金融犯，被处极刑。谁要是把社会公平具体化为个人的公平，就是取消了共有制！

可是，我说什么来着？社会主义并不算账，它拒绝算账。它和政治经济学一模一样，断定价值不可计量；否则，它也就懂得交换规律实际上已经提供了它力图通过乌托邦来追求的那些东西。社会主义一直在探索这个规律的公式；而且，正如神学在发现了自己编造的神话的含义以后、哲学在建立了自己的逻辑以后的情况一样，社会主义在发现了价值规律以后便自我认识并停止存在了。直到目前，还没有一位社会主义著作家敢于正面回答分配问题，他们和经济学家一样，全都认为无法确定分配的规则。他们一部分人把各尽所能，按劳取酬作为座右铭，可是却避而不谈照他们的看法什么是能力尺度，什么是劳动的尺度。另外一部分人则给劳动和能力添加一个估值因素，即资本，换言之即垄断；这就再一次证明，他们尽管装作志在洞察未来以哗众取宠，其实却不过是文明制度的狂热抄袭者。最后还有第三部分人，他们的意见是：为了避免那种自由专断的交易，应该以定量配给取代分配；而且他们奉下列原则为格言：在社会资源的限度内各取所需。这样一来，劳动、资本和才能都被摈斥于科学之外，工业等级制和竞争一下子全被消灭，从而生产性劳动者和非生产性劳动者的区别也取消了，一切人都成了公职人员；货币被最终地废除，一切代表价值的标志也随同货币一起取消了。在这个普遍友爱的王国里，信贷、流通、商业平衡等等词汇都完全失去意义！我所认识的一些有真才实学的人，竟然也有上了这种幼稚的虚无论之当的！……

亲爱的维尔格德，您曾经说，共有制是社会主义的最后阶段。正是因为如此，所以社会主义就一文不值，从来一文不值，将来也永远一文不值，因为共有制是对自然与精神的否定，是对过去、现在和未来的否定。

# 第七节　没有组织规律，共有制就无从实现；但是有了组织，共有制就将崩溃

制订一个共产主义方案是最容易不过了。

共和国是一切的主宰者：它分配人力、荒原和耕地；它建造商店、仓库和实验室；它修盖宫殿、工厂和学校；它生产衣食住所需的一切物品；它提供种种教育和娱乐，而且，据说都是**免费**和尽社会资源所及的限度。每一个人都是国家的工人，为国家而劳动；国家不发工资给任何人，但是却关心每一个人，就像家庭里父亲对自己的儿女一样。那位杰出的卡贝先生所描绘的乌托邦就类似于这样，这个乌托邦不过是希腊、埃及、叙利亚、印度、拉丁、英格兰、法国和美洲一切空想家们的乌托邦的翻版，只是加上了一些无关宏旨的改动。佩居赫先生又稍作变动地再度加以翻版，我们年轻的民主派代表路易·布朗先生所倾心的正是这种乌托邦，尽管这并非出自他的本意，但又并非毫无觉察。不能否认，这种方案因为既简单又明确，所以至少有一个优点，就是人皆易懂。因此，从这些人的著作中可以发现，他们期待人们争论的只是劳动时间的长短、衣服色样的取舍和其他一些空想的细节；他们自己就补充说：这一切都“**无损于制度的本身**”。

但是，只要我们考虑到人是一种反抗警察与共有制的自由生灵，考虑到凡是侵犯个人自由的组织早晚总要被个人自由所摧毁，那么，上述那种在乌托邦主义者说来如此简单的制度，马上便变成难以理解的复杂事物。同时，我们也可以看到，在社会主义的乌托

邦中，私人占有总是卷土重来，毫不尊重什么博爱主义，而且不断在破坏共有秩序。

我们看到，卡贝先生允许人们每天晚上在家吃饭；除了这点，卡贝先生还作了另外一个让步：每星期天所有的人都自由！这一天的每一顿饭，都可以自由决定(ad libitum)在家里、餐厅或者在农村吃。这位伊加利亚的立法人就像一位慈祥宽厚的母亲，认为有必要不时缓和一下共产主义的严厉性；他想让公民们感到他们彼此间不仅是兄弟，而且还是人。所以，每星期天他都放他们自由！

不仅如此，卡贝先生还在农业方面恢复小块土地的耕作，甚至可以说是恢复小私有制。在伊加利亚，耕作者，即共和国的农民，单独与自己的妻子儿女住在自己一套小房屋里，有自己的一小块土地。我知道许多共产主义者是反对这种制度的，经济学家也不见得赞成这种制度。但是我认为，如果说卡贝先生是异端者，那么，责骂他的人也是异端者，因为只要我证明他们之间只有形式上的分歧，您就无法认定他们有什么原则的分歧。好吧！我们就来简略地证明一下：任何组织，不论是共产主义组织或者别的什么组织，都必然需要有劳动的自由和个体化，正如一切分配都必然需要工资的比例化和个人化一样，这就使得共有制始终无法实现。

工业组织最首要和最强大的动力是各行业的分离，换言之，就是劳动分工。自然界通过气候的差别预示了这种分工，而且事先就确定了分工的一切后果，人类只是完成余下的事情。因此，人类只有运用这个伟大的分工规律，并从事源于这个规律的流通与交换，才能满足自己的各种普遍需要。此外，正是由于这种原始的分工，不同的民族才得以形成自己的特点和性格。各个人种的面貌并不是像人们所认为的那样，形成于某一代人并从此一成不变地流传下来；这种面貌是自然留下的烙印，只有通过住地的迁徙和习惯的改变才会消失。因此，劳动分工不是简单地作为一种生产方式在起作用，而且对精神和肉体有着重大的影响；它既是我们劳动的方式，也是我们教育的方式。从这一切方面看来，我们就可以说，分工既是财富的创造者，也是人的创造者，社会需要它，个人也同样需要它；而且，无论对社会或者个人来说，都应该尽可能充分而严格地实行劳动分工。

但是，运用分工规律就是助长个人主义，就是促使共有制瓦解。这种后果是无法避免的。其实，既然在一个治理完善的共有制社会中，每一种工业需要提供的劳动数量是已知的，劳动者的数目也是已知的，而且每一种劳动又是社会对每一个人提供工资和保障的条件；那么，共有制社会有什么理由违抗自然规律，有什么理由限制这种规律的作用，阻碍其效果呢？当一位公民向政府提出下列建议时，政府又拿什么来回答呢？

“我所属的这个集体提供的劳务总值是1000；

“我们每年的劳动天数为300；

“我们一共是50名成员；

“我愿担保，并附材料证明，我的建议无论从哪一方面说对共和国都是有利的。我的意思是只要能从总的消费中领到我应得的份额，我保证按照国家的意愿逐日、逐月、逐年完成比原来分派给我的集体劳动量高十分之一的劳动；但是，反过来我要求让我恢复自由经营，自负盈亏，并且单独劳动。”

这位前来要求摆脱集体劳动、为自由承担什一税的公民，其理由难道值得怀疑吗？公众自由是由个人自由总合而成，难道应该以公众自由的名义来禁止个人自由吗？这种禁止的理由何在？自由是我们生存的乐趣，没有自由，劳动便成了一种苦痛，生活则成了慢性死亡！正是为了自由，人类才从一开始就战斗不息；正是为了建立自由的王国，我们才致力于这场新的伟大革命。在社会的专制统治下，自由不是如同死亡的意识一样吗？难道为了避免失去自由便必须每天以自由为牺牲品吗？

人们也许会说：劳动自由是无法协调的，因为它意味着私人占有，而随着私人占有而来的又将是垄断、高利贷、所有权和人对人的剥削。我马上可以反驳说：如果自由产生这些流弊，那是因为缺少一个交换规律，缺少一种价值构成，缺少一种能够维持消费者之间的平等和各行业之间的平衡的分配理论。但是，在这个问题上究竟是谁在阻拦分配呢？是谁在拼命反对价值理论和交换规律呢？是共产主义！因为缺少分配规律便使共产主义否定劳动自由，然后又抛弃分配，以便保持劳动的共有，这是多么混乱的理论啊！

劳动组织，劳动分工或劳动自由，行业划分，所有这些术语都是同义词。但是，共有制在本质上是有机地组织的，所以行业一划分，它便崩溃；只有通过非组织化它才能在大地上存在和重生。因为，怎么可能想象会有一种不使生产者互相分开的行业划分，或者是不使劳动者利益发生分歧的劳动分工呢？在没有责任感，从而也就没有个人自由的情况下，又怎么可能保证高效率的劳动和可靠的收入呢？您说，劳动是要分工的，只有产品才共有。这是在故意绕圈子，拿原则开玩笑，无非是文字游戏，荒谬之谈。刚才我已经证明：如果消费不分开，劳动便无法分工，换句话说，分工的规律是以分配规律为前提；而这种通过与你的和我的同义的借方和贷方来实现的分配，乃是共有制的一种破坏剂。因此，在共有社会的内部，在产品分配和劳动分工中，必然存在着个人主义，因而共有制无论如何都注定要崩溃。它只有两种选择：或者是在解决价值问题的过程中败于公平手下，或者是在博爱主义的掩盖下建立起多数人专制以代替强力专制。

自亚伯被害一直到茹埃河的屠杀[①]为止，社会主义就劳动组织这一重大问题所提出的主张，即使不说是江湖谎言，起码也应该说是绝望与无能的喊叫。不论过去和现在，不论是在社会主义派别中还是所有主的党派内，都没有人能解决社会经济的各种矛盾；所有这些宣扬劳动组织和社会改革的布道士们，无非都是利用公众的轻信盲从。亲爱的维尔格德，我这里提到的其实不过是一个我们多次一致承认的古已有之的真理，可是他们却根本说不清是怎么回事。



生产者在他们的劳动中将是自由还是不自由的呢？连这样一个十分简单的问题，社会主义也不敢作答；因为不管它朝哪个方向走，都找不到出路。劳动分工与产品的精确分配紧密不可分地联系着；生产者的自由又与消费者的独立紧密不可分地联系着。如果取消了劳动分工，取消了价值的比例和财富的平等，那么，本来

① 茹埃河屠杀指法国政府对卢瓦尔矿区罢工工人的屠杀；参阅本书第 347 页注。——译者

可以供养100亿人口、使他们富裕强壮起来的地球，便只能勉强养活几百万野蛮人；如果取消了自由，那么，人类就只是可怜的苦役犯，只能绝望地带着锁链走进坟墓。如果剥夺人生的个人主义，人类就只会变成大型的原生动物。

但是，要是你肯定劳动分工，共产制便连同它的划一性一齐消失；要是肯定自由，警察的神秘力量便连同国家的宗教一齐消灭；要是肯定组织，那种其必然后果是连人身也共有的财产共有制，便不过是一种可诅咒的噩梦。

什么实行劳动分工的共有制，什么实行劳动组织的共有制，真是老天爷！这可是胡说八道，简直是拿知识、生命和智慧开玩笑。而您呢？竟然还责问我为什么不当共产主义者！要是您愿意，不妨查一下反义语词典，您就懂得我为什么不当共产主义者了！

## 第八节　没有公正，共有制就无从实现，但是，共有制将由于公正而崩溃

有一位哲学家说过：非我就是客体化的我，是与自我对立的我，是把自己当成另外一个我的我；主体与客体是同一的，甲等于甲。①

这个原则作为整个哲学体系的基础，在思维上可以认为是正确的。它也可以作为经济学的出发点，作为公平分配的首要定理。

① 此段指德国唯心主义哲学的代表人物之一费希特(1762—1814)的观点。——译者

按照这个观念体系，甲既然等于甲，那就是说，已实现的劳动是精确地相等于原先设想的劳动的；因而工人的工资相等于他的产值，消费相等于生产。如果把与其他生产者进行交换的个人看作一个只与自己进行交换的集体劳动者，看作一个与世人隔绝，因而自己成了整个人类的人，那么，上述说法就完全适用于他。就集体劳动者而言，工资相等于产值，因而所有的劳动者彼此间都是相等的，他们的工资也是相等的。这就是生活条件平等和财富平等的原则。

因此，对人类集体来说，平等不外就是整体与各部分总和的平等；各企业之间和各公民阶级之间的平等是随后借助自由而建立起来的；个人之间的平等则是最后通过不断的摆动缓慢地建立起来的。但是，平等最终应该是普遍的，因为每一个人都代表着人类；而且，由于人与人是平等的，所以一切个人拥有的产值也应该是平等的。

共有制的观点并不是这样。共有制害怕数字，算术对它说来是致命的。它并不承认一切都有重量、数量和尺度（Omnia in pondere，et numero，et mensura）这样一个普遍的规律也是社会的规律。总而言之，共有制不接受平等，并且否定公正。那么，它所偏爱的是什么原则呢？我们已经说过，按照卡贝先生的说法，就是博爱主义；而且我必须承认，有许多共有制的辩护者，虽然不像可敬的卡贝先生那样天真，主张的也是这种荒谬的意见。

根据这些深奥的理论家的论断，平等和公正不过是所有权的关系，对抗的关系；面对着博爱主义和牺牲精神，就无所谓平等与公正。在这种新情况下，赠与和收受成了同义语，幸福就在于施与，争相为他人献身将取代自私的竞争。这就是社会主义的最高观念，是我们必须深入加以探究的观念；因为有了这种观念，我们就将放弃公平与不公平、权利与义务、负担与损失等等一切低级的观念。从最高观念到最高观念，结果我们将什么观念也没有。

可以肯定的是，任凭物欲支配的原始人，只是模糊地感受到其同胞的这种神秘的爱。根据皮埃尔·勒鲁[①]的说法，耶稣基督本人对这种爱也并不完全了解；可是，共产主义者却把它作为自己学说的基础。战争状态是人类的原始状态。人类在相互献身之前是彼此吞噬；牺牲亲朋总是先于为亲朋而牺牲；吃人和博爱是经济进化的两个极端。我们还应该加上一句：每个人在自己的一生中，而且是在一生的每个时刻里，都在不断地再现着人类的这两副面孔。

因此，作为我们身上的天使战胜兽性的表现的博爱，主要并不是一种自发的情感，而是后天的情感，是教育和劳动的成果。那么，什么是博爱的教育制度呢？奇怪的是，在出现了那样大量的博爱说教以后，我们竟然不得不提出这样一个问题。

共产主义者的说法是，似乎只靠说服就能使人产生博爱情感。耶稣基督和他的使徒们宣传过博爱，所以人们也向我们宣传博爱。人们告诉我们说：你们要以兄弟相处，否则你们就会彼此为敌；或者是博爱，或者是死亡，除此别无选择。面对着这个两难局面，人类从来没有犹豫过，他们选择的是死亡。难道这是他们的过错吗？

① 皮埃尔·勒鲁（1797—1871），法国小资产阶级政论家，空想社会主义者，基督社会主义的代表人物之一。——译者

我无法理解，我根据事物的必然性得出的信念怎么会变成事物的主要成因。我之所以自由，并不是因为自由的优越性已经在我眼前获得证实，尽管这种优越性如果得到证实无疑会促使我更加想望自由；我之所以自由，是因为我拥有足以使一个人自由的一切条件。同样，人类将从分歧走向和谐，并不仅仅因为他们已经认识到自己的命运，而是因为社会存在着各种构成和谐的经济、政治及其他条件。人类响应耶稣的号召，为爱情而战栗，为温存而哭泣，一种神圣的虔诚感支配着他们的灵魂；这是反抗的结果，是长期心力交瘁的产物。这种感情只维持很短时间。基督教徒本身的不和，超过了他们对偶像的忌恨；博爱就像一场梦幻一样消散了，因为事先没有准备任何东西来维持它，可以这样说，因为它缺乏养料。现实情况仍然如此，今天与过去一样，博爱还在等待某种能够产生它的原则出现；社会主义是否认为光靠宣传就能为博爱准备好这个条件呢？

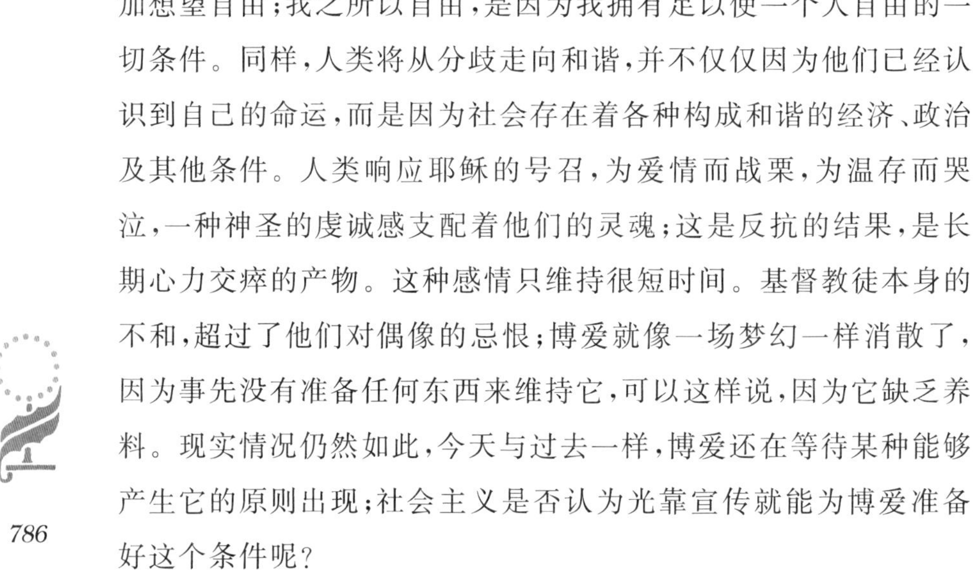

因此，我们是在沙洲上修建楼房；为了寻找沃土之国，我们不是沿着指定的路线一步一步地前进，而是企图从空中到达，结果便可悲地毁灭。博爱并不存在，这是人所公认的；社会主义不去寻求博爱的组成因素，而以为只要谈论一番，博爱就唾手可得。它说：但愿人们都博爱！……可是，博爱并不能到来。

有的人把博爱的形式当成博爱本身，保证说只要良好的教育能培植起高尚的礼节、风尚和情感，使未来的各代人都养成恭谨和亲睦的风俗习惯，那就不容人们假定将来会有人滥用社会的信任，违背献身与博爱的规范。这些人就像那些想以票证代替钱币、以契据代替押金，以为这样就可以废除货币的经济学家一模一样。

票证所值只相等于它的抵押物；同样，礼节、好意和献身的誓愿都只有当它们有某种抵押作为支持时才有价值；可是请告诉我，这种抵押究竟在哪里呢？产生友谊、尊敬、信任和帮助他人的责任感的是确切的互利，或者也可以说是个人的尊严感和独立性，个人可得的合法福利。宗教关心把一切个性和私念排除于修道院之外，可是，修道院里的花言巧语难道有点博爱的味道吗？不！不！那里的弟兄们本身的行为就很难使彼此互相尊敬。例如，我们可以看到，在一些宗教共有团体里，尽管以谦恭和克己作为条规，自我的堕落总是导致博爱的毁灭。这当然是这种制度的创立者的严重错误，上帝也许因为考虑到他们的善良愿望而容许他们这样做；但是，这种制度已经证明是错误的。多少世纪以来，僧侣之粗鄙、懒惰和淫猥一直传为笑谈；因为，这些宗教共有团体，即使是在那些把劳动作为修炼的主要内容之一的团体里，其种种弊端都是源自一个错误的理论，就是可以脱离公正来实现博爱。

如果以历史为证，就更足以说明这一点。为了使一个劳动者团体能够不依靠公正而存在，能够单凭博爱之情而维持下去，有一点是绝不可少的，那就是个人的永不谬误和无可非难，否则博爱马上就会消灭。一个人计划出版一本书，谁来垫付纸张、排字、印刷、装订、出售和邮寄的费用呢？无疑是共有制社会，因为什么东西都属于共有制社会所有，一切劳动工具、一切原料、一切产品和一切利润都是共有制社会的。但是，共有制社会印刷这部作品，就有白花钱的危险；谁来作保证呢？任命一些书报检查官来审查书稿吗？那样，出版就再也没有自由了。通过投票来决定是否印刷吗？那就必须让这些投票人事先读过正准备印刷给他们看的这本书。是不是可以等到作者征集到足够的订户时才印刷呢？那好了，我们又回到买卖和交换制度上来，回到**借方**与**贷方**的制度上来，也就是说回过来否定了共有制。

难以解决的疑难实在太多了！矛盾实在太多了！如果共有制社会态度慎重的话，它就应该为自己要求某种保证，即需要承认除它以外另有私人占有，并且自行宣布解散。如果作者确实是忠诚献身于社会，那他就应该单独承担自己作品的责任，也就是说，为了表现献身精神而脱离共有制社会。但是，既然他手上一无所有，他自己和别人都分文不名，即使他有献身精神，又怎么把这种精神变为行动，怎样牺牲和献身呢？无所得便无所与(Nemo dat quod non habet)，这是福音书上说的，是耶稣基督本人说的。凡是你没有存款的地方，你就不能提款；因此，最能作出牺牲的并不是共产主义者，而是所有主。这样简单的真理难道还需要我当成什么新的道理加以说明吗？

因此，共有制是条条大路通向自杀。如果按照家庭的模型来建立，它就和家庭一起瓦解；没有分配，它就不能存在，可是一进行分配，它就崩溃；它不得不组织起来，而组织起来又会把它扼杀。最后，共有制要求人们自我牺牲，可是它却剥夺了人们作出牺牲的物质基础和方式；它连提出自己进化过程的第一项也办不到，更不用说建立自己存在所必需的系列了。

如果您能自圆其说，提出可以捉摸得住的观念，说出顺理成章、可以使我理解的事实，我就一定承认这种事实，赞同这种观念。可是，要是我说，共有制只是从虚无中想象出来的，只与虚无相协调，只是依靠虚无而存在，您又表示什么态度呢？

## 第九节　折中、明智和可理解的共有制

从本书一开始我就说过，社会主义乌托邦中没有什么东西是私有制的成规里找不到的；照经院哲学的原则说，就是无所感则无所思（Nihil est in intellectu，quod prius non fuerit in sensu）。社会主义没有任何自己独创的东西；使它区别于其他理论、构成它的理论，而成为现在这个样子的，无非就是那些经过它任意篡改的剽窃物。

因此，什么是共有制呢？它是一种使国家扩展到取消个性和个人的创造性的经济观念。共产主义连国家的性质和使命也不了解。为了赋予自己以形体和面貌，它拼命抓住这个观念，只理解这个观念的相反一面；它把警察作为工业组织的模型，从而表现了自己的无能。它认为，国家至高无上地支配着它的雇员的劳务，反过来则供给他们食住和奉养其余年；因此，国家可以进行工农业生产，供养所有的劳动者，并且给他们养老。社会主义比政治经济学要无知千百倍，它只懂得把劳动的其他范畴纳入国家范畴，并且用这种办法把生产者全变成非生产者。它不理解，正是因为公务劳动是公共的，或者说是由国家来进行的，所以它的成本高于它的所值，因而社会的趋势应该是不断减少其公职人员的数目，而且绝不应该使个人自由服从于国家，而应该使国家和共有制从属于个人自由。

社会主义的做法与一切剽窃者是一样的。家庭给它提供了一种以爱情和献身精神为基础的共有制的模型；于是，它就急急

忙忙把家庭当成工业和农业一样划入国家范畴，从而家庭的分开便让位于家庭共有制，就如前此垄断的分工让位于垄断共有制一样。

在社会主义把家庭并入一个不可分开的整体以前，家庭中存在些什么呢？它存在着婚姻，存在着由于性别不同而实现的人的结合，存在着一个单独的社会，存在着夫妇的对话。这是人类个性发展的顶峰。社会主义却认为这一切都违背了它的原则，都是由于野蛮人的肉欲造成的，是作为文明危机的持续不断的通奸行为的产物。它对这一切的补救办法就是取消婚姻，用交配特许证来代替爱情的不可侵犯性。

在爱情和劳动上受到这样抑制的人的个性，看来正是借以通达劳动组织和产品分配的最轻捷的途径。



组织和分配劳动，还有比这更为容易的事情吗？无疑，劳动分工是反共产主义的，因为它把各种职能划归小集团，在小集团中又划归个人；另一点无疑的是，如果共有制能够避免这样的分配，就一定更为完善。但是，只有产品低劣时，才会消除劳动分工的不便。谁也不能独占劳动工具、劳动产品和产品的流通与分配，共有制仍然完整无缺；这样一来，政府唯一需要关心的只是以最少的费用生产出最大量的东西。

但是，政治经济学已经指出：劳动分工的问题并不仅仅在于生产最大量的产品，而且在于生产这大量产品的同时如何不损害劳动者的健康、道德或智能。因为有一点是业已证明，就是分工愈是精细，劳动者的智能便愈是低下；相反地，一个人愈是掌握生产的全部过程，愈是有可能把厌烦的操作和琐碎的工作转嫁给别人，他的理性就愈是上升，他的才能便愈是高超和优越。那么，怎样使劳动精细分工的必要性与能力的全面发展协调起来呢？能力的全面发展对每个公民说来既是一种权利，也是一种义务，而且对一切人说来是平等的条件；但是，由于它激发了个性，却意味着共产主义的死亡。

在这一点上，社会主义表现出自己既是可怜的逻辑家，又是卑鄙的骗子。在精细分工之外，它又把操作再细分，结果是工种叠工种，分了又再分，麻烦兼讨厌，琐碎加单调。它并不希望劳动者全都向往成为**多面手**和**综合手**；它把这种特殊地位留给有天资的人，其中有的培养成所有主一样的剥削者，因为**各尽所能**；**按劳取酬**，有的则培养成奴隶，因为**不分先后**，**一律平等**。社会主义并没有看到，或者不如说是太清楚地看到，劳动分工不仅是增长财富和造成财富平等的工具，而且同时也是发展智能和造成智力平等的工具。它极力反对它所厌恶的这种平等，因为这种平等是以自愿的牺牲代替强制的牺牲。正是因为这样，所以社会主义有时把能力置于分工之上，有时又把能力贬低在分工之下。在伊加利亚、柏拉图的理想国和法伦斯泰尔中，总之是在所有的社会主义著作中，科学和技术都被视为一种**专业**，一种行业；但是，无论在哪一本书里，我们都没有看到科学和技术被当成一种教育应该培养每一个人具有的能力。亲爱的维尔格德，您不但从书本上了解社会主义，而且还亲眼见过社会主义，请您如实地说，社会主义相信智力平等吗？要求人们具有献身精神的社会主义，真的希望实现生活条件的平等吗？在社会主义中，我指的是教条式的社会主义中，除了牛皮和蠢话以外，您还能看到别的东西吗？您说说，难道我这

是在诽谤吗？

不过，社会主义还是有一项发明，就是所谓引人入胜的劳动。

政治经济学当初作为一门观察与实验的科学出现时，第一句话就宣布劳动是神圣的。它一反宗教权威，宣称劳动对我们说来并不是上帝施加的惩罚，而是和吃饭、饮水、恋爱、娱乐和学习一样必需的生活条件。萨伊、德斯杜特·德·特拉西[①]、多洛兹[②]和亚当·斯密等人的著作中都充满着这样的思想。政治经济学是哲学思想为维护劳动、反对蛮族的怠惰和犹太教神话而发出的抗议。由此可以得出一个经济学家们也明确理会的结论：劳动是社会和人类所必需的，它能增强精神与肉体，能维护风俗与健康，它是财富的生产者，是进步的源泉和人类活动的表现；它本身从主体上说(a parte subjecti)并不折磨人，如果有时它带来疲倦和厌烦，那也只是劳动的对象物的性质造成的，也就是来自客体的(a parte rei)，或者是由于劳动过量而使然。经济学家所强调的精细分工和由此导致的操作单一化，是使劳动变成厌恶的最为人熟知的事例。那么，该怎么办呢？那就取消使用或者避免使用那些可能使人讨厌的劳动原料，并且把操作引向有利于体格和精神。可是，社会主义并不这样做，而是发明什么引人入胜的劳动。

首先，据社会主义说，经过极度精细分工的劳动，只要伴以优美的音乐、歌唱、高雅的谈话、读报、多次的工间休息、学艺和竞赛，就会变得愉快和轻松，始终像过节一样地欢乐。卡贝先生在伊加

---

① 德斯杜特·德·特拉西(1754—1836)，法国孔狄亚克派哲学家。——译者

② 多洛兹(1773—1850)，法国伦理学家和历史学家。——译者

利亚创立的制度就是这样；在这方面，他和柏拉图、康帕内拉、马布利[①]、摩莱里[②]、傅立叶等等大师的主张是一致的。高度理解自己的役畜的心理的社会主义，为他们安排了各种各样的娱乐；因为他们把娱乐对劳动的作用看成小夜曲演奏者对情爱的作用，深夜在新婚夫妇的窗下奏上一曲，便可以挑逗起他们朦胧的性感。1845年1月号的《博爱》杂志在这种种娱乐之外，还加上一个与劳动有关的主张，就是互相监督。显然，社会主义最希望的莫过于完全摆脱劳动，然而这是绝对不可能的，所以它就求助于所谓引人入胜的劳动这样一种理想，主张缩短劳动时间，减轻劳动强度，使劳动多样化，给劳动加点调料，去掉苦涩，最终又把劳动变成受监督和以牢狱作威胁的强制性劳动。发明这种引人入胜的劳动的人们，其天才是多么惊人啊！

但是，亲爱的大师们，既然你们这样擅长于模仿，那么就请记录下我将告诉你们的一个古老的道理：劳动是爱情的一种形式，它就如爱一样，本身就有其魅力；什么多样化、缩短时间、歌唱、音乐、谈天、劝说，什么竞赛、城市宪兵，统统都没有必要，唯一需要的是自由和智力。只是它要求人们开动脑筋和使用体力这一点，就足以引起我们兴趣、使我们喜爱它，以及激起我们的热情；它最有力的助手就是专心，最大的敌人就是分心。即使你到处张贴告示，鼓励偷懒，提倡好逸，劳动也永远不会减少，每个人的劳动量还是会不断地增加。最后，只要你宣布劳动就和婚姻一样，能够使人的个

① 马布利(1709—1785)，法国著名社会学家，空想社会主义的代表之一。——译者

② 摩莱里，法国18世纪空想共产主义的杰出代表人物。——译者

性不断得到最大限度的发挥和享有最大限度的独立性，那么共有制就连最后一点实现的可能性也消失了。这些道理都是经济学的入门知识，是劳动的纯真的哲学，是人类发展史中得到最充分证实的那部分历史。

社会主义连同它的那种建立在献身精神、博爱主义、共有制和引人入胜的劳动的基础上的乌托邦，比它吹嘘要加以摧毁、实际它却不断抄袭的私有，不知要低级多少呢！

社会主义充其量不过就是灾难性的共有制，把个人的错误归咎于社会，让大家对每一个人的罪过负连带责任。相反地，私有制就其趋向说则是共同分配福利，而且只要灾难是个人造成的，社会便不负连带责任。从这一点说，私有制的特点便是向公正发展，这种趋向在共有制中是绝对看不到的。为了使积极者不替怠惰者负连带责任，树立个人的责任感和社会法律的最高权威，培植纯朴的风尚，鼓励人们热心公共福利，诚实履行义务，互相尊重和信任，无私地爱护亲朋，最要紧的是什么呢？我认为就是金钱，因为所谓丑恶的金钱、作为不平等和掠夺的标志的金钱，是一种比共产主义的灵丹妙药有效百倍、强大百倍、可靠百倍的手段。

夸夸其谈的人谈论金钱就像寓言作家谈论语言一样，把社会的善恶一律归罪于金钱。他们有的人说，是金钱修建了城市，是金钱取得了战争胜利，是金钱在做买卖，在鼓励人们发挥才智、给劳动发放酬劳和支配社会的账目。另外一些人则反驳说，我们的一切恶行的酵母剂，我们一切背叛行为的根源，我们一切卑鄙行径的奥秘，都在于金钱，在于追求金钱的狂热，在于可恨的金钱欲（auri sacra fames）。如果上述颂词和咒骂都是正确的，那么货币这种照西斯蒙第先生的说法是经济天才所作出的最奇特的，而且依我的看法又是最有益的发明，就给我们的分析造成了矛盾，从而我们就应该抛弃它，以另一种更为高级、更为道德和更为正确的概念来代替它。但是事情并非如此，贵金属也好，铸币也好，纸钞也好，本身都不是幸福与苦难的根源，真正的根源在于价值的不真确。在我看来，体现在货币上的价值构成，正象征着秩序与幸福，而表现在其他产品上的价值的不规则波动，才是一切掠夺与一切贫困的根源。

各种价值普遍地构成，是全体劳动者工作和工资的最完善的保障。在这一天到来以前，金钱这种最先获得社会构成的价值，业已证明是使善行共同得益、恶行各自负责的最良好工具；换句话说，它是建立个人责任和建立公正最良好的工具。

您希望我相信我的弟兄们的劳动、勤劳和细心，那您就不必组织警察，不必互相侦探，何况这种做法是侮辱人的，是行不通的。您不妨让我们每人都靠劳动来赢得幸福，以劳动的多少作为福利高低的准确尺度，使劳动产品能够成为根据每个人的功过来施加奖惩的万无一失的第二良知。您也不妨编制一个用以比较价值的等级表或图表，能够同时表示以前和未来的价值波动情况，生产者可以随时据以指导自己从事最有利的经营，永远不怕生产过剩或者亏本。

最后，您还不妨把所有的价值与其中的一种价值作比较，从中归纳出一种足以表现一切价值的共同标志，以它作为一切交易的尺度。在这样的条件下，从事自由经营和享有最充分独立性的劳动者就能提供最完善的保证，这不是很明显吗？

然后，最好再采取一些天生缺陷者所需要的和人类尊严所要求的预防和救济性措施。这样做无非是以博爱来补充权利所拒绝做的事情，又有谁会试图阻拦呢？但是，人们应该记住：这种补充行动的道德性以及它的可能性都是以事先承认权利为前提；如果没有公正，不精确地划分你的和我的，慈善便变成一种勒索，博爱也无从实现。

金钱的统治是走向这种价值民主制的过渡阶段，是公正和博爱的基础。金钱和它所派生的各种信用制度，把生产价值提高到货币的尊严地位，因而使犯罪数字降低了。由于金钱和各种信用制度到处开辟市场和便利流通，便减少了贸易的风险，除了保障了安全以外，也增进了人们的行善之心和献身精神。

上帝为什么不是只创造一个个人，而是把整个人类放到世界上？不管是哪一派的哲学家，都对这个问题感兴趣。但是，共产主义却不能回答这个问题，因为从它的观点看来，创造人类是荒谬的。

伊加利亚的设计者也许是出于天主教的偏见，也许是由于尊重欧洲的习惯，所以仍然效法菲尼隆的榜样，在自己的共和国里保留一夫一妻制，只是在其他问题上给这个例外规定作些补救。卡贝先生到处制造停滞，排斥自发性和幻想。时装、珠宝首饰等等工艺都是反共产主义的。他和芒多尔[①]一样，规定服色一律，家具相同，活动统一，吃饭公共，等等，等等。根据这一点，我们就无法理



① 芒多尔，希腊神话人物，雅典娜常用其言行来教育儿子；后泛指严于诲人者。——译者

解为什么在伊加利亚不是只存在一个人，一对夫妇，也就是善良的伊加尔[①]，即卡贝先生，还有他的妻子，而且还存在许多其他人，其他的夫妇。这些人究竟有什么用处呢？全是穿着千篇一律的衣服的木偶，究竟有什么意思呢？大自然并不像印刷机那样，照着样版翻印；它虽然在复制，却从来不会造出完全相同的东西。为了制造出进步的和有预见的生灵，大自然让亿万的不同的个人降生，而这些无穷多样的人又组成大自然的一个统一的臣民，即人类。可是，共产主义却对自然的这种多样性强加限制。就像上帝对海洋说的那样，社会主义也对大自然喝道："就到这里为止，不许你再往前去！"共有制社会的人，只要一创造出来，就永远是原来那个样子……傅立叶主义不正是企图用这种办法来使科学停滞不前吗？卡贝对服装的做法，傅立叶早就用以对付进步。试问，他们两人中又有谁值得人类感谢呢？

为了更有把握达到这个目的，这位伊加利亚人还规定公众的思想，采取他独特的措施来反对新的思想。在伊加利亚公社里只有一份公社报，省里只有一份省报，全国只有一份全国性报纸，就像教会一样，只有一份教理答问，一部福音书，一种礼拜仪式。所谓思想自由，就是在大会上提出建议的权利。多数人的意见被认为就是公众的意见，犹如我们的议会一样，是非是由数字来决定的，没有什么讨论的余地。报纸由国家出资印刷，免费分发；它报道讨论情况，公布持少数意见的人数，分析他们的理由，只此而已。

① 善良的伊加尔是卡贝在《伊加利亚旅行记》中所虚构的人民领袖、天才的救世主。——译者

科学和文学书籍是由一些代表人物来编纂出版，公众得不到任何其他的书籍。实际上，由于一切都属于公有社会，谁也不拥有任何手段，未经批准的书稿当然出版不了。既然如此，还有什么好说的呢？一切叛道思想都从一开始就遭到扼杀，人们连一点轻微的出版罪行也不可能犯，这正是预防性警察的理想状态。因此，共产主义是合乎逻辑地走向不容忍其他思想。但是，还是宽容点吧！不容忍思想就像不容忍别人一样，是排他性的，是私有权！……

共有制其实就是私有制！这也许不太好理解，但又是无可置疑的事实；不信请往下看：

共产主义者在一切愚蠢和倒退的偏见中，最珍爱的就是独裁。工业独裁，商业独裁，思想独裁，社会生活和私人生活上的独裁，一切都实行独裁。这是翱翔在伊加利亚乌托邦上空的教规，有如前此笼罩在西奈山上的乌云。卡贝先生并不把社会革命看作各种制度发展和各种智慧竞争的一种可能的结果，因为对他那伟大的心灵说来，这种观念显得太形而上学了。这种在社会科学上不允许任何新的发现的独裁，与柏拉图和一切启示者的做法是一致的，与罗伯斯庇尔和拿破仑的做法是一致的，与傅立叶的做法也是一致的。最后，卡贝先生想依靠劝说，诉诸意志，指靠个别人物、个别英雄，指靠伊加利亚人的个别救世主和代表人物的崇高行动来实现改革，这点又与企图不顾人民的意愿，赋予政府以最大限度的创制权来给人民造福的路易·勃朗和七月民主派[1]相一致。卡贝先生尽量避免由定期民选产生的代表大会来讨论和制定新法律，因为



① 当指1830年七月起义中的资产阶级民主派。——译者

他认为这是一种过分迟缓的方法，会妨碍一切。他需要的是一个人物。在取消了一切个人意志以后，把一切意志集中在一位至高无上的个人身上；这个人将表达集体的思想，就像亚里士多德所说的那种推动一切次要活动的永动机一样。因此，通过对这种观念的简略分析，我们不可避免地要得出一个结论：共有制的理想就是极权主义。有人争辩说，这种极权主义只是过渡性的，这是徒劳的辩护；因为只要一种事物在某个时刻里是必需的，它就总要变成永远必需的，过渡就是永恒。

私有制成规的粗劣抄袭品共产主义，是厌弃劳动的，是厌烦生活的，是压迫思想的，是"我"的死亡，是对虚无的肯定。不论从科学上或性质上说，共产主义都是虚无主义的同义语，不可分性的同义语，停滞不前的同义语，黑夜和静止的同义语。它是现实的对立物，是造物主、光明之神据以描绘宇宙的现实背景的对立物。

## 第十节　共有制是贫困的宗教

根据宗教这个字眼儿的含义，而且为了公正地评价每一位有功于宗教的人，我认为有责任在这里声明，在宗教观点方面，我还没有见过别的人比摩莱里学说的复兴者和康帕内拉学说的诠释者、《社会思想史》的作者更为正宗，更加无可非难的了；在对待上帝的态度上，没有别的人比您、亲爱的维尔格德，表现得更为解放和更少偏见的了。但是，是不是因为您在共产主义思想上算是一位高明人物，便可以认为共产主义已经摆脱迷信了呢？

亲爱的维尔格德，您是最先承认共有制处于发展之中，也就是说，离共有制的时代愈远，那些向往共有制的乌托邦主义者便愈是不断地修改自己的主张，力图使共有制重新到来；如同随着经验对私有制的谴责愈甚，私有制的理论家们便愈是企图改善私有制，使它适应于现实。因此可以说，共产主义的倒退只是表现在理论上；相反，私有制的进步则既表现在理论上，也表现在实践上。而只要有进步，就必然有转变，必然会出现实证的和综合的观念，因而也就必然消灭神话观念，废弃宗教信仰。根据这第一个特点，我们就不能不承认，不论是共有制还是私有制，都是一种宗教。

事实完全证明了这个正确的见解。

今天，所有改革家的头上都笼罩着一层宗教浓雾，无论是为了更有利于保守而宣传改革的保皇派和经济学家，或者是企图首先破坏一切然后重建一切的共产主义者，情况都是如此。您的友人卡贝在嘲笑天堂和永恒的天父的同时，却把博爱颂扬为宗教的本质，宣称它是来自上天的、神授的，从而我们可以看到，他所说的博爱是非常神秘的。佩居赫先生一方面宣称一切实证的宗教（什么叫做非实证的宗教呢？）都是渎神的，一方面又把自己主张的那种共有制社会称为上帝的共和国。之后，我们又看到新基督徒和反基督徒；根据勒鲁的说法，后者就是圣西门主义者和傅立叶主义者。半共产主义的民主派也坚持罗伯斯庇尔的信仰，相信上帝存在和灵魂不灭。折中主义的进步报刊《国民报》宣扬什么人民的精神利益，可是恰恰在这个问题上表现出它最欠缺精神。经济学家躲藏在信仰的背后，可是却按照马尔隆斯的理论来解释和改变信仰。官吏们一面埋怨自己不得不为天主教会的胡作非为卖命，一面却感谢上帝超自然地挑选了庇护九世当教皇。介乎王朝反对派和保守派之间的拉马丁先生一心向往着宗教和虔诚；巴黎大学则大谈自己的恩主(credo)，自命比教会还要忠于上帝；有人甚至谈论杜伊勒利宫出现了红面人[1]：

让大地弯腰，然后，

给它戴上一顶耶稣的帽子！……[2]

因此，共有制是一种宗教。但是，它究竟是一种什么样的宗教呢？

在哲学方面，共产主义既不思考，也不论证；它害怕逻辑，害怕辩证法，也害怕形而上学；它不研究，而只是信仰。在社会经济学方面，共产主义既不记账，也不计算；它不懂组织，不懂生产，也不懂分配；它怀疑劳动，畏惧公正。它本身贫乏，与一切具体化、一切现实、一切规律都不相容。它的观念来自最古老的传统，本身是含糊、神秘和模棱两可的；它怀着仇恨奢侈的心情宣传克制，怀着畏惧自由的心情宣传服从，怀着害怕预见的心情宣传宁静主义。总之，它在任何时候、在任何问题上都无所作为。卑鄙怯懦、委靡不振的共有制，贫于发明，懒于行动，千篇一律，它是贫困的宗教。

我刚才提到了奢侈。关于这个问题，政治经济学没有下过什么准确的定义，乌托邦无可抄袭，卡贝先生也就毫无主见了。于是，他便效法当年的亚历山大大帝，干脆一刀了事[3]，宣布禁止奢

① 退勒里宫是法王宫殿。民间落后传说中说每当这里发生灾难，红面人便前来救援主人。——译者

② 这两句话引自法国著名诗人贝朗热(1780—1857)的一首诗歌；他写过一些革命诗篇，但没有摆脱宗教羁绊。——译者

③ 神话中传说上帝收到中亚细亚一个国王朝贡的战车，辕结特别复杂，上帝答应能释此结者授一王国；亚历山大大帝以剑断结。——译者

侈。不许奢侈！打倒时装和珠宝！妇女将佩戴人造的羽饰，钻石将被玻璃首饰取代。华丽的地毯，珍贵的家具，连同车辆马匹，统统都归国家所有，这样就不致引起嫉妒。服装将由一个最高委员会一劳永逸地规定下来。按照一二十种色样裁制的衣服，将像橡皮衣服一样可松可紧，穿起来体形和大小都合适。在这种只能满足虚荣和助长腐化的嗜好上浪费公众的劳动和财富，有什么必要呢？……

毕达哥拉斯、来革古、柏拉图、芝诺①、狄奥根尼②、耶稣、爱辛尼人③、诺斯提教派、伊比安教派④、塞涅卡、一切教父、一切道德学者、拉塔普教派⑤和欧文主义者等等，等等，都是这样主张的。

但是，应该说，在奢侈问题上社会主义的传统并不是始终一致的。有一些人自立门户，例如伊壁鸠鲁派，由这一派又孳生出为肉欲恢复名誉的圣西门主义者，以及赞成一切形式、种类和状态的(in omni modo，genere et casu)奢侈和淫欲的傅立叶主义者。前者还劝说穷人和小康户不要醉心于发财、奢侈享受和豪华逸乐；后者则不同，他们采取了一种更为诱人和有效的策略，完全允许自己的新信徒从事这一切。这种分歧并不奇怪，因为人人都有这类嗜好，因而不论上述哪一派都不去冒什么风险。由于大量的人是愚



---

① 芝诺(公元前5世纪中叶)，古希腊爱利亚学派唯心主义哲学家。——译者

② 狄奥根尼(公元前413—前327)，古希腊哲学家，其学说蔑视财富。——译者

③ 爱辛尼人，死海附近的古犹太部落民，传说民风崇尚简朴，远离城市。——译者

④ 伊比安教派，公元1世纪的一种异端教派，否定耶稣是神明。——译者

⑤ 拉塔普教派，1140年成立于法国奥恩省拉塔普地方的一个修道团体，道规严酷。——译者

蠢无知的，所以总是有人来皈依，因而哪一派都可以自诩得到舆论的赞誉！……

社会主义在奢侈问题上的错误，不论是主张享乐主义还是禁欲主义，都是来自一种谬误的价值观念。按照产品的比例规律，奢侈是一种纯粹相对的概念，用来表示那些在生产上居于末位、在财富组成中占最小比重的物品。从社会经济学的这个基本概念来看，谈论什么使人人共享奢侈和唾手可得，或者是企图加以禁止，都是荒谬的。因为前一种做法是误解了价值的序列，结果便走到神秘化，后一种做法则是肢解这个序列，等于硬性制造贫困。

奢侈的反对者感到最为难的是采取什么方式来进行分配。奢侈的辩护者对此的回答很简单，就是抛弃博爱，提倡毫不留情的利己。在一个人人平等、谁也不拥有单独的东西的社会里，一件钻石首饰或者是一只珍珠手镯都将因为其无法分割而成为持有人的一项新的特权，给了他某种类似贵族的身份。这里所说的有关贵重宝石的情况，也适用于千百种其他物品，因为从原则上说奢侈品虽然稀少，但是种类却多不胜数。在共有制社会里，用什么办法来对付这种流弊呢？我倒要问问，所有你们这些讥笑原先的共有制无能的人们：如果上天现在指派你们给伊加利亚人制定宪法，你们将怎样摆脱这种困境？你们想想，妇女喜爱打扮，青年人热衷于献殷勤，谁的内心都具有那种狂热的享受欲，为了满足这些欲望，即使原来没有私有权，也需要建立私有权！当然，如果一块钻石只值一枚玻璃球，那么，善良的伊加尔也就不会拒绝任何人拥有它；但是，这种小玩意儿毕竟稀少难得，因此便产生无尽的企求、嫉妒和纠纷。用抽签办法来分配吗？那是鼓励走私；因为，珠宝商、金银器

商、时装商、奢侈品和堕落品的制造商以及一切有求于此的人马上就会组成一个反共产主义的联盟。唯一的补救办法是查禁，结果龌龊的巴比伦城[①]财富将付之一炬，或者没收归共和国举行游行时使用。

但是，也有一种简捷易行的解决困难的办法，即采取不分配实物而分配等价物的制度，让每一个劳动者在交纳产品时领取一张票证，代表从他那里收到的商品的价值，劳动者凭证自由选择消费的内容；这样一来，显然每人的开支便依各自爱好而不同，奢侈品也就自然而然地进行着分配，人们也不会因此互相嫉妒，因为一切都要付钱，谁也不能特殊。如果某一种物品特别时兴，价格马上就上涨，社会可以向这种物品征收一定的国税，因而奢侈品便成了社会的一种经济来源。对葡萄酒和一些其他的工业产品征收的关税、货物税、流通税和销售税，其精神就是如此。无论什么地方，只要我们仔细观察，社会上总是表现出一种均衡的趋势，一种同时受到共产主义的迟滞状态和私有制的无政府状态压抑和窒息的趋势。

不幸的是，这种自远古以来便由于货币的出现而变得如此流行的分配制度，共有制一旦求助于它，就难于避免自我毁灭，就如卡托[②]亲手刺杀自己一样。任何价值尺度都是个性的纯粹表现，是占有的正式声明，所以，货币是共产主义的死亡证。……

共有制是贫困的宗教，这一点乌托邦主义者不得不承认，经济

① 巴比伦城为公元前古巴比伦王国首都，以豪华奢侈著称。——译者

② 指小卡托（公元前 95—前 46），罗马政治活动家、恺撒的政敌，战败后自尽。——译者

学家则大肆宣传。

罗西先生说："我在《政治经济学教程》一书中曾经证明，怎样通过某种互助和共同开支的公正制度来改善每个工人家庭的生活条件；就这一方面说，要求联合和博爱精神是合理的。在这个范围内（在穷人的范围内），宗教共有制、寺院共有制是值得仿效的良好范例，因为对那些只有很少钱可以开支的人，对那些不能预支款项、无力大批地和适时地购买粮食、缺乏足够精力和时间来处理家庭经济的人来说，单独为生是致命的办法。对穷人来说，家务分散是一个陷阱。彻底共有的生活不适于有妻子儿女的人们，而且趋向于破坏家庭意识；我们上面所说的那种制度，并不梦想过彻底共有的生活，它是一种局部的共有制，只是在购置、粮食供应、取暖、用餐、救助方面实行共有，因而丝毫没有什么难以实行或违背伦理之处；而且，它的各种具体做法丝毫不会超越各个劳动阶级的智能水平。只要这些阶级不去理睬那些提出这种那种制度的人们的胡言乱语，而只遵从自己的公正观念和天生的善良意识的指引，就不难增加和扩大业已开始的这类试验。为了进行这种试验，用不着大吹大擂，用不着大嚷大叫，也不需要有一位约书亚[①]来阻止社会的进程，何况这难道不是走向废除刑事法庭和精神病院的道路吗？五六家、十家八家多少不等，自愿地、临时地联合起来，为了互助而把它们的一部分收入、开支、消费以及家中的物质和非隐私的生活共有化，而不是把它们的劳动、它们的全部生活都共有化，丝毫不

① 约书亚，《圣经》上的人物，犹太族长，继摩西之后领导犹太人战胜耶路撒冷王；为了在战役中取胜，曾使太阳停止运行。事见《圣经·旧约》，《约书亚记》，第10章。——译者

牵涉到人身，也不影响家庭本身的和睦；这样的联合对劳动者来说，不仅是一种提高福利的办法，而且是一种进行教育和提高道德的手段……”

您明白了吗？作为降低一般费用的理论的一种具体运用的共有制，只能在穷人的范围内采用，只对穷人有用；而且，无论是他们的劳动、他们的整个生活、他们的家庭、他们的自由、他们的收入，都不应该共有，共有的只是他们的一部分开支。何况，他还告诉我们说：只要通过储蓄使生活宽裕起来，人们就可以脱离共有制，因为共有制是无产阶级的形式。

是的！罗西先生，您说得完全正确！您给穷人们建议，而且唯一地是给穷人们建议，要他们把某些开支共有，并且给他们指出，如果降低费用的原则是一种有力的经济工具，那么，它同样也是使贫困不可克服的工具。事实上，这种主张无止境地降低物价的理论追求，不论在共有制下或在私有制下，都不过是对财富本身的否定，这点难道不是有目共睹的吗？

社会在降低费用时所追求的是成本的节约，并不是消极地积累，而是为了从事新的创造，也就是为了不断扩大生产和消费。相反，所有权是把降低费用视为无止境地扩大自己排他性的、不容他人分享的统治手段，视为在自己周围制造荒芜与空虚的手段。正是这一点产生了净产值和总产值的区别；前者代表着收益，也就是所有主的排他占有，后者则代表着集体的福利。因此，罗马的农业才出现了西斯蒙第所描绘的那种可悲的情景：本来可以养活三四十万居民的土地，所有主们竟发现把它用来放牧比用于耕作对自己更为有利，其情况就如工业家们发现不要工人而进行生产对自己更为有利。他们考虑的不是这样一个真正的经济问题：怎样依靠尽可能多的人来生产和消费尽可能多的物品；他们遵循的是一个反社会的准则：取得尽可能大的净产值，也就是说，取消自己周围的劳动和工资。

共有制以它所特有的狂热死抱住这种私有制成规，完全照私有制的方式来论证；它把降低费用的理论看作为一切人减轻劳动的手段，并不觉察到这样一种减轻将是没有止境的，最终必然要造成停止一切活动和绝对地穷困。

公共马车肯定是一种经济的运输工具，完全适合共产主义者的口味。假如社会富足到足以给每个家庭一匹马和一辆客车，公共马车还有什么存在的理由，它的节约又有什么意义呢？用以代替私人车辆的公共马车，虽然相对地有其效用，却绝不是财富的增加，相反，它只标志着财富的缩减，这不是显而易见的吗？但是，共产主义办的正是这种事情。它采用私有制的诡辩法，对大家说：让这么几百万个家庭通通都有挂钟、金表、衣柜、椅子、桌子、饰画、雕塑、藏书、壁炉、吊灯、烛台、餐具、厨房设备、够六个月用的衬衣、可以替换着穿的外套和大衣、珠宝和各类工具，又有什么好处呢？这样花天酒地，挥霍浪费，有什么好处呢？反过来，要是我们生活在共有制下，我们的公共餐厅里就将有一个最高级的挂钟，伴着优美的赞乐庄严地报时，有如像歌剧院那样通明的灯光，有可容 500 人会餐的大饭桌，有可煮三十公石粮食的大锅；那时，我们将召开国民公会会议，共和国将取得胜利，墙上将有大幅的油画，等等！……

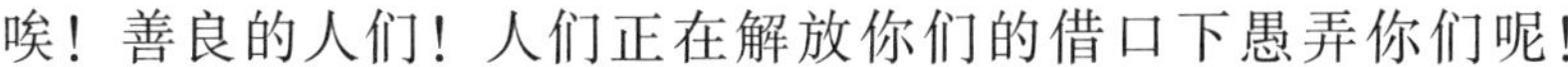

唉！善良的人们！人们正在解放你们的借口下愚弄你们呢！

那么,何必要有珠宝匠、钟表匠、打铁匠、雕刻匠、木器匠、灯匠、炉匠、玻璃匠、印刷工、时装工等等呢?既然禁止你们富裕,何必要劳动呢?何必要人类呢?更确切地说,何必要共有制呢?你们没有共有制不是已经够穷困,够悲惨了吗?……

我还远远没有提出我对共有制的全部控诉呢!我还没有谈到它此刻正在给英国经济学家反对各民族工业自由的阴谋活动提供的那些意想不到的帮助呢!因为一方面《和平民主报》[①]认为废除贸易障碍是通向法伦斯泰尔的道路,另一方面《人民报》在向它的信徒报道路易·菲力浦对科布顿[②]发出邀请这种威胁到我国独立的事情时竟然作出结论说:权贵和富人给工人阶级做点好事的时候即将到来了……

不过,我不能什么都提到,何况我前面所说过的已经足以阐明理论。至于社会主义在我们这个世纪和以前一些世纪的所作所为,我就让您自己去考虑了,亲爱的维尔格德。完成这个任务实在超过我的耐性,因为它将揭发出太多的苦难,太多的丑行。我作为一个批评家,责任是通过否定所有权来探索社会规律,所以我属于社会主义反对派。在这方面,我认为自己原来的一些论断没有什么需要撤回;感谢上帝,我还是忠实于我原先的观点。作为一个实践和进步的人士,我全力反对社会主义,因为它思想空虚,无能,违背伦理,只配愚弄和欺骗人。二十年来社会主义的表现不正是这

① 《和平民主报》是傅立叶派的报纸。——译者

② 科布顿(1804—1865),英国工厂主,资产阶级政治活动家,自由贸易派领袖之一,致力于扩大英国对法国出口。路易·菲力浦是1830—1848年在位的法国国王。——译者

样吗？它自命为科学，却又什么难题也没有解决；它答应要给世界带来幸福和财富，可是自己却一点东西也不生产，只是耗费大笔资本，靠别人的布施过日子。……

至于我，我声明，面对这种不敢光明正大地与批评界辩论，只是躲在阴暗角落里进行秘密宣传；面对这种无耻的肉欲主义、这类淫秽的著述、这种无止境的乞讨、这种已经开始俘虏一部分劳动者的精神和心灵的愚蠢的理论，我要声明，我与社会主义的卑鄙行径毫不相干。对于过去、现在和将来的一切乌托邦组织，我的信念和准则可以归结为这样一句话：

**谁要是想求诸政权和资本来组织劳动，那就是在欺骗；因为组织劳动将意味着资本和政权的末日。**

# 第十三章　第十个时期——人口

## 第一节　生殖和劳动对社会的破坏

“演说家埃米利安的父亲埃皮底昔斯从希腊乘坐一条载着各种货物和许多乘客的海船前往意大利。傍晚时分，因为莫拉与突尼斯之间的埃西纳德群岛周围无风，就把船停泊在柏克斯附近。由于是暂时的滞留，乘客都没有睡觉，有的放哨，有的在喝酒吃饭。忽然从柏克斯岛上传来一个声音，高喊达慕斯的名字，使大家都吃一惊。达慕斯是船上的舵手，是个埃及人；船上除了几位乘客外，谁也不知道他的名字。接着又传来了第二次喊声，这回达慕斯的名字叫得可怕极了。谁也不敢回答，都默不作声，直在打颤。第三次喊声响了，比上次还要骇人。突然间达慕斯回答了：我在这里，什么事呀？你要我干什么？于是那声音喊得更响了，它命令达慕斯到达柏洛底时向人们宣布，潘尼大神[1]已经归天了。

“埃皮底昔斯后来说，所有的水手和乘客听到那句话以后都

[1] 潘尼大神，希腊神话中的牧羊神，长着羊角马腿，翻山越岭，用黑管放牧羊群。——译者

十分恐慌，吓成一团。于是就讨论怎么办，到时是照这命令去做还是不动声息。达慕斯说：他的意见是，如果遇上顺风，经过柏洛底岛时就什么也不说；如果海上平静无风，就意味着我们应该照这命令办。当船接近柏洛底时，风忽然停了，水流也缓下来。于是，达慕斯便爬上桅杆，朝着陆地照那命令高喊：潘尼大神已经归天了！最后一个字还没说完，便听见陆地响起巨大的哀叹、悲泣和惊叫，不是一个人的声音，而是许多人一齐发出的声响。

"因为当时很多人在场，所以消息很快就传遍罗马。当时的罗马皇帝提比略[①]便派人把达慕斯找来；在听完达慕斯的报告后，他相信这是事实。于是，提比略询问当时宫廷中和罗马城的许多有学问的人，这潘尼神究竟是谁。根据他们的报告，原来潘尼大神是墨居里神[②]和培娜洛普[③]的儿子。从前希罗多德[④]和西塞罗在《神的本性》第三卷中便是这样记载的。

"每当我提到信徒们的这位伟大的公仆时，我总觉得十分难过。他在犹太国被那些大祭司、学者、教士、僧侣们出于嫉妒和偏颇而根据摩西法典无耻地杀害了，因为潘尼说过，只有用希腊文写的法律才是良法。我承认他是我们的万物之神，我们所属的一切、我们赖以为生的一切、我们所拥有的一切、我们所盼望的一切，都是属于他的，都在他身上，都来源于他，都是他创造的。据热情的

① 提比略，传说为公元 12 年至 37 年在位的罗马第二任皇帝。——译者

② 墨居里神，罗马神话中的诸神之使神。——译者

③ 见本书上卷第 356 页注。——译者

④ 希罗多德（约公元前 484—前 425），古希腊历史学家。——译者

牧羊人柯里顿的证实，这位善良的潘尼，这位伟大的牧羊人，不仅热爱他的羊群，而且热爱牧人。对于他的逝世，整个宇宙，包括天空、大地、海洋、地狱，都在哀恸和叹息，都在惊讶和悲泣。时间将进一步证实我的这个解释。因为这位绝顶善良、绝顶伟大的潘尼神，我们唯一的公仆，死于耶路撒冷附近，其影响却及于罗马的提比略皇帝。”

谁会相信，这段以普鲁塔克[①]的记载为基础、语调如此严肃、结尾如此虔诚的精湛叙述，竟是出自拉伯雷[②]的手笔？但是，谁能否认，达慕斯所宣布的这段暗指耶稣基督之死的神谕，正是象征着社会被它的永恒敌人垄断和乌托邦置诸死地呢？谁又能否认，那位以自己的著作播下最大的恐怖，使世人更加怀疑天命的马尔萨斯，正是这位达慕斯呢？



正如基督是人类的化身一样，古代历史是现代历史的写照。社会有如达慕斯的海船，借着经济之风扬帆从野蛮走向文明，在经过所有主群岛以后，在共产主义的浅滩上搁浅；马尔萨斯就是那位向我们高喊的舵手：“社会自杀了，社会死亡了！”我们的一切演说家和著作家就是那些为潘尼神哭泣的生灵，因为他们还没有树立起反抗的信念，他们是人类的生动体现，是人类的预感和痛苦的代言人。拉梅耐[③]、拉马丁、米什莱就是其中的几位；我们的经济学

---

① 普鲁塔克(约46—125)，古希腊作家，唯心主义哲学家。——译者

② 拉伯雷(约1494—1553)，文艺复兴时代法国最著名的人道主义作家。——译者

③ 拉梅耐(1782—1854)，法国神父，政论家，基督教社会主义思想家之一。——译者

家、我们的政治学家和我们的神秘主义者：西斯蒙第、布朗基、比雷、基佐、梯也尔、柯尔曼宁①、奥·巴罗②、毕舍③、拉维南④和拉科戴尔⑤、里昂和夏特勒⑥的领主们、欧仁·苏埃⑦等等，都是这样的人。

是的，确实是这样，社会正在接近它的末日。潘尼大神已经死亡；英雄们的幽灵都在为他饮泣，地狱为之颤抖。潘尼已经死亡，因而社会正陷于解体。富人沉湎于利己主义之中，在大白天把自己收贿所得藏匿起来以避人耳目；诡诈和懒惰的仆役正在谋算家主；富人愈是尊贵，穷人就愈是卑下，到处都无忠实可言。学者把科学看作一条通向财富的秘密通道，所以他们再也不关心科学。法律界人士对公正就有怀疑，所以再也不去理解公理；教士们已不再劝人皈依，而是充当诱骗者；君主们把金钥匙作为权杖；而人民、绝望的生灵、沮丧的心智，则只能冥想和缄默。潘尼已经死亡了，我要和达慕斯和马尔萨斯一样地对您说这句话。社会已经极度沉沦，因此还是快点儿擦干你的眼泪，让我们这些验尸员来着手检验交给我们的这具尸体吧！

---

① 柯尔曼宁(1788—1868)，法国政论家和政治活动家，反对复辟王朝。——译者

② 奥·巴罗(1791—1873)，法国律师、政治活动家。——译者

③ 毕舍(1796—1865)，法国政治活动家和历史学家，基督教社会主义思想家之一。——译者

④ 拉维南(1795—1858)，法国传教士，耶稣会员。——译者

⑤ 拉科戴尔(1802—1861)，法国传教士，曾为拉梅耐门徒，后来脱离教会，组织圣母会。——译者

⑥ 夏特勒，法国巴黎西南部一城市。——译者

⑦ 欧仁·苏埃(1804—1857)，法国小说家，倾向革命，曾任立法议员。——译者

文明最奇特的一个现象就是贫困，它已为经验所充分地证明，但是又是理论家所最不了解的。从来还没有一个问题像它这样受到人们那样专心勤奋的研究。人们对贫困现象进行了逻辑的、历史的、物质的和伦理的分析，把它当成自然界的第四王国，按家庭、种、类、属等等分别加以研究，就它的前因、后果和必然性，就它的蔓延、终点和限度发表长篇大论，对它进行生理解剖和临床治疗；所以，有关这个问题的著述，光是书目就够一大卷。因为谈论之故，人们最终却走到否认它的存在；现在还很难确定，经过这一番长时期的研究以后，人们是否已经开始觉察到贫困是属于无法下定义也无法理解的一些事物的范畴。

因此，贫困就像一位不可洞察的、但又是始终存在的神明，既有其虔诚的信徒，也有其怀疑者，甚至还有的人不是很少关心它的发展，而是对它漠不关心。人类的命运就是这样奇特，它总是在自己理性的指引下否认自己的情感和知觉所感知的事物，痛苦和死亡不正是这样的事物吗？如果我没有记错的话，爱利亚学派[①]是否认运动的；斯多葛派否认痛苦；再生论和轮回论的拥护者则否认死亡；唯心论者否认物质；唯物论者否认上帝；怀疑论者企图嘲笑一切学派。但是，尽管有这种种否定和耻笑，星球还是照样穿过太空，继续自己庄严的行程；痛苦和死亡照样制造着牺牲者；对神明的崇拜照样受到赞扬。尽管慈善家们讥笑贫困，我们却深信贫困会蔓延。因此，如果我们不想招惹新的灾难，就必须努力弄清这种

① 爱利亚派是古希腊哲学的一个唯心主义派别，其主要代表人有巴门德尼（公元前 6 世纪末至前 5 世纪）和芝诺。——译者

难以理解的事情。

哲学如果想从社会上驱除贫困，就必须从理性中消灭贫困最后这个幽灵。但是什么是幽灵呢？怎样才能抓住幽灵、解释幽灵和防止幽灵呢？怎样理解幽灵的成因、实质、发展、变化和形式呢？

贫困在社会秩序中是一种灾难。但是，什么是灾难呢？拉梅耐先生说，苦难是一种极限。而极限又是什么呢？它是一种脱离客观现实的精神概念。犹如几何学上的点与线，它是一种理性存在。极限实际上什么也不是，因为它本身就没有极限，因为定义就是唯一没有确定的东西。因此，在拉梅耐先生的学说体系中，灾难是一个逻辑单位，一种没有实体的关系，从而肯定灾难的存在，就是用否定来肯定现实，用虚无来肯定现实。那么，怎样解释痛苦呢？怎样说明这种使我们叫喊和呻吟、引起我们厌恶和恐惧，甚至往往致我们于死亡的持续不断的感受呢？我该说什么呢？既然灾难不外是一种极限，那么，它就是存在的规定性本身；有了这种规定性，事物便变成可感知和可理解的，没有它，就没有美，也没有存在；它是我们的感觉和我们的观念的最高条件，是必不可少的存在。总之，灾难就是幸福。多么古怪的定义！

按照比雷的意见，为了更好地领会，宁可少点赋予客观实在性，贫困是对富裕的抵消。这是什么意思呢？能者为之（Fiat Lux），还是让高明的人来解释这一点吧！至于我，我相信这句话连说话的本人也并不了解。贫困的原因是产品不足，也就是贫困，这是马尔萨斯的意见。我还可以从无数其他著作中援引这种简直可以与可兰经第一段里的命题相辉映的定义：真主就是真主；贫困就是贫困，灾难就是灾难。可见，说贫困像宗教一样是一种反哲学、反理性的事物，说它是一个幽灵、一种神话，难道不是十分正确吗？

与这些前提相应的结论便是：**增加生产，克制消费，减少子女**；总而言之是要富足，不要匮乏，这就是那些对这个问题钻研最深的人们所能给我们提供的全部建议，这就是政治经济学的海格立斯擎天柱[①]！……

但是，崇高的经济学家们，你们可忘记了一点，就是：希望不增加人口而能增长财富，就等于想减少嘴巴而增加手的数目一样地荒谬。如果你们愿意听，我就来略为论证一下；因为只有经过论证，我们才能有共同的认识。家庭难道不正是社会经济学的核心、所有权的主要对象、秩序的组成因素以及劳动者的全部欲望和精力所追求的最高幸福吗？没有家庭，人们就停止劳动，宁可当个骗子和窃贼，事情难道不是这样吗？反过来，有了家庭，劳动者就要受你们的警察的束缚，要向你们交纳捐税，要忍气吞声地呻吟于垄断的枷锁下，听任垄断的支配、掠夺和活活被剥光皮肉，从而必须在自己的大半生里效法那位据说因为是永恒的所以便秉性忍耐的创世主，忍受种种的不平待遇，事情又难道不是这样吗？没有家庭，没有社会，没有劳动，取消无产阶级对所有权的强烈依赖，代之以猛兽之间的争斗，这就是我们根据经济资料得出的第一个结论。如果你们暂时还看不到这种必然性，那么，就请允许我回过头来谈谈垄断、信用和所有权的理论。

① 海格立斯是古希腊神话中的英雄，力大无朋，武功卓著。据说因为他把连接欧非的山脉劈开，才出现了直布罗陀海峡。这两座山便成了擎天柱。此处指主要论点。——译者

目前，家庭的目的难道不就是延续后代吗？延续后代难道不是一个人生命发展必然的后果吗？后裔之多少难道不是依这个人所拥有的力量的大小而定，或者也可以说，依这个人凭借青春、劳动和福利而积累在自己器官中的力量的大小而定吗？因此，生活资料增长的一个无可避免的结果是使人口增加。因此，最后一点是，如果事实果真像我希望即将证明的那样，消灭无用的人口只有靠摧毁作为劳动的最高目标和必不可少的条件的家庭才能实现，那么，消灭无用的人口就绝不能提高生活资料的相对比例，而是不可避免地使这种比例降低。

因此，生产与人口是互为因果的；社会在财富和人口两方面是同时地并按照同一个原则并行发展的；如果认为这种关系应该改变，那就等于在进行除数运算时，本来被除数和除数总是成正比地增减，而你却偏要使商数增大一倍。你们打算怎样做到这一点呢？让青年人不要恋爱，让无产者在五十岁以后才结婚，最好是永远不结婚，而家庭不就成了一种特权吗？要是这样，那你们就得采取有效的措施来保护你们的财产，把军队扩大一倍，增加妓女的数目，给卖淫设立奖金，进而实行多夫多妻制，实行杂交制，甚至提倡鸡奸和一切其他受成见的谴责而科学却因为它不导致生育而加以欢迎的淫猥行为。要知道，有了家庭，就不可能阻止财富的增长，因而也无法阻止贫困的发展，因为这两部分由于婚姻不可分离的联系而互相连接在一起，想把它们分离开来是矛盾的。

因此，贫困是一种神秘和必然的事物，是一种我们既不能设想其存在也不能设想其不存在的事物。灾难和幸福一样，是宇宙的原则之一，这样，我们就陷入善恶二元论了！

但是社会灾难究竟是怎样表现的呢？贫困的公式是怎样的呢？

马尔萨斯根据大量的第一手文献，首先证明一点：如果没有遇到任何障碍，例如生活资料的短缺，人口将很容易地每二十五年，甚至每十八年便增长一倍。

萨伊把这个期限缩得更短：他认为，如果不加抑制，人口将每二十六年增加两倍。

罗西先生把这个观念表达为这样一个完整的公式："如果一个生二个，而下一代每一个人的生殖力又和前代相等，那么，二个就生四个，四个就生八个，以下依此类推。抽象地说，马尔萨斯提出了一个无可争辩的原则。"

除了这第一个那时以来就无人怀疑的事实以外，马尔萨斯还提出了另一个同样确凿的事实，这就是人口趋向于按几何级数增长，即 2、4、8、16、32，等等；而生活资料的生产则只按照算术级数增长，即 1、2、3、4、5、6，等等。由此不可避免地引出这样一个结论：一个国家中总是不断地有一部分人口因为没有粮食而死亡。

马尔萨斯认为，这第二个命题一旦得到说明，就足以使它很快得到证实，因而不必对它作什么证明。我想补充他没有说到的一点，就是生活资料 1、2、3、4 的算术级数增长是人口按 2、4、8、16、32、64 的几何级数增长的必然结果。

人类传宗接代靠的是什么呢？靠的是交配形成胚胎。男女都能够在某种刺激下不断进行这种行为，不需要作什么特殊的努力；相反地，这是他们生活的最大幸福，是他们劳动的目的，是他们命运的需要。但是，在这个胚胎能够依靠自己的生活资料供养自己以前，是需要成本的，因为怀孕、哺乳和养育等都需要费用；在十年、十五年、二十年甚至二十五年的期间内，这些开支将占父母消费额的百分之十二、十五、二十甚至百分之五十。假如这对夫妇养大六个、十个或十二个孩子，那么，不必作什么繁杂的统计，也不用翻阅旅行家的记述或查考档案，仅凭算术就能精确地计算出：这对夫妇的福利至少要降低百分之十二、十五、二十、三十、五十，甚至百分之八十。

当每个孩子一旦离开学校开始当学徒，就能够像他父亲一样地计算自己的收支时；当他的种种希望和心愿推动着他模仿自己的父亲时；当克制只会使他失去劳动的愿望，丧失组织和节约的精神时，结果人的生育就超过、不断地超过财富的生产，后者始终落后于前者，从而人类生殖的发展的能力和劳动发展的能力之间便表现为如下的累进数：

1、2、4、8、16、32、64、128、256……

1、2、3、4、5、6、7、8、9……

我再重复一句：马尔萨斯把这两种累进数分割开来，在我看来，最少说明他并不明确这两者的连带关系和同一关系；为了完善他的理论，我补充说明这一点是有必要的。何况各种各样的事实，也就是说，人类贫困所表现的无数可怕的形式（terribiles visu formæ），如饥荒、战争、瘟疫、疾病、堕落等等，每天都在肯定这个马尔萨斯以大量的旁征博引证实了的规律的正确性。我们什么时候看到过一个谜语、虚构或想象表现得这样有力，而且有这样多无可否认的事实作为证据呢？

因此，在社会秩序中如同在自然秩序中一样，贫困是一种命定的事物;要想避免贫困就等于想根据我们的方便来改变对数规律,就是想使算术不再成为真理。这两种累进数由于它们的必然联系而彼此连接的,实质上表达了同一个观念,说明了同一个事实、同一个一贯从一开始就有的永恒规律:即增长和繁殖。如果我们听任自然发展,我们就将由于孩子过多而陷于贫穷;如果我们抗拒自然的作用,或者是以一些幻想的补救办法来躲开自然的作用,即我们首先躲开最难摆脱的命运,接着我们就厌恶家庭和劳动,从而又陷入一系列相反的灾难,这种情况就是不可避免的。

这就是以最明确而又最含糊,最坚定而又最令人失望的形式表达出来的政治经济学的最后一个神话、所有权的荣誉、对劳动和家庭的讽喻。人类由于运用自己的生命力而日趋衰竭和灭亡;如果能找到一个借口来自尽,它一定立即终止自己的存在。

因此,当经济理论根据长期的经验制定了贫困一词时,它通过这个字眼表达的是我们发展的内在规律,是我们存在的本质和我们生命的形式。人口的迅速增长和生活资料的相对缓慢的增长,是同一个观念的两个方面,是一个完整统一的现象的两个方面。这是一个与一切支配着天体运动的规律同样确定的、因而也如代数恒等式一样地不可改变的和无情的规律的神秘公式。从这个角度说,贫苦人的种种怨艾和慈善家的种种治标术在我们看来是多么地幼稚渺小啊!命运让我们活着,但是又要致我们于死命;命运给予我们欢乐,但是又要我们为此付出代价;我们有什么好叫喊和呻吟的呢?经济学家无力掌握他们自己的各种观念之间的联系,一会儿告诉我们要多生产一点东西,一会儿又建议我们少生一点孩子,似乎人类的这两种生产形式并不是不可分离地联系着的,似乎我们只要以预见到的贫困来代替那种我们无法预见的自然贫困，就能得到什么好处！这些经济学家究竟希望我们怎么办呢？

但是，人们也许会对我说：当然，如果人类在人口和财富方面的发展不均衡确实无可指摘，如果这种不均衡具有一种完整的和最终的观念的性质，完全符合一种真实观念的条件，一句话，如果这个规律并非一种明显的矛盾，那么，马尔萨斯的双重规律就是不容反驳的，我们就不会有任何埋怨，就沉默地崇拜经济宿命的判决好了！可是，马尔萨斯的原则显然也陷入一切二律背反的情况，而且，根据你们自己的原则，根据那个据说是永不谬误的对立论，人口增长与生产增长的对抗仅仅证明了存在均衡的原则，这个原则正是科学所要发现的。

什么！在所有的动物中，只有人类以其最自豪的区别才被创造为劳动者；上帝命令他占有土地和组成家庭；人类的幸福就在于使用劳动和爱情这两种职能；正是通过这两种活动，人类才能不断地增强自己的力量，扩大自己的手段，提高自己的生产技能和激发自己的一切良好情感；可是，当需要兑现这些庄严诺言的时刻到来时，从来不欺骗人的上帝却突然可耻地食言了！人类为了享受幸福，只好像萨敦[①]一样，吞食自己的孩子！爱情发展得太快，劳动则发展得太慢！社会组织安排得如此荒谬，设想得如此不好，以致人类只有靠不断地毁损自己的血肉才能存在下去！为了生存，就不得不死亡，除非它甘愿克制生育，因为生育始终意味着堕落和贫



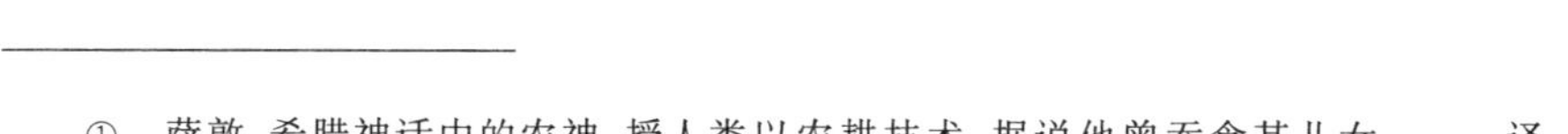

① 萨敦，希腊神话中的农神，授人类以农耕技术；据说他曾吞食其儿女。——译者

困！难道死神将是政治经济学的大判官，其职责在于重建人口与生活资料之间的平衡，使爱情的产品不要超过劳动的产品，使理性的生灵的数目从属于价值的比例性吗？那么，是谁阻止自然和上帝在按照我们的心愿增加土地产品的同时又限制人类的繁衍呢？是谁阻止它们适时地抑制一下我们的生殖力以制止这种可怕的死亡呢？……

可是，这种使你们反感而支配着人类和野兽的死亡规律，即功利唯物主义，却驳斥了你们的观点。这个规律不正是为印度教的三位一体婆罗门、湿婆和毘湿奴，即创造神、破坏神和修复神所表示的自然的重大进化吗？不正是经科学可靠地确认的进化吗？这种进化直接来自永恒的和不能减少的二元论，因而无望再行综合。因此，你们的期望是没有依据的，这个问题上的二律背反仍然没有解决。大自然是一个广阔的战场，生命被置于征逐生存的牧场上，不断地从死亡中重生。生存于无机物王国中的各种植物，孜孜不倦地吸收和同化无机物，反过来又给动物王国提供生活资料；可是，无数种类的动物如果不彼此消灭或者被人类消灭，就会使大地很快成为光秃秃的。至于人类，它上面既没有什么天使来吃它，也没有魔鬼来吞食它，便只好自相吞噬。吃人是得到自然规律认可的，上帝正是为了保证这一规律的实现才建立起垄断和国家，保障所有权，使人类生活于一种容许强者毫无风险、心安理得地消灭弱者的等级制度之下。

因此，万物都来源无限物质，又都还原为无限物质：借以制造活的生命的行动就是生殖，借以把机体所包含的各种原素重新送回公共储藏库的行动就是死亡。对这样一个规律，有什么好发牢

骚呢?

如果我们的要求能为人们所理解,在为一切人争得一个幸福晚年的好处以后,我们还应该争取一个永恒的生命和青春;衰老而死与贫困而死实际上是同样可悲和不可思议的。但是,这样的要求是达不到的,因为长生不老和无限增加能力是荒诞无稽的;至于延长平均寿命,直到老年的极限,就像要求延长情欲而又不能满足延长一样,是和我们的机体构造不相容的,而且将会损害我们的生存。上帝判定要充作牺牲品的穷人血肉,是社会大厦的混凝土,是使人类机器的齿轮能够运转的润滑剂。你们尽可以给殉难者戴上花冠,披上彩带,欢呼他们的牺牲,感谢他们的逝去,让他们在死前带走你们的赞美和颂扬作为应得的赏赐。但是,请提防他们从祭坛上跑下来报仇,因为只要他们一旦厌倦为你们而死,就该轮到你们为他们而死了!

你们说,上帝难道不可以别杀我们,而是一有机会就中止和抑制这种生育热情吗?……谁要是要求阉割劳动者,那就未免太欠考虑了!如果从他们的肉体与灵魂中抽掉了活动和天才的源泉,你们还能从他们身上获得什么产品呢?你们将由于工人的意气消沉而失去更大规模生产所提供的利润,而且,这样不但不会减轻贫困的严重性,反而会损害人类的生存。关于这点,请听听我们的老师告诉我们的:

“情欲是强烈的和普遍的;如果它万一衰弱,可能使它更难于满足。它所带来的种种灾难,正是这种普遍性和强烈性的必然后果。一切都使我们相信,造物主的目的是让大地住满居民,但是,看来只有使人口的增长比生活资料的增长迅速,这个目的才能达到。既然我们所确认的增长规律使得人类在地球上不致扩展过快,可见这个规律并非不符合它的目的。只要人口无限制地迅速增长的趋势不再加强,生活资料的需要就不会很紧张,也不会允许人类的生殖力充分地发展。"①

我不知道上述各种观点在读者思想上引起的反应如何,至于我,我要声明,从政治经济学的观点看,在我们目前所到达的这个阶段里,由于一方面有所有制在屠杀我们,另一方面又有共有制在窒息我们,我认为根本无法回答。事实雄辩地、不容有任何幻想地宣称:确实存在着贫困,也就是说,生活资料不足,需要供养的人口太多。这种状况是不可思议的,但是又毕竟是现实。我刚才补充说明的就是这一点。

因此,上帝创造万物是走进了一个绝境,而进步的和有预见力的我们,则承担了它的无能所造成的后果。必然性不可能不需要偶然性,秩序需要通过混乱来维持;有机物也如无机物一样,并不具有永动性;永恒幸福的概念虽然不存在什么矛盾,但由于大自然的某种无法解释的缺陷,这种永恒性是不可能存在的。我们的欢乐是靠泪水来供养的,我们幸福的保证是苦难。在理性看来,这种对照似乎包含着一致的必然性,这点我们并不否认;但是,这种一致性,这种善与恶融合为一种高级的现实的条件,应该到哪里去寻找呢?怎样想象这种一致性呢?离开受苦或享乐、存在或不存在这样的二元论,我们还能想象出什么呢?幸福与苦难就如自我与非我、精神与物质一样,是世界的两极,在它们之上便再也没有什



① 引自马尔萨斯著:《论人口问题》,纪尧明书店法文版,第473页。——译者

么综合状态，再也没有其他的观念了；因为没有这两极，世界就不成其为世界。既然如此，我们为什么还要探索我们命运的奥秘？劳动又有什么用处？我们的希望是什么？我们的命运就是贫困，我们劳动的结果就是贫困，我们的希望所在就是贫困。

社会主义只完成了它一半的任务，因为它在把金钱、竞争、垄断、婚姻、家庭、所有权、自由和公正等等一律视为贫困的原因加以取消以后，不是停留在共有制的这种虚伪做法上，而必定禁止劳动，宣传绝望思想。社会主义把自杀作为最终信条。因为如果这是人类在生产、科学和艺术方面自我发展的一条规律，那么，对人类说来，在自己历程的每一步上洒上自己的鲜血，也是一种必然性；这就是说，人类必然愈来愈痛苦地接受死亡，这种死亡使人类抵偿其高尚的情感、爱情的活力、劳动的多产、高度的热情和淫欲的欢乐；这种死亡如同生命一样，以多样的形式损害人们的心灵、感觉和理性，无数次地戕杀他们。

死亡！这是我们最后的理性！这是人间的神祇！死亡是人类的绞索(Finis est hominis sicut jumenti)。但是，如果我们只是为了死亡而从虚无中诞生，那么，不论对我们自己或者对宇宙来说，我们又有什么必要脱离虚无呢？创造、生命、必然性、天命、上帝和人类，统统都是荒诞无稽。

这是多么不理智！是多么渎神的狂语！信基督的经济学家反驳道。他们说：是的，人类在世上的了结和野兽的死亡是一样的，因而马尔萨斯的规律对任何人都不例外。不过，这个规律只适用于今世，我们真正的生命不在凡界。我们命运的这种缺陷，使我们诞生了又消失、使幸福与苦难分配不均、既为祸整个人类又殃及个人，只不过是、也只能是来世生活的一种试验、准备和前奏。我们的来世有那位绝不食言的上帝给我们作保证，他已经把对幸福的向往和对生命不灭的预感撒播在我们心田里。呼吸中断以后灵魂得以不灭，在一个更美好的世界里复活，这就是自然的补充部分、生命的目的和上帝为义人的赦罪。

如果可能，我不说要亲眼看到这种慰藉人心的乌托邦的某种事物，但是只要它能使我的理性理解，我也一定衷心地接受它，热烈地拥抱它。可是，除了宇宙，除了创造物的系列外，究竟还存在什么东西呢？既然我作为一部分的这个可诅咒的世界是无边无际的，那你要我把这个极乐世界安置在何处呢？上哪儿去找时间以外的时间、空间以外的空间和必然性以外的理性呢？怎样才能设想存在一种不是由痛苦引起和激发的幸福呢？怎么可以想象存在着一种要求自我与非我绝对分离、物质与精神完全割裂、同时还违背我的一切悟性原则的不灭的灵魂呢？灵魂不灭的假定颠倒了确实性的基础。最后，如同我所属的这个支离破碎的自然界一样，神的无能的显著证明怎么能成为我的某种难以理解的、以不可能存在为基础的革新的担保呢？

人口按几何级数增长，生活资料按算术级数增长，这条定理和一切代数定理一样也已得到证实。总而言之，政治经济学宣布了对人类死刑的判决，谴责了天命，证明了必然性的谬误，贬辱了自然。这就是我的理性迫使我承认的事实，我的感官使我看见、接触和感觉到的事实。人们为了减轻我的痛楚而试图对我说的一切，只会使痛苦更为严重；由于企图设想各种理由来克服这种孤寂感，结果使我更感孤寂了。也许是政治经济学在造谣中伤；但是，怎样证实它是在造谣中伤呢？当数字的规律证明了它时，我们又从哪里去找论据来反驳它呢？当事实站在它那一边时，我们又拿什么证据来揭穿它呢？……或许自然、必然性、上帝和人类都只是虚无的幻觉，宇宙只是一场噩梦。这个黑夜包含着多么不可思议的逻辑啊！这种死亡包含着多么奇妙的哲理啊！……

不过，我还是试图作一次最后的分析，目的无非是像一个被处极刑的犯人一样，再次玩味一下对自己的判决。我思考，似乎我还能找到，似乎存在着一个法庭，能够传唤科学名言、多少世纪的证词、一种可以使我领会并且可以使别人折服的事实。寄望于无望之中(In spem contra spem)。不幸的人们，坚强起来，与绝望作斗争吧！政治经济学已多次欺骗了我，所以我应该把不信赖的证据交给它。这背后一定有什么奥秘之处；只要政治经济学炫耀它的证据，我就可以控告它。政治经济学需要死亡的帮助，可是在这个问题上它自己难道不是也帮助了死亡吗？只要死亡失去政治经济学这个助手，稍为退却一步，那么，我从它这个退却中取得的对政治经济学的优势，有谁会知道呢？……

政治经济学对我们说：我不能保证你们所有的人都有饭吃，因为你们来得太快了，以致我无法为你们所有的人服务。这就是申请的人多入选的人少的原因！

政治经济学在以等待供养的人太多为由给自己辩护之前，应该证明它已经履行了的职责。我们已经献身于死亡，而且很及时！政治经济学难道不是参与准备、怂恿和加速对我们的处决吗？它用以掩盖自己过错的贫困，难道不是部分地是由它造成的吗？有利于己就干(Is fecit cui prodest)。政治经济学感到兴趣的是使我们毁灭,政治经济学在说谎。

## 第二节　贫困是政治经济学的事实

我仍然不了解究竟什么是贫困,但是,我可以肯定一件事,就是贫困侵害了生产,在生产低下造成贫困以前,贫困就已经在袭击我们。这个事实与马尔萨斯所援引的其他事实同样地确凿,也是我想用以反对这位著作家的理论的唯一的事实:我只要这一件事实,就足以彻底推翻他的理论。

首先,我要把人类的存在划分为两个主要的时期,即基本上是停滞的野蛮时期和基本上是进步的文明时期。在前一个时期,人类不懂得劳动,只靠大地的天然产物和野兽的生肉为生;在后一个时期,人类变得灵巧了,能够改造物质,可以以自己生产的产品为生。

在第一个时期,贫困,也就是食物无着和其他生活必需品短缺,其直接的原因是人类普遍地懒惰和愚钝。人们如果依靠生产性劳动,即使不能完全消灭,最少也能延缓这种因惰性而产生的贫困,而且贫困是在人类掌握了自然力、能够取得自然力所能提供的一切以前很久就存在的,所以,显然这种贫困是早熟的,是在合法时刻到来以前提前出现的,因而是反常的。既然在野蛮状态下人类的怠惰是经常性的,这种提前现象也就成了经常性的,从而贫困的反常现象也成了经常性的。

如果我们谴责政治经济学是杀害和毁灭野蛮部族的贫困的根源,这就是它用以自我辩护所说的东西,而且认为很有理由。政治经济学还答辩说，也许稍后一个时期，尽管人类作了体力和智力上的努力，贫困仍然会重新袭击文明人类，但是，只要人类还没有尽其所能来驱除贫困，或者可以说，只要人类还没有以自己的劳动来使天命推迟，那么，人类就无权责备科学和大发怨言。它蒙受不幸是它自己造成的，自然和天命是反对的。在不到一个世纪的时间里，欧洲人在美国所创造的财富和福利，比这个辽阔大陆的所有穷人在几千年里所创造的还要多；而且由于美国新的人口一直在成倍增长，在二十五年增加了一倍，所以可以说，这些人口通过自己奇迹般的活动所创造的幸福，比红种人的野蛮行为以前所制造的苦难还要多。美洲所蕴藏的财富与幸福并没有辜负人们为取得它们而付出的辛劳。如果说三十个世纪以来这些财富与幸福一直被弃置不用，那不能让政治经济学负责，更不能让天命来负责。

因此，尽管人类的繁殖确实十分迅速，但是人类的贫困中有一部分纯粹是人类的怠惰造成的，把它归咎于自然，是不公允的。



现在的问题是要弄清楚，袭击文明人的贫困，是否与野蛮人的贫困一样，也是必然的和总是早熟的，它是否确实是先于它的合法时刻而到来，它的唯一成因是否不再是缺少劳动而是劳动组织上有毛病。如果是这样，那么文明人就与野蛮人一样，其贫困只能归咎于自己；因为只要他们本身没有完成一切必须做的事情，没有通过自己的努力来使必然性支持他们，他们就不能委罪于自然。因为如果文明人贫困的唯一原因的确在于缺乏秩序，就如野蛮人的贫困完全是由于他们能力的低下所造成的，那么，只要有了良好的组织状态，就不仅可以把贫困的到来再延缓一段时期，而且一定会出现一种能够在人口与生产之间重建均衡的特殊力量，而无需人类的智慧以其他方式和通过某些人为的手段来恢复这种均衡。

大家一定体会到，这个假定的证实对人类将有多么重大的意义。如果这样一个假定成为事实，那么，不论是人类的怠惰所造成的贫困，还是工业组织的弊病所造成的贫困，都可以无限期地避免；而我们的命运问题，世界命运的问题，将会以另外一种面目出现。

其实，这个重大的证明，我们在这本书里已经作出了，其副题《贫困的哲学》，本身就充分地表示了这个意思。

我们曾经说过，劳动是财富的源泉，是创造、衡量和比较价值的力量。衡量和比较仍然还是分配；因此，劳动本身既具有平衡的能力，也有多产的能力，看来它应该能够保证人类避免一切可能的匮乏。

可是，为了发挥这种效能，劳动本身就需要得到确定和规定，也就是说需要组织起来，因为正像我们曾经多次指出的，正如任何观念必须要有可理解和可表达的条件，任何事物必须要有有效的和持久的条件，也就是要确定下来。只要劳动还没有确定，只要劳动组织还没有最终定型，它就是一种空虚的和无效的力量，是一种不可理解的观念。

那么，劳动的结构是怎样的呢？换句话说，人类赖以生产和构成价值以及驱除贫困的方式是怎样的呢？显然，目前的劳动与贫困，是作为秩序与混乱、公正与掠夺、存在与虚无而彼此对立着。

不过，劳动的这些方式或范畴，我们已经作过列举与批判，它们就是：分工、机器、竞争、垄断、国家或集中制、自由贸易、信用、所有权和共有制。我们的分析所得出的结论是：如果说劳动本身拥有创造财富的手段，那么，这些手段又由于它们本身所固有的对抗，也可能变成贫困的新的原因；因为政治经济学无非是对这种对抗的肯定，也就同样证明政治经济学是在肯定贫困、组织贫困。因此，问题已经不再是劳动将怎样消灭原始的贫困，这种贫困早就消失了，而是我们将怎样消灭那种由劳动本身固有的弊病造成的贫困，说得确切一点，就是怎样消灭不良的劳动组织造成的贫困，政治经济学所造成的贫困。

在工业进化的初期，出现过行业的分工或分离。土地不再空荡和荒芜了，它布满了劳动者，而且由于被占有而肥沃起来。劳动由于分工而不可思议地高产；但是，与此同时，它又由于分工所采取的方式而变得愚钝了，工人的水平迅速降低，只能提供不充足的价值。在丰富的产品刺激了消费以后，工人却由于工资的微薄而感到消费短缺，结果不是驱除了贫困，反而带来了贫困。劳动分工对集体存在的影响，犹如有害的工业对其从业者的影响一样，既给他们提供了丰富产品，又毒害了他们，而且在邀请他们参与生活的盛宴以后，又把他们投入死亡。

由此可见，贫困是劳动固有的祸害。造成匮乏的并不是自然，也不是天命，而是缺乏均衡的经济常规。唯一应该受谴责的是经济常规；而且，这种情况也比任何事物都更为雄辩地证明：劳动严密分工所产生的矛盾，不可能用一种更高级的组合加以克服。

政治经济学本身也意识到这一点，正是因为这样，所以它才急急忙忙求助一种新的手段，即机器。

10 万名居住在 50 平方英里宽的市镇里的劳动者，在分工之外再加上机器的帮助，生产的物品就比 10 亿野蛮人生产的还要多。

这些野蛮人因为只懂得用手指挖地，用手去抓捕野兽和用腿去追赶它们，所以需要有十倍于地球的土地面积才能生存下去。而且，由于工业的发明是无法加以限制的，因此，可以肯定在这方面劳动提高生产的能力将是无限的，从而其速度的加快也是无法预知的。

因此，看来机器似乎可以补救分工所造成的弊病，可以战胜贫困，事实却完全不是这样。随着机器的使用，出现了雇主与雇工、资本家与劳动者的区分。机器本来应该使工人摆脱原来他们由于严密分工而陷入的愚昧状态，结果反而使他们愈陷愈深：他们在丧失人性的同时，也丧失了自由，沦为一种工具的状态。对领导增加的是福利，对下属增加的却是苦难。等级区分开始了，而且出现了一种可怕的趋势，就是在人口增加的同时，人们反而想不使用人了。这样，普遍的困难加重了，细微分工所预告的贫困便终于正式进入世界，并且从此变成社会的灵魂和神经。

那么，这里究竟是人口过剩造成贫困呢，还是应该说贫困是操作错误的后果呢？劳动力并不缺乏，因为到处人们都需要求生，因而要求劳动，劳动力的供应便超过了需求。生活资料更不缺乏，因为到处都在抱怨产品滞销；由于缺乏市场、缺乏付得起钱的顾客，而且人们的工资微薄，所以产品只好削价出售。

所以，人类又从文明形式回复到原先的流浪野蛮状态，不同的只是把由于自己怠惰而造成的贫困改变为由于组合不良而造成的贫困；人类由于实行了使自己的力量增长十倍的分工，又由于采用了使自己力量增加百倍的机器而自我毁灭了，其情况就如过去因为昏睡和怠惰而自我毁灭一样。人类苦难的首要原因始终在人类本身；因此，人类在向命运提出抗议以前，应该首先战胜这个原因。

社会又以自由和竞争来反对自己的贵族统治的倾向。结果怎样呢？我们不要忘记，苦心教导我们这样做的就是那些充当贫困传道师的经济学家们。竞争因为解放了劳动者，所以使财富不可估量地增长了。人们都看到，有一个人口众多的民族，由于进行了一场以争取劳动自由为目的的革命，已为一整代人驱除了贫困。因此，我要提请经济学家注意，这种情况证明，在建立资本和雇佣劳动制以后随着使用机器而出现的贫困，其原因并不是不可克服的，正如严密分工所造成的并在一定程度上被机器消灭了的贫困，完全不是什么命定的现象一样。我们愈是前进，贫困在我们看来就愈是带有偶然和反常的性质，愈是带有间歇性和严重性，这就证明，它并不是由于自然的不人道而造成，而是我们的笨拙造成的。

其实，从更高的角度看，群众中的竞争究竟是什么呢？可以说它是一种纯粹形而上的力量，由于这种力量，劳动产品的价格不断地降低，或者换一个说法，劳动产品的数量不断地增加。而且，由于竞争的方法有如机器的改良和分工的方式一样，是无穷无尽的，所以我们还可以说，竞争的生产能力不论在强度与广度上都是无限的。



特别需要考虑的一件事情是：由于竞争，财富的生产必然超过人口的繁殖。这就使马尔萨斯所确定的生活资料增长与人口增长的对比关系成了一种反常的经济现象，一种颠倒是非的理论。

我请求读者把全部注意力放在这一点上。

由于竞争，每一个生产者都不得不生产廉价的物品，就是说，必须生产出比消费需求还要多的产品，因而就必须每天晚上保证制造出社会明天所需要的生活资料。因此，在类似这样的制度下，生活资料的总量又怎么可能低于人口的需要量呢?

假定有这么两个人,赤手空拳地分别与野兽争夺贫乏的食物,两人所获的价值共相当于2。如果这两个穷人改变办法,通过分工并使用由此而产生的机器,又通过其后的竞赛,把他们的力量联合起来,那么,他们生产的价值将不再是2,而是4;因为他们已经不仅为自己生产,而且也为自己的同伴生产。如果劳动者的数目多一倍,根据这一倍的人,分工比以前更细、机器效率更大和竞争更积极,那么他们生产的价值就是16;如果劳动者数目为原来的四倍,产值就是64。产品由于劳动分工、机器和竞争等等而增长,这是经济学家们多次证实了的,也是他们理论的积极的一面。在这一点上,他们的意见是完全一致的。可是,只要社会还没有通过一次最后的改革解决自己的矛盾,实际情况就不可能如这个理论所期望的那样。

因此,如果人类生殖上的再生产能力表现为1、2、4、8、16、32、64的增长级数,那么工业的再生产能力就应该表现为1、4、16、64、256、1024、4096的增长级数。换句话说,在一个有组织的社会里,**生产按劳动者人数的平方数增长**。这是政治经济学教导我们的,它的所有著作都充斥着这个论点。如果说马尔萨斯是因为过分专注于人口按几何级数增加这个固定的观念而忘记了上述论点,那么,他的同事们为什么没有记起来呢?显然,马尔萨斯所确定的人口增长与生活资料增长的对比关系只适用于无组织的社会,亦即那种没有工业可言,分工、机器、竞争、交换等也统统阙如的社会,那种不存在集体力量的社会,也就是说完全不是建立在生产分工和交换的基础上,不是每一个人都为千百万消费者生产而本身又使用着千百万生产者生产的东西的内部有着密切联系的社会。

某些农学家以及某些追随他们的盲从社会主义者所说的产品增加三倍，就应该这样来理解。认为一个国家靠原来的人口和发展程度就可以把产品增加一倍、两倍、三倍，这是不正确的。产品必然与生产成正比，而生产本身又必然取决于分工的程度、机器的能力和流通的活跃程度等等。但是，科学所承认和证实的是正确的，即如果生产增加一倍，人口就增加三倍，以此类推，以致无穷；只要社会一天服从于经济规律，地球表面便总要出现这样的增长。

不幸的是，各种经济制度的对抗不容许这些制度生产它们的成果而又不受到损害，例如由此而出现的劳动失算、贫困的突然侵袭。因此，就其积极的和社会性的一面说，竞争有利于不断降低物价，从而不断增加价值总额和使生产超过人口；但是，就其消极和利己的一面说，竞争又把富裕变成贫穷，因为它所带来的价格降低一面有利于胜利者，另一面则使失败者没有工作和没有资金。从理论上说，竞争应该使一切人都富裕起来；但是，由于社会组织的不完善，实际情况证明，凡是竞争普遍化的地方，变穷者与致富者一样地多。根据我们所作的评述，这一点是不能有所怀疑的。

因此，在这个问题上应该谴责的是制度本身的弊病和观念的缺陷。由此可见，突然把我们投入苦难的贫困的必然性，并不是绝对的；就像经院哲学所说的，它只是一种偶然的必然性。和预料的相反，社会竟由于这种本来可以拯救它的事物而遭受苦难。贫困总是早熟，贫苦总是提前到来。与由于怠惰造成的饥馑的野蛮时期相反，现在是我们自己的行动造成饥馑，而我们的劳动又不断地加重我们的贫困。经济学家在谴责必然性之前,最好还是先改革一下自己的常规,大夫,还是先治疗一下你自己吧(Medice,cura teipsum)!

这一章里,我只需要作个总的结论,回顾一下本书的全部内容就够了,那为什么还需要作这一番论述呢?我曾经指出,社会尽管对逐个公式、逐种制度进行过探索,始终还是找不到平衡,而且每次试验总是进一步扩大了奢侈和贫困之间的差距。一旦到达共有制,社会便重新处于它原来的出发点,因为经济进化已经结束,探索的园地已经用尽。既然无从达到平衡,唯一的希望就寄托于某种能够综合各种理论、发挥劳动的效能和使劳动的每一种结构产生威力的全面的解决办法上。在找到这种办法以前,贫困始终伴随着劳动,就如过去贫困与怠惰做伴一样;因此,我们对天命的一切咒骂,只能证明我们愚蠢无能。

实际上,我们的经济是很奇特的:匮乏不断地产生于丰足,禁止劳动成了需要劳动的经常性后果!如果君主发布一道敕令,一下子裁减50万非生产的寄生者,把他们送往工厂和田间,那么,我们得到的将不是福利的增加,而是贫困的扩大。对非生产阶级来说,是50万人失业和没有收入;对企业主、所有主和工厂主阶级来说,是减少了50万顾客;对于人员已经十分拥挤、工资又很低的劳动者阶级来说,则是增加了50万竞争者,劳动力的价格降低了,产品的数量增加了,市场却受到限制;对无产阶级来说,困苦和奴役都加重了;对所有主来说,奢侈和骄横发展了。这就是理性作为一项公共拯救的措施启示给我们的一种改革将造成的后果。我们将更加贫穷,恰恰是因为我们将变得更加富裕,可是我们却看到,那些连自己的艰涩的著作也不理解的经济学家竟在责备人们结婚不慎重，恋爱不合时宜。这叫我怎么说好呢？真是拿结婚的夫妇开玩笑。

到处存在、积累和叫嚷反对政治经济学的活动，都是徒劳之举，因为报道、渲染和评论这些活动的作家，看来都是视而不见，听而不闻，用智慧掩盖真理的人。在人口变得过剩之前，所有权、高利贷、捐税、竞争、机器和作坊分工都在抑制人口。一位经济学家只关心 100 万人只靠 50 万人的口粮怎么过活，而不考虑足够供给 100 万人的口粮为什么不能养活 50 万人。在好心人约翰[①]治下，法国有 1200 万居民，路易十四治下是 1600 万，路易十六[②]治下是 2500 万，今天则是 3400 万。的确，在所有这些时期都有穷人，而且有大量的穷人，因为那些针对穷人的残酷法律就是明证。但是，能够说对这当中哪一个时期法国社会已经用尽了一切办法吗？早在十个世纪以来，法国已经把自己的生产增加为 20 倍，人们总不能怀疑第三等级是懒惰的吧！那么，贫困又是从何而来呢？

正是美国，给经济学家提供了在 26 年里人口增加一倍甚至两倍的惊人事例。可是，如果从一个世纪或一个半世纪以来，美国的人口一直每 26 年便增加一倍至两倍，那么，显然，它的生产在同一时期内至少也增长了一倍至两倍；因此我们可以说，在这全部时间里，人口不过是随着生产而增长。马尔萨斯既然那样详细地揭示了美国人口增长的情况，为什么不同样仔细地研究一下在其他情

① 好心人约翰，即约翰二世，公元 1350 至 1364 年在位的法国国王。——译者

② 路易十六，1774—1789 年在位的法国国王；1793 年被国民公会处决。——译者

况下妨碍或者中止生活资料取得相应增长的原因呢？

经济学家回答说：唉！美国的情况是个例外，因为美洲是块处女地。

处女地！这块土地对易洛魁人和休隆人①来说却是已开垦地。他们在这个大陆被发现以前，就已经和我们今天一样，人口的生育比财富的增长迅速；而且他们是单纯的游牧民，长期以来便很贫困。可是，就在这块土地上，勤劳的欧洲人一直是在人口增长的同时不断地富裕起来。处女地?! 倒不如说，以森林地带作为屏障的北美移民，由于没有工业等级制，而是存在平等制度（这种制度现在已经因为你们的经济措施而开始消失），所以，虽然人口在18年里增加了一倍，各地的劳动者还是享有自己的全部产品，劳动总是得利，能够致富并保持富裕。美国的例子不仅证明人类在增殖人口的同时仍然能够增加生产，而且还表明人类在生产方面的能力可以达到强大的程度。为什么这种在美国如此明显和确凿的人口与生产平行增长的情况在别的地方就不能保持呢？要知道，增长的速度和平行增长并不是一回事。处女地！当然，英国、瑞士和德国的开拓者们并不是靠焚烧原始森林来生活和繁殖，而是靠劳动；我再说一遍，他们靠的是劳动。这劳动开始是适当地分工，然后是逐渐准备资本和机器，并且通过流通增长价值，而且没有因为寄生现象和垄断出现而变得徒劳。这中间一个证据是：从欧洲输入的政治经济学在这个国家里发挥作用稍早一点，这里谁也不缺土地和空间，劳动不必经过资本的奴役、银行家的中介和警察的监

① 易洛魁人和休隆人均为北美印第安人部族。——译者

督便能获得报酬，人民必须让政治经济学任其发展，并且使他们的错综复杂的事情运转起来。信用下降到最低的限度，银行并不起作用，进行剥削的资本被消灭，因此，美国人是通过劳动和平等来征逐他们的财富的。无疑，这种奇迹般的发展速度总有一天会稍为减慢；但是，同样无疑的是：只要政治经济学这种维护动荡和盗窃的理论不来破坏人口与财富协调的话，那么，未受抑制和没有贫困的人口，也会自发地减缓其增长速度。

先是比雷、其后是费克斯都曾指出，50 年来，法国的国民财富增长了五倍，而人口却只增加不到一半。根据这个数字，财富增长是人口增长的十倍；可是，为什么贫困并没有成正比地下降，却反而增长了呢？

经济学家将会对我们说：不要把财富与生活资料混为一谈。财富是由一切劳动产品组成的，它对人类具有某种价值，既有作娱乐的，还有作饮食的。生活资料是指这些财富里专门用作维持生命的那一部分。可是，马尔萨斯所说的按算术级数增长的财富，应该理解为这一部分财富。



这真是一种可笑的划分，早就被价值比例论驳倒了。生活资料必然与其他部分的财富联系着；因而真正严格地说，如果 50 年来法国的收入增加了五倍，法国就多消费了五倍。在社会上，一切价值都进行计量，也就是说，彼此偿付，互相支持。奢侈品的生产恰恰证明了生活资料的数量是足够的，因为，归根结底，这些奢侈品是以生活资料来偿付的，正如这些生活资料本身又是以钱币或其他价值来偿付一样。人们是否发现 50 年来生活必需品的价格相对地上涨了呢？相反地，应该说相对价格是降低了；所以，如果说人民缺乏生活资料，例如葡萄酒，那么，其过错并不在葡萄种植者或葡萄商，因为他们正在埋怨卖不出去，过错实际上在于政治经济学。

此外，谁人不知，人的福利包括富足和多样化，我们所谓的奢侈实质上只是一种真正的储蓄吗？一个靠生肉和某些可怕的饮料为生的野蛮人，一个月内就可以耗尽一平方里[1]土地上的资源；一个文明人的生活要求上百万野蛮人所不认识的物品，在四公顷[2]土地上即可以生存。他维持奢侈所靠的土地面积只有野蛮人所需的三四千分之一。对奢侈可以下一个生理学的定义：它是一种通过皮肤、眼睛、耳朵、鼻子、想象和记忆来吸收营养的艺术；相反，贫困就是简化为一种功能的生活，即胃功能的生活。我说的是什么意思呢？这就是说，在塞涅卡为了夸张而荒谬地称之为嘴巴的艺术的烹饪技术能够以千百种形式增加我们的食物并教育我们更好地吃饭以前，我们实际上是没有任何可供节约的源泉。除了劳动，烹饪便是我们对付饥馑的最难能可贵的助手；这是因为无产者为了负担自己庞大的家庭，不能放开肚子吃饱。

因此，我有权坚持我提出的问题：既然我们的财富增加了五倍，而我们的人口只增加了百分之五十，为什么我们之中仍然有穷人呢？请人们在替后代担心并研讨将来地球究竟能维持多少人的生活以前，先回答我的这个问题！……

---

① 指法国古里，约合今四公里。——译者

② 原文如此，疑有讹。——译者

英国济贫税的数字是：

| | | |
|---|---|---|
| 1801 年 | 居民 8872950 人 | 税额 4078891 英镑 |
| 1818 年 | 居民 11978875 人 | 税额 7870801 英镑 |
| 1832 年 | 居民 14000000 人 | 税额 8000000 英镑 |

根据这个统计，贫困现象是否确实提前到来呢？这些数字，而且还是官方的数字，具有我所赋予的很大意义，就是证明自 1833 年起，人们就一直试图在英国运用马尔萨斯的理论，也就是说，听任那些既不拥有财产又无工资收益的人死去；而这个尝试的第一个实际措施就是建立苦工房，最后是修改谷物法，亦即强制降低面包的价格。人们以为，强制取消垄断就可以大大减轻贫困，因而未来将会说这项不可思议的改革是合理的和有益的。但是，大部分是谷物法同盟的拥护者的经济学家同样也默认，除了生育子女过多之外，贫困还有着其他原因，因为，他们已经开始进行、而且快要完成总结垄断所做的掠夺这项工作了！

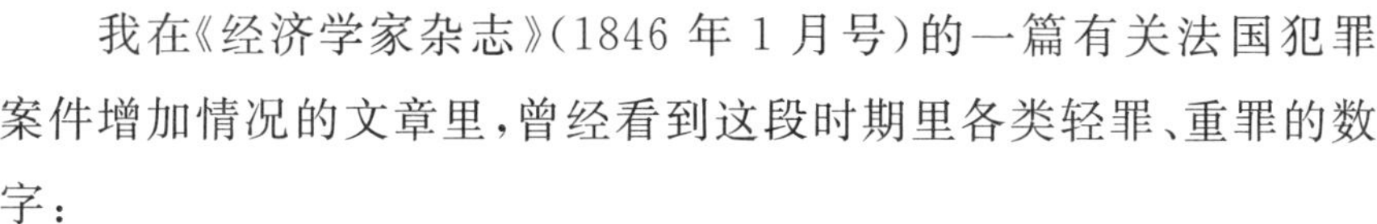

我在《经济学家杂志》(1846 年 1 月号)的一篇有关法国犯罪案件增加情况的文章里，曾经看到这段时期里各类轻罪、重罪的数字：

| | |
|---|---|
| 1826—1828 年 | 88751 |
| 1829—1831 年 | 96083 |
| 1832—1833 年 | 106149 |
| 1835—1837 年 | 121221 |
| 1838—1840 年 | 146062 |
| 1841—1843 年 | 151624 |

这个使人感兴趣的统计表的编制者作了如下的结论：

因此，重罪和轻罪的数目都以很快的和**加速**的方式在增长。

这样，当每年人口平均只增长千分之五，并且有减慢趋势时，年均犯罪的增长却是千分之：

| | |
|---|---|
| “违反公共秩序的重罪与轻罪 | 5.7； |
| “破坏风俗的重罪与轻罪 | 7.8； |
| “侵犯人身的重罪与轻罪 | 3； |
| “侵犯财产的重罪与轻罪 | 5.6； |
| “除数目无法统计的破坏林木的轻罪以外的其他违法行为 | 5.4； |
| “自杀 | 3.7。 |

“当人口的增长趋向减慢时，重罪与轻罪的数目却趋向增长；而且这种趋势并不是法国所特有，许多邻国甚至比法国更要严重。”

重罪与轻罪犹如自杀、疾病和愚昧一样，是贫困出现经由的大门。根据官方的数字，人口的平均增长率是千分之五，而犯罪总数的增长率却是千分之三十点二。由此可见，贫穷增长的速度为人们根据马尔萨斯的理论所没有预料到的快 6.25 倍；究竟是什么原因造成这样不成比例的状况呢？

用另外一种方式也可以证明这一点。一般地说，各国的贫困程度与它们的富裕程度比例相同。据估计，英国是五个人中有一个穷人，比利时和北方省是六个人中有一个，法国是九个人中有一个，西班牙和意大利是三十个人中有一个，土耳其是四十人中有一个，俄国是一百人中有一个。爱尔兰和北美的情况都非常特殊，而且两者正好相反，前者的比例十分惊人，每两个人中就有一个甚至一个多穷人，后者则一千人中也许还不到一个。因此，在一切人口稠密和政治经济学正常地起作用的国家里，造成贫困的唯一原因是所有权给劳动者阶级造成的匮乏。

| | |
|---|---|
| 1789 年以前，由收容院抚育的儿童为 | 40000 名； |
| 1800 年增至 | 51000 名； |
| 1815 年增至 | 67966 名； |
| 1819 年增至 | 99346 名； |
| 1834 年增至 | 129699 名； |

我不知道 1846 年的数字是多少。这年的《政治经济学家杂志》提供的年平均非婚生数字是 75870 名；根据这个增长数字可以作出结论，目前由收容院抚育的私生子当不下于 160000 人。从 1789 至 1846 年，人口增长不及一半，相反地，财富增长了五倍，社会风尚又有所改善，可是私生子的数目却比前多四倍！！！这怎么说好呢？每年有 32 万男女儿童被剥夺了天伦权（jus connubii），而且所有权范围的强占，人口增长的迟滞，使无产阶级明显扩大了。

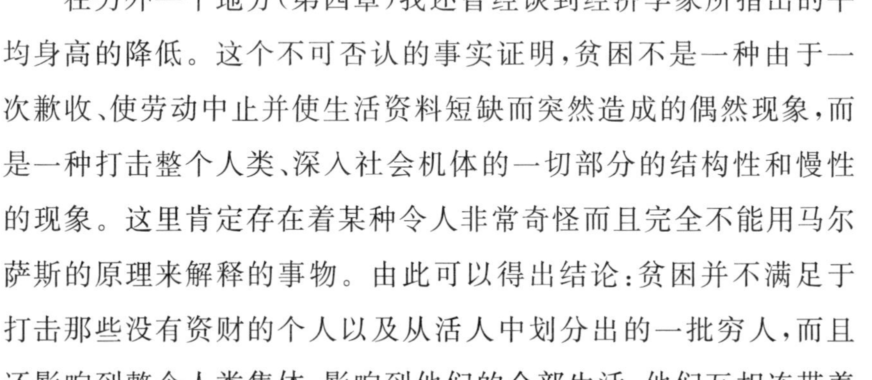

在另外一个地方（第四章）我还曾经谈到经济学家所指出的平均身高的降低。这个不可否认的事实证明，贫困不是一种由于一次歉收、使劳动中止并使生活资料短缺而突然造成的偶然现象，而是一种打击整个人类、深入社会机体的一切部分的结构性和慢性的现象。这里肯定存在着某种令人非常奇怪而且完全不能用马尔萨斯的原理来解释的事物。由此可以得出结论：贫困并不满足于打击那些没有资财的个人以及从活人中划分出的一批穷人，而且还影响到整个人类集体，影响到他们的全部生活，他们互相连带着受苦受难：这就再一次证明人类是由于某种比生活资料短缺更为高级的未知的弊病而死亡。请人们再告诉我们，这弊病究竟是什么呢?

某些高明的统计学家认为已经证明人的平均寿命延长了,有的人就拿这一点来反驳我们上面所说的事实。我曾经指出,就人民来说,这种延长是虚幻的,所以我只想补充一句话来协调和说明这两种看法。如果事情确实如我所认为的那样,在我们握有产权的制度下,贫困不断地提前向劳动袭来,那么,这种提前到来的现象究竟是表现为猝亡和夭折,或者仅仅表现为过早的劳碌和长期的磨难,关系是并不大的。因此,在这之后,那就可能出现这样的情况,就是:尽管平均寿命的数字始终保持不变,甚至还有所提高,贫困也会一直在扩大;因为问题的关键在于人们健康地活着的时间究竟有多长,而不是死亡时的年龄多大。难道需要我们来教会经济学家理解他们自己所作的统计吗?

更多的例证就显得多余了。事实是众所周知的,因为每个人都可以调查一下并且据此作出结论。**贫困的提前到来**,这就是握有产权的制度和野蛮状态的明显特征,这就是我用以反驳马尔萨斯并且足以推翻他的理论的主要的和普遍的事实。

根据以大量重要事实为证的科学资料,当人口趋向于按等比为 2 的几何级数增长时,这些人口所生产的财富则趋向于按等比为 4 的几何级数增长。在实践上,这种关系却正好相反:当人口繁殖力的增长始终不变地表现为 1、2、4、8、16、32、64……的几何级数时,生产力的增长却只表现为 1、2、3、4、5、6、7……的算术系列。

怎么?经济学家们,你们竟敢和我们谈论贫困!当我们借助你们的理论向你们证明说,如果人口倍增,生产就将增达四倍,因此贫穷只能是社会经济的紊乱造成时,你们却回避答复,反而荒谬地责备根本不成其为原因的人口过剩！

你们还向我们谈论贫困！当人们手持你们自己编制的统计表要你们看，按照你们的说法，贫困增长速度远比人口增加迅速，是人口过剩造成了贫困；因此，这背后一定隐藏着某种你们所没有发现的秘密原因时，你们却躲躲闪闪，不停地拿马尔萨斯的理论来打掩护！

你们还拿人口的繁殖力来作为抗拒社会主义的挡箭牌！当我们这些遭到你们鄙弃的过时人物重新承担起亚当·斯密派、李嘉图派、萨伊派甚至马尔萨斯本人从事过的艰难任务，在你们眼前揭露了掠夺的原则时，当我们向你们证明，人类在面包和土地短缺之前便一直受着贫穷的侵袭时，当我们当着你们的面揭发所有主的掠夺、资本虚构和商业盗窃的内幕时，你们却闭眼不看，充耳不闻，昧着良心不向真理屈服！对你们说来，多少世代以来的不公正比穷人的权利更为宝贵，自己宗派的利益高于科学的利益！

好了！既然你们责骂人们结婚草率和人口增长过快，那么，我这方面也要斥责伪善和盗匪行为，我们要揭露你们不信任劳动者，正是你们、唯有你们要对杀害我们和玷辱我们的剥削行为负责。我们将到处再三高呼：政治经济学是贫困的组织者，经济学家是盗窃的传道士和死亡的掮客。

今天究竟是谁仍在无视逻辑和经验，一反众意地颂扬价值的不稳定性、产品不可计量和工业能力的不均衡性呢？是经济学家！是谁在维护分配的不平等、交换的任意专断、竞争的弄虚作假、劳动分工的压迫和机器的突然变换呢？是经济学家！是谁在支持非生产界的优势地位、自由贸易的欺骗性、信用的神秘性和所有权的滥用呢？是经济学家！是谁在英国的煽动下组成一个同盟来在世界上实行这种无政府状态的、欺骗和掠夺性的制度呢？始终是经济学家！

而且，正是你们，竟用温和和调解的口气写道：

“难道不是可以说，最相反的学派正串通起来把劳动者引入歧途吗？有的学派剥夺了劳动者对美好未来的一切希望，从而激怒了他们；另外一些学派则以蛊惑性和忘恩负义的理论来煽动混乱。最后，还有一些比较有人性和比较聪明的人们，不是对劳动者侈谈一些空想的权利，便是谈论什么命运的必然性，但就是不敢或者不能把全部真理告诉劳动者。”

那么，你们不妨讲讲这真理吧！用你们的嘴发表点纯粹的、完整的真理吧！



“是的，工资能够高出最低需要的限度；是的，劳动者有可能进行节约。如果说有的工业区生活困苦，那么，也有的工业区生活确实富足……这种差别究竟从何而来的呢？主要来自两个原因，就是工人的表现有别，以及人口与流通资本的比例不同，这两个原因比新派经济学家和所谓慈善家们所抱怨的那些原因要重要得多。”

罗西先生，我老实对你说，你缺少真心：你并不比其他的人谨慎，也并不比他们大胆，你不讲真正的原因。

你们把工人引入歧途！这可有点像基佐先生的党羽的口吻。这些科学界人士不妨也来教训一下我们，我们是不会被引入歧途的；但是，请你们小心除了真实以外什么也不要说，因为你们卖关子的责任最终还会落到你们头上。

工人的行为不轨！这倒是可能的，但是，这也许是因为人们不公正地对待他们而造成的。其实，这里谈的是对他们工资的衡量，你们却和我们谈论他们的行为！先生，你还是说说每天十四小时劳动究竟值多少钱吧！要是你恐怕工人的劳动不足为准，那么，你不妨凭良心估计一下你自己的劳动又值多少钱？我们将拿你的数字来作标准。

流通资本与人口不合比例！确实是这样，因为所有权妨碍了资本的流通。其实，如果消费者不得不支付 5 法郎来购买只值 4 法郎的东西，那资本又怎么能流通呢？

“不守秩序、不节约、不道德的工人是永远脱不下贫困的破衣的；加上人口又……”接着就是关于要慎重结婚的劝告。

总是责骂，总是归咎于穷苦工人的行为！这么说塔尔脱夫[①]还活着呢！这是因为我们是无能和卑贱的盗匪，所以我们的保护人才拿走我们的财产；这又是为了教会劳动者生活，游手好闲者才消耗劳动者的两只胳膊的力气！慈善与谦让的传道士们，请你们开始用实例来讲道吧！这么吧，让儿子们全都离开他们的情人，父亲们离开他们的女管家。用严厉的刑罚来迫使一切人把结婚和卖淫的年龄推后。规定一切人员，包括国王一直到杂役都交纳同样的捐税。让金钱的利息降低到一个合法的比率，并且把收益和土地都平分给大家，那样，我们就相信经济学家的天才和善意。



① 塔尔脱夫，莫里哀喜剧中的一个人物，引诱其恩主的妻子女儿，谋算其家财，是个虚伪诡诈的典型。——译者

马尔萨斯当时是诚实的，他在反驳华莱士①、孔多塞②、戈德温③和欧文等人的共产主义假设时，因为找不出贫困的直接原因，所以反复地提出他的关于几何级数的论点，而且正直地不耐烦地写道：但是在共有制下究竟怎样使生产赶上人口增长的速度呢？如果没有障碍，怎么能阻止生育呢？人类怎么能不死于饥饿呢？

现在我们所证明的正是马尔萨斯所没有想到的其他事情，就是在一个有组织的社会里，财富与生活资料的生产要比人口本身增长得快。为了说明贫困的原因，不能再像马尔萨斯那样反复摆弄那个归结起来是不可理解的公式和神话，而应该说明所有主的常规，说明在我们看来是贫困的直接的和经常的原因。50 年来，马尔萨斯一直在向我们所有的经济学家，包括英国的、法国的、基督徒的、唯物主义的、折中主义的经济学家，灌输他的所谓算术级数的谬论，把他们变成自己的传道者和推销员；人们难道以为我会因此就对这个谬论不置一词吗？

然而，我们还没有听到我们论敌的最后一个论据。我们不要急于庆祝我们的胜利。

罗西先生还愤愤不平地说，“你们要向我们谈论我们制度的缺点、生活条件过分不平等、土地用之不竭的肥力以及地球表面可供移民之用的大片荒地吗？但是，这一切显然都与问题的实质无关；

---

① 华莱士，曾著《人口的历史与现状》一书，认为古代人口比现在还多。——译者

② 孔多塞(1743—1794)，法国资产阶级社会学家，启蒙运动者，大革命时倾向吉伦特派。——译者

③ 威廉・戈德温(1756—1836)，英国文学家，无政府主义者的先驱；其作品涉及不少社会问题。——译者

因为，即使我们在所有这几点上都作出最大的让步，结论又会怎样呢？结论只能是：在不止一个国家里，苦难和不幸除了家长缺乏预见的罪过之外，还有其他一些原因。如果有一个比较好的政府，一个比较公平的社会组织和比较活跃和自由的商业往来，或者是进行了大规模的移民，人口过剩往往可以得到暂时的缓和；但是，如果生殖的本能没有受到结婚的慎重态度和高尚难能的道德观念的抑制，那么，上述各种办法最终总会计穷力尽，灾难将比没有采取这些临时的补救办法和治标的缓和措施以前更为严重，这难道不是真的吗？"

所有的经济学家都附和罗西先生的这个思想。

马尔萨斯著作的最新一位编纂者说："我认为这个观点十分重要。它是对各色社会主义者的忠告。他们必须提防，社会状况愈是改善，人口便愈是过剩，除非他们能推翻马尔萨斯的论断。"

但是，你既然答应说只要我们明智，上天便会前来相助，那么，就请开始实现你的诺言吧！社会是不和谐的，你刚才所作的让步就是以这一点为前提的。首先请你使社会均衡起来，而且不必害怕做这件无益的工作，等着看看结果如何。你所注意的只是一个纯属假定的、谁也不能肯定什么时候才会出现的偶合，就是地球上人口过剩；而且，你总是不断地避而不看正在给你造成大量屠杀的现实灾难。我要对你说的是，你就从医治当前开始，如果你对天命的信仰不过是在开玩笑，那么，还是少去关心未来。你说人类用这样的办法只能暂时减轻苦难，你究竟凭什么这样说呢？你怎么知道在劳动建立了平衡以后，人类在人口和财富方面的增长状况就一定不会改变呢？

我们已经使你看到，在命定的制度下，生产要比人口增长得快。令人奇怪的是，你只是为饥馑而哭泣，而不是借助这个规律来修改你的命题。其实，即使实现了平等制度，劳动比恋爱发展得更快的时候，你也许又会提出一个新的问题：再过若干代以后，地球上将怎么堆藏所有的产品和住下所有的人呢？那时，也许我们将满足于你下列回答：上帝是伟大的，天命的办法很多。有的事情肯定不是我们现在就能预料的；因为要是我们的活动领域竟能超越我们的能力，那才奇怪了！……那么，在改正了你的统计数字以后，我们难道还有必要再来反驳你的论据吗？

这样，这位刚才为人口担心缺乏面包的经济学家在这方面得到保证以后，又转而为居住问题操心了。他会对我们说：可是，总该终止人口的增长，因为宇宙是有限度的。既然每隔 25 年人口就翻一番，那么，用不了五个世纪，地球上就将有 100 万亿人，也就是说，肩靠肩地站着也把大地挤满了！这难道不也是一种灾难，一种也许比缺衣少吃更难忍受的灾难吗？……

经济学家，我打断你的话，你刚才提出的这个问题当然很值得哲学家深思，但是，这已经不是刚才说的那个人口与生产的关系问题，而是一个人口与地球的关系问题了。你的公正无私我是记录在卷的，所以，在进一步论述之前，我先来列出我们之间一致之点：

劳动的各种结构一旦实现综合化和正常化以后，它本身就具有一种使我们的生活资料在数量上始终超过需要的性能，因而不论人口如何增长，我们的福利还是能够不断地提高；

正如过去野蛮状态下的贫困唯一来源于怠惰一样，在文明状态下，贫困的唯一来源是经济的对抗；

因此，一个正常的社会将不必再害怕贫困，唯一需要解决的问题是：人口与地球之间平衡的规律是什么？这些结论以及我们最后提出的这个问题，正是政治经济学破产的明证。

## 第三节　人口平衡的原则

### 一

人口问题本身需要两卷书才能说清楚，而我的篇幅有限，所以不再提出解决办法，就有点作弄读者了。不过，请读者原谅我在这里只是提纲挈领地说一下，而不是写上一大部头书；但愿我的小小尝试能够起抛砖引玉的作用！作为一个真诚的改革者，我毫无垄断真理之意，所以，我寻求的不是学生，而是助手。

经济学家们是把人口问题作为人类与生活资料的关系问题提出来的，因此，他们的解决办法毫无疑问只能是死亡。采取一切手段(Per fas et ne fas)来杀人或者阻止生育；不管愿意与否，马尔萨斯的理论最终只能达到这样的结果，各国的实践也只能是这样，这是对付贫困一般所接受和颂扬的解毒剂。忠于自己的所有权和专断原则的政治经济学，最终总要体现为一整套以所有权和权威为基础的立法；因为它在提出自己的宪章，制定自己的法典、纲目和公式以后，就需要寻找制裁措施，而这种措施，它只能求诸暴力。马尔萨斯的理论就是政治经济学的刑法典。

相反，社会经济学、即真正的经济科学，主张的又是什么呢？它主张一切机体都能从自身求得平衡，而无须对自身各种成分的无政府状态采取预防和镇压的措施。它向我们高呼:解决你们的矛盾,建立价值的比例,探索交换的规律,因为这规律就是公正的本身。这样,你们首先将发现福利,然后从这福利中又发现一种更高级的规律,即地球与人类的和谐……

让我们先来看看,关于人口问题的经济专断怎样造成道德的堕落。

政治经济学因为从这样一个假设出发,即不存在价值比例规律,不存在劳动组织,不存在分配原则,所以不得不说公正是一句空话,平等是一种空想,一切人都享有幸福是一种天堂的梦幻,而不是人间的现实;它以这些错误的观点为依据,终于认定财富的增长将始终落后于人口的增长。由此,政治经济学只好作出结论,主张恋爱要慎重,结婚要推迟,并且要采取其他各种辅助性的预防措施;而且,它还加上一句,说是如果不这样,大自然本身便会采取可怕的镇压措施来取代人类的缺乏远见的做法。

但是,照政治经济学的说法,自然用以威胁我们的这些镇压措施究竟是什么呢?

在所有制社会及其代言人马尔萨斯的著作里,居于首位的是饥荒、瘟疫和战争这样一些所有制的刽子手。不论在基督教徒或无神论者、经济学家或慈善家中,直到今天还不知有多少人相信这些就是人口的天然排泄渠道。他们顺从地接受命运的这种糊里糊涂的判决,默默地崇敬打击他们的那只手。这是理性的宁静主义,它由于自己的消极无能而拥护利己主义的论据。

但是,显然,用这些理由建立起来的平衡,暴露了社会上的某种严重的反常现象。不过这正是我们所关心的问题:究竟为什么理性不能承认灾荒、瘟疫和战争是导致平衡的正常的、天然的和命定的原因呢？希望人们能屈驾和我一道稍为思考一下这个如此明显的问题，因为理论的真确性是需要我们大家自己来体会的。

如果社会确实是一种有组织的存在，其生存是依靠它的各种结构的自由的和和谐的活动，而并不求助于任何外力的推动和排斥，那么，由此可以得出结论：不时地消灭人口的灾荒、瘟疫和屠杀，远不是导致平衡的工具，相反地，它们是社会内在的不和谐和经济混乱的症状。饥馑和过剩对社会来说就如人体的贫血与多血；马尔萨斯使用屏障这一个词来表达这类现象，恰恰证明他对社会机体、社会经济和社会制度的理解多么的谬误！

可是，我们所说的关于饥馑和其他所谓天然镇压手段的道理，也适用于人们竭力用以协助天命完成毁灭人类的事业的其他一切类似的手段；例如，古代一切部族所习惯使用而且有的哲学家还加以提倡的遗弃子女，以及曾经得到宗教和风俗认可而且现在仍然在东方的一切野蛮民族中盛行的堕胎和绝育。这类习惯以及好像是它们的楷模的其他灾难，只能证明经济处于无政府状态；因此，常识和逻辑都反对把它们作为正常治理的工具和重建平衡的手段。



确立了这些原则，我们就不难对最近以来人们所设想的种种对付人口过剩和生活资料短缺的保险制度作出评价，而且我们也可以据此以更为精确的方式确定我们正在探索的那个规律的特点。

我现在从马尔萨斯说起。

马尔萨斯分析了这些据他说来是可以预防和制止人口过剩的

天然措施以后，发现这些措施有的残忍，有的不道德，没有一个可以归咎于天命，也没有一个能为理性所接受；所以他就把自然的这种无能和不可思议的暴力转而归罪于人类的自由专断。他认为，人类是以自己的尊严作为我们的命运的，并且利用天命来为自己服务，因此把人类的繁殖限制在一个合理的范围内是人类的义务。把结婚推迟到三十岁或四十岁，这就是马尔萨斯出自自己天真的心灵认定为最有效、最合哲理和最道德的防止人口泛滥的办法。他用压抑爱情和心灵的饥馑来对抗肚子的饥饿。他用自己圣洁的语言称这个办法为道德的强制，以别于他所反对的杀人和纵欲等一切形式的肉体的强制。

一些最著名的经济学家，包括让·巴·萨伊、罗西、特罗兹[①]等先生以及一切因为找不到摆脱疑难的办法而把节欲的英雄主义精神置于纵欲的欢乐之上的人们，都接受了马尔萨斯的这些思想。实际上，他们都不能不同意，马尔萨斯的理论并没有什么特别伟大高明之处足以使它凌驾于那时以来别人所提出的其他理论之上。这一点我们在下文还要谈到，现在我们还是先来确定一下这个理论宣传的究竟是什么。

首先，它最重大和最主要的一个错误就是一种强制；因为这个名称本身就造成了矛盾。自然要求人类做的是一种事情，社会命令人类做的又是另外一种事情；结果，如果我屈从爱情，便有贫困的危险，如果我抵制爱情，也还是照样的悲惨，两者只有肉体与道



① 特罗兹（1773—1850），法国历史学家、伦理学家和文学家，其经济思想接近西斯蒙第。——译者

德之别，无论哪一种做法，反正都是沮丧与苦恼。难道这是平衡吗？

其次，马尔萨斯所建议的医治方案，也不次于一份对天命的控告书和对自然的不信任案。我感到奇怪的是：基督教徒经济学学家竟没有注意到这一点。因为他的医治方案谈的不仅是宗教和社会所谴责的非法淫欲，它还谈到所允许的结合。这让我说什么好呢？这起因于一件事情：所有道德学家都把年轻人结婚看作是良好风俗的最可靠保证。可是，按照马尔萨斯的理论，从今以后结婚便只是老处女和年迈色徒的事情了。这种冷酷的婚姻制度，只许人们到了暮年才能一尝爱情的余味，结果二十岁青春时对爱情的甜蜜感又有什么意义呢？为了制造一个如此悲惨的结局而认定必须靠人类的审慎来矫正上帝的创造物，这样的原则算什么理论！

最后，马尔萨斯的医治方案是不切实际和不能起作用的。不论在事实上或法律上，它都是不切实际的，因为，一方面，我们不可能认真地希望改变人类生命的时期，让青年时暮气沉沉，老年时反而焕发青春；另一方面，在所有制下，马尔萨斯的理论将直接把结婚变成富有者的一种特权……这种理论是不能起作用的，因为既然贫困的直接原因并不是像人们所想象的人口增加，而是垄断的克扣，那么，在我国这样的制度下，无论人口是增长还是减缩，也会永远产生贫困。从本书的每一页里都可以找到有关这个论断的证据，因此没有必要再来重复。

人们对马尔萨斯的理论所包含的矛盾，虽然理解不一，但是都深有所感，所以普遍对它感到愤慨。正像我们行将看到的，反对者们所提出的理由，并不全是正确的，更说不上动机纯正。但是，政治经济学也只好责怪自己，因为它最终接受了连带责任，即人口论本应加以废弃，而它却反而加以鼓励。

和马尔萨斯的预料相反，这种道德强制经过一段不可避免的过渡，很快就在一些最坚定的马尔萨斯主义者的笔下和意图中变成一种纯粹的肉体强制，它对淫欲的拘束很小，顶多也只是在廉耻上制造一点麻烦。关于这一点，马尔萨斯著作的最新一位编纂者写道："这类并不否认生理规律（应读作淫欲）的防止贫困（应读作人口增长）的节欲的变种，并不证明是不道德的。"尽管马尔萨斯经常抗议对他的学说作这样的解释，但是，在情爱问题上并不躲躲闪闪的公众，正是按这个意义来理解这位可敬的著作家的理论的。

其实，人们能对他说什么是道德的，什么是不道德的吗？为什么独身就是道德的，而亲吻一下就是不道德的呢？尽管哲学家的语言用肉体和灵魂这两个抽象的字眼来表示人，但是人是一个统一体。因此，只要他节制生育，特别是只要他在适龄时节制生育，那么，究竟是精神上还是肉体上的节制，又有什么不同呢？不管怎么说，肉体中总有道德，而道德中总有肉体，反正这里最主要的一点就是不要生育孩子。不管千头万绪，这是最要紧的（Turbaris ergà plurima，porro unum est necessarium）。

因此，道德强制，肉体强制，这就是19世纪经济学家的科学、折中主义者的道德以及胆小的大学教授的哲学在贫穷的成因及其救治方法上所能告诉我们的一切！其中仅仅罗耀拉[①]的名字便会

① 罗耀拉（1491—1556），西班牙神父，狂热的天主教组织耶稣会的创始人。——译者

使宗教低声抱怨并且使贞淑的妇女感到脸红。这些伪善者们在嘲笑了教士的独身和基督徒的贞洁之后，又谴责他们违背自然和败坏道德；他们既不敢鼓励结婚，也不敢建议节欲，而只是向情侣、夫妇们宣传所谓道德的强制！然后，他们又斥责耶稣会员们！桑切斯[①]、里摩兹、艾斯柯巴尔[②]、贝辛鲍恩[③]，还有你，天佑多福的里窝利[④]，你们这些认为恶行只有镇压和惩罚才行的人们，还是赶紧躲藏起来，因为政治经济学正在使你们全部消失！从前，我们的基督教父们在他们的住所里置放圣树，在圣像前祈求上帝降福以驱除火灾、雹灾、饥馑和死亡。我童年时也作过这样的家祷。在农民家里，我到处看到夫妇床头的墙上都挂着耶稣像，这是无知和虔诚的老百姓避免天灾人祸的办法。时代已经前进了，理性已经解放，我们也已经懂得贫困的原因是孩子过多，所以，从今以后市政府将给年轻夫妇们提供一些在政治经济学和妓院行话里才叫得出名字的避孕用品，作为他们履行家庭义务的标志，以代替原来那些成天包围着他们和终生充斥在他们的眼前和心中的迷信玩具……真是无耻！

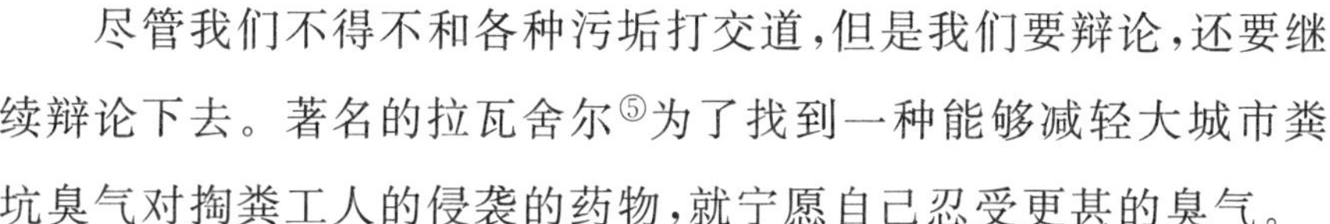

尽管我们不得不和各种污垢打交道，但是我们要辩论，还要继续辩论下去。著名的拉瓦舍尔[⑤]为了找到一种能够减轻大城市粪坑臭气对掏粪工人的侵袭的药物，就宁愿自己忍受更甚的臭气。

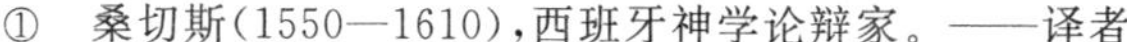

① 桑切斯(1550—1610)，西班牙神学论辩家。——译者

② 艾斯柯巴尔(1589—1669)，西班牙耶稣会头目之一。——译者

③ 贝辛鲍恩(1600—1668)，德国神学家。——译者

④ 里窝利(1696—1787)，那不勒斯修道士。——译者

⑤ 拉瓦舍尔(1743—1794)，法国著名化学家，现代化学奠基人之一。——译者

如果那种突然变成肉体强制并按照自己的方法来解决人口问题的道德强制，果真对已婚者是有效的做法的话，那么，它对未婚者也能起同样的效力。但是，经济学家所没有预见到的不道德的一面是，渴望和追求淫乐时是并不考虑生育后果的，所以婚姻便成了一种多余的制度；青年人过着一种不生育的罪恶生活；家庭消灭了，所有权也随着家庭消灭了；经济运动仍然没有获得解决，社会就回到了野蛮状态。马尔萨斯和讲求道德的经济学家使婚姻变成一种可望而不可即的事情，注重生理的经济学家则使结婚不能生育；二者都在缺乏面包之外又加上禁止爱情，因此都是在瓦解社会联系。这就是他们所谓的防止贫困的办法，就是他们所理解的对贫困的镇压措施。多么深奥的道德学家，多么深奥的政治家，多么深奥的慈善家啊！



这种对马尔萨斯理论的出人意料的解释和标新立异的评论，引起了舆论更为强烈的反对。道德学家表示厌恶这种歪曲他们善意的说法；社会主义者则认为人们所建议的对马尔萨斯原则的折中是空想的。他们高喊，要么就全部改变，要么就什么也不动。肉体强制只是一种可怜的骗局，是没有保障的妥协，是违背生理学的做法，是对爱情的侵犯。于是，为了反对经济学的中庸之道，社会主义便开始制造各种乌托邦。

（一）傅立叶的制度。人为的不育或者饱食法。

这个不值科学一顾的制度，首先提出了一个十分可笑的要求，以致人们要是不知道这个制度的设计者确实是认真地对待自己的想入非非之说，就可能以为他是在故意开玩笑。这个制度的内容是什么呢？就是增加生活资料，因为照马尔萨斯的学生傅立叶的说法，生活资料相对不足产生着贫困。傅立叶回答说：把消费增加一倍至三倍吧，因为这是避免生育过多和饥饿致死的万无一失的办法。这位伟大人物大言不惭地对我们说：只吃两顿饭是活不下去的，吃上它七顿，大家就满足了。

正如我们看到的，这正是经济学家所要求的。但是，当大家连必需品也欠缺的时候，用什么办法把消费增加一倍到三倍，用什么办法来提供奢侈品呢？在这个问题上，傅立叶提出了他的劳动团体的系列，据他的计算，这一系列的团体能够一下子把生产提高三倍。但是，现在事实已经证明，傅立叶从来就不了解他偶尔也提到的那个对一切物品说来都最关紧要的词，即价值。他对价值没有任何概念；他不掌握分配的理论，也不掌握交换规律；他没有解决政治经济学的任何一个矛盾；他甚至根本没有考虑到这些矛盾的含义；他没有看到贫困的一切原因都是来自资本的优势地位和劳动的从属状态，相反，他在他的那个“资本、劳动、才能”的公式里把这种优势地位和从属状态神圣化了。他和他的学派始终按照这些相互矛盾的观点行事，不从二律背反的合题里，不从一项高于资本和所有权的原则中寻求劳动者的解放，而去乞求资本的支援和政权的恩惠。最后，傅立叶和马尔萨斯一样，不理解他要解决的这个问题的性质，把它当成人口与生活资料之间的问题，而不是把它看作人类与地球之间的问题。至于产品增加三倍的问题，我在上文曾经用关于财富增长的理论证明，这正是充斥于法伦斯泰尔学派著作中的千百个谬论之一，根本不值得批评界的一驳。

不过，在傅立叶的人口问题解决方案中，有一点还是需要着重驳斥的，那就是它自己也承认的那种反道德思想和它的公然的无

组织和反社会的倾向。至于那种据我看来不过是把一种病态普遍化的饱食法是否具有他所假定的那种效果，我就不来分析了；因为我承认，生理学超出了我的能力范围。

我们在第九章中探讨所有权的作用和用途时，曾经发现家庭的建立是所有权的特征和标志。傅立叶主义虽然冒充所有权的捍卫者，但是，它不但丝毫不了解所有权的成因，不了解所有权的目的，而且它还否定这些成因，企图取消这些根源。傅立叶主义是对作为所有权的有机组成因素的家政的否定，是对作为所有权灵魂的家庭的否定，是对作为所有权的变形的婚姻的否定。那么，为什么傅立叶主义要取消这一切东西呢？因为傅立叶主义只承认所有权的消极一面，它所一心渴望的，它所竭力追求的，并不是体现为婚姻和家庭的正常与神圣的占有，而是**全面的卖淫**。这就是傅立叶的人口问题解决方案的全部秘密所在。傅立叶说：事实业已证明，妓女成为母亲的情况万中不得其一；相反地，家庭生活，夫妇关心，配偶贞洁却大大有利于生殖。这就是说，只要我们不是成双成对地结合，不是排他地过夫妇生活以致有利于增加生育，而是大家都变成娼妓，人口便得以平衡。自由的爱情，不生育的爱情，反正都是一回事……既然如此，什么家政，什么一夫一妻制，什么家庭，还有什么必要呢？把劳动变成私通，把爱情变成体育锻炼，这是多么荒唐的幻想啊！可是，法伦斯泰尔正是这样的幻想！……

社会主义和政治经济学一样，在人口问题上同时求助于死亡和屈辱。乌托邦伪善者挂在嘴上的劳动和廉耻这两个字眼，无非是在头脑简单的人的眼前掩盖他们学说的卑鄙。我不知道这些学派的传道士究竟在多大程度上意识到他们自己的卑鄙无耻，反正我永远不会同意免去一个人对自己言论的责任，更不用说对自己行为的责任了！……

（二）G博士的制度……堕胎或者灭胎。

这种办法就是不管父母愿意与否，用一种专门的工具从子宫内取出在那里形成的胚胎或胎儿。我读过G博士即将公诸大众的详细报告的一份手稿，其中通过对哲学和政治经济学论证的归纳，证明人类有限制生育的权利和义务，而且如果有人对此还抱有什么怀疑的话，那也只是关于方式的问题，牵涉不到原则本身。

G博士说："既然我像马尔萨斯所主张的那样，有权因为收入不足而保持独身状态，那么，根据同样的理由，即使我已婚，也有权像教会所允许和一切经济学家效法马尔萨斯而表示赞同的那样，恢复独身，自我克制与妻子性交。

"既然这种克制本身的作用只在避免生育和贫困，那么，也完全可以不必停止履行自己作为丈夫的义务，只要像肉体强制的拥护者所允许和逻辑所推论的那样，采取一种能够防止受孕的撤回办法就行了。



"但是受孕本身又是怎么一回事呢？就是男性生殖器官中形成的精虫进入女性的生殖器官，只有在那里，胚胎才能成长。如果独身是一种罪恶，那么，在精虫进入子宫之后或之前中止胚胎的发展，也一样是罪恶；如果独身无罪，那么，上述行为也同样无罪。由此可见，如果怀孕对我有害，那我就有权、也有义务预防和制止受孕。

"既然如此，在受孕时赋予我的生殖能力，在性交以后我依然保留着，第二天仍然保留着，下一周仍然保留着，一个月后也仍然保留着。因为我在性交当时对事实并不可能有任何认识，尽管我的意愿对受孕设置了障碍。可是，在防止受孕方面的延误并不能为着胎儿的利益而取消了我的权利……”

我还是让读者自己去继续这种论证吧！

G博士本身倒是一位十分诚实的人，而且与常人一样地逻辑很严密……他的制度却得到巴黎的一些以堕胎为业并且靠它发了大财的外科医师暗中的拥护。这些杀人犯的钳子伸到子宫底部去寻找胎儿，胎儿遭到杀害或者被切断了脐带，自然界留下了一个死胎；可是，这种做法在经济术语上叫做*防止人口过剩*，用报刊文字说则是*隐瞒过错*。在省城里，有的医生和助产妇也根据让穷孩子出生是一种罪过以及限制儿女数目是良心上的责任这一崇高的经济原则，模仿上述的行业，做起堕胎药的买卖来。至于警察，则比马尔萨斯还要马尔萨斯，只懂得破获一个只有20个工人参加的讨论工资问题的集会，却坐视不管这些溺婴罪行；至于陪审团，由于他们熟谙人口原则的程度并不亚于警察，因此，就发明了一大堆减轻情节来开脱这种罪行。

G博士的制度……是对经济学家的道德强制与肉体强制以及法伦斯泰尔的不生育的纵欲的必不可少的补充。所有这些学说都是绝望的肉欲主义的垂死挣扎；它们彼此关联，互相交错，都是源自同一个偏见，即在一个正常的社会里，人口的增长总是比生活资料迅速。至于结果，这些学说全都导致同样的情况：贫困、恶习和罪行增加，家庭联系瓦解，经济运动倒退，穷人、孤儿、老人和一切无用的人口遭到强制消灭，杀人有理，博爱和正义遭到诅咒。

（三）*中断制度*。指的是一种十分简单、但是人们并不完全相信它一定有效的预防办法:在月经前后的一两周里暂停性交,因为据说妇女不在经期便自然不会受孕。

这种克制完全合乎肉体强制论者的口味。我不了解生理学和实际经验在多大程度上肯定这种方法的效用;而且,从经济的角度说,我也没有必要去为这一点操心。

因此,我认为,类似实践的结果,对社会说来,与实行上述其他办法一样,是灾难性的;对消灭贫困说来,也照样无效。实行这种行乐而不必付出代价、作恶而不令人惊讶的办法,廉耻便成了一种多余的成见,婚姻也只是一种束缚手脚、毫无用处的协议。家庭的尊严遭到践踏;男女少年从情窦初开时起便失去灵魂力量和人格尊严。文明社会中将出现一种前所未见的比塔希提人[①]的风俗还要恶劣的风俗。劳动将屈服于投机;每人都想把淫荡的独身生活当作逃避贫困的藏身所,而由垄断、高利贷、分工、职务与才能的不平等所维护的贫困,将为自然进行报复,使大地人口减少,资本不生利润,人种遭到毁灭。社会的真理绝不可能是这样;这点难道还需要我们来进一步探讨吗?

(四)三年哺乳制[②]。

这种制度的设计者开始先批驳了多妻制、多夫制、同性恋、堕胎等等荒谬、不道德和野蛮的理论,其中我们已经列举了一部分。他和罗马法上关于受孕和生育儿女是妇女的首要职责(Accipere aut tueri eonceptum est maximum ac proecipuum munus foemina-

① 塔希提是南太平洋法属社会群岛中的主岛,此处暗指原始部落的杂交制。——译者

② 参阅卢敦著:《人口与生活资料问题的解决》,1842 年巴黎法文版。

rum)的规定一样,指责一切妨碍受孕和分娩的行为,而且无保留地尊崇《创世记》中立下的规条:多多繁育,增加产品,以填满大地。

然后,他原则上提出,人口的可能增长并不是天然的增长,并且认为上帝只给一个女人指定一个男人,反过来,又只给一个男人指定一个女人,这在他看来是最首要和最伟大的限制,他用大量的权威意见和事实力图证明:一、人类的生命是划分为若干固定的时期的,即胚胎期、哺乳期、成长期、生育期、老年期;二、其中哺乳期为三年,在此期间,给婴儿哺乳的妇女由于乳房与子宫的对立而天然地不能怀孕。他最后得出结论,断定只要每一个满二十一岁结婚的妇女给自己每一个子女连续哺乳三年,人口便不会增加,反而会逐渐减少以至消灭。

这部被勒鲁的《社会评论》以恰当的赞扬语调援引过的旁征博引的伟大著作,浸透着一种纯洁的道德精神、高尚的哲理和对人民的热爱。不过,在我看来,这位作者的功绩实际上只在于他想到了必须从按照自身规律和天然分期而进行的生育的本身去探索生育的限度。



的确,加速人类繁殖最容易不过的办法就是把道德所允许的结婚年龄提早,或者是缩短哺乳的负担;其情况正如限制生育最简便的办法莫过于屠杀、溺婴、堕胎,或者是去势、淫欲。但是,我们这里讨论的并不是进一步刺激生育或限制生育的问题;我们探讨的是,如果大自然不再受我们错误的干扰,是否能给人类提供足够的福利,使自然与人类获得协调。但是,卢敦博士却说,只要能够一方面证明天然哺乳期是三年,另一方面证明乳房的功能与子宫的功能是相抵触的,那么,按照大自然的规定,一个妇女一生就只能生育三个或最多四个孩子；由此可以得出结论，扣去结婚前和生育期中死去的人，人口的数目将停滞不前，而且只要愿意，甚至还可以减少。这就是卢敦医师的意见。

因此，这个办法既不是预防，也不是镇压，也不是阻碍。由事物本性而形成的平衡，对社会风俗和社会经济都没有什么害处。

可惜的是，这个理论虽然在原则上非常合理，却具有一个无法补救的缺陷，一个纯属生理的、与社会经济完全无关的缺陷。因此，这种制度本身存在着一些我们下面就要指出的弊病；更不用说，他的医界同事们还可能向他提出一些非我所能评论的指责。

首先，这种制度具有一种守旧的甚至武断的性质，这指的是：如果哺乳的规律确实观察到了，那么，根据作者本人的结论，人们就很难设想，人类怎么可能增加？人口一定从一开始便得到平衡，根本就不会有什么增长。而如果人口不能增长，生产也就谈不上什么增长；这就意味着工业、科学、艺术、风俗，还有人类本身，全都停止了。中止了行程的人类便再也不是进步的和命定的了，它将仍然是上帝，仍然是野兽。不管在人类发展的哪一个时期，只要实行卢敦医师的制度，文明就会因为三年哺乳制而马上停止发展，我们也就变成文明的绊脚石。人们会不会说，要补救这一点是很容易的，让人们提早一点结婚，并且把哺乳期缩短为一年半，不就行了吗？我的回答是：这是在开玩笑！社会的进步是不能任由人类随意决定的，我们的自由只能局限在命运所规定的范围内，我们的天性是按命运行事，而不是超越或者改造它。退一步说，如果这三年的哺乳是婴儿所必需的，那么，你缩短它就必然遗害于婴儿；反过来，如果这三年并不是必不可少的，那么他的理论还能成立吗？

因此，我们没有发现卢敦医师的制度是自然的规律，除了乍看起来它给人以希望，也就是说，它不是一个没有人类的协助就能在社会生活和个人生活的任何时期都不间断地、不发生突然变动地独立起作用的规律。在这种制度中，就如在其他制度中一样，自然什么也预见不了；只要人类突然不去干预生育的增长，既不克制，也不绝育，既不斋戒，也不卖淫，而且也不为了停止生殖器官的功能而延长哺乳器官的使用，那么，人口马上就泛滥，生活资料短缺，社会骚乱起来和崩溃下去。所以，这种制度不照样是诡辩吗？

其次，按照这种制度，有四个儿女的母亲，将受16年的奴役，而且其中绝大部分是对儿童的健康并无补益的奴役。试问，当妇女的社会作用正愈来愈提高的时候，怎样强迫她们接受这种无休止的哺乳劳动呢？既然赋予人类以智慧是为了让他们自己摆脱兽性的桎梏，那么，难道不应该让他们有余地来解释自己机体的规律并且按照更高级的社会规律来运用这些规律吗？我设想，在贫困匮乏的游牧民中，哺乳期是较长的，因为他们的孩子吃不下粗糙的食物，只能靠母亲的那点乳汁作营养。但是，随着劳动给我们提供了福利，随着人类对以乳汁为最宝贵营养的野兽的征服，妇女的状况也就改变了；如果重新把她们拉回去服从早被六千年文明所废弃的规律，那就确实等于使她们倒退到野蛮状态。三年哺乳始终是一种用以代替其他苦难的苦难；从这方面说，卢敦医师的制度也有它不道德的地方。

我们还必须看到，这个理论和其他理论一样，是源自马尔萨斯的错误假设，并不能更好地克服它希望解决的困难。我们姑且假

定三年哺乳真的到处成了一种习惯，人口因此停止增长了，这当然很好；可是，贫困还是始终一往无前地发展，因为它产生的根源并不在人口，而在垄断，因为它总是不断地先于生产和劳动而到来。由于贫困使世界上的人口持续地减少，所以很快就不得不为了弥补劳动人员的欠缺而采取提早结婚和缩短哺乳期的办法来促使人口增长，这只能使我们乱七八糟。

最后，三年哺乳显然将使人口与地球的关系变得更加变幻不定。因为二者必居其一：或者是尽管实行了三年哺乳，妇女生育还是很多，以致人口还是增长；在这种情况下，增长还有什么限度可言呢？或者是人口不但停止增长，而且减缩了；要是这样，人类也就停滞不前和倒退，而且由于这种停滞和倒退，人类与自己居住的星球之间就不发生什么关系，人类将与地球格格不入，这显然是荒诞不经的事情。

总起来说，不论是社会主义者或者是经济学家所建议的人口问题解决方案，都是从错误的假设出发，都不是以任何自然的内在规律和经济秩序的本质为依据；因而这些方案都是错误的、矛盾的、不切实际的、无效的和不道德的。如果让人们在爱情活动领域内找到只享乐而不生育的秘诀，如同他们在工业活动领域自以为已经找到的只享受而不生产的秘诀一样，那么，在爱情、婚姻和家庭方面就将出现我们在劳动、竞争、信用和所有权方面所看到的那种情况，即爱情变成一种痉挛性的和神经质的冲动；随意的苟合将取代夫妇的忠诚，就如投机取代交换一样；社会将被女人所败坏，正如它被垄断所腐蚀一样；政治机体将最终沦于瓦解。这将是人类的实际情况。

## 二

因此,问题仍然原封未动地存在:现在,我们来试图作一番新的探讨。

我们已经证明,人类在人口方面是趋向于按照几何级数增长的,即 1、2、4、8、16、32、64,以至无穷。

另一方面,我们也证明,在资本和财富方面,这同一个人类却是以更大的速度增长,其中每一项都可以看成是上述人口级数的相应项的平方,即 1、4、16、64、256、1024、4096,以至无穷。

这两种互相平行、彼此相关、不可分离地联系着的增长级数是互为因果的。它们主要是表示增长的趋势,而不是精确地代表着实际情况;同时,它们的每一项数列都依各该时期的具体情况为转移。

这第一点确定以后,需要弄清的是:人类的这种在人口和产品方面的增长趋势是怎样自我限制的,因为这种增长绝不可能在世界存在的各个时期里始终保持同样的速度,否则,只要两三个世纪的时间,地球表面就充满了人口和产品了。可是,如果说上帝命令我们多多生育,增加产品,以填满大地,那么,它也并没有要我们超过限度,因为《圣经》的内容就说明了这一切。

那么,人类在人口和财富方面的增长有什么天然限度呢?

首先我们要注意的是,人口增长两倍和财富相应地增大四倍所需的时间从根本上说是变化不定的;由于各种原因的影响,这个期限可能是 14 年、18 年、20 年、25 年、50 年、100 年、500 年、1000 年,以至更长。至于这些原因哪些是正常的,哪些是反常的,我们没有必要去深入探讨。

但是，有一点却很清楚，就是增长期限的这种变化包含着问题的解决，因为既然这个期限可能无限地延长，那它必定要到达这样一个时期，即人口和生产虽然始终在增长，可是将会停滞不前。唯一主要的一点是，决定着期限延长、从而也决定着人口的数目不变的原因是社会组织内部的，是不受任何强制、镇压和专断的束缚的，而且是我们充分自由地发挥自己能力的结果。重要的是，由此而产生的平衡不仅在整个人类中体现出来，而且体现在人类的每一个部分，即每一个国家、城市、家庭和个人身上；不仅体现在未来的某一段或长或短的时期里，而且体现在人类历史上的一切时期中，体现在社会生活和个人生活的每一个世纪、每一天和每一分钟里。

这个原因究竟是什么，我们尚不了解；但是，根据一切迹象看，它对人类是最现实的，与社会和个人的关系又是最密切的。随着劳动者的数目的增加，随着工业、科学和艺术的进步，劳动的总量不是减少了，而是不断地增加，因此，对人类说来，福利的增加无非就是工作增加的表现；只要我们能够证实这一点，我们就可以万无一失地掌握这个原因。其实，劳动这样增加的结果，首先是产品增长所需的期限不断地延长，早晚总要到达这样一个时刻，就是人类尽管始终在劳动，却没有增加任何东西，没有积累更多的资本……那时人类的生产就将达到它的最高限度，接着我们所看到的就是人口怎样以同样步伐达到这个最高限度，因为人口和生产这两项必然是相互交错和彼此关联的。

首先，让我们来探讨一下劳动。

劳动是人的第一属性，是人的本质特征。

人类是劳动者，也就是说，是创造者和诗人；它表达思想和符号；它在改造自然的同时，也利用自然的资源来生产，依靠自然的物质来生活。俗语所说的以劳动为生指的就是这个意思。

因此，在各种动物中只有人类在劳动，只有人类在制造自然所不能生产、上帝所无法创造的东西，因为上帝没有这种能力；同样，人类由于自己能力的特殊性而无法完成神明力量才能做的事情。作为上帝的敌手的人类，既与上帝相同，又与上帝有别，因为人类进行劳动、说话、唱歌、写字、发议论、计算、制订和执行计划、剪裁衣服、绘制肖像，纪念自己生活中各种值得纪念的事情、规定节日，它因为战争而发怒，它通过宗教、哲学和艺术来启迪自己的思想。为了生存，人类动用了整个自然，占有自然和同化自然。在做一切事情时，它都是有目的、有意识和有倾向的。但是最妙的是：通过分工和交换，整个人类就像一个人一样地在行动，然而在这种共同活动中，每一个人又是自由和独立的。最后，通过相互承担义务，人类把合群本能转变为公正，而且设置了刑罚作为诺言的保证。所有这些人类所特有的事物，都是劳动的形式、属性和规律，而且可以视为我们生命的扩散和我们灵魂的迸发。

动物是在超越其意识的理性的支配下行动；只有人类才劳动，因为只有人类才能设想劳动，并且借助于自己的意识来形成自己的理性。我们比喻性地称之为劳动者的那些动物，不过是上帝和人类这两个对立的创造者之一手中的机器罢了！这些动物不能设想任何事物，因而也不能生产任何物品。虽然它们的外表行动有时也类似于我们的行动，有的动物虽然也具有定居、储存食物和蔽体御寒的天赋能力，但是，这些都是动物本身的有机生命运动，从道德方面来说，它们在动物界并没有显出什么不同之处。它们的这些能力是始终如一的，不可能有任何的改进。从意识的角度说，难道我们能发现蚕的吐丝与蚕的织网有什么两样吗？孵卵的燕子又在哪一方面比筑巢的燕子低级呢？

那么，什么是劳动呢？迄今还没有人给它下过定义。劳动就是精神的扩散。从事劳动就是消耗生命，一句话，就是献身，就是死亡。乌托邦主义者最好不要再给我们谈论什么献身精神，因为献身就是以劳动成果来表示和计量的劳动……

人类由于劳动和献身而死亡，或者是像马拉松[①]的那位士兵一样，为了热心完成一项任务而耗尽自己的灵魂，或者是像我们工厂里的工人和乡村里的农民一样，因为五六十年的劳动而耗尽自己的生命。他们都是因为劳动而死亡；或者更确切地说，是因为他们生为劳动者而死亡的。所以，人在世间的命运是与不朽性绝不相容的……

说得明确一点，动物只有一种消耗生命的方式，而且这是它们和人类唯一相同之处，就是繁殖。有些种类的动物，其生命在生育以后便结束，其成员在完成了这个最崇高的任务以后，便死亡，因为在耗尽自己的生命以后，它们便再没有存在的理由。所谓勤劳的动物，如蜜蜂和蚂蚁，性欲只保留给那些不必劳动的成员，劳动的成员是没有性欲的。在家饲动物中，凡是被人类使役的，都很快

① 马拉松是希腊伯罗奔尼撒半岛阿提卡城邦东北一平原，公元前 490 年雅典军大败波斯军于此。雅典军一士兵长途跑回雅典报告胜利，在到达时因疲惫致死。——译者

就因为劳动而耗尽精力，变成羸弱不堪，奄奄一息；劳动使它们未老先衰……

总而言之，劳动绝不是动物的生存条件；正是因为如此，所以，只要人类消灭，在自然界的延续性便中断了，只有残破、衰退，然后走向灭亡。

自然界的平衡是靠破坏来建立的。食草动物和啮齿动物等等是靠植物为生。如果没有肉食动物把它们当食物吃掉，它们很快就会把植物啃光，最后只好彼此吞食，以致灭亡。因此，消灭看来是自然界循环和生命的规律。人类既然是动物，也要服从同样的命运。它与鲸鱼、鲨鱼、狼、虎、狮、兔、鹰、昆虫争夺食物，而且追捕所有这些动物，杀害所有这些动物。归根到底，人类又自相残杀，互相吞食。

但是，宇宙生命的循环并不应该这样地进行，现代化学在这方面给我们揭示的一切，是对人类尊严的亵渎。人类不应该以自己的物质通过血肉的形式来供养自己，而应该以面包形式的劳动产品来供养自己。这就是我的身体（Hoc est corpus meum）。由于劳动阻止了贫困的先期到来，才结束了人类相食的现象，人类的和天命的真理才取代了神界的凶恶神话，通过劳动，人类与自然形成了联盟，人类通过自愿牺牲保障了自然的永恒性，我主与我们建立了血的关系[①]（Sanguis foederis quod pepigit Dominus）。可是，宗教传统又消失于经济真理之中；耶稣基督和麦基洗德[②]的圣体牺

① 按指上帝使其子耶稣流血牺牲，赎人类之罪。——译者

② 麦基洗德，《圣经》人物，耶路撒冷之王，是“至上之神的祭司”。——译者

牲所宣告的事情，在此以前阿伦[1]和娜亚以其流血牺牲所表达的事情，以及更古远的图里德族[2]以活人祭供所显示的事情，现代的劳动制度又加以重申，这就是世界是建立在人吃人的原则上的；换句话说，人类是靠自己而生存的。

但是，既然人类是靠自己的劳动为生，或者也可以说是靠消耗自己的生命为生，那么，人类的生活资料、从而它的生命力，就必然和他的工业能力的扩散成正比。可是，促使它扩散这种能力的动力又是什么呢？

我们正接触到全部政治经济学中最重要和最值得哲学家们深思的事实，我指的就是劳动量的增加，或者更确切地说是劳动的加重。

在没有分工的状态下，商业尚未出现，每个人生产的一切产品只是他一个人，劳动生产率很低。

财富像人口的数目那样增长。当土地只能维持少量居民的生活时，它对野蛮人好像缩小了，人口不断地按马尔萨斯所指出的增长比例走向超越生产时，很快地人口又会由于来自各方面的限制而缩减和死亡。

随着分工、机器、商业、信用和各种经济手段的出现，土地给人类提供了无限的资源。于是，在开发土地的人面前，土地显得扩大了；福利的提高超过了人口的增长。财富好像按照劳动者人数的平方数增长。

① 阿伦，《圣经》中人物，摩西之兄，因煽动民众铸造神犊而被摩西处决。——译者

② 图里德人，克里米亚半岛上的一种古斯拉夫部落民。——译者

但是，除了人口和生产这两方面的增长以外，还出现了另外一种增加，就是我们刚才所说的劳动的加重。这种增加，经济学家迄今还认识不到，而社会主义则更有理由不加注意。

在一个有组织的社会里，劳动总量虽然好像由于分工和机器等等的出现而不断在减少；可是，相反，对集体劳动者和每一个个人来说，它是不断增加的，这种情况是经济发展本身造成的，而且其速度与经济发展成正比。结果，工业愈是由于科学、工艺和组织的改进而得到完善，对一切人说来，劳动的强度和时间（质量与数量）就愈是加大和延长，从而生产也就相对地减少。因此，可以得出一个结论：在社会中，**产品的增多是劳动增加的同义语**。

这正是我要极力解释清楚的问题。

让我们最后一次回忆一下李嘉图的理论。假设甲乙丙丁四块不同质量的土地，以相等的费用在相等的面积上生产出的产品各为120、100、80、60；那么，如果拿每块土地的所有主的状况作比较，显然，甲地所有人富有，乙地所有人小康，丙地所有人出入相敷，丁地所有人则穷困。但是，就人类集体来说，这种财富的不平等意味着什么呢？一方面意味着，随着社会需要从耕作甲级质量的土地转到次一等质量的土地，社会本身实际是变穷了；另一方面又意味着，为了维持自己原来在耕作甲级土地时所获得的福利，社会就必须发明一些不论土地的质量如何，在同样面积的土地上都能增加产量的方法。但是，社会不仅已经克服了由于土地质量不等所引起的贫困，而且还增加了自己的资本和原始的福利。它不仅为最初从事开垦的劳动者提高了福利，而且也为在他们之后从事耕种的劳动者提高了福利。因此，人类需要逐步弥补土地的贫瘠，把自己更多的物质投入原料中；总而言之，需要投入更多的劳动。不管人们怎样看待这种情况，只要福利不顾土地的不断贫瘠和消费者的增加而继续增长，对社会和每个个人来说，劳动总量也就必然增加，只有特权和混乱始终在减少。

在这方面使我们产生错觉的，是机器的使用所造成的价值的波动，这种波动总是在经过一段暂时的混乱以后给我们带来福利的增长，其结果就像到了休息时间我们可以什么事情也不做，实际上这只是表示我们劳作的积累。

实际上，机器是什么呢？就是简化劳动的方法。因此，每当发明一种机器的时候，社会对劳动的需求就过大，贫困就加重。劳动供应不足。机器的出现，平衡便恢复起来，往往还因此争取到一段劳动比较轻松的时间。从这个角度说，机器就证明劳动加重了。



但是，我们再问一遍，究竟机器是什么呢（我希望读者认真注意这个问题）？既然存在一个有自己的警察、预算、人员、费用等等行动的特殊中心，一切其他生产中心都直接间接地服从于它，而这些生产中心之间又各有其从属关系。因此，机器就既是利润的源泉，同时又是开支的中心和奴役的根源。因为不管一门工业使用的是什么机器，发动者始终是人。人所制造的引擎，只有当人开动它时才能产生功力，而且人还必须不断地重复这种动作，结果人类四周的工具愈多，它受的监督和惩罚就更甚。只要司机和司炉稍一丢下机车不管，那列就如一位预言家所说的鬼魂在推动着轮子

(Spiritus erat in rotis)的奇妙的火车，马上就会停下来；只要机械工一旦停止检查零件，这台机车就顶多只能运行六个星期；只要矿工停止供应燃料，它就永远也转动不了。

可是，归根结底，这种异乎寻常的努力有什么目的呢？所有这种运用天才、使用大量劳动，为的是什么呢？为的是从土地取得它拒绝向我们提供的财富，是使原来的不毛之地变得肥沃起来，把第三十六等级或者第七十二等级质量的土地也使用起来。一个工业企业就是开发沙漠的带畜租佃契约①。

因此，如果我们希望在每发明一种机器或每开垦一片土地时能够维持原来已达到的福利水平，甚至希望提高这个水平，就一定要我们每一个人都参加负担最低等级土地所需要的开支；否则，当初处于最富有地位的人，比方甲级地的所有人，便可能很快就变成最穷的人。因此，最终结果是，我们在人口和财富方面增长愈多，我们的劳动也就愈是加重。遗憾的是，我还没有能够为这样一个确凿的命题列出一个更为精确的公式。

在第四章里我曾经援引铁路作为劳动增长的例证。从那个例子中我们可以看到，辅助性劳动如何惊人地增加。现在我们来稍为谈谈煤矿的情况。

如果我们不愿看到未来在我们面前被关闭，就必须很快求助于某种普遍性的光源和热源，但是目前科学还没有掌握这种光源和热源。煤炭似乎正是自然界为我们准备的从植物燃料过渡到新

① 法国民法典有关于带畜租佃的规定，指租佃随带一定数量的牲畜的土地；在契约期满时，租佃人应归还同等数量的牲畜。这里牲畜暗指工人。——译者

的光源和热源的暂时物质。又有什么事情比挖掘储量巨大的煤炭更为简单、更省费用的呢？……但是，当劳动刚刚着手开采第一批矿脉时，马上就出现一种组织规模庞大的工业和科学。我不能详细地叙述煤矿开发工作所包含的复杂繁多的操作过程；就我们所谈的问题来说，只要列举一下工种就够了。

煤矿里的人员包括：经理、工程师、职员、矿工、监工、拉煤工、推煤工、牲口把式、装卸工、支顶工、修理工、养路工、填土工、绞车工、饲养员、煤破工、掘进工、回采工、收煤员、注水工、机械工、司机、粉刷工、石匠、铁匠、修车工、装车工、小工、泥瓦工、杂役。我肯定还有没有提到的工种，因为我只是根据鲁瓦尔区的一个矿的退职人员名单开列的。

如果加上那些从事开掘矿井、制造工具、运输采矿所需的材料和已开采的煤炭的各种行业，如果设想一下为了维持所有这些为了解决燃料欠缺而成为必需的人员的生活，为了供给他们的消费开支和保持他们已有的福利水平而需要按比例增加的农业、工业和商业生产，需要建立的新行业，以及其他方面需要付出的更多的精力和开支，那么，请说说，原来的劳动应该增加多少数量呢？……

像土地一样，这里有整个的工业企业，以及代表着它的一些机器。为了使这个企业繁荣起来，就必须不断扩大资本；这就等于说，不然的话，就会看到财富耗尽，福利消失。如果以为借助于机器我们就可以既变得富有，又取消或者减少劳动，那就等于在不断损坏的无活力的事物中去寻求运动的永恒性，就是假定结果大于原因。正如在自然界里无中不能生有，在经济秩序里，人类也只能生产它从自身取得的东西，它生命的限度也就是产量的限度[①]。

让我们把这个问题说得更明白易懂一点。假定法国的年度生产总值是100亿法郎。如果把法郎作为价值比较的共同单位，每人的劳动总量为394法郎。可是，50年来法国的生产增加了一倍以上，而人口只增长一半；由此可见，富裕了三倍的法国，劳动量也比50年前增加了三倍。当然，劳动增加了三倍不应该理解为劳动天数增加四倍，因为我们必须把工业和机器的进步计算在内。我所说的劳动增加三倍，既指劳动的时间，也指劳动的强度；而且这种增加既体现在肉体上，也体现在精神上。劳动总量的计算并不因此有所改变。机器只是缩减了或者代替了我们的某些手工操作，它并没有减少劳动，而是转移了劳动；也就是说，过去我们要求肌肉完成的劳动现在转而求诸大脑。劳动本身并没有改变，只是其方式由体力劳动转为智力劳动而已。因此，如果能够证明人类是在自然的惰性不断加强和自己的需求不断增加的情况下依靠自己固有的力量不断地取得进展，那么，也就同时证实了人类的劳动始终在增加。

劳动的这种不断增加有大量的事实可以作证，我最感奇怪的是，人们为什么对此视而不见，漠然置之。

① 最近有人向科学家公布了英国一位农学家的实验结果，认为即使施肥两倍，也不一定比以前显著增产。只有活在19世纪的人才需要这样一个证明。人们用粥是制造不出一个人的，必须有一个主体、一个孩子来吃粥和消化粥，而且要按一定分量食用。同样道理，当人们证明，一个人上足肥料，以便生产出他的粮食时，是不会有更大的进展的，必须要有土地。要是你把麦种撒在肥堆上，收获量就比种在整好的土地上要少，结果是得不偿失。因此，为了增加产量，就必须扩大耕地面积、必须增加劳动。那样，不论是使用天然肥料还是人工肥料，才永远不致落空。

在巴黎、里昂、里尔[①]、鲁昂这样一些工业中心，如果只就劳动时间来说，每人的平均劳动是13至14小时；雇主也和雇工、仆役一样，参加这种奴役性的劳动。在商业中尤其如此，工作时间长达18小时的并不在少数。童工和女工的劳动时间也没有缩短。近年来，立法者都对工业所加给儿童和妇女的沉重负担愤愤不平，报界从讲坛上所揭露的弊端中只看到剥削者的贪婪和野蛮，却从来没有人致力于说明一下经济的命运，上述剥削者其实不过是这种命运的代理人。人们没有看到，在我们这样一个内部有着密切联系的社会里，劳动和资本一样是不会停止不前的；当资本由于利润倍增而不断增长时，劳动也同样由于分工和机器而无限地加重。劳动与资本就像万物与时间一样，始终互相追逐而又永远谁也赶不上谁。可是，这样一个时刻总要到来：资本不能靠高利贷来增长，因为存在一个利润逐渐减少的首要原因，即生产变得很缓慢，而劳动也无法依靠分工获得更高的生产率，因为自然界没有活力的力量不断在增大。这时，人类的青春便让位于成年；气喘吁吁的社会已不像从前那样由于垄断和竞争而形成大幅度的摆动，而只产生轻微的颤动；平等在不平等之中蠕动，它就像在对生命说：你再也走不远了！到了这里你就不再前进了，原来不可一世的动乱一下子被粉碎了(Usque huc venies, et non procedes amplius, et hic confringes tumentes fluctus tuos)……

使劳动加重更为显著而且从另外一个角度说又不过是使劳动重复的因素，就是对教育的不断增加的要求。就如生产与消费是

① 里尔，法国西北部靠近比利时边境的一个城市。——译者

两个同一的和相应的项一样，教育也可以视为劳动的学徒期和过舒适生活的见习阶段。享受的能力就如生产的能力一样，需要学习和锻炼；正确地说，享受能力无非就是生产能力，我们可以根据一个人需求的数量和性质来判断他的才能和知识的高低。在现代社会里，为了达到高度的生活水平，必须有科学、美学和工业的高度发展，其标志就是，非生产者为了享受必须进行的劳动，几乎和生产者为生产而进行的劳动同样地多。培养一个特权者即使25年也不够，要把他重新变为劳动者不也需要很长的时间吗？……

今天，在一切生产者阶级中，最不勤劳的是农业阶级；最后一个到达平等的也将是这个阶级。在商业和工业中，劳动已经到达不能再有任何加重的程度。可是，我敢说，作为补偿，这些行业里的平等已经近在眼前，因为除了厂主、资本家和经营主等某些个人，总而言之是除了占工商业人口不到百分之五的贵族阶层外，劳动者之间几乎已接近平等。这部分高等人物中任何人都很容易下降为劳动者。

人们到处都在愤慨地大规模抗议过度劳动；工人到处都开始罢工争取提高工资和缩短工作日。对工人来说，这是情有可原的，他们并不是在维护什么论点；而是用惰性的力量抗议愚昧和贫困，可是，在慈善家、经济学家那里，这就是一种不幸的行为，因为他们一面宣传劳动的必要性，一面又出自他们愚蠢的同情心而支持人们厌弃劳动，就好像在对自己理应推动其前进的工人们说：行了，就这点劳动就够了！

唉！如果我们不能多生产一点，又怎么医治贫困呢？如果没有财富的增长，也就是说，没有不断地增加体力或智力劳动，又怎样进行艰苦的文明事业呢？如果缩减生产和提高物价，又怎么驱除贫穷呢？当无产者在那些因为无知而得享盛誉的罪魁祸首的煽动下，用自己的罢工造成了物价昂贵和粮食恐慌时，谁来替他们付钱买东西呢？……假使我们走到极端，普遍地增加工资，因而物价不可能作丝毫的降低，岂不是就预示着革命已经临近，预示着我们的退路全被堵死了吗？……

我本来很想就这个关系重大而且的确是预言性的劳动不断加重的问题再作一些阐发，但是篇幅毕竟有限，而且如果我没有猜错的话，读者期待于我的主要是解决方案而不是形式上的证明，读者自己将进行这种论证……如果这是一个经济规律，即通过分工和求助于机器这一事实本身，人类的劳动不是减轻了而是加重了，而我们的生命又是有限的，我们生存的年月是屈指可数的，那么，就可以得出一个结论：同样的价值增长量所需要花费的时间总是愈来愈多，财富增长三倍和人口增长一倍所需的期限便无限地延长；迟早总会到达这样一个时刻，就是社会尽管始终在前进，可是实际却是停滞不前。

但是，劳动的增加而导致的生产减缓又是怎样反映到人口上的呢？这是我们需要分析的问题。

首要的事实看来可以肯定的是：支配着创造价值的那种力量、那种生命原则，也支配着人类的繁殖。原始的语言就证明了人类对这一点有其直觉感知：比如，《圣经》中就用 generatio 这同一个词汇来表示劳动生产和人口生育：此即天地之繁衍（Istoe sunt generationes coeli et terroe），彼乃雅各之繁衍（Hoe sunt generationes Jacob），等等。法语中的复数名词 œuvres 就包含着这种比喻性的双重词义，既指劳动成果，也指性爱产儿，正如拉丁语中的generatio和希伯来语中的ialad一样。古词besogner（劳累）的猥义，也是来自这个观念。有一句形容一个人愚蠢迟钝、无精打采、有气无力的俗话，尤其深刻地表明劳动与爱情之间的亲缘关系："他对工作毫无热情"①，而且这种比喻还引申到劳动工具上，例如，老百姓把自己心爱的锋利好使的锯子和锉刀叫做爱刀、爱刃……

这种纯粹源自直觉和情感的观念所造成的后果，就是劳动和爱情形成天然的对抗。根据人们的自发判断，一个人的生命是交替地从两个出口流逝的，当其中一个出口敞开时，另一个便关闭；经验肯定了这种本能的感知。工业能力只有牺牲生殖能力才能发挥出来；这可以看作道德的格言，也可以视为生理的名言。劳动是爱情淡漠的主要原因，它是威力最大的肉欲抑制剂，尤其是因为它同时作用于精神和肉体，所以特别有效。

我之所以要在这里长篇论述这样一个道理非常简单的事实，是因为人们都不大注意它，都不懂得它对世界经济的重大意义。例如，马尔萨斯曾经指出，过着充满灾难和痛苦的生活的美洲野蛮人，对爱情的兴趣就比较中常；接着他又补充说，随着生活的丰足和休息的充分，这种对爱情的冷漠便迅速消失。可是，这位作为道德强制论的发明人的马尔萨斯，虽然毕生用了四十年来研究人口问题，却没有想到应该把这件本来可以导致正确解决办法的事实加

① 法语原文为Il travaille sans amour，包含劳动travailler和爱情amour二字。——译者

以一般化；何况，他既然不承认劳动增长的规律，不承认存在着高出于此的财富增长的规律，不承认财富增长与人口增长的密切联系，他又怎么能从上述事实中引出它所包含的一切结论呢？经济学家发现穷苦阶级生育特别多，也是一个例子。奥古斯特·孔德[①]这位博学之士甚至认定这个现象是政治经济学中最值得注意的规律之一；可是，与此同时，他们都没有注意到：穷人虽然就其本性来说是不大勤劳的，穷人从事的是一种不需要耗费智力的机械性劳动，所以，无论他们的生活资料多么欠缺，始终保持着足够的精力来保证自己能够生育那可诅咒的后代。

贞洁是劳动的同伴，淫荡是怠惰的属性。凡是酷爱思考的人，深邃的思想家，以及一切这类伟大的劳动者，在爱情上都善于克制。巴斯卡尔[②]、牛顿、莱布尼茨、康德和许多其他人，都沉醉于思考而忘记了自己是个男人。女人都了解这一点，因此她们对这类性格的天才都没有多大的兴趣。那位美丽可亲的威尼斯妇人就对卢梭说过，丢下女人，研究你的数学吧！就像体操运动员为了准备上场竞赛都要锻炼和节欲一样，喜爱劳动的人总是避开享乐。节欲诚可敬，我宁常纵欲(abstinuit venere et baccho)；米拉波尽管健康结实，可是因为喜欢参加庆祝议会辩论胜利的活动，终于因此丧身。

但是，如果说我们在劳动上总是比我们的父辈优秀是一条必然的规律，那么，我们在爱情游戏上的胆量愈来愈小也是一条必然

① 奥古斯特·孔德(1798—1857)，法国资产阶级实证主义哲学创始人。——译者

② 巴斯卡尔(1623—1662)，法国著名数学家、物理学家和思想家。——译者

的规律；因此，从长期说来，人口又怎么会不受这种不可避免的对爱情淡漠的态度的影响呢？……

可是，人们不免会说：这无非还是强制，还是镇压，还是摧残。什么？你忤逆自然，却把这叫做建立人类的平衡！你禁止别人使用生理学手段，自己却又求助于生理学！……不！人类并不像公牛、公猪那样在铁环的桎梏下这样做的，而是在理性和自由的驱使下这样做的。人们由于劳动而精疲力竭以致丧失生殖力，目的只是为了改变贫困状态。上帝对人类始终是有罪的，自然也始终是一位后母。何况，谁能保证你的处方就一定有效呢？与其说纵逸增长了人口，不如说是节欲增加了人口。只要有几小时休息，就能使天性恢复其威力，长期压抑的情欲，爆发起来就更为疯狂；而且，只要一瞬间的欢愉就能制造出一个人来。贝纳特[①]、日罗姆[②]和奥列齐尼[③]都不需要用劳动、斋戒、老年和独身来控制自己的肉欲；因为这种虚假的自律其实比饱餐、娇艳女仆和猥亵言谈更能挑动淫欲。即使像圣保罗那样一位罕见的圣杰，在疲乏之余不是也在高喊“我身上有一个魔鬼在折磨着我”吗？……

从情欲的这个反抗声中，我就好像听见那些困饿于沙漠中的希伯来人在向摩西呼喊：把埃及的鱼肉瓜果给我们吧！我们的灵魂已经干涸了，我们不想再吃神赐的食物了！

淫荡的人们，请稍安勿躁！上帝会可怜你们的！你们希望满足肉欲，你们会如愿的，而且可以一直享受到你们感到厌恶为止！

① 贝纳特(1091—1153)，法国中世纪著名僧侣，修道院长。——译者

② 日罗姆(约公元331—420)，拉丁教父。——译者

③ 奥列齐尼(公元185—253)，北非亚历山大里亚神学家和圣籍注释家。——译者

读者无疑一定会警告我，劳动对性爱的影响，并不是通过某种生理或命定的作用，而是通过道德和自由的作用。我想就此再谈几句，然后我的论点就完整了。

在劳动上与在爱情上一样，人们的心灵专注于占有，可是两者的感觉却相反。人在运用其工业能力与生殖能力时，肉体与精神的这种对抗是社会机体的平衡器。人类在自己的发展过程中，不断地从宿命走向自由，从本能走向理性，从物质走向精神。正是由于这种进步，它才逐渐地摆脱感觉的奴役，摆脱艰苦和讨厌的劳动的压迫。社会主义不是把人引向高尚的嗜好，而总是把人推向下流的兴趣；它把对肉欲的胜利看作贫困的一种新的成因；所以，就像他们过去自诩已经用娱乐和游戏消除了劳动的厌烦，现在他们又企图不依靠对爱情的尊重而依靠私通和朝秦暮楚来克服婚姻的单调。尽管我实在讨厌翻动这类污垢，可是还是不得不请读者稍为忍受一下。像我这样一个缺乏天资的人，为了探索某种常识的真理而不得不动用一切逻辑工具，这难道是我的过错吗？

劳动一经分工，每一个劳动者在劳动上就专业化和固定化了；但是，不应该把这种专门化和固定化看作划分集体劳动的一种表现，而应该从它的奴役性着眼，把它视为乌托邦力图恢复等级制而使用的方法。只要提到专门化，指的就是顶点、高峰；这可以从词源学找到证明：spiculum（尖端），spica（穗尖），speculum（高地），species（样本），aspicio（崇敬），等等。这个词根也用以表示瞄准和凝视的动作。因此，劳动上的一切专门技能，都是每一个劳动者所占领的高峰，是他们心目中的全部政治经济；他们也就自命为政治经济的中心和指导者。因此，劳动上的一切专门技能，由于它们彼此关系的繁杂和多样，是没有止境的。由此可以得出结论：每一个劳动者为了克服工业、科学和艺术劳动的艰苦和厌烦，绝不能依靠毫无规律、没有前途的多样化训练，而要依靠一种集中和协调的过渡制度。

同样，爱情通过结婚便终结和人格化了；所以，每一个人为了克服爱情的唯物性和单调性，也应该依靠某种纯属道德性的过渡制度，依靠情感的纯化，依靠对自己所献身的那个对象的崇敬。

艺术就是对自己个人、对妻子、儿女、对自己的思想、言论、行动和劳动产品的真善美的追求；这是劳动者的最后一个进化阶段，其使命在于光荣地结束自然的循环。美学以及在美学之上的道德，这就是经济大厦最重要的基石。

人类的全部实践，文明的进步和社会的趋势都证明了这个规律。一个人所做的一切，他所喜爱和憎恨的一切，他为之感动和产生兴趣的一切，对他来说都是艺术材料。他依靠劳动的魔力不断地加以组合，加以润色，加以协调，可以说，一直到使这些东西的物质性完全消失为止。

人类所创造的事物没有一件是仿照自然的；因此，如果允许我作个不礼貌的比喻，可以说，人类是一种从事加工的动物。凡是他们没有加以修饰的东西，他们都不喜欢；所以，凡是他们接触到的事物，都要加以整理，加以修正，加以纯化，加以改造。为了悦目，他们发明了绘画、建筑、雕塑和装饰等等一系列的艺术领域，创造了大批玩赏品；他们根本说不出这些东西有什么必要和用处，他们之所以喜欢这些东西，无非是为了满足自己的想象力。为了悦耳，他们修琢语言，计算音节，衡量发音的长短；然后他们就发明旋律和和音，用雄壮和柔和的声音组成合奏乐曲，让乐队演奏；在音乐会上他们就以为听到了天界的音乐和那些不露面鬼神的歌声。光是为了活下去而吃饭又有什么意思呢？需要把食物烹制得精美可口，带有某种幻想意味。他们发现单纯地饮食简直太可笑了，因此，他们不向饥饿让步，而与自己的肠胃达成协议：与其粗茶淡饭，不如饥渴而死。山间清水在他们看来实在没多大意思，因此他们发明圣汁和神酒[①]。凡是他们所不能控制的生命机能，他们一律称之为可耻、虚伪和卑贱的机能。他们学会走路和奔跑。他们拥有一整套睡觉、起床、穿衣、打架、自治和自惩的办法；他们甚至还发现了美好的恐怖、高尚的滑稽和理想的丑恶。最后，他们还自我赞赏，自我崇敬，对自己的人身五体投地地崇拜，敬自己若神明！……

人类的一切行为、活动、谈话、思想、产品和爱情，无不具有这种艺术性。但是，这种艺术本身，是实际事物所启示的，是劳动所发展的；结果，人类的才能愈接近于理想化，人类本身也就愈是凌驾于感觉之上。劳动之所以具有魅力和尊严，就是因为它是通过思想来进行创造，因为它摆脱了一切机械，因为它从本身排除掉物质。当一个人处在童年时，完全沉浸在感性生活的这种倾向还比较微弱；到了青年时期，表现就比较明显，这时虽然他对自己的体力和灵巧感到自豪，但是已经开始感受到精神的作用了。进入成年时期，这种倾向就表现得愈来愈显著。有的工人，由于长期勤奋

① 原文为 l'ambroisie et le nectar，是神话中奥林匹斯山诸神所喝的比蜂蜜还要甜的圣汁和醇美的神酒；这里指精美的饮料。——译者

钻研一项工作而自发地成为一个艺术家，对他们来说，劳动的改进就如食粮那样迫切地必要，他从一种表面看来很渺小的专业中突然发现光辉灿烂的前途。这样的工人，我们谁没有遇到过呢？……

但是，正如人类由于自己的艺术天性而倾向于把自己的劳动理想化一样，人类也有必要把自己的爱情理想化……他们使自身所具有的这种能力浸透了自己的一切最精美、最强烈、最奇妙和最诗意的想象。求爱是一种每个人都懂得的艺术，是一切艺术中最纤巧、最微妙的艺术，其表现方式与财富的形式同样地繁多；这种艺术恰恰在天主教权威最盛时发展到顶峰。爱情充斥于整个中世纪；又通过戏剧、小说、奢侈品而独占了现代社会，所有这些东西的存在都只是为了充当爱情的附属品。最后，作为艺术内容的爱情，终于变成了人类的一项伟大的、严肃的事业，甚至可以说是唯一的事业。因此，爱情一旦通过结婚而确立和固定以后，它就趋向于摆脱器官的暴政；性感开始淡漠就是这种不可改变的趋向的一个预示，许多人正是因为这一点而不幸产生俗话所说的那种错觉，即：**婚姻就是坟墓**，也就是说，**是爱情的释放**。人民的语言总是很具体的，这句话是把爱情理解为一种强烈的肉欲、一种炽热的性感；按照这句格言，在婚姻中熄灭的正是这种纯属肉体的性爱。人民出于他们天生的纯洁和无尽的委婉，不愿意揭示夫妇床榻上的秘密，而是让每一个人凭自己的智慧去体会此中奥秘和利用这个警告……

但是，人民又懂得：真正的爱情正是始自性爱的这种死亡，献媚转变为崇敬是结婚的一种必然效果，任何做丈夫的，不论他表现

的态度如何，内心上总是抱着偶像崇拜者的心理；如果说男性之间存在着一种力图摆脱女性桎梏的公开协议，那么，他们也达成了一种崇拜女性的默契；先是因为妇女性格的软弱，男子便不得不不时致力于恢复女性的权威，除了少数的例外情况，妇女总是居于女王的地位，夫妇间的温情和和谐的基础就在于此……

男子随着自己才能的提高、观念的发展、性感的提高和爱情的成熟，总是自发地产生一种需求，一种不可抗拒的需求，就是像喜爱劳动那样在精神上爱恋自己的妻子，力图塑造她，装扮她，美化她。丈夫爱妻子愈深，便愈是希望她容貌出众、品德高尚和态度可亲，渴望把她变成一件最精致的创造物，变成一位女神。在她身旁，他忘记了自己的性感，而只服从自己的想象，总怕自己的手玷污了这个自己所构思并且以为已经造就了的理想物。过去当自己性欲高涨时认为就是一切的那种感受，现在在他看来已经微不足道了。人民对一切使人想起血肉的东西都抱有一种本能的、微妙的恐惧心情；因此，在视性欲的满足为爱情的东方民族中所常见的使用兴奋剂、补阳剂的习惯，是文明民族所不齿的，因为这是对美的凌辱，对艺术的奸污。这样的风俗只有在专制制度的庇荫下，在等级制的统治下，借助于不平等制度才能产生，因而是和正义不相容的……

构成艺术的是线条的清晰、运动的优美、声调的和谐、色彩的华丽和形式的恰到好处；艺术的这些特点也就是爱情的属性，不过只是改用贞洁、廉耻、羞怯等等神秘的名称罢了！贞洁是爱情的理想；这个命题不必再作说明，大家也会马上赞同。

随着劳动的增加，工艺中不断涌现出艺术，劳动的一切厌烦和艰苦逐渐消失了。爱情也是这样，它愈是加深，就愈是抛弃其无耻和淫猥的形式。野蛮人像野兽一样地享受，在无知与沉睡中自得其乐；文明人则愈来愈追求行动，追求财富，追求美，所以他们既有技巧，又有艺术性，而且很贞洁。懒惰和奢侈即使不是同一种恶习，起码也密切相关。可是，产生于劳动的艺术，则必然建立在一种效用的基础上，并且适应于一种需要；就其本身说来，艺术不过是满足这种需要的一种比较精巧的方式。因此，使艺术具有道德性，使劳动保留其魅力，激发劳动的竞赛，引起人们的劳动热情，保证其劳动的光荣的，是价值。同样，使爱情具有道德性，又使肉欲得以满足的，是儿女。天伦之乐是爱情的支柱、爱情的依据和爱情的目的。当了父母，爱情就完成了它的任务；从而消失了，或者更确切地说，变质了……



一切劳动者都应该成为自己所选择的那个专业的艺术家，也就是说变成符合于这个专业的标准的艺术家。同样，一切人都是妇女所生育并且在妇女的怀抱中喂养和长大的；因此，儿子、情人、丈夫和父亲都应该在女人身上体现爱情的理想，应该分别以各种形式来表达这种理想。

从劳动的理想化和爱情的神圣化中产生了人们所一致公认的所谓品德；如果与作为命定和神授的力量的欲念加以对比，也可以把它叫做人类的固有力量（价值）。

语言就认可了这种关系：品德在拉丁语中是 vir-tus，源自 vir［人］，在希腊语中是 arété 或者 andréïa，源自 arês 或 anêr［人］。其反义词在拉丁语中是 fortitudo，源自 fero［作战］、fortis［强者］、robur［力量］，在希腊语中是 rômô［强大的力量、自然力］。在希伯来语中，品德一字是 geborrah，源自 gebar[人]，反义词是 éïal[生命力]、éïl[雄性反刍动物]，源自 elohim[上帝]。

与神授力量相反，人的品德就表现在它依仗理想而摆脱了自然；因此，品德就是一切活动领域和知识领域里的自由和爱。品德的反面就是丑恶、淫秽、纠纷、无礼、懒惰和强制。

人正是依靠品德（此后我们就以这个词来代表一种观念）而摆脱宿命，逐渐地达到充分掌握自己的境地；而且，就如在劳动中兴趣自然而然地代替厌恶一样，在爱情中贞洁也会自发地取代色情。一旦到达这样的境地，人的一切力量就神圣化了，劳动控制了他，艺术使他高尚了，爱情使他神灵化了；从而，人就驾驭了自己身上的一切自然产物，也支配了一切来自理性与自由专断的事物。人逐渐压倒了上帝，理性控制了炽热的欲念，随着理性的占据上风，也就出现平衡，亦即宁静与欢乐。

到了这时，男人就不再是一个只会眼巴巴地看着妻子、只会因为暴怒而哭泣的屈辱的奴隶，而是一个在成年时贞洁和对物质的鄙弃在自己身上发展起来的天使。奴役性的劳动只会使人变得可悲和可诅咒地无能，而由于科学、艺术和公平而具有吸引力的自由劳动，则能够产生一种有吸引力的贞洁，即爱情；而且，在这种理想的帮助下，精神便很快就一劳永逸地战胜肉体，完美的爱情使肉欲遭到厌弃……

因此，爱情就其生殖的产物说，是有它本身的限度的；夫妇的肉欲正如其生育能力和哺乳能力一样，在其生命中有其一定的期限。而且，在这个新的进化过程中，就像在其他一切进化过程一样，作为自然的传道者和命运赞颂者的人类，并不是在创造规律，而是在发现和执行规律。

因此，我和一般人的意见一样，也把人的生命划分为五个主要时期，即：童年、少年、青年、成年或生育期，以及老年或成熟期。

在第一个时期，男子把妇女当成母亲来爱，在第二个时期当成姊妹来爱，在第三个时期当成情人来爱，在第四个时期当成妻子来爱，在第五个时期或者说在最后一个时期，则当成女儿来爱。

爱情的这些分期与经济生活的相应分期相当。在童年时期，男人可以说只是作为接枝状态而存在，或者说是作为事先长期准备下来供制造和维护机器用的材料而存在。他是社会的希望，是社会的保证物（pignus）。在少年时期，他是学徒；在青年时期，他是伙伴；在成年时期，他是主人；在成熟时期则是退休者。用不着说，这种爱情与经济生活两者并行的进化过程不仅适用于男子，也适用于妇女。

爱情的形式，就像工业中的等级一样，是彼此排斥、互不相容的；这就是说，这些形式不可能同时存在于同一个人身上，也不可能一成不变地适用于同一事物或同一个人。工业家只能陆续地尝试经营他所感兴趣的各个劳动部门和专业；同样，他也不可能同时以某种特定的爱情方式来对待自己的母亲、姊妹、情人、妻子或女儿，只要他以某种资格爱一个妇女时，便不能再以其他资格来爱她。这个规律是自然本身所规定的，为的是使我们厌弃那种名曰乱伦的双重爱情，即卑鄙、虚伪的爱情。

一切被其他爱情排斥的爱情，都回到友谊这一一般的范畴，消失在爱情的激流中。

男子娶自己的情人为妻（这是最通常的情况），在某种意义上就是背离上述规律的一种例外情况。之所以这样说，是因为他实际上是对同一个人连续爱两次，先后以两种不同特征的情感来爱她；但是，这并不意味着他可以把情人当成妻子一样在一起生活，因为这样做是乱伦，构成所谓私通或简单淫乱罪，而且是对妇女的最大的亵渎；也不意味着他可以同时爱两个女人，因为这就构成通奸罪。此外，作为结合的当然前提的自由恋爱，其结果并不一定就是结婚；甚至可以说，一个人经过几次的恋爱以后才结婚，不论对社会或他个人来说，都较有好处；仅是这一点就足以证明必须把自由恋爱与夫妇爱情区别开来，并且把这两者看作是互不相容的。

一种爱情可以代替其他一切爱情，并且延长到超出自然原来所规定的期限。独身者到老仍然保持着原来的那种对父母的爱情，就是一例；做父亲的因为妻子早逝而把自己的全部爱情灌注到儿女身上，也属于这类情况。

一个人如果不了解这些不同的爱情形式，看不到它们之间的细微差别，不懂得它们各自的微妙之处，他就是对爱情一无所知；从而就只会说些废话，只会像小说家那样作论证。

因此，在人类的生命过程中，劳动和爱情是相应地平行发展的。在第一个时期里，人是单凭感觉和本能来行动，还没有承担劳动者的义务；他只领受而不给予，只消费而不生产。他只感受到母亲的爱，而不了解其他的情感，甚至友谊也不懂得。

但是，很快他就把自己的情感理性化了；他学会各种礼节、各种知识和各种行动要领；他是学生，也是徒工；他有一些同伴；因此，他新生的灵魂散发着友爱的芳香。

继亲切的少年时期而来的是青年时期，这是一个充满竞赛诗意和竞技欢快的时期、一个怀有纯洁而羞怯的爱情的时期。在一个已经到达暮年的人的心目中，从前充当一位情窦初开的姑娘的卫士、同伴和战友的青春岁月，是一段多么美好的回忆啊！我们的时代是同情这种纯真的欢乐的；社会主义和浪漫主义文学使我们这一代人春情激动；哲学又提供了榜样；美丽的女性则充当诱惑物。但是，过度的纵欲本身就证明需要有一个理想，否则它对人来说就既不是一种幸福，也不是一种尊严。大量描写爱情的作品就反映着社会的这种变态，其中有的尚以纯洁胜人，有的则虽然蓄意挑逗，但是刻意雕琢，所以还不过分粗鄙，不尽露骨。请看，乔治·桑[①]就充当了她所鄙弃的廉耻的牺牲品。她既是一个阿斯帕西[②]式的妓女，又是一位卢克莱修[③]式的道德赞颂者，所以，才违背自己的天性，写出《珍妮》这样一部对她的那些卑鄙的求爱者的下流欲念提出抗议的作品。

但是，妻子必须委身于丈夫的时刻到来了……这就是劳动开始的伟大时期；这是人类享用充沛的能力的时期，是爱情振动着人们的全部心弦的时期，是人们能够依靠回忆来感受一切心灵快乐的时期。由儿子、兄弟、情人、丈夫的身份一下子变成了父亲，他逢人就爱，尽情地爱，因此他的生活是充实的。他这时正天资焕发，

---

① 乔治·桑(1804—1876)，著名的法国女作家，著有长篇社会小说多种，浪漫主义的民主派代表人物。——译者

② 阿斯帕西，古希腊的著名妓女。——译者

③ 卢克莱修(约公元前99—前55)，杰出的罗马哲学家和诗人，唯物主义者，无神论者。——译者

仪容并茂，在这以后，这一切便只会减退。一旦到达欲望的顶峰，爱情对他说来就好像失去了忠诚性和纯洁性；从此，他竭力想保持的那个理想，已经从此离他而去了！……

把生育期从10年延长到15年。10年的夫妇生活就足以使一个男子感到厌倦，除非是他的智慧减退或者是心灵败坏了。在这种情况下，他的情欲便不是衰退，而是在满足之余又重生，并寻求新的对象。他的性狂热表现得更加贪得无厌；正是这种激情的迸发给家庭带来了痛苦与耻辱。再也没有爱情了，只是为享乐而享乐，正如只为艺术而艺术一样。丈夫把自己的妻子当成泄欲的机器。瑟西给乌里西喝了一杯酒，使他变成野兽，精力充沛，只知行乐，行乐（affer，affer），无穷无尽地行乐①——这就是那些并不相爱的人的可怜境遇……

最后，衰老期到来了，这时情感朝相反的方向发展。在一家之父的心灵里，面对着亭亭玉立的女儿，产生了一种难以表达的宠爱感情，代替了原来的夫妇之爱；这种感情逐渐把欢乐的最后一点燃烧的爱情从这位父亲的心灵里驱除掉。全身心投进家庭的母亲，在丈夫面前只希冀有一个朋友的身份；至于过去她看得比自己的兄弟、父亲和慈母还要紧的新欢之乐，现在让给自己的成年的儿子去享受了。尊敬是最大的职责（Maxima debetur puero reverentia）！……在情爱问题上这个启示迄今对儿女来说并不是什么可怕的新奇事。面对着儿女的年轻家庭，有一种隐约的声音在促使

① 荷马史诗《奥德赛》中的故事。瑟西是太阳之女。可泰德国王乌里西登上她的岛屿；瑟西因为爱恋乌里西，便以迷酒灌醉乌里西及其手下，使他们都变成公猪，只知淫乐。——译者

老年的夫妇克制情欲：做父母的人们，廉耻命令你们这样做，停止情欲吧！

“男未满十八岁，女未满十五岁，不得结婚。”（《民法典》，第144条）

立法者考虑的只是肉体上的能力。他们不是以主权者的身份而是以自然科学家的身份在说话。而且，他们似乎还生怕这年龄定得太大，所以在第145条里又补充规定：

“国王有权特许臣民提早结婚。”

幸运的是，公众的理性和事物本身的力量纠正了法律在这点上的错误。人们总是在成人和获得某种生计时才结婚；因此，没有人认为为了完成学业或者进行一项有意义的研究工作而不得不延迟结婚是被剥夺了什么权利。

但是，既然常识并不认为自然就结婚年龄所规定的界线是一道命令，那么，我们难道能够说，这同一道界线从相反意义上就是一条法律，就是说，每一个人只要一结婚就有义务运用自己的生殖能力，一直到生命的热情消失为止吗？……

卢敦医生说得很对，人口的可能增长量与人口的天然增长量并不是一回事；同样，生殖能力维持的期间并不一定就是行动的标准。动物在怀胎和哺乳期间，两性是避免交媾的；人类有与自己相应的固有规律，有一个更与其尊严相称的规律，这就是儿女的成人。我刚才说过，儿女对父母的尊敬使父母有一种克制的义务，还有一些更为重要的理由也会肯定这个规律。

首先对自己的子女，有一个公正的问题。

男子在到达婚龄以前就能劳动；严格地说，教育不过是师傅的授业与学徒的劳务之间的交换，这种劳务不断在加重，直到既足以酬答师傅的照管，又足以抵偿父母的预支；通过学徒契约向我们启示正确的师徒教学原则的公众理性，所希望的就是这样。只要儿女还不能生产任何东西，只要他的全部生活资料还是由父亲来负担，他在父亲面前便没有任何权利可言；他们只能埋怨父母为什么给他生下那么些共同继承人。但是，一旦他能够劳动，他便必须参加扶养自己的兄弟，这就是说，要求于他的比他的收入还要多，等于让还没有生育孩子的人也当父亲，等于把他开除出家庭。这就是公正所规定的生育孩子的天然限制。这个从学徒理论引申出来的理由是至高无上的。

在夫妇这方面，贞洁变成了一种体现为恭谨和忠诚的严格义务；正是在这一点上我们需要特别把协议的合法性与理性的合法性区别开来。在接近四十岁时，人便开始失去感情上的诗意和活力，失去青年时期所特有的温情、风度和纯洁性；这种影响到一个人的整个存在的突如其来的变化，迫使他背离纯真的爱情。原来使他贞洁无邪的美这时消失了，情欲堕落了，并且流于卑贱。为什么老年人的爱情往往滑稽可笑和令人厌恶呢？这是因为他们已经丧失了使他们在美学上合法的那些条件：性感枯萎的爱情，本身就不再是爱情，而是爱情的一种负担。荷马曾经给我们描述了帕里斯和海伦怎样同睡在一个吊床上，尽管他们是私通，是违法的罪人，但是他们仍然是美丽的，因为他们的妙龄、仪态和精神似乎仍然给他们蒙上一块纯洁的帷幕。但是，萨敦尼和莉娅[①]、杜

① 萨敦尼是罗马神话中的农神，雷神丘比特之父，因专门吞食儿女，被丘比特驱逐下凡；莉娅是萨敦尼之妻。——译者

卡里昂和皮拉[①]、大卫和亚比煞[②]却使我感到厌恶，因为尽管他们是夫妇，但是这称号已由于年老而毫无意义，他们只是淫猥之徒……

只要爱情在一个男子身上变成一种矛盾，他就失去做丈夫的权利。对他说来，妻子应该是神圣的！他们彼此之间应该只视作纯洁的精神；因为实际上他们再也没有肉体了。如果这个男子仍然坚持要享受他那已经衰退的感官所不容许的肉欲，那么，他就为自己的余年点燃起淫乱的火焰；他的过时的爱情将使自己受妻子的厌恶，使儿女感到羞愧，并且引起一切人的鄙夷。他放荡的晚年将是可耻的。由于他的可耻要求而变得高傲的妻子，将待他如奴隶；他的理性将在屈辱中熄灭。

公正、廉耻和尊严，这一切构成做父亲必须克制的规律，但是，理性所规定的这个过程，劳动早就不待天性耗尽而事先完成了。凡是经过长期的劳动培养了高尚品德的人，凡是爱情已经摆脱了肉欲支配的人，本身就与美合而为一了；他可以毫不勉强地和绝不反悔地放弃掉那种损害自己高尚人格的淫乐，而且以一种与过去自己追求肉欲时同样的兴致，心甘情愿地把这种愉快当成财富留给自己的儿女去享受……

根据这些原则，男子满二十八岁、女子满二十一岁才结婚；

① 杜卡里昂是希腊神话中普罗米修斯的儿子，皮拉是他的妻子。上帝降洪水时，只有杜卡里昂与皮拉乘小舟得救；他们两人沿途抛掷石块，这些石块分别变成男人和妇女，使世界出现人类。——译者

② 大卫和亚比煞都是《圣经》中人物。大卫是以色列王，亚比煞是征召来侍奉大卫王晚年的童女。——译者

在平等中取消雇用奶母的习惯；哺乳期缩短为 15 至 18 个月，生育期只有 10 年至 15 年；那么，每对夫妇生育的儿女就难以超过**五个**。

如果从这个数目里再减去：

| | |
|---|---|
| 不育、一方早丧、晚婚、事故、中断 | 1.5 个 |
| 成年前夭亡（目前这种情况达到儿童总数的一半以上） | 2.5 个 |
| 独身 | 0.5 个 |
| | 4.5 个 |

这样，人口每 30 年左右将只增长十分之一，需要三个世纪才增加一倍。

但是，还有两个原因将使得生育数字不断地下降和人口增加一倍所需的时间不断地延长：一、生育期由于劳动量的不断增加和新的风尚的出现而缩短；二、独身者的数目增加。

在社会秩序中，虽然所有的人都会恋爱，但是并不是所有的人都结婚和做父母。这是那些由于品德的高尚能够生活于高度贞洁之中、而且不会因为爱情而有所失的人们所拥有的特权。因此，当那种折磨我们这一代人的色情狂热一旦过去，贞洁者的数目，也就是福音书里所说的那种为了天国而自阉（qui se castraverunt propter regnum coelorum）的人们的数目，就将一天比一天增加。如果有人问我，具有结婚能力而自愿牺牲，去过独身生活的将是些什么人，那么，我可以毫不犹豫地回答说：就是今天那些正在放荡淫逸的人。这些原来出于各种动机和由于各种原因而堕落的独身者，终将重新变得可敬和纯洁；这是对立的规律，是命运本身向我们宣示的规律。

基督教是预感到这样一个未来的，所以它才把贞洁推崇为最高的品德，并且把它规定为教士的义务。在这个问题上，和许多其他问题一样，基督教是有预见的。这是社会的一种自发性，它在人民的推动下先通过神父之口表达出来，其后，哲学家们才借助思考反映在自己的著作里。基督教创造了圣洁的爱情和真正的爱情这样的观念。它所设想的妻子，并不是作为丈夫的同伴或平等者而存在，而是作为男子身上一个不可分割的部分而存在，是我骨中之骨，我肉中之肉（Os ex ossibus meis，et caro ex carne meâ）。它把夫妇之爱与其他的爱区别开来，而印度人是把夫妇之爱与友朋之爱混同起来的，阿拉伯人更是通过一夫多妻制和奴隶制把夫妇之爱从属于婢妾制的，罗马人则把夫妇之爱等同于父母之爱，在法律上规定妻子有权继承与每个儿女相等份额的遗产。基督教最终地向世界启示了一种最纯洁的爱情形式，即自愿的贞洁。按照教会的解释，这种爱情不是别的，而是灵魂与基督的神秘结合，也就是说，灵魂与基督订立了永恒的婚约。

那么，男子在自己的母亲、自己的姊妹、自己的情人、自己的妻子和自己的女儿身上崇拜的究竟是什么呢？崇拜的是他自己，是那种以最诱人和最温存的形式显现在他面前的人类理想。神话和语言向我们揭示了这一点。男子把自己的全部品德女性化了，他对这些品德由衷地崇敬，不过，不是把它们当成男神来崇敬，而是作为女神来崇敬。黛米斯[①]、维纳斯[②]、海基[③]、帕拉斯[④]、米纳斯[⑤]、希比[⑥]、赛拉斯[⑦]、尤农[⑧]、萨贝拉[⑨]、缪斯诸神[⑩]指的不就是正义、美、健康、明智、辩才、青春、农艺(古代人的政治经济学)、夫妇的忠诚、母性、科学和艺术吗？这些名词[⑪]和这些神祇的性别比任何分析和任何证据都更足以说明妇女在任何时代都是为了男子而存在的。

但是，也有的人本身的美感和爱情极其强烈和天真，可以说，不需要通过什么形象或现实便能洞察他们所崇敬的人类理想；或者更确切地说，他就像著名的大卫[⑫]在谈到他自己时所说的，到处都能看到这种理想，对他说来，不存在什么丑恶的事物。这种人的灵魂过于高尚，他们的智慧过于纯净，以致看不到丑恶。菲内隆、樊尚·德·保罗、圣提拉斯[⑬]和多少的洁身者、多少的圣徒都是如此！对这些超人的心灵说来，丈夫、妻子和儿女都是多余的东西，爱情的各种可见的形式都是他们所不屑的，都是一些只会折磨他

① 黛米斯，古希腊神话中的正义女神。——译者

② 维纳斯，古希腊神话中的美神、爱神。——译者

③ 海基，古希腊神话中的健康女神。——译者

④ 帕拉斯，古希腊神话中主战争的女神。——译者

⑤ 米纳斯，古罗马神话中主智慧与艺术的女神。——译者

⑥ 希比，古罗马神话中主青春的女神。——译者

⑦ 赛拉斯，古罗马神话中主农业的女神或称收获女神。——译者

⑧ 尤农，古罗马神话中主天象和人间婚姻的女神。——译者

⑨ 萨贝拉，中亚细亚古国弗莱吉亚所奉的代表土地的女神。——译者

⑩ 缪斯诸神，古希腊神话中司文学和艺术的女神，共九位。——译者

⑪ 这里所列正义等词，除艺术一字外，在法语中均为阴性名词。——译者

⑫ 大卫，当指6世纪英国著名主教圣大卫，曾建造了不少修道院。——译者

⑬ 圣提拉斯(1515—1582)，西班牙著名僧侣。——译者

们而不会帮助他们的肖像;他们都是无反应地享受着爱。对他们说来,整个人类就代替了他们的父亲、母亲、兄弟、姊妹、丈夫、妻子、儿子和女儿。任何其他的结合对他们说来都是堕落,都是苦难。

如果有人说我是在花言巧语,那我就要重申我的论点。我坚持这个关于劳动加重的可怕规律,而且我希望说这话的人能告诉我,这种以其巨大力量推动着我们的资本和福利不断地增长,但是又不断给我们增加某种劳作,加重某些负担的不可抗拒的进步,将产生出什么后果。两者必居其一:或者是人类通过劳动组成一个圣洁者的社会,或者是文明由于垄断和贫困而变成一场大规模的色情狂欢。除非进行一次全面改变劳动条件与工资状况的改革,否则,对我们说来,事物本身的进程将是劳动的任何增加,而财富却不可能有任何增长。当土地还远远不致缺乏的时候,我们的生产就停顿下来;结果,贫穷和犯罪的现象就一直加重。

在大部分文明国家中,平均劳动时间已达 12 小时。但是,为了使人口增加一倍,社会就必须使生产增为四倍,因而也需要耗费四倍的精力。在我们这样一个存在着垄断的掠夺和所有权暴政的不平等社会里,这种四倍的增长难道可能实现吗?既然劳动和财富的这种增长在目前的社会经济条件下是不可能的,那么,如果我们想使劳动者生产出更多的东西,就绝对必须使劳动者摆脱奴役。但是,为了把劳动者从由于其能力处于野蛮状态而被迫遭受的那种压迫下解放出来,就必须通过教育来培养他们的纪律,用福利来使他们情操高尚,以品德教育来提高他们。但是,究竟什么是品德呢?什么是美呢?什么是纪律呢?什么是劳动呢?……我们始终跳不出这种循环，即人类的循环，天命的循环，人类要达到平衡，依靠的是效用、美、公正和圣像。到此，科学院所提出的那个“物质福利的提高和人们对它的向往对各民族的道德有何影响”的问题，也就和其他问题一齐解决了，因为，为福利与品德其实是同一个问题。

# 第十四章　概述和结论

为了形容牛顿的发现的伟大，有人在谈到他时曾说过，**他揭示了人类未知的深渊**。

我们这里说的不是牛顿，何况，没有一个人能在经济学上得到后人对这位伟人在宇宙科学方面所给予的同样的称颂。但是，我敢大胆地说，在经济学上，已发现的原理比牛顿曾经推测到的还要多。天穹的深度不能与我们智慧的深度相比，因为后者内部有一些奇妙的体系在起作用。据说，在空间与时间之外存在着一个未知的新境域，即天国与地狱，它像一个无底的深渊，我们只能怀着赞叹的心情，默默地凝视着它。



*Non secus ac si quâ penitùs vi terra dehisens*
*Infernas reseret sedes et regna recludat*
*Pallida, Dis invisa, superque immane barathrum*
*Cernatur, trepidentque immisso lumine Manes*

就像大地裂开深深的大口，
神所掩蔽的地狱阴森死寂；
无底的深渊从此格外分明，
光芒照射下的鬼魂正在战栗。

引自维吉尔：《爱妮特》，第八章。

那里存在着一些永恒的力量在互相压迫、互相较量和互相均衡；那里包藏着有待人们去发现的天命的奥秘和命运的秘密。在那里，看不见的事物变成看得见的事物，不可捉摸的东西变成物质的东西，观念变成现实，而且是比最空想的乌托邦还要奇妙千百倍、壮观千百倍的现实。直到目前，我们还没有在最简单公式中看到这部巨大机器的整体结构，因为我们还没有找到这些制造了历代的幸福和苦难并且正在塑造一个新天地的庞大而复杂的齿轮结构的合题。但是，我们已经知道，社会经济中所发生的一切在自然界中都没有范本，我们不得不在缺乏任何类似事物的情况下不断地发明一些特殊的名称，创造一些新的语言。这是一个超验的世界，它的原则高于几何和代数，它的力量既不是来自万有引力，也不是来自任何物理力量；可是，它却运用几何与代数作为自己的工具，把自然的各种力量作为自己的原料；这是一个最终脱离了时间、空间、世代、生命与死亡等等范畴的世界；在那里，一切都好像既是永恒的、又是暂时的，既是同时出现的、又是先后有序的，既是有限的、又是无限的，既是可衡量的、又是不可衡量的……还有什么需要说的呢？可以说，这就是从事实中抽象出来的所谓天地万物。

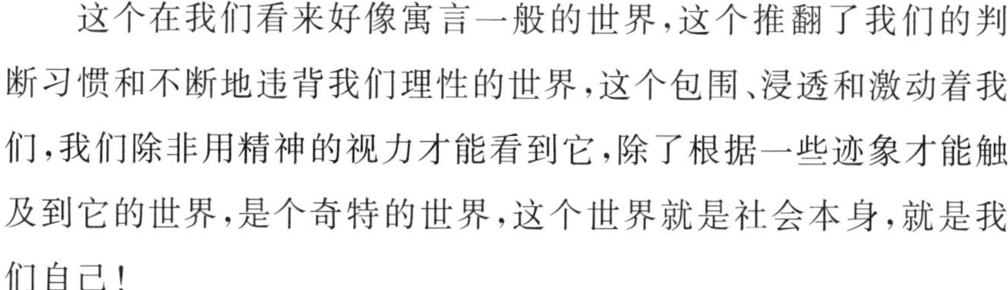

这个在我们看来好像寓言一般的世界，这个推翻了我们的判断习惯和不断地违背我们理性的世界，这个包围、浸透和激动着我们，我们除非用精神的视力才能看到它，除了根据一些迹象才能触及到它的世界，是个奇特的世界，这个世界就是社会本身，就是我们自己！

如果不根据其结果，也就是说不根据其迹象，谁能看到竞争与垄断呢？谁能触摸到信用和所有权呢？什么是集体力量、分工和价值呢？但是，又有什么比这一切更为强大、更为确定、更可理解和更为现实呢？如果你从远处看到一辆八匹马拉的车，由一位穿着古式服装的人赶着在结实的土路上行走；那么，你所看到的只是一堆物质，由畜力拉着靠四个轮子在移动。你表面上看到的只是一种由某种生理现象所决定的机械现象，此外，你就什么也看不见。可是，要是你走上前去了解一下，问一问这个人在干什么，为什么要这么干，打算上哪儿去，受谁的吩咐、以什么身份在赶车；那么，他马上就会向你出示证件，表明他的权限、他的任务，好像他本人就是这一载货的保护人。从这个证件中，你可以读到，他是一位车夫，他以这个资格在运输一定数量的货物，按照重量和距离来领取报酬；他必须按照一定的路线在一定的期限内完成这次旅程，否则就要减少他的劳务价格；这项任务规定车夫要对除不可抗力或货物本身毁损以外的任何其他原因所造成的损耗或失盗负责任；证件上还载明货运价格中是否包括无法预见的事故的保险费，以及许许多多属于法律疑难、连法学家也感到麻烦的细节问题。我的意思是说，一张巴掌大的纸片，就向你展示了无数由难以思议的经验与纯粹理性结合而成的事物；人类如果没有走出个人存在，进入集体生活中，那么，即使使出了它的全部天才，再加上对宇宙的经验，也是无法发现这些事物的。

事实上，这些出于劳动、价值、交换、流通、消费、责任、所有权、连带责任、联合等等的观念，其原型又在哪里呢？谁给它们提供了样板呢？这个半物质半精神、半必然半虚构的世界究竟是什么样的呢？这种我们愈是以为它是自由的它便愈是牢固地支配着我们的名为劳动的力量，究竟是什么呢？这种引起我们欢乐与痛苦、以永不熄灭的火焰使我们激动的集体生活，究竟是什么呢？我们大家只要活着，就不自觉地按照我们的能力和我们的专业技能，分别充当能思索的发动机、能思索的轮子、能思索的齿轮或能思索的重量等等，共同组成一部也能思索并能独立运转的大型机器。这意思就是说，虽然科学的原则是理性与经验的一致，不过，科学既不创造理性，也不创造经验。可是，这里相反地我们看到的却是这样一种科学，它给我们提供的一切，都不是先验地来自经验或理性，这门科学的一切，包括本体和现象、整体与范畴、事实与概念，都是源自人类本身；最后，这种科学不像其他科学那样，只是对现实作合理的描述，而是创造现实与理性的本身。

所以，经济理性的发明者是人类，经济材料的创始者也是人类，经济制度的设计者仍然是人类。人类在创造了理性和社会经验以后，便进而按建立自然科学的方式建立起社会科学。它把自己所提供的理性与经验协调起来；而由于某种不可思议的神奇规律，它本身的一切，不论是原则或行动，都接近于空想，因此，它只有排除了空想才能认识自己。

社会主义有理由反驳政治经济学并对它说：你不过是一些连你自己也并不理解的成规。而政治经济学也有理由对社会主义说：你不过是一种既非现实也行不通的乌托邦。但是，它们都各有其弊，社会主义否认人类的经验，政治经济学则否认人类的理性，因而两者都不具备作为人类真理的必要条件。

社会科学是社会理性与社会实践的一致。但是，我们的老师都只懂得这门科学的一点皮毛；依靠思考使它臻于光辉的顶峰和高度的和谐是我们这个世纪的职责！……

但是，我应该做些什么呢？唉！当前基督教和偏见正分别支配着世界，所以问题是要振作人们的信心！我们需要打倒的并不是怀疑，而是武断。因此，让我们从证明社会科学还没有形成，证明它尚处于模糊的预感状态来开始我们的工作吧！

马尔萨斯的优秀传记的作者沙尔·孔德先生写道："马尔萨斯深信政治经济学中存在着一些只在一定范围内才是正确的原则；他认为这门科学的主要困难在于：许多复杂的原因经常纠集在一起，在于原因与结果交互起着作用与反作用，在于需要对大量的重要命题加以限制或者规定例外。"

这就是马尔萨斯对政治经济学的看法；我现在发表的这部著作无非是对他这个意见的论证。除此以外，我们还应该提到另一个同样可信的证据。在伦理科学院最近的一次会议上，一位确实是很高尚的人物，即杜诺瓦耶先生，既不沉迷于任何宗派的利益，也不害怕某些无知论敌的轻视，与马尔萨斯一样地坦率而大方地承认：



"政治经济学虽然提出了一定数量的可靠原则，而且是建立在大量精确的事实和仔细推断的意见之上，可是，看来它还远不是一门完善的科学。关于这门科学的研究范围和应该达到的基本目的，人们的意见还不完全一致；不但对这整门科学的内容，而且对它所包括的大部分术语的精确含义，人们也莫衷一是。这门科学尽管拥有丰富而详尽的实际资料，可是整个说来，还有待大大改进；看来，作为一门科学说，它还远没有到达构成阶段。"

罗西先生比杜诺瓦耶先生走得更远了，因为他对这门科学的评价，是以谴责其现代代表人物的方式来表达的。他大声疾呼：

“看来，目前的政治经济学已抛弃了方法论的全部思想；可是，没有方法论就不成其为科学。”（引自罗西对瓦特利先生所著教程的评论。）

对社会经济没有作什么深入研究的布朗基、沃洛夫斯基、舍伐利埃等先生，也都持这个意见。而高度评价现代乌托邦的价值的皮埃尔·勒鲁先生，则在他的《社会杂志》的每一页上都反复写道：“让我们探索无产阶级问题的解决办法吧！让我们不断地探索，直到我们找到这种办法为止。这就是我们时代的全部任务！……”其实，无产阶级问题也就是建立社会科学的问题。只有那些把全部经济学归结为“听之任之，放任自流”这样一个公式的短视的政治经济家们，或者是把它归结为“在社会资源的限度内实行按需分配”的公式的空想社会主义者，才会自诩已经掌握了这门科学。

那么，为什么社会真理始终迟迟不来，以致经济学者得以继续欺骗和所谓的革新者得以继续取信于人呢？照我的看法，原因就在于自古以来哲学与政治经济学相脱节。

哲学就是形而上学，或者愿意的话也可以说它就是逻辑学。它是社会的代数；政治经济学就是这种代数的实际运用。这正是让·巴·萨伊、边沁[①]和一切虽然在伦理学上存在分歧、但是却几乎异口同声反对政治学和哲学的所谓经济学家和功利主义者们所没有看到的。除了劳动、即理性的实践，还能找到什么更能可靠地监督哲学、即理性的理论呢？反过来，又有什么比哲学公式更能有



① 边沁（1748—1832），英国哲学家和政治学家，功利主义学说的创始人，公开维护资本主义制度和大资产者的利益。——译者

效地监督政治经济学呢？我最希望的是这样一天能够早日到来，即伦理学与政治学教师都在作坊和柜台里，就如今天我们最能干的建设者都是经过长期艰苦的学徒历程而成长起来一样……

那么，一门科学要具备什么条件才能存在呢？

条件就是：了解自己的观察领域及其界限，确定自己的研究目的和研究方法。在这一点上，经济学家的说法和哲学家是一致的。刚才我们所引的杜诺瓦耶先生的那句话，就像是一字不差地摘自茹弗拉瓦[①]为里德[②]著作译本所写的序言。

哲学的**观察领域**就是我；经济学的观察领域是社会，这就是说，仍然是我。如果你想了解人，就请你研究社会，如果你想了解社会，那就请研究人。人和社会互为主体与客体，这两门科学的并行不悖和同义关系是天衣无缝的。

但是，这个既是集体的又是个别的我又是什么呢？这个发生这样奇特现象的观察领域又是什么呢？为了弄清这个问题，让我们来作些类比。

凡是我们想到的事物，在我们看来都是在三种超验性的**容量**中存在、相连或配置，这三种容量就是**空间**、**时间**和**智慧**；离开它们，我们就根本无从想象和理解任何事物。

我们所想象的任何物体都必然处于一定的空间，同样，一切通过某种因果关系彼此联系的事物，在我们看来都是在时间中相互延续的，因为我们的纯抽象的设想，都是我们从一种我们名之为聪

① 茹弗拉瓦(1796—1842)，法国唯灵论哲学家。——译者

② 里德(1710—1796)，苏格兰唯心主义哲学家，主张所谓内省论。——译者

明或智慧的特殊来源中取得的。

智慧就如空间和永恒性一样，本身是一种无限的能力。无数的人和无数的有机体都依靠这种能力，按照复杂的规律，在多种多样的和无法预见的影响下进行活动。在造物主撒播在空间的人类身上，在时间过程中产生与熄灭着的有机体身上，这种能力都同样地强大与和谐。政治学、政治经济学、法学、哲学、神学、诗歌、语言、风俗、文学和艺术所有这一切以“我”为对象的观察领域，其庞大、丰富和多样，都远远大于以空间与时间两者为对象的自然科学的观察领域。

因此，就如时间与空间一样，自我是无穷的。人类和它所创造的一切，与遍及空间的一切存在和在时间过程中先后发生的一切现象，构成上帝的三重表现。这三种无限物，或者说这三种无限物的无限表现形式，互相浸透和互相支持，彼此不可分离和不可简约；因此，如果没有运动，空间或者广延就不可思议，而运动的前提就是力的观念，也就是说，一种自发性，一个自我。

我们所设想的存在于空间的各种事物的观念，对我们的想象说来，形成所谓景象；当我们把这些观念的内容置于时间过程中，就形成不断流逝的历史；最后，凡是不属于时间或空间范畴而纯属智慧的观念或关系，则排列成各种体系。

因此，景象、历史、体系是三种相类似的表现形式，或者更确切地说，是对应的三种表现形式，通过这种对应形式，我们就能明白，一定数量的观念是作为一个对称和完整的整体出现在我们的精神之中的。正因为如此，这些表现形式在一定情况下可以互相代替；例如，我们在本书开始时就是这样做的，我们并不是根据事物出现的先后，而是按照理论的顺序来展示政治经济学的历史。

这就是说，我们是把属于纯思想的事物，或者如康德所谓的本体，设想为一种能力，而且也不能不这样地设想；其情形就如我们把可感觉的事物，或者说现象，设想为另外两种能力一样。

但是，空间与时间本身并不是现实，因为它们是外在统觉施加于自我的两种形式。

同样地，智慧也丝毫不是现实，它是当经验向自我暗示某种观念时自我通过类推而强加于本身的一种形式。

至于观念、直觉或形象形成的次序，在我看来，似乎首先是从那些在空间存在样板或实体的观念开始，然后可以说是捕捉那些在时间中飞逝的观念，最后，我们才借助于感觉而突然形成观念或概念，这些观念丝毫不依靠任何外在的样板，似乎完全是我们称之为智慧的那种能力制造出来的幽灵。我们认识的发展过程是这样的：我们从对我们可感觉的事物出发提高到抽象的事物；我们理性的云梯是立足于大地。穿过上空，消失于精神的深处。

现在，让我们把这个系列颠倒过来，设想世界万物是从智慧的上界倾泻到时间与空间这两个下界的大堆观念；它们在倾泻的过程中，开始是纯粹的，后来才获得使其现实化和表面化的形体或实体（Substratum）。从这个观点出发，一切已创造的事物、自然界的一切现象和人类的一切表现，在我们看来都将是非物质的和静止的精神在一个时而固定和垂直的、时而流动和倾斜的背景上，即空间和时间上的反映。

由此可见，各种在精神彼此上同等的、同时代的和协调的观念，就好像乱七八糟地、分散地、局部地、相互从属地和有先有后地被投给人类和自然，形成与其原始图样毫无相似之处的景象和历史，而人类全部科学的任务就在于从这些概念中重新找出永恒思想的抽象体系。正是通过这样一种还原工作，自然科学家重新发现了有机物与无机物的各种体系；也正是通过同样的方式，我们一直在试图重建那个被社会弄成似乎是孤立的、互不联系的和无政府的社会经济发展阶段的系列。我们根据经济学家所搜集的零星资料来论述的内容其实就是劳动的自然史；而从我们的分析中得出的体系，也完全与林耐①和朱赛②所发现的植物体系和居维叶③所发现的动物体系一样地真确。

因此，通过劳动所表现出来的人类的自我，就是作为哲学的具体形式的政治经济学的探索领域。这两门科学的同一性，或者更确切地说是这两种怀疑论的同一性，我们已经在本书的整个论述过程中加以揭示。例如，在我们看来，观念在分工中的形成就像是基本范畴的区分；然后，我们又看到，自由产生于人对自然的行动，继自由之后，又出现人与社会和与他自己的种种关系。所以，经济学对我们说来就同时是一种本体论，一种逻辑学，一种心理学，一种神学，一种政治学，一种美学，一种信条学，一种伦理学……



在确认了这门科学的领域和它起作用的界限以后，我们就要

① 林耐（1707—1778），瑞典博物学家，著有《自然体系》，确定双名命名法。——译者

② 朱赛（1686—1758），法国植物学家。——译者

③ 居维叶（1769—1832），法国动物学家、古生物学家，创立了比较解剖学。——译者

确认它的**方法**。但是,经济学的方法仍然还是哲学的方法,因为,对我们来说,组织劳动不外乎就是常识的组织……

在构成这种组织的各种规律中,我们曾经特别提到二律背反。

我们曾经指出,一切正确的思想都在同一时间内表现为两种因素。每一种因素都是对另一种因素的否定;而且二者都只有在一种更高级的观念出现时才会消失;由此可见,二律背反就是生活与进步的规律,是永恒运动的根源。事实上,如果某种事物根据它本身所存在的进化力量,能够正好从它所丧失的一切中得到补偿,那么,我们就可以说,这个事物是不可摧毁的,维持其存在的运动是永恒的。在社会经济中,凡是竞争所不断创造的事物,垄断都不停地加以破坏;劳动所生产的东西,消费都加以吞噬;所有权所取得的东西,社会都要加以霸占;由此就产生了持续的运动,产生了人类的不灭的生命。如果上述的两种对立的力量之一受到压抑,例如,个人的活动屈从于社会的权威,组织便蜕化为共产主义,并且以虚无而告终;相反地,如果个人主动性缺乏抗衡的力量,集体的机体便腐坏,文明便只能在等级、不平等和贫困等等制度下蹒跚而行。

二律背反是引力和运动的根源,是平衡的依据;因为,正是它不断地产生欲念和不断地瓦解一切和谐与一切协调……

随之而来的是进步与系列化的规律,是存在的旋律,是美和善的规律。如果撇开二律背反,存在的进步便无法解释;因为那样一来,产生进步的力量又在哪里呢?撇开了系列,世界只能是毫无结果的对立的混乱,是没有目的和没有观念的普遍骚乱……

当这些对我们来说纯属真理的思辨,出现可疑时,我们对它们加以运用还是有极大效果的。大家只要深入地思考一下，就可以发现：一个人一生中没有一个时刻不是同时对同一些原则和同一些理论既加以肯定，又加以否定，而且无疑是怀着或多或少的善意，并且总是持有某些可取的理由这样做的；这些善意和理由尽管不能使他自己完全心安理得，但是，已足以使欲念占据上风和在思想上产生怀疑态度。因此，如果我们愿意的话，可以放弃逻辑，但是，难道就没有什么说明事物的两重性，教导我们要蔑视论证，要我们懂得为什么一个人在观念上愈是正确、心灵上愈是正直，就愈是有受骗和迷误的危险吗？我们在政治、宗教和经济等方面的一切误解，都源自事物固有的矛盾；关于社会原则的败坏、良知的堕落、政治主张的招摇撞骗、舆论的伪善等等，其根源也在于此。

那么，目前经济学的目的应该是什么呢？

方法本身就给我们指出来了。二律背反是自然界引力与平衡的根源；因为，它也是人类的进步与平衡的根源，所以，经济学的目的就是公平。

从社会经济学所关心的纯客观的关系来考虑，公平的表现形式就是价值。但是，什么是价值呢？就是已实现的劳动。

亚当·斯密说："每一件物品的实际价格，或者说，希望取得这件物品的人所实际付出的代价，就是为了取得这件物品所必须付出的劳动和艰苦……人们用金钱或商品购买物品，其实就是用劳动来购买，也就是用我们额头的汗水去取得。这些金钱或商品包含着一定劳动量的价值，我们就是用它来交换当时假定含有的同等劳动量价值的物品。劳动是第一性的价格，是最初用以购买任何物品所付的货币。世界上的一切财富最初都不是用黄金和白银来购买而是以劳动来购买；因此，对于那些占有这些财富和希望用它们来交换新的产品的人说来，这些财富的价值恰恰等于它们所能购买或交换的新产品所含的劳动量。”

但是，如果说价值是劳动的实现，那么，它同时也是产品之间比较的准绳；支配着全部经济学的比例性理论就是由此而来。如果亚当·斯密能够按照他所处时代的精神借助于逻辑探索出经验的体系，也许他就会进一步得出这个理论来。

那么，怎么在社会上表现出公平呢？换句话说，怎么建立价值的比例性呢？让·巴·萨伊说过，它是通过使用价值与交换价值之间的摇摆运动来建立的。

在这个问题上，与劳动相比，公断原则看来成了政治经济学的主宰者，而且往往还是它的扼杀者。



在科学刚开始出现的时候，劳动由于缺乏方法，不理解价值勉强地进行着最初的试验，因而求助于自由公断来建立财富和确定物品的价格。从这时起，两股巨大的力量进入了斗争，伟大的社会组织工作也开始了。因为劳动是自由的公断，这就是我们后来所称的劳动与资本、雇佣劳动与特权、竞争与垄断、共有制与私有制、平民与贵族、国家与公民、联合与个人主义。对任何具有初步逻辑概念的人说来，所有这些永久重复出现的对立，显然应该得到一劳永逸的解决；可是，这正是经济学家所不愿意理解的。在他们看来，价值所固有的公断原则似乎是不服从于一切规定性的；正是这一点，再加上对哲学的恐惧，使得经济学迟迟未能建立，从而给社会造成极大的灾难。

麦克·柯洛克[①]写道："谈论所谓绝对价值就如谈论绝对高度和绝对深度一样地荒谬。"

经济学家说来说去都是同样的事情，因而通过这个例子我们也可以判断他们离理解价值的性质和了解他们所使用的词汇的意义是多么的远啊！绝对这个词带有全面、完善或充分的概念，也是准确和正确的起点。所谓绝对多数就是准确的多数（超过半数），而并不是无限的多数。同样，绝对价值就是精确地比较各种产品以后得出的准确的价值；世界上没有比这更简单的道理了。但是，可以由此得出一个重要的结论：即价值是可以互相衡量的，它的摆动不应该是偶然的；这正是社会的最高愿望，也正是政治经济学本身的意义所在。政治经济学整个说来并不是别的，正是矛盾的图表，这些矛盾的合题将无误地表明真正的价值。

因此，社会是通过必然性与专断性之间的某种摆动而逐步确立的，公平是通过盗窃而形成的。社会上的平等并不是表现为一道毫无波动的水平；它就像自然界的一切重大规律一样，是一个抽象的点，事实就在这个点的上下不断地形成一些幅度或大或小、规则程度不一的弧线。平等是社会的最高规律，但是它并不是一种固定的形式，而是无数方程式的平均数。正因为这样，所以，从经济进化的第一个时期起，平等在我们面前就表现为分工；而且自从天命立法以来，它就始终是这样表现的。

几乎在社会经济的一切重大问题上都有自己的某种直觉意识

① 麦克·柯洛克，19 世纪中叶苏格兰经济学家，是李嘉图的学生。——译者

的亚当·斯密，在承认了劳动是价值的根源和描述了分工规律的神奇作用之后指出：尽管产品由于分工而增加了，劳动者的工资却没有提高，相反地，却是降低了，集体力量带来的利益不是归劳动者所有，而是落到雇主手里。

人们可能会说："利润无非就是给予某种特殊的劳动，即监督与管理工作的工资的别称……但是，这些利润的性质与工资不同，它是按照一些不同的原则调整的，而且完全与监督和管理这种所谓劳动的数量和性质不相称。利润是完全根据所投资本的价值来调整，而且多少总是依资本量的大小而增减……因此，劳动产品并不完全归工人所有，因为工人需要与所有主一道分享。"

在这段话里，斯密冷酷地告诉我们，事情就是这样：主人获得一切，工人则一无所获。人们尽管可以把这叫做不公平、掠夺、盗窃，这位经济学家根本就无动于衷。在他看来，从事掠夺的所有主完全与被掠夺的劳动者一样地不由自主；他们谁都不值得可怜与同情，其证据就是：劳动者在只是到了快饿死时才提出抗议，而资本家、经营主或者所有主则不论在生或者临死时，都从不感到什么内疚。人们责备公众的意识无知或者虚伪，这也许有理，也许错误。亚当·斯密仅限于摆明事实；在我看来，这种做法当然比徒事空论要有益得多。

因此，社会理性在劳动者中选定特权者，从你的兄弟中划分出最亲者(nazaraeum inter fratres tuos)时，就是把集体力量个人化了。社会是按照神话与寓言行事的，因而文明的历史就是一部庞大的象征学。荷马概括了英雄的希腊；耶稣基督就是在长期的苦难与忧烦中一心向往着自由、公平与道德的人类。查理大帝[①]是封建制度的象征，罗兰[②]是骑士阶层的象征，圣皮埃尔·艾密特[③]是十字军的象征，格列哥利七世[④]是教皇统治的象征，拿破仑是法国革命的象征。同样，依靠一批劳动者来利用资本的工业经营主，就如控制着力量的机器飞轮一样，是被榨取了利润的那个集体力量的代表。他们确实是英雄人物，是劳动之王。政治经济学完全是一部象征学，所有权是一种宗教。

亚当·斯密的那些散见于晦涩词句中的光辉思想，就像是一部原始启示录[⑤]。照他的说法：

“随着某个地区一块土地变为私有财产，所有主便和一切其他人一样，希望收获这块土地上不是他们所种植的作物，而且他们要求取得这块土地上的天然产品的租金。他们对树木、森林、牧草和一切天然果实都要确定额外的价格；在土地还是公有的时候，这些东西工人只要花费气力就能随便收获，现在成本就要增加了。工人必须支付租金才能获得允许进行收获；这就是说，他们必须把自己用劳动收获或生产的产品的一部分交纳给**并没有参加劳动**的所有主。”

这就是垄断！这就是资本的利息！这就是租金！亚当·斯密

① 查理大帝(约742—814)，原为法兰克国王，后把法兰克扩大为查理帝国，即所谓神圣罗马帝国，自封皇帝。——译者

② 罗兰，查理大帝派驻英国的封侯，为查理大帝十二著名封侯之一。——译者

③ 圣皮埃尔·艾密特，12世纪初叶法国著名的教会领袖，曾积极协助教皇乌尔班二世组织十字军东征。——译者

④ 格列哥利七世，1073年至1085年在位的罗马教皇。——译者

⑤ 原字为deuteroce，指《圣经》旧约“申命记”。——译者

与一切头脑清醒的人一样，看到了这一点，但是却并不了解它，叙述这一点而说明不了它。他在上帝的启发下毫不惊奇和毫无怜悯地谈论这一点，可是对自己所说的话的含义始终讳莫如深！他是多么冷漠无情地谈论所有主的掠夺啊！只要土地还没有显出什么好处，只要劳动还没有对它加以开垦、施肥和利用，使它具有价值，所有主对它便不屑一顾。这时蜜蜂就无花可采，只好饿死在蜂巢里。只要劳动者一生产出东西，马上就被夺走，工人也就成了雇主手中的一头猎狗。

由于劳动而精疲力竭的奴隶发明了犁头。这是一个坚硬的木钩，由马匹牵引，可以耕耘土地，使它生产出十倍百倍的产品。主人一看就知道这个发明的重要性；于是，他就霸占土地，夺取收益，连这项发明也攫为己有，可是却假装崇敬提供了这样一件神奇礼物而死的人们。他出入有如神明，因为他的妻子是位仙女，是赛拉斯，而他自己则是特力普兰姆①。穷苦人发明创造，地主获取其利。因为天才必须处于贫困状态，富足是会扼杀天才的。所有权对世界的最大用处就是使劳动和天才永远困苦。

但是，就这么一点粮食顶什么用呢？主人与马、牛和奴隶一道分享这点粮食，是多么可怜啊！如果全部好处不过是能够多啃几把米和麦，那做这样的富人就不值得！……

有那么一位老头，因为牙齿脱落不能咀嚼，便把麦粒捣碎，他发现面团原来会变酸、发酵，于是，便又把它放到炉灰里烤，这下吃起来就比生麦粒甚至煮熟的麦粒香甜得多了。这是个奇迹！我们

① 特力普兰姆，神话中发明耕犁并教会人民农耕的安提克国王。——译者

日常吃的面包就这样发明出来了。另外一个老头，把一堆扔掉的葡萄塞在一个缸里，后来就听到葡萄汁像在火上煮沸了一样；甜酒排出了杂质，它色泽光亮，红通通的，味道醇和，久而不衰。酒神万岁！（Evohe）[①]这是所有主的爱子、诸神的宠儿小巴库斯[②]发明的。主人无法在几个星期里吃光的葡萄，现在可以保存下来供一年饮用。这样一来，葡萄就和粮食、土地一样，就适用于人的需要了。

每年大量贡畜所留下的毛皮干什么用呢？当所有主用它来把自己豪华的床垫，垒到阁楼那么高时，这种无聊的奢侈只能说明他无能。他的财富多得不得了，不知道怎样享受了，这是多么可笑啊！

一个牧羊女因为受那吝惜的主人的虐待，衣不蔽体，便在荆棘丛中捡回一点零碎的羊毛，把它搓成匀净的细长条，绕在小棍上，编成一件松软轻盈的衣服，比她那趾高气扬的女主人身上披着的拼缝起来的羊皮不知好看多少倍；创造这一奇迹的是纺织女匠亚拉妮[③]。于是，主人马上就开始从自己的绵羊、骆驼和山羊身上剪毛；拨给自己妻子一批奴隶，让她指挥他们纺线织毛衣。结果，这项发明就不再归功于卑贱的奴仆亚拉妮了，而归功于所有主的女儿柏拉斯；她在诸神的启迪下，出于嫉妒而向亚拉妮报仇，把后者饿死。

劳动与特权之间的这场绵延不辍的斗争多么惊心触目啊！前

① 原文是希腊神话中女祭司在酒神节的欢呼声，这里从意译。——译者

② 巴库斯，希腊神话中的酒神。——译者

③ 亚拉妮，希腊神话中的纺织巧匠。她技艺高于雅典娜神，因此遭到嫉妒，她所织的布被撕碎了，最后失望自尽。雅典娜使她变成了蜘蛛。——译者

者总是从无造出一切，后者则总是侵吞不是自己生产的一切。人类的命运就是不断地前进；**它必须劳动**，必须不停地创造，不停地增加生产，不停地改进生产。要是让劳动者享受到他们发明的成果，他们就会躺在自己的创造上睡大觉，他们的智慧也就不再发展了。这就是亚当·斯密所惊奇的那种不平等的秘密所在；可是，这位冷漠无情的历史学家却连一句非难它的话也没有说。他觉得上帝就是这样指点的，尽管他并不了解为什么上帝要这样指点；他感到，在劳动耕作土地以前，文明的动力就是非生产性的消费，而人与人之间的友爱就是通过巧取豪夺而不知不觉地建立起来的。

**人类必须劳动！**正是因为这样，所以，盗窃便在天庭会议上得以确认、进行组织和变成合法的。如果所有主厌倦于掠取，他就会马上厌倦生产，野蛮状态和可恨的贫困也就顿时就前来叩门。那么，所有制还只处于孕育阶段、大家在财富与爱情上都过着彻底共有生活的波利尼西亚人[①]，又何必要劳动呢？既然土地和美人全归大家公有，孩子也不属于任何人所有，你又怎么给他们谈论道德、尊严、人格、哲学和进步呢？不说那么远的，就拿科西嘉人为例：他们只要找到一片栗树，就可以在那里栖息和吃上半年，你又怎么让他们劳动呢？你的那些税制、铁路、讲坛和报刊，又于他们何关呢？他们吃饱栗子以后，除了睡觉，还有什么别的需求呢？有一位科西嘉总督曾经说过：要想使这个岛屿文明起来，就得把全部栗树都砍掉。其实，最可靠的办法就是把栗

① 波利尼西尼是太平洋上的群岛。——译者

树占为己有。

但是，光是所有主，其力量还不足以吞没劳动者的生活资料，所以，他们便召来他们的亲信、扈从、助手、帮凶。亚当·斯密也没有给我们揭露这个可怕的阴谋。

“每当产品作一次新的改进，就不仅是利润的数量增加了，而且随后的每一种利润率也比以前增加了，因为作为利润来源的资本总是不可避免地更多了。事实上，工资的提高对商品价格的影响就像债务积累中的单利一样，利润的增长对商品价格的影响则有如在债务积累中的复利一样。例如，一个麻布厂中所有的工人，包括梳麻工、纺麻工、织麻工等，一律每天增加工资两个便士，那么，每匹麻布所需要增加的价格，只相当于为了制造这匹布所雇佣的工人数字乘以他们所用的工作日数，再乘以两个便士。不论这商品依赖于手工劳动的程度如何，归属于工资的这部分货价，只是按照工资提高数额的算术比例来增长。但是，如果雇佣这一行业工人的各类雇主都把利润提高百分之五，那么，不论这个行业依赖于手工劳动程度如何，归属于利润的这部分货价，便总是按照利润率累进地增长，也就是说，按几何级数增长。梳麻工的雇主在卖麻时，要求在自己的原料成本和预付给工人的工资之上附加百分之五；纺麻工的雇主又要求在他所预付的已梳的麻料的成本和他预付的纺麻工工资之上另加百分之五的额外利润；最后，织麻工的雇主也要求在他所预付的麻线成本和织麻工的工资以外再加百分之五的利润……”

这就是对始自所有主丘比特终至奴隶的经济等级制的要点的描述。从劳动、分工、从主人与雇工之分以及从资本的垄断中，涌

现出土地领主、金融家、经营主、资产者、厂主和工头等等一系列等级，专门从事吃租金，收取贷利，榨取劳动者，特别是实行警察统治这样一种剥削和制造贫困的最可怕的统治形式。政治和法律的发明，要完全归咎于所有权；因为努玛[1]和厄革里亚[2]，塔根[3]和塔娜基尔[4]，拿破仑和查理大帝，全都是贵族。贺拉斯说：百姓敬畏自己的国王，因为国王的权力来自神明（Regum timendorum in proprios greges，reges in ipsos imperium est Jovis）。据说，地狱有一大群魔鬼，专门跑遍地狱的各个角落来折磨穷人的灵魂，用锁链拖他们，不让他们睡觉，不让他们吃饭，不断残酷地殴打他们，焚烧他们，虐待他们！因为，要是劳动者有了积蓄，要是他们受到公平待遇，就什么也不剩给我们，我们就只好灭亡。



啊，上帝呵！这些不幸者究竟犯了什么罪，以致你要把他们抛弃给这些打起人来毫不姑息、送起饭来却那样吝惜的地府狱卒们去折磨呢？……而你们，所有主们，你们这些经天命恩选的天使们，你们可别越过规定的界限，因为你们的奴仆心中正怒不可遏，他们的眼睛正充满着仇恨之火。

劳动者的反抗迫使无情的主人作出了让步。多么幸福的日子，多么愉快的生活啊！劳动自由了！可是，公正的老天，这是什么样的自由啊！无产者的所谓自由只是意味着他们可以劳动，也

① 努玛，传说中古罗马的第二位国王，公元前714—前617年在位。——译者

② 厄革里亚，国王努玛的妻子，国王根据她的建议在罗马建立了宗教机构。——译者

③ 塔根，传说中古罗马的第五位国王，公元前616—前576年在位。——译者

④ 塔娜基尔，传说中塔根王之后，曾辅朝政。——译者

就是让人掠夺;或者意味着可以不劳动,也就是饿死!自由只对强者有利,因为资本到处都通过竞争来摧毁劳动,并且把工业转变成垄断的巨型同盟。劳动的平民又一次屈从于贵族;他们没有可能,甚至根本没有权利对工资提出争议。

这位神谕解释人还说:“雇主们随时随地结成默示的同盟,而且是永久和统一的同盟,约定不使工资高出现有定额。违反这个规定就是不仗义的行为。这种同盟受到可恶的立法的容忍,可是工人同盟却遭受严厉的惩处。”

这种连平素十分冷静的斯密也禁不住宣称为可恶的新的不平等,为什么会存在呢?难道这样明显的不公平也是必要的吗?难道在任何人都不接受的情况下,命运仍然要一意孤行,天命还是要自取灭亡吗?难道我们还要和垄断一道设法为人类的这种偏私的警察行为辩护吗?

可是,既然我们要超脱社会情感主义,从更高的角度来看待各种事实,看待事物的力量和文明的内在规律,为什么不这样做呢?

究竟什么是劳动?什么是特权?

与创造活动类似的劳动,本身是没有意识的、不确定的、空洞的,它和观念一样,是规律所不能洞察的;劳动是价值化合的坩埚,是文明的伟大温床,是社会的被动性和女性气质的根源。而产生于自由专断的特权,则是导向个人主义的电火花,是实现中的自由,是在指挥的权威,是思考着的大脑,是进行管理的自我。

因此,劳动与特权的关系是一种女性与男性、妻子与丈夫的关系。在一切民族中,妇女通奸总是比男子通奸受到更多的指责,因而所受的刑罚也更严。凡是只注意形式的残酷而忘记了原则,只看到对待女性的野蛮行为的人，都只配当《丽莉娅》的作者[①]在小说里描绘的那种谈论政治的人。工人的一切违反纪律的行为就类似于妇女的私通。如果法庭方面同样好意地来接受工人和雇主的控告，那么，人类生存所不可或缺的等级联系就将遭到破坏，社会的整个经济就将毁灭；这难道不是显而易见的事情吗？

况且你们可以根据事实来判断，把工人罢工的表现与经营主同盟的做法比较一下。前者不相信正当权利、激动、骚乱，外表喧嚣激昂，内心却很恐惧，向往服从和盼望和睦；相反，后者却具有经过深思熟虑的决心，对力量的自信，对胜利的把握，行动冷静。那么，在你们看来，权势究竟在哪一边呢？组织的起源在哪一边呢？生命在哪一边呢？当然，社会理应对一切人都提供帮助和保护，所以我在这里根本不为人类压迫者的案件进行辩护，但愿上天的报应能把他们粉碎！但是，应该完成对无产者的教育。无产者就是通过劳动和品德修养臻于不朽的海格立斯[②]，但是，要是没有优里斯蒂[③]对他的迫害，海格立斯又哪能成为英雄呢？

当那位各民族的劫掠者阿提拉[④]兵临罗马城下时，神圣教皇列昂一世[⑤]问他说："你是什么人？"这位野蛮人回答说："我是上帝



① 《丽莉娅》是乔治·桑在1832年发表的一部小说。——译者

② 海格立斯，希腊神话中的一位最为大家喜爱的英雄，以非凡的力气和勇武的功绩著称。——译者

③ 优里斯蒂，海格立斯的表兄，因嫉妒海格立斯，强加给他十二种苦役，后为海格立斯的儿子所杀。——译者

④ 阿提拉，公元432至453年的匈奴王，曾征服匈牙利、罗马尼亚和南俄一带，远征高卢，最后败于西罗马。——译者

⑤ 列昂一世，公元440至461年在位的教皇，传说曾说服陈兵罗马城下的阿提拉撤退。——译者

的播灾者!”教皇反驳说:“凡是上帝赐予的一切,我们都以感激的心情来领受;但是你,你可小心不要做出上帝没有命令你做的任何事情!”

所有主们,你们又是什么人呢?

所有权这件受到四面八方以慈善、正义和社会经济为名攻击的奇异事物,永远只知以这些话来为自己辩护:“我存在是因为我存在。我是对社会的否定,是对劳动者的掠夺,是非生产者的权利,是最强有力的理性;因此,凡是我没有囊括的东西,都不能存在下去。”

这个可怕的谜语,连最敏锐的智者也望而却步。

“在土地变为所有和资本开始积累以前,劳动的全部产品都归劳动者所有。既没有所有主,也没有主人来和他们分享这些产品。要是这种状态继续下去,那么,劳动工资就将随着分工所导致的生产力的增长而提高。多种产品由于劳动量的减少,它们往往用较少的劳动就能获得。”



亚当·斯密就是这样说的。因此他的著作注释者补充说:

“我能够理解以利息、利润或地租名义攫取他人产品的权利怎样成为贪欲的刺激剂;但是,却无法设想人们既然是依靠降低劳动者报酬来增加游手好闲者的财富,又怎么能扩大工业和加速社会财富的增长。”

我们就不妨再来谈一谈斯密和他的注释者都没有察觉到的这种财产分配前预扣的理由,以便再一次、也是最后一次揭示那种支配着人类社会的无情的规律。

劳动分工无非就是分别生产各种部件;为了产生价值,还必须进行组装。在所有权建立以前，任何人都可以从大海里取水，从中提取海盐和食料；可以采摘橄榄，从中榨取油脂；也可以挖掘含铁或含金的矿石。任何人也可以拿自己采集到的东西自由地与别人所制造的同等数量的物品交换。直到这时，我们还没有越出劳动的神圣权利和土地共有的范围。但是，既然我有权通过自己的劳动或者通过交换来使用一切自然产品，既然这样取得的占有物完全是合法的，那么，我也就同样有权把我通过劳动或交换所获得的各种材料组合成一种新的产品，成为我自己的财产，而且对它我有绝对排他的使用权。例如，我可以利用从海盐中提取的氢氧化钠和从橄榄或芝麻中榨得的油，制造一种从卫生上来说对我将有极大效用的适于洗涤衣服的合成物。我甚至还可以保守这种合成的秘密，从而通过交换获得一份合法的利润。



但是，就权利方面说，制造一盎司肥皂与制造一百万公斤肥皂又有什么区别呢？数量的多少难道就使这种经营的道义性质发生什么变化吗？因此，所有权就如商业、劳动一样，是一种自然权利，任何人也不能禁止我行使这种权利。

但是，既然我用属于我的财产制造出来的产品就如原来使用的材料一样，是我的排他性财产，那么，由此可以得出结论，作坊、人员的经营都由我来组织；我手里积累起来的收益也必然使任何与我打交道的人受到损失；如果你想代替我来经营，我当然就要收取一笔租金。你可以掌握我的秘密，你可以代替我制造，你可以开动我的磨盘，你可以收割我地里的庄稼，你也可以收摘我葡萄园里的葡萄，可是你必须把产品的四分之一、三分之一或者一半分给我。

所有这一系列后果都是必要的，无法免除的；这背后并没有什么狡猾或恶毒之处，这是事物本身的规律，是常识的命令（dictamen）。在商业中，掠夺与交换是一回事。真正值得奇怪的倒是，这样一种制度之所以正当，不仅是因为它是出自双方的诚意，而且是正义所要求的。

一个人从隔壁的烧炭人那里买了一袋木炭，又从杂货商那里买了一批从埃特纳[①]运来的硫磺，把它们混合起来，再加上一定比例的购自药商的硝石，结果就制造出一种有五十公斤就可以夷平一座城堡的炸药。然而，我要问一下：那位烧木炭的樵夫，西西里岛上的那些捡拾硫磺的牧人，那些运输硫磺的水手，从马赛发运硫磺的那些经纪商，以及出卖这批货物的商人，难道都是这场灾难的共犯吗？他们之间难道存在哪怕是一丝一毫的连带关系吗？且不说在炸药的使用上他们不可能负连带责任，就算在制造上，难道他们就有责任吗？

不过，既然不可能发现参与合作生产炸药的个人之间有丝毫联系，他们每个人也不知道这种联系，那么，很显然，由于同样的理由，他们与火药出售的收益更不可能有什么联系和连带责任，从这些炸药中取得的利益也就应该完全归发明者单独占有；如果这些炸药被用于犯罪，或者由于不慎而爆炸，其罪责就只能由制造人个人来负责。所有权与责任是同一回事，因为要肯定责任就不能不同时肯定所有权。

但是，请你们欣赏一下理性的背理吧！正是这种就其起源来

① 埃特纳，西西里岛东北部著名的火山。——译者

说是完全合法的和无可非议的所有权，在行使中却形成了惊人的不平等；而且，不必考虑到其他足以改变其性质的因素，光是这个起源本身的发展，就必然导致上述的情况。

现在让我们来考察一下工农业产品进入市场的整个情况。这些产品，包括炸药和肥皂，都是用从一般商店里买到的原料进行程度不同的合成而制造出来的产品。这些产品的价格组成因素都是一样的：首先是付给各类劳动者的工资，其次是经营主和资本家所要求的利润。结果，社会便分成两个不同的阶级：一、经营主、资本家和所有主，他们拥有对一切消费品的垄断；二、受雇者或劳动者，他们只能获得产品所值的一半，这就使它们无法消费、流通和再生产。

亚当·斯密给我们说了这样一段多余的话：

“简单的平等所要求的是，一切给全国提供衣服、粮食和住房的人，都能够从自己的产品中获得足够自己衣食住的份额。”

如果不剥夺垄断者，怎么能做到这一点呢？可是，既然垄断是自由发挥工业能力的必然后果，又怎么能阻止人们垄断呢？亚当·斯密所希望建立的公平，在所有权制度下是实行不了的。但是，既然公平实行不了，既然公平本身就变成不公平，既然这一矛盾是事物本性所固有的，那么，谈论平等和人类又有什么意义呢？天命难道懂得平等吗？或者说，命运难道是位慈善家吗？我们应该力求的并不是摧毁垄断，更不是取消劳动，而是依靠垄断的矛盾所不可避免地导致的合题，使垄断为一切人的利益而生产财富，而不让它把财富保留给某些人。离开这个解决办法，天命就会始终对我们的泪水无动于衷，命运就会冥顽不化地走它自己的道路；当我们严肃地据理争论什么公平与不公平的时候，那位使我们的思想、言论和行动都和它一样地矛盾的上帝，只会以一番大笑回答我们。

正是我们观念中的这种通过劳动而体现出来并且威力非凡地出现在社会上的根本矛盾，使得一切事物都与它应有的样子相反，向社会呈现出的是挂毯的背面或头脚倒置的动物的形象。人类依靠分工和机器，本来应该逐步提高到科学与自由的境地，可是结果却由于分工、由于机器而变得愚蠢了，并成了奴隶。从理论上说，税负本来应该按财产的多少成正比地增减，可是相反它却依贫困的大小成正比地增减。非生产者本来应该是从属者，却惊人悖理地变成指挥者。信用按其词源及理论定义说，本来应该是劳动的供养者，可是实践上它却在压榨和扼杀劳动。所有权在其最好的特权意图支配下，是土地的扩大；可是在行使这种特权时，所有权却成了土地的禁令。政治经济学在它的一切范畴里都复活了宗教的矛盾与观念。哲学肯定说，人的生命是一个不断摆脱兽性和自然的过程，是对上帝的斗争。在宗教实践中，生命却变成人与自己的斗争，变成社会对一个最高存在的绝对服从。福音书告诉我们要全心热爱上帝，要为永恒生命而仇恨自己的灵魂；可是，理性命令我们做的却正好与此相反……

我不准备再多作概括了。在我的行程即将结束时，思绪纷至沓来，心情无比激动；必须另写一部书才足以尽抒己见。所以，尽管行文到此似尚有欠缺，仍然只好就此住笔。

如果我没有弄错，读者至少应该承认一点：社会真理既不能从乌托邦中、也不能从陈规中寻找；政治经济学并不是真正的关于社会的科学，但是，它包含着这门科学的材料，正如创世之前的混沌包含着宇宙的各种因素一样；为了达到看来是我们地球上人类命运的最终的组织状态，唯一应该做的事情就是使我们的一切矛盾获得普遍的平衡。

但是，这种平衡的公式是什么呢？

我们已经可以预见到，这个公式应该是一种交换规律，一种互助理论，一种能消除我们法治与商业社会的一切以往形式并且符合批评界所提出的关于有效性、进步性和公平性等条件的保证制度；应该是一种不仅是约定的而且是现实的社会，能够把分成小部分的分工变成科学的手段，能够消灭机器的奴役性并防止新机器出现所带来的危机，能够变竞争为有益的事物，变垄断为一切人的安全保障，能够依靠自己原则的威力，不是向资本乞讨信贷和向国家请求保护，而是使资本与国家从属于劳动，能够通过诚实的贸易在各民族之间建立起真正的团结，能够既不压制个人主动性，又不禁止一家一户的积蓄，却又不断地使被个人攫为私有的财富归还社会，能够通过资本的这种进进出出的运动来保障公民的政治平等与工业平等，并且依靠大规模的公共教育制度来不断提高公民的水平，以保障其职业平等和能力均衡；能够借助于公平、福利和道德来革新人类的意识，保证生殖的和谐与平衡。总而言之，这是一个一劳永逸而不是临时地组织起来和改变过来的社会，一个能够提供一切而不必任何抵押的社会……

互助或曰互换（mutuum）的理论，也就是实物交换的理论，其最简单的形式就是消费借贷。从集体存在的角度看，这种理论就是所有与共有两种观念的合题，是和它的组成因素有着同样久远

历史的合题；因为，它不是别的，就是社会的原始实践在经过一系列错综复杂的主张和制度的变迁以后的复活，是对甲等于甲这样一个基本命题进行了六千年思考之后所得出的成果。

今天，一切都在为这场庄严的复兴作准备，一切都宣告虚构的王国已经过时，社会行将回复到如实反映其本性的状态。垄断尽管已经扩及于全世界，但是它一囊括了世界就不可能仍然是排他性的，而必然要共和化或者自行灭亡。伪善、诈骗、卖淫和盗窃虽然形成了公共意识的基础，但是除非人类学会靠杀害人类来生存，我们就应该相信，公平和赎罪正在临近……

社会主义因为已经感到乌托邦的破产，正开始重视现实和事实：在巴黎它正在自我嘲笑；在柏林、科伦、莱比锡和布雷斯劳①，它正在彼此争论；在英国，它在战栗；在大西洋的彼岸，它在咆哮；在波兰，它正自相残杀；在伯尔尼和洛桑，它正在试图组织政权。社会主义一渗入群众之中，便变成完全另外一副样子。人民并不怎么为学派的荣誉操心，他们要求的是劳动、科学、福利和平等；只要有东西，他们不管什么制度都行。但是，当人民只希望得到点东西，问题已不仅在如何取得这些东西的时候，他们就等不得你们来发明什么办法了；所以，你们还是准备好被他们揭下道貌岸然的假面具吧！……

最后，但愿教士们能够开始懂得，所谓原罪就是贫困，那种你们认为将使我们无愧于永生的品德，就是与宗教和上帝作斗争。——但愿哲学家们能放下他们的架子，打掉哲学的傲气（Su-

① 布雷斯劳，波兰西南部工业中心，即今弗罗茨瓦夫。——译者

percilium philosophicum)，自己也来学习一下理性，也就是学习社会，并且懂得，所谓研究哲学就是要亲自动手做点事情。——但愿艺术家们不要忘记，他们从前曾经从奥林匹斯山的神殿掉落到基督的畜棚里，然后又从这畜棚里突然上升到前所未有的豪华世界。现在，只有基督教和劳动才能使它复兴。——但愿资本家们能够想到，黄金和白银并不是真正的价值，诚实的交换将使一切产品都提高到同样的地位，每一个生产者自己家里都将有一个造币厂，从而就像生产性资本这一虚构曾经掠夺过工人一样，有组织的劳动将吞没资本。——但愿所有主们能够懂得，他们不过是社会租金的征收者，既然他们过去可以为了战争而禁止无产者耕种土地，那么，反过来，无产者现在也可以通过联合而禁止所有主收获，使所有权归于乌有。——但愿君主及其高傲的扈从、将领、法官、谋臣、封爵和整个非生产性大军能够争先恐后地高声**感谢**劳动者和工业家，因为劳动的组织与政权的从属性是同义的，还因为是否让非生产者穷困，是否让政权湮没在耻辱与饥饿之中，完全取决于劳动者……

这一切情况都将到来，而且并不是作为什么不可预见，不可企求的新事物而出现，不是源自人民一时的心血来潮或者个别人的才智；这一切的到来是根源于社会的那种一定要回复到远古时候就存在、只是中间暂时被抛弃了的制度的自发倾向，是根源于……

人类在东摇西摆地行进的过程中，不断地回头张望，看到自己的进步不过是恢复了旧传统的青春，它的各种表面上完全对立的制度，其实都只是同一实质的不同侧面。在文明的运动中，真理始终只是一个，始终是既古老又新颖，因为宗教、哲学和科学只是在互相解释。正是这一点构成了天命和人类理性的永无谬误性;正是这一点保证了我们的存在即使是在进步中也仍然始终不变;也正是这一点使得社会既在本质上是不可更易的,在改革上又是不可抗拒的。总之,正是这一点不断地扩大着我们的视野,始终从远处就给我们指点出最终的解决方案,从而为我们的神秘的预感树立起权威。

在思考人类的这些斗争时,我不由得记起,按照基督教的信条,战斗的教会最终将被一个胜利的教会所取代;同样,在我看来,社会矛盾的体系也将如一座魔桥一样,淹没在健忘河中[①]!……

① 神话中地狱之河,又名利蒂河;地狱中的幽魂只要喝了这河里的水,便可以忘掉过去的一切。——译者

图书在版编目(CIP)数据

贫困的哲学:全二卷/(法)蒲鲁东著;余叔通,王雪华译.—北京:商务印书馆,2017
(汉译世界学术名著丛书:120年纪念版:珍藏本)
ISBN 978-7-100-14389-9

Ⅰ.①贫… Ⅱ.①蒲… ②余… ③王… Ⅲ.①政治理论—法国—近代 Ⅳ.①D095.654

中国版本图书馆CIP数据核字(2017)第152366号



汉译世界学术名著丛书
(120年纪念版·珍藏本)
贫 困 的 哲 学
(全二卷)
〔法〕蒲鲁东 著
余叔通 王雪华 译

商 务 印 书 馆 出 版
(北京王府井大街36号 邮政编码100710)
商 务 印 书 馆 发 行
北京市十月印刷有限公司印刷
ISBN 978-7-100-14389-9

2017年12月第1版 开本710×1000 1/16
2017年12月北京第1次印刷 印张59
定价:295.00元